Éditions DIASPORAS NOIRES

www.diasporas-noires.com

© Mahougnon Sinsin 2021

ISBN version numérique : 9782490931200

ISBN version imprimée :   9782490931217

Date de publication de la version numérique : Novembre 2021

Date de publication de la version imprimée :   Novembre 2021

Mentions légales

Mahougnon Sinsin

Uha

Aspects d'une Philosophie du Retour

ESSAI

***

***

L'Amant de la Maât-Sophia,
Est un Pèlerin en quête du Sens,
À l'affût des Signes de la Parole.
La Parole est Vie
Les Signes font Sens
Le Sens est la manifestation de la Lumière de la Parole
La lumière, tout comme la Parole, est Vie
Il est bon, disait le Vieux Maître Dogon,

"Il est bon d'échanger les Forces de Vie."
Il est bon, disait le Sage de Men-Nefer,
"Il est bon de s'adresser à la postérité
Car elle entendra...".

L'Auteur

Table des Matières

8

11

12

13

16

Abréviations

AAC	Art Africain Classique
EIT	Ecole Initiatique Traditionnelle (Joo)
ENAR	Etat Narmerien Rénové
ETA	État de Type Africain
DAC	Droit Africain Classique
DSA	Doctrine Spirituelle Ancestrale
M-CAMU	Modèle CAMU (Classification-Abstraction-Multidimensionnalité-Utilité)
MAFS	Maâticratisme Fédéraliste/Sémaïste
MPA	Mode de Production Asiatique
MPI	Mode de Production Initiatique
MDA	Modèle Démocratique Africain
MDAR	Modèle Démocratique Africain Rénové
SEI	Système Educatif Imhotepien
SIA	Système Initiatique Africain
SYJA	Système Juridique Africain
SYJAR	Système Juridique Africain Rénové
TSA	Tradition Spirituelle Africaine (Unnefer)

dg3 md.t nfr. t r w3ḏ

Une parole parfaite est plus cachée que la pierre verte

(Ptahhotep, v. 58)

Prologue

Ꞁí ə ꞁʊ̌ Ɓǫωə ♂ə̀,
Ꝺɔ̀ ɕɟì Ɓǫωə ♂ə̀ ə ɔ́,
ɕꞀɔ̀ Ɓǫωə ꞁɕ́ Ꞁɛ́ Ɔɔ̀ ωɕ́
(Ꞁǫ̌ Ꞁ0ꞀꞀꞁ)

Là où est ton trésor
Et où réside ton cœur
Là retourneront tes pieds.
(Proverbe Fon du Bénin, Corpus Boco, n° 1027)[1]

Uha : le concept et son contenu

Ce terme de l'égyptien pharaonique recouvre plusieurs significations.
Nous en retiendrons trois :

(a) *Revenir, faire un retour chez soi.* Ce sens est attesté dans les *Textes des Pyramides* où l'on trouve plusieurs graphies du mot :

(T. Pyr. 349 ; 593)

(T. Pyr. 2188)

---

[1] Le proverbe est transcrit avec les caractères du "Fonxwì", un système alphabétique conçu par l'Auteur. Les lettres de cet alphabet, empruntées à divers systèmes d'écriture, sont sélectionnées en fonction de leur similitude avec les caractères de l'écriture hiératique égyptienne. (M. Sinsin, « Fonxwì : Un système de transcription du Fongbe », in *Khepert-Ankhu Papers, Varia*, n° 4, III, Schemou 6256, juillet 2020).

(T. Pyr. 2105) [2]

Dans les textes gravés sur les parois de la tombe de Paheri, le mot est transcrit comme suit :

ou (Pah.3). [3]

Dans toutes ces graphies, on note la récurrence de deux déterminatifs figuratifs : le signe P30 de la liste Gardiner ( ), qui n'est qu'une variante de P1 ( ), et le signe P4 ( ). P30 est un bateau et P4 une barque de pêche avec filet. Ces deux idéogrammes suggèrent l'idée de voyage ou de mouvement.

(b) *Dérouler, enquêter, expliquer*. L'usage du mot dans certains textes de la XVIIIè dynastie confirme ce deuxième sens. Ici apparaissent trois autres déterminatifs figuratifs : [4]

Le signe A2, , qui désigne l'acte de penser, de méditer (*sheny, nka*)

Le signe Y1, , un rouleau de papyrus, symbolisant tout ce qui relève de l'intellectualité ou de l'abstraction.

Le signe D54, , qui connote tout nom ou verbe de mouvement. Penser est un acte dynamique.

(c) *Démêler, desserrer, trouver des solutions à un problème*. Ptahhotep (- 2300) utilise le terme en ce sens. S'adressant à son disciple, il lui dit : « Prends garde à ta bouche, rassemble ton cœur. Sois silencieux, c'est plus utile que le bavardage. Tu parleras seulement quand tu sais que tu

---

[2] Cfr K. Sethe, *Die altägyptischen Pyramidentexte*, Leipzig, J. C. Hinrichs'sche Buchhandlung, 1908. "Uha" se prononce avec un "h" aspiré (ḥ).
[3] Cfr J. J. Tylor, F. Ll Griffith, *The Tomb of Paheri at El-Kab*, Londres, Order of Committee, 1894.
[4] Cfr K. Sethe, W. Helck, *Urkunden der 18 Dynastie: Historisch-biographische Urkunden*, J.C. Hinrichs, Leipzig, 1906.

apporteras une solution (⬯⬮) » (vv. 364-366).[5] Démêler un problème, y apporter une solution requiert réflexion et concentration. Le vieux Sage désigne ces qualités intellectuelles par l'expression "rassembler tout son cœur" (*saq-ib neb*). Le "cœur", dans la pensée africaine classique, est le siège de l'intelligence et de la rationalité. Pour "rassembler son cœur", il faut y revenir, s'y plonger. On ne s'écarte pas de l'idée de retour.

Les trois significations susmentionnées traduisent "l'esprit" de ce que nous entendons par "Philosophie du Retour" ou "Philosophie du Revenir".[6] On se méprendrait en interprétant ici le mot "philosophie" au sens exclusif de "système de pensée". En réalité, il s'agit moins d'une doctrine que d'une *conscience* et d'une *démarche* intellectuelle. Comme approche épistémologique, la Philosophie du Retour s'articule autour de trois exigences méthodologiques :

- *Faire une archéologie de la pensée négro-africaine*, c'est-à-dire inscrire cette pensée dans une continuité historique et examiner les principes qui la sous-tendent et lui donnent une empreinte civilisationnelle spécifique. Il est question de revenir aux sources et aux fondamentaux d'une pensée millénaire, en remontant le temps, en descendant le Nil, depuis le cœur de l'Afrique jusqu'à l'antique Khemet, la "Terre Noire" (⬯⬮), le pays des *Nesoutiwou* (les Pharaons).[7]

- *Proposer des lignes d'interprétation* qui permettent d'esquisser une herméneutique cohérente, créative et dynamique de la pensée africaine dans ses fondements essentiels, en élucidant ses zones d'ombre et en mettant en lumière sa Visée principale.

---

[5] *Les Maximes de Ptahhotep. L'enseignement d'un sage au temps des pyramides*, trad. C. Jacq, Paris, MdV Editeur, 2016, 171.

[6] Nous utilisons le terme "revenir" au sens où l'entend Deleuze : « Revenir à l'être de ce qui devient. Revenir est l'être du devenir lui-même » (G. Deleuze, *Nietzsche et la philosophie*, Paris, PUF, 1962, 28). Le revenir est une « mémoire rêvant d'avenir » (G. Biyogo, *Histoire de la philosophie africaine*, Livre IV, Paris, L'Harmattan, 2006, 46).

[7] "*Nesout*" (pluriel "*nesoutiwou*") est l'un des titres officiels des souverains de Khemet. On les appellera plus tard "Pharaons". Ce second terme dérive du mot "*Per-aa neb*", littéralement "le seigneur ou le maître de la Grande Demeure" (le Palais Royal)". "Nesout" signifie "Celui/celle qui vient du sud".

- S'appuyer, enfin, sur les ressorts de cette pensée pour *ouvrir des perspectives innovantes* dans tous les domaines de la vie sociale, culturelle, spirituelle et politique. Le Retour, dans cette optique, est une *démarche rétroprospective*. Contrairement aux défenseurs du modernisme illuministe, les philosophes du Revenir soutiennent que la modernité ne s'invente pas *ex nihilo*, mais s'inscrit dans une "chaîne ininterrompue d'innovations" qui forme en soi une tradition :

> « A l'intérieur d'une certaine manière d'ordonner le réel, à l'intérieur de cadres symboliques déterminés, la créativité historique peut se déployer indéfiniment. Il n'y a donc pas à opposer tradition et modernisme. Si la tradition est un système d'identification, on comprendra qu'elle peut se transposer entièrement dans la modernité »[8]

On ne peut construire le futur en faisant abstraction du passé. L'idéogramme "Sankofa" (Ꙩ) traduit cette double idée de "*tradition*" et de "*rénovation*", de "*rétrospective*" et de "*prospective*" (d'où la notion de "*Rétroprospective*"). L'oiseau a la tête tournée en arrière et les pattes propulsées en avant. Justin Gammage écrit à propos de ce "sapientogramme" :

> « The word Sankofa is an Akan word that litterally means "go back to fetch it". It refers to the process of *going back* to the past in order to build the future. Sankofa suggests that Africans must *return* to the source for inspiration and direction for the future. The term is used as a concept in many discourses in Black Studies and has come to represent much of the intellectual fervor for *returning* to classical civilizations for models in education and culture. »[9]

---

[8] F. Eboussi Boulaga, *La crise du Muntu. Authenticité africaine et philosophie*, Paris, Présence Africaine, 1977, 157.

[9] J. Gammage, "Sankofa", in M. K. Asante, A. Mazama, *Encyclopedia of Black Studies*, California, Sage Publications, 2005, 425. Nous soulignons.

En philosophie, il existe plusieurs courants de la Pensée du Retour.[10] La perspective que nous adoptons est celle de l'*Uha* telle qu'elle a été définie. Cheikh Anta Diop fut un des pionniers de cette approche du Retour. Il consacra son œuvre et sa vie à la réhabilitation des Humanités nubi-égyptiennes, socle culturel sur lequel doit s'édifier, selon lui, la Renaissance Africaine.

La perspective diopienne du Retour

Dans sa croisade contre la pensée diopienne, François-Xavier Fauvelle croit identifier trois types de nostalgie dans les écrits du savant sénégalais : la nostalgie de la vérité, la nostalgie des origines et la nostalgie de l'être.[11] C'est surtout la question des origines qui retient l'attention de l'historien français. À ses yeux, Diop n'aurait fait que produire une histoire mythique où l'origine apparaît comme un état de pureté. Ramsès L. Boa Thiémélé s'étonne de cette position de Fauvelle. Il se demande si ce dernier a une claire compréhension des fondements philosophiques de la notion d'*origine* :

> « Est-ce pour avoir méconnu la force autoritaire du commencement, la valeur de l'origine, de l'originaire ou de l'originel que F-X Fauvelle ne comprend pas que l'origine se caractérise par l'état de plus grande pureté ? Toute origine n'est-elle pas essentiellement pure ? ».

Il s'agit, bien entendu, d'une pureté symbolique. Ce qui importe, c'est l'élan que suscite "l'originaire". Un élan horusien de réviviscence ou de

---

[10] Voir K. Löwith, *Nietzsche. Philosophie de l'éternel retour du même*, Paris, Hachette, 2017 ; J-B. Gourinat, « Eternel retour et temps périodique dans la philosophie stoïcienne », in *Revue Philosophique de la France et de l'étranger*, 2002/2 (tome 127), 213-227 ; C. Chamouton, « Levinas, la Pensée du Retour à la croisée des philosophies grecques et juives », in *Acta fabula*, vol. 9, n° 4, 2008 ; B. Levy, *La Pensée du Retour après Rosenzweig et Levinas*, Paris, Verdier, 2020.

[11] F-X Fauvelle, *L'Afrique de Cheikh Anta Diop. Histoire et idéologie*, Paris, Editions Karthala, 1996.

renaissance (*uhem mesut*).[12] Cette pensée des origines n'est pas une exclusivité diopienne ; elle est le fondement de la philosophie généalogique de Nietzsche, lui qui, comme dit Thiémélé, estimait que « la Grèce antique constituait la référence pour tout Européen animé du désir de créer ». Diop et Nietzsche nous rappellent que

> « bien souvent, mais surtout en période d'incertitude et de crise, la quête des origines permet à l'esprit humain de surmonter la séparation ontologique et historique. Malheureusement, animé du désir de "psychanalyser" l'œuvre de Ch. A. Diop, F-X. Fauvelle n'a pas su apprécier la nature métaphysique de la recherche de l'origine ».[13]

Il est pour le moins curieux que le chercheur du Collège de France ait eu recours à la psychanalyse pour critiquer la philosophie diopienne du Retour alors que cette discipline, si on s'en tient aux théories freudiennes, se fonde elle-même sur la démarche du Revenir.[14]

Dans la pensée occidentale contemporaine, Heidegger est un autre philosophe de la quête des origines. Il conçoit l'origine aussi bien comme "provenance" que comme "dérivation". Le retour à l'origine présuppose selon lui un double mouvement : un mouvement rétrospectif (*Andenken*) dont la finalité est la réappropriation du passé et un mouvement prospectif (*Vordenken*) tourné vers le futur. Commémoration et Rénovation, telle est la double dynamique de la quête des origines. (Nous avons vu que c'est la même idée que traduit l'idéogramme Sankofa). Comme Nietzsche, Heidegger considère la Grèce comme le berceau de l'histoire et de la pensée européennes.[15] Il n'en fait pas cependant un mythe fictif, même s'il l'idéalise

---

[12] "*Uhem Mesut*", en égyptien pharaonique, signifie : "renouvellement (*whm*) des naissances (*mswt*)". Une période de l'histoire politique de l'Égypte a été désignée sous ce vocable. Elle débute avec l'accession au trône du Pharaon Ramessou XI (1107-1078 avant notre ère).

[13] R. L. Boa Thiémélé, *Nietzsche et Cheikh Anta Diop*, Paris, L'Harmattan, 2007, 18.

[14] S. Freud, *Introduction à la psychanalyse*, Paris, Payot, 1979.

[15] M. Heidegger, *Qu'appelle-t-on penser ?* trad. A. Becker et G. Granel, Paris, PUF, 1954.

excessivement. Pour lui, l'aurore grecque marque un commencement réel, temporellement situé, un « moment d'authenticité » vers lequel il faut revenir constamment, à la fois comme un lieu d'ancrage et comme le lieu d'un surgissement à explorer continuellement.

S'appuyant sur des sources historiques et archéologiques, Diop montre qu'avant l'aurore grecque, il y eut le Grand Matin Nègre, le Matin du Surgissement Initial. En effet, c'est du cœur de l'Afrique que, par un concours de circonstances, l'Aube de l'Histoire Humaine a surgi. C'est le Grand Commencement ! C'est aussi en Afrique, sur les bords du Nil, que vont émerger les premières grandes civilisations de l'Humanité. C'est un autre Commencement ! Ces deux moments du temps inaugural constituent des repères historiques universels :

> « Les dernières découvertes scientifiques […] font de l'Afrique le berceau de l'humanité […]. Depuis l'apparition de l'*homo sapiens*, de la haute préhistoire à nos jours, nous pouvons retracer nos origines en tant que peuple, sans solution de continuité notable. À la haute préhistoire, dans un puissant mouvement sud-nord, les peuples africains, partis de la région des Grands-Lacs, se sont glissés dans le bassin du Nil. Ils y ont vécu en grappes pendant des millénaires. Aux temps protohistoriques, ils créèrent la civilisation soudanaise nilotique et la civilisation égyptienne. Ces deux premières civilisations nègres furent aussi les premières du monde ».[16]

Si le commencement est historiquement situé, il n'est pas figé dans un temps révolu ou imaginaire. Il est mouvement. Il marque un début. Il "fait être". C'est un coup d'envoi, un point de départ, qui fait "sortir du néant". À cet égard, tous les commencements sont des moments paradigmatiques qui méritent d'être "re-commencés", dans une dynamique de réappropriation créative. La mémoire de la Grande Geste du Commencement invite incessamment à une reprise de l'initiative historique. Le but de la tradition est de raviver cette mémoire du

---

[16] C. A. Diop, *Les fondements économiques et culturels d'un État Fédéral d'Afrique Noire*, Paris, Présence Africaine, 1974, 11.

commencement. Pour Bidima, la tradition est fondamentalement "transmission", "transfert", "trans-duction", "traduction".[17] Eboussi Boulaga la définit comme « un être-ensemble et un avoir-commun qui appellent à une destinée commune pour un agir-ensemble ».[18] Cet "être-ensemble" en vue de "l'agir-ensemble" n'a de sens et ne peut s'inscrire dans la durée que s'il s'enracine dans un socle commun qu'est la mémoire commune d'un commencement. La tradition n'est "projet", "ré-évaluation", "prospective", "re-création", "discontinuité" que dans la mesure où elle est d'abord héritage, rétrospective, continuité, mémoire, histoire, enracinement. En somme, elle est à la fois "origine" et "fin". Une fin « toujours à venir, à réaliser dans les limitations de la conjoncture ».[19]

C'est un acte de raison que de donner du sens à ce qui est, ce qui naît, ce qui advient, ce qui surgit du fond des âges et se perpétue en nous. Un acte de raison, un acte philosophique ! Quelle nostalgie des origines est philosophiquement justifiable ? Elle ne saurait être « celle qui voit la vérité dans l'origine, le fondement dans le commencement, la justification dans le temporel, mais bien celle qui cherche ses explications, ses fondements et ses vérités en s'orientant à l'aide de multiples principes d'intelligibilité ».[20] On trouve chez Diop une nostalgie créative, prospective et non passéiste. Chez lui, l'origine renvoie à la conscience d'une "mémoire rêvant d'avenir". Fauvelle lui reproche sa nostalgie de l'Être, de la Vérité et de l'Origine. Or, cette triple nostalgie, loin d'être le symptôme d'un "complexe de colonisé", indique simplement que « l'être de la personne déborde les cadres du présent et que son identité se reporte dans les lointains du passé et du futur où il trouverait sa mesure ».[21] C'est cela la conscience historique, telle que l'entend Gadamer :

---

[17] J-G. Bidima, *L'art négro-africain*, Paris, PUF, 1997, 113.
[18] F. Eboussi Boulaga, *La crise du Muntu*, Paris, Présence Africaine, 1977, 145.
[19] *Ibid.*, 158.
[20] R. L. Boa Thiémélé, *Nietzsche et Cheikh Anta Diop*, 47-48.
[21] R. L. Boa Thiémélé, *Nietzsche et Cheikh Anta Diop*, 49-50.

« Quand notre conscience historique se transporte dans des horizons historiques, cela ne signifie pas qu'elle s'évade dans des mondes étrangers sans rapport avec le nôtre. Au contraire, tous ensemble, ces mondes forment l'unique et vaste horizon, de lui-même mobile, qui, au-delà des frontières de ce qui est présent, embrasse la profondeur historique de la conscience que nous avons de nous-mêmes ». [22]

Comme le rappelle Obenga, en tout temps et en tout lieu « les êtres humains cherchent à se rattacher leur passé, le comprendre, l'interroger en fonction du présent, jouir de leur mémoire culturelle locale, développer leur conscience historique typique, s'ouvrir (en connaissance de cause) à l'histoire globale de l'humanité ». [23]

Pour Diop, l'Égypte *nesoutique* (pharaonique) constitue un berceau civilisationnel et une source d'inspiration pour le Renouveau Culturel de l'Afrique :

« Pour nous, le *retour à l'Égypte* dans tous les domaines est la condition nécessaire pour réconcilier les civilisations africaines avec l'histoire, pour bâtir un corps de sciences humaines modernes, pour rénover la culture africaine. Loin d'être une délectation sur le passé, un regard vers l'Égypte antique est la meilleure façon de concevoir et bâtir notre futur culturel. L'Égypte jouera, dans la culture africaine repensée et rénovée, le même rôle que les antiquités gréco-latines dans la culture occidentale. » [24]

Un peu avant sa mort, Diop revient sur cette question cruciale du Retour :

« Le fait de renouer avec l'Égypte n'a pas une autre signification, un autre intérêt ; c'est uniquement à ce prix que

---

[22] H-G. Gadamer, *Vérité et méthode. Les grandes lignes d'une herméneutique philosophique*, Paris, Seuil, 1996, 326.
[23] T. Obenga, *Le sens de la lutte contre l'africanisme eurocentriste*, Paris, Khepera/L'Harmattan, 2001, 86.
[24] C. A. Diop, *Civilisation ou barbarie. Anthropologie sans complaisance*, Paris, Présence Africaine, 1981, 12.

nous pourrons bâtir un corps de sciences humaines et même de sciences exactes sinon, toute notre recherche est vouée au néant. Tout ce que nous faisons sera peine perdue, parce que nous n'aurons pas réintroduit la dimension historique sans quoi il n'y a pas de science possible ».[25]

Plusieurs auteurs ont mis en évidence l'influence des idées de Marcus Garvey, l'Apôtre du "*Back to Africa*", sur la formation intellectuelle de Diop. Pathé Diagne rapporte que pendant ses études secondaires, le jeune lycéen fut sanctionné « pour avoir distribué de la littérature garveyiste ». Selon Ibrahima Baba Kaké, c'est en lisant Garvey que Diop a pris conscience de la grandeur de l'histoire des Noirs. Jean-Marc Ela voit dans *Nations Nègres et culture* « toute la substance et la pertinence » des idées du grand panafricaniste jamaïcain.[26] Au fond, c'est l'ensemble de l'œuvre diopienne qui s'ordonne autour de la topique garveyiste du retour aux sources. Dans un article publié en 1952, le *Sesh* déplore l'oubli des origines chez les Africains :

> « Le Nègre ignore que ses ancêtres, qui se sont adaptés aux conditions matérielles de la vallée du Nil, sont les premiers guides de l'humanité dans la voie de la civilisation ; que ce sont eux qui ont créé les arts, la religion (en particulier le monothéisme), la littérature, les premiers systèmes philosophiques, l'écriture, les sciences exactes (physique, mathématiques, mécaniques, astronomie, calendrier), la médecine, l'architecture, l'agriculture, etc. à une époque où le reste de la Terre (Asie, Europe : Grèce, Rome) était plongé dans la barbarie. »[27]

---

[25] C. A. Diop, Table Ronde, Radio Cameroun : « L'Égypte pharaonique et le continuum historique africain », in Prince D. A. N. Bonambela, *Hommage du Cameroun au Professeur Cheikh Anta Diop*, Dakar, Panafrica / Silex / Nouvelles du Sud, 2006, 61-62.

[26] J-M Ela, *Cheikh Anta Diop ou l'honneur de penser*, Paris, L'Harmattan, 1989, 108 ; P. Diagne, *Cheikh Anta Diop et l'Afrique dans l'histoire du monde*, Dakar/Dakar, Editions Sankoré/L'Harmattan, 1997, 13, 108 ; I. B. Kaké, *Mémoire de l'Afrique. La diaspora noire*, Abidjan/Dakar, Nouvelles Editions Africaines, 1976, 36.

[27] C. A. Diop, « Vers une idéologie politique africaine », in *Alerte sous les tropiques. Articles 1946-1960*, Paris, Présence Africaine, 1990, 48. "*Sesh*" signifie en Cikam

Dans le même article, il indique les avantages que les Africains pourraient tirer de la redécouverte de leurs racines historiques et culturelles : la reconquête de l'estime de soi, la désaliénation, la rénovation de la culture, la reconfiguration des paradigmes, etc. En 1954, paraît l'œuvre majeure qui va attirer sur le jeune chercheur les foudres des "africanistes" :

> « Georges Balandier vit dans *Nations Nègres* "un ouvrage touffu comme la forêt vierge" ; Jean Devisse s'interrogea sur les "motivations psychologiques" de l'auteur qui souffrirait d'un "complexe de colonisé" ; Jean Suret Canale déplorait le fait que Cheikh Anta Diop, pourtant formé aux disciplines scientifiques les plus exigeantes se soit écarté de la démarche rationnelle "pour se livrer à des spéculations" ».[28]

On reproche à l'impertinent auteur d'avoir voulu « rétablir la continuité du passé historique des peuples africains en élaborant une conscience

---

(égyptien pharaonique), "scribe", "savant". C. Anta Diop mérite bien ce titre prestigieux des savants de l'antiquité. Quel serait l'esprit assez osé pour prétendre le lui dénier ?

[28] T. Obenga, « La maîtrise sans faille des sciences et des techniques modernes, telle est l'ambition de la jeunesse noire et africaine consciente », in *Black Match International*, n° 09, Sept-oct., 1999, 12. Il faut souligner que Jean Devisse a revu sa position vis-à-vis de Diop. Au cours d'une Table Ronde diffusée sur Radio Cameroun en janvier 1986, il avoua, en présence de Diop lui-même, les motifs idéologiques pour lesquels les idées développées dans *Nations Nègres* étaient jadis combattues : « Il y a une catégorie de contestations qui encore est très répandue, il faut le dire au Nord en particulier ; c'est une contestation qui repose sur les données culturelles enseignées, acquises à partir de l'éducation des jeunes Européens ou des jeunes américains. […] Il n'est pas possible d'admettre que les capacités techniques des Africains soient égales ou supérieures à celles des gens du Nord, etc… Nous sommes là au cœur d'un débat politique ». Devisse ajoute : « Il y a un deuxième type de contestation, c'est celui d'un certain nombre de chercheurs de bonne ou de moins bonne foi qui sont divisés parfois ; cette division comporta d'une part, des gens de très mauvaise foi qui refusent de prendre en considération, nous l'avons vu lors du Colloque du Caire, qui refusent de discuter, qui refusent d'ouvrir sérieusement un débat ; puis, il y a d'autre part, des chercheurs de bonne foi, et ceux-là ne se rallient pas forcément d'un seul coup, ce n'est pas une reddition, il ne s'agit pas d'une guerre ou d'une capitulation, ce qui serait indigne de vous et de nous. Il ne s'agit pas de cela et je remercie beaucoup le Professeur Cheikh Anta Diop de m'avoir si clairement montré l'autre voie ». Table Ronde à Radio Cameroun : « l'Égypte pharaonique et le continuum historique africain », in Prince D. A. N. Bonambela, *Hommage du Cameroun au Professeur Cheikh Anta Diop*, op. cit., 52-53.

historique, le tout sur des bases strictement scientifiques » (Obenga). Dans *Les fondements économiques et culturels d'un État fédéral d'Afrique noire* (1960), il montre que l'unité politique présuppose la conscience d'une origine culturelle commune. Il consacre une œuvre à cette question : *L'unité culturelle de l'Afrique noire* (1959). Dans cet essai, il tente de dégager et d'expliquer « tous les traits communs aux Africains, depuis la vie domestique jusqu'à celle de la nation, en passant par la superstructure idéologique, les succès, les échecs et régressions techniques ».[29] Dans le dixième chapitre de *L'Afrique noire précoloniale* (1960), il apporte des preuves décisives qui confirment que les principaux peuples de l'Afrique occidentale et les autres peuples se trouvant au sud du Sahara descendent de la Vallée du Nil. Ils ont donc une origine historique et culturelle commune. Mais le savant sénégalais ne s'arrête pas là. Dans *Antériorité des civilisations nègres* (1967), il aborde la problématique de l'origine africaine de l'humanité. En 1977, il établit de manière plus systématique la *Parenté génétique de l'Égyptien pharaonique et des langues négro-africaines*. Il ressort de cette étude que la langue pharaonique et les autres langues africaines dérivent d'une « langue mère commune que l'on peut appeler le paléo-africain, l'Africain commun ou le Négro-africain de L. Homberger ou de Th. Obenga ».[30] *Civilisation ou barbarie* (1981) est une œuvre de synthèse où Diop reprend les thèmes majeurs de sa pensée : l'origine négro-africaine de l'humanité et de la civilisation, l'étude des lois qui gouvernent l'évolution des sociétés, la question de l'identité culturelle, le legs de l'Afrique ancienne dans les domaines de la science, de la philosophie, de l'art et de la spiritualité.

Au regard de ce qui précède, il est bien justifié de considérer Diop comme un "penseur des origines", un "philosophe du Retour". S'il est

---

[29] C. A. Diop, *L'unité culturelle de l'Afrique noire. Domaine du patriarcat et du matriarcat dans l'antiquité classique*, Paris, Présence Africaine, 1982, 7.

[30] C. A. Diop, *Parenté génétique de l'Égyptien ancien et des langues négro-africaines*, Université de Dakar, IFAN, Nouvelles Editions Africaines, 1977, XXV. Il y a, écrit Diop, parenté génétique entre deux langues quand « les concordances sont nombreuses et se vérifient pour des systèmes complets ».

autant préoccupé par le problème de l'origine, c'est pour « comprendre également l'Afrique en devenir ».[31] Il faut rappeler les trois enjeux de sa démarche :

- La réintroduction du critère de la *Continuité Historique* dans le champ des études africaines
- Le rétablissement de la *Conscience Historique* africaine
- La réflexion prospective sur les conditions d'une reprise, par l'Afrique, de l'*Initiative Historique*.

Tous les auteurs dont nous examinerons les travaux ne se revendiquent pas "diopiens" ou "diopistes". Tous cependant ont, comme le savant sénégalais, adopté la démarche du Retour.

Les objectifs et le cadre théorique de l'étude

Le but de cette étude n'est point d'élaborer un traité systématique de la Philosophie du Retour, mais de montrer, à travers les œuvres de certains chercheurs africains, comment elle se constitue comme une topique et une épistémologie dignes d'intérêt. L'ensemble des œuvres sur lesquelles nous nous sommes penché forme une sorte de "Mosaïque du Retour", qui laisse voir des traits variés d'une pensée des genèses orientée vers un projet de refondation : la Renaissance Africaine. Les thématiques abordées se rapportent à la quasi-totalité des champs philosophiques : la théorie de la connaissance, l'ontologie, la cosmologie, l'anthropologie, la logique, l'éthique, l'esthétique, la théologie, la philosophie politique et sociale. Avec cette variation des thèmes, nous avons voulu apprécier la pertinence de la "Pensée Africaine Fondamentale" sous plusieurs angles. C'est surtout la Visée première de cette Pensée qui la rend pertinente. Il nous semble que cette Visée s'identifie à l'Idéal de la Maât. Idrissa Cissé affirme, à juste titre,

---

[31] R. L. Boa Thiémélé, *Nietszche et Cheikh Anta Diop*, 133.

que cet Idéal s'affirme comme « l'horizon même du rêve nègre, le chemin solaire que le génie nègre n'a pas manqué de défricher […] sur le continent ».[32] La plupart des philosophes du Retour font explicitement ou tacitement référence au Principe Maâtique comme principe fondateur. "Maât" renvoie à cinq ordres de réalité ou de vérité :

- Une réalité cosmologique : Maât est la loi universelle qui gouverne le cosmos
- Une réalité éthique : Maât est la Valeur par excellence, la Vertu suprême
- Une réalité esthétique : Maât est le critère ultime du Beau
- Une réalité sociopolitique : Maât est la Justice, l'Equité, la Solidarité communautaire
- Une réalité eschatologique : Maât est le critère d'évaluation du "cœur" de l'homme lors du jugement post-mortem.

Notre souhait, c'est que l'Afrique contemporaine renoue avec cette sève vivifiante de la Pensée Maâtique dans tous les domaines de la vie sociale, politique, culturelle et spirituelle. La finalité de cette Pensée, c'est le *Kheper-Ankhu*, c'est-à-dire le Perfectionnement Perpétuel de l'Être Humain à travers la quête de la connaissance (*Rekhet*) et la pratique de l'*Ubuntu* ou du *Gbɛsù*.[33]

Nous tenons à préciser que ce qu'on va lire dans les pages qui suivent n'est qu'une esquisse herméneutique. Aucune interprétation n'épuise le sens. La Pensée Africaine Fondamentale se donne à lire comme un lieu de réinvention du sens et non comme un lieu fantasmagorique du sens perdu ou du sens pétrifié. Le "retour", écrit Eboussi Boulaga, « pourrait se perdre dans les sables dorés de la nostalgie s'il se contentait de viser à réintégrer le Paradis perdu ».[34] Ce qui compte, après tout, c'est ce que la quête du sens nous incite à accomplir de beau, de noble, d'humain, ici et

---

[32] I. Cissé, *Césaire et le message d'Osiris. L'humanisme de la diversité*, Paris, L'Harmattan, 2009, 216.

[33] Pour l'explication des concepts philosophiques d'origine africaine, voir le "Glossaire" à la fin du volume.

[34] F. Eboussi Boulaga, *La crise du Muntu*, op. cit., 158.

maintenant. L'herméneutique que nous proposons se veut dialogique et dialectique. Nous confrontons nos vues avec celles des auteurs dont nous examinons les œuvres. Nous avons fait nôtre l'orientation générale de leur pensée. Toutefois, nous n'hésitons pas à émettre des réserves et des critiques lorsque leurs interprétations nous semblent, par endroits, discutables. Parfois s'est imposée à nous la nécessité d'approfondir leurs réflexions par des éclairages complémentaires. En revanche, notre critique est plus tranchante vis-à-vis des auteurs que nous qualifions, faute de mieux, d'*euro-assimilationnistes* ou d'*euro-modernistes*. Ces derniers ont certes contribué à un certain "éveil philosophique" dans l'Afrique contemporaine, mais nous ne partageons ni leurs postulats de départ, ni le paradigme eurocentriste dans lequel ils se sont murés.

Les apprentis-philosophes, dit-on, jouent avec les mots et s'amusent à en créer. N'en ont-ils pas le droit ? En tout cas, nous n'avons pas pu résister à l'attrait de ce jeu. Il nous a semblé opportun de proposer des termes puisés dans nos langues (en particulier le Cikam et le Fon) pour exprimer certains concepts. Nous proposons, par exemple, le terme "*Djed-Rekh*" (⚒) pour désigner ce que nous avons appelé la "Pensée Africaine Fondamentale". Mudimbe préfère, lui, l'expression *African gnosis*. Il présente comme suit l'ensemble des questions qu'il aborde au sujet de cette gnose dans son célèbre ouvrage *The Invention of Africa* :

> « The book attemps, therefore, a sort of archaeology of African gnosis as a system of knowledge in which major philosophical questions recently have arisen: first, concerning the form, the content, and the style of "Africanizing" knowledge; second, concerning the status of traditional systems of thought and their possible relation to the normative genre of knowledge. »[35]

Ces problématiques seront réexaminées ici, dans une perspective diopienne.

---

[35] V. Y. Mudimbe, *The Invention of Africa. Gnosis, Philosophie, and the Order of Knowledge*, London, Indiana University Press, 1988, x.

Revenons à notre concept (celui de "gnose" nous semble quelque peu ambigu). "*Rekh*" ou "*Rekhet*" (dont l'idéogramme est le "*mdjat*", le papyrus noué [⚍]) signifie en égyptien pharaonique, "raison", "connaissance" et "*djed*" veut dire "pilier". La Djed-Rekh, c'est l'ensemble des productions intellectuelles, des savoirs et des systèmes de pensée de l'Afrique Ancestrale. Elle comprend :

- La philosophie africaine classique
- Le patrimoine scientifique africain
- Les systèmes de représentation symbolique
- La Doctrine Spirituelle Ancestrale (DSA) ou le "Djed-Unnefer".[36]

Nous appelons "Corpus Ancestral" (Djed-Tchawou) l'ensemble des collections de textes où sont consignés ces savoirs (la "Bibliothèque Antécoloniale"). La Djed-Rekh est un champ de recherche assez vaste. Loin de nous la prétention d'embrasser tout ce champ. Nous tentons simplement d'en offrir une vue panoramique, en invitant le lecteur à parcourir avec nous certaines clairières.

Nous utiliserons souvent les notions de *Tradition* et d'*Ancestralité*. (Le symbole du *Djed* [𝌆] renvoie à ces notions). Dans notre entendement, les deux concepts font référence aussi bien à la mémoire historique et culturelle qu'à ce que Felwine Sarr appelle l'*Afrocontemporaneité*, c'est-à-dire « ce temps présent, ce continuum psychologique du vécu des Africains, incorporant son passé et gros de son futur ».[37] La Tradition ou l'Ancestralité n'est pas enfouie dans un lointain passé fantasmé ; elle est "en nous". C'est le "lieu" de notre présence au monde, une présence qui se veut dynamique et créative. L'idée de "tradition prospective" prend ici tout son sens : « La tradition devient prospective si, après avoir critiqué le présent, elle présente le projet d'un monde autre ». La tradition prospective est une "mémoire vigilante", une "utopie créative", sans cesse en quête d'une "rationalité supérieure" et de "modèles d'organisation d'une communauté plus humaine". Elle est

---

[36] Pour plus de détails sur le terme "*Unnefer*", voir les Chapitres 12, 18, 19.
[37] F. Sarr, *Afrotopia*, Paris, Editions Philippe Rey, 2016, 41.

toujours « le résultat d'un dialogue avec la nature, avec les lieux, au fil du temps ».[38]

Pour nous, l'Ancestralité n'est pas que biologique ; elle est surtout culturelle et spirituelle. Elle est assumée sans complexe comme Repère Axiologique, un repère centré sur la Tradition entendue comme mémoire critique et prospective. Le concept de "tradition" se traduit en langue Fon par le terme "hwɛndo", littéralement, "sillon". L'Ancestralité, c'est ce qui nous situe dans une trajectoire, une continuité historique, et nous projette vers le futur. Il incombe à chaque génération de désherber, de redresser, d'élargir et de prolonger le Sillon laissé par les Ancêtres. « *Hwɛndo ma bú* », dit l'adage : "le Sillon ne se perdra pas".

***

Qu'il nous soit permis d'exprimer notre gratitude à notre frère et ami Kpossi Didier Eklou pour son regard critique et ses judicieuses observations. Il y a longtemps que nous naviguons dans le Clair-obscur, confiants et déterminés, cherchant à atteindre le large. Duc in altum ! Akpé Káká loo !

Un sincère merci également à Maurice Elder Hyppolite dont l'aide nous a été précieuse dans la phase de relecture du manuscrit. Il sait les liens de sang, de culture et d'histoire qui lient indissolublement l'Afrique-Mère à sa terre natale, Haïti, la Perle des Antilles, la terre où « la Négritude se mit debout » pour redire à la face du monde « qu'elle croyait en son humanité » (A. Césaire). De cette terre si féconde en esprits fulgurants, nous est venu un des penseurs les plus brillants, Anténor Firmin, pionnier de la Philosophie du Retour. À ce Noble Héritier de la Révolution Haïtienne, à Cheikh Anta Diop, le Grand *Sesh* de la Cour de Djehuty, ainsi qu'à tous les enfants d'Afrique, "répandus sur l'orbe immense de la terre", nous dédions ce fruit de notre labeur. Nous le dédions aussi à la mémoire de notre très chère mère, Thérèse

---

[38] F. Eboussi Boulaga, *La crise du Muntu*, 157-158.

Aguiar qui, le soir venu, a accompli le voyage du Grand Retour vers l'Horizon Lumineux. Que son Ka divin soit à jamais vivifié et que son Bâ repose dans les Jardins fleuris de la Paix. Ashɛ ! Ni cɛ !

-I-
Statut et portée philosophique
de la Pensée Sapientiale Africaine

sb3 r=k sw r mdw.t ẖr(y)-ḥ3t

Enseigne-lui la parole des ancêtres

(Ptahhotep, v. 37)

CHAPITRE 1 :
La dramatisation de l'idée dans les genres sapientiaux :
Étude de deux contes philosophiques africains

C'est à nous pencher sur nos textes anciens que nous sommes invités.

(G. Biyogo)

Pour les bambins qui s'ébattent au clair de lune, mon conte est une histoire fantastique. Pour les fileuses de coton pendant les longues nuits de la saison froide, mon récit est un passe-temps délectable. Pour les mentons velus et les talons rugueux, c'est une véritable révélation.

(A. Hampâté Ba).

1. Notes introductives

Mamoussé Diagne est l'auteur d'une œuvre imposante : *Critique de la raison orale. Les pratiques discursives en Afrique noire.* Bonaventure Mvé-Ondo résume comme suit le propos du livre :

> « Il ne s'agit pas, dans cet ouvrage, d'une énième mise en perspective de l'oral face à l'écrit, mais de la spécification d'une interrogation : Et s'il y avait, au cœur même de l'oralité, quelque chose comme une écriture ? – l'écriture étant pris en son double sens d'inscription et de production » (Préface).

Le propos est donc de mettre en lumière une certaine forme "d'écriture orale" dont les traits caractéristiques seraient, d'une part, la fixation et la transmission par le biais de la mémoire (*inscription*) et, d'autre part, la « mise en musique ou en mots de ce qui était encore en attente » (*production*). Cette façon d'entrevoir les choses est sans doute une trouvaille ingénieuse, mais elle est loin de nous sortir de la "mise en perspective de l'oral face à l'écrit". Il est évident que c'est par un glissement de sens qu'on parle ici d'*écriture* et que cet usage du mot est plutôt métaphorique. Il renvoie à "quelque chose comme une écriture". La ligne de démarcation reste donc tangible. Le recours au concept d'écriture pour caractériser ou valoriser l'oralité reste sans issue. Diagne lui-même peine à sortir de ce carcan de l'oralité. Conscient des présupposés et des implications idéologiques que charrie ce concept, il écrit :

> « La notion même de sociétés "sans écriture" faisant de l'espace des civilisations africaines l'aire du "privatif" serait mal fondée. En effet, il n'est pas juste de décréter, au vu des résultats de l'archéologie et des travaux qui renouvellent la recherche sur cette question, que l'Afrique noire a ignoré purement et simplement l'usage de l'écriture. C'est ainsi qu'un auteur comme Simon Battestini, dans un travail d'une remarquable érudition intitulé Ecriture et textes – une contribution africaine, s'attaque frontalement à la thèse qui veut que l'Afrique ait méconnu, jusqu'à son contact avec l'Europe (ou avec la civilisation arabe), tout usage de l'écriture. »[39]

Malgré cette mise au point, l'auteur ne s'écarte pas des sentiers battus. Il se propose de « penser à la fois comment la civilisation de l'oralité (que l'Afrique a en partage avec d'autres aires culturelles) dit, en se

---

[39] M. Diagne, *Critique de la raison orale. Les pratiques discursives en Afrique noire*, Paris, Khartala, 2005, 33. En dehors de l'ouvrage de Battestini, lire aussi J. Habib Sy (ed.), *L'Afrique, berceau de l'écriture et ses manuscrits en péril. Vol. 1, Des origines de l'écriture aux manuscrits anciens (Égypte pharaonique, Sahara, Sénégal, Ghana, Niger)*, Paris, L'Harmattan, 2014. Les ethnologues ont souvent créé une confusion entre l'idée d'une Afrique caractérisée par une civilisation de la Parole et l'idée d'une Afrique sans écriture. La notion de "civilisation de la Parole" n'est pas nécessairement liée à l'oralité. Elle traduit plutôt « une certaine conception de l'homme, de sa place et de son rôle au sein de l'univers. Pour mieux la situer dans son contexte global, il nous faut donc, avant de l'étudier dans ses divers aspects, remonter au mystère même de la création de l'homme et de l'instauration primordiale de la Parole » (A. Hampaté Ba, « La tradition vivante », in J. Ki-Zerbo (ed.), *Histoire Générale de l'Afrique. Vol 1. Méthodologie et préhistoire africaine*, Paris, Unesco, 1999, 193). Claver Boundja, qui s'est proposé d'examiner la "métaphysique africaine de la parole", n'a pas manqué, lui non plus, de confondre oralité et civilisation de la Parole. (C. Boundja, *Métaphysique africaine de la parole*, Paris, L'Harmattan, 2019)

différenciant de la civilisation de l'écrit » ou encore de « cerner la possibilité de formulation des énoncés en rapport avec les contraintes que le contexte oral peut exercer sur l'enveloppe formelle, la structuration et le contenu de ce qui est transmis ».[40] Contrairement à ce qu'annonce la Préface, on voit bien qu'en présentant la civilisation africaine comme une "civilisation de l'oral" et en différenciant celle-ci de la "civilisation de l'écrit", on consacre la dialectique "oral-écrit". C'est le défaut majeur de ce travail colossal. L'auteur colle indistinctement l'étiquette de l'oralité à tous les matériaux qu'il glane. On note dans sa démarche une triple confusion :

- une confusion entre textes et contextes

- une confusion entre structures textuelles et pratiques discursives

- une confusion entre structures textuelles et mécanismes d'archivage ou de transmission.

Voulant expliquer, par exemple, la centralité de l'image ou de la métaphore dans les textes traditionnels, il affirme que ce fait ne relève pas seulement de l'ornemental, mais des contraintes de l'oralité. La métaphoricité aurait, dit-il, une « fonction décisive dans les civilisations de l'oralité ». Il précise : « Notre thèse consiste à soutenir qu'il y a là l'expression d'une nécessité découlant d'une contrainte impliquée par le fait oral lui-même. Ce qui, du coup, élève ce phénomène au rang de caractéristique fondamentale d'une civilisation de l'oralité ».[41] Deux faits semblent échapper à Mamoussé Diagne :

a- Il n'est nulle part prouvé que dans les sociétés africaines le recours fréquent à l'image caractérise la plupart des actes de discours. Dans les conversations ordinaires par exemple, il n'est pas évident que les Africains, dans leur grande majorité, communiquent essentiellement par images ou métaphores. À moins de soutenir, comme certains ethnologues, que les langues africaines sont essentiellement des "langues-à-images". Si c'est le cas, il faudra démontrer en quoi cela

---

[40] M. Diagne, *Critique de la raison orale*, 18, 19.
[41] *Ibid.*, 59.

constitue une exclusivité africaine. En outre, si ce fait linguistique venait à être dûment établi, il ne serait pas spécifiquement lié à l'oralité, mais plutôt à l'univers de signification de la langue.

b- La métaphore est prisée dans des actes de discours spécifiques (les déclamations et invocations rituelles par exemple) ; elle foisonne dans les textes à statut particulier (textes sapientiaux, poétiques, etc.). La structuration ou la composition de ces textes dépend bien plus des canons stylistiques de leurs genres respectifs que des contraintes de la transmission orale. Tous les types de textes que l'auteur a étudiés appartiennent au genre sapiential : sentences, maximes, récits didactiques, épopées, mythes, etc. La métaphore joue un rôle primordial dans cette typologie de textes, indépendamment du contexte oral ou écrit. D'ailleurs, Diagne note un usage fréquent de la métaphore dans les œuvres poétiques des civilisations dites "de l'écrit". Il tente d'abord de minimiser ce fait en indiquant qu'il ne se produit pas « avec la même fréquence » que dans les civilisations "orales". Ce qui n'est nullement prouvé. Ensuite, il ébauche une explication : « Que la poésie soit un écart par rapport au langage ordinaire, cela s'indique dans l'usage qu'elle fait de la métaphore. De nombreux travaux (comme ceux du Groupe Mu) sont aujourd'hui consacrés à ce qu'on appelle la "stylistique de l'écart" ». On peut recourir à la même notion de "stylistique de l'écart" pour examiner les textes sapientiaux africains sans devoir recourir à la panacée de l'oralité. À propos justement du mythe de l'oralité, Pius Ngandu Nkashama écrit :

> « Comment imaginer que des thèses encyclopédiques continuent à être rédigées sur les "sociétés à traditions orales" par ceux-là mêmes qui avouent dans les "préfaces" et les préliminaires, presque à contrecœur, que les sociétés décrites dans leurs recherches avaient connu des périodes d'écriture pendant plusieurs siècles, jusqu'à l'avènement de l'invasion coloniale au milieu du siècle dernier ? Et en même temps, ils refusent de reconnaître que ces "longs siècles d'écriture" aient pu exercer de

l'influence sur leur "pensée" pour ne s'en tenir qu'aux légendes, contes et fables de l'oralité ? »[42]

Ces productions qu'on dit "orales", nous, nous les appelons simplement des "textes" (du latin *textum*, «tissage, agencement particulier du discours»). En dépit de ses limites, l'œuvre de Mamoussé Diagne ne manque pas d'intérêt. Judicieux, sans contredit, est le projet qui l'anime. Le philosophe sénégalais s'attache à déconstruire deux thèses : «la thèse, développée notamment par J. Goody et P. Hountondji, qui subordonne la possibilité de créer des concepts à la pratique de l'écriture» et « la thèse qui tend à considérer comme une "philosophie" la vision du monde collective de tel ou tel peuple ».[43] L'auteur a également le mérite de proposer des instruments conceptuels et méthodologiques qui s'avèrent utiles pour une herméneutique philosophique des textes sapientiaux. Il montre en particulier comment l'idée est "mise en scène" dans ces textes.

2. La dramatisation de l'idée : un mécanisme de production de thèses

Par "procédé de dramatisation", Diagne entend « la technique qui commande les modes d'élaboration, de transmission et d'archivage du patrimoine culturel des civilisations de l'oralité ».[44] En raison des critiques formulées plus haut, nous ne retenons de cette définition que ce qui concerne les modes d'élaboration ou d'encodage des idées dans les textes sapientiaux. Un enjeu philosophique justifie l'étude de ces procédés : « Si l'acquisition du savoir "profond" se fait au moyen de l'initiation, elle suppose la capacité de tenir un rôle et de le jouer dans

---

[42] P. Ngandu Nkashama, *Littératures et écritures en langues africaines*, Paris, L'Harmattan, 1992, 395.

[43] B. Mouralis, «Mamoussé Diagne et la question de la "raison orale" », in *Revue de littérature comparée*, 2012/1 (n° 341), 83.

[44] M. Diagne, *Le Preux et le Sage. L'épopée du Kayor et autres textes wolof. Transcription et traduction du wolof*, Paris, Orizons, 2014, 11.

un drame qui est, avant tout, le drame de la connaissance ». [45] C'est à travers ce drame que la vérité se dévoile (*aletheia*).

Pour analyser la *structure logique* des contes philosophiques, l'auteur adopte une méthode qui comprend quatre étapes :

(I)- *L'étude de la théâtralisation des thèses ou du mécanisme de production des thèses* : il s'agit d'examiner la mise en scène générale du récit comme une structure argumentative dont la finalité est de défendre une théorie ou un ensemble de thèses. Ici, les personnages incarnent des courants de pensée ou des idéologies qui s'affrontent. Les lieux et les circonstances sont à analyser comme des conditions de vérité ou de justification. Les séquences narratives s'organisent autour de situations-limites qui peuvent être analysées comme des « points d'articulation d'une pensée de la limite et d'une limite du pensable ».

(II)- *L'étude de l'axiomatique du récit*, c'est-à-dire l'ensemble des présupposés sur lesquels repose l'argumentaire mis en scène dans la narration.

(III)- *La mise en évidence du CQFD* : cela revient à dégager la thèse centrale du texte ; elle peut confirmer une idéologie dominante ou la contredire :

> « Lorsque le système axiomatique mis en place est suffisamment cohérent, de façon à produire des thèses d'un certain type et celles-là seulement et si, de surcroît, ces thèses véhiculent efficacement l'idéologie socialement dominante, il y a comme une situation "d'hégémonie" (au sens gramscien) qui rend peu sensible le parti pris latent. De telle sorte que l'équivalent du CQFD qui sanctionne ordinairement la fin du conte rencontre l'assentiment […]. Si, en revanche, ce sont des thèses paradoxales qui sont défendues dans un récit […], certains auditeurs concéderont en hochant la tête que ses

---

[45] M. Diagne, *Critique de la raison orale*, 61.

conclusions s'imposeraient si on acceptait les "règles du jeu", autrement dit l'axiomatique sur laquelle il se fonde. On peut alors lui accorder, au choix, le statut de l'exception qui confirme la règle, celui de la caricature ou de la contestation potentielle pouvant être mise en valeur dans d'autres circonstances. »[46]

(IV)- *La discussion* : procéder, au terme de l'analyse, à une relecture critique. Elle consiste à :

- Inscrire la problématique et l'axiomatique dans le contexte global de la réflexion philosophique ;

- Donner son propre jugement sur les thèses du récit et sur les interprétations qu'en donnent d'autres auteurs.

Essayons d'illustrer la démarche par l'étude de deux textes.

3. La dramatisation de l'idée dans deux contes philosophiques

Nsame Mbongo distingue deux types de contes : Le conte littéraire et le conte spéculatif ou philosophique. Dans les contes de la première catégorie, ce qui est d'abord visé, c'est la "production du plaisir esthétique" en vue du divertissement social. Par contre, les contes philosophiques « se distinguent par leur aptitude argumentative, en ce sens que derrière les aventures romanesques fabuleuses se profile un souci majeur de démonstration indirecte et de valorisation de concepts, idées, enseignements d'une grande portée intellectuelle ou éthique, au service de l'essor de la sagesse ».[47]

Les deux textes que nous étudierons portent le même titre : *"Vérité et Mensonge"*. L'un provient du Sénégal, l'autre de l'Égypte pharaonique. Ce sont deux versions d'un récit dont les trames sont ourdies

---

[46] *Ibid.*, 216.
[47] N. Mbongo, *La personnalité philosophique du monde noir. Contre-histoire de la philosophie*. Tome 2, Paris, L'Harmattan, 2013, 52-53.

différemment. Selon Mbongo, la valeur ou la teneur philosophique de ce récit réside, d'une part, dans son « souci de conceptualisation et de rationalisation » et, d'autre part, dans la mise en scène de « réalités abstraites porteuses d'une signification profonde et universelle ». Nous proposons ici une forme abrégée des deux versions.

Version A (Sénégal)[48]

« Fène-le-Mensonge avait grandi et appris beaucoup de choses. Il en ignorait beaucoup d'autres encore, notamment que l'homme […] ne ressemblait en rien au bon Dieu. Aussi se trouvait-il vexé et se considérait-il comme sacrifié chaque fois qu'il entendait dire : « Le Bon Dieu aime la Vérité » et il l'entendait souvent. D'aucuns disaient, bien sûr, que rien ne ressemble davantage à une vérité qu'un mensonge ; mais le plus grand nombre affirmait que la Vérité et le Mensonge étaient comme la nuit et le jour. Voilà pourquoi le jour où il partit en voyage avec Deug-la-Vérité, Fène-le-Mensonge dit à sa compagne de route :

- « C'est toi que Dieu aime, c'est toi que les gens préfèrent sans doute, c'est donc à toi de parler partout où nous nous présenterons. Car si l'on me reconnaissait, nous serions mal reçus ».

Ils partirent, mais furent mal reçus partout où Deug-la-Vérité intervint pour donner son jugement sur les comportements des humains. Après ces tentatives infructueuses, Fène-le-Mensonge dit à sa compagne :

- « Les résultats ne sont pas bien brillants jusqu'ici, et je ne sais s'ils seront meilleurs si je continue à te laisser plus longtemps le soin de nos affaires. Aussi à partir de maintenant, c'est moi qui vais m'occuper de nous deux. Je commence à croire que, si tu

---

[48] Cfr B. Diop, *Les Contes d'Amadou Koumba*, Paris, Présence Africaine, 1961, 123-129.

plais au Bon Dieu, les hommes ne t'apprécient pas outre mesure ».

Fène-le-Mensonge usa de sa ruse pour gagner la confiance d'un roi et de sa cour. Il se fit riche et sauva de la faim sa compagne.

Version B (Égypte pharaonique)[49]

« Mensonge obtient devant le tribunal le châtiment de son frère aîné Vérité, en arguant de la disparition d'un couteau exceptionnel. Vérité a les yeux crevés, mais échappe à la mort par la négligence des serviteurs de Mensonge. Recueilli par une dame, celle-ci tombe enceinte de lui, ce qui ne l'empêche pas d'en faire son portier. Elle donne naissance à un enfant aux grandes qualités qui, apprenant les infortunes de son père, décide de le venger. Il tend un piège à Mensonge en le conduisant à s'emparer d'un taureau après l'avoir confié à son pâtre. […] Le fils de Vérité traîne Mensonge devant le tribunal de l'Ennéade. […] Alors il dit à l'Ennéade : « Jugez entre Vérité et Mensonge. Car je suis son fils. Si je suis venu ici, c'est pour que justice lui soit rendue ». Le récit se termine par un serment prononcé par Mensonge. Ayant juré que l'on ne retrouverait pas Vérité vivant, il est mis en défaut par l'introduction de celui-ci devant le tribunal et est châtié ».

3.1. Analyse du premier texte

La mise en scène des thèses opposées

Dès le départ, l'auteur du texte évoque trois thèses généralement admises :

---

[49] Cfr L. Coulon, « La rhétorique et ses fictions. Pouvoirs et duplicité du discours à travers la littérature égyptienne du Moyen et du Nouvel Empire », in *Bulletin de l'Institut Français d'Archéologie Orientale*, n. 99, 1999, 123-124. Lire la version complète du texte in G. Lefebvre, *Romans et contes égyptiens de l'époque pharaonique*, Paris, 1949, 159-168. Le texte date de la XIXe dynastie (1310-1230 avant notre ère).

- Le Bon Dieu aime la vérité
- Les hommes préfèrent la vérité au mensonge
- La vérité et le mensonge sont incompatibles (ils sont comme le jour et la nuit).

Toute la mise en scène du récit vise à soumettre ces thèses à l'épreuve des faits. Les faits, ici, ce sont des situations qui « appellent des jugements de valeur et qui fonctionnent, par là même, comme autant de tests de pertinence ». Le premier fait décrit par le narrateur, c'est le comportement d'une épouse peu courtoise qui traite mal des étrangers. Bien que son mari désapprouve intérieurement son comportement, il craint de lui dire la vérité, car « il ne se voyait pas sans femme (même mauvaise ménagère) et sans cuisine ».[50] À partir de cet épisode et celui du partage du taureau par les enfants, le texte montre que les jugements de Deug-la-Vérité, bien que dictés par le bon sens et l'axiologie dominante, n'ont porté aucun fruit. Pire, ils n'ont engendré que des déboires aux deux voyageurs. Diagne souligne qu'« il ne s'agit pas tant d'évaluer le contenu intrinsèque des jugements portés (en termes de "vrai" ou "faux") que de mesurer les conséquences de leur émission sur le sort des personnages ».[51]

Dans les deux épisodes, le discours de Deug et le silence scrupuleux de Fène sont mis en parallèle. Ainsi, dans le premier épisode, « Fène-le-Mensonge, prudent et comme convenu, ne dit pas un mot, mais Deug-la-Vérité ne pouvait se taire ». Dans le deuxième épisode, « Fène-le-Mensonge garda le silence et n'ouvrit pas la bouche ; Deug-la-Vérité fut bien obligée, comme convenu, de donner son avis ».[52] Le but est de mettre en scène la Vérité afin d'évaluer les limites de sa capacité de persuasion. Dans le troisième et dernier épisode, la scène se concentre sur Fène-le-Mensonge. Contrairement à sa compagne qui échoua par deux fois dans deux occasions différentes, Fène n'eut aucune difficulté à prouver de quoi il était capable. Il réussit habilement son coup.

---

[50] B. Diop, *Les Contes d'Amadou Koumba*, 125.
[51] M. Diagne, *Critique de la raison orale*, 210.
[52] B. Diop, *Les Contes d'Amadou Koumba*, 124, 125.

Le système des axiomes

L'axiomatique du conte peut se résumer comme suit :

- Postulat : La vérité peut sembler fausse ou déraisonnable dans certaines circonstances.

- Inférence : si la formulation de la vérité fait abstraction de son contexte d'énonciation ou du complexe "jugement-situation-attente", elle peut être perçue, sur le plan pratique, comme un non-sens :

> « Le récit insiste particulièrement sur les éléments des différents contextes, se structurant à chaque fois autour d'un enjeu unique. […] Les nobles sentiments (et la proclamation de la vérité en fait partie assurément, pour la société wolof) doivent tenir le plus grand compte de la complexité des situations autant que des conséquences qui peuvent découler de leur affirmation sans nuances. D'où une philosophie de la prudence et de la proclamation de foi circonstanciée, que le récit veut nous transmettre. Ce qui se trouve mis en scène dans le récit de Birago Diop correspond très exactement à la *sophrosuné* des Grecs. »[53]

Le CQFD

À travers le système des axiomes et la mise en scène, le narrateur vise à défendre trois thèses :

Thèse 1 : Il se peut que Dieu aime inconditionnellement la vérité ; ce n'est pas le cas pour les humains. Fène dit à Deug : « Si tu plais au Bon Dieu, les hommes ne t'apprécient pas outre mesure ». Cette première

---

[53] M. Diagne, *Critique de la raison orale*, 215. Dans les poèmes homériques, la *"sophrosuné"* indique la prudence, entendue comme capacité de réflexion et d'auto-contrôle (*Odyssée*, 23.13).

thèse relativise une des prémisses énoncées au début du conte, à savoir :
« les hommes préfèrent la vérité au mensonge ».

Thèse 2 : L'opposition « vrai/faux » n'est pas toujours aussi radicale, aussi tranchée, qu'on le croit souvent. Cette thèse relativise une autre prémisse du récit : « Le plus grand nombre affirmait que la vérité et le mensonge étaient comme le jour et la nuit ».

Thèse 3 : La vérité ne se réduit pas à sa « définition intellectuelle, comme *adaequatio intellectus cum rei* », ni à sa dimension morale, comme adéquation entre le dire et l'intention profonde.

Discussion

Ces thèses ont soulevé des controverses philosophiques au cours des siècles. Une des questions les plus débattues est celle de l'opportunisme. Peut-on dire que notre conte entérine une conception machiavélique ou opportuniste de la vérité ? Diagne rejette cette interprétation :

> « Il serait abusif, à notre avis, d'interpréter ce récit comme s'il érigeait en règle de conduite l'opportunisme systématique. Provocant, il l'est certes, mais c'est pour déranger des certitudes établies à peu de frais […]. Son grand intérêt est de faire intervenir la complexité de la vie et la variabilité des contextes, à côté des énoncés d'une éthique abstraite. Nous ne craignons pas d'affirmer que c'est une notion comme celle de "perspective", au sens qu'elle a, par exemple, dans la philosophie nietzschéenne, qu'il faudrait faire intervenir pour mieux comprendre l'enjeu et même les termes de ce débat. »[54]

Nous partageons entièrement cet avis de l'auteur.

---

[54] *Ibid.*, 211.

3.2. *Analyse du deuxième texte*

La mise en scène des thèses

Le récit commence par un fait paradoxal : Mensonge use de son habileté pour obtenir du tribunal céleste la condamnation de Vérité. Le faux peut donc prévaloir sur le vrai. Le narrateur entend réfuter cette thèse. Il la soumet à l'épreuve dans deux circonstances similaires, presque symétriques :

a) après avoir monté son coup, Mensonge réussit à obtenir un verdict favorable. Il remporte le procès et cette victoire semble confirmer la thèse à vérifier ;

b) dans un deuxième temps, le fils de Vérité use, lui aussi, de ruse pour traîner Mensonge devant le tribunal. Il obtient justice et fait condamner son adversaire. Ainsi se trouve invalidée la thèse discutée.

L'axiomatique du récit

- Postulat : La vérité ne va pas de soi ; le faux peut sembler vrai.

- Inférence : Ce n'est qu'à travers la dialectique que la vérité peut se manifester.

L'essentiel du conte se trouve dans cette axiomatique :

> « Ce qui ne manque pas de frapper, c'est le fait que les notions de vérité et de mensonge, incarnées par les personnages, sont totalement dissociées de l'instance de jugement, l'Ennéade, qui en principe doit juger le vrai et le faux. De fait, c'est ici uniquement la rhétorique de Mensonge qui persuade le tribunal de faire condamner Vérité, et, en sens inverse, le retournement de l'argument de celui-ci par le fils de Vérité qui conduit à une révision du procès. Il n'y a pas devant le tribunal de vérité qui

prévale a priori sur le mensonge : la supériorité de l'une sur l'autre s'avère uniquement une affaire d'habileté rhétorique. »[55]

Pour Nsame Mbongo, ce n'est pas seulement "l'habileté rhétorique" qui assure la victoire finale, mais aussi la force de l'argumentation :

> « Il est fait confiance aux ressources logiques de la raison, c'est-à-dire notamment à la capacité démonstrative du raisonnement, pour mettre en échec la fausseté et la roublardise, afin de rétablir la justesse bafouée, la justice outragée, et le bon ordre des choses ».[56]

Le CQFD

De ce qui précède, il résulte que le narrateur défend deux thèses complémentaires :

Thèse 1 : La fausseté ou le mensonge ne pourra occulter indéfiniment la vérité. 2400 ans avant notre ère, le *rekh-sai* Ptahhotep écrivait : « L'iniquité peut s'emparer de la quantité [la multitude], mais jamais le mal ne mènera son entreprise à son terme » (vv. 92-94).[57]

Thèse 2 : la dialectique est nécessaire pour défendre et rendre manifeste la vérité.

---

[55] L. Coulon, « La rhétorique et ses fictions. Pouvoirs et duplicité du discours à travers la littérature égyptienne du Moyen et du Nouvel Empire », op. cit., 124.

[56] M. Diagne, *Critique de la raison orale*, 55.

[57] Nous utilisons le terme "*rekh-sai*" (pluriel "*rekhou saiwou*") pour traduire le mot "philosophe" dans le contexte égyptien pharaonique. (Voir Annexe 1). Le mot sera utilisé pour désigner également ceux/celles que H. Odera Oruka appelle "*Sage Philosophers*" (Voir Chapitre II)

Discussion

Les philosophes ont longtemps spéculé autour de ces deux thèses. On sait tout l'intérêt que la philosophie grecque accordait à la dialectique. Socrate se fit un devoir de combattre la sophistique. Aristote écrivit plusieurs traités sur l'art et la science de l'argumentation (*Topiques*, *Premiers Analytiques*, *Seconds Analytiques*, *Réfutations sophistiques*, *Rhétorique*, etc). Bien des siècles avant l'éclosion de la raison hellène, Ptahhotep de Men-Nefer jeta les bases d'une science du "discours parfait" (*medet neferet*) et de la dialectique. (Voir Chapitre 4).

***

Cette herméneutique des deux versions du conte "Vérité et Mensonge" nous permet d'envisager de nouvelles perspectives de recherches philosophiques. L'immense corpus des textes sapientiaux traditionnels n'a été, jusqu'à présent, exploré que par de rares philosophes. Il est vrai que le débat sur l'ethnophilosophie a freiné les recherches dans ce domaine. Cette "querelle" a permis de clarifier certains malentendus, mais elle n'est plus aujourd'hui d'actualité. Il est donc temps d'inscrire dans le champ heuristique de la philosophie africaine l'herméneutique de ces vieux textes du Corpus Ancestral. Steeve E. Ella montre par exemple comment le Mvet, en tant que récit initiatique, peut constituer une source d'inspiration féconde pour la philosophie :

> « Si le Mvett nous sert de référence, c'est que le champ de son investigation est dès lors inéluctablement fécond. Pour devenir concrète, la réflexion [philosophique] doit perdre sa prétention immédiate à l'universalité, jusqu'à ce qu'elle ait fondu l'une dans l'autre la nécessité de son principe et la contingence des signes à travers lesquels elle se reconnaît. C'est précisément

dans le mouvement de l'interprétation que cette fusion peut s'accomplir. »[58]

Plus loin, le "mvetologue" ajoute : « Appliquée au Mvett, la philosophie se re-fait, ou, plutôt, se fait-elle neuve en actualisant ses objets et ses connaissances, en fécondant sur le sol du concret, dans une relation de corps à corps avec un corpus qui n'est pas elle ».[59] Précisons que le conte spéculatif n'est pas étranger à la philosophie. C'est un "matériau" philosophique, tout comme les textes allégoriques de Platon. Le philosophe questionne le récit sapiential pour en dégager des horizons de sens ou pour le soumettre à la rigueur de la raison critique. Le "sol du concret" dont parle Ella nous semble un aspect à prendre en considération dans l'enseignement de la philosophie aux plus jeunes. Il serait sans doute plus aisé et pédagogique d'amener les apprenants à réfléchir sur les concepts abstraits à partir de l'étude de la structure argumentative de récits sapientiaux, plutôt que de les embarquer, dès le départ, dans des ratiocinations bruyantes et éthérées.

---

[58] S. E. Ella, *Altérité et transcendance dans le Mvett. Essai de philosophie pratique*, Paris, L'Harmattan, 2014, 21.
[59] *Ibid.*, 29

CHAPITRE 2 :
"Rekh-sat".
Le statut et l'esprit philosophique des textes de sagesse africains

L'ensemble des énoncés explicites des Négro-Africains traditionnels relatifs à ce qu'il en est en fin de compte, pour eux, de l'homme, du monde et de l'absolu, constituent la philosophie africaine traditionnelle tout comme les fragments présocratiques constituent la philosophie présocratique.

Si le statut épistémologique d'une partie de la pensée négro-africaine (A) est identique au statut épistémologique d'une partie de la pensée présocratique et des pensées semblables (B) et si le statut épistémologique de ladite pensée présocratique est philosophique (C), il s'ensuit que le statut épistémologique de ladite pensée négro-africaine (A) est philosophique (C).

Tshiamalenga Ntumba

On ne refera pas le débat sur l'ethnophilosophie. Les limites de ce courant ont été suffisamment mises en relief. Cependant, examinant avec du recul certaines questions soulevées lors de la "controverse tempelsienne", on s'aperçoit que, s'il est légitime de rejeter l'idée d'une philosophie native, spontanée et collective, il est aussi nécessaire d'établir un ensemble de critères épistémologiques permettant d'examiner et d'évaluer le statut philosophique des textes de sagesse africains. C'est la tâche à laquelle s'attèle Nsame Mbongo. Il propose d'abord une périodisation de l'histoire de la philosophie africaine en distinguant trois grands cycles : le Cycle antique (Égypte pharaonique), le Cycle médiéval, le Cycle moderne et contemporain. La Révolution Haïtienne inaugure, du point de vue historique, l'ère de la modernité africaine. Elle constitue, selon l'auteur, un véritable "lieu philosophique". La philosophie africaine traditionnelle ou précoloniale fait partie du troisième Cycle :

> « L'époque moderne et contemporaine ainsi concernée va de la fin du XVIIIe siècle au XXe. En d'autres termes, la projection dans le futur proche prend appui sur les temps précoloniaux récents. Du point de vue plus ethnologique que proprement historique, cette période précoloniale est souvent dite "traditionnelle", surtout lorsqu'on ne met en relief que l'aspect peu avancé de sa culture et de ses techniques, sa dimension préscientifique dépassée. Grâce à une conception patriotique de la traditionalité, sensible à la valeur fondatrice, identificatrice, civilisatrice et populaire de l'ancestralité, nous solliciterons des œuvres intellectuelles supposées négligeables parce que produites dans ce contexte réputé conformiste et arriéré. »[60]

Si les philosophes africains de la période classique ont consigné leurs pensées dans des écrits qui nous sont parvenus, les grands maîtres de la philosophie traditionnelle ont, pour la plupart, dispensé des enseignements qui ont été recueillis et transcrits par des proches (disciples, voyageurs, chercheurs, etc.).

Dans son travail de synthèse et de critique herméneutique, Mbongo aborde deux thématiques essentielles sur lesquelles nous allons nous concentrer : le *statut philosophique* des textes de sagesse africains et la *tournure d'esprit* qui s'en dégage. Il y a chez le philosophe camerounais un parti pris matérialiste qui influe lourdement sur son interprétation du Corpus Ancestral. Nous montrerons dans les prochains chapitres que ce matérialisme ne saurait s'appliquer sans nuance à la pensée africaine ancestrale. Pour l'instant, nous nous focalisons sur les deux aspects évoqués. Nous montrerons comment l'auteur essaie de mettre en lumière, loin des approches essentialisantes de l'ethnophilosophie, ce qu'il appelle le "mode de philosopher africain" et que nous, nous traduisons par la notion de "*Rekh-sat*" (Voir Annexe 1).

---

[60] N. Mbongo, *La personnalité philosophique du monde noir. Contre-histoire de la philosophie. Tome 2*, Paris, L'Harmattan, 2013, 7.

1. Le style aphoristique des textes de sagesse africains

Pour établir le statut philosophique de la littérature sapientiale africaine, Nsame Mbongo prend en considération deux éléments méthodologiques : d'une part, la validation de l'aphoristique comme genre philosophique, et d'autre part, l'examen des critères d'évaluation du caractère théorique des aphorismes. Il examine, par ailleurs, les opinions des euro-philosophes sur la pensée figurative et sur l'absence présumée d'esprit critique dans le milieu traditionnel.

1.1. L'aphoristique comme genre philosophique

On range dans le genre aphoristique les textes ou les discours dits "condensés" : maximes, sentences, apophtegmes, etc. C'est un genre très prisé par les *rekhou-saiwou* (les philosophes africains classiques et traditionnels). Ils manient ce style comme un art. Et pourtant, dans certains cercles modernistes, « le dénigrement des aphorismes africains est unilatéral ». Il s'agit manifestement d'une manœuvre idéologique, car « dans d'autres cultures un peu plus respectées, il n'a jamais été pertinent de nier la valeur théorique et même philosophique des parémies et maximes ».[61] L'ancienne littérature philosophique d'Asie est en grande partie aphoristique. Bien qu'ayant "cousu" ses *Entretiens* d'anecdotes, de maximes et de paraboles, Kǒng Fūzǐ (Confucius) apparaît, à travers cette œuvre, comme un philosophe et reconnu comme tel. René Etiemble trouve « qu'il y a du Socrate en lui, du Montaigne aussi ». Il ajoute que l'auteur des *Entretiens* incarne à la fois « le politique, le moraliste, le philosophe ».[62] Dans la philosophie occidentale, il ne manque pas de penseurs aphoristes, même parmi les

---

[61] N. Mbongo, *La personnalité philosophique du monde noir*, 31.
[62] R. Etiemble, « Préface aux Entretiens de Confucius », cit. in N. Mbongo, *La personnalité philosophique du monde noir*, 31-32.

modernes : Bacon (*Novum Organum*), Marx (*Pensées philosophiques*), Nietzsche, etc. Ce dernier a fini par privilégier le style allégorique et aphoristique comme forme d'expression philosophique. Et que dire de Pascal, de Wittgenstein, et de bien d'autres ? La liste est longue.

Les euro-modernistes qui absolutisent la "tournure d'esprit philosophique occidentale" en l'érigeant en norme universelle se trouvent fort embarrassés de reconnaître le caractère philosophique du style aphoristique pythagoricien (Les *Vers dorés*) et, dans le même temps, de le dénier au style aphoristique des penseurs africains classiques. En quoi le discours aphoristique d'un Tierno Bokar – dont la pensée a été transcrite et traduite par son disciple Hampâté Bâ – diffère-t-il, dans la forme, de celui de Nietzsche ? Remontons plus loin dans le temps : Si le fameux "Poème" de Parmenide et les maximes de Lao Tzeu sont considérés comme relevant de la littérature philosophique, peut-on nier que les "paroles nouées" (*tsw*) du *Sebayt* de Ptahhotep aient le droit d'être logées à la même enseigne ? Théophile Obenga dit des maximes-tsw qu'elles sont « réfléchies », « nouées, ordonnées, arrangées ». Elles témoignent d'un « effort réflexif certain, dans la mesure où le sage noue une phrase dans son esprit pour en faire précisément une sagesse, une instruction, un enseignement, une sentence sapientiale ». Elles sont, en un mot, des « pensées ».[63] On peut les rapprocher des "*sutras*" de la tradition philosophique indienne. Le *sutra*, écrit Raimon Panikkar, est « une énonciation ; il nous parle du dedans d'un niveau de conscience qu'il est nécessaire d'avoir atteint préalablement pour en saisir le sens ». Encore : « Les sutras sont plutôt des "condensations" d'expériences vécues (et souvent souffertes) au sein d'une tradition. Ce sont des "fils" (justement des sutras) qui, ensemble avec d'autres, forment le tissu de la réalité ».[64] Si les *tsw* sont des paroles "réfléchies" et "nouées", les *sutras* sont des "paroles tissées

---

[63] T. Obenga, *La philosophie africaine de la période pharaonique. 2780-330 avant notre ère*, Paris, L'Harmattan, 1990, 155-156.
[64] R. Panikkar, *La pienezza dell'uomo. Una cristofania*, Milano, Jaca Book, 2003, 182. (C'est nous qui traduisons).

d'expériences". Ces formes expressives de la pensée ne sont frappées a priori d'aucune "tare antiphilosophique".

1.2. Critères d'évaluation du caractère théorique des textes sapientiaux

Si l'aphoristique constitue en soi un genre philosophique, il ne s'ensuit pas que tous les aphorismes contiennent une pensée philosophique. Cela vaut également pour les autres genres philosophiques, le traité systématique et l'allégorie. Nsame Mbongo propose quatre critères pour évaluer le caractère philosophique des sentences et maximes de la tradition sapientiale africaine : la théoricité, la polysémie en profondeur, la discursivité pertinente et l'exigence de rationalité élevée. Ces critères permettent d'identifier, dans la littérature traditionnelle disponible, ce qui relève strictement de la philosophie et ce qui se rattache à d'autres formes de discours.

(a) *Le test de théoricité*. Il convient de distinguer, dans le corpus des textes sapientiaux, deux types d'aphorismes : l'aphorisme empirique et l'aphorisme théorique. Seules les sentences du deuxième type peuvent être considérées comme philosophiques. Soit les énoncés suivants :

> p : « Le ventre n'est pas une pirogue, il ne sait pas emporter autant ».
> q : « Le proverbe est le cheval de la parole ; quand la parole se perd, c'est grâce au proverbe qu'on la retrouve ».

Le premier énoncé, même s'il aborde une question d'intérêt général (la gloutonnerie), ne vise point à établir un principe ou une loi universelle. Ici, le Sage fait un simple constat empirique, à savoir : "Même le ventre du glouton à des limites".

La seconde maxime est, au contraire, un énoncé théorique. Elle a comme objet le discours. L'auteur de la sentence tente « d'expliquer la différence entre l'expansion du discours (parole) et sa concentration (proverbe) en relevant le critère essentiel de cette différenciation : la longévité ou la pérennité ».[65] Le proverbe, en vertu de sa concision et de la pertinence de son contenu, se pérennise dans le temps et s'impose comme un argument d'autorité. Par contre, la parole, du fait de sa prolixité et exubérance, se disperse et se noie dans la clameur ambiante.

(b) *Le test de la polysémie en profondeur.* La polysémie visée est celle dite "verticale". Transcendant le niveau de compréhension élémentaire et immédiate (polysémie latérale), elle embrasse plusieurs horizons de sens et révèle un champ de « complexité, d'abstraction et de généralité ». L'énoncé qui suit a manifestement ce potentiel polysémique :

     r : « Le cadavre de l'oiseau ne pourrit pas en l'air, mais à terre ».

De prime abord, on pourrait être tenté de considérer cette sentence comme une affirmation empirique banale, sans le moindre enjeu philosophique. En l'analysant en profondeur, on s'aperçoit cependant que son champ sémantique est vaste et riche. Mbongo relève cinq niveaux de compréhension du contenu théorique de r. Nous les résumons dans le tableau ci-après :

---

[65] N. Mbongo, *La personnalité philosophique du monde noir*, 33.

L'énoncé de base	Horizons de sens ou niveaux de compréhension	Concepts ou notions mis en jeu
r : « Le cadavre de l'oiseau ne pourrit pas en l'air, mais à terre »	« Au jugement dernier qu'est la mort, même le supérieur descend dans le trou ».	La mort, l'humaine condition, les fins dernières, le cycle terrestre de l'existence.
	« À la fin de la vie, le retour aux origines (ancestrales) devient une nécessité incontournable, et l'éloignement vis-à-vis d'elles une contingence passagère ».	L'enracinement culturel, la tradition.
	En toutes choses, « ce qui importe c'est l'aboutissement final et non la situation provisoire ».	Finalité et transitivité des états de choses.
	« Tout revient à son point de départ ».	La loi de la pesanteur, la force attractive de la masse terrestre.
	« La matière a une valeur que l'esprit n'a pas ».	Volatilité de l'esprit et permanence de la matière.

Si l'élaboration d'un énoncé polysémique requiert un effort de réflexion spéculative, la recherche de la polysémie en profondeur est, elle aussi, « un exercice philosophique conçu comme tel par les *parémistes* s'affrontant dans des joutes oratoires traditionnelles, dans un but purement spéculatif ».[66]

(c) *Le test de discursivité pertinente*. Il ne suffit pas qu'un énoncé remplisse les deux critères précédents pour être considéré d'emblée comme un fragment de texte philosophique. Le test de théoricité et celui de la polysémie sont des préalables, mais pas la condition suffisante. La

---

[66] *Ibid.*, 35.

discursivité pertinente est le critère déterminant. Elle implique une exigence : l'aphorisme doit faire corps avec un discours tenu par un même auteur ou locuteur sur des questions ayant une dimension théorique avérée. Il peut être utilisé comme une citation ponctuelle renforçant un argumentaire ou comme une unité argumentative participant d'un discours aphoristique organique et continu (une chaîne aphoristique). Prenons le cas des proverbes. Leur usage rhétorique répond, selon Clément Mbom, à des normes : « Le proverbe doit toujours s'intégrer dans un cadre global, le proverbe pour lui-même est un faux problème, il doit partir d'un cas social, d'un problème, pour éclairer ce cas social, ce problème ». Le plus souvent, « le narrateur expérimenté, au terme de l'historique du proverbe, répète celui-ci et enchaîne sous forme explicative, grâce à un autre proverbe identique, similaire ou voisin invitant l'auditoire à plus de réflexion ».[67] Il existe d'autres techniques d'enchaînement ou d'enchâssement, comme l'illustre le texte qui suit :

> « Si la parole construit le village, le silence bâtit le monde
> Le silence a orné le monde, la parole l'a fait bruire
> La parole a éparpillé le monde, le silence le rassemble
> La parole détruit le village, le silence en rend l'assise bonne.
> Le silence cache la manière d'être de l'homme, la parole la dévoile
> On ne sait pas ce que pense le silencieux, mais on connaît la pensée du bavard
> Le secret appartient à celui qui se tait
> Le silence a délimité les chemins, la parole les a brouillés. »[68]

---

[67] C. Mbom, « Spécificité, polysémie et universalité du proverbe bantou », in *Annals of the faculty of letters and social sciences*, vol. 3, n° 2, Yaoundé, 1987, 9-10.

[68] *Cit. in* D. Zahan, *Religion, spiritualité et pensée africaines*, Paris, Payot, 1970, 181. La distinction que Raimon Panikkar établit entre la "parole" (avec le "p" minuscule) et la "Parole" (avec le "P" majuscule) permet de saisir l'enseignement que les Sages bambara essaient de véhiculer à travers ce texte : « Le mystique cesse d'être tel lorsqu'il se met à parler. La parole irradie son expérience, mais la dissipe également. La Parole est la première-née du Père, la première-née de l'ordre universel, mais les paroles sont seulement des fragments isolés de cette Parole ». (R. Panikkar, *Mistica. Pienezza di vita*,

Dans ce fragment, un ensemble d'aphorismes s'organise en une chaîne discursive cohérente, portant sur un sujet éminemment philosophique : la dialectique "silence-parole".

(d) *Le test de rationalité élevée*. Ce critère permet de vérifier trois choses essentielles : la présence d'un questionnement philosophique, la présence de "concepts abstraits" et la structuration d'un argumentaire. On peut relever au passage que la notion de "concepts abstraits" est un pléonasme. Amo Afer définit le concept comme un "contenu mental" produit par l'intellect pour appréhender la "*species*" intelligible d'un objet. Il résulte donc d'une abstraction.[69]

Pour ce qui concerne le questionnement philosophique, il serait, selon les tenants du courant dit "critique" (Hountondji, Njoh-Mouelle, etc), inexistant dans les traditions intellectuelles africaines. Pour Mbongo, par contre, « l'interrogation philosophique est universelle ». Partout où les hommes se sont adonnés à l'activité intellective et spéculative, ils se sont penchés sur des questionnements existentiels. Les *rekhou saiwou* de la Vallée du Nil excellèrent dans cette activité, tant et si bien que l'Égypte est considérée comme « le berceau de la spéculation philosophique telle que nous la connaissons ».[70] Tierno Bokar, le "Sage de Bandiagara" – comme le surnomme son disciple – manie avec dextérité l'art de l'interrogation philosophique. À la question « qu'est-ce que Dieu ? », il invite tout d'abord son interlocuteur à préciser le sens de l'interrogation. Puis, il fait une courte réflexion sur la valeur pédagogique et maïeutique d'un bon questionnement : « Je suis heureux que tu aies précisé ta question, car c'est la question bien posée de l'élève

---

Opera Omnia, Vol. I/1, Milano, Jaca Book, 2008, 86). Les Maîtres bambara distinguent bien les deux types de parole, la parole humaine et la Parole divine jaillie du sein du Créateur. (Voir D. Zahan, *La dialectique du verbe chez les bambara*, Paris, Editions Mouton & Co, 1963).

[69] A. G. Amo Afer, *Tractatus de arte sobrie et accurate philosophandi*. Textes originaux traduits par S. Mougnol, Paris, L'Harmattan, 2010, 89.

[70] F. Tomlin, *Les Grands philosophes de l'Orient,* Paris, Payot, 1952, 19.

qui propulse le maître et l'aide à trouver la bonne réponse. Pour que la réponse soit précise, la question doit l'être également ».[71] Le maître n'a pas la science infuse ; c'est à travers le questionnement qu'il s'éprouve lui-même et scrute sa propre pensée. Après cette brillante introduction, Bokar avance une thèse suivie d'un argumentaire. Nous reproduisons comme suit l'ossature de son raisonnement :

- Thèse centrale : Dieu est l'embarras des intelligences humaines.
- Argument 1 : On ne peut prouver son existence "ni matériellement ni mathématiquement".
- Argument 2 : Celui qui nie l'existence de Dieu ne saurait expliquer la réalité de sa propre existence.
- Argument 3 : L'existence de Dieu ne peut être prouvée matériellement parce que Dieu est invisible. Cependant, la « non-visibilité, la non-palpabilité et la non-sensibilité d'une chose ne sont pas pour autant des preuves absolues de sa non-existence ».[72]
- Argument 4 : Une démonstration spéculative de l'existence divine est impossible, car le concept de Dieu n'est pas Dieu, mais une représentation idéelle.
- Argument 5 : On ne peut prouver rationnellement l'existence divine, car Dieu « échappe à toute définition ».

Il y a, dans ce raisonnement, un "traitement philosophique du divin", une démarche intellectuelle équilibrée qui n'a rien à voir avec le fanatisme dogmatique ni avec l'athéisme tonitruant. Ici, la raison, bien que ne renonçant pas à sa démarche d'investigation lucide et critique,

---

[71] Cfr A Hampâté Bâ, *Vie et enseignement de Tierno Bokar. Le Sage de Bandiagara*, Paris, Ed. du Seuil, 1980, 156.
[72] *Ibid.*, 156.

sait reconnaître ses propres limites devant l'Absolu, l'Infini. Si les méditations cartésiennes, affirme Mbongo, s'engluent dans la « théolosophie obscurantiste pour se poser en ontologie philosophique », la réflexion du philosophe de Bandiagara s'inscrit dans un cadre purement rationnel. Pour ce qui est des concepts, Tierno Bokar, qui raisonne dans sa langue maternelle (le Peul), mobilise les notions de "Dieu", de "non-visibilité", de "matérialité", de "preuve", "d'existence", etc. Il est regrettable que le disciple n'ait pas transcrit en Peul l'enseignement du maître et qu'il ait fait le choix de nous le restituer seulement en français.

Récapitulons. Que retenir donc de l'aphoristique africaine ? Elle a une composante philosophique qu'il faut savoir repérer, classifier et examiner en fonction des critères ci-dessus indiqués.

1.3. L'aphoristique et la pensée figurative

Les euro-assimilationnistes s'acharnent contre l'aphoristique africaine. Ils la jugent hermétique (du fait de son langage symbolique), triviale ou grossière (parce qu'elle s'inspire des phénomènes naturels et des faits du vécu quotidien). Njoh-Mouellé, qui adule le modèle logocentrique européen, trouve que le langage des Sages de l'Afrique traditionnelle ne s'élève pas au-dessus du langage ordinaire. Il fait l'éloge du "philosophe occidental" qui, dit-il,

> « est un ouvrier du concept ; il fabrique les concepts, les travaillant sans cesse pour les rendre de moins en moins grossiers, c'est-à-dire de plus en plus éloignés des réalités concrètes particulières. L'universalité est son objectif et pour l'atteindre, il finit par se créer une langue particulière distincte de la langue ustensile dont se sert le commun des hommes ».[73]

---

[73] E. Njoh-Mouellé, *Jalons II. L'africanisme aujourd'hui*, Yaoundé, Clé, 1975, 35.

Njoh-Mouellé, avant et après la publication de ses *Jalons*, a-t-il jamais produit une dissertation philosophique dans une langue africaine pour juger du travail d'élaboration conceptuelle qui se fait dans cette langue ou dans d'autres langues du continent ? Combien de langues africaines maîtrise-t-il et quel niveau d'érudition a-t-il dans ces langues ? Ces questions s'imposent, car le chapitre d'où est extraite la citation précédente est pompeusement intitulé : « Langues africaines et réflexion philosophique ».

Abordant la question de l'hermétisme du style, le philosophe "moderniste" soutient que l'obscurité d'un discours philosophique occidental « tient principalement aux termes utilisés qui demandent à être décodés, compris en eux-mêmes d'abord avant de l'être dans la phrase ». Le discours du Sage africain, par contre, est truffé de « sous-entendus » ; la structure de ses phrases « résiste à la compréhension des non-initiés ». Avec lui, on n'a pas affaire à des « concepts, plus ou moins fixes ou déterminés, mais exactement à des symboles susceptibles de changer de valeur en passant d'un discours à l'autre, d'une figure à l'autre. Cela ressemble davantage à un jeu, celui des énigmes, qu'à de la philosophie ».[74] Mbongo conteste cette lecture superficielle. Il montre que les *rekhou saiwou* cultivent l'art du travail conceptuel et s'exercent à l'élucidation des termes spécialisés :

> « Ils prennent généralement part à des activités intellectuelles et autres débats durant lesquels, de manière formelle ou informelle, se décide le sens des termes, s'inventent et s'évaluent des néologismes, se concertent et s'exercent des parémistes soucieux de cultiver leur créativité et leur sens du commentaire ».[75]

À propos de la supposée "obscurité" du langage sapiential africain, on peut noter que les mots-symboles font partie du langage philosophique. Les "deux voies" de Parménide, la "caverne" de Platon, "l'*anima mundi*" des néoplatoniciens et des stoïciens, "l'horloge du monde" des

---

[74] *Ibid.*, 35-36.
[75] N. Mbongo, *La personnalité philosophique du monde noir,* 44.

philosophes mécanicistes, la "chouette de Minerve" de Hegel, le "ciel étoilé" de Kant, le "léviathan" de Hobbes, la "montagne de la vérité" de Popper, le "crépuscule" de Nietzsche, etc. sont autant d'expressions symboliques bien connues en philosophie. Sont-elles moins sibyllines que les expressions métaphoriques des Sages africains ?

Il conviendrait de rappeler que le symbole a une double fonction en philosophie : il « donne à penser » et invite à une quête du sens.[76]

Les euro-modernistes qui pourfendent le langage symbolique ne font que ressasser les vieilles *Leçons* de Hegel. On sait que le philosophe allemand s'était employé à opposer drastiquement le concept à l'image, la mythologie à la philosophie. Il établit une double équation :

Mythologie   = imagination   → fantaisie, fiction arbitraire

Philosophie   = Logos   → science objective de la vérité

Hegel évacue du champ philosophique ce qu'il appelle les "philosophèmes", c'est-à-dire les « représentations générales du vrai » ou les pensées « renfermées dans une quelconque représentation » ; ce ne sont, d'après lui, que des pensées « non évoluées encore ».[77] Ce purisme conceptuel est, selon Mbongo, une simple vue de l'esprit, une illusion : « Les concepts ne sont pas une création *ex nihilo*, le produit pur immédiat de la raison pure, mais s'élaborent nécessairement au contact des émotions, des sensations, des croyances, du vécu concret, des influences de toutes sortes que connaît le penseur. Dans le fond, c'est une même matière cérébrale qui produit la conceptualisation et l'imagination ».[78] Malgré cette clairvoyance, notre auteur se laisse lui-

---

[76] Paul Ricœur écrit : « "Le symbole donne à penser" : cette sentence qui m'enchante dit deux choses ; le symbole donne ; je ne pose pas le sens, c'est lui qui donne le sens ; mais ce qu'il donne, c'est à penser, de quoi penser. À partir de la donation, la position. La sentence suggère donc à la fois que tout est déjà dit en énigme et pourtant qu'il faut toujours tout recommencer dans la dimension du penser. C'est cette articulation de la pensée donnée à elle-même au royaume des symboles et de la pensée posante et pensante que je voudrais surprendre et comprendre ». P. Ricœur, "Le symbole donne à penser", in *Esprit*, n° 7-8, juil/août 1959, 61.
[77] G. W. F. Hegel, *Leçons sur l'histoire de la philosophie*, Tome 1, Paris, Gallimard, 1954, 232.
[78] N. Mbongo, *La personnalité philosophique du monde noir*, 47.

même séduire par les sirènes hégéliennes au point de revendiquer la "suprématie" du concept sur l'image. Le plus important, c'est de montrer leur complémentarité.

1.4. Milieu traditionnel et esprit critique

Le contexte de production des textes traditionnels a fait l'objet de vives critiques de la part de Paulin Hountondji. Le philosophe béninois réduit ce contexte à celui de l'oralité et estime qu'un tel environnement n'est pas propice à l'éclosion de la pensée critique : « L'esprit, dans ces conditions, est trop occupé à préserver le savoir pour se permettre de le critiquer ».[79] Le mythe de l'oralité, avons-nous dit, est de plus en plus remis en cause. Souleymane Bachir Diagne invite à « sortir de ce que l'on pourrait appeler un *paradigme du griot* qui identifie l'Afrique à l'oralité, pour envisager une histoire de l'érudition (écrite) en Afrique ». À propos de la supposée absence de criticité dans le milieu traditionnel, il écrit :

> « Sur la question de savoir si un retour critique sur soi est possible s'agissant du discours oral, je reviens à un point que j'ai souligné ailleurs : il faut que nous comprenions la manière spécifique dont "la Tradition peut être réévaluation d'elle-même, se faire critique de soi". Cela suppose de reconnaître l'existence d'un autre procédé à l'œuvre : l'*intertextualité* ».[80]

L'intertextualité est l'art de « produire un texte (qu'il soit oral ne change rien) dans une relation à un autre texte que le nouveau évoque de différentes manières, le citant, ou y faisant seulement allusion, l'imitant, le mimant, le subvertissant, le tournant en dérision parfois ». À travers ce procédé, « l'oralité fait retour sur soi, devient reprise critique de ses propres récits et donc des savoirs et des valeurs qu'ils peuvent véhiculer

---

[79] P. Hountondji, *Sur la « philosophie africaine »*, Paris, Maspero, 1977, 131.
[80] S. B. *Diagne, L'encre des savants. Réflexions sur la philosophie en Afrique*, Paris, Présence Africaine, Codestria, 2013, 77.

pour les transmettre : en produisant de nouveaux récits qui peuvent alors remettre en question les anciens, établis souvent comme canoniques ».[81]

Jean-Godfroy Bidima indique, pour sa part, que les tribunaux traditionnels étaient de véritables agoras où s'exerçait l'art de la dialectique et du débat contradictoire : « L'exposition des plaintes et la défense ne servent pas à mettre seulement à nu la vérité sur le litige, mais aussi celle qui porte sur le savoir du jury. Les assises sont donc une épreuve pour tous, défenseurs ou juges ».[82] L'intertextualité subversive qu'évoque Bachir Diagne s'illustre parfaitement au cours de ces joutes oratoires : « A un proverbe lancé pour appuyer un propos succédera un autre qui a pour but de neutraliser le premier ».[83] Tout ceci indique que le milieu traditionnel favorise le débat et la pensée critique. Mbongo trouve d'ailleurs que ce contexte est plus propice à la confrontation des idées que les « cités esclavagistes de la Grèce antique, où 90 % des gens étaient exclus de l'agora et du débat dit démocratique ». Si l'Agora grecque n'a fait éclore qu'une "philosophie élitiste de classe", les *Xóɖɔtɛn* ou "lieux de la parole" des communautés traditionnelles africaines accueillent des hommes et des femmes de toutes catégories sociales, leur offrant la possibilité de « faire reculer les prétentions exclusivistes de gourous et de dignitaires locaux ».[84] Dans ces espaces discursifs, véritables "écoles de démocratie culturelle", s'est construite, au long des siècles, une culture de l'art oratoire, de la dialectique et de la dialogique.

---

[81] *Ibid.*, 74-75.
[82] J-G. Bidima, *La palabre, une juridiction de la parole*, Paris, Michalon, 1997, 18.
[83] *Ibid.*, 26.
[84] N. Mbongo, *La personnalité philosophique du monde noir*, 60. Nous appelons « *xóɖɔtɛn* » ce que l'on désigne vulgairement sous le vocable d'*arbre-à-palabre*. Pour des raisons que nous expliciterons plus loin (Chapitres 13 et 14), nous récusons le fait d'appeler "palabre" la dialogique africaine. "*Xóɖɔtɛn*" signifie en fon « lieu (*tɛn*) d'énonciation (*ɖɔ*) des paroles (*xó*) » ("*xó*" se prononce avec un h aspiré).

Au regard de ce qui précède, l'on doit réévaluer positivement le projet de la *Sage Philosophy* initié par Odera Oruka :

> « Serait-il possible, se demande le philosophe kényan, d'identifier des personnes de culture traditionnelle africaine, capables de la pensée critique, un type de pensée additionnelle, à propos des divers problèmes de la vie humaine et de la nature ; c'est-à-dire des personnes qui soumettent des croyances traditionnellement considérées comme admises à un réexamen indépendant et qui sont enclines à accepter ou rejeter de telles croyances sous l'autorité de la raison plutôt que sur la base d'un consensus communautaire ou religieux ? Identifier de telles personnes, c'est invalider la conviction ou l'impression que la Philosophie traditionnelle africaine ne va pas au-delà de la sagesse populaire et de la pensée non critique. »[85]

Odera Oruka s'employa à identifier quelques *rekhou-saiwou* et à publier des pans de leur pensée. Ce faisant, il apporte, selon Mbongo, une précieuse contribution au « mouvement de la renaissance africaine axé sur la réafricanisation de la culture intellectuelle du continent ».

2. La "tournure d'esprit" de la philosophie africaine fondamentale ou le "mode de philosopher africain"

Si l'expérience philosophique de l'Afrique ancienne avait quelque chose à apporter au monde, ce serait le sens du respect de l'intelligence populaire, le sens de l'esthétique et de la puissance du philosopher (la densité jaillissante de la parole rationnelle profonde et le déploiement multicolore et vivant de ses significations [...]) et aussi le sens de l'ouverture sociale de la pensée laïque malgré l'ésotérisme métaphysique.

(N. Mbongo)

---

[85] H. Odera Oruka, *Sage Philosophy*, cit. in N. Mbongo, *La personnalité philosophique du monde noir*, 66.

2.1. La notion de "tournure d'esprit"

On entend par "philosophie africaine fondamentale" la philosophie africaine classique et traditionnelle. Quant à la notion de "tournure d'esprit", elle désigne, selon Mbongo, la "figure théorique spécifique", la "personnalité de base" ou la sensibilité intellectuelle d'une tradition philosophique. S'il est vrai que la philosophie est universelle en tant que pensée rationnelle et critique, il est aussi vrai que les diverses traditions philosophiques ont développé des sensibilités ou des démarches intellectuelles spécifiques. Ainsi, on peut relever que le "rationalisme spéculatif de type libéral" caractérise globalement la tradition philosophique occidentale tandis que "l'idéalisme fidéiste de type féodal" semble le trait dominant de la philosophie arabo-musulmane.

C'est à partir de la "matière philosophique" dont recèle la littérature sapientiale africaine (classique et traditionnelle) que l'auteur essaie d'esquisser la figure spécifique du mode de philosopher africain. Il vise un double objectif :

a)   Dégager un « profil civilisationnel qui permet de situer valablement la sensibilité intellectuelle africaine » par rapport aux autres traditions culturelles ;

b)   Mettre en place « une assise culturelle pouvant contribuer à la refondation de l'identité africaine dans les temps à venir, qui seront sans doute ceux de l'accélération du processus de désaliénation totale du monde noir dans le cadre de la Renaissance populaire africaine et de la révolution culturelle qu'elle implique ».[86]

On perçoit ici l'importance de la philosophie dans le projet de Reconstruction de l'Afrique. Explorer les fondements de la pensée africaine n'est pas une partie de jeu de tables pour des philosophes de salon ; cela n'a rien à voir avec le ronronnement stérile des thuriféraires

---

[86] *Ibid.*, 8.

de l'académisme gonflant et de l'occidentalisme tropical. L'archéologie de la pensée ancestrale participe de la lutte de libération du Peuple Africain.

L'approche proposée est "différencialiste" et non "exclusiviste ou isolationniste". En d'autres termes, elle s'oppose aussi bien au chauvinisme culturaliste qu'à l'universalisme béat et aliénant.

2.2. Les caractéristiques formelles du mode de philosopher africain

Notre auteur met en exergue trois caractéristiques formelles de l'esprit philosophique africain : l'exposition discontinue et condensée de la pensée, la conceptualisation voilée, le didactisme civique systématique.

a- *L'exposition discontinue et condensée de la pensée.* Dans les textes classiques et traditionnels, les aphorismes se suivent dans un ordre thématique flexible, discontinu. Le discours brasse plusieurs thématiques à la fois, les intégrant dans un tout cohérent. Le recours à la méthode de l'intertextualité facilite cette variation des thèmes. L'exposition croisée et la succession non linéaire des idées témoignent d'une "liberté procédurale" qui affranchit l'esprit des contraintes rigides des systèmes et stimule la créativité du penseur. Ce n'est pas le contexte de l'oralité qui explique cette prédilection pour la forme condensée du discours, mais le "didactisme viscéral" de la pensée africaine. En effet, l'élan pédagogique du Sage le porte à "nouer" sa parole autour de l'essentiel pour éviter à son interlocuteur de se perdre dans l'exéburance du discours ou la prolifération des paroles oiseuses.

b-*La conceptualisation métaphysique voilée.* Les Sages africains ne rechignent pas à la conceptualisation explicite. On note cependant chez eux un penchant particulier pour la conceptualisation voilée, surtout lorsqu'ils spéculent sur les questions transcendantes. Ce choix d'une exposition relativement "occulte" dépend donc de la complexité des questions métaphysiques, mais aussi de la prédilection des *rekhou saiwou* pour le langage symbolique qu'ils considèrent plus "élevé", plus "savant" que le langage purement conceptuel. Dans l'antiquité, Philon d'Alexandrie faisait remarquer que la philosophie pharaonique « s'exprime au moyen de symboles » et qu'elle se déploie de manière exceptionnelle dans le système des signes hiéroglyphiques (*mdw ntr*). Claude Sumner observe, quant à lui, que « les images sont très nombreuses dans l'ensemble des œuvres philosophiques éthiopiennes ».[87] L'occultation vise à envelopper le savoir dans une gangue protectrice qui le soustrait à la banalisation. Elle stimule l'esprit.

c- *Le didactisme civique systématique*. L'Afrique « théorise avec le sens du concret, le goût des images, le souci de la dissimulation pédagogique ». Le concret, l'image, le symbole et les formes abstraites confluent dans un mode de philosopher dont le but principal est de former l'Homme pour le rendre acteur de son propre devenir et du devenir communautaire :

> « Les sociétés africaines font de la moralisation des comportements publics et privés une priorité de l'éducation. Ces sociétés ont pour ambition de réaliser l'intégration totale de l'individu dans la collectivité et de former des chefs politiques capables d'assurer l'autorité incontestée de l'État […]. Aussi les penseurs transmettent-ils les idées morales et politiques sous forme d'enseignements à étudier, de règles à apprendre, de leçons à retenir, de cours à réciter, de conseils à mettre en pratique, d'apologues à méditer, etc. »[88]

Dans un tel système, l'intellectualisme gratuit ou le théoricisme creux et bavard apparaît comme une diversion ridicule, une lubie. L'aspect théorique n'est point négligé, mais il n'a rien à voir avec la spéculation vaseuse et futile. Les préceptes moraux, par exemple, ne sont point

---

[87] C. Sumner, *Aux sources éthiopiennes de la philosophie africaine*, Kinshasa, Faculté de théologie catholique, 1988, 73. Pour la citation de Philon, voir P. Marestaing, *Les Ecritures égyptiennes et l'Antiquité classique*, Paris, Ed. Paul Geuthner, 1913, 70.
[88] N. Mbongo, *La personnalité philosophique du monde noir*, 85.

formulés, comme de simples prescriptions ; ils sont accompagnés de tirades méditatives et de réflexions théoriques sur les principes qui les sous-tendent. Pendant trois millénaires, les philosophes africains de la période pharaonique ont médité et spéculé autour de concepts essentiels et fondamentaux tels que : *Maât* (Vérité-Justice), *Noun* (l'avant-cosmique), *Nefer* (Beauté, Perfection), *Ankh* (Plénitude de vie), *Bin* (le Mal), *Kheper* (le Devenir), *Amenti* (l'Au-delà), etc. Ils sont passés maîtres dans l'art d'allier au spéculatif le performatif, l'art d'allier la science à la sagesse. Cela vaut également pour les "Sages philosophers" subsahariens.

2.3. Les caractéristiques de fond du mode de philosopher africain

Trois éléments sont ici mis en relief : l'anthropologisme théologique, la démystification des absolus et le moralisme fraternaliste.

a- L'*anthropologisme théologique* est le fondement du didactisme africain. Il se fonde sur le double principe de la "divinisation de l'humain" et de "l'humanisation du divin". L'homme est placé au cœur de la réflexion philosophique et théologique ; mais il n'est point "pensé" comme un être insulaire, égocentrique, autosuffisant. Cet aspect de la pensée africaine semble un trait civilisationnel. Mbongo distingue, en effet, deux types de civilisation : les *civilisations d'exploitation* et les *civilisations de coopération*. Les premières ont engendré des sociétés à forte tendance esclavagiste et capitaliste. Elles consacrent le pouvoir absolu de l'État sur le citoyen et conçoivent un Dieu dont l'autorité omnipotente maintient l'homme dans une dépendance morbide, empreinte de peur et d'angoisse. À l'aube des temps modernes, elles ont conçu des formes de démocratie raciale, sexiste et coloniale. (Voir Chapitre 14).

L'exploitation n'est pas absente des autres civilisations, mais elle n'est pas prédominante comme dans les sociétés esclavagistes et capitalistes ; elle n'est pas envisagée comme mode privilégié de gouvernance. Le communautarisme caractérise les civilisations de coopération et détermine leur mode de gestion politique et économique. Cela explique la place prépondérante qu'elles accordent aux relations humaines. C'est le cas des sociétés africaines. Théophile Obenga observe que « la vision bantu du monde non seulement "tourne" autour de l'homme, mais encore fait de celui-ci, en tant que tel, toute une communauté » englobant Dieu, les Ancêtres, les Morts et les Vivants. Les Bantus, note Alexis Kagame, « ont estimé que le Créateur lui-même avait installé l'homme au centre de la religion ».[89] Invoqué sous le titre d'*Ancêtre Primordial*, Dieu est intégré dans la longue chaîne de génération et de filiation qui lie les hommes. Au cœur de la Spiritualité Africaine, il y a donc cette généalogie et cette ancestralité sacrée. Ptahhotep souligne le rôle primordial de la transmission de la Parole dans la perpétuation du lien générationnel : « Chacune de ces paroles sera transmise, et ne périra pas dans ce Pays, à jamais ; elle deviendra la meilleure des expressions de l'esprit, de laquelle parleront les grands personnages. [...] Il est bon de s'adresser à la postérité, car elle entendra. Si un heureux exemple vient de celui qui est un supérieur, il demeurera bénéfique à jamais et sa sagesse entière durera pendant l'éternité » (vv. 512-516 ; 519-523). Mbongo voit là un « schéma philosophique qu'on peut appeler *schéma de la chaîne des générations*, faisant le lien entre les deux pôles de l'humanité à travers l'écoulement du temps : l'ancestralité remontant jusqu'à la divinité, et la postérité s'étendant jusqu'à l'éternité ». La Parole est ce qui assure la jonction entre les deux pôles.

b- *La distanciation rationnelle vis-à-vis des absolus.* Il ne s'agit pas d'une « inclination au dénigrement nihiliste » ; c'est plutôt la liberté de soumettre rationnellement les doctrines religieuses à la critique, chaque fois que le présent et le devenir de l'homme se trouvent menacés au nom de principes prétendument sacrés. Si la finalité ultime de l'expérience spirituelle est le *Kheper-Ankhu*, tout système de croyances

---

[89] A. Kagame, *La philosophie Bantu comparée*, Paris, Présence Africaine, 1976, 304 ; T. Obenga, *Les Bantu*, Paris, Présence Africaine, 1985, 157.

qui entrave l'épanouissement moral, social et intégral de l'être humain est sujet à caution. Dans la tradition philosophique éthiopienne, Zara Yaqob (1599-1692) est le plus célèbre représentant de cette ligne de pensée. Horripilé par le fanatisme violent et meurtrier de certains croyants des "religions abrahmiques", il écrit :

> « J'aimais méditer des journées entières sur les conflits parmi les hommes, sur leur dépravation et sur la sagesse de leur créateur qui garde silence pendant que les hommes font le mal en son nom, persécutent leurs concitoyens et tuent leurs frères ».

Les adeptes zélés de ces religions, poursuit Zara, s'enferment de manière aveugle dans leurs doctrines :

> « Chacun dit : "Ma foi est la vraie ; ceux qui croient en une autre foi professent un mensonge et sont les ennemis de Dieu". En ce moment les Frang nous disent : "Notre foi est la vraie, la vôtre ne l'est pas". Nous leur disons : "il n'en est pas ainsi ; votre foi est fausse, la nôtre est la vraie". Si nous demandons la même chose aux mahométans et aux juifs, ils revendiqueront la même vérité ».[90]

Pour le philosophe éthiopien, les prétentions de vérité des uns et des autres doivent être soumises à la critique rationnelle :

> « Pourquoi les hommes mentent-ils sur des problèmes d'une telle importance au point de se détruire eux-mêmes ? Ils semblent agir ainsi parce qu'ils prétendent connaître tout alors qu'ils ne savent rien. Convaincus qu'ils savent tout, ils n'essaient pas de faire enquête sur la vérité [...]. Les hommes acceptent à la hâte ce qu'ils ont reçu de leurs pères et se tiennent à l'écart de tout examen critique ».

Zara va plus loin. Selon lui, ce qui empêche les "abrahmistes" de s'interroger de manière critique sur leurs propres doctrines, c'est le présupposé de la "révélation divine". Or, dit-il, le principe de « l'égalité

---

[90] Zara Yaqob, *Traité*. Extraits., trad. C. Sumner, Paris, Editions Alternatives, 1997, 20-21, 24.

de tous les hommes devant Dieu » invalide la thèse selon laquelle le Créateur aurait « révélé sa loi à une nation ». Le Sage d'Abyssinie martèle que « ce genre de discrimination ne peut exister en Dieu qui est parfait en toutes ses œuvres ».

En conclusion, c'est par l'exercice rigoureux de la Raison et l'écoute profonde du Cœur que l'homme s'ouvre à la Vérité :

> « Dieu a donné la raison à tous et à chacun afin qu'ils puissent distinguer la vérité du mensonge, et leur a donné le pouvoir de choisir entre les deux comme ils veulent. Ainsi donc si c'est la vérité que nous recherchons, tâchons de la trouver avec notre raison que Dieu nous a donnée pour que nous puissions voir grâce à elle ce qui est nécessaire parmi les réalités qu'impose la nature. »[91]

Chez Zara Yaqob, la critique de la religion ne porte pas à l'athéisme. Le philosophe abyssinien ne nie point la valeur de l'expérience spirituelle, mais combat vigoureusement l'aveuglement mental et l'extrémisme religieux qui empêchent le plein épanouissement de l'homme et le progrès social.

c- *Le moralisme fraternaliste.* Il découle de l'anthropologisme théologique et trouve sa plus belle expression dans le didactisme philosophique. Il exalte les valeurs maâtiques, en particulier

> « La volonté d'être juste et équitable ; le souci permanent d'assurer l'ordre et la stabilité, la mesure et l'équilibre ; la ferme résolution de respecter les normes traditionnelles et les mœurs, d'observer la loi et le droit ; le besoin profond de partager et de communier, d'assurer son salut par le biais des actions et des intentions nobles ».[92]

---

[91] *Ibid.*, 26, 43.
[92] N. Mbongo, *La personnalité philosophique du monde noir,* 101.

Ce fraternalisme (que traduisent les notions d'*Ubuntu, d'Umoja* ou d'*Ujamaa*) a une visée humaniste, égalitariste et communaliste (voir Annexe 5).

***

L'œuvre de Nsame Mbongo est une précieuse contribution à l'archéologie de la pensée africaine. L'auteur rassemble des matériaux et des vestiges tirés des ruines savantes du passé, propose des critères d'analyse et dégage des lignes d'interprétation qui permettent de reconstituer les traits dominants d'un mode de philosopher longtemps ignoré, minimisé ou folklorisé. Il poursuit le travail initié par les pionniers du Retour et lui donne un nouveau souffle. Il réhabilite la *Rekh-sat*, met en lumière son statut épistémologique et sa portée philosophique. Quelle est sa caractéristique principale, celle qui résume tous les traits mis en relief par l'auteur ? À notre avis, le *Rationalisme Symboliste de Type Fraternaliste* semble sa marque spécifique.

CHAPITRE 3 :
Aux sources égyptiennes de la sophia

La troisième tâche qui incombe aux philosophes africains est la ré-écriture de l'histoire de la philosophe, surtout celle des débuts, dans l'Antiquité.

(C. Anta Diop)

Si la philosophie demeure bien l'effort de l'homme vers une pensée ordonnée (...), il est dès lors incontestable que l'Égypte pharaonique fut le berceau vrai de la spéculation philosophique telle que nous la connaissons.

(T. Obenga)

La philosophie est, selon Descartes :

> « L'étude de la sagesse, et par la sagesse on n'entend pas seulement la prudence dans les affaires, mais une parfaite connaissance de toutes les choses que l'homme peut savoir, tant pour la conduite de sa vie que pour la conservation de sa santé et l'invention de tous les arts ».[93]

À propos de l'étymologie du mot, Obenga note : « Dans ces deux parties (philó- et sophón) le mot philosophía n'est pas natif, indigène, autochtone. En effet, ni *philó*- ni *sophós* n'ont d'étymologies en grec, en indo-européen. Précisément, à propos de σοφός, *sophós*, Pierre Chantraine écrit : "Pas d'étymologie" ». Selon le chercheur congolais, "σοφός" a une origine égyptienne : « Nous proposons donc ici, pour la première fois, que le mot grec sophós dérive de l'égyptien sbŏ (sb3,

---

[93] R. Descartes, *Les principes de la Philosophie*. Lettre-Préface, cit in H. Birault, « Science et métaphysique chez Descartes et Pascal », in *Archives de Philosophie*, vol. 27, n° 3/4, 1974, 483.

seba), au moins pour trois arguments qui nous paraissent corrects : argument linguistique, argument culturel et argument chronologique ».[94]

Grégoire Biyogo se propose, de son côté, de remettre au jour l'hypothèse de l'origine égyptienne de l'activité philosophique elle-même. La question relève de l'histoire de la pensée et s'inscrit d'emblée dans la problématique du Retour. Il est en effet nécessaire de revenir sans cesse au lieu originel de la pensée philosophique pour saisir « ce que philosopher veut dire en son commencement et pour espérer l'entendre dans l'histoire de ses multiples recommencements ».[95]

La tâche s'annonce cependant ardue, car il s'agit de scruter la "Nuit du commencement". Elle s'annonce également orageuse étant donné les controverses qu'elle a souvent suscitées. Des positions s'affrontent sur le sujet. La thèse dominante est celle du berceau grec. La philosophie serait née "grecque", avec les maîtres de l'École de Milet.[96] Selon Biyogo, cette thèse, présentée comme infalsifiable, n'a jamais fait l'objet d'un examen rigoureux à partir des sources de l'histoire ancienne. Elle s'enracine dans un mythe, celui du fameux "miracle grec". Une deuxième thèse considère non pertinente la question même de l'origine ; elle serait une quête fantasmagorique. Enfin, il y a la thèse défendue par notre auteur, celle du berceau égyptien.

---

[94] T. Obenga, *L'Égypte, la Grèce et l'École d'Alexandrie. Histoire interculturelle dans l'Antiquité. Aux sources égyptiennes de la philosophie grecque*, Paris, Khepera, L'Harmattan, 2005, 221. Pour plus de détail sur les arguments linguistique, culturel et chronologique évoqués par l'auteur, lire les pages 222-228 de l'ouvrage cité.

[95] G. Biyogo, *Histoire de la philosophie africaine. Livre I,* op. cit., 11. La question des origines de la philosophie est examinée par d'autres chercheurs africains : G. Ndinga et G. Ndumba (edd.), *Relecture critique des origines de la philosophie et ses enjeux pour l'Afrique*, Paris, Menaibuc, 2004 ; Y. Bayika Bi Yede, *Sur l'origine de la philosophie. Le « miracle grec ». Mythe et réalité,* Paris, Menaibuc, 2005 ; J. Mabika-Nkata, *La Mystification Fondamentale. Merut ne Maât. Aux Sources Négrides de la Philosophie*, Presses Universitaires de Lubumbashi, Lubumbashi, 2002, etc.

[96] Heidegger soutenait obstinément cette idée : « La philosophie est grecque et européenne dans son être même... La philosophie est grecque dans son être propre ne dit rien d'autre que l'Occident et l'Europe sont et eux seuls sont, dans ce qu'il y a de plus extérieur à leur marche historique essentiellement philosophiques » (*M. Heidegger*, « Qu'est-ce que la philosophie ? », *in Questions II,* Paris, Gallimard, 1968, 15*)*.

1. La problématique

Des positionnements idéologiques entravent le projet d'une histoire universelle de la philosophie. Des divergences subsistent par exemple sur la question des critères de sélection des textes antiques devant être qualifiés de "philosophiques". Il arrive souvent que l'historien, en raison d'un certain parti pris, opère délibérément une mise en *épochè* de traditions de pensée jugées marginales ou non philosophiques. Emile Bréhier résume en une triple interrogation la problématique, telle qu'elle se pose du point de vue historiographique :[97]

a) Par où débuter l'histoire de la philosophie ?

b) Comment rendre compte de l'évolution d'une histoire autonome de la philosophie, distincte de celle des autres sciences ?

c) L'évolution de l'histoire de la philosophie est-elle linéaire ou cyclique ? En d'autres termes, cette histoire « ne fait-elle, dans la suite, que se répéter indéfiniment ? » Peut-on parler d'éternels recommencements de la philosophie ?

Il convient d'avoir un "abord ouvert" de la problématique en évitant les positions tranchées. Une certaine relativité est requise : « La résolution du problème sur le mode d'un relativisme faible est à la fois la chance de cette question millénaire – mais aussi la chance de la philosophie elle-même – et son talon d'Achille ».[98] Ce qui compte, c'est le "dialogue des lieux", la confrontation des arguments.

Diogène Laërce semble avoir été le premier à poser le problème ; et ce, dans des termes qui n'ont point varié jusqu'à nos jours : « On a souvent prétendu que la philosophie avait pris naissance à l'étranger […]. De leur côté, les Égyptiens prétendent qu'Héphaïstos, le créateur des principes de philosophie enseignés par les prêtres et les prophètes, était

---

[97] E. Bréhier, *Histoire de la philosophie*, vol. 1, Paris, PUF, coll. Quadrige, 1994 (7ème édition), 2.
[98] G. Biyogo, *Histoire de la philosophie africaine. Livre I, 33.*

fils de Nilos ».[99] Depuis Diogène donc, la géographie du berceau de la philosophie est, pour ainsi dire, circonscrite : Thèbes (Waset) ou Athènes. Berceau nilotique ou hellénique. Bréhier confirme que l'hypothèse d'une origine non grecque était fort répandue parmi les philosophes grecs eux-mêmes : « À côté de ceux qui, avec Aristote, font de Thalès, au VIème siècle, le premier philosophe, il y avait déjà en Grèce des historiens pour faire remonter la philosophie au-delà de l'hellénisme ».[100] Selon l'historien français, les recherches des orientalistes sur les civilisations préhelléniques peuvent être déterminantes pour trancher la question. Ces civilisations préhelléniques sont précisément celles avec lesquelles « les cités de l'Ionie ont été en contact », en particulier les « civilisations mésopotamiennes et égyptiennes ». En d'autres termes, l'origine de la philosophie est à rechercher dans cette zone qui va des bords du Nil aux rives de la mer Égée.

2. La thèse du berceau égyptien

2.1. Les sources

Biyogo présente une documentation abondante qui conforte, selon lui, la thèse de l'origine égyptienne de la philosophie : témoignages anciens, travaux des égyptologues et historiens modernes. Ces sources font état d'une influence culturelle de l'Égypte des pharaons sur la Grèce dans tous les domaines du savoir. Ainsi, Jacques Pirenne observe que « les Grecs n'ont jamais considéré les Égyptiens comme des barbares. Ils allaient chez eux pour s'initier à leur religion et apprendre leurs sciences ». Il rappelle que « Solon, Thalès, Pythagore font des voyages

---

[99] Diogène Laërce, *Vie, doctrines et sentences des philosophes illustres*, trad. notice, introduction et notes par R. Genaille, vol. I, Paris, Flammarion, 1965, 7.
[100] E. Bréhier, *Histoire de la philosophie*, vol. 1, op. cit., 2.

d'études en Égypte ».[101] Bréhier admet que « les premiers "philosophes" de la Grèce n'ont pas eu vraiment à inventer ».[102] Cependant, il commence son *Histoire de la philosophie* par Thalès. Il choisit donc de mettre en *épochè* ce qu'il appelle lui-même « la longue préhistoire où s'est élaborée la pensée philosophique ». Son disciple Masson-Oursel a questionné cette préhistoire et a abouti à l'idée selon laquelle « des Présocratiques au Néoplatonisme, la pensée grecque s'inséra dans les modes égyptiens de représentation ».[103] Il entrevoit derrière les "raffinements" de la pensée grecque « l'aspect africain de l'esprit égyptien ». Il conclut : « Une grande partie du continent noir, au lieu d'être aussi frustre et "sauvage" qu'on l'avait supposé, répercute en maintes directions, à travers l'immense isolement par le désert ou la forêt, des influences qui, par la Libye, la Nubie, l'Éthiopie, venaient du Nil ».[104] Cheikh Anta Diop indique quelques idées égyptiennes que Pythagore et les premiers philosophes grecs intégreront dans leur propre système de pensée : « l'idée de la toute-puissance du Nombre qui gouverne l'univers », la doctrine des quatre Éléments, la métamorphose ou la transmigration des âmes, le logos universel, le « théorème dit de Pythagore », etc.[105] Emile Amélineau invite à un « acte de justice » vis-à-vis des Égyptiens, consistant à leur rendre « la paternité de ce qu'ils ont inventé » dans le domaine philosophique.[106] Roger-Pol Droit s'interroge sur le dogme unilatéral de l'origine grecque de la philosophie : « Comment se fait-il que seuls les Grecs et leurs héritiers soient tenus pour philosophes ? Sont-ils vraiment les seuls ? Comment

---

[101] J. Pirenne, *Les grands courants de l'histoire universelle I, Des origines à l'Islam*, Paris, Editions De La Baconnière Neuchâtel, 1944, 124.

[102] E. Bréhier, *Histoire de la philosophie*, vol. 1, 5.

[103] P. Masson-Oursel, *Histoire de la philosophie*, 1er fascicule supplémentaire, Paris, PUF, 1969, 40.

[104] *Ibid.*, 37.

[105] C. A. Diop, *Civilisation ou barbarie. Anthropologie sans complaisance*, Paris, Présence Africaine, 1981, 335-336. Voir aussi G. G. M James, *Un Héritage volé*, Paris, Menaibuc, 2012 (1ère édition en 1954) ; T. Obenga, *L'Égypte, la Grèce et l'École d'Alexandrie*, op. cit.

[106] E. Amélineau, *Prolégomènes à l'étude de la religion égyptienne*, Paris, Ernest Leroux Editeur, 1908, 58.

le sait-on ? Est-il permis d'en douter ? » Comme Bréhier, il met en exergue le lien entre la question de l'origine et celle de la définition de la philosophie elle-même : « Comment se définissent les frontières de la philosophie ? Comment se constitue son identité ? […] Qui décide de ce qu'est l'autre de la philosophie, et de quelle manière, et pour quels motifs ? ».[107] On peut soupçonner ici les enjeux politiques du problème.

Au nombre des témoignages anciens qui donnent du crédit à la thèse du berceau égyptien, Biyogo cite les écrits de Diogène Laërce (*Vie, doctrines et sentences des philosophes,* livre I), Hérodote (*L'Enquête,* II, 109), Aetius (*Opinions*), Plutarque (*Isis et Osiris*), Proclus (*Commentaire sur le premier livre des Éléments d'Euclide,* 65), Flavius Joseph (*Contre Apion,* I, 2), Simplicius (*Commentaire sur le Traité du ciel d'Aristote,* 522, 14), Platon (*République,* X, 600a, *Le Timée,* 21-23), Strabon (*Géographie*), Porphyre (*Vie de Pythagore*), Isocrate (*Busiris*), Jamblique (*Vie pythagorique*), Homère (*Odyssée,* IV, 231), etc. À cela, il faut ajouter les archives égyptiennes.

2.2. L'analyse des sources

En examinant les sources, Serge Sauneron écrit :

> « À parcourir les textes grecs anciens, on ne peut se défendre de l'idée qu'aux yeux de ces vieux auteurs l'Égypte était comme le berceau de toute science et de toute sagesse. Les plus célèbres parmi les savants ou les philosophes hellènes ont franchi la mer pour chercher, auprès des prêtres, l'initiation à de nouvelles sciences ».

Encore :

> « Ces quelques citations nous ont révélé un fait important en lui-même que la réalité historique de ces voyages d'études : le renom général de sagesse et de science qui s'attachait, dans

---

[107] R-P. Droit, *L'Oubli de l'Inde, une amnésie philosophique*, Paris, Seuil, 2004, 1.

94

l'esprit des Grecs de l'antiquité, à la classe sacerdotale des grands sanctuaires égyptiens ; c'est déjà un point acquis ».[108]

Et pourtant, les témoignages de ces "vieux auteurs" font l'objet de deux objections :

« D'abord, l'argument selon lequel le voyage [des premiers philosophes grecs] en Égypte aurait été parfois ajouté par des biographes tardifs ou zélés, dont les récits ne seraient pas sans hagiographie. L'autre argument en vertu duquel on voudrait mettre en doute la fiabilité de ces déclarations est le problème des sources, inégales et tardives qui, mutilées par le temps, ne nous renseigneraient pas toujours avec des données certaines. »[109]

À ces objections, Biyogo oppose une série d'arguments que nous résumons ici de manière schématique :

a- Il y a une « concordance frappante des faits rapportés ».

b- Certains auteurs ont été des témoins oculaires des événements relatés.

c- On ne voit pas pourquoi ces témoins se seraient obstinés à faire naître la science et la philosophie en Égypte. Si on estime que leurs témoignages relèvent de la fiction, il faudra expliquer pourquoi ils retenaient « aussi traditionnel que nécessaire » le voyage des philosophes grecs en Égypte.

d- Ces témoignages sont corroborés par l'archéologie, l'histoire ancienne et l'égyptologie.

Il y a un aspect de la problématique qui retient l'attention de l'auteur : même si on admet que les sources sont historiquement fiables, permettent-elles vraiment d'établir, de manière nette, que les Égyptiens aient réellement pratiqué un type d'activité qu'on peut dire "philosophique" ? Deux arguments sont évoqués pour plaider en faveur

---

[108] S. Sauneron, *Les prêtres de l'ancienne Égypte*, Paris, Editions du Seuil, 1998, 129, 134.
[109] G. Biyogo, *Histoire de la philosophie africaine. Livre I,* 59.

d'une réponse positive. Le premier argument, c'est que les Égyptiens, de l'avis des auteurs grecs, se dédiaient à une réflexion méditative et contemplative sur les questions existentielles. Aristote distingue trois formes d'action dont « la plus importante est l'action théorétique, c'est-à-dire celle qui se distingue par la contemplation » (*Éthique à Nicomaque*).[110] Il appelle cette forme d'activité *"sophia"*. Or, Isocrate tenait pour égyptienne l'origine de ce terme.[111] Ce qui conforte, du reste, l'hypothèse de Théophile Obenga évoquée plus haut.

Le deuxième argument, c'est que l'on trouve dans les textes égyptiens des concepts proprement philosophiques : *noun* (l'avant-cosmique), *maat* (vérité-justice-harmonie), *isfet* (le chaos), *niaou* (le vide), *oun* (exister), *djet* (le revenir éternel), *ankh* (la plénitude de la vie), *ib* (le cœur, siège de la raison et de la conscience), *jwtt* (le non encore là), *neka* (méditer), *rekh* (raison, connaissance), *remettch* (l'humanité), *kheper* (le devenir), etc.

On peut donc conclure que « les textes disponibles permettent d'affirmer l'existence d'une authentique philosophie qui a fleuri sur les bords du Nil plusieurs millénaires avant Thalès, le premier présocratique. Dans ce domaine comme dans tant d'autres, il s'avère que ce fut l'Égypte ancienne qui a ouvert la voie ».[112]

À partir des thématiques traitées dans les corpus de textes égyptiens, Biyogo identifie cinq principales écoles philosophiques :

- L'École Thébaine, versée dans la philosophie dite des "mystères" (méditations spéculatives sur l'Un, l'Ogdoade, le Tout, la cosmogénèse).

- L'École Memphite, dont les textes traitent des questions de l'origine, de l'engendrement des étants et des fins ultimes.

---

[110] Les deux autres types d'action sont l'action pratique et l'action poétique.

[111] Martin Bernal note : « He insisted that philosophia (philosophy) was, and could only have been, a product of Egypt (*Bousiris*, 28). This word seems to have been used by the Egyptianizing Pythagoreans for some time – possibly since the 6th century – but its earliest extant use comes from *Bousiris* » (M. Bernal, *Black Athena. The Afroasiatic Roots of Classical Civilization*, London, Vintage, 1991, 104).

[112] M. Towa, *L'Idée d'une philosophie négro-africaine*, Yaoundé, Clé, 1997, 31-32.

- L'Ecole Héliopolitaine, qui a développé la théorie du Noun.

- L'École Amarnienne dont l'apport le plus important est la théorie du logos solaire.

- L'École Saïte dont les savants, comme le rapporte Platon, ont fait forte impression sur Solon. Ce dernier « disait que les gens de Saïs l'avaient fort bien reçu, et qu'en les interrogeant sur les antiquités les prêtres les plus savants en ces recherches, il avait constaté que nul, parmi les Grecs, ne connaissait un traître mot de ces questions » (*Le Timée*, 22-23).

2.3. *"Origine" et "commencement"*

Pour dissiper la confusion sémantique qui a brouillé le débat sur l'émergence de la pensée philosophique, l'auteur propose une distinction entre *origine* et *commencement* :

> « L'origine est antérieure au commencement, elle en est la condition de possibilité, tandis que le commencement appelle nécessairement une origine qui serait encore à prouver, à affirmer, à démontrer. Le commencement est de l'ordre de l'attestation historique et formelle, lorsque l'origine doit pouvoir dépasser toute allégation hypothétique pour asseoir sa filiation avec le commencement. »[113]

Le *commencement* de la philosophie renvoie au moment de sa "naissance historique" ; il est daté et "objectivement explicable". L'*origine* explicite les conditions qui rendent possible le commencement. Elle montre ce que le commencement doit au lieu de sa genèse. L'Égypte pharaonique marque le commencement de la philosophie. Là, l'activité philosophique a pris naissance il y a 5000 ans. Ce qui caractérise cette pensée inaugurale, c'est la conscience du devenir ou du mouvement dialectique (*kheper*) et le refus de la finitude.

---

[113] G. Biyogo, *Histoire de la philosophie africain*, 44-45.

Tout est en mouvement, en devenir. La vieille Égypte « a regardé le ciel pour dépasser l'étroitesse du monde » ; elle a élaboré une philosophie de la "survie" à partir de l'expérience « d'une vie qu'elle savait à l'avance précaire, fragile ». Et ce, sans jamais perdre de vue la concrétude du monde et de l'existence, ici et maintenant.

Où situer l'origine de la philosophie égyptienne ? L'auteur pointe le doigt vers l'Éthiopie. Quant à l'origine de la philosophie grecque, elle est à chercher en Égypte. Dire cela n'enlève rien à la singularité de l'École de Milet ou d'Athènes : « Que l'Égypte soit le berceau de la philosophie, il n'empêche que la philosophie grecque a accompli un acte inaugural, inventif, qui a subverti l'apport égyptien et créé une pensée originale ».[114] La Grèce, bien qu'influencée par la pensée nilotique, a opéré un "recommencement radical" de l'aventure philosophique.

Biyogo estime que la philosophie doit retourner continuellement au lieu de sa genèse pour redécouvrir et raviver sa vocation première, à savoir « émanciper les hommes par la science ». Pas une science dressée contre la nature ou une technoscience « arraisonnant le monde », mais une science au service de la Maât.

3. Discussion

3.1. La question originiste et le "miracle grec"

Le philosophe gabonais récuse les objections de Fabien Eboussi Boulaga. Pour ce dernier, la question de l'origine procède de l'aléatoire, du flou et du non-lieu. La philosophie doit s'en affranchir ; elle naît du « défaut de l'origine ».[115] En outre, penser l'origine, c'est s'enfermer dans un passé fuyant, improductif : « Le passé ne prescrit rien, ne

---

[114] *Ibid.*, 192.
[115] F. Eboussi Boulaga, "Introduction thématique, Anarchie et topologie", in G. Ndinga et G. Ndumba (eds.), *Relecture critique des origines de la philosophie et ses enjeux pour l'Afrique*, Paris, Menaibuc, 2004, 15.

détermine rien, ne sauve personne ». La quête de l'origine serait même un danger pour la liberté, car elle cache des envies de sectarisme, de conformisme et de manipulation aliénante. Le lieu de la philosophie (sa *topologie*) n'est ni l'origine, ni le commencement, mais le recommencement : « La philosophie ne commence jamais, elle recommence toujours ».[116] Biyogo trouve cette critique "justifiée" dans une certaine mesure ; elle met en garde contre le risque d'une nostalgie paralysante et d'un conservatisme dogmatique. On doit cependant la relativiser. L'argument de l'aléatoire participe de la "syntaxe du miracle", du "hasard", de "l'inexplicable". Or, ce n'est pas de cela qu'il s'agit ici. Si on postule une origine, elle doit être attestée par la recherche historiographique. Le "miracle", par contre, relève du *mystère* ou de la *mystification*, comme le souligne Eboussi lui-même :

> « On affirmera péremptoirement que la philosophie est grecque, qu'ailleurs (Inde, Chine), il n'y a qu'ébauche ou "impasse de l'esprit", sinon le néant de pensée [...]. [La philosophie] renvoie à un espace sacré où elle est apparue comme dans un éclair, à la manière d'un prodige : ce fut le miracle grec ».[117]

La répugnance pour cette idée de "miracle" a amené le penseur camerounais à prendre ses distances vis-à-vis de la thèse du berceau égyptien, sans même évaluer les arguments qui la sous-tendent ; il les rejette *ex abrupto*. Quoi qu'il en soit, cette question ne peut être abordée en « faisant l'économie des discussions techniques » ; elle relève de l'historiographie et non de la pure spéculation, encore moins de la pure fiction.

3.2. De l'historiographie de la philosophie africaine ancienne

L'auteur examine également un ouvrage de Théophile Obenga : *La philosophie africaine de la période pharaonique*. Il en fait une lecture critique : « Dans ce travail massif, par la qualité de ces matériaux, de

---

[116] *Ibid.*, 17.
[117] F. Eboussi Boulaga, *La Crise du Muntu*, op. cit., 1977, 92.

cette traduction elle-même et de la documentation philosophique et scientifique exhumée, on est en présence de données tirées de hiéroglyphes, dans leur état initial, sans que l'on soit en présence de concepts ni de théories ». Selon lui, rien n'indique dans ce volume « le souci de l'élaboration d'une histoire de la philosophie africaine ancienne ». L'ouvrage, ajoute-t-il, « ne dit pas non plus en quoi les textes présentés sont philosophiques ou pas, mais les tient ex abrupto pour philosophiques [...]. Il est tout aussi difficile d'envisager une lecture chronologique ou même synchronique des objets examinés ».[118] De toute évidence, Biyogo se méprend sur le contenu de l'œuvre qu'il critique. Obenga présente comme suit le contenu et la démarche de sa recherche :

> « Dans la présente investigation, il est question de la philosophie égyptienne, pharaonique, à partir des textes originels, authentiques, traduits et brièvement commentés [...] Ces textes de notre tradition, repérés et livrés ici au cours de l'effort de ce travail de reconstitution de l'histoire de la pensée africaine (qui doit avoir sa place dans la totalité philosophique et le destin des principes, des langages et des méthodes de la philosophie mondiale), ont à faire à l'homme, à la société, au monde, à l'univers, à l'absolu, témoignant ainsi d'une pensée exigeante, consciente d'elle-même.[119]

Ailleurs, le chercheur congolais revient sur les exigences méthodologiques de ce travail et formule les principales questions heuristiques que l'historien de la philosophie africaine pharaonique doit chercher à élucider : « Comment les cercles philosophiques d'Héliopolis, de Hermopolis, de Memphis et de Thèbes, expliquent-ils le Réel ? Où sont les textes explicites ? Comment les lire et les entendre comme "philosophie" ? Et quelle philosophie ? »[120] C'est à la lumière de ce programme de recherche qu'il faut lire l'ouvrage critiqué, en

---

[118] G. Biyogo, *Histoire de la philosophie africaine*. Livre I, 35, 36.

[119] T. Obenga, *La philosophie africaine de la période pharaonique*, op. cit., 15.

[120] T. Obenga, Préface au livre de Y. Somet, *L'Afrique dans la philosophie. Introduction à la philosophie africaine pharaonique, op. cit.*, 11.

vérifiant si l'auteur a atteint les objectifs qu'il s'est assignés et si les résultats auxquels il a abouti sont concluants. Pour nous, la réponse est affirmative. Obenga présente un corpus qui atteste l'existence d'une tradition philosophique égyptienne. Il commente les textes, mettant en évidence leur teneur philosophique. Ces textes sont philosophiques d'abord en raison de leur objet, l'objet pérenne de la philosophie, c'est-à-dire la question du sens. Ils le sont ensuite en vertu du fait qu'ils offrent une explication rationnelle du réel. Enfin, ils contiennent un lexique philosophique riche et complexe que l'éminent égyptologue prend le soin d'analyser et d'expliciter. On peut donc dire que cette œuvre jette véritablement les bases d'une histoire et d'une herméneutique de la philosophie africaine classique. En plus des exigences méthodologiques évoquées plus haut, l'auteur insiste sur la nécessité d'un accès direct aux textes :

> « Une histoire de la philosophie africaine est possible. Mais son élaboration est fort exigeante. Elle requiert en effet la connaissance parfaite de l'égyptien ancien, du grec, du latin, de l'arabe, en sus des techniques et méthodes propres à l'histoire de la philosophie (…). Sans égyptien ancien, pas de restitution possible de l'authentique tradition philosophique négro-africaine en sa dimension temporelle la plus ancienne, la plus fondamentale. »[121]

Pour ce qui concerne la chronologie ou la synchronie, Obenga a opté pour une présentation thématique des textes : ontologie, cosmogenèse, astronomie, éthique, esthétique, etc. À l'intérieur de chaque section, il reproduit les textes en *mdw ntr*, les commente, les situant dans leurs contextes historiques et culturels. C'est cela justement qui manque dans les travaux de Biyogo sur la philosophie égyptienne. Par ailleurs, il peine à prouver l'origine éthiopienne de la philosophie pharaonique. Il évoque les textes publiés par Sumner : « Claude Sumner a permis d'attirer l'attention sur l'existence d'une pensée en Éthiopie, ce qui est

---

[121] T. Obenga, *La philosophie africaine de la période pharaonique. 2780-330 avant notre ère*, 17.

une découverte majeure en soi pour l'histoire de la philosophie et qui confirme notre hypothèse selon laquelle : la philosophie égyptienne serait le produit de la pensée éthiopienne ».[122] Or, les textes éthiopiens sont postérieurs au corpus pharaonique. En réalité, comme le souligne Mbongo, « c'est la Nubie qui est concernée, une Nubie qui se trouvait dans le Soudan actuel, juste au sud de l'Égypte ».[123] En confondant cette Nubie (l'Éthiopie des auteurs grecs) avec l'Éthiopie axoumite ou abyssinienne, Biyogo n'a pu établir les origines lointaines de la pensée égyptienne, mère de la philosophie hellène.

---

[122] G. Biyogo, *Histoire de la philosophie africaine*. Livre I, 113.
[123] N. Mbongo, *La philosophie classique africaine. Contre-histoire de la philosophie*. Tome 1, Paris, L'Harmattan, 2013, 183.

Notes conclusives

Il a été question, dans cette première partie, de la sapience africaine. On entend par "sapience" une "sagesse intellectuelle", un « savoir moral et philosophique reposant sur une tradition ». Au sens large, « on peut comprendre sous ce terme tous les écrits didactiques touchant à la philosophie morale ». (Encyclopaedia Universalis). Il ressort de nos analyses que la pensée sapientiale africaine (dont le contenu déborde le champ moral) non seulement, a un statut philosophique, mais remonte aux origines mêmes de la philosophie. Elle aborde l'ensemble des questions existentielles et révèle une tournure d'esprit, un mode de philosopher qui trahit une sensibilité culturelle. Nsame Mbongo a mis en relief le caractère communautaire de ce mode de philosopher :

> « L'esprit communautaire s'oppose à l'élitisme et à l'individualisme. Ces phénomènes sociaux ont tendance à produire une intelligentsia imbue d'elle-même et obstinée à disqualifier le peuple en méprisant son apport à la culture intellectuelle, pendant qu'ils conduisent les "intellectuels" à surestimer leur propre compétence. La tradition philosophique occidentale, par exemple, renvoie généralement à ce modèle socioculturel. Pour sa part, l'esprit communautaire implique le respect des milieux populaires par les milieux intellectuels, la prise en compte de l'apport du commun des hommes, et des échanges fructueux entre les penseurs et le peuple, malgré les différences de niveau culturel. »[124]

Dans le contexte actuel, l'élitisme académique gangrène nos sociétés et constitue un véritable frein au progrès. Souvent, le savoir produit par les élites "occidentalisées" a peu à voir avec les préoccupations réelles des masses populaires. Quand parfois ces préoccupations sont prises en compte, les approches théoriques adoptées pour les résoudre sont

---

[124] N. Mbongo, *La personnalité philosophique du monde noir,* 77-78.

inspirées de modèles étrangers et rarement élaborées avec le concours des intelligences communautaires. On gagnerait à renouer avec le modèle de l'intellectualité africaine classique. C'est un modèle inclusif, qui privilégie une approche coopérative du savoir : « Que ton cœur, enseigne Ptahhotep, ne soit pas vaniteux en raison de ton savoir. […] Une parole parfaite est plus cachée que la pierre verte ; on la trouve pourtant auprès des servantes qui travaillent sur la meule » (vv. 52-59). Pour que la "révolution intellectuelle populaire" tant souhaitée par Nkrumah ait lieu et pour que la recherche africaine soit véritablement au service des peuples, il nous faudra réapprendre à penser ensemble avec ceux/celles qu'on appelle les "gens ordinaires", les paysans, les vendeuses du marché, les artisans, les « servantes qui travaillent sur la meule », etc. ; il importe de créer une synergie entre les *intellectuels universitaires* et les *intellectuels communautaires* dont les savoirs sont souvent méconnus ou relégués au second plan.

Une autre question abordée dans cette première partie est la critique de l'europhilosophie. Il n'est pas rare de lire sous la plume de certains apôtres de ce courant des déclarations fort étonnantes. Tenez, en voici une : « Pour les philosophes africains qui optent pour la raison critique, c'est le concept européen de philosophie qui est adopté sans fausse modestie et sans recherche maladive de l'originalité, de la spécificité ».[125] Nous pensons avoir apporté assez d'éléments qui permettent d'envisager une perspective plus inclusive et plus ambitieuse de la philosophie en Afrique. Le fameux "concept européen de philosophie" qu'on exhibe comme modèle paradigmatique, ne relève-t-il pas d'une "spécificité" ? Quand il s'agit de rechercher le *spécifiquement européen*, on ne se croit pas dans une démarche "maladive". Par contre, on s'alarme quand il s'agit de se tourner vers d'autres modèles de rationalité. Au fond, où situer réellement la démarche maladive ? Ne réside-t-elle pas plutôt dans le fait d'absolutiser un modèle de rationalité, de s'y cloîtrer obstinément et aveuglément, niant a priori toute autre forme d'expression de la raison ?

---

[125] P. E. A. Elungu, *Eveil philosophique africain*, Paris, L'Harmattan, 1987, 24.

Un dernier aspect. À propos de l'historiographie de la philosophie africaine, nous reprenons à notre compte la périodisation proposée par Mbongo, mais en la modifiant légèrement. Ainsi, nous distinguons trois grandes périodes :

I-   La Période Pharaonique (D'Imhotep à Manethon)

II-   La Période Impériale (VII-XVIIIe siècle). Elle est caractérisée par la splendeur des "Siècles de Grandeur" (J. Ki-Zerbo) et le déclin des empires et royaumes post-pharaoniques. La notion de "philosophie médiévale" nous semble inappropriée pour notre contexte culturel et historique.

III-   La Période de la Refondation. Elle comprend deux phases : la première période de la Refondation (de la Révolution Haïtienne aux Indépendances Africaines) et la seconde période de la Refondation (des années 60 à nos jours).[126]

Le corpus de la Période-I est essentiellement égyptien. Celui de la Période-II est constitué des textes éthiopiens (voir C. Sumner) et mandingues (École de Tombouctou). À cela il faut ajouter les textes spéculatifs et sapientiaux que les ethnologues ont recueillis auprès des érudits des Ecoles Initiatiques Traditionnelles (EIT). Un grand nombre de ces textes (contenant des chefs-d'œuvre) est encore enfermé dans le carcan de la "Bibliothèque coloniale". Il faudra les dépoussiérer, les relire dans une perspective proprement philosophique et non plus ethnologique ou ethnophilosophique (dans le chapitre 11 du présent volume, nous montrons en quoi la lecture philosophique des textes spéculatifs traditionnels se distingue de l'approche ethnophilosophique).

---

[126] La période de la Philosophie de la Refondation correspond à ce que Nsame Mbongo appelle la "modernité africaine". Cette modernité, écrit-il, « vient au monde en portant en elle les questions décisives de l'indépendance des nations, du sens de l'histoire des sociétés et du devenir des cultures, telles que les posent non pas les désirs des individus ou les théories des penseurs, mais la situation sociale des peuples, l'état des civilisations et les rapports de force internationaux ». Il s'oppose vigoureusement aux « esprits africains adeptes de la "servitude volontaire" [qui] n'hésitent pas à poser que l'âge contemporain de la philosophie africaine commence avec l'avènement de Tempels » (N. Mbongo, *La philosophie classique africaine*, 173).

Pour ce qui est du corpus de la Période-III, il comprend tous les textes à teneur philosophique produits par les Africain(es) du continent et de la diaspora depuis la Révolution Haïtienne jusqu'à nos jours.

Nous identifions trois grandes doctrines philosophiques pharaoniques : la Doctrine des Mystères, la Doctrine Maâtique et la Doctrine Astro-cosmologique. Le thème principal de la Doctrine des Mystères est la question de l'origine et des fins dernières. Les textes de ce courant ont un caractère initiatique plus prononcé (Les Textes des Pyramides, le Livre de la Sortie, Le Livre de parcourir l'Éternité, le Livre de connaître les modes d'existence de Ra, etc). Les rouleaux qui forment le corpus de la Doctrine Maâtique contiennent essentiellement des enseignements sur l'Éthique et l'Esthétique de la Maât (Instructions, maximes, récits spéculatifs et didactiques). La troisième Doctrine se concentre sur les questions astronomiques et cosmologiques. Elle a un caractère plus technique, même si elle incorpore des éléments de la Doctrine des Mystères. Dans les diverses écoles associées aux grands temples (*Ât-Sebayit* ou *Per Ankh*), les trois Doctrines étaient enseignées, avec des spécificités locales. C'est en raison de ces spécificités que l'on considère les divers centres intellectuels (Waset, Iounou, Khemenu, Saou, Men-Nefer, Armana, etc.) comme des écoles de pensée.

-II-
Rationalité, Logique et Epistémologie

s3q-jb nb r bw jqr

Rassemble ton cœur vers le lieu de la perfection

[Concentre-toi afin de penser juste]

(Ptahhotep, v. 364)

CHAPITRE 4 :
Éléments d'une approche africaine de la Raison

La nouvelle rationalité qui permettra d'avancer dans la connaissance du réel, il faudra la bâtir pas à pas, en ayant une conscience aigüe de la difficulté et de la singularité du problème. Les philosophes africains doivent participer à l'édification de cette nouvelle théorie de la connaissance.

(C. A. Diop)

Quel concept de "raison" et quel modèle de "rationalité topologique" les philosophes du Retour essaient-ils de promouvoir pour contribuer à l'édification d'une théorie de la connaissance qui, comme le souhaitait C. A. Diop, soit en mesure de réconcilier l'homme moderne avec lui-même et avec le Réel ? Par "rationalité topologique", on entend ici une rationalité enracinée dans un lieu culturel spécifique, et ouverte au "dialogue des lieux".[127] Les quatre auteurs dont nous présenterons les travaux (Obenga, Bassong, Mbongo, Chimakonam) ont pris comme cadre de référence l'épistémè africaine, telle qu'elle se donne à lire dans les œuvres intellectuelles des anciennes sociétés nilotiques et subsahariennes. Ils ont montré en quoi ce "lieu épistémique" pourrait constituer une source d'inspiration pour la promotion d'une nouvelle rationalité. Cette démarche, affirme Mbongo, ne doit conduire à aucun fondamentalisme :

> « Nous recourons à l'énergie philosophique du passé comme moyen d'édification progressiste de l'africanité philosophique à partir de facteurs endogènes solides et fiables exprimant le génie intellectuel local. En d'autres termes, notre démarche relève d'une *problématique de la renaissance* visant à contribuer à la

---

[127] Cfr F. Eboussi Boulaga, « Poursuivre le dialogue des lieux ». Entretien avec Nadia Yala Kisukidi, in *Revue Rue Descartes*, n° 81, 2014, 84-101.

construction d'un avenir désaliéné dans un monde en proie à la déshumanisation impérialiste et à l'irrationalisme rétrograde. »[128]

Ce que les quatre auteurs nous proposent, ce n'est pas un logos congénital, racial, mais une approche contextuelle de la Raison.

1. Théophile Obenga : le concept de "raison" en égyptien pharaonique

[Les écrits des anciens égyptiens témoignent] d'une pensée exigeante, consciente d'elle-même, une sorte de vigilance affûtée comme "centre" au sein d'une culture et d'un environnement donnés. Une pensée vécue, et pendant plus de vingt siècles à la recherche de la vérité-justice, de l'ordre social, de l'équilibre intérieur humain, de l'intelligence de la globalité cosmique, du bonheur réel, durable, inaltérable, éternel.

(T. Obenga)

Pour Obenga, si la philosophie est sagesse, cette sagesse est d'abord raison. Une raison soucieuse d'inventer une "conception ordonnée de la vie". L'égyptologue congolais examine cinq notions à partir desquelles il tente de cerner les contours et le sens de la rationalité africaine pharaonique : *rekhet, upi, ib, tep-heseb, Ra.*

a- "Rekhet"

Ce mot renvoie à l'idée d'enquête, d'investigation, de recherche rationnelle, de science : « The concept *rekhet* (written with the hieroglyph for abstract notions) means "knowledge", "science", in the sense of "philosophy", that is, inquiry into the nature of things (*khet*), based on accurate knowledge (*rekhet*) and good (*nefer*) judgment

---

[128] N. Mbongo, *La Philosophie Classique Africaine*, Paris, L'Harmattan, 2013, 15.

(*upi*) ».[129] Il y a une corrélation entre *Rekhet* et *Sat* (la Sagesse). La *Sat*, en effet, suppose une connaissance rationnelle de ce qui est vrai et juste. La *Rekhet* éclaire l'agir du Sage. Inversement, la sagesse "élève la pensée" et l'oriente vers des fins nobles.

b- 𓏵𓎡𓏭, "Upi"

La raison est aussi jugement : « The word *upi* means "to judge", "to discern", that is, "to dissect". The cognate word *upet* means "specification", "judgment", and *upset* means "specify", that is, give the details of something ».[130] Un texte datant de la XIIe Dynastie décrit le "Rekh-sai" (le Philosophe) comme celui qui s'exerce à affiner continuellement son sens de discernement, sa manière d'appréhender et d'évaluer les choses : « Il examine les problèmes avec perspicacité ; il est modéré dans son agir […] Il instruit son propre cœur ; la nuit, il reste en éveil pour scruter les sentiers justes ».[131] (Voir Annexe 1)

c- 𓄿, "Ib"

"Ib" signifie littéralement "cœur". Il désigne l'intelligence, la conscience, le siège de la raison, de la perception intellectuelle et de l'émotion. On raisonne avec le cœur. L'idée d'une raison purement cérébrale ou d'une raison sans conscience est exclue. Les *rekhou saiwou* insistent sur la nécessité d'instruire continuellement le cœur. "Instruire" se dit *seba*. Or, ce mot veut dire aussi "étoile", "lumière". La raison est une lumière intérieure qui éclaire l'homme et le guide sur les chemins de la connaissance et de la vertu. On "instruit son cœur" en méditant les préceptes de la Maât, en se plongeant dans les écrits anciens, en se mettant à l'école de la Nature.

---

[129] T. Obenga, "Egypt : Ancient History of African Philosophy", in K. Wiredu (ed.), *A Companion of African Philosophy, Oxford*, Blackwell Publishing, 2006, pp. 33-34.
[130] *Ibid.*, 33-34.
[131] "Inscription of Antef", 12th Dynasty (1991-1788 BCE), cit in T. Obenga, "Egypt : Ancient History of African Philosophy", p. 35.

d- 𓂀𓏤𓌟 "Tep-heseb"

Ce terme apparaît dans le titre du *Papyrus d'Ahmès* : « Méthode correcte (*tep-heseb*) d'investigation dans la nature pour connaître (*rekh*) tout ce qui existe ».[132] "*Tep-heseb*" traduit l'idée d'une raison-méthode. Une raison géométrique et algébrique. Des siècles avant Pythagore, les Égyptiens avaient conçu un type de rationalité qui s'assigne pour tâche de déchiffrer le langage mathématique de l'univers. N'est-ce pas là l'acte inaugural du logos scientifique ? « Cet idéal égyptien des mathématiques est l'idéal de la science, jamais interrompu depuis sa formulation explicite dans la Vallée du Nil ».[133] Le fait même de concevoir une *méthode* pour orienter la raison témoigne indiscutablement d'un esprit de rigueur.

Par ailleurs, le titre du papyrus suggère une relation entre "tep-heseb" et "rekhet". En effet, "rekhet", en plus de désigner la raison ou la connaissance rationnelle, signifie aussi "nombre". Par conséquent, connaître, selon la logique du tep-heseb, c'est « comprendre mathématiquement, c'est-à-dire selon une investigation appropriée du réel ».[134]

e- 𓊨𓇳𓏤 "Ra"

Les *khemetiwou* avaient également conçu l'idée d'une Raison Suprême, un Logos transcendant, architecte de l'univers : Ra, « symbole de l'Intellect, de l'Entendement, de l'Esprit [...], du Concept, de l'Intelligence supérieure ».[135] Dans le corpus égyptien, il est présenté comme le "Maître de la lumière", la Raison solaire qui conçoit les êtres

[132] Texte traduit par T. Obenga, in *La géométrie égyptienne. Contribution de l'Afrique antique à la Mathématique mondiale*, Paris, L'Harmattan, Khepera, 1995, 290.
[133] T. Obenga, *La Philosophie africaine de la période pharaonique*, 366.
[134] *Ibid.*, 359.
[135] T. Obenga, *L'Égypte, la Grèce et l'École d'Alexandrie*. op. cit., 88.

dans la fulgurance de son Logos (*Sia*) et les fait advenir à l'existence par sa Parole créatrice (*Hou*). Ainsi, « au commencement était la Raison […]. Avant de faire être concrètement en prononçant le nom […] même de ce qui est appelé à être, le démiurge conçoit d'abord cela qui va être par la puissance du verbe, l'efficience de la parole créatrice ».[136] La création, par conséquent, est une « idée claire, nette, distincte », conçue et matérialisée par la Raison Primordiale.

2. Mbog Bassong : la Maât ou la raison en quête de complétude

Il s'agit pour les philosophes et les sages africains (...) que le raisonnement tende vers une complétude qui structure l'équité, la justice, la vérité, le beau, le bien, le vrai. Il est question avant tout d'une raison ontologique, vécue, concrète, transcendante, indispensable au maintien en équilibre et en ordre des entités à la fois abstraites, idéelles et réelles. Au niveau analytique, Maât se déploie comme une réalité mouvante, une dynamique en spirale vers le point apical de la vérité. Maât procède des idéalités contrastées et de leur dialectique synthétique.

(M. Bassong)

Mbog Bassong propose un modèle de rationalité maâtique qui s'inspire de l'ontologie africaine classique. Cette ontologie, selon l'auteur, s'articule autour de trois principes : l'unité du réel, l'antagonisme structurel et l'harmonie universelle.

a. L'unité du réel (Noun). Les cosmosophies égyptiennes postulent une unité cosmique primordiale. L'univers émerge du *Noun*. Forme informe, inorganique, incréée, le Noun est un vide abyssal, une béance qui

---

[136] T. Obenga, *La Philosophie africaine de la période pharaonique*, 59-60.

contient en soi le Principe de toutes les choses (*Atum/Ra*), le devenir perpétuel (*Kheper*) et les potentialités infinies de l'univers (*kheperu*). Tous les éléments de l'univers sont interconnectés et reliés à cette Source Originelle.

b. L'antagonisme structurel (Hor-Seth). C'est un principe de bipolarité organisationnelle. Chaque chose a son double ou son versant opposé : le jour et la nuit, la matière et l'esprit, l'homme et la femme, l'identité et la différence, le bien et le mal, etc. L'ordre (Principe Hor) et le désordre (Principe Seth) participent d'une dynamique évolutionnaire. L'univers étant en perpétuelle évolution, c'est l'asymétrie des deux principes qui rend possible le mouvement.

c. La loi de l'harmonie universelle : la Maât. Elle transcende le dualisme H-S (Hor-Seth) et garantit l'équilibre des forces antagonistes. Bassong la définit comme « un jeu dynamique entre les extrêmes, une solution d'ordre de l'asymétrie fondationnelle », une norme, une valeur qui « unifie et transcende en organisant de manière dialectique la Totalité de ce qui est ». Inférée de l'ordre cosmique (et non d'une pure spéculation), elle est de « l'ordre d'une intuition rationnelle qui perçoit la totalité énergétique universelle ». L'auteur voit dans la Maât une forme de rationalité qui se déploie à la fois comme une méthode dialectique et une approche holiste du Réel.

2.1 La dialectique maâtique

Dans le champ épistémique, la tension H-S traduit une dialectique. La connaissance implique intersubjectivité et dia-logicité. La méthode dialectique entendue comme discussion et dépassement de thèses opposées est, selon Bassong, une invention égyptienne. Il cite à ce propos Cheikh Anta Diop : « Il n'y a pas de doute que la théorie du mouvement dialectique dû à l'action des couples contraires (thèse, antithèse, synthèse) tire son origine de la cosmologie hermopolitaine, qui explique tous les phénomènes de l'univers par l'action des principes contraires ».[137] La Maât est principe et critère de vérité parce qu'elle est la loi générale de l'univers. Elle implique un concept de vérité qui n'est pas de l'ordre de l'acquis, mais s'entend comme *tension vers* ce qui est, recherche continue de la valeur juste des choses. Ici, la vérité n'est pas une simple "adéquation de l'intellect et de la chose", car l'ordre de la nature n'est pas un état de choses, mais un processus, une relation dynamique, évolutive.

2.2 L'universisme

C'est une épistémologie de la complexité qui s'appuie sur trois postulats :

(i) - des relations unissent les éléments constituant le système du Tout ;

(ii) - il faut appréhender l'ensemble du système et saisir le rapport de chaque partie à la totalité ;

(iii) - il en résulte que les épistémologies qui tendent à fragmenter de manière excessive ou à cloisonner les champs du savoir sont incompatibles avec la rationalité maâtique.[138] L'universisme embrasse trois champs d'étude : l'*onto-cosmologie* (étude de la nature de l'objet, des principes qui le gouvernent et de ses rapports avec la totalité), l'*axiologie* (étude des rapports entre la connaissance de l'objet et les principes de l'existence humaine) et la *téléologie* (étude de l'objet en lien avec le *télos* de l'univers).[139]

Sur la base de l'approche systémique qu'il propose, Mbog Bassong indique trois "paliers d'accès à la connaissance" : l'observation, la recherche de la structure interne de l'objet d'étude et l'unification. Au dernier stade, l'objet est réintégré dans la structure globale de

---

[137] C. Anta Diop, *Civilisation ou barbarie. Anthropologie sans complaisance*, 446.

[138] M. Bassong, *La méthode de la philosophie africaine. De l'expression de la pensée complexe en Afrique noire*, Paris, L'Harmattan, 2007,101.

[139] *Ibid*, 71-73.

l'écosystème cosmique et culturel auquel il appartient : « Ce troisième niveau permet de découvrir l'Ordre "caché", c'est-à-dire la loi, le principe, le paradigme, la valeur, la théorie, l'unité des savoirs, d'en maîtriser la forme et le contenu cognitif qui relève de la dialectique de l'ordre et du désordre en vue de l'organisation de la complexité, voire du chaos à toutes les échelles ».[140]

L'universisme se démarque du rationalisme cartésien :
> « Descartes a formalisé le code méthodologique de l'abstraction dominante. Si celle-ci a connu des succès indéniables sur le plan de la transformation de la matière proprement dite, elle est loin d'avoir saisi le sens de la Vérité dans le vivant. C'est ce à quoi nous renvoie aujourd'hui le triomphe de la complexité en science, suggérée comme un dépassement de la science classique. [...] Descartes a considéré que les objets sont séparés, catégorisables, et qu'une addition de toutes les parties suffit à reconstituer la totalité. »[141]

Contrairement au Cogito, la rationalité maâtique n'est pas un pur conceptualisme. Elle considère la connaissance comme une science inférée des lois de la nature. Elle vise à recomposer l'unité du savoir à travers une approche transdisciplinaire.[142]

---

[140] M. Bassong, *Le Savoir Africain. Essai sur la théorie avancée de la connaissance*, Québec, Kiyikaat Editions, 2013, 254-255.

[141] *Ibid.*, 100.

[142] Voir M. Sinsin, «La complessità come paradigma della transdisciplinarità: Morin e Bassong a confronto», in G. Ruta (ed.), *Le scienze: dentro, "a confine" ed oltre*, Roma, LAS, 2012, 72-93. Notons que la philosophie cartésienne n'est pas un pur conceptualisme, comme le prétend Bassong. Elle a des fondements métaphysiques. Voir : M. Fichant, *Science et métaphysique dans Descartes et Leibniz*, Paris, PUF, 1998 ; H. Gouthier, *La pensée métaphysique de Descartes*, Paris, Librairie philosophique J. Vrin, 1999 ; M. Savini, *Johannes Clauberg, Methodus cartesiana et ontologie*, Paris, Librairie philosophique J. Vrin, 2011.

3. Nsame Mbongo : Ptahhotep et la raison dialogique

Le philosophe memphite s'appuie toujours sur l'instrument privilégié d'analyse du philosophe qu'est le raisonnement. Celui-ci peut être considéré comme un enchaînement de propositions visant à démontrer une position ou à défendre une cause, dans le cadre de l'ordre logique des idées et de l'ordre sensé des phénomènes, et sur la base de la clarté intellectuelle et de la sérénité de l'esprit.

(N. Mbongo)

Nsame Mbongo trouve dans le *Sebayt* de Ptahhotep l'ébauche d'une "science du discours" fondée sur ce que l'on pourrait appeler une "rationalité du cœur" :

> « [Ptahhotep] ne considère pas la faculté de raisonner seulement comme "logos", c'est-à-dire raison discursive et puissance analytique, mais encore, de façon globale et riche, comme la faculté de penser systématiquement, de comprendre de l'intérieur et d'évaluer en même temps par la conscience rationnelle et morale. Ce que l'Égypte pharaonique rend par le concept de "cœur", et que nous pouvons traduire ici par la notion de conscience raisonnante ou de raison-conscience. »[143]

Le logos ptahhotepien ne s'extrait pas de l'expérience pour spéculer dans le vide ; c'est une raison pensante, agissante, « plus axiologisante qu'objectivante ». Le philosophe memphite allie le rationnel au raisonnable. Il porte une attention particulière à l'art de la "parole parfaite" (*medet neferet*) et à la science du discours vrai :

> « L'opuscule de Ptahhotep s'engage dans la voie qui consiste à élever le débat concernant ce concept (le concept de "paroles parfaites"), en se proposant de construire en quelque sorte la

---

[143] N. Mbongo, *La philosophie classique africaine*, 205. Sur la notion de "rationalité du cœur", on lira avec profit l'essai de Teodros Kiros : *Zara Yacob. A Seventeenth Century Rationalist : Philosopher of the Rationality of the Heart*, Asmara, The Red Sea Press, Inc, 2005.

science du discours. Du point de vue théorique, il cherche à découvrir et à établir ce qu'il appelle "les règles des paroles parfaites" [...] Ptahhotep inaugure en fait la réflexion profonde sur le logos en tant que profération de significations efficaces par la rationalité humaine à travers le langage. »[144]

Convaincu de la valeur de la discussion et du débat contradictoire, le vieux *rekh-sai* recommande à son disciple de discuter aussi bien avec l'ignorant qu'avec le savant, car, dit-il, on n'atteint jamais les "ultimes degrés de la connaissance" (v. 54). La discussion est nécessaire pour rechercher la "parole parfaite", une perle « plus celée que le feldspath vert » (v.58). Ptahhotep présente trois modèles-types de débat et propose pour chaque cas une stratégie dialectique à adopter :

(a) La discussion avec P, un interlocuteur qui s'estime supérieur. Stratégie :

- Ne pas épuiser aussitôt ses propres ressources argumentatives.

- Relever au fur et à mesure les erreurs de P

- À la fin, combattre de manière décisive ses idées jusqu'à ce que « ton cœur (ta raison) aura dominé sa surabondance (son verbiage) » (v. 67).

(b) La discussion avec Q, un débatteur de même niveau intellectuel que soi. Stratégie :

- Garder son calme.

- Laisser Q étaler ses propres incohérences et confusions

- Déconstruire à la fin ses idées, de manière méthodique.

(c) La discussion avec R, un débatteur intellectuellement plus faible que soi :

---

[144] N. Mbongo, *La philosophie classique africaine*, 212.

- Éviter d'humilier ce type d'interlocuteur : « Ton cœur ne soit pas agressif contre lui à cause de sa faiblesse » (v. 76).

- Le convaincre de ses erreurs avec patience et pédagogie

- Le combattre de manière ferme si son ignorance devient arrogante.

Ces stratégies sont gouvernées par un principe, celui de la perspicacité : « Pour être perspicace, l'essentiel sera en toute occasion de savoir "rassembler le cœur", c'est-à-dire "concentrer l'esprit" [...], de savoir garder la pleine maîtrise de la "raison" et de savoir "contrôler la bouche", c'est-à-dire la profération de la parole ».[145]

Ptahhotep attire également l'attention de son disciple sur certaines règles du discours :

- La règle de la clarté : éviter la confusion du discours.
- La règle de l'ordre : ordonner son propos, mettre chaque parole à sa place.
- La règle de la concentration intellectuelle : penser, analyser, soupeser ses propres arguments avant de les énoncer. Il s'agit, selon les termes mêmes de Ptahhotep, de « rassembler son cœur en vue de l'excellence ».
- La règle du rejet de l'irrationalité : opposer à la logique du "ventre" celle du "cœur". Le discours ne doit pas être "agité" par des passions incontrôlées.
- La suspension provisoire du jugement : en cas de manque d'arguments, il est préférable de se taire : « Sois silencieux, c'est plus utile que le bavardage [...]. Tu parleras seulement quand tu sais que tu apporteras une solution » (vv. 364-365).
- La règle de la probité intellectuelle : éviter la falsification et la distorsion des faits.
- La règle de la modestie élégante : éviter la pédanterie et l'exhibitionnisme intellectuel.

---

[145] N. Mbongo, *La philosophie classique africaine*, 215.

Que retenir donc de la contribution du philosophe de Men-nefer (Memphis) ?

> « Telle est l'intervention théorique de Ptahhotep, qui donne au *logos* (discours rationnel et raisonnable) un statut philosophique par la finesse et la profondeur dont elle témoigne. Le *Tjaty* se pose ici en inventeur du logos comme objet théorique à visée pratique, et méthode privilégiée de l'analyse philosophique. Au vu de la documentation actuellement disponible, Ptahhotep est aussi à l'origine de la thématique philosophique du débat contradictoire et de la problématique du dépassement critique de la pensée ordinaire comme activité créatrice d'excellence intellectuelle. Les règles du discours juste qu'il formule sont également d'un grand apport dans la pensée méthodologique. »[146]

Avec Ptahhotep, la philosophie africaine émerge dans l'histoire universelle comme une pensée dialogique et dialectique.

4. Okeke Chimakonam et l'idée d'une "African Logic"

Okeke Chimakonam enseigne la logique mathématique et l'épistémologie à l'Université de Calabar et à l'Université de Prétoria. Auteur prolifique, il concentre ses recherches sur ce qu'il appelle l'*African Thought System*. L'African Logic est l'une des composantes de ce Système. Pour Chimakonam, la logique, en tant que discipline philosophique, a une triple fonction :

> « First, through its method, logic determines whether one statement is validly deducible from one or more other statements. Second, it determines whether or not one statement

---

[146] *Ibid.*, 221-222.

provides any inductive support for another. Third, and which is more important, it determines given any two statements, whether they are logically inconsistent ; by which is meant whether, it is logically impossible for both to be true. » [147]

Il y a, selon l'auteur, un lien étroit entre logique et science. La science vise à rechercher et à codifier les lois de la nature tandis que la logique se donne pour tâche de vérifier la validité du discours scientifique, la consistance de ses inférences, de ses théories et de ses hypothèses. Elle n'étudie pas les phénomènes naturels en tant que tels, mais examine la structure et la cohérence des énoncés scientifiques. Ses lois, comme dit Frege, sont les « lois des lois de la nature » (*laws of the laws of nature*), c'est-à-dire les lois qui permettent de vérifier l'inférence des lois naturelles. Chimakonam estime fondamental le rôle de la logique dans le développement des sciences en Afrique. Dans un article publié en 2012, « Systematizing African Science », il esquisse une épistémologie qu'il dit être fondée sur l'African Logic. Il ambitionne, par ailleurs, de contribuer à la promotion d'une culture technologique inspirée de cette même logique. [148]

4.1. Une controverse : peut-on parler d'une "logique africaine" ?

En 2002, Udo Etuk, enseignant-chercheur à l'Université d'Oyo, publie un article intitulé « The Possibility of African Logic ». Il défend la thèse de l'existence d'une logique africaine distincte de celle occidentale. En 2009, Oji Uduma, de la National Open University of Nigeria, récuse la

---

[147]J. O. Chimakonam, "Outline of African Logic for The Development of Thought, Science and Technology in Africa", A paper delivered at an *International Conference of World Congress on Research and Development*, University of Port Harcourt, Nigeria, (October 25-28, 2008), 18.

[148] J. O. Chimakonam, "Project on African Logic, from Thought System to Algorithmic Model: Impact on Science, Technology and Human Development", A paper presented at an International Conference and Home coming held at University of Nigeria, Nsukka with the theme "Philosophy, Science and Human Development", from 30th Nov to 3rd Dec, 2011.

thèse d'Etuk. Pour lui, la logique est universelle. Il traite de "chauvinistes" ceux qui défendent la position de son collègue d'Oyo : « For such jingoistic driven philosophers, from the assertion that there exists African philosophy, it became necessary that there is a peculiar African logic. We reject this position in this essay because we hold that logic is universal with no continental boundaries ».[149] Okeke Chimakonam relance le débat avec un article intitulé « Why Can't There Be An African Logic ».

Il présente d'abord les trois courants qui s'affrontent sur la question :

- Le courant relativiste, selon lequel aucune logique n'est universelle au sens absolu. Chaque système porte nécessairement une empreinte culturelle spécifique. Le plus fervent défenseur de cette position est Chris Ijiomah, enseignant-chercheur à l'Université de Calabar et auteur de *Modern Logic : A Systematic Approach to the Study of Logic* (1995).

- Le courant pluraliste dont Udo Etuk est l'un des représentants. La thèse de ce courant peut se résumer dans la formule : "*n* philosophies = *n* logiques". La pluralité des traditions philosophiques du monde implique l'idée d'une pluralité de systèmes logiques.

- Le courant universaliste : la logique est irréductible aux particularismes régionaux ou culturels. C'est la thèse défendue par Oji Uduma

Chimakonam expose sa propre position :

> « My position here does not follow the nominal relativists who merely affirm the existence of African logic simply from the assumption that since there is African philosophy, there has to be African logic. My position is that logic is like a tool kit to

---

[149] U. O. Uduma, "Can There Be an African Logic?", in A. F. Uduigwomen (ed), *From Footmarks to Landmarks of African Philosophy*, 2nd edition, O.O.P., Lagos, 2009, 281. Du même auteur : "The Logic Question in African Philosophy: Between the Horns of Irrendism and Jingoism", in J. O. Chimakonam (ed.), Atuolu *Omalu: Some Unanswered Questions in Contemporary African*, University Press of America, Maryland 2015, 83-100.

doing philosophy, this validly yields the conclusion that different philosophies (…) have peculiar logics. »[150]

En somme, il défend la thèse pluraliste, qui n'est pas loin de la thèse relativiste. Il oppose trois arguments à la thèse universaliste :

a. Uduma, le défenseur du logicisme universaliste, se contredit en utilisant dans sa propre argumentation une structure de pensée que Chimakonam répute être "africaine". Dans l'African Logic, soutient-il, le raisonnement ne procède pas de l'énonciation des prémisses à l'inférence de la thèse. C'est plutôt l'inverse. On énonce d'abord la thèse et on la justifie ensuite avec des preuves. L'auteur recourt à deux exemples :

> p : The starry sky above and the moral law within prove that there is God!

> q : There is God! The starry sky and the moral law within prove it.

> q correspondrait à une structure argumentative "africaine" ; c'est cette structure qu'Uduma aurait adoptée dans son propre argumentaire : « Uduma's research question which concluded before it began to draw out a proof follows the approach of African logic. It is therefore, ironical that a man who does so much to deny the existence of African logic employs the approach of African logic. This shows that there is African Logic ! »[151] Il faut noter la faiblesse de ce premier argument. Qu'est-ce qui prouve que q soit réellement une structure "africaine" ? Et qu'est-ce qui prouve que p ne le soit pas ?

---

[150] J. O. Chimakonam, "Why Can't There Be an African Logic" (https://www.academia.edu/479935/WHY_CANT_THERE_BE_AFRICAN_LOGIC /10-10-2015). On trouvera une version de l'article dans un récent volume de l'auteur : *Logic and African Philosophy. Seminal Essays on African Systèms of Thought* (Vernon Press, 2020).

[151] *Ibid.*, 5.

b. Ce qu'Uduma entend par "logique universelle" n'est que la logique occidentale, en particulier la logique aristotélicienne. Le fait que cette logique soit enseignée dans diverses universités du monde n'en fait pas forcément une structure de pensée universelle en soi.

c. Enfin, le troisième argument : « Uduma avidly accepted that logic is not exhausted in formal logic. This important concession places Uduma's views at contradictory paths for if he accepted this far, why deny the possibility of African logic which could in the very least, be informal ? »[152] En d'autres termes, si la "forme" est la caractéristique de la logique dite "formelle", l'African Logic, bien qu'ayant une structure formelle, ne se définit pas comme une "*formal logic*", mais comme une "*customary logic*". Cet argument, comme le premier, manque d'aplomb.

4.2. L'Ontological Quadrant et les caractéristiques de l'African Logic

L'Ontological Quadrant est le modèle de référence qui donne corps à l'African Logic. Il comprend quatre composantes : l'African Ontology (AO), l'African Thought System (ATS), la Logic of African Science (LAS) et l'African Logic elle-même (AL) :

L'African Thought s'enracine dans l'African Ontology et en est l'expression. L'AO se fonde sur le postulat selon lequel la réalité a une triple dimension : la non-matérialité, la matérialité, l'anti-matérialité. Les entités non-matérielles appartiennent à la catégorie du

---

[152] U. O. Uduma, "Why Can't There Be an African Logic", op. cit., 11.

"*Subnatural*" ; les autres entités relèvent du domaine du "*Natural*". Insatisfait d'un certain naturalisme qui exclut les objets non-matériels du champ de la recherche scientifique, Chimakonam propose une nouvelle approche, l'*Epinaturalism* :

> « Some of those things which Quine designates as first philosophy are those existents which in African science are described as sub-natural. Hence for running contrary to naturalism by including in its science those things abandoned in western science, the African system can be described as "epinaturalism", the thesis that reality constitutes the natural (physical) and the sub-natural (non-physical) which are identified and described in African science. » [153]

Il y a une interaction entre la réalité physique et le réel non physique. Le "lieu" de cette interconnexion est appelé "Context of Nzuko" ou "Unification context".

Venons-en à l'African Logic. Elle a, selon l'auteur, sept caractéristiques ; mais on peut les ramener à trois :

(a) *L'AL est une "Customary logic"*. La validité de ses inférences dépend en premier lieu du "custom".

Qu'entend Chimakonam par cette notion ?

> « It's important to note that what I call custom in the above is not exactly the same with the dictionary meaning of the word where custom signify the aggregate of a people's way of life within a universal time continuum etc. Beyond this, there is an additional ingredient of flexibility which by calculation reduces the property of cultural values to time – not to universal time but to relative time. » [154]

---

[153] U. O. Uduma, « Outline of African Logic for the development of Thought, Science and Technology in Africa », op. cit., 14.
[154] *Ibid.*, 22.

L'African Logic tient donc compte du contexte spatio-temporel d'énonciation des jugements et de la manière dont ce contexte est perçu par une communauté culturelle spécifique. (On pourrait, dans une certaine mesure, rapprocher la notion de "custom" de celle wittgensteinienne de "forme de vie", même si l'auteur n'évoque pas un tel lien). Les valeurs qui donnent sens au "custom" ne sont pas définies une fois pour toutes ; leur formulation et leur interprétation sont toujours sujettes à discussion. D'où leur caractère temporel.

(b) *L'AL est une logique trivalente*. Elle reconnaît trois valeurs : le Vrai, le Faux et l'Indécis (*Undecided*). L'Indécis ne se confond pas avec l'Indéterminé (*Undetermined*) :

L'Indécis   = Vrai et Faux selon le "custom"
L'Indéterminé   = Ni Vrai ni Faux.

Pour Chimakonam, le fait de formaliser l'Indécis comme valeur logique permet d'aller au-delà du principe du tiers exclu.[155] En outre, dans le système de l'African Logic, la valeur de vérité ne dépend pas seulement de la relation entre le dire et la chose connue (la thèse de l'adéquation) ; il faut inclure dans cette relation la possibilité d'une irruption de l'*Unknown*, une composante de l'*Undecided*.

(c) *L'AL est une logique para-contingente*. Si les vérités scientifiques sont dites *contingentes*, les vérités logiques sont, quant à elles,

---

[155] En partant de l'étude des catégories grammaticales de la langue Achioli, Victor Ocava a, lui aussi, montré la relativité de la loi du tiers exclu. Il examine les énoncés suivants :

(1) Piny lyet : It is hot (P)
(2) Piny pe lyet: It is not hot (– P)
(3) Piny lyet-lyet : ? (→ ni p ni – p)

Il en déduit que Lyet-lyet "is somewhere between (1) and (2). Piny lyet-lyet quite asserts unambiguously that is neither hot nor not hot (…) This is evidence against the law of excluded middle from an Acholi stand point" (V. Ocaya "Logic in the Acholi Language", in K. Wiredu, *A Companion to African Philosophy*, op. cit., 289).

considérées *nécessaires* dans certaines traditions philosophiques.[156] Dans la perspective de l'African Logic, les vérités sont para-contingentes ; elles dépendent du "custom" et de l'Indécis :

> « There are conditions which when presented, they [truths of statements] do not follow necessarily, i.e. they follow para-contingently. However, such conditions do not depend on the features of the natural world, but on the features of the sub-natural world. The sub-natural world is the universe of "non matter" ».[157]

Sur la base de ces éléments et s'inspirant du lexique Igbo, Chimakonam formalise les principes dell'African Customary Logic : Njikoka, Nmekoka, Onona-etiti.

- "Njikoka" ou la loi de l'*Integrativity* :

	Méta-théorie	Lecture
Njikoka	(T) A↕ (T) A→(T) (A ∧ B)	A est vraie si A implique (A et B)" est vraie.

Ce principe transcende la loi tautologique et circulaire de l'identité telle qu'elle est formulée dans la logique classique occidentale (A=A). Dans l'African Logic, l'identité intègre non seulement la dimension individuelle (A=A), mais aussi et surtout l'interaction (A ∧ B).

---

[156] Voir L. Wittgenstein, *Tractatus*, 5.136.
[157] J. O. Chimakonam, «Outline of African Logic for the development of Thought, Science and Technology in Africa », 33

- "Nmekoka" ou la loi de la complémentarité :

	Méta-théorie	Lecture
Nmekoka	(C) A	A est dans un mode d'existence complémentaire.

Ici, la valeur de (C) est : « (T), (F) complemented/joined », c'est-à-dire « Vrai et Faux liés » :

> « It should be noted that all complementary modes of existence are pre-contextual, that is to say, without particular or contextual reductions, a variable A is potentially or capable of being true and also false. To strictly determine whether it is true or false, the variable has to be moved out of the complementary mode of existence [...] to the contextual mode of existence or interpretation. » [158]

L'Indéterminé, selon Chimakonam, ne peut avoir de sens que dans un système de pensée où la dualité vrai/faux est envisagée comme une opposition radicale et absolue. Le principe "Nmekoka" vise à dépasser cet antagonisme rigide.

- "Onona-etiti" ou la loi du tiers inclus :

	Méta-théorie	Lecture
Onona-etiti	(T) A $\wedge$ (T) ~ A	A est vraie et "non A" est vraie
	(T) A $\wedge$ (F) A	A est vraie et A est fausse

---

[158] J. O. Chimakonam, "Principles of Indigenous Igbo-African Logic: toward Africa's Development and Restoration of African Identity", Paper presented at the 19th Annual Conference of International Society for African Philosophy Studies (ISAPS), "50 Years of OUA/UA: Revisiting the Questions of African Unity, Identity and Development", Department of Philosophy, Nnamdi Azikiwe University, Awka, Anambra State, 27th-29th May 2013, 1013.

(A) est vraie et fausse de manière para-contingente. L'auteur illustre ce principe avec l'exemple de deux buveurs appartenant à des contextes différents :

> « A Nigerian who drinks a bottle of beer everyday could be called a drunkard or he is not in Nigeria. But at a complementary level he is both a drunkard and not a drunkard. This is because at such a level, the interpretation is based on different contextual possibilities and not on a single contextual actuality [...]. Hence, when moved to a different context the same man is called a drunkard in Nigeria because he drinks a bottle of beer everyday would not be regarded as a drunkard in say Las Vegas where there are men who drink a dozen bottles of beer every day. Here our inference becomes contingent rather than necessary. »[159]

Ce sont donc les « *different contextual possibilites* » qui justifient la nécessité du principe du tiers inclus.

Notes critiques

Nous avons déjà indiqué quelques limites de la réflexion de Chimakonam. Ajoutons qu'il fait un usage abusif des notions d'*African Logic* et d'*Igbo African Logic*. Nulle part, il ne clarifie ni ne justifie le statut épistémologique de ces concepts.

Il faut, par ailleurs, observer que la thèse universaliste ne saurait être totalement rejetée. Sans devoir soutenir l'idée d'une "logique universelle" au sens où l'entend Udumah, on peut tout au moins admettre l'universalité de certains principes logiques, même si leur formulation assume des spécificités dans les divers systèmes de pensée.

---

[159] *Ibid.*, 16.

***

Que conclure ? Quelle forme de rationalité contextuelle ou topologique les quatre auteurs essaient-ils de mettre en relief ? Quelles en sont les caractéristiques ? Trois traits émergent : le logos de l'épistémè africaine semble se configurer comme (a) une rationalité de la complexité, (b) une rationalité dialectique et dialogique, (c) une rationalité ouverte à l'imprévisible, à l'inattendu, à l'inconnu, à l'absolu.

CHAPITRE 5 :
Le logos de la mathématique égyptienne pharaonique

Une connaissance rigoureuse, scientifique, de tout le réel visible et invisible, apparent et caché, phénoménal et nouménal, à la lumière de la seule raison humaine, et selon une méthode d'investigation, voilà la définition des mathématiques pour les Égyptiens. La puissance des mathématiques est clairement reconnue. Les Égyptiens insistent sur l'aspect, fondamental, de la méthodologie dans la connaissance totale de la nature : cette méthodologie purement rationnelle, c'est la mathématique.

(T. Obenga)

Platon attribue l'invention des nombres, de l'arithmétique et de la géométrie au *neter* égyptien Thot-Djehuty (*Phèdre,* 274b-275c). Pour Aristote, l'Égypte est « le berceau des arts mathématiques » (*Métaphysique*, A, 1, 981b, 23). Porphyre affirme que « de toute antiquité la géométrie avait intéressé les Egyptiens » et que Pythagore apprit chez eux « les sciences appelées mathématiques » (*Vie de Pythagore*, § 6). Malgré ces témoignages antiques et bien d'autres, la Mathématique Egyptienne Pharaonique (MEP) est souvent présentée sous un jour peu glorieux par les historiens modernes de la science. Elle serait "primitive" et "pré-scientifique". Le dogme officiel qu'on répète tel un catéchisme affirme que la mathématique, comme science, est née hellène. Il n'y aurait, avant l'émergence de la pensée grecque, qu'ombres et pénombres sur toute l'étendue de la terre. Et, soudain, par un dessein inextricable des dieux, il se produisit le grand "miracle grec". Le génie ionien surgit du fond de la nuit et engendra la Raison, mère de la philosophie et des sciences.

À la manière d'un hérétique, Malolo Dissakè scrute ce dogme, l'interroge et le dégonfle. Il soumet à une analyse rigoureuse les "jugements souverains" défendus par les tenants de la doctrine officielle. Sa méthode de déconstruction s'appuie sur une double critique :

- Une *critique co-textuelle* : elle consiste à prendre l'interlocuteur au mot, à le confondre, en retournant contre lui son propre discours. En voici une illustration : « Plutôt que de dire par exemple que ce que fait Ahmès dans le papyrus de Rhind est de la science, je me suis contenté de montrer pourquoi ceux qui ont péremptoirement décidé que ce n'en était pas se sont eux-mêmes mis en difficulté ».[160]

- Une *critique intratextuelle* : par "intratextualité" on entend ici la présence d'un discours à l'intérieur d'un autre discours. L'*autre discours* que Malolo Dissakè introduit dans le champ de la réflexion sur la MEP, c'est celui de la philosophie des sciences. Cela a permis de mettre en évidence comment certains historiens semblent ne pas soupçonner les implications épistémologiques de leurs propres positionnements idéologiques.

Un mot sur la genèse de l'ouvrage qui nous occupe ici. Dans l'Avant-Propos, Dissakè nous apprend que le texte fut écrit suite à une requête exprimée par le rédacteur en chef de la revue *The Mathematical Intelligencer* : « écrire sur la contribution particulière des Africains à l'histoire des mathématiques ». Quand on sait les réactions presque épidermiques qu'ont suscitées les travaux de Cheikh Anta Diop sur le legs culturel de l'Égypte pharaonique, on comprend l'embarras initial de l'auteur à répondre à une telle requête :

> « La demande a tout de suite été très embarrassante, en partie – mais pas seulement – en raison de son côté justificationniste. Et ici le problème de la justification est aussi celui de la reconnaissance (…) et du coup celui de la référence, c'est-à-dire finalement du sens même de l'entreprise dans laquelle on

---

[160] E. Malolo Dissakè, *Mathématique pharaonique égyptienne et théorie moderne des sciences*, Chennevières-sur-Marnes, Editions Dianoia, 2005, 6-7.

s'engage et dont on suppose qu'elle vise précisément le contraire de l'attitude qui consiste à tirer absolument la couverture de son côté. » [161]

À l'instar de Fabien Eboussi Boulaga qui récusa jadis le slogan du "nous aussi avons une philosophie", Malolo Dissakè se méfie du ton revendicatif du "nous aussi avons eu une mathématique". Elucidation et non justification. Tel est le sens de la réflexion qu'il nous offre dans ce bel essai. Nous exposerons les lignes force de son argumentation et les antithèses qu'il oppose aux thèses consacrées, tenues pour infalsifiables.

1. Débat autour des sources de la MEP et de leur contenu

1.1. Les sources et leur contenu

Il existe deux types de sources pour l'étude de la MEP :

- Les sources directes, dont le contenu est resté intact : les tablettes en bois du musée du Caire, les papyri de Kahoun, de Moscou, de Berlin, les papyri Reisner, le rouleau de cuir du *British Museum* et surtout le papyrus Rhind.

- Les sources indirectes : elles sont constituées de l'ensemble des œuvres architecturales ou artistiques qui témoignent d'une connaissance approfondie des sciences mathématiques.

---

[161] *Ibid.*, 6.

Que contiennent ces sources ? Dans le domaine de l'arithmétique, les documents attestent l'usage d'un système décimal, la pratique des quatre opérations de base et du calcul des fractions. À propos des opérations, on peut relever ce qui suit :

- L'*addition* se fait par juxtaposition des symboles, des unités ou des grandeurs. Cette opération est désignée sous des vocables qui signifient "unir" (𓈖, dmd) et "placer au-dessus" (𓎛𓂋, waḥ ḥr).

- La *soustraction* s'entend comme une opération de "rupture" (𓏏, ḫby). Ici, il ne s'agit pas d'unir, mais de rompre.

- La *multiplication* (𓎛𓏏, waḥ-tp) consiste à « décomposer le multiplicateur en une somme de puissances entières positives ou nulles de 2 ».

- Quant à la *division* (𓈖, nis), elle consiste à « faire sortir le dividende du diviseur » ou à « mesurer le dividende au moyen du diviseur ». Le quotient est appelé « ce qui est advenu ». [162]

La MEP accorde une place prépondérante au calcul des fractions. Le Moscou Mathematical Papyrus (MMP) comporte 25 problèmes dont 22 incluent des fractions. Sur les 87 problèmes examinés dans le Rhind Mathematical Papyrus (RMP), 06 seulement ne font pas référence aux fractions. Les fractions que le mathématicien égyptien manie le plus fréquemment sont : 1/2, 1/3, 2/3, 1/4, 3/4, 1/6, 1/8. On trouve des équations linéaires, des équations quadratiques à une inconnue, des équations du premier et du second degré.

---

[162] *Ibid.*, 17. Pour plus de précisions sur le lexique mathématique égyptien, voir T. Obenga, *La géométrie égyptienne. Contribution de l'Afrique antique à la Mathématique mondiale*, op. cit., 313-316 ; M. Michel, *Les mathématiques de l'Égypte ancienne. Numération, métrologie, arithmétique, géométrie et autres problèmes*, Bruxelles, Editions Safran, 2014, 69-73.

Dans le domaine de la géométrie, les papyri contiennent des opérations relatives au calcul de la surface du trapèze (RMP, 52), l'aire du rectangle (RMP 49, MMP 6), l'aire du triangle (RMP, 51, MMP, 4), la surface du cercle, avec une approximation de la valeur de Pi, 3,1605 (RMP, 50), le volume du parallélépipède rectangle (RMP, 44), le volume du cylindre (RMP, 41), le volume d'une pyramide à base carrée (RMP, 14), etc. À tout cela il faut ajouter les prouesses précoces de l'astronomie égyptienne. Le pays des pharaons a inventé un calendrier qu'on a qualifié d'"intelligent". Il comporte 12 mois ayant chacun 30 jours, auxquels sont ajoutés 5 jours épagomènes, soit un total de 365 jours.[163] L'académisme dogmatique fait souvent une interprétation tendancieuse et idéologique de ces données.

1.2. Les interprétations

Pour la plupart des commentateurs occidentaux, les sources de la MEP sont « rares et indigentes ».[164] Certains accordent peu de crédit aux sources indirectes ; elles seraient "non fiables". D'autres encore se plaignent de la nature "rudimentaire" de l'arithmétique égyptienne. L'algèbre serait inconnue des savants de Khemet. Lorsque, contraint par l'évidence des faits, on finit par admettre l'existence d'une algèbre égyptienne, on s'empresse d'ajouter qu'elle était embryonnaire ou qu'elle n'a connu qu'un "faible développement".[165] La géométrie pharaonique est, elle aussi, minimisée ; elle ne serait qu'une sorte "d'arithmétique appliquée". En ce qui concerne les fractions, il n'est pas

---

[163] Jacques Blamont trouve que le calendrier égyptien est « le plus intelligent de l'Antiquité ». Il a « l'avantage sur tous les autres d'être libéré de considérations religieuses ou politiques, et de ne pas dépendre de calculs astronomiques inextricables ». Il fut employé par les savants médiévaux : « Copernic même l'utilisa dans ses Tables lunaires et planétaires » (J. Blamont, *Le chiffre et le songe. Histoire politique de la découverte*, Paris, Odile Jacob, 2005, 31).

[164] R. Taton (ed.), *Histoire générale des sciences, tome 1 : La science antique et médiévale*, Paris, PUF, 1966, 17.

[165] M. Caveing, *Essai sur le savoir mathématique dans la Mésopotamie et l'Égypte anciennes*, Lille, Presses universitaires de Lille, 1994, 291.

évident, aux yeux de tous, que l'égyptien maîtrise vraiment la notion de "numérateur", ou qu'il sache manipuler des numérateurs autres que l'unitaire.

Ce sont là des appréciations péremptoires qui contrastent avec l'indigence présumée des sources. En effet, la prudence commande que l'on ait des jugements mesurés, prudents lorsque l'on a peu d'éléments d'appréciation sur un objet : « Quand un tribunal statue sur une affaire dont il ne sait pas grand-chose ou pour laquelle il n'est pas informé, il est forcément incompétent ».[166] À propos des sources, il faut dire que, même si elles sont, comme on le prétend, "rares et indigentes", elles nous en apprennent assez sur la MEP. Leur contenu indique qu'il ne s'agit nullement d'une science primitive. Dans le domaine de l'algèbre par exemple, les résultats auxquels les *Khemitiwou* sont parvenus sont d'une étonnante actualité. Et que dire de la géométrie ? Hérodote et Porphyre auraient-ils eu tort de considérer les égyptiens comme les inventeurs de cette science ?

2. Deux critiques majeures

Pour les historiens de la science, la MEP aurait deux défauts majeurs : d'une part, elle serait une science tâtonnante, et d'autre part, une science purement pratique ou empirique.

2.1. La MEP : une science dite "tâtonnante" et "imprécise"

Les solutions égyptiennes aux problèmes mathématiques sont considérées unilatéralement comme le fruit d'un bricolage ou d'un mystérieux hasard. Gustave Lefebvre pense « qu'à l'origine, il n'y eut pas de méthode bien définie » chez les scribes mathématiciens. Ils

---

[166] E. Malolo Dissakè, *Mathématique pharaonique égyptienne et théorie moderne des sciences*, op. cit., 15.

procédaient, selon lui, par "simples tâtonnements".[167] Or, là où il n'y a pas de méthode, il n'y a point de science. Le tâtonnement est de l'ordre de l'imprécision : « On voit, affirme Lefebvre, combien les Egyptiens, dans leur désir de précision, se contentaient de peu ». Ils se contentaient d'« approximations » ; pour cela, « leur astronomie semble n'avoir jamais progressé ». On retrouve cette panacée du tâtonnement chez E. Peet qui s'en sert pour nier l'existence d'une algèbre pharaonique ; on la retrouve chez André Pichot.[168] Carl Boyer, quant à lui, déplore dans la géométrie égyptienne, « l'absence d'une distinction clairement tranchée entre les relations qui sont exactes et celles qui ne sont que des approximations ».[169]

2.2. La MEP, une science dite "empirique"

C'est la critique la plus diffuse. Pour Boyer, les papyri égyptiens contiendraient une connaissance « en très grande partie de nature pratique ». On y trouve « quelques éléments théoriques », mais dont la finalité est de « faciliter la technique plutôt que la compréhension ».[170] Otto Neugebauer ne voit dans la découverte égyptienne des aires et des volumes qu'une simple application de « méthodes numériques aux problèmes pratiques ».[171] Jean Vercoutter est convaincu que « seul le côté pratique de la science intéresse les Égyptiens ».[172] Colin Ronan décrit les Égyptiens comme « un peuple très pratique, plus concerné par les résultats effectifs que par la réflexion philosophique sur les principes de base impliqués ». Il en déduit que l'astronomie égyptienne ne serait

---

[167] In R. Taton (ed.), *Histoire générale des sciences, tome 1 : La science antique et médiévale*, 28.
[168] A. Pichot, *La naissance de la science, Tome 1 : Mésopotamie, Égypte*, Paris, Gallimard, coll. "Folio", 1991, 222.
[169] C. Boyer, *A History of Mathematics*, New York, John Wiley and sons, 1968, 18.
[170] *Ibid., A History of Mathematics*, 22.
[171] O. Neugebauer, *The Exact Sciences in Antiquity*, 2è éd., New York, Dover, 1969, 79.
[172] In R. Taton (ed.), *Histoire générale des sciences, tome 1 : La science antique et médiévale*, 32.

qu'un "art pratique de mesurer le temps" et que "tous les résultats" du RMP sont "pratiques".[173]

Il y a deux versions, ou plutôt deux figures, de l'argument du "pratique" : la première insiste sur l'idée du concret, et la seconde se focalise sur l'empirie. Le recours à l'argument du concret vise à montrer que la MEP relève simplement de l'ordinaire. Ainsi, Vercoutter découvre un fait "symptomatique" chez l'égyptien, à savoir que ce dernier « reste fidèle au vocabulaire concret ». Sa conception de la mathématique relève de "l'utilitarisme". Peet a le même jugement. Pour lui, quand l'égyptien parle de chiffres, il ne pense pas à des idéalités, mais à des réalités concrètes de la vie quotidienne : pains, moutons, etc. Cela expliquerait pourquoi les mathématiques égyptiennes « semblent très concrètes ».[174]

En lien avec ce qui précède, Vercoutter affirme que la géométrie du RMP n'a pas « dépassé le stade de l'empirisme ».[175] Il recourt à l'argument de l'empirie pour expliquer l'orientation des monuments, des temples et des pyramides. Pour réaliser ces œuvres architecturales, les égyptiens, dit-il, « avaient dû trouver une solution par voie empirique très simple ».[176]

2.3. Décryptage critique

L'argument du tâtonnement comporte en soi une limite foncière, « substantielle à toute panacée ». Il est utilisé comme une formule "passe-partout". Neugebauer, ayant recouru à cette panacée, perçoit lui-même l'inconfort et la faiblesse de l'explication qu'il avance : « Le lecteur, écrit-il, pourrait trouver l'explication donnée excessivement

---

[173] C. Ronan, *Histoire mondiale des sciences*, Paris, Seuil, 1988, 29, 39.

[174] In A. Dahan-Dalmedico et J. Peiffer, *Une histoire des mathématiques, Routes et dédales*, Paris, Seuil, Coll. « Points sciences », 1986, 16.

[175] In R. Taton (ed.), *Histoire générale des sciences, tome 1 : La science antique et médiévale*, 31.

[176] *Ibid.*, 48.

maladroite et hypothétique ».[177] Il avait précédemment indiqué qu'il n'y a pas, dans l'arithmétique égyptienne, un système de tables de fractions « maintenu de façon rigide » et que, « plusieurs formes équivalentes furent progressivement développées sans jamais pour autant transgresser les méthodes originales ».[178] Que déduire de ces affirmations ? Elles contredisent la thèse défendue. Car s'il y a chez le mathématicien égyptien une "relative constance" dans la manière de poser et de résoudre les problèmes, l'argument du tâtonnement s'évanouit. On a plutôt affaire à des procédés stables. En outre, l'utilisation d'une variété de procédures ne relève pas nécessairement du bricolage :

> « Personne ne serait assez téméraire pour tenir mordicus que là où une, deux ou plus de deux méthodes différentes sont proposées pour déterminer un résultat, cela signifie qu'on tâtonne. Dans une lecture minimale, cela signifierait plutôt que l'on se donne des voies de recours. Et si l'on veut être charitable, et qu'on se place dans le champ des mathématiques, on s'aperçoit que souvent ces voies de recours ne sont pas des palliatifs, ou des bricolages annexes, mais des voies de contrôle des résultats obtenus par la ou les méthodes standard. » [179]

A. Zokpe Zokɛ abonde dans le même sens :

> « Loin de procéder par tâtonnements, [le scribe] applique les notions de suite arithmétique, géométrique et dans ses problèmes du premier degré, tout comme dans certains de ses problèmes de second degré conçus spécialement pour être ramenés à des problèmes de premier degré, Ahmès utilise la propriété de la linéarité et de la règle de trois comme suit : S'il a $aX_1 = b_1$ et $aX_2 = b_2$, alors $X_1 / X_2 = b_1 / b_2$, d'où donc $X_1 = (X_2) (b_1 /b_2)$ [...] Quand Ahmès a un problème comme ceux des

---

[177] O. Neugebauer, *The Exact Sciences in Antiquity,* 93.
[178] *Ibid.,* 78.
[179] E. Malolo Dissakè, *Mathématique pharaonique égyptienne et théorie moderne des sciences,* 37.

n° 24 au n° 29, du premier degré de type aX = b, il prend X2 = 1... et il applique sa règle de trois. Et de même les soi-disant "tâtonnements" d'Ahmès ne sont que des exposés de différentes méthodes. » [180]

Maurice Caveing reconnaît une "systématique implicite" des calculs égyptiens et constate que les procédures qualifiées de "tâtonnantes" « ont tout l'air d'être systématiques ».[181] Au cas même où il y aurait réellement un tâtonnement, en quoi cela serait-il contraire à l'esprit scientifique ? Qu'y a-t-il de "préscientifique" ou de "primitif" dans une méthode qui procède par essais et erreurs ? Il semble que les historiens qui défendent cette position aient une conception magique ou idéaliste de la démarche scientifique. Une conception selon laquelle en science « on reçoit les théories toutes faites, bien organisées et prêtes à servir ». Rien de plus contraire à l'esprit de la science. L'élan scientifique, au départ, est presque toujours lié à quelque chose qui n'est pas de l'ordre du certain, du précis ou de l'explicite. Poincaré et Einstein utilisent les catégories de "beauté" et de "simplicité" pour traduire ce moment initial. La science, dit Karl Popper, avance par "conjectures et réfutations". Gaston Bachelard a fait du principe d'approximation un trait caractéristique du nouvel esprit scientifique. Imre Lakatos a montré la pertinence de la théorie de l'essai-erreur dans le champ mathématique. Et, par-delà tout, le bon sens nous rappelle que « le sable mouvant est notre maison » et que, par conséquent, « la demande de certitude n'est pas une demande scientifique, mais celle d'un fétiche ».[182]

---

[180] A. Z. Z. Axɔsugɛdɛgudu, *Les Travaux de Zokpe Zoki. Livre I : Prolégomènes à toute Mathématique ou Métaphysique future qui se veut rationnelle, pratique et non antinomique. Tome I : Il faut refonder la Mathématique et repenser la Métaphysique*, Paris, Editions Publibook, 2015, 150.

[181] M. Caveing, *Essai sur le savoir mathématique dans la Mésopotamie et l'Égypte anciennes*, 362.

[182] E. Malolo Dissakè, *Mathématique pharaonique égyptienne et théorie moderne des sciences*, 44-45. Au sujet de la critique des épistémologies de la certitude, voir : H. Albert, *Kritischer Rationalismus*, Tübingen, Verlag Mohr / Siebeck 2000 ; *Plädoyer für kritischen Rationalismus*, Munichen, R. Piper, 1971.

Quant au second argument, Otto Eduard Neugebauer reconnaît qu'il y a un côté pratique dans les mathématiques grecque et arabe ; mais il n'assume pas toutes les conséquences de cette affirmation. En effet, a-t-on jamais dit que la mathématique grecque était une science empirique du fait de son côté pratique ? Et pourtant, Neugebauer, partant de l'argument du pratique, met en veilleuse le côté abstrait et théorique de la MEP. Carl Boyer, pour sa part, admet que la géométrie égyptienne a une "base théorique", tandis que Katz, en étudiant certains énoncés du MMP et du RMP, observe qu'ils traitent de problèmes « purement abstraits sans aucune référence à des qualités réelles telles que les aires ou les pains de sucre ».[183] Il faut ajouter que les papyri présentent parfois des cas où « l'exercice semble indéniablement renvoyer au concret, alors que ce qui est en jeu est toute autre chose dont on ne s'aperçoit jamais de prime abord ».[184]

Que vaut la distinction "théorie/pratique" assumée comme ligne de démarcation entre science et non-science ? Ronan affirme qu'il est « aussi impossible de tirer une ligne de partage nette et rigide entre les deux lorsque l'on traite de l'Égypte ancienne que lorsque l'on étudie la chimie moderne ». Mais qui oserait nier la "scientificité" de la chimie moderne ?

Les auteurs qui ne voient dans la MEP qu'un procédé empirique s'appuient sur un autre argument : le culturalisme. La culture égyptienne expliquerait toutes les œuvres de l'égyptien. Ainsi, pour expliquer l'art des scribes à manier les fractions complexes, Dahan-Dalmedico et Peiffer évoquent le « système social pharaonique », lequel « impliquait une énorme comptabilité matérielle ».[185] Pour Vercoutter, la « nécessité économique propre à l'état social » du pays des pharaons permet de comprendre le système de numération égyptien. Le scribe excelle dans

---

[183] V. J. Katz, «Ancient Mathematics», in *A History of Mathematics. An Introduction*, Harper Collings College Publishers, 1993, 13.
[184] E. Malolo Dissakè, *Mathématique pharaonique égyptienne et théorie moderne des sciences*, 49.
[185] A. Dahan-Dalmedico et J. Peiffer, *Une histoire des mathématiques, Routes et dédales*, 16.

les calculs parce qu'il serait « accoutumé aux interminables "états" du matériel, des provisions, du personnel, etc. ». Le culturalisme dévalue les découvertes des savants égyptiens. Ils n'auraient rien inventé qui ait une portée vraiment universelle ; tout procède, comme par miracle, de "l'ambiance culturelle" dans laquelle ils vivent. Leurs réalisations sont frappées de provincialisme. Cet argument, note Dissakè, « tourne à la répétition obsessionnelle d'une évidence ». L'évidence, c'est que le savant, sous tous les cieux, est nécessairement influencé par sa culture d'origine. Cela vaut pour l'égyptien, pour le grec, l'indien, l'arabe et le chinois. En quoi le cas du scribe africain devrait être une singularité exceptionnelle ? Par ailleurs, n'y a-t-il rien dans l'individu qui « puisse transcender [ses] limites étroites pour coïncider avec l'autre, et peut-être avec l'univers ? » Les théories de l'enfermement culturel ne sauraient expliquer les conquêtes de l'esprit humain.

Un dernier détail : le fait que la mathématique égyptienne soit utilisée à des fins pratiques ne remet nullement en cause sa scientificité. Le présupposé de "la science pour la science" relève d'une simple vue de l'esprit, une fantasmagorie. Lumineuse, d'ailleurs, la position de Poincaré sur cette question :

> « Tolstoï explique quelque part pourquoi "la science pour la science" est à ses yeux une conception absurde. Nous ne pouvons connaître tous les faits, puisque leur nombre est pratiquement infini. Il faut choisir ; dès lors, pouvons-nous régler ce choix sur le simple caprice de notre curiosité ? Ne vaut-il pas mieux *nous laisser guider par l'utilité, par nos besoins pratiques et surtout moraux ?* ».[186]

Nous verrons plus loin que la lubie de "la théorie pour la théorie" est incompatible avec la visée intellectuelle de l'épistémè africaine (Chapitre 8).

---

[186] H. Poincaré, *Science et méthode*, Paris, Flammarion, 1920, 7. Nous soulignons.

3. Mathématique égyptienne et méthode didactique

On a tendance à ne voir dans les papyri mathématiques égyptiens qu'un ensemble de "problèmes" traités sans formulation de théorèmes. Ce qu'on appelle "problème" renvoie à « quelque chose d'indéterminé dans sa nature, son intelligence ». Malolo Dissakè rejette ce terme et préfère utiliser la notion de *cas* ou d'*exercice*. Sur l'absence présumée de théorème, Boyer professe avec autorité qu'aucun principe « n'est connu dans la mathématique égyptienne ».[187] Et pourtant, tout lecteur attentif peut relever dans le texte d'Ahmès un ensemble de règles de procédure et de lois. Ex :

- « Pour multiplier n par 2, divise 2 par $1/n$ » ;
- « La somme des inverses des diviseurs d'un nombre parfait est égale à 2 ».
- « La règle pour trouver l'aire du quadrilatère général est de prendre le produit des moyennes arithmétiques de ses côtés opposés ».

Pour certains auteurs, le scribe n'aurait pas une claire conscience de ces lois et ne les appliquerait que comme des formules "implicites". Qu'est-ce qui prouve qu'Ahmes ignorât ces principes dont la formulation « sourd presque directement » de ses démonstrations ? La structure même du texte et la disposition des différents cas ou exercices révèlent le projet de l'auteur :

> « La minutie de l'organisation du scribe laisse croire qu'il recherche en effet quelque chose qui est dans le profond, et que, en vertu de nos tendances modernes, nous baptiserons sans

---

[187] C. Boyer, *A History of Mathematics*, 19.

peine le principe, la théorie générale, la règle précise ou le théorème d'application générale ».[188]

Il ne semble pas, cependant, que l'énonciation soit ce qui préoccupe d'abord Ahmès, mais plutôt la connaissance et l'intellection profonde du principe. Il amène progressivement son disciple, au détour des exercices qu'il lui propose, à découvrir ou à inférer intuitivement les lois des procédures. À propos de l'intuition en mathématique, Poincaré écrit :

> « Le but principal de l'enseignement mathématique est de développer certaines facultés de l'esprit et parmi elles, l'intuition n'est pas la moins précieuse. C'est par elle que le monde mathématique reste en contact avec le monde réel ». Plus loin : « Il faudra toujours emprunter à l'intuition ; qu'importe de le faire un peu plus ou un peu moins, pourvu qu'en se servant correctement des prémisses qu'elle nous a fournies, nous apprenions à raisonner juste ». [189]

Ahmès emploie une méthode didactique. Voilà pourquoi son texte peut être considéré comme un "manuel". Est-ce une raison pour tirer des conclusions hâtives allant dans le sens d'une dépréciation ? Gustave Lefebvre ne voit dans la méthode d'Ahmès qu'un « procédé mnémonique des mathématiques » et une « simplification extrême des problèmes ».[190] Et pourtant, il faut du génie pour simplifier la complexité et la rendre intelligible ! Le "manuel", pense-t-on, est "élémentaire" ou "peu argumenté". Or, on s'aperçoit aisément que dans le RMP, « les traitements particuliers des opérations sont littéralement

---

[188] E. Malolo Dissakè, *Mathématique pharaonique égyptienne et théorie moderne des sciences*, 37. Les premières lignes du RMP annoncent d'ailleurs clairement ce projet : « Méthode correcte d'investigation dans la nature pour connaître tout ce qui existe, chaque mystère, tous les secrets ». Il s'agit de *connaître*, c'est-à-dire de rendre intelligible l'objet d'étude, et ce, au moyen d'une procédure (*méthode)* et d'une recherche (*investigation*). Cet énoncé inaugural du papyrus d'Ahmès est, selon Obenga, la plus ancienne définition des mathématiques. (T. Obenga, *La géométrie égyptienne*, 288).

[189] H. J. Poincaré, « Les définitions générales en mathématiques », in *L'Enseignement Mathématique* 6, n° 1, 1904, 266, 268.

[190] In R. Taton (ed.), *Histoire générale des sciences, tome 1 : La science antique et médiévale,* 36.

inventés pour la première fois, que des calculs fort compliqués se tiennent, que des aires dont la détermination est loin d'être évidente sont calculées de façon correcte, et que des exercices très difficiles – tel celui relatif à la circonférence du cercle – sont résolus avec une approximation qui, aujourd'hui encore, nous frappe ».[191] Il en résulte que si le RMP est un manuel, il n'est pas destiné aux néophytes. Les procédures du vieux mathématicien sont loin d'être archaïques, simplistes et mnémoniques comme le prétend Lefebvre. Ahmès, avons-nous dit, vise l'intellection des principes et non leur mémorisation. Sa méthode laisse peu de place à la répétition moutonnière de formules mémorisées.

La tendance des auteurs à déprécier le caractère "manualistique" du papyrus d'Ahmès soulève un autre problème : Qu'est-ce qu'un manuel ? Dissakè le définit comme « un ouvrage didactique dont l'objet est la présentation des notions essentielles d'une science, ou d'une technique ». Sous son apparente simplicité, un manuel est au fond un texte complexe. Son élaboration requiert non seulement la maîtrise des notions fondamentales de la discipline étudiée, mais aussi la capacité de les traduire dans un langage accessible à l'apprenant. Si on considère le rouleau d'Ahmès comme un "manuel", il n'est plus nécessaire de fantasmer sur les "textes perdus", pensant qu'ils contiendraient hypothétiquement ce qu'on croit "manquer" dans les sources disponibles. Tout bon manuel présente l'état et les avancées d'une science dans le temps et l'espace. Le RMP nous donne une idée globale – certes non exhaustive, mais suffisante – de l'état des sciences mathématiques au temps des pharaons. Le "peu" qu'il nous livre nous permet d'apprécier l'étendue et la richesse de la contribution des Égyptiens à la science des nombres.

---

[191] E. Malolo Dissakè, *Mathématique pharaonique égyptienne et théorie moderne des sciences*, 71.

Conclusion : les raisons de l'acharnement

« Pourquoi s'acharne-t-on contre Ahmès ? », se demande Dissakè. Ce qui est étonnant dans la démarche des détracteurs du vieux scribe, c'est la peine qu'ils se donnent à s'occuper avec zèle de son texte alors qu'ils le jugent de peu de valeur. S'il est vrai que ce "manuel" ne contient rien d'important, pourquoi y consacrer autant d'attention ? Le problème, c'est que, dès lors qu'on déclare que la mathématique égyptienne est "rudimentaire", on se sent acculé à expliquer comment elle a pu atteindre des sommets qui nous surprennent encore aujourd'hui. On comprend l'embarras de Lefebvre lorsqu'il écrit : « Cet achèvement, cette antiquité, que l'esprit saisit difficilement, nous impressionnent tellement qu'il nous paraît évident que les créateurs d'une telle civilisation ne pourraient être que nos égaux en toutes choses ».[192] Mais il y a plus embarrassant. Jean-François Champollion écrit :

> « Ce n'est point de notre temps seulement que l'Égypte est devenue un objet de recherches pour l'érudition moderne. À l'époque de la Renaissance, l'Europe, si longtemps malheureuse par la violence des gouvernants et par la profonde ignorance des populations, s'efforça, en étudiant avec constance les écrits et les monuments de l'antiquité échappés aux barbares de races et de religions diverses, de s'approprier les idées, les sciences, les arts et les formes de civilisation des peuples qui brillèrent sur la terre avant l'invasion des hordes scythiques. »

L'éminent égyptologue ajoute :

> « Les historiens affirment que les introducteurs des premières formes de civilisation, un peu avancées, parmi les peuplades helléniques de l'Argolide et de l'Attique, furent des hommes venus par mer des rivages de l'Égypte ; que, dès ce moment,

---

[192] Cit in E. Malolo Dissakè, *Mathématique pharaonique égyptienne et théorie moderne des sciences*, 97.

l'Égypte devint une école où allèrent s'instruire les législateurs de la Grèce, les réformateurs de son culte, et surtout les Hellènes d'Europe ou d'Asie, qui hâtèrent le développement de la société grecque, en propageant d'abord, par leur exemple, l'étude des sciences, de l'histoire et de la philosophie. »[193]

Et voici un autre témoignage, digne d'intérêt :

« Ils étaient noirs ces Egyptiens qui ont élevé, par delà les siècles connus, ces nombreux monuments qui ont épuisé notre admiration […]. Ce même peuple noir, qui instruisit les Grecs, de qui nous avons reçu la civilisation dont nous sommes si vains, descendait d'un peuple plus noir encore, qui habitait l'Éthiopie ».[194]

Encore :

« L'Égypte, dont les habitants, au rapport d'Hérodote, avait l'épiderme noir, et les cheveux crépus, l'Égypte a été la mère et la première patrie des connaissances humaines. C'est de l'Égypte que l'art de l'écriture et les éléments des sciences furent importés dans la Grèce ».[195]

Veut-on une déposition plus récente ? En voici une : « C'est dans la mémoire de la nation égyptienne disparue qu'il faut rechercher [les fondements de la culture et de la civilisation occidentale] bien plus que dans les modèles grec et romain ».[196] On a donc pleinement conscience, comme l'avoue Lefebvre, que « c'est à l'Occident, par la Grèce […] qu'est allée la meilleure part du legs de l'Égypte des pharaons ».[197] Un

---

[193] J-F. Champollion, *Grammaire égyptienne ou principes généraux de l'écriture sacrée égyptienne appliquée à la représentation de la langue parlée*, Paris, Typographie de Firmin Didot Frères, 1836, iij, vj.

[194] J. Morenas, *Seconde petition contre la traite des Noirs*, Paris, imprimerie Jeunehomme-Crémière, 1921, 56.

[195] T. Clarson, *Le cri des Africains contre les Européens leurs oppresseurs ou coup d'œil sur le commerce homicide appelé Traite des Noirs*, Paris, Imprimerie L.-T. Cellot, 1822, 19.

[196] J-C. Goyon, *De l'Afrique à l'Orient : L'Égypte des pharaons et son rôle historique (1800-330 avant notre ère)*, Paris, Ellipses, 2005, 48.

[197] Cit in E. Malolo Dissakè, *Mathématique pharaonique égyptienne et théorie moderne*

tel héritage est cependant "particulièrement lourd à assumer", surtout dans les milieux académiques où prévaut le dogme de l'eurocentrisme. Car assumer pleinement l'héritage égyptien fait crouler l'édifice idéologique de l'*hellenophilia*.[198] Voilà pourquoi la mathématique égyptienne dérange. Il faut à tout prix la réduire à sa plus simple expression.

Ce qui est encore plus bouleversant, c'est que les savants égyptiens ont clairement affiché leur intention d'explorer l'univers à partir des sciences mathématiques. Cela semble ravir la vedette au mathématicien moderne :

> « Il suffit de lire, écrit Lefebvre, les problèmes traités par les scribes égyptiens pour comprendre la déception qu'éprouve le mathématicien moderne. Déception d'autant plus profonde sans doute que le titre du papyrus Rhind porte en exergue : Règles pour étudier la nature, et pour comprendre tout ce qui existe, chaque mystère, chaque secret ».[199]

Des millénaires avant Galilée et des siècles avant la fameuse inscription de Platon sur la porte de son Académie (« Ἀγεωμέτρητος μηδεὶς εἰσίτω : nul n'entre ici s'il n'est géomètre »), les savants Égyptiens tenaient la mathématique pour le modèle paradigmatique de la rationalité scientifique. Ce ne sont ni les Grecs ni les savants modernes qui ont inventé l'idée selon laquelle l'univers peut être interprété selon des catégories mathématiques. Cette idée nous vient des anciens Égyptiens. C'est un « acte de justice » que de leur rendre « la paternité de ce qu'ils ont inventé ».[200]

---

des sciences, 102.

[198] Cfr D. Pingree, «Hellenophilia versus the History of science», in *Isis*, 83, 1992, 554-563.

[199] Cit in E. Malolo Dissakè, *Mathématique pharaonique égyptienne et théorie moderne des sciences*, 103.

[200] E. Amelineau, *Prologomènes à l'étude de la religion égyptienne*, op. cit., 58.

CHAPITRE 6 :
La logique des systèmes numériques africains et la symbolique des nombres

Lorsqu'on examine les savoirs et les pratiques africains relatifs à l'usage des nombres, trois ordres de faits s'imposent. Tout d'abord, la signification et la portée des gestes et paroles quotidiens ou périodiques ayant valeur de rituels accréditent l'idée que la texture du réel a quelque chose à voir avec les nombres. Ensuite, la grande diversité des systèmes de comput assez semblables, mais variant d'une aire culturelle à l'autre n'a pu manquer de suggérer à leurs inventeurs comme à leurs utilisateurs l'idée que le nombre est de nature relative, mais aussi hybride au sens où il relève à la fois du donné et de l'artificiel. Enfin, la richesse et même la profusion des spéculations sur les nombres que l'on retrouve dans les systèmes numériques symboliques élaborés par les mythes africains et utilisés dans des pratiques interprétatives (comme la divination) mettent en relief l'idée fondamentale que, pour accéder à l'essence des choses, il faut passer par les nombres

(A. E. Kane).

Nous nous proposons d'étudier, dans ce chapitre, les systèmes numériques africains. Dans un premier temps, nous nous intéresserons à la syntaxe de ces systèmes et, dans un second temps, nous examinerons quelques aspects philosophiques de la numérologie africaine (la symbolique des nombres). Abdoulaye Elimane Kane s'est occupé de cette question. Ses études portent en particulier sur les systèmes wolof et pulaar. Ils valent, écrit-il, « pour toutes les numérations africaines parlées qu'il m'a été donné d'examiner ».[201] En dehors de ces deux modèles, nous examinerons d'autres systèmes de comput.

---

[201] A. E. Kane, *Penser l'humain. La part africaine*, Paris L'Harmattan, 2015, 128.

Dès l'abord, nous fustigeons la tendance à ne voir dans les systèmes numériques africains que des "numérations parlées". De nombreux systèmes de notation des nombres ont été répertoriés sur le continent.[202] En outre, la structure des systèmes numériques est, en général, liée à la structure grammaticale de l'énonciation mathématique dans les différentes langues. Il nous semble donc plus convenable de parler de "Numération Grammaticalement Codifiée (NGC)". La numération, fût-elle écrite ou parlée, obéit à la structure syntaxique d'une langue naturelle ou artificielle. En d'autres termes, tous les systèmes de numération sont des NGC.

1. Aspects de la syntaxe des systèmes numériques africains

1.1 Distinction et principe d'ordre

Les systèmes wolof et pulaar obéissent à un critère d'organisation que l'on retrouve dans la plupart des systèmes de numération et que l'on peut tenir pour un critère quasi universel : chaque palier de nombre est désigné par un nom spécifique, assumant la valeur d'une unité nouvelle et suivant un certain ordre. Illustration :

---

[202] Cfr A. Rovenchak, « Numerical Notation in Africa ». Article consulté sur le site https://www.afrikanistik-aegyptologie-online.de/archiv/2012/3553/ (29/12/2017). Voir aussi S. de Ganay, « Graphie bambara des nombres », in *Journal de la société des africanistes*, XX, 2, p. 295-306.

(A)

Langues africaines

	10	100	1000	10 000
Wolof	Fukk	Teemère	Junni	Fukki junni
Pulaar	Sappo	Teemedere	Ujunéré	Ujunaaji sappo
Swahili	Kumi	Mia	Elfu	Elfu kumi
Haussa	Goma	Dari	Dubu	Dubu goma

Langues non africaines

	10	100	1000	10 000
Tamoul	Pattu	Nuuru	Aayiram	Patt'aayiram
Anglais	Ten	Hundred	Thousand	Ten thousand

Deux principes se dégagent de ces séries :
- Un principe de discrimination : invention de noms distincts pour les divers paliers ;
- Un principe d'ordre : instauration d'un ordre croissant entre les paliers.

Le principe d'ordre est attesté non seulement dans la numération, mais aussi dans le dénombrement. Celui-ci est toujours « l'expression d'un nombre présenté comme un polynôme avec la particularité d'une énonciation selon l'ordre décroissant des puissances successives de la base ».[203] L'ordre est donc décroissant dans le dénombrement, mais croissant dans la numération. Illustration :

(B)

Soit le nombre 14543. Il se lit en wolof et en pulaar comme suit :

Wolof	Fuk ak neenti junni ak juromi teemère ak neent fukk ak nett
Syntaxe	10 et 4 1000 et 5 100 et 4 10 et 3
Ordre	1000 → 100 → 10

Pulaar	Ujunaaj sappo e nay e teemedé joy è cappandé nay e tati
Syntaxe	1000 14 fois et cent 5 fois et 10 4 fois et 3
Ordre	1000 → 100 → 10

---

[203] *Ibid.*, 128.

1.2. La base décimale, la réduction à l'unité et les nombres paliers

Le wolof, le pulaar et d'autres systèmes numériques africains utilisent une base décimale :

> « La connaissance que l'on a de l'organisation des numérations de toutes les langues du Sénégal et d'autres langues de l'Ouest africain et des autres régions de l'Afrique confirme l'universalité de cette pratique, en dépit des différences existant par ailleurs entre certaines numérations qui ont fait de 5 une base principale ou secondaire et d'autres numérations qui ont nettement une base vigésimale, comme c'est le cas de beaucoup de numérations de l'actuel Burkina Faso. »[204]

Le système décimal africain remonte à la période pharaonique : « Les anciens Égyptiens avaient une numération hiéroglyphique décimale bien organisée, c'est-à-dire présentant toujours l'énoncé et l'écriture d'un nombre donné suivant l'ordre décroissant de la base ».[205] Théophile Obenga note que « le système égyptien de la numération décimale est nettement supérieur au système sexagésimal babylonien » et que « les Grecs ont adopté le système égyptien par l'intermédiaire de Pythagore qui séjourna en Égypte pour ses études ».[206] L'ordre décimal égyptien se présente comme suit :

[204] A. E. Kane, *Penser l'humain. La part africaine*, 100.
[205] *Ibid.*, 94.
[206] T. Obenga, *La géométrie égyptienne. Contribution de l'Afrique antique à la Mathématique mondiale*, Paris, L'Harmattan, Khepera, 1995, 94.

10	100	1000	10.000	100.000	1 000000
∩	ℰ	⚱	𐎲	🐸	👤
md̲	šnt	ḫ3	d̲b3	ḥfn	Ḥḥ

Dans les systèmes à base quinaire, l'unité décimale reste présente. En effet, le choix du 5 comme unité secondaire n'est pas fortuit, car il est le seul nombre qui, une fois doublé, donne l'unité décimale. Exemples de systèmes à base quinaire et décimale :

(D)

	Yasayama (RDC)	Logo (Ouganda, Soudan, RDC)	
1	omoko	alo	
2	lafe	iri	
3	basasu	na	
4	bane	su	
5	lioke	nzi	
6	lioke lomoko	(kazya)	5+1
7	lioke lafe	nzi drya iri	5+2
8	lioke lasasu	nzi drya na	5+3
9	lioke bane	nzi drya su	5+4
10	bokama	mudri	10
11	bokama lomoko	mudri drya alo	10+1
12	bokama lafe	mudri drya iri	10+2

Deux langues mandé, le bamana et le manin, utilisaient autrefois une unité principale appelée kémé :

Bamana kémé   = 80
Manin kémé   = 60

Une autre numération mandé, le jula, uniformisa le *kémé* et éleva sa valeur à 100 :

Jula kémé   = 100

Kane considère cette uniformisation comme une véritable "réforme" ou "innovation" dans le monde mandé et avance une hypothèse :

> « Cette innovation, comme par ailleurs l'uniformisation des différents systèmes kémé antérieurs, auraient-elles un rapport avec une influence de la numération alphabétique arabe, très prisée par les lettrés arabes africains et à laquelle étaient très certainement initiés les grands négociants Jula pour des raisons de protection dans un contexte de rivalité entre commerçants et pour des raisons de commodité dans la notation des comptes ? Ce n'est pas à exclure.[207] »

Une autre hypothèse nous semble plus plausible : les inventeurs de la nouvelle valeur *kémé* n'auraient-ils pas voulu tout simplement harmoniser leur système de numération avec les systèmes à base décimale de la plupart de leurs voisins ouest-africains avec lesquels ils entretenaient de fructueux rapports commerciaux ?

Certains systèmes comptables ont été reconfigurés en vue d'une modernisation des techniques de décimalisation traditionnelles. C'est le cas du système Ajá (Bénin). Sa base décimale et quadragésimale rendait fastidieuse la numération à partir d'un certain niveau.[208]

---

[207] A. E. Kane, *Penser l'humain,* 102-103.
[208] B. Tohoun, « La numération décimale : le cas Aja », Communication n° 2, *Actes du Séminaire National de formation linguistique,* Lokossa, CNL, 1979, 164.

Il fut restructuré et de nouvelles unités ont été adoptées :

Sanŋudi	Cent	L'ancienne formule était : "Ekavè hò wì" (2 fois 40 + 20)
Kotokun	Mille	L'ancienne formule était : "Eka wi vòn àtɔ́n (40 x 25)
Linlɔ̀n	Million	"Linlɔ̀n" signifie "fourmis-magnan" et renvoie métaphoriquement à ce qui est numériquement imposant.
Ayɔ̀	Milliard	Le mot "ayɔ̀" évoque, dans l'imaginaire ajá, le nombre écrasant des guerriers de l'ancien royaume d'Oyɔ.

T. Yaovi Tchitchi indique que l'expérimentation de cette nouvelle décimalisation « a porté ses fruits ; les paysans ne s'embarrassent plus de compter des "millions de francs au cours des marchés autogérés" ». On peut donc dire que « les numérations traditionnelles et l'arithmétique moderne ne sont pas contradictoires » et que « tout savoir endogène est susceptible de transformation moderne puisque les possibilités de conceptualisation sont offertes par les langues africaines elles-mêmes ».[209]

1.3. La logique opératoire du comput

L'énumération, dans sa structure formelle, est une opération mathématique qui requiert une connaissance des propriétés numériques et une maîtrise des opérateurs de calcul. La numération Yoruba illustre de manière singulière cette dimension arithmétique de l'énumération. Dans ce système, les nombres allant de 11 à 14 sont construits par addition d'unités. Par contre, les nombres allant de 15 à 19 sont construits par soustraction à partir de la base vigésimale. Illustration :

---

[209] T. Y. Tchitchi, « Numérations traditionnelles et arithmétique moderne », in P. Hountondji (ed.), *Les savoirs endogènes, pistes pour une recherche*, Cotonou, Star Editions, 2019, 124.

(E)

	Système de numération Yoruba		
1	ọ̀kan		
2	èjì		
3	ẹ̀ta		
4	ẹ̀rin		
5	àrún		
6	ẹ̀fà		
7	èje		
8	èjọ		
9	ẹ̀sán		
10	ẹ̀wá		
11	ọ̀kanlá	ọ̀kan-lá	1 en plus (de10)
12	èjìlá	èjì-lá	2 en plus
13	ẹ̀talá	ẹ̀ta-lá	3 en plus
14	ẹ̀rinlá	ẹ̀rin-lá	4 en plus
15	dínlógún	Dín-lógún	5 unités soustraites de 20
16	ẹẹ́rìndínlógún	ẹẹ́rìn - dín - lógún	4 unités soustraites de 20
17	eétàdínlógún	eétà-dín-lógún	3 unités soustraites de 20
18	eéjìdínlógún	eéjì-dín-lógún	2 unités soustraites de 20
19	oókàndínlógún	oókàn-dín-lógún	Une unité soustraite de 20
20	ogún		

Deux opérateurs de calcul interviennent dans cette numération :

"Lá"   →   Opérateur d'addition

"Dín"   →   Opérateur de soustraction

Les procédés à l'œuvre dans le système Yoruba dénotent non seulement une technique opératoire méthodique, mais aussi une prise en compte de la valeur opératoire des nombres :

> « Il n'est pas hasardeux de penser que le procédé d'anticipation par soustraction est l'indice d'une genèse des nombres au cours de laquelle la représentation des paliers successifs correspondant aux puissances de la base [vigésimale] aurait

constitué un acquis antérieur à la donation de noms aux nombres intermédiaires. En d'autres termes, non seulement la constitution de la suite des entiers ne se serait pas faite de manière absolument linéaire, mais, de plus, les nombres paliers ont déjà en eux-mêmes une valeur opératoire. D'où le fait que Ogun = 20 ne soit pas essentiellement le nombre qui suit 19, mais bien plutôt celui avec lequel on peut effectuer différentes opérations. »[210]

La numération ajá utilise trois types d'opérateurs de calcul :

L'opérateur d'addition : "vòn" ou "èhò". Ex. :

25 :   èwi vòn àtón (20 + 5)
26 :   èwi vòn àdén (20 + 6)
31 :   ègbàn èhò dèka (30 + 1)
32 :   ègbàn èhò èvè (30 + 2)

L'opérateur de soustraction : "dè tó". Ex. :

18 :   èvètòlèwimè (20-2)
39 :   déká tò lé ekamè (40 − 1)

L'opérateur de multiplication : "dònù". Ex. :

160 :   eka dònù nè wà ekanε (40 x 4).

La numération Fon présente une particularité par rapport à la structure des systèmes Yoruba et Ajá :

- De 11 à 14, on ajoute successivement des unités à 10 (10+1, 2, 3, 4)
- 15 constitue une nouvelle base (C'est la base quinaire secondaire)
- De 16 à 19, on ajoute successivement des unités à 15 (15+1, 2, 3, 4)
- De 20 à 24, on ajoute successivement des unités à 20
- Puis, 25 +1, 2, 3,… jusqu'à 30. Et ainsi de suite. Illustration :

---

[210] A. E. Kane, *Penser l'humain,* 107.

(F)

	Système de numération Fon		
1	ɖe, ɖokpo		
2	we		
3	atɔn		
4	ɛnɛ		
5	atɔɔn		
6	ayizɛn		
7	tɛnwe		
8	tantɔn		
9	tɛnnɛ		
10	wo		
11	woɖokpo	wo - ɖokpo	10+1
12	wewe	wo - we	10+2
13	watɔn	wo - atɔn	10+3
14	wɛnɛ	wo - ɛnɛ	10+4
15	afɔtɔn	afɔ-tɔn (3 pieds)	
16	afɔtɔn nukun ɖokpo	(3 pieds et un œil)	15+1
17	afɔtɔn nukun we	(3 pieds et deux yeux)	15+2
18	afɔtɔn nukun atɔn	(3 pieds et trois yeux)	15+3
19	afɔtɔn nukun ɛnɛ	(3 pieds et quatre yeux)	15+4
20	ko		

La numération Fon moderne prévoit d'autres dénominations pour les nombres allant de 16 à 19 :

16	wonukun'ayizɛn	10 et 6 yeux	(10+6)
17	wonukuntɛnwe	10 et 7 yeux	(10+7)
18	wonukuntantɔn	10 et 8 yeux	(10+8)
19	wonukuntɛnnɛ	10 et 9 yeux	(10+9)

1.4. La structure parenthétique des énoncés de numération

Par "structure parenthétique", Kane entend :

> « Une *suite irrégulière d'opérations, d'addition, de multiplication et parfois de soustraction*, dans l'expression d'un nombre. Et c'est cette succession hétérogène qui, pour obéir à l'exigence de clarté d'une énonciation orale des constituants d'un nombre, impose l'introduction de marques de distinction des éléments de l'énoncé, marques qui, dans le domaine de l'écrit sont matérialisées par des parenthèses et qui au plan de l'oralité sont exprimées par des désinences grammaticales et/ou des particularités syntaxiques. [...] Le recours à la structure parenthétique pour l'expression d'un nombre se fait chaque fois que la langue n'a pas désigné un nombre par un lexème unique et distinct, ou, plus généralement, dans l'expression des *grands nombres à plusieurs constituants*. »[211]

Deux observations critiques :

a- L'auteur n'explique pas pourquoi il considère la structure parenthétique comme une suite "irrégulière". Selon quels critères est-elle dite "irrégulière". Quelle est la "norme régulière" (s'il en existe une) par rapport à laquelle la structure parenthétique constituerait une exception "irrégulière" ? Si un système obéit à ses propres principes ou règles et produit du sens, pourquoi prétendre l'évaluer à l'aune de critères exogènes ?

b- La structure parenthétique (ou ce qui est ainsi dénommé) n'est pas liée de manière spécifique à l'oralité, mais simplement à la structure syntaxique de l'énonciation mathématique dans une langue *x*. Pour écrire les nombres dans *x*, on est tenu de respecter cette structure

---

[211] *Ibid.*, 114.

syntaxique. Or, *x* peut être une langue naturelle (*xn*) ou une langue symbolique (*xs*). Kane considère comme un fait relevant de l'oralité ce qui, en réalité, n'est que la syntaxe de l'énonciation mathématique dans une langue naturelle *xn*. En français, "trente-cinq" et "35" traduisent un même concept transcrit avec deux écritures : *Exn* et *Exs*. On n'a aucune raison de penser que "trente-cinq" soit lié purement et simplement à l'oralité. Qu'on la prononce ou qu'on l'écrive, la syntaxe de l'expression reste la même. C'est donc la syntaxe de la NGC qui compte et non son caractère oral ou écrit. La syntaxe détermine aussi bien la forme écrite que la forme parlée.

Ces remarques faites, voyons comment se manifeste la structure parenthétique dans la syntaxe des systèmes africains. Nous reprenons les exemples proposés par l'auteur :

(G)

	35	12 728
Pulaar	Cappante tati e joy	Ujunaaje sappo e didi e teemede jee didi e noogas e jeetati
	10x3 + 5	1000 (10 + 2)+100 (5+2)+20+ (5+3)
Wolof	Ñett fukk ak juroom	Fukki junni ak ñaar ak juroom ñaari teemeer ak ñaar fuk ak jurom ñett
	3 x 10 + 5	10 (1000) +2 + (5+2) 100 + (2 x 10) +(5+3).

C'est cette série d'opérations d'addition et de multiplication que le philosophe sénégalais considère comme "irrégulière". Comparant la structure de l'énonciation du nombre "trente-cinq" dans la langue française et dans le pulaar/wolof, il écrit :

> « On notera que le français ne mentionne l'opération d'addition ni dans la structure linguistique ni dans la structure mathématique. De plus, le nombre trente est désigné par un lexème unique. Dans l'expression *pulaar* et *wolof* du même

nombre apparaît déjà la structure parenthétique, à savoir l'opération de multiplication pour l'expression de la composante "trente" et l'addition pour l'autre composante. »[212]

Quelques lignes plus bas, Kane montre manifestement un certain embarras à propos de l'emploi du terme "irrégularité". Il se confond : « Cette notion d'irrégularité traduit en fait le nombre et la nature des opérations qu'impose l'ordre de grandeur du nombre exprimé ».

La confusion ou la contradiction apparaît encore plus évidente dans ce passage :

> « Un tel système [le système parenthétique] peut être amélioré, mais on se tromperait d'argument si l'on voulait le comparer à la numération parlée empreinte des marques du système de position, tel que cela se voit par exemple dans l'énoncé oral d'un nombre en français. En évitant une telle erreur d'appréciation, on peut à la fois reconnaître la valeur opératoire du système parenthétique et rendre compte de ses limites, tout en restant dans le système d'intelligibilité qui lui est propre. »[213]

Si la rigueur méthodologique commande de « rester dans le système d'intelligibilité » propre à la structure parenthétique, il suffit de l'examiner selon ses propres lois pour déterminer si elle est intrinsèquement cohérente ou non. S'il y a une incohérence interne, on peut en donner la preuve à partir du système lui-même.

---

[212] *Ibid.*, 114-115.
[213] *Ibid.*, 117

2. Aspects philosophiques de la numérologie africaine

Abordant la question du symbolisme des nombres dans les cosmosophies africaines, Kane note :

> « Le fait que [ces spéculations] soient les composantes de cosmogonies et par conséquent des éléments et des instruments de ce type de discours, doit nous rappeler que la réflexion sur le monde à l'aide de nombres et la réflexion sur les nombres dans leurs rapports à eux-mêmes ne constituent pas une même démarche et n'ont pas même valeur au regard de la science. L'une a davantage sa place dans une sorte d'ethnomathématique, l'autre dans l'arithmétique telle qu'elle a été définie plus haut. »[214]

Il est évident que ces deux types de discours ne procèdent pas de la même démarche, ni ne visent les mêmes objectifs. Est-ce cependant une raison pour considérer le premier type de discours comme une "ethnomathématique" et prétendre l'apprécier "au regard de la science" ? Peut-on dire que les spéculations pythagoriciennes sur les nombres sont une "ethnomathématique" ? Ne relèvent-elles pas de ce qu'on appelle une "philosophie des nombres" ? Les confréries savantes de l'Afrique ancienne ont particulièrement excellé dans ce genre de spéculation. C'est le cas par exemple des écoles Dogons. Ces dernières ont élaboré un système de représentation arithmétique de l'univers, attribuant des valeurs numériques aux éléments qui le composent.

---

[214] *Ibid.*, 109.

Nous présentons dans le tableau qui suit quelques-unes de ces valeurs arithmo-cosmiques :[215]

Nombres	Référents cosmiques/cosmologiques
1	Le Tout, l'Origine, la matrice des étants
2	a-La polarité cosmique, la gémellité des choses b-Les deux principaux mouvements de l'univers : le mouvement vibratoire et le mouvement spiral
3	Les étoiles de la ceinture d'Orion
4	a-Les Éléments (Terre-Eau-Air-Feu) b-Les Points Cardinaux c- Les étoiles du système de Sirius
5	Les principales polarités cosmiques : lumière/ténèbres ; humidité/aridité ; fécondité/stérilité ; ordre/désordre ; vie/mort.
6 : 3 x 2	Les registres du "placenta du monde"
7	a-Les vibrations atomiques primordiales (l'explosion du "po") b-L'infini universel
8	Les êtres primordiaux créés par Amma
9	Le chiffre de l'œuvre créatrice (représentée par le masque Kanaga)
10 : 2 x 5	L'harmonie de l'univers
14 : 2 x 7	La pluralité des mondes (7 cieux, 7 terres)
22	Les particules de l'atome, c'est-à-dire du "po" (« la chose plus petite des choses »)
44 : (4 x 10) + 4	Les "parois et les divisions" internes de l'œuf cosmique
60	Le mouvement des corps célestes autour de Sirius
112	Les "éléments jumeaux" qui composent l'œuf cosmique
266	Les classes d'êtres qui forment la totalité de l'univers
35000 kg	Le poids de l'atome

---

[215] Pour plus de détails, voir M. Griaule, G. Dieterlen, *Le renard pâle*, Paris, Anté-Matière, 1991.

2.1. Techniques de mutation et de réduction des nombres dans la numérologie africaine

Kane a relevé des procédés de mutation par décomposition et de réduction à l'unité dans la numérologie africaine. Ces procédés participent, selon lui, du langage symbolique.

- *La mutation par décomposition*

Cette technique consiste à « expliquer la portée symbolique d'un chiffre en exhibant ses différentes parties numériques ».[216] Soit cet aphorisme Dogon :

      (a)   « Amma était un en quatre personnes ».

Cette sentence se traduit numériquement comme suit :

  (b) 28 = 1

(c) 7+7+7+7 = 4 x 7 = 1

(d) 6+6+8+8 = 28 = 1

Interprétation :

"Amma" est le nom du Dieu Créateur et Provident. Il conçut l'univers d'abord dans sa Pensée et le matérialisa ensuite au moyen de sa Parole. Les énoncés (b) et (c) sollicitent la valeur symbolique du 7. Ce chiffre est celui de la perfection et de la plénitude, car il est la somme du chiffre masculin (3) et du chiffre féminin (4), mais aussi la somme des entités célestes (3) et des entités terrestres (4). Il renvoie par ailleurs au concept de "personne". Si « Amma est un en 4 personnes », il s'ensuit que dans son unicité, il est 4 fois 7. L'énoncé (c) explique donc l'énoncé (b).

---

[216] A. E. Kane, *Penser l'humain,* 110.

L'énoncé (d) joue sur la valeur symbolique des jumeaux (6) et des jumelles (8) : Amma, dans son unicité, est la somme de deux paires de jumeaux (6-6) et deux paires de jumelles (8-8).

Prenons un autre exemple. En recourant au langage des nombres, les *Dyaalè-faw*, les Prêtres-instructeurs du Komo, essaient d'expliquer à leurs disciples les lois de communion qu'ils sont tenus de respecter. Une formule mathématique résume cet enseignement :[217]

$$2 + [(33 \times 2) \times 4] = 266$$

Interprétation :

- Le premier chiffre représente les deux instructeurs de chaque classe. Les disciples leur vouent une révérence filiale.

- (33) est le nombre des étapes et des échelons que les postulants doivent franchir au cours de leur formation initiatique. C'est aussi le nombre des vertèbres de l'épine dorsale. Ce lien entre les étapes de la formation et la colonne vertébrale indique que c'est à travers la connaissance initiatique que l'homme retrouve son équilibre dans l'univers.

- Le chiffre 33 est multiplié par 2, car les postulants sont

> « Censés représenter leurs conjointes actuelles ou futures qui sont considérées comme leurs "jumelles", leurs compléments indispensables, leurs "doubles", *dya*. C'est pourquoi on dit que « les 33 enfants du Komo sont les doubles des choses [concrètes] femelles de l'univers ». Et pour lever toute équivoque sur la présence des femmes dans les catégories, pour

---

[217] Voir notre article, « Les 266 Signes du Komo et les 6 relations primordiales », in *Khepert-Ankhu Papers. Unneferian Studies*, n° 1, I, Akhet 6256, 08/2019. Le *Komo* est l'une des trois principales confréries bamanankan (Mali). C'est une société d'initiation intermédiaire entre le *N'domo*, la confrérie des incirconcis et le *Koré*, la confrérie des grands initiés dont la spiritualité consiste à « se dépasser » pour « s'élever vers le néant et vers Dieu ». Le Komo poursuit deux finalités : d'une part, « permettre à l'homme de se connaître lui-même » et, d'autre part, « louer [Dieu] à travers son œuvre, la création ».

souligner aussi le rôle déterminant de la féminité dans la création, on dit : « L'univers lui-même est femme dans toutes les choses [*abstraites*] de la création ». Allusion est ainsi faite au néant originel qui conçut dans son sein les 266 initiaux de la création. »[218]

Ce "néant originel pensant" évoque sans doute le *Noun* égyptien.

- On multiplie le "double 33" par 4 pour indiquer les quatre sous-divisions de chaque classe, lesquelles représentent, à leur tour, les quatre parties de chaque vertèbre.

-   *La réduction à l'unité*

Reprenons l'aphorisme (a) en le modifiant légèrement :

(a') Amma = 28 = 1

Les Maîtres Dogons disent :
 (b') *Mugan ni ségin* (20 et 8), ou encore,
(c') *Segin ni fla* (8 et 2).

Les énoncés (b') et (c') traduisent l'énoncé (a'). Dans la graphie sacrée des nombres, le 10 est représenté entre autres par un trait vertical. Donc (c') peut être traduit "8 + II" ou "8 + (10 x 2)". Nous avons là un procédé de réduction à l'unité par la voie de 10. Le mythe wolof de Samba Guddi nous fournit un autre exemple de ce procédé. Ce mythe « présente l'Unique dans son aspect solaire, symbolique, comme l'Unité fondamentale ». Deux métaphores dans le Récit, évoque l'Unicité divine : la « parution symbolique de Râ au petit matin » et « l'image

---

[218] G. Dieterlen, Y. Cissé, *Les fondements de la société d'initiation du Komo*, Paris, Mouton & Co, 1972, 22.

symbolique du mouvement de Samba Guddi dans le ventre de sa mère pendant sept nuits et sept jours ».[219] En langage numérologique, on traduit l'expression "sept nuits, sept jours" comme suit :

$$2 \times 7 = 14 = 1 + 4 = 5$$

Le nombre 5 symbolise la "naissance de Saamba", mais il est aussi la "synthèse du Créateur et de son œuvre".[220] En combinant les valeurs symboliques du 5 et du 7, on réalise la réduction à l'unité par le 10 :

> « À la fin du mythe on peut décompter l'emploi de vingt fois sept, soit cent quarante fois, $20 \times 7 = 140 = 1 + 4 + 0 = 5$. Donc le commencement et la fin renvoient au nombre $10 = 1 + 0\ 0\ 1$. On peut légitimement penser que le zéro renvoie au néant et conclure à l'Unicité exclusive de Dieu, Dieu qui crée notre univers à partir de rien (le secret du rien des Dogons). Les *Waa laf* disent "*bi dara dul dara*", "lorsque le rien n'était rien". »[221]

Ces méditations arithmosophiques dénotent un goût pour la spéculation et un "intérêt pour les propriétés des nombres et leurs rapports".

2.2. La symbolique des nombres et la pensée du Tout

Selon Elimane Kane, la symbolique africaine des nombres est fondée sur une certaine conception de l'homme : « Des ethnologues comme Dominique Zahan nous ont mis sur la piste d'une conception du monde

---

[219] A. Diouf, *La gens de droit maternel ou la famille matriarcale*, Paris, L'Harmattan, 2016, 27. L'auteur indique que bien avant le VIIème siècle, « les *Waa laf* appelaient Dieu, RA ». Au milieu du XIXème siècle, l'Abbé Boilat a recueilli un cantique wolof où Dieu est nommé Ra : « Saa Râ, Saa Râ, njéj / Saa Râ, Saa Râ, bëggul mburu / Lem Lay dunde / Doomu Yalla njej / Kam la jogé ». Traduction : « Saa Râ, Saa Râ, Soleil / Saa Râ ne vit pas de pain/ Il se nourrit de miel / Le fils du dieu Soleil / descend du ciel » (P. D. Boilat, *Esquisses sénégalaises*, Paris, Karthala, 1984, 361-362).
[220] Voir S. de Granay, « Graphie bambara des nombres », op. cit.
[221] A. Diouf, *La gens de droit maternel ou la famille matriarcale*, 27.

et des nombres qui, en faisant de la personne humaine la substance du réel, fait du même coup de l'homme la mesure de toute chose ».[222] Cette interprétation trouve-t-elle réellement un écho dans les cosmothéologies africaines ? Ce n'est pas évident (Voir Chapitre 10).

À propos de Dieu, le philosophe sénégalais se réfère de nouveau à Zahan et trouve que ce dernier « a livré une conception éclairante de cette conception africaine de l'homme comme réalité suprême irréductible ».[223] Il cite l'ethnologue français : « La divinité elle-même entre dans son jeu, à l'instar des êtres que l'homme côtoie et utilise […]. Aussi, quand l'homme africain vénère la divinité, ce n'est pas pour la gloire de Dieu, mais pour son propre épanouissement à lui ».[224] On ne saurait avoir une conception plus magique et superficielle de la Spiritualité Africaine ! S'il est vrai, comme nous l'avons précédemment souligné (Chapitre II), que l'Homme est au centre de la théologie africaine, cela n'est pas une raison pour penser que le divin, pour l'Africain, est une entité manipulable à souhait.

Notre auteur affirme, en outre, que

> « la pluralité des bases de numération relatives au comput ordinaire (2, 5, 10, 20, 80), d'une part, et d'autre part, la plasticité des combinaisons des nombres ayant une valeur symbolique comme dans les nombres à genres, établissent deux invariants propres à ces savoirs et pratiques. Il s'agit du rapport obsessionnel à la valeur et à la signification de l'unité […] Cette unité-là équivaut au "Tout" et symbolise le nombre idéal d'avant l'introduction de la multiplicité ou bien encore le nombre idéal vers quoi il faut tendre ou vers lequel il faut retourner. »[225]

Ce Tout-là ne se réduit pas à l'homme. C'est un Tout cosmothéandrique (voir Annexe 3).

---

[222] A. E. Kane, *Penser l'humain*, 142.
[223] *Ibid.*, 142.
[224] D. Zahan, *Religion, spiritualité et pensée africaines*, op. cit., 1.
[225] A. E. Kane, *Penser l'humain,* 142.

Abordant ensuite la question de la centralité de l'unité comme "nombre idéal" dans les systèmes africains, le philosophe sénégalais avance une explication peu convaincante : « A l'évidence, une telle conception ne peut que faire obstacle à l'avènement de techniques et opérations propices au développement de l'esprit mathématique tel qu'il s'est forgé et développé dans d'autres aires culturelles connues pour leurs performances dans ce domaine ».[226] En quoi le fait d'accorder une valeur centrale à l'unité constitue en soi un obstacle au développement de l'esprit mathématique ? Kane reconnaît pourtant la "plasticité" des systèmes africains de numération. Cette plasticité, « manifestation d'un esprit libre », est loin de plaider en faveur de la thèse d'un immobilisme intellectuel. Un "esprit libre" n'est-il pas, en effet, plus apte à la créativité et à l'innovation ?

---

[226] *Ibid.*,143.

CHAPITRE 7 :
"Kan Fa".
Éléments d'une épistémologie et d'une herméneutique du Fa

ə ᙖέ ꛸꛱ ꛰ᵕ꜒
ə ꜒i ꛰έ ᙖέ ꛱ji
ꓜǫ́ ꛸꛱ ¥ǫ́ ɔ́,
꛱ji ¥ǫ́ ωὲ.

Si donc on étale le Fa,
Qu'on étale aussi l'intelligence
Car le Fa est une parole de raison…
(Maxime Fon, Bénin)

L'expression "Kan Fa" signifie en Fongbe "fouiller le Fa", c'est-à-dire scruter les Ecritures Fa (*Duxwì*), décrypter la grammaire des signes du Fa, interroger les textes du Corpus Fa. C'est ce que nous tenterons de faire ici.[227] Le Fa a fait l'objet de plusieurs études dans le domaine de l'ethnologie, de la sociologie des religions et de la littérature. Désiré Médégnon se propose de l'aborder sous un angle philosophique, plus précisément épistémologique. Ce choix implique deux exigences :

(a) Considérer les "temples ou sanctuaires d'Afrique" comme des cénacles du savoir où s'exerce une « activité intellectuelle plus ou moins codifiée et réglementée ». C'est dans ces lieux sacrés,

---

[227] Une précision terminologique : employé avec l'article défini singulier, le vocable "Fa" désigne un système de savoirs, de croyances, de pratiques et de signes graphiques. Employé sans article, le terme renvoie au nom du personnage mythique ou historique réputé être l'inventeur du système.

ces espaces initiatiques, que le Fa s'est constitué en tant que système de savoirs et s'est perpétué de génération en génération.

(b) Eviter l'attitude zélée qui consiste à affirmer a priori que le Fa est un système de "savoirs scientifiques" ou, à l'opposé, un système de "croyances superstitieuses". Si le Fa est un champ de connaissances, il faut examiner ses fondements épistémologiques et en évaluer la pertinence.

La seconde exigence renvoie à un autre préalable : clarifier les critères de rationalité à l'aune desquels on voudrait évaluer les prétentions de vérité du Fa. Pour l'auteur, à moins de tomber dans un relativisme culturel, les critères de validation ne peuvent être que ceux de la science moderne. Et ce, à cause des « garanties et assurances qu'offre son expertise, ainsi que des succès auxquels conduisent ses méthodes et principes ».[228] Cette science dite "conventionnelle" ou "institutionnelle" est un patrimoine universel, fruit d'un dialogue des rationalités. On ne saurait donc se prévaloir d'un particularisme étroit pour revendiquer un traitement différencié des savoirs africains. Ce serait comme adopter une attitude de provincialisme dogmatique. Médégnon cite à ce propos Cheikh Anta Diop. Ce dernier se faisait fort de rappeler que l'étude des traditions africaines doit se faire avec les instruments de la science et que, « sur le plan de la rigueur scientifique, il n'y a pas de concession à faire ».[229] Bien entendu, il faudra se garder aussi de la tendance naïve ou idéologique qui tient pour des dogmes absolus les critères de la science conventionnelle (voir la critique de Paul Feyerabend). Ces critères sont certes nécessaires, mais pas suffisants ; il faut les réinscrire continuellement dans un champ de rationalités plurielles, dynamiques, poreuses au souffle du possible, de l'incertain et de l'inconnu. La validation du Fa selon des critères scientifiques aura comme

---

[228] D. Médégnon, *Le fa, entre croyances et science. Pour une épistémologie des savoirs africains,* Bamenda, Langa Research & Common Initiative Group, 2017, 8.
[229] Extrait d'un document sonore. Cit in D. Médégnon, *Le fa, entre croyances et science,* 8.

conséquence de le "démarginaliser", de faire la lumière sur ses savoirs et de le libérer de l'emprise des vendeurs d'illusions qui en font un instrument de manipulation ou de mystification. La relecture critique s'avère donc indispensable.

1. Une brève description du système Fa (Ifa, Afa)

Le Fa est à la fois un art divinatoire, un art thérapeutique, une spiritualité, une littérature, une sagesse, un système de signes, un corpus de savoirs. Certains auteurs le réduisent à l'aspect divinatoire, le définissant comme une "géomancie" (Maupoil, De Surgy, Hounwanou, Houndonougbo, Jaulin, Carty, etc.). Maupoil lui prête une origine arabe. De Surgy trouve cette hypothèse totalement infondée :

> « La réduction de la divination par Afa à une variété ou à une forme abâtardie de géomancie arabe ne résiste pas à l'examen qui ne s'en tient pas aux généralités, mais va un tant soit peu au fond des choses tant en géomancie dite "arabe" qu'en divination par Afa ».[230]

Mahougnon Kakpo est du même avis :

> « Contrairement à ce que soutient Maupoil, aucune étymologie arabe ne saurait être admise, objectivement, quant à ce qui concerne le mot "Fa". En considérant le système divinatoire lui-même, la disposition des *Du* (signes), les noms, les chants, les mythes et les devises, les *Vɔ* (sacrifices propitiatoires) auxquels ils renvoient, n'ont rien à voir avec quelque origine grecque ou orientale, encore moins avec quelque succédané de ce qui se fait ailleurs en dehors de l'ancienne civilisation du Bénin. »[231]

---

[230] A. De Surgy, *La géomancie et le culte d'Afa chez les Evhé du Littoral*, Paris, Publications Orientalistes de France, 1981, 18.
[231] M. Kakpo, *Introduction à une poétique du Fa*, Cotonou, les Editions des Diasporas, 2010, 34.

Le berceau originel du Fa se trouve à Ilé Ifè, au Nigeria. Ce berceau remonte à l'Égypte pharaonique : « On ne peut parler du vodoun dans le Danhomè sans évoquer le Fa. Cet art divinatoire de l'ancienne Égypte est passé par le Nil, avant de se retrouver à Ifé, au Nigeria, puis d'être adopté et adapté par les Fons ».[232] Cette hypothèse d'une origine nilotique du Fa est loin d'être insensée ou gratuite. Lucas Olumide écrit à ce propos :

> « An enquiry into the historical origin of the cult [of Ifa] is an easy task if the theory of a close connection between the religion of the Yorubas and that of the Ancient Egyptians which was proposed and applied in the preceding chapters, is also applied here. Although the existence of the system as a complete whole cannot be traced in Ancient Egyptian records, yet its essential elements can be found in various records. Most of the ideas connected with it are, unquestionably, relics of the Osirian faith. »[233]

Nous évoquerons plus loin quelques liens entre la spiritualité égyptienne et la tradition Fa/Vodun (Chapitres 18, 19).

Comme art thérapeutique, le Fa constitue un véritable patrimoine médicinal. Le *Babalawo* ou le *Bokɔnɔ* (le prêtre du Fa) apprend à connaître, pendant les années de sa longue formation initiatique, les principes actifs et curatifs des plantes de la flore africaine.[234] Il n'est donc pas qu'un prêtre ; il est aussi un thérapeute.

---

[232] Château Musée Vodun Strasbourg, http://www.chateau-vodou.com/fr/portfolio/le-fa-fondamental (article consulté le 19/08/2020)

[233] C. J. L. Olumide, *The religion of the Yorubas especially in relation to the Religion of Ancient Egypt. Being an account of the religious beliefs and practices of the Yoruba Peoples of Southern Nigeria, especially in relation to the Religion of Ancient Egypt*, Lagos, C.M.S. Bookshop, 1948 (Durham E-Theses), 92.

[234] Voir P. Fatumbi Verger, *Ewe : le pouvoir des plantes*, Paris, Larose, 1997, 16.

Dans le milieu Yoruba, on distingue trois grades de *Babalawo* : les "*Olori*", les "*Orisha*" et les "*Awon ti a tẹ ni Ifa*" :

> « Those of the first grade are entitled to worship their Ifa always, but not to divine with it or suffer it to be so employed. Those of the second grade can both worship their own and divine with it, or suffer it to be thus used …whilst those of the third class, who have been brought to their position through the services of Oludus or Chief Babalawos, are, besides being entitled to worship their own Ifa and divine with it, also privileged to eat of any sacrifice that may be offered to or before *Igba Odu*, or the calabash or gourd vessel sacred to Odu, a privilege which is denied to those of the first two grades. »[235]

Le *Babalawo* vénère donc Fa comme une "divinité", plus précisément, comme le Messager de la Sagesse Divine : « Divinité au statut spécial, distincte par plusieurs caractéristiques des autres *orisha* ou *vodun*, Fa a reçu de *Mawu* [Dieu], la mission d'éclairer les hommes en leur apportant, précisément, les informations nécessaires pour une meilleure gestion de la vie. Dieu de la sagesse et de la vérité, Fa a sous son contrôle tous les vodun ».[236] Fa, en tant qu'Esprit, est insaisissable. C'est ce que le Grand Prêtre Gɛdɛgbɛ̆ essayait de faire comprendre à Maupoil : « Tous les *bokonon* s'efforcent de définir Fa avec pompe… Mais moi, quoique *bokonon*, je ne me risquerais pas à définir. Seule la nature mystérieuse qui a créé Fa pourrait en parler savamment ».[237]

Le système graphique du Fa force l'admiration. C'est un ensemble de signes formant un univers de sens. Ces signes, appelés *Fadu* ou *Odu*, sont représentés, chacun par deux colonnes de traits verticaux. Chaque colonne comporte quatre rangées de traits et forme une "figure

---

[235] B. P. Johnson, *Yoruba Heathenism*, cit in C. J. L. Olumide, *The religion of the Yorubas especially in relation to the Religion of Ancient Egypt*, 83.

[236] D. Médégnon, *Le fa, entre croyances et science. Pour une épistémologie des savoirs africains*, 37.

[237] B. Maupoil, *La géomancie à l'ancienne Côte des esclaves*, Paris, Institut d'Ethnologie, 1988, 11.

indicielle". Les deux colonnes d'un signe forment une "matrice". On distingue deux catégories de Signe-Fadu : les "*Dugán*" ou "signes-mères" et les "*Duvì*" ou les signes composés (dérivés).

a- Les *"signes-mères"* sont au nombre de 16. Ils sont représentés, chacun, par deux colonnes identiques :

I I I I I I I I Gbe meji (Gm)	II II II II II II II II Yeku meji (Ym)	II II I I I I II II Woli meji (Wm)	I I II II II II I I Di meji (Dm)
I I I I II II II II Loso meji (Lm)	II II II II I I I I Wele meji (Wm)	I I II II II II II II Abla meji (Am)	II II II II II II I I Aklán meji (Ām)
I I I I I I II II Guda meji (Ḡm)	II II I I I I I I Sa meji (Sm)	II II I I II II II II Ka meji (Km)	II II II II I I II II Trukpen meji (Tm)
I I II II I I I I Tula meji (Ṭm)	I I I I II II I I Lete meji (Lm)	I I II II I I II II Ce meji (Cm)	II II I I II II I I Fu meji (Fm)

Les Seize Dugán

Le terme *"meji"* qui apparaît dans les dénominations des signes-mères signifie en Yoruba "deux fois". Il indique que chaque colonne, avec sa configuration indicielle, est multipliée par deux. "Gm", "Ym", "Wm", etc. sont des abréviations que nous proposons pour faciliter la mémorisation et l'usage des noms des *Fadu*. Lucas Olumide fait remarquer que chaque Dugán est lié à un aspect du culte osirien. Il ajoute : « It is interesting to compare the titles of Ifa with those of Osiris given in chapters 141 and 142 of the *Book of the Dead*. Many of the former are derived from those of the latter or from Egyptian words ».[238]

b- Les *signes dérivés* résultent d'une combinaison des figures de base des *Dugán*. L'ordre de préséance des figures de base se présente comme suit : Gbe (G), Yeku (Y), Woli (W), Di (D), Loso (L) Wele (W̱), Abla (A), Aklan (Ā), Guda (Ḡ), Sa (S), Ka (K), Trukpen (T), Tula (Ṯ), Lete (Ḻ), Ce (C), Fu (F). Chaque figure de base est croisée (mise en relation) avec les autres figures. Il résulte de ce croisement un total de 240 signes composés ou dérivés :

$$(1 \times 15) \times 16 = 240$$

Avec les 16 "signes-mères", nous avons donc au total 256 *Fadu* (16+240). Olumide apporte une nouvelle précision : « Behind each of these 256 Odus are other subordinate Odus, bringing the total to 4096 Odus, for each of which there is an appropriate story or couplet when it appears on the divining board ».[239] Nous présentons dans le tableau qui suit les 240 *Duvì* en utilisant les dénominations abrégées en lieu et place des représentations graphiques classiques (nous mettons en gras les figures de base dont la combinaison donne les signes dérivés) :

---

[238] *Ibid.*, 95-96, 97.
[239] *Ibid.*, 86.

	G	Y	W	D	L	W	A	Ā	Ğ	S	K	T	Ṭ	Ḷ	C	F
G	---	GY	GW	GD	GL	GW	GA	GĀ	GĞ	GS	GK	GT	GṬ	GḶ	GC	GF
Y	YG	---	YW	YD	YL	YW	YA	YĀ	YĞ	YS	YK	YT	YṬ	YḶ	YC	YF
W	WG	WY	---	WD	WL	W̃W	WA	WĀ	WĞ	WS	WK	WT	WṬ	WḶ	WC	WF
D	DG	DY	DW	---	DL	DW	DA	DĀ	DĞ	DS	DK	DT	DṬ	DḶ	DC	DF
L	LG	LY	LW	LD	---	LW	LA	LĀ	LĞ	LS	LK	LT	LṬ	LḶ	LC	LF
W̃	WG	WY	WW	WD	WL	---	WA	WĀ	WĞ	WS	WK	WT	WṬ	WḶ	WC	WF
A	AG	AY	AW	AD	AL	AW	---	AĀ	AĞ	AS	AK	AT	AṬ	AḶ	AC	AF
Ā	ĀG	ĀY	ĀW	ĀD	ĀL	ĀW	ĀA	---	ĀĞ	ĀS	ĀK	ĀT	ĀṬ	ĀḶ	ĀC	ĀF
Ğ	ĞG	ĞY	ĞW	ĞD	ĞL	ĞW	ĞA	ĞĀ	---	ĞS	ĞK	ĞT	ĞṬ	ĞḶ	ĞC	ĞF
S	SG	SY	SW	SD	SL	SW	SA	SĀ	SĞ	---	SK	ST	SṬ	SḶ	SC	SF
K	KG	KY	KW	KD	KL	KW	KA	KĀ	KĞ	KS	---	KT	KṬ	KḶ	KC	KF
T	TG	TY	TW	TD	TL	TW	TA	TĀ	TĞ	TS	TK	---	TṬ	TḶ	TC	TF
Ṭ	ṬG	ṬY	ṬW	ṬD	ṬL	ṬW	ṬA	ṬĀ	ṬĞ	ṬS	ṬK	ṬT	---	ṬḶ	ṬC	ṬF
Ḷ	ḶG	ḶY	ḶW	ḶD	ḶL	ḶW	ḶA	ḶĀ	ḶĞ	ḶS	ḶK	ḶT	ḶṬ	---	ḶC	ḶF
C	CG	CY	CW	CD	CL	CW	CA	CĀ	CĞ	CS	CK	CT	CṬ	CḶ	---	CF
F	FG	FY	FW	FD	FL	FW	FA	FĀ	FĞ	FS	FK	FT	FṬ	FḶ	FC	---

Les Duvì

La lecture des signes obéit à certaines règles :

- On lit le *Fadu* de la colonne droite vers la colonne gauche. On transcrira par exemple (GA) et (ṬW) de cette façon :

(GA)	(ṬW)
I I	II I
II I	I II
II I	I I
II I	II I

180

- La colonne de droite a une préséance sur la colonne de gauche. Par conséquent, « de deux *fadu*, celui dont la branche droite occupe la position la plus élevée [dans la liste conventionnelle indiquée plus haut] a droit de préséance sur l'autre ». Ainsi,

(WS) > (DY)

(TC) > (LW)

(GA) > (TW)

- Si les deux *Fadu* ont les mêmes indices dans la colonne de droite, on détermine la préséance par la colonne de gauche. Ex. :

(WA) > (WĀ)

(GS) > (GK)

(GY) > (GA)

La notation graphique des *Fadu* (la notation classique des figures indicielles) peut-elle être considérée comme une "écriture" ? Pour les *Babalawo*, cela ne fait l'ombre d'aucun doute. Ils appellent "*Iwe Ifa*" ce système graphique, ce qui veut dire littéralement "l'écriture de Fa". Erwan Dianteill, par contre, hésite à qualifier d'écritures les graphies oraculaires. Il identifie trois types d'écriture : le système idéographique, le système syllabique et le système alphabétique. Selon l'anthropologue français, l'*Iwe Ifa* ne fait partie d'aucune de ces typologies.[240] Médégnon ne partage pas cette opinion :

> « Lorsque le *bokonon* ou toute personne initiée à ce genre de notation, inscrit le *fadu* révélé par le chapelet et/ ou proféré, il y a incontestablement écriture. Disons pour être plus précis, que le jeu ou le geste même de l'inscription est un acte d'écriture, tout comme mérite le nom d'écriture, le résultat dudit geste. En milieu traditionnel Fon au sud du Bénin, certains devins remettent à leur consultant, soit une calebasse, soit même un

[240] E. Dianteill, *Des dieux et des signes. Initiation, écriture et divination dans les religions afro-cubaines*, Paris, EHESS, 2000, 241.

morceau de papier sur lequel est noté, à la craie, ou au stylo, le *fadu* principal obtenu au cours du procès divinatoire. »[241]

Nous estimons, pour notre part, que tout geste d'inscription n'est pas forcément un acte d'écriture. Le reste de l'argumentation de Médégnon nous semble cependant soutenable. En effet, si l'on considère le symbolisme logique ou mathématique comme une "écriture formelle", l'on ne saurait nier que l'*Iwe Ifa* soit une écriture du genre.

2. Quelques travaux sur les aspects "scientifiques" du Fa

Pierre Adjotin, dans sa thèse de Mémoire de Maîtrise, présente le Fa comme un système de savoirs scientifiques : « Le Fa, écrit-il, est une science religieusement adorée ; une science au pluriel où s'observent des éléments de botanique, de médecine, de pharmacie, de génétique, de mathématique, de sociologie, de psychologie, de politique, de linguistique, etc. ».[242] Tout en saluant la "perspicacité" d'Adjotin, Médégnon trouve ses arguments peu convaincants.

Léon Jossè se propose, quant à lui, de « vérifier le degré de scientificité » des savoirs du Fa.[243] En comparant ces savoirs à ceux de la science moderne, il rejette les conclusions d'Adjotin. La prétendue "botanique" du Fa est, selon lui, une "doctrine informe", la phytothérapie pratiquée par les *babalawo*, une "pseudo-médecine". Seul l'aspect mathématique du système semble, à ses yeux, digne d'intérêt.

---

[241] D. Médégnon, *Le fa, entre croyances et science. Pour une épistémologie des savoirs africains,* 144-145.
[242] P. Adjotin, « Essai d'épistémologie et d'esthétique de Fa : éléments pour le développement », Mémoire de Maîtrise, Université Nationale du Bénin, Abomey-Calavi, 1992, 29.
[243] L. Jossè, « Géomancie et calcul des probabilités : le problème des savoirs implicites », Mémoire de Maîtrise, Université Nationale du Bénin, Abomey-Calavi 2002.

C'est surtout Ayaovi d'Almeida et Victor Houndonougbo qui ont le plus approfondi cet aspect.

2.1. Les lois de combinaison des Fadu

Ayaovi d'Almeida cherche à élucider les lois de combinaison des 256 *Fadu*. Il dégage trois lois : l'inversion, le retournement et le produit.

-L'*inversion* consiste à remplacer les éléments d'une figure indicielle par leurs opposés. Or, nous avons deux éléments de base : le trait unitaire (I) et le trait double (II). L'inversion de la figure indicielle de Gbe (G) donne donc la figure indicielle de Yeku (Y) et vice versa ; l'inversion de (Ḡ) donne (Ā). Essayons de formaliser cela. D'abord, distinguons deux types d'écriture ou de représentation graphique : l'écriture λ et l'écriture γ. Par "écriture λ", nous entendons une transcription au moyen des lettres conventionnelles que nous avons proposées pour les dénominations des *Fadu*. Nous appelons "écriture γ" la représentation classique. Nous utilisons la lettre Φ comme symbole de l'inversion.

Reprenant les exemples précédents, nous aurons en écriture λ :

Φ (G) = (Y)

Φ (Ḡ) = (Ā)

En écriture γ, on a :

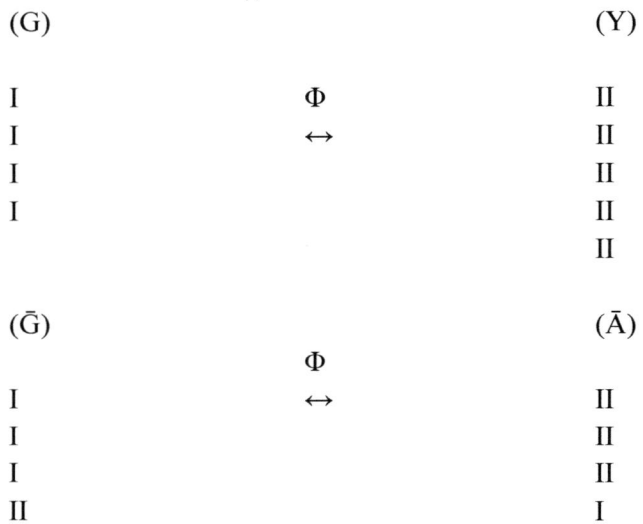

(G)   (Y)

I   Φ   II
I   ↔   II
I   II
I   II
                                                  II

(Ḡ)   (Ā)
                     Φ
I   ↔   II
I   II
I   II
II   I

- Le *retournement* consiste à "retourner" la branche indicielle d'une figure. Ainsi, le retournement (notons Ω) de (Y) donne (Y), tandis que celui de (Ḡ) donne (S). En écriture λ :

Ω (Y) = (Y)

Ω (Ḡ) = (S)

En écriture γ, on a :

(Y)   (Y)

II   Ω   II
II   ↔   II
II   II
II   II

(Ḡ)			(S)
		Ω	
I		↔	II
I			I
I			I
II			I

- Le *produit* est le retournement de l'inversion. Par exemple, le produit (notons Ɣ) de (G) donne (Y) et celui de (Ḡ) donne (A) :

Ɣ (G) = (Y)

Ɣ (Ḡ) = (A)

(G)	Φ	(Y)	Ω	(Y)
	→		→	
I		II		II
I		II		II
I		II		II
I		II		II
				Ɣ (G)

(Ḡ)	Φ	(Ā)	Ω	(A)
	→		→	
I		II		I
I		II		II
I		II		II
II		I		II
				Ɣ (Ḡ)

2.2. *Étude des probabilités d'apparition des Fadu*

Victor Houndonougbo a examiné le "processus stochastique" de l'art divinatoire afin d'évaluer « la probabilité d'apparition des différentes figures de Fa et la probabilité de certains éléments ».[244] Il établit certaines valeurs mathématiques :

- La probabilité d'obtenir un des 256 signes est 1/256.
- Pour 18 consultants, la probabilité (P) que l'événement A (« deux au moins obtiennent le même *Fadu*) se vérifie est : P(A) = 0,49575.
- La probabilité (P) que l'événement A ne se vérifie pas pour les 18 personnes est : P(Ã) = 0,50425. Pour 50 personnes, P(A) = 0,99953.
- Il est plus probable d'avoir des signes dits "néfastes" que des signes "fastes".
- Les signes "néfastes" ont trait à cinq ordres de réalité : la mort, la maladie, les contentieux juridiques, la futilité, les mauvais esprits. Le nombre de cas aléatoires (n) qui déterminerait le mal est n = 2 x 2 x 2 x 2 x 2 = 32.
- L'espérance mathématique de chaque *Fadu* (ce que gagne le consultant en cas de succès) s'obtient par la formule : E = (x) sacrifice/256.

Il résulte de ces travaux que « la construction d'une théorie des probabilités dans le Fa, la possibilité même de calculer l'espérance mathématique d'événements a priori inconnus, à venir, tout cela montre combien peut être intéressante l'appropriation critique de certaines formes de savoirs ou pratiques ».[245] Mais Médégnon désapprouve l'élan

---

[244] V. Houndonougbo, « Processus stochastique du Fâ : une approche mathématique de la géomancie des côtes du Bénin », in P. Hountondji (ed.), *Les savoirs endogènes : pistes pour une recherche*, Dakar, Codestria, 1994, 139.

[245] D. Médégnon, *Le fa, entre croyances et science. Pour une épistémologie des savoirs africains*, 70.

iconoclaste qui pousse Houndonougbo à vouloir épurer le Fa de toute référence religieuse. Si ce "déicide" venait à être réalisé, sur quoi fonderait-on la vérité ultime du Fa ? Sur la pure probabilité mathématique ? Mais l'homme, dans sa quête de vérité, peut-il se satisfaire d'un simple jeu de probabilité ? Réduire le Fa à ce jeu serait comme ignorer sa visée globale. C'est cette visée qu'il faut soumettre à l'analyse critique pour en évaluer le sens et la pertinence.

3. Le statut épistémologique du Fa

3.1. La vocation intellectuelle du Fa

Médégnon croit identifier dans le Fa un "projet intellectuel" :

> « S'il est une donnée qui met d'accord les *bokonon*, c'est la vocation intellectuelle de *fa*. Le système *fa*, dans son ensemble, obéit à ce besoin d'informations particulières et que fondent l'incertitude, la crainte, le sentiment d'impuissance et de vulnérabilité, puis le souci de lire par-delà le voile de l'univers fini de nos sens et même de notre raison, les réalités et vérités fondamentales qui donneraient la maîtrise nécessaire du monde. »[246]

En d'autres termes, le Fa ne saurait être réduit à ses aspects pratiques. Il vise en premier lieu la « vérité, dans sa pureté, et ce, dans une démarche *a priori* affranchie de tout intérêt pratique, qu'il soit immédiat ou futur ». Le système repose sur un postulat déterministe : "rien ne naît de rien". Par conséquent, rechercher la vérité, c'est élucider les rapports de causalité entre un événement A et un événement B. L'idée de "hasard" est bannie.

---

[246] *Ibid.*, 76.

Karl Popper distingue trois types de déterminisme :

- Le déterminisme religieux : Dieu détermine d'avance le cours des événements de l'histoire.
- Le déterminisme métaphysique : chaque être humain est soumis à la loi implacable et mystérieuse de son propre destin.
- Le déterminisme scientifique : « la structure du monde est telle que tout événement futur peut, en principe, être rationnellement calculé à l'avance, à condition que soient connues les lois de la nature, ainsi que l'état présent ou passé du monde ».[247]

Pour Médégnon, le déterminisme Fa n'est pas un déterminisme métaphysique, ni un déterminisme religieux, car « le fa ne professe pas l'idée que les événements sont en tous points déterminés à l'avance, condamnant du coup les hommes à subir les caprices des dieux ».[248] Il postule un déterminisme qui se rapproche plutôt du déterminisme scientifique ; mais il est plus ambitieux : il a la prétention de percer les secrets de l'univers et de surmonter les limites de l'inconnaissable.

3.2. Typologie et interprétation des textes du Corpus Fa

Les *Fadu* véhiculent une Sagesse millénaire, exprimée en un langage allégorique, fait de métaphores, dont le sens échappe aux profanes. Certains auteurs rangent les textes du Corpus Fa dans la catégorie des « contes, légendes ou histoires » (Maupoil, De Surgy, Trautmann, Verger, etc.). Pour d'autres, il s'agirait de paraboles et de poèmes didactiques (Abimbola, Bascom, Karenga, etc.). Mahougnon Kakpo identifie trois types de textes-Fadu :

> « Au plan formel, le *Fa Du* est un architexte, mieux une œuvre dotée d'une structure formelle fixe. Car il est toujours constitué de trois langages : le *Fa gbesisa* (la maxime, la devise ou le

---

[247] K. Popper, *L'univers irrésolu : plaidoyer pour un indéterminisme,* Paris, Hermann, 1984, 5.

[248] D. Médégnon, *Le fa, entre croyances et science,* 83.

188

noème), le *Fa gleta* (le récit mythique) et le *Fa han* (la chanson, le poème chanté). Chacun de ces langages est composé d'une multiplicité de pièces. Le *Fa Du* est ainsi un genre particulier et complexe ».[249]

Ce sont les "*Fagleta*" que les ethnologues appellent « contes, légendes, histoires ». Sur la base d'une étude sociolinguistique, Honorat Aguessy a pu dégager la terminologie appropriée pour désigner ce type de texte.

Le sociologue béninois distingue cinq types de récits dans la littérature traditionnelle Fon :[250]

- *Xó* : histoire nationale ou mondiale
- *Xójɔxó* : « récit historique se basant sur une parole grave » (le terme "*xójɔxó*" a un sens plus profond qui sera explicité plus loin)
- *Tàn* : histoire familiale
- *Xɛxó* : conte
- *Hwenuxó* : mythe.

C'est ce dernier terme qu'il convient de retenir pour définir formellement les *Fagleta* : « Partageant l'univers de l'extraordinaire et du merveilleux avec les contes, les hwenuho [*hwenuxó*] s'en démarquent en ce qu'ils n'ont vocation ni d'amuser ni même véritablement, de moraliser, mais plutôt de fonder et d'expliquer ».[251]
Ces "mythes" forment un corpus de plus de cinq mille pièces. (Chaque *Fadu* en comporte au moins une vingtaine, soit 256 x 20 = 5120). Ils constituent « un grenier ("store house") où sont rangées, conservées et rendues disponibles pour la postérité, les représentations ou connaissances accumulées depuis des temps immémoriaux, dans les domaines aussi variés que la médecine, la cosmogonie, la religion, la

---

[249] M. Kakpo, *Introduction à une poétique du Fa*, op. cit., 79.
[250] H. Aguessy, *Le Mythe de Legba*, Thèse de Doctorat es-lettres et sciences humaines, Paris, Sorbonne, 1973.
[251] D. Médégnon, *Le fa, entre croyances et science,* 104.

189

morale ».[252] Olumide note que les *Fagleta* reprennent les thèmes du Mythe osirien :

> « The stories refer to the goodness of Ifa, the benefit he conferred upon others, his persecution and deification. All these details have parallels in the myth of Osiris. The relation between Ifa and Esu also finds a parallel in the one existing between Osiris and Set ».[253]

L'exégèse des textes se fait selon une méthode classique à laquelle sont initiés les *Bokɔnɔ* durant leur formation initiatique. Elle consiste à rechercher des correspondances entre une *situation mythique paradigmatique ou référentielle* et une *situation réelle et actuelle*, celle de l'homme qui consulte le Fa. Le choix du mythe-type ne dépend pas au premier degré de l'officiant, mais du jet du chapelet oraculaire (le *gumaga* ou *kplɛ*). Ce jet est considéré comme un acte consécratoire et "divinement inspiré". Une fois le chapelet jeté, le prêtre lit le *Fadu* "révélé". Il choisit dans la vingtaine de mythes associés au *Fadu* le texte référentiel qui convient le mieux à la situation du consultant. À ce niveau, le choix dépend de lui, de sa science, de son expérience. C'est une phase délicate, un rude exercice qui met à l'épreuve ses compétences, surtout dans le milieu Fon-Ewé. Dans le contexte Yoruba, le *Babalawo* ne choisit aucun texte-type. Après avoir identifié l'*Odu* ou le *Fadu* "révélé", il proclame tous les textes liés à ce Signe. Il revient au consultant de choisir lui-même le texte qui reflète le mieux sa propre situation. Une fois le texte-type choisi, l'hiérogrammate l'explique, le commente, en explorant les horizons de sens possibles.

---

[252] *Ibid.*, 112.
[253] C. J. L. Olumide, *The religion of the Yorubas especially in relation to the Religion of Ancient Egypt,* 97.

3.3. Scientificité et démythologisation

Les *Fagleta*, en tant que récits mythiques, ont une portée universelle :

> « Si paradoxal que cela puisse paraître, c'est parce qu'ils réfèrent à un temps et un lieu mythiques, donc non identifiables, c'est parce qu'ils ne se rapportent pas à un espace et un temps définis (et donc particuliers en quelque sorte) que les mythes ont, dans l'économie du fa, une validité universelle ».[254]

Pour certains auteurs, ce n'est qu'à travers un processus de "démythologisation" que le substrat scientifique du Fa pourra être pleinement valorisé. Comme si sa "structure mythique" était incompatible avec un tel substrat. Cela nous ramène au vieux débat sur la dialectique logos-mythos (nous l'examinerons plus loin). La position de Médégnon sur cette question rejoint nos propres vues :

> « D'une part, les mythes qui font corps avec les systèmes de savoirs ["endogènes"] ne sont pas simplement, ni toujours, l'expression de l'ignorance ou la négation de la rationalité. De l'autre, la pratique et le discours scientifiques […] ne sont pas, contrairement à ce qu'il est commode de croire, absolument affranchis de tout rapport avec les mythes ».[255]

Le discours de la démythologisation se fonde sur trois présupposés :

- Le mythe est irrationnel et contraire à l'esprit scientifique
- Les savoirs traditionnels liés au système mythologique ne seront pertinents que dans la mesure où ils seront formellement conformes aux savoirs modernes
- Le substrat "scientifique" de ces savoirs, s'il venait à être établi selon les canons de la science moderne, confirmerait l'universalité de ladite science.

---

[254] D. Médégnon, *Le fa, entre croyances et science,* 133.
[255] *Ibid.,* 204.

Ces postulats portent à une double réduction : d'une part, une réduction du "champ de pertinence" des savoirs anciens, et, de l'autre, une réduction de l'horizon de la science. En effet, l'imposition d'une forme univoque de rationalité scientifique finit par confiner la science dans un "étau prédéfini" qui l'empêche d'être "plus ambitieuse". La démythologisation opérée par Houndonougbo au nom de la science s'essouffle d'elle-même : les anciens mythes (peuplés d'entités invisibles et de formes symboliques) sont bannis, mais ils sont remplacés par d'autres, ceux de la science positive. Si les figures mythologiques sont discréditées parce que renvoyant à des réalités invisibles ou présupposées, que dire des lois dites "scientifiques" ? À notre avis, ce qu'il importe de souligner dans ce débat, c'est que la validité d'une approche explicative du monde ne dépend pas forcément de la véracité intrinsèque des idéalités qu'elle postule, mais de la pertinence des résultats qu'on peut en tirer. Le critère de pertinence des résultats, c'est ce que le philosophe humaniste Amo Afer considère comme le *télos* de toute science, à savoir : la conservation de l'existence naturelle et le perfectionnement de l'être moral. C'est à l'aune de ce critère qu'il faut évaluer les savoirs et les prétentions de vérité du Fa.

4. Bilan et perspectives

Deux aspects du Fa méritent d'être approfondis : sa visée spirituelle et ses aspects épistémiques.

4.1. La visée spirituelle du Fa

Elle est fondée sur deux postulats :

- La quête de la Plénitude est indissociable de la quête de la Vérité.
- La quête de la Plénitude requiert, en outre, le don de soi pour la régénération perpétuelle du monde.

a) La quête de la Vérité. Ainsi qu'il a été dit, les *Fadu* sont considérés comme des "oracles", c'est-à-dire des paroles divinement "inspirées". (Dans les langues occidentales, le mot "oracle" vient du latin "*oraculum*", et signifie "message divin"). Depuis la période pharaonique, la Sagesse Ancestrale enseigne que c'est par l'actuation de la Pensée et de la Parole que le Démiurge créa le monde : « Pensée créatrice, ce qui sort de ton cœur… Parole créatrice ce qui sort de ta bouche », proclament les *Khemetiwou* dans leurs hymnes sacrés.[256] Selon les Sages Dogons, ce que l'Esprit Suprême (Amma) « conçoit en son cœur » est une Parole, qui est également, une Pensée, une Volonté. Les Sept Vibrations desquelles le Démiurge fera surgir le monde sont considérées comme étant « les sept hypostases de la Parole d'Amma ». Elles « témoignaient de l'action de la "parole" d'Amma ».[257] Les Initiés Lubas affirment que Dieu créa les êtres « en usant l'un ou l'autre de ses grands pouvoirs de science secrète : l'Emission du Verbe, l'Appel par le Geste, le Souffle ».[258] La Parole Divine préside donc à la création du monde ; elle a pour vocation, comme l'enseignent les Maîtres Kongos, d'être la lumière des hommes en quête de vérité : « Dieu gouverne l'humanité par l'entremise du Verbe divin. L'expression éternelle du Verbe (l'Idéal divin) est Mpina Nza, tandis que son expression est Kimahungu ».[259] Le Vénérable Ogotemmêli est formel : sans le Verbe Divin, "maître des paroles", rien ne peut être réorganisé dans le monde.[260] Cette théologie africaine de la Parole est le fondement de la doctrine Fa. En quoi est-elle pertinente ?

La Sagesse voudrait que l'homme se dédie, s'adonne à la quête de la Vérité. Pour Ptahhotep, cette quête relève d'une exigence existentielle. Car, l'une des conséquences de l'ignorance (la méconnaissance de la

---

[256] Voir A. Barucq et F. Daumas, *Hymnes et prières de l'Égypte*, Paris, Editions du Seuil, 1980.

[257] M. Griaule et G. Dieterlen, *Le renard pâle,* 112, 114.

[258] T. Fourche, H. Morlighem, *Une Bible noire. Cosmogonie bantu*, op cit., 53.

[259] K, L. Luyalula, *La religion kôngo. Ses origines égyptiennes et sa convergence avec le Christianisme*, Paris, L'Harmattan, 2010, 26.

[260] M. Griaule, *Dieu d'eau. Entretiens avec Ogotemmêli,* Paris, Fayard, 1966, 64.

Vérité) est, dit-il, la "confusion de soi-même". Le vieux philosophe entend par "ignorance" (*khem*) le refus délibéré de connaître, le refus de se mettre à l'écoute de la Maât. Or, « l'égarement (*nenem*) pénètre dans celui qui n'écoute pas » (v. 572). Il s'ensuit que l'ignorant est un ténébreux (*ukha*) : il vit dans le chaos ; il refuse de sonder et d'écouter son propre cœur ; il considère « la connaissance comme l'ignorance, l'utile comme le nuisible » et « fait tout ce qui est détestable » (vv. 577-579). La visée spirituelle du Fa est justement de faire de la quête de la Vérité une sorte de culte dont la finalité est d'arracher l'homme au drame de la "mésécoute". Grégoire Biyogo définit la mésécoute comme « le fait de ne pouvoir saisir le sens profond de ce que l'on écoute habituellement. À toute personne qui ne serait pas disposée à entendre ces choses-là, rien d'essentiel ne sera donné ».[261] C'est à un cheminement sapiential et spirituel qu'invite Fa et non à une quête superstitieuse de présages. Cela apparaît clairement dans le texte-fadu qui suit :

> « Owe ni Ifa ipa
>
> Ǫmǫran ni imo
>
> Bi a ba wipe mǫ
>
> Ǫmǫran a mǫ …
>
>
> Ifa always speaks in parables
>
> It is the wise man who understands his speech
>
> When we say, understand it
>
> It is the wise man who understands it… »[262]

---

[261] G. Biyogo, *Encyclopédie du Mvett. Tome I. Du Haut Nil en Afrique Centrale. Le rêve musical et poétique des Fang anciens : la quête de l'éternité et la conquête du Logos solaire*, Paris, Menaibuc, 2002, 15.

[262] Cit. in C. J. L. Olumide, *The religion of the Yorubas especially in relation to the Religion of Ancient Egypte*, 90.

La Parole Fa s'adresse au Sage ou à l'homme en quête de vérité. Du point de vue de leur contenu, les textes-Fadu (*Fagbesisa, Fagleta, Fahan*) ne sont point des augures talismaniques, mais des textes de sagesse et de méditation.

b) Le don de soi ou le sacrifice. Dans la pensée populaire, le sacrifice est communément considéré comme une performance rituelle destinée à conjurer le "mauvais sort" et à s'assurer la protection des forces célestes. Une telle compréhension, même si elle est justifiée, peut nourrir des crédulités morbides. Maulana Karenga indique le véritable sens de la notion de sacrifice dans la pensée Fa :

> « Given the centrality of the concept and practice of sacrifice (*ìrúbọ*) in the Ifa tradition, an expanded understanding of *ìrúbọ* must be established. Kawaida understands sacrifice in two basic ways: as ritual performance and as moral practice. In ritual performance, the thing offered is an object; in moral practice, what is offered is oneself. Thus, the ritual sacrifice is object-giving and moral sacrifice is self-giving » [263]

Le *Fadu* "Irete Yeku" affirme que le sacrifice rituel est inutile s'il ne s'accompagne pas d'une "*morality of sacrifice*", laquelle consiste en un effort constant pour améliorer progressivement son propre caractère :

> « The text clearly tells us that sacrifice as ritual performance is not sufficient in itself. In fact, it calls one's ritual performance useless, invalid, or in vain (*lásan*) if one's character is deficient (*dín*). Moreover, the text says, Ifa will teach us "the conduct and character" necessary to achieve our end. And the instruction is "if you sacrifice, you should begin doing good more than ever

---

[263] M. Karenga, *Odù Ifá. The Ethical Teachings. Translation and Commentary. A Kawaida Interpretation,* Los Angeles, University of Sankore Press, 1999, v-vi.

before". This I take to mean that the beginning and essential sacrifice is good-doing. »[264]

Cette interprétation s'écarte de toute approche magique des rites ancestraux et montre que la forme rituelle n'est que l'expression symbolique d'un idéal de perfection. L'accomplissement de la plénitude humaine (*Gbɛtɔ́ nyínyí*) passe par l'écoute assidue de la "Parole qui régénère" (*Xójɔxó*), l'observance des lois de communion (*Gbɛsù*) et le don de soi pour la régénération du monde (*Gbɛkànxixo*). Tel est le noyau de l'enseignement sapiential et spirituel du Fa. Nous développerons ailleurs quelques aspects de cet enseignement (voir Chapitre 19).

4.2. Les aspects épistémiques du Fa

Trois éléments nous semblent ici dignes d'intérêt :

a- Les procédés mathématiques qui sont à la base des opérations de combinaison des *Fadu*. Le travail initié par D'Almeida et Houndonougbo et auquel nous avons ajouté notre petit "grain de sel" mérite d'être poursuivi. L'approche mathématique peut se révéler très féconde.

b- L'inclination pour une forme de rationalité scientifique. Médégnon a vu juste : « L'esprit scientifique, de même que les exigences qu'il implique, n'est pas vraiment étranger au *fa* ».[265] Ce qui caractérise l'esprit scientifique, c'est la vision cohérente et unifiée des représentations et l'efficacité de leurs applications. Soumettre le Fa à une lecture scientifique, c'est l'ouvrir à sa propre "vocation". Cela requiert un travail intellectuel qui doit s'orienter dans deux directions :

---

[264] *Ibid.*, ix.
[265] D. Médégnon, *Le fa, entre croyances et science,* 224.

« D'un côté, un effort de théorisation dont le but est la mise au jour des principes qui expliquent le fonctionnement et le succès à divers degrés [des savoirs et techniques du Fa] ; de l'autre, l'expérimentation rigoureuse des savoirs ou représentations afin d'en déterminer la consistance et la pertinence ».[266]

c- Le corpus sapiential. Il constitue sans doute l'héritage le plus précieux du Fa. Si la Parole oraculaire est considérée comme divinement "inspirée", elle ne l'est point en vertu d'une vérité nébuleuse, enveloppée de mystères ; elle l'est plutôt en fonction de la Sagesse qu'elle véhicule. Toute sagesse qui illumine l'homme dans sa quête de sens et l'élève vers la perfection est sûrement traversée par le souffle vivifiant de la Vérité Primordiale. Lire le corpus sapiential Fa dans cette optique aidera à dépasser les interprétations de surface. Voilà pourquoi l'approche herméneutique adoptée par Maulana Karenga nous semble une fois encore pertinente. Le chercheur afro-américain privilégie une lecture éthique des textes (*ethics-focused reading*) et montre les avantages qu'on peut en tirer :

> « A final requirement for the transition from an almost exclusive divination-focused interpretation of the *Odu Ifa* to an essentially ethics-focused reading is the cultivation among scholars, priests and general adherents of a wide-reaching, thorough and profound ethical dialog. In a such dialog, persons will engage the texts, personally and communally, as a fundamental source of the best of African and human ethics, constantly reading and re-reading them to discover and recover ancient and modern meaning [...]. Thus, it will become and be for us a sacred legacy of moral instruction left by our ancestors and offered by us to the generations that follow. And this legacy will have at its core the ethical teaching and practice of speaking truth and doing justice, honoring elders and ancestors, caring for the vulnerable, having a rightful relation with the environment, resisting evil

---

[266] *Ibid.*, 225.

and constantly raising up and pursuing the good, in ever more expansive ways. »[267]

On gagnerait à faire une réappropriation des textes-Fadu dans cette perspective si l'on veut préserver l'essentiel du précieux héritage que nous ont légué nos Ancêtres d'Ifè-Tado. Une seconde tâche paraît urgente : poursuivre le travail de transcription et de traduction des textes, de manière à reconstituer progressivement l'immense Encyclopédie du Fa.

---

[267] M. Karenga, *Odù Ifá. The Ethical Teachings,* op. cit., x-xi.

CHAPITRE 8 :
Philosophie du Retour et décentrement épistémique : Promouvoir une nouvelle "manière de lire" l'Afrique.[268]

Pour tout dire, faire de la philosophie, c'est peut-être et avant toute chose commencer par expliciter les socles épistémologiques qui gouvernent nos modes de penser.

(B. Mve Ondo)

L'avenir de l'Afrique, c'est-à-dire de sa renaissance, dépend de la capacité des Africains à faire eux-mêmes une relecture de leur histoire, à puiser dans leur culture pour en tirer des enseignements utiles et pratiques.

(J-M. Ela)

Penser, c'est déchiffrer le vécu, questionner le réel du dedans et scruter l'horizon des possibles. Penser le réel à partir du "monde d'en bas", c'est analyser les mécanismes par lesquels des peuples qui ploient sous le joug des dominations, résistent à l'arbitraire et se réinventent au quotidien ; c'est examiner comment le recours au patrimoine intellectuel et scientifique de ces peuples contribue à l'effort de rénovation sociale et culturelle. Pour Jean-Marc Ela, penser l'Afrique de cette manière, c'est prospecter les lieux de sa Renaissance. Dans la réflexion du philosophe et sociologue camerounais, ce concept de "renaissance" allie résistance et création. La résistance est une culture d'indocilité vis-à-vis de l'ordre dominant ; elle se manifeste dans les dynamiques d'insoumission mises en œuvre par les classes sociales marginalisées (le "monde d'en bas"). Pour étudier de manière adéquate ces dynamiques, il

---

[268] Une première version du contenu de ce chapitre a été publiée dans *Mosaïque, Revue interafricaine de Philosophie et de Sciences Humaines*, n° 23, Juin 2019, 38-55.

convient d'opérer un véritable "décentrement épistémique". Un décentrement par rapport à la "raison ethnologique". Telle est la problématique que nous voulons ici aborder. Elle s'organise autour des questions suivantes :

- Quelle vision de l'Afrique se dégage des savoirs coloniaux ?
- En quoi cette vision constitue-t-elle un "obstacle épistémologique" dans le champ des études africaines ?
- Comment promouvoir une nouvelle "manière de lire" l'Afrique ?
- Comment faire du réel africain non un simple objet d'étude sur lequel on projette un regard du dehors, mais un espace épistémique qui s'appréhende à partir de ses propres codes et langages ?
- Quels sont les enjeux sociopolitiques du savoir dans un contexte postcolonial ?

En reparcourant l'œuvre de J-M. Ela, nous tenterons de montrer la nécessité pour l'Afrique de se réapproprier son épistémè, ses systèmes de valeurs et de représentation, son patrimoine scientifique et ses humanités classiques. Pour élargir le champ de la réflexion, nous mettrons en relief, dans la dernière partie de l'étude, quelques affinités entre la pensée de l'auteur et celle des intellectuels chinois du mouvement néoconfucéen.

1. Décentrement épistémique et critique de la raison ethnologique

On entend par *décentrement épistémique* une démarche de distanciation critique par rapport à une épistémè hégémonique. C'est une réaction à l'injustice épistémique née de la violence coloniale.[269] Il se traduit,

---

[269] Voir R. Bhargava, "Pour en finir avec l'injustice épistémique du colonialisme", in *Socio*, 2003, 41–75.

selon Jean-Marc Ela, par une inversion du regard et une déconstruction de la raison ethnologique ou coloniale.

L'ethnologie adopte une approche "archéologique" et "ethnisante" des sociétés africaines. Elle les considère comme des entités "ethniques", "tribales", "claniques", figées dans le temps et repliées sur elles-mêmes. Supposées enfermées dans le "mythe", elles seraient structurellement hostiles au progrès, au changement. Elles sont étudiées sous le prisme du "schéma cyclique astro-biologique" théorisé par Jean Servier. Ce dernier écrit :

> « La société traditionnelle cherche à se rapprocher des origines, à prolonger le moment primordial de sa fonction. Elle est ancrée désespérément dans le présent, tournée vers le passé en souvenir du temps où l'homme vivait à même l'Invisible, intégré à l'univers. De toutes ses forces, elle veut éviter les changements qui, en l'écartant de la perfection mythique, risquent d'accentuer davantage un déséquilibre né de la rupture du Grand interdit […] Il est donc difficile de parler de dynamisme spontané à propos de telles sociétés qui nous paraissent figées dans le temps par le sentiment de leur perfection. » [270]

Alors que Lucien Levy-Bruhl se campe sur sa distinction entre "sociétés logiques" et "sociétés prélogiques", Claude Lévi-Strauss oppose, quant à lui, les "sociétés froides" aux "sociétés chaudes". Les unes, dit-il, « cherchent, grâce aux institutions qu'elles se donnent, à annuler de façon quasi automatique l'effet que les facteurs historiques pourraient avoir sur leur équilibre et continuité ; les autres intériorisent résolument le devenir historique pour en faire le moteur de leur développement ».[271] C'est dire que les sociétés "froides" (non occidentales) sont anhistoriques, tandis que les sociétés "chaudes" ou prométhéennes, se forgeant dans le mouvement même de l'histoire, se caractérisent par leur

---

[270] J. Servier, *Histoire de l'utopie*, cit. in J-M. Ela, *Restituer l'histoire aux sociétés africaines. Promouvoir les sciences sociales en Afrique Noire*, Paris, L'Harmattan, 1994, 18.
[271] C. Levi-Strauss, *La pensée sauvage*, Paris, Plon, 1962, 310-311.

historicité. Cette lecture eurocentriste disqualifie les études ethnologiques. L'Afrique des ethnologues et des soi-disant "africanistes" est une fiction, une "invention" (Mudimbe) et l'ethnologie, elle-même, n'est qu'un avatar de l'impérialisme colonial.[272]

L'étude des sociétés africaines comme celle de toutes les sociétés requiert une approche plutôt sociologique, attentive à la complexité des dynamiques sociétales, aux mutations en cours, aux vecteurs de changement, etc. Contrairement à la démarche ethnologique, l'approche sociologique s'intéresse à une variété d'objets et de processus qui participent de la vie concrète des sociétés. Dans le contexte africain, elle se concentrera par exemple sur le phénomène des langages nouveaux par lesquels les jeunes font irruption dans la vie sociopolitique, l'émergence des musiques contestataires, les initiatives citoyennes, les poches de résistance au néolibéralisme, les migrations, la "débrouille" des laissés-pour-compte, etc. Il s'agit, à travers l'étude de ces faits, de « pénétrer dans les arrière-cours de cette société qui, au-delà de son visage officiel, cache une réalité plus profonde ».[273] Il faut, pour cela, une acuité du regard et une profondeur de vue qui permettent de s'écarter des "fausses permanences", des "unités abusives" ou des "discontinuités illusoires". Ela retient prioritaires trois axes de recherche :

- L'étude des problèmes nés de la rencontre des sociétés africaines avec les cultures étrangères ;
- L'étude des stratégies ou mécanismes à travers lesquels les sociétés africaines affrontent et surmontent des défis inédits ;
- L'étude des déséquilibres structurels qui freinent le progrès de ces sociétés.

Ces trois champs d'analyse permettent de saisir les mutations que

---

[272] Voir G. Leclerc, *Anthropologie et colonialisme,* Fayard, Paris 1972 ; J. Copans (ed.), *Anthropologie et impérialisme*, Editions Maspero, Paris 1975 ; T. Obenga, *Le sens de la lutte contre l'africanisme eurocentriste*, Paris, L'Harmattan, 2001.
[273] *Ibid.*, 33.

traverse l'Afrique postcoloniale et d'examiner comment elle se réinvente et remodèle ses imaginaires.

2. Les lieux d'innovation et d'inventivité

2.1. Les lieux d'innovation sociale : la ruralité et les cultures urbaines dissidentes

Par "innovation sociale", Ela entend « non seulement les multiples arts de faire qui sont une réponse à la crise, mais aussi les dynamiques diffuses qui manifestent la créativité des sociétés africaines ».[274] La ruralité, dans l'Afrique contemporaine, est un creuset d'innovations sociales. Elle assume des caractéristiques qui en font un champ épistémologique privilégié :

> « Il nous faut apprendre à regarder de nouveau le village en Afrique subsaharienne. Nous trouvons là une « aire problématique » qui invite à remobiliser les ressources de l'intelligence afin de situer la ruralité dans une perspective pluridisciplinaire. La mise en œuvre de ce projet doit prendre en compte le regard des paysanneries africaines sur leur propre réalité, leur savoir et leurs pratiques sociales, la perception de leurs défis ainsi que *les stratégies d'action qu'elles inventent.* »[275]

---

[274] J-M. Ela, *Innovations sociales et renaissance de l'Afrique Noire. Les défis du « monde d'en-bas »*, Paris, L'Harmattan, 1998, 19. Cette conception de la notion d'innovation sociale rentre dans le troisième groupe des approches que certains sociologues ont récemment étudiées et classifiées. Dans ce groupe, « on retrouve des approches portées par de nombreux chercheurs ou acteurs de l'économie sociale et solidaire (ESS) qui considèrent que l'innovation sociale est susceptible de porter les germes d'une transformation sociale soutenable, centrée sur la participation des parties prenantes multiples et sur la démocratie dans les territoires » (N. Richez-Baltesti, F. Petrella, D. Vallade, « L'innovation sociale, une notion aux usages pluriels : quels enjeux et défis pour l'analyse ? », in *Innovations*, n° 38, 2012, 16.
[275] *Ibid.*, 145-146. Nous soulignons.

Le regard ethnologique a figé les sociétés rurales dans une temporalité immobile et mythique. Or, l'analyse sociologique révèle une autre réalité. Les communautés paysannes développent un rapport plutôt dynamique à la temporalité ; elles saisissent les bouleversements qui agitent les "temps nouveaux" et s'engagent dans la recherche de voies alternatives : solutions aux effets du changement climatique, invention de nouvelles techniques agraires, ingénierie sociale, contestation des réformes agricoles inappropriées imposées par l'État, lutte contre la dévaluation des prix des produits agricoles sur le marché international, etc.

Une inversion du regard s'impose aussi par rapport à l'étude des cultures urbaines dissidentes. L'humour et la chanson, lorsqu'ils sont utilisés comme armes de contestation de l'État néocolonial, ne doivent pas être appréhendés simplement comme des formes de création artistique, mais aussi et surtout comme des tentatives de reconstruction sociale. Le rire dissident n'a pas vocation à "amuser la galerie". Bien qu'il ait une valeur ludique et une fonction cathartique, sa finalité ultime est la conscientisation du peuple :

> « Face aux rigueurs du présent, au resserrement des contraintes et à l'ampleur de l'arbitraire, les sociétés africaines retrouvent leurs forces de résistance et de lutte en puisant dans la puissance du rire qui purifie et libère. [...] Dans ce sens, il y a lieu de procéder à une nouvelle intelligence des sociétés africaines et de leur capacité d'innovation en repérant tous les parcours et les cheminements par lesquels elles nous font assister au passage du cri au rire de l'homme africain. »[276]

Si l'humour utilise souvent des termes voilés, le chant de protestation a recours à un langage cru et direct. « Paul Biya, où est l'argent ? », clame un groupe de chanteuses camerounaises. « Où est donc l'argent ? Le *macabo* se brade. Le sel vaut de l'or…Biya qu'as-tu fait donc de

---

[276] *Ibid.*, 304.

l'argent ? ». On retrouve la même verve satirique dans les textes des chansons Hip Pop et Zouglou de la fin des années 90. À Dakar, les rappeurs du groupe *Positive Black Soul* s'indignent de la prise en otage des médias d'État par le pouvoir : « Ce n'est pas normal/ La télévision est pourrie/ Les mecs dedans sont pourris… ». Une "télé bidon" qui abêtit les masses. Ces formes d'expression des cultures urbaines incarnent un nouveau mode du politique.

2.2. *Les lieux d'inventivité scientifique*

Le décentrement épistémique requiert, en outre, la déconstruction des dogmes qui fondent le discours eurocentriste sur la science. Ela épingle quatre dogmes. Le plus coriace est celui d'une invention exclusivement gréco-européenne de la science. Une ribambelle d'auteurs occidentaux se font les hérauts de cette vulgate. Guéry proclame : « La science est la différence spécifique, au sens aristotélicien, de nos sociétés [occidentales] ; elle nous définit et nous constitue dans notre spécificité ». Einstein considère que c'est en Grèce que « pour la première fois a été inventé ce chef-d'œuvre de la pensée humaine [la science] ». Pierre Rousseau s'extasie : « L'esprit scientifique s'éveille en Grèce. La raison s'émancipe en Ionie ». Pour Edmund Husserl, « la science a son origine dans la philosophie grecque ». Thomas Kuhn énonce doctement : « Seules les civilisations qui sont filles de la Grèce hellénique ont possédé autre chose qu'une science rudimentaire ». Max Weber se veut plus convaincant : « Ce n'est qu'en Occident qu'existe une science digne dont nous reconnaissons aujourd'hui le développement comme "valable" […]. Ce qui manquait à l'astronomie, à Babylone comme ailleurs […], ce sont les fondements mathématiques que seuls les Grecs ont su lui donner ».[277]

---

[277] M. Weber, *L'Éthique protestante et l'esprit du capitalisme*, Paris, Plon, 1964, 13. Les références des autres citations : F. Guéry, « Epistémologie », in *La philosophie*, Paris, Les Dictionnaires Marabout Université, Savoir moderne, 1972, 135; A. Einstein, *Comment je vois le monde*, Paris, Flammarion, 1979, 130 ; P. Rousseau, *Histoire de la science*, Paris, Fayard, 1945, 839 ; E. Husserl, *La crise des sciences européennes et la phénoménologie transcendantale*, Paris, Gallimard, 1976, 309. Pour laver Einstein de

Cette conception de l'origine de la science pèche par son caractère exclusiviste. Muré dans un particularisme étroit, l'Occident s'approprie toutes les conquêtes de la science et de la raison universelle. Il se représente « sa raison comme La Raison » et s'autoproclame guide de la rationalité humaine. L'universalité dont il se réclame n'est que le « camouflage idéologique d'une vision limitée et partielle du monde ».[278]

Loin de cette vision fictive, il y a la véritable histoire universelle de la science et de la raison :

> « De nombreux travaux rappellent que l'humanité n'a pas attendu l'Occident pour faire de la science. Il me suffit de rappeler l'œuvre incontournable de Cheikh Anta Diop sur l'apport de l'Égypte nègre à la science grecque. Par ailleurs, on oublie toujours qu'avant le XVIe siècle, la science chinoise était en avance par rapport à celle des pays européens. Sans le papier et l'imprimerie importés de Chine, l'Europe aurait continué à recopier ses manuscrits à la main comme au Moyen-âge. Car, ce n'est pas Gutenberg qui a inventé le caractère d'imprimerie. Ce sont les Chinois. Dans de nombreux domaines, ils sont les

---

tout soupçon eurocentriste ou héllenophile, Joseph Needham évoque une lettre que le célèbre physicien adresse à J. E. Switer en 1953 : « Il est regrettable, affirme Needham, que cette lettre écrite dans le style de Shaw, qui est pourtant si prudente et si nuancée, se soit trouvée utilisée pour déprécier les realisations scientifiques des civilisations non européennes. Einstein lui-même aurait été le premier à admettre qu'il ne connaissait presque rien de concret au développement des sciences dans les cultures chinoise, sanscrite, arabe [...] et que sa grande réputation ne pouvait être produite comme un témoignage en cette affaire » (J. Needham, *La science chinoise et l'Occident*, Paris, Seuil, 1973, 44). En effet, dans cette fameuse lettre, Einstein reconnaît « qu'il n'y a pas à s'étonner que les sages chinois » aient accompli, dans leur contexte particulier, les deux grandes réalisations qui sont à la base de la science occidentale, à savoir « l'invention d'un système logico-formel » et « la découverte qu'il est possible de trouver des relations causales par une expérience systématique » (Cit. in J. Needham, *La science chinoise et l'Occident*, 44). La lettre, avons-nous dit, date de 1953. Le passage cité par Ela est extrait d'un essai du savant allemand publié en 1949 (première édition). Il se peut qu'entre temps Einstein ait changé d'opinion.

[278] E. Morin, *Science sans conscience*, Paris, Seuil, 1990, 152. Il s'agit en réalité d'un « ethnocentrisme qui affecte de se donner pour l'universel » (Y. Somet, *L'Afrique dans la philosophie. Introduction à la philosophie africaine pharaonique*, Paris, Khepera, L'Harmattan, 2005, 19).

précurseurs. On doit à leur génie scientifique l'algèbre et les techniques de la navigation, la boussole et le canon, la découverte de la circulation du sang et de la première loi du mouvement. »[279]

Et que dire des apports du monde arabe ? L'université européenne médiévale s'est nourrie abondamment du corpus scientifique arabe traduit à Tolède dans les années 1150. L'algèbre, l'astronomie, la chimie et la médecine ont connu un essor grâce au génie des savants arabes : Altaïr, Aldebarran, Yhadumi, Mekbuda, El Nath, Algedi, Menkib, Ibn Rushd (Averroès), etc.[280] Rappeler ces faits historiques met en crise le regard que l'Occident projette sur les autres cultures. Ayant fait du "miracle grec" l'épicentre de l'aventure de la Raison, il se gargarise de mots enchantés.

Le second dogme réside dans la conception idyllique et fantasmagorique de l'idée même de "science". La science serait une forme de connaissance exceptionnelle, méthodique, rigoureuse, lumineuse, objective, sûre de soi. Cela dénote une forme d'angélisme qui fait du chercheur un "esprit pur" alors qu'il n'est que l'homme d'une époque et d'un contexte culturel. Une autre facette de ce dogme, c'est la réduction du champ de la science au domaine du quantifiable. De cette vision unilatérale dérive un modèle arbitraire de rationalité qui oblige à ne

---

[279] J-M. Ela, *L'Afrique à l'ère du savoir : science, société et pouvoir*, Paris, L'Harmattan, 2006, 36. Needham rejette, lui aussi, la version eurocentriste de l'histoire des origines de la science. Il rappelle que les Chinois « furent, entre le 1er et le XVe siècle, généralement bien en avance sur l'Europe » et qu'il « fallut attendre la révolution scientifique de la fin de la Renaissance pour que l'Europe prenne soudain la tête ». Avant cette période, poursuit-il, « l'Occident avait été profondément marqué, non seulement dans ses développements techniques, mais aussi dans ses structures et ses transformations sociales, par les découvertes et inventions qui provenaient de Chine et d'Asie orientale. Ce ne sont pas seulement les trois inventions mentionnées par Lord Bacon (l'imprimerie, la poudre à canon et la boussole magnétique) qui eurent des effets, et souvent des effets d'ébranlement profond, sur une Europe socialement instable ; ce sont également une centaine d'autres inventions » (J. Needham, *La science chinoise et l'Occident*, 5).

[280] Voir J. Al-Khalili, *The House of Wisdom. How Arabic Science Saved Ancient Knowledge and gaves us the Renaissance*, London, Penguin Books, 2010.

jurer que par les unités et les instruments de mesure. Une profession de foi s'impose à tous ceux qui veulent arpenter les sentiers de la science : "penser, c'est mesurer". Ainsi, tout scientifique, pour être reconnu comme tel, est condamné à « répéter Galilée ».

Le troisième dogme postule que le discours scientifique doit s'imposer comme argument d'autorité. De là découle le privilège exagéré dont se prévalent les hommes dits de science et qui s'apparente à une sorte de fétichisme :

> « Ce qui me frappe dans ce mythe, c'est la tendance de l'opinion publique à se représenter les savants comme des surhommes doués d'une puissance diffuse. En les entourant de mystère, on se refuse à les dépouiller de tout caractère « surnaturel ». Dans cette perspective, la découverte elle-même est d'essence magique. Bien plus, le savoir scientifique nous ramène aux antiques religions à mystères. Le mythe d'Einstein n'est pas né après la mort du savant. Il s'est formé au moment même où l'inventeur de la théorie de la relativité est entouré d'une aura sacrée qui fait du scientifique le révélateur suprême de tous les secrets du monde. »[281]

Le quatrième dogme est l'axiome selon lequel l'imagination et le mythe seraient absolument incompatibles avec l'esprit scientifique. Ils appartiendraient à l'âge primitif de l'évolution de la pensée, l'âge "théologique" (A. Comte). Or, l'activité scientifique requiert une bonne dose d'imagination. Ce qu'on appelle en science "hypothèse" est le produit de l'imagination. On sait par exemple que Kepler « n'a formulé l'hypothèse de l'ellipse pour la trajectoire des planètes qu'après avoir cherché parmi les extravagantes figures des cinq polyèdres inscriptibles que lui proposait son imagination mystique ».[282] La science en tant qu'elle crée et découvre, ne procède pas uniquement de la raison

---

[281] J-M. Ela, *L'Afrique à l'ère du savoir*, 51.
[282] J. Fourastié, *Les conditions de l'esprit scientifique*, Paris, Gallimard, Col. Idées, 1966, 138.

analytique, mais aussi de l'imagination et de l'intuition : « C'est par la logique qu'on démontre, écrit Poincaré, c'est par l'intuition qu'on invente. Savoir critiquer est bon, savoir créer est mieux ».[283] Quant à la relation entre science et mythe, Ela rappelle que les mathématiques pythagoriciennes avaient un socle mythique et qu'elles étaient pétries de mysticisme. L'influence de la mythologie babylonienne et des croyances bibliques sur les conceptions newtoniennes de l'univers est indéniable. C'est donc à tort qu'on oppose le rationnel à l'imaginaire.

En dehors de cette critique de l'exclusivisme et du réductionnisme eurocentriste, l'auteur esquisse une épistémologie des savoirs africains généralement qualifiés d'*endogènes* ou d'*indigènes* (Une qualification qui relève du paradigme du provincialisme). Il plaide pour une pleine revalorisation de ces connaissances séculaires :

> « En redécouvrant la capacité de l'homme africain à faire face aux défis de son environnement à travers les savoirs et les savoir-faire élaborés au cours de l'histoire comme le rappellent les pratiques liées à la médecine, à l'agriculture, à l'élevage et à l'alimentation, à l'architecture, à l'industrie du fer ou du bronze, à l'art ou à la gestion des terroirs, il faut bien réviser tous les discours sur les rapports entre les sciences et les sociétés africaines. En effet, les peuples d'Afrique ont une tradition scientifique et technologique qui leur a permis de s'adapter à leur environnement. »[284]

L'ethnologie coloniale a rarement examiné cette question des rapports entre science et sociétés africaines. Quand Robin Horton a voulu l'aborder, il s'est concentré sur la pensée religieuse africaine, en la

---

[283] J. H. Poincaré, « Les définitions générales en mathématiques », op. cit., 266. Voir aussi J-L. Nothias, « L'imagination et l'intuition, deux qualités indispensables à la science », in *Le Figaro*, édition online (07/11/2008) ; P. Lazar, « La science procède aussi de l'imaginaire ». Entretien avec J-P. Changeux, C. Cesarsky, M. Mourier, A. Moati, T. Grenon, in *La Jaune et la Rouge*, Juin-Juillet 2014, 32-39.
[284] J-M. Ela, *L'Afrique à l'ère du savoir*, 167.

comparant à la pensée scientifique occidentale. Il observe que cette pensée religieuse est construite autour de modèles explicatifs formellement identiques à ceux de la pensée scientifique. Ela partage la thèse essentielle formulée par l'anthropologue anglais, à savoir que « toutes les cultures attribuent une importance plus ou moins égale aux finalités de l'explication, de la prédiction et du contrôle des événements ».[285] Il dénonce cependant chez Horton cette tendance des "africanistes" à enfermer la pensée africaine dans l'univers des croyances. Quand il s'agit d'examiner le rapport des sociétés africaines à la science, ce n'est pas vers la religion qu'il faut d'abord se tourner ; on doit déterminer, de manière précise, ce que ces sociétés ont produit en matière de science au "sens strict du terme". Pour découvrir l'Afrique des sciences et des technologies, il faudra rompre avec la fiction d'une Afrique essentiellement mystique.

Comment caractériser la production scientifique de l'Afrique ancienne ? Quels en sont les traits dominants ?

Il y a d'abord l'intérêt particulier accordé à la classification. De nombreux systèmes de taxinomie ont été répertoriés dans les corpus de savoirs traditionnels. Ils ont fait l'objet de diverses études. Engelbert Mveng découvre, par exemple, une typologie rigoureuse des espèces naturelles chez les Béti. La présentation de chaque espèce, écrit-il, « est accompagnée d'une notice descriptive étonnamment précise. Nous sommes là en face d'une connaissance objective de la nature qui n'a rien de mythique ». L'école Dogon, quant à elle, répartit les plantes en « vingt-deux familles principales, dont quelques-unes se subdivisent en onze sous-familles principales ». Les confréries Peules distinguent trois catégories de troupeaux : les ovidés *balinkole*, les bovidés *nayinkobe* et les capridés *beyinkobe*. Les végétaux sont aussi regroupés en trois catégories : « Les plantes à tronc vertical, les plantes grimpantes, les

---

[285] R. Horton, « La Pensée traditionnelle africaine et la Science occidentale », in *La pensée métisse. Croyances africaines et rationalité occidentale en question*, Paris, PUF, 1990, 116.

plantes rampantes. Dans chacune d'elles, on distingue les végétaux à épines ou sans épines, à écorce ou sans écorce, donnant des fruits ou n'en donnant pas ».[286] Le souci de classification répond à un besoin de systématisation du savoir et révèle une rigueur méthodologique dans l'appréhension du réel.

Une autre caractéristique : le penchant pour l'abstraction mathématique. Plusieurs études ont mis en évidence un intérêt manifeste pour les formes de représentation mathématique dans les œuvres de culture : foisonnement des systèmes de numération, spéculations métaphysiques sur la symbolique des nombres, complexité des motifs géométriques utilisés dans l'artisanat et dans l'architecture, structures algébriques des matrices cycliques, modèles mathématiques des tables divinatoires, jeux stratégiques et algorithmiques, jeux de calcul combinatoire, etc.[287] L'Afrique, on le sait, est le berceau des mathématiques.

L'esprit scientifique africain se caractérise aussi par son souci de produire un savoir systémique, "multidimensionnel", un savoir qui "colle aux faits", un savoir utile, mis au service du bien-être de l'homme et soucieux du respect des équilibres écosystémiques. La médecine africaine en est un exemple éloquent. Elle soigne efficacement, avec moins de dégâts collatéraux que ceux de la médecine dite "conventionnelle" ; elle tient compte de la complexité des éléments constitutifs de l'homme (corps, esprit, âme, etc.) et repose sur une connaissance précise des principes actifs des plantes ainsi que sur une

---

[286] A. Hampaté Ba, G. Dieterlen, *Koumen. Texte initiatique des Pasteurs Peul*, Paris, Editions de l'EHESS, IFAN, 2009, 23. Les références des autres citations : E. Mveng, *L'Afrique dans l'Église. Paroles d'un croyant*, Paris, L'Harmattan, 1985, 38 ; B. Davidson, *Les Africains. Introduction à l'histoire d'une culture*, Paris, Seuil, 1969, 101 ; Voir aussi : A. Lebeuf, «Le système classificatoire Fali», in M. Fortes et G. Dieterlen (ed), *African Systems of Thought*, Oxford University Press, Oxford, 1965.
[287] Voir R. Eglash, *African Fractals : modern Computing and Indigenous Design*, Rutgers Univ. Pr, 1999 ; P. Gerdès, *Une tradition géométrique en Afrique. Les dessins sur le sable* (3 tomes), Paris, L'Harmattan, 2000. Du même auteur : *Femmes et géométrie en Afrique Australe*, Paris, L'Harmattan, 1996 ; «Pensée mathématique et exploration géométrique en Afrique et ailleurs», in *Diogène*, n° 202, 2003, 126-144 ; D. M. D. Olou, *L'Afrique, génétrice des sciences mathématiques théoriques et appliquées*, Paris, Edilivre, 2019.

connaissance profonde de la psychologie humaine.[288]

Le caractère "pragmatique" du savoir africain a fait douter de sa "scientificité". On a voulu y voir un savoir purement "empirique", sans élaboration théorique. Mais « existe-t-il jamais une science qui ne soit pas empirique, si, par ce terme, on entend une connaissance des phénomènes par l'observation » ? Ela répond : « L'homme n'est pas un pur réceptacle passif devant la nature. On a vu que processus classificatoires et théorisation sont liés. La pertinence scientifique de ces procédures n'est pas mise en doute ».[289] Une science purement empirique relève de la fiction.

Récapitulons. Le modèle théorique de la science africaine (modèle que nous dénommons "CAMU" – Classification, Abstraction, Multidimensionnalité, Utilité –) pourrait se résumer schématiquement comme suit :

C	A	M	U
Classification	**Abstraction**	**Multidimensionnalité**	**Utilité**
-Observation attentive des phénomènes -Systématisation des faits observés -Taxinomies, séries classificatoires, etc.	-Conceptualisation du réel -Mathématisation des données -Spéculations métaphysiques, cosmologiques, cosmo-numérologiques, etc.	-Attention constante à la complexité du réel -Recherche d'une rationalité ouverte, polyvalente, à la fois rigoureuse et flexible.	-Expérimentation -Application -Evaluation

[288] Voir Y. Parès, *La médécine africaine. Une efficacité étonnante. Témoignage d'une pionnière*, Paris, Editions Yves Michel, 2004 ; L. O. Africa, *African Holistic Health*, New York, Eworld Inc, 2004.
[289] J-M. Ela, *L'Afrique à l'ère du savoir*, 166.

2.3. Cheikh Anta Diop et la nouvelle manière de lire l'Afrique

Avec son œuvre et sa pensée [celles de C. A. Diop], une autre "manière de voir" le destin de l'Afrique fait irruption dans le champ du savoir et l'ordre politique.

(J-M. Ela)

Cheikh Anta Diop inaugure une nouvelle "manière de lire" l'Afrique. Quatre traits caractérisent, selon Ela, l'approche diopienne : l'attention aux faits, le souci de la diachronie, le croisement interdisciplinaire et la déconstruction du discours dominant.

L'attention aux faits. Le savant sénégalais a recours à une multitude de sources et de documents historiques. Diop semble obsédé par les faits. Il n'est lié que par le "respect des faits". Il fait sien le mot de Bertolt Brecht : « La vérité est concrète ». Cette conviction l'amène à rechercher laborieusement dans les ruines de l'antiquité les éléments factuels pouvant lui permettre de reconstituer l'histoire ancienne des sociétés africaines. Il insiste sur l'importance de l'enquête sociologique ou de l'enquête de terrain, surtout là où « les documents bibliographiques et les archives […] sont rares ».[290]

Le souci de la diachronie. Il ne suffit pas d'accumuler les faits et les sources. Il faut en dégager la logique et en donner l'intelligence. C'est l'un des aspects qui distingue l'approche diopienne de celle des "africanistes". Ces derniers se contentent de décrire des systèmes et des artefacts sans pouvoir les inscrire dans une logique d'explication causale et diachronique. En adoptant le concept de "continuité historique" comme principe heuristique, le chercheur sénégalais introduit une rupture épistémologique dans le champ des études africaines. Il ressaisit l'Afrique « dans l'espace et le temps, compte tenu de la continuité

---

[290] C. A. Diop, « Sociologie africaine et méthodes de recherche », in *Revue Présence africaine*, n° 48, 1963, 182-183.

historique qui relie les peuples du continent à leur origine ».[291] En s'écartant des méthodes douteuses de l'ethnologie, il restitue l'histoire aux sociétés africaines.

Le croisement interdisciplinaire. Ela est fasciné par la multi-dimensionnalité des recherches diopiennes. Dans tous les domaines du savoir où il s'investit, Diop « ouvre des perspectives qui exigent le dépassement des clôtures institutionnelles et une véritable confrontation des disciplines. Spécialisé dans le domaine quantique et nucléaire, ce physicien reste un maître en sciences sociales et humaines ».[292] Il appelle "méthode du faisceau" cette approche transdisciplinaire et l'a efficacement utilisée dans ses recherches sur les origines de la civilisation nesoutique (pharaonique) :

> « Partant de l'idée que l'Égypte ancienne fait partie de l'univers nègre, il fallait la vérifier dans tous les domaines possibles, racial ou anthropologique, philosophique, historique, etc. Si l'idée de départ est exacte, l'étude de chacun de ces domaines doit conduire à la sphère correspondante de l'univers nègre africain. L'ensemble de ces conclusions formera un faisceau de faits concordants qui éliminent le cas fortuit. C'est en cela que réside la preuve de notre hypothèse de départ. Une méthode différente n'aurait conduit qu'à une vérification partielle qui ne prouverait rien. Il fallait être exhaustif. » [293]

La déconstruction du discours dominant. L'œuvre de Diop s'inscrit dans la perspective d'une "épistémologie de la transgression". Les conclusions de ses recherches "détonnent" et provoquent une crise sans précédent du regard dominant. Elles remettent en cause des certitudes établies et "sonnent le glas des absolus". L'une des conclusions, c'est l'antériorité de "l'humanité négroïde" et des civilisations africaines. Pour Ela, cette antériorité a une portée épistémologique capitale : elle

---

[291] J-M. Ela, *Cheikh Anta Diop ou l'honneur de penser*, 41.
[292] *Ibid.*, 44.
[293] C. A. Diop, *Antériorité des civilisations nègres*, 275.

atteste que l'Afrique est véritablement le « lieu d'émergence de la raison » ; cette Afrique que l'idéologie eurocentriste avait bannie de l'histoire universelle de la pensée. Diop "renverse ce regard" et remet en cause toute la tradition académique qui en est issue. Le mythe de l'aurore grecque propagé dans les universités occidentales depuis l'époque napoléonienne s'écroule. Athènes n'est plus l'épicentre de l'histoire universelle du savoir et le monde ne se réduit plus à l'espace-temps grec :

> « Des générations avaient lu, traduit ou commenté Hérodote, Diodore de Sicile ou Strabon. Personne n'avait appris aux enfants des écoles ni aux jeunes des lycées et des universités que l'Égypte nègre était le berceau de toute science et de toute sagesse. Ch. A. Diop oblige l'Occident à revoir les débuts de la science et des mathématiques en les situant ailleurs qu'en Grèce. » [294]

Diop assume pleinement ce caractère "dérangeant" de sa démarche. Ce qui compte, dit-il, c'est de s'en tenir rigoureusement aux faits historiques et scientifiques, en s'écartant de l'idéologie.

Que retenir donc de Diop ? Quel usage faire de son héritage intellectuel ?

> « Rappeler le souvenir de Ch. Anta Diop, c'est le rendre vivant dans la vie et l'histoire de ceux qui sont aujourd'hui les oubliés de la terre. C'est rappeler la façon dont cet homme de science a su allier avec lucidité et efficacité la théorie et la pratique. C'est, enfin, tenter de s'approprier la lecture critique de la réalité de son peuple marqué par une aliénation massive. Être fidèle à la mémoire scientifique et révolutionnaire de Ch. A. Diop, c'est, pour nous autres Africains d'aujourd'hui, nous engager dans la

---

[294] J-M. Ela, *Cheikh Anta Diop ou l'honneur de penser*, 55-56.

voie de la responsabilité et de la créativité. Il est temps de mettre fin à la « déraison du mimétisme ».[295]

Un mot résume l'ensemble de ces tâches : mettre la science au service de l'Afrique. Il s'agit de faire en sorte que le Continent des premières émergences reprenne l'initiative historique dans le domaine scientifique. Il y va de la survie et de l'avenir des peuples africains, car, prévient Ela, « un grand nombre d'États risquent de disparaître de la carte géopolitique du monde sans un renouveau de la recherche scientifique et un véritable programme d'innovation technologique ». Dans un monde de compétition où la recherche scientifique relève de la politique étrangère et de la géopolitique, les pays africains et leurs chercheurs devront compter sur leurs propres ressources intellectuelles et leurs propres capacités d'invention. Le recours aux humanités classiques nilotiques ou nubi-égyptiennes s'avère indispensable : « Les études africaines ne sortiront du cercle vicieux où elles se meuvent, pour retrouver tout leur sens qu'en s'orientant vers la vallée du Nil ».[296] Le "retour à l'Égypte" s'inscrit dans une démarche scientifique et dans une dynamique de Renaissance culturelle. L'objectif visé n'est pas que la restauration et la consolidation de la conscience historique ; c'est aussi la création d'une culture de l'innovation et de l'inventivité qui tire profit de l'héritage du passé.

Une autre tâche est nécessaire : se libérer de la tutelle intellectuelle étrangère, sortir du mimétisme de la pensée :

> « Les spécialistes africains doivent prendre des mesures conservatoires. Il s'agit d'être apte à découvrir une vérité scientifique par ses propres moyens, en se passant de l'approbation d'autrui, de savoir conserver ainsi son autonomie intellectuelle jusqu'à ce que les idéologues qui se couvrent du manteau de la science se rendent compte que l'ère de la

---

[295] *Ibid.*, 126.
[296] C. A. Diop, *Antériorité des civilisations nègres*, 12.

supercherie intellectuelle est révolue. La compétence devient la vertu suprême de l'Africain qui veut désaliéner son peuple. » [297]

Ela voit en Diop le savant pluridisciplinaire qui s'est approprié le savoir comme une arme de libération au service des opprimés. Voilà pourquoi il le considère comme le Prototype de l'Intellectuel dont l'Afrique contemporaine a cruellement besoin.

3. Le néoconfucianisme et le diopisme d'Ela : une lecture croisée

Le renouveau confucéen émerge dans un contexte marqué par le triomphe du capitalisme et l'hégémonie de l'épistémè occidentale. Il naît de la blessure coloniale :

> « Constatant que les sociétés d'Asie continuaient de dépendre des penseurs d'Europe et d'Amérique du Nord, [les chercheurs chinois] ont proposé de revivifier le canon confucéen, à la recherche de concepts et de paradigmes qui pouvaient être inscrits en contrepoint à ceux de l'Occident. De ce travail comparatif émergera un projet normatif à visée universelle, puisqu'il s'agira de se demander non seulement comment refonder une tradition que puissent se réapproprier les sociétés modernes d'Asie, mais également comment un Occident confronté aux contradictions de sa propre modernité pourrait s'inspirer de l'héritage asiatique. » [298]

En retraçant la genèse et l'évolution du *New Confucianism*, nous essayerons d'indiquer quelques lieux de convergence entre ce mouvement et le diopisme d'Ela.

[297] C. A. Diop, Préface à l'ouvrage de T. Obenga, *L'Afrique dans l'antiquité. Égypte pharaonique, Afrique noire*, Paris, Présence Africaine, 1974, 10.
[298] T. Brisson, *Décentrer l'Occident. Les intellectuels postcoloniaux chinois, arabes et indiens et la critique de la modernité*, Paris, La Découverte, 2018, 8.

3.1. Néoconfucianisme et déconstruction de la raison coloniale

Le confucianisme est un courant à la fois philosophique, scientifique et religieux ; il s'appuie sur une tradition de pensée remontant à Confucius. Pendant deux millénaires, il fut la principale source d'inspiration de la pensée chinoise dans tous les domaines du savoir et de la vie sociale. Au XIXème siècle, à la suite du choc colonial et de l'effondrement de l'empire, les fondements de cette pensée s'écroulent. L'élite chinoise adopte les paradigmes et les modes de penser de l'Occident.[299] Dans un premier sursaut nationaliste, une partie de cette élite conçut l'idée de conquérir la technologie occidentale pour faire front à l'occupant. Très vite, il s'avéra que cette technologie allait de pair avec une certaine vision du monde et un système de valeurs incompatibles avec l'éthos chinois. On tenta une sorte de synthèse dite *"Ti-Yong"* dont la finalité est « le maintien d'un savoir endogène comme base morale et substance (*ti*) de la société chinoise, et sa coexistence avec une utilisation purement fonctionnelle des sciences occidentales comme moyen (*yong*) pour moderniser le pays ».[300] Ces premières tentatives furent soldées par des échecs. L'hégémonie des savoirs occidentaux provoqua une disqualification et un rejet des traditions ancestrales. L'abolition des examens impériaux en 1905 acheva de démanteler le système des savoirs antiques.

Que faire, dès lors, de l'héritage confucéen ? Deux tendances s'opposent sur cette question. La première, dite *moderniste*, considère le confucianisme comme un obstacle au progrès et appelle à une occidentalisation des mœurs et de la culture. Ho Wing Meng est une figure influente de ce courant. Il voyait dans l'essor économique de Singapour la preuve que l'Asie ne pouvait sortir de sa léthargie qu'en

---

[299] Voir Yongling Lu et R. Hayloe, « Chinese higher learning. The transition process from classical knowledge patterns to modern disciplines, 1860–1910", in C. Charle, J. Schiewer et P. Wagner (eds.) *Transnational Intellectual Networks*, Francfort/New York, Campus Verlag, 2004.
[300] T. Brisson, *Décentrer l'Occident,* op. cit. 34.

embrassant le modèle culturel et économique occidental. En novembre 1975, il invite ses compatriotes à abandonner le confucianisme. Cette philosophie, dit-il, « a inculqué avec consistance, le principe d'une révérence aveugle pour les enseignements des ancêtres, au point d'empêcher l'inventivité et l'innovation de la part des esprits [et] a eu pour effet de compromettre le progrès en Chine pendant deux mille ans ».[301]

La deuxième tendance, qualifiée de *néotraditionaliste* ou *néoconfucianiste*, cherche à recomposer, dans un cadre moderne, l'épistémè classique et les savoirs antiques. Les tenants de ce mouvement se proposent d'explorer les voies d'une modernité qui s'appuie principalement sur le patrimoine culturel chinois. Leurs réflexions s'organisent autour de quatre thèmes majeurs : la critique de la modernité européenne, la critique de la sinologie occidentale, l'économie politique et l'éthique des droits humains. C'est autour de ces lieux thématiques que le néoconfucianisme se structure à la fois comme un mouvement de renaissance culturelle et de critique de l'eurocentrisme. On peut donc les considérer comme des lieux de décentrement épistémique.

Les néoconfucéens ne cachent pas leurs réserves à l'égard de la culture occidentale. Zhang Junmai, après avoir visité l'Europe en 1918, s'interroge sur le sens d'une civilisation "techniquement avancée" et moralement décadente. Il remet en cause la vision globale de la science occidentale qui, à ses yeux, est incompatible avec les exigences éthiques d'une civilisation de l'humain.[302] Il publie en 1958 le *Manifeste confucéen,* un texte programmatique dans lequel il met en exergue cinq aspects de la culture chinoise, qu'il considère comme pérennement valides :

---

[301] Cit. in T. Brisson, *Décentrer l'Occident,* 68.
[302] À propos de cette critique, voir Wang Hui, "Discursive community and the genealogy of scientific categories", in M. Yue Dong et J. L. Goldstein (edd.), *Everyday Modernity in China*, Seattle, University of Washington Press, 2006.

- Le souci d'une adaptation à l'état du monde
- L'approche holiste du réel
- La culture de la compassion
- L'intérêt pour les traditions antiques
- La vision universaliste de l'homme et de la vie.

Liang Shuming et Mou Zongsan sont deux autres figures emblématiques du néoconfucianisme. Le premier publie en 1922 *Les cultures orientale et occidentale et leurs philosophies*. Il voit dans la culture occidentale une culture du plaisir, orientée vers la satisfaction effrénée des désirs et des convoitises. Le second, auteur de trois volumes sur l'histoire de la philosophie confucéenne (*Substance of Mind and Substance of Human Nature*), interroge de manière critique la philosophie occidentale, en particulier la pensée kantienne. Dans *Intellectual Intuition and Chinese Philosophy* (1971), *Phenomen and Thing-in-Itself* (1975) et *Treatise on Summum Bonum* (1985), il montre que la philosophie confucéenne permet de résoudre les apories du kantisme et de corriger ses imperfections.

En ce qui concerne le deuxième lieu de décentrement, les néoconfucéens procèdent à une déconstruction de la sinologie occidentale. Certains ont étudié en Amérique du Nord dans des départements d'études orientales dirigés par des chercheurs occidentaux (Arthur F. Wright, Mary C. Wright, Joseph Theodore Levenson, David. S. Nivison, Frederick W. Mote, etc.). Alors que ces derniers ne voyaient dans la culture classique chinoise qu'un système inerte, inadapté à la modernité,[303] les néoconfucéens proposent une vision totalement opposée. Se libérant de la tutelle intellectuelle de leurs anciens maîtres, ils montrent que la culture chinoise est une réalité dynamique, vivante, une source d'inspiration pérenne.

Dans le domaine économique, les néoconfucéens cherchent à élaborer une synthèse entre le libéralisme et le confucianisme. Ils rejettent la

---

[303] Voir par exemple J. R. Levenson, *Confucian China and its Modern Fate. A Trilogy*, Berkeley/Los Angeles, University of California Press,1968.

thèse de Max Weber selon laquelle l'éthique traditionnelle chinoise serait incompatible avec le capitalisme. En 1987, Yu Ying-Shih expose dans un ouvrage à succès les principes de l'éthique économique chinoise dans son évolution historique et soutient que le confucianisme est à la base de l'essor des dragons asiatiques contemporains. Il affirme retrouver dans l'éthique confucéenne les valeurs et vertus que Weber a identifiées dans le protestantisme et qui auraient forgé, selon le sociologue allemand, l'esprit du capitalisme : ascèse, honnêteté, frugalité, tension vers le progrès. Ying-Shih apporte des preuves qui attestent l'existence d'un capitalisme chinois traditionnel, enraciné dans une culture de l'investissement privé et du profit.[304] Liu Shi-Hsien avait développé les mêmes arguments dans un article publié quelques années plus tôt, *Confucian ideals and the real world. A critical review of contemporary neo-confucian thought* (1984). Il regrette que Levenson n'ait pas pu voir, avant de mourir, le boum économique des pays de l'Asie du Sud-Est ; il aurait probablement « révisé son opinion » sur un prétendu immobilisme des cultures asiatiques. Shi-Hsien souligne que tous ces pays économiquement florissants sont de "culture confucéenne" et invite à « reconsidérer l'influence confucéenne » sur leur développement industriel et social.

Pour mieux situer la position des néoconfucéens sur la question des droits humains, il convient d'évoquer deux conférences tenues à Bangkok en mars 1993 et à Hawaï en 1995. Convoquée par le Premier ministre de Singapour, Lee Kuan Yew, la première conférence fut une occasion pour les pays asiatiques de rejeter un texte présenté par les chancelleries occidentales sur les droits humains et qui devait être adopté lors d'un sommet de l'ONU. À l'issue de la première rencontre, fut publiée une « Déclaration » qui, dans son premier article, attire l'attention sur le danger « d'utiliser les droits de l'homme comme un instrument de pression politique » sur des États indépendants. La Déclaration réaffirme, par ailleurs, la nécessité d'une lecture culturelle

---

[304] Ying-Shih Yu, *The Religious Ethic and Mercantile Spirit in Early Modern China*, New York, Colombia University Press, 2021 (réédition).

et contextuelle des droits humains. La deuxième conférence, organisée par l'East-West Center de l'Université d'Hawaï, réunit des chercheurs néoconfucéens autour du thème *"Confucianism and Human Rights"*. Les communications présentées à ce colloque par Julia Ching et Cheng Chung-Ying sont probablement parmi les plus significatives. Ching rappelle que la rédaction de la "Déclaration universelle des droits de l'homme" a été entièrement influencée par la vision occidentale du monde. Elle montre que, contrairement à cette vision, le confucianisme insiste, non pas tant sur le recours aux lois et aux droits pour gérer les relations humaines en société, mais sur le respect de l'ordre hiérarchique qui garantit à chacun la place légitime qui lui revient dans la cité. Cet ordre hiérarchique n'est pas conçu comme un ordre arbitraire, despotique. La tyrannie, précise-t-elle, est contraire aux idéaux de la philosophie politique de Mencius, le plus grand disciple de Confucius. Cette philosophie consacre le principe de la souveraineté et du primat du peuple. D'autres disciples de Confucius ont élaboré des théories politiques qui peuvent aider à construire des sociétés modernes harmonieuses. En conséquence, la Chine contemporaine peut s'appuyer sur sa culture classique pour promouvoir la démocratie sur son sol au lieu de copier le système politique occidental. Cheng Chung-Ying, pour sa part, suggère de transformer les vertus confucéennes en droits de l'homme. [305] Selon cet auteur, si l'Occident a cru devoir instaurer un système de lois juridiques pour organiser la vie sociale, l'Orient, en particulier la Chine, a institué un code de vertus et de rites qui visent à promouvoir une éthique de l'autodiscipline et de l'harmonie sociopolitique. À la base de ce système, il y a l'humanisme confucéen. La vie vertueuse permet à chaque individu de grandir en humanité et de collaborer à l'édification d'une société prospère. Les vertus ont un caractère coercitif, mais elles ont aussi une contrepartie bénéfique que la société doit garantir au vertueux. C'est sur cette contrepartie que Chung-

---

[305] J. Ching, « Human rights. A valid Chinese concept? », in T. de Bary et T. Weiming (edd.), *Confucianism and Human Rights*, New York, Columbia University Press, 1998, 68-82; C. Chung-Ying, in T. de Bary et T. Weiming (edd.), *Confucianism and Human Rights*, 143-153.

Ying pense pouvoir fonder une éthique moderne des droits de l'homme. Celui qui réalise en société une action vertueuse doit pouvoir attendre de la société une action vertueuse qui récompense ses efforts.

3.2. *Le néoconfucianisme et le diopisme d'Ela*

Il y a des affinités évidentes entre le néoconfucianisme et le diopisme de Jean-Marc Ela. Nous retiendrons ici deux aspects : la critique du discours colonial et la nécessité pour chaque peuple de construire sa modernité en s'appuyant sur son héritage classique.

a) Les néoconfucéens, comme nous l'avons vu, rejettent les présupposés idéologiques de la sinologie occidentale. Ela mène le même combat contre l'africanisme. Sa sociologie de la connaissance est « une analyse des conditions dans lesquelles une certaine recherche africaniste a accouché des "savoirs" ayant dominé la "connaissance" des milieux africains pendant presque un demi-siècle ».[306] Il entend poursuivre l'œuvre de déconstruction du discours africaniste initiée par Diop. Ce dernier avait lui-même comparé l'africanisme à la sinologie :

> « En effet, la notion d'Africaniste correspondrait à une phase du développement culturel et politique de l'Afrique noire dans les temps modernes, à une situation spécifique comme l'était naguère la notion de sinologue pour la Chine et dans une grande mesure encore celle d'orientaliste pour l'Asie occidentale. Elle suppose une tutelle culturelle et intellectuelle. Elle sera dépassée au fur et à mesure que les Africains prennent en main leurs destinées politiques et culturelles. »[307]

---

[306] M. Akam, *Sociologie de Jean-Marc Ela. Les voies du social*, Paris, L'Harmattan, 2011, 148.
[307] C. A. Diop, *Antériorité des civilisations nègres*, 215.

Rappelons brièvement quelques "griefs" de Diop et d'Ela contre l'africanisme :

- La lecture "archéologique", qui réduit les anciennes sociétés africaines à des "sociétés primitives", statiques, figées dans l'immobilité d'un temps anhistorique.

- La lecture "ethnisante", qui divise les sociétés africaines en une multitude d'ethnies, chaque africaniste se réclamant "spécialiste" de telle ou telle "tribu". Cela a donné corps à une « ethnologie des ethnies et des villages réservés où chaque ethnologue avait ses bambara, ses dogon, ses bororo comme bien avant et ailleurs Franz Boaz s'est approprié les Indiens kwakiutl, Bronislaw Caspar Malinoswki les trobriandais, etc. ».[308]

- La lecture "diffusionniste", selon laquelle toutes les mutations profondes qu'on note dans les sociétés africaines modernes résulteraient exclusivement du contact colonial ou néocolonial. Malgré l'admiration qu'il a pour le sociologue français Georges Balandier, Ela lui reproche de n'avoir pu échapper à ce travers.

b) Comme les néoconfuciens, le philosophe et sociologue camerounais prône le retour aux humanités classiques. Dans la pensée de son "maître", la notion de "Retour à l'Égypte" assume la valeur d'un "concept scientifique opératoire" :

> « Un spécialiste européen, d'un domaine quelconque des sciences humaines, serait malvenu de vouloir faire œuvre scientifique s'il se coupait du passé gréco-latin. Dans le même ordre d'idée, les faits culturels africains ne retrouveront leur sens profond et leur cohérence que par référence à l'Égypte. On ne pourra bâtir un corps de disciplines en sciences humaines qu'en légitimant et en systématisant le retour à l'Égypte. »[309]

---

[308] M. Akam, *Sociologie de Jean-Marc Ela. Les voies du social*, 160-161.

[309] C. A. Diop, *Civilisation ou barbarie. Anhropologie sans complaisance*, Paris, Présence Africaine, 1981, 387-388.

Jean-Marc Ela réaffirme avec force cette option du savant sénégalais. Pour les deux penseurs, la modernité africaine passe nécessairement par la rénovation de la "culture africaine" à partir du legs classique.

***

Au regard des questions examinées dans ce chapitre, deux défis majeurs s'imposent à nous dans la conjoncture actuelle : le défi d'une recherche scientifique innovante et celui d'une refonte du système éducatif. On connaît les maux qui freinent la production scientifique en Afrique : manque de financements étatiques, manque de centres de recherches (laboratoires et bibliothèques de qualité), cooptation à des fins politiques des enseignants-chercheurs dans les structures de l'appareil d'État. À cela s'ajoute ce que Hountondji appelle la "logique de l'extraversion", qui "délocalise", pour ainsi dire, la recherche africaine en l'orientant vers des préoccupations exogènes :

> « À quoi sert cette recherche ? À qui profite-t-elle ? Comment s'insère-t-elle dans la société même qui la produit ? Dans quelle mesure cette société parvient-elle à s'en approprier les résultats ? En considérant les choses sous cet angle, on s'aperçoit aisément que la différence n'est pas seulement quantitative, mais qualitative, pas seulement de degré ou de niveau de développement, mais d'orientation et de mode de fonctionnement, entre l'activité scientifique en Afrique et cette activité dans les métropoles industrielles. La recherche, ici, est extravertie, tournée vers l'extérieur, ordonnée et subordonnée à des besoins extérieurs au lieu d'être autocentrée et destinée, d'abord à répondre aux questions posées par la société africaine elle-même. »[310]

---

[310] P. Hountondji, *Les savoirs endogènes*, op. cit., 1-2.

Diop et Ela insistent sur la nécessité de repenser la formation des élites africaines. Il importe de susciter chez les jeunes générations non le goût des éruditions gonflantes, répétitives et bavardes, mais l'esprit de méthode et d'innovation, l'intérêt pour le dialogue des rationalités, l'attention aux réalités du milieu, un sens aigu du présent et du passé, et, par-delà tout, une vive conscience des enjeux politiques du savoir dans une Afrique en quête de ses propres repères. Seule une élite ainsi formée pourra mettre la science au service des déshérités et contribuer efficacement au projet de la Renaissance africaine.

CHAPITRE 9 :
Philosophie du Retour et réinvention de l'imaginaire.
Aspects épistémiques[311]

Les sociétés s'instituent d'abord dans leurs imaginaires. Ceux-ci sont les forges desquelles émanent les formes qu'elles se donnent pour nourrir la vie et l'approfondir, hisser l'aventure sociale et humaine à un autre palier. Elles évoluent aussi parce qu'elles se projettent dans le futur, pensent les conditions de leur pérennité, transmettent à cette fin un capital intellectuel et symbolique aux générations suivantes, portent un projet de société et de civilisation, édifient une vision de l'homme et définissent les finalités de la vie sociale.

(F. Sarr)

« De grands mots, un appareil pompeux, des images gigantesques, des sentiments exagérés, des idées sublimes en apparence, mais fausses, ont mieux servi les charlatans en politique et en religion que le fer et le feu ».[312] Il fut un temps où des théoriciens charlatans prédisaient, à coups d'*images gigantesques*, de discours pompeux et d'*idées sublimes en apparence*, un destin funeste pour l'Afrique.[313] Ce temps est-il révolu ? Rien n'est moins sûr. L'imaginaire créé par la vulgate afro-pessimiste persiste. Un nouvel imaginaire semble cependant émerger ces dernières années. Il se déploie dans une rhétorique de l'exaltation et proclame, avec une fougue évangélique, l'avènement imminent d'une

---

[311] Une première version du contenu de ce chapitre a été publiée dans *Thinking Africa. Notes de lecture*, n° 8, octobre 2018.

[312] P. S. Maréchal, *Voyages de pythagore en Égypte, dans la Chaldée, dans l'Inde, en Crète, à Sparte, en Sicile, à Rome, à Carthage, à Marseille et dans les Gaules ; suivis de ses lois politiques et morales*. Tome premier, Paris, Imprimerie de Boiste, 1799, 40.

[313] On se rappelle le livre tristement célèbre de Stephen Smith, *Négrologie : pourquoi l'Afrique meurt* (2003).

ère de prospérité. Comme l'afro-pessimisme, la nouvelle doctrine, malgré ses accents euphoriques, puise à longs traits dans le registre du "manque", de l'absence : l'Afrique de l'abondance *n'est pas encore* ; elle *sera*. Sa présence est "délocalisée" dans le futur. Cet optimisme béat n'est que le "double inversé" du catastrophisme de la rhétorique précédente.

Un autre trait caractérise les deux imaginaires : ils sont le fruit d'un regard extérieur. Hélas, une partie de notre élite s'accommode paresseusement de ces discours venus d'ailleurs. Dans son ouvrage *Afrotopia*, Felwine Sarr plaide pour une réinvention de l'imaginaire africain. Comment concevoir des futuribles qui ne soient ni de douces rêveries, ni des copies de modèles exogènes, mais des scénarios du futur qui s'enracinent dans le réel et s'inspirent des épistémogonies africaines ? Telle est la problématique ici examinée. Nous explorons de manière rapide les pistes de réflexion proposées par l'auteur.

1. La reconstruction de l'imaginaire épistémique : les préalables

La reconstruction de l'imaginaire épistémique suppose deux préalables : la critique du paradigme dominant et la déconstruction de ses catégories conceptuelles. Deux motifs justifient ces préalables :

- Les ravages provoqués par la technoscience
- La confusion du discours orchestrée par l'épistémè coloniale.

En proposant une "perspective inversée de l'homme" et en consacrant le primat de la quantité sur la qualité, le mécanicisme technoscientiste a provoqué une profonde crise de civilisation.[314] Quant à la raison coloniale, elle est viciée par le préjugé racial et a produit des savoirs qui visaient à justifier la "mission civilisatrice". À la fin des années 60,

---

[314] Cfr P. Millot, « La rhétorique technoscientiste du discours postmoderne », in *Littératures*, n° 17, 1998, 127-138.

Vumbi-Yoka Mudimbe invitait l'élite africaine à déconstruire le discours colonial et à sonder les possibilités d'une nouvelle perception du réel :

> « Il s'agirait, pour nous Africains, d'investir la science, en commençant par les sciences humaines et sociales, et de saisir les tensions, de réanalyser pour notre compte les appuis contingents et les lieux d'énonciation, de savoir quel nouveau sens et quelle voie proposer à nos quêtes pour que nos discours nous justifient comme existences singulières engagées dans une histoire, elle aussi singulière ».[315]

En d'autres termes, il est question de déplacer le lieu d'énonciation du discours pour l'enraciner dans le réel africain, de manière à produire des savoirs qui soient véritablement en adéquation avec nos paradigmes, nos expériences historiques et nos réalités sociétales.

Ce recentrement du discours implique une distanciation vis-à-vis de l'appareil conceptuel de l'épistémè dominante. Sarr réinterroge en particulier les notions de *développement*, d'*émergence* et de *modernité*. Il montre que ce que l'on nomme "développement" n'est qu'une expression de « l'entreprise occidentale d'extension de son épistémè dans le monde, à travers la dissémination de ses mythes et de ses téléologies sociales ».[316] La notion de "développement" est l'un des avatars du paradigme de l'évolutionnisme. L'Occident reste obsessionnellement attaché à cette doctrine qui donne corps à sa téléologie, son épistémè et façonne son regard sur les autres cultures. C'est au nom de l'évolutionnisme qu'il s'obstine à traiter de "sous-développées" les sociétés et les cultures qu'il avait jadis qualifiées de "primitives" ou de "sauvages".

Le mythe évolutionniste s'appuie sur trois présupposés dogmatiques :

- La foi en un logos démiurgique autoréférentiel et

---

[315] V. Y. Mudimbé, *L'Autre Face du royaume. Une introduction à la critique des langages en folie*, Lausanne, L'Age d'homme, 1973, 35.

[316] F. Sarr, *Afrotopia*, Paris, Editions Philippe Rey, 2016, 21. Voir également la critique de Fabien Eboussi Boulaga (Annexe 6)

ethnocentrique
- Une vision essentiellement mécaniciste du monde
- La croyance en un progrès infini, illimité.

Ces trois postulats forment la *Weltanschauung* de l'idéologie du développement. Transplantée en Afrique, elle a eu des conséquences tragiques.[317] Censée favoriser un "être plus", l'utopie du développement impose un "être comme" et finit par provoquer un "être moins". Sa vision assimilationniste vise à *envelopper* les sociétés dites "en voie de développement" dans des formes sociétales qui leur sont étrangères et souvent opposées à leur propre vision du progrès. L'injonction développementaliste témoigne d'une politique hégémonique néocoloniale.

La doctrine de l'émergence épouse la même logique ; elle s'enracine dans la théorie rostowienne de la croissance économique. Walt Whitman Rostow prévoit cinq phases dans l'évolution des communautés humaines : la société traditionnelle (*Traditional Society*), les pré-conditions du décollage (*preconditions of take-off*), le décollage (*Take-off*), la maturité (*Drive to maturity*) et la consommation massive (*High mass consumption*). [318] L'émergence correspondrait à la phase du *Take-off*. Sarr déplore le fait que l'élite africaine se soit appropriée de manière acritique ce concept sans même soupçonner son caractère désuet et idéologique :

> « Cette terminologie entérine l'idée selon laquelle le continent africain est immergé, qu'il a la tête sous l'eau et qu'il lui faut d'abord la sortir des flots […]. Des nations qui ont depuis longtemps du point de vue civilisationnel, culturel et spirituel, émergé, sinon décollé, consentent à l'idée selon laquelle elles seraient immergées ».[319]

---

[317] Lire à ce propos l'ouvrage d'Aminata Traoré, *Le viol de l'imaginaire*, Paris, Fayard/Pluriel, 2010.
[318] W. W. Rostow, *The Stages of Economic Growth: A Non-Communist Manifesto*, Cambridge University Press, 1960.
[319] F. Sarr, *Afrotopia*, op. cit., 127. En Afrique occidentale, on compte parmi les propagateurs les plus actifs de la théorie de l'émergence l'économiste sénégalais

Que dire du discours sur la modernité ? Pur produit de la philosophie illuministe, le modernisme proclame le règne absolu du sujet et prétend l'émanciper des préjugés "obscurantistes" de la culture traditionnelle. Quand on pense aux conséquences désastreuses que cette idéologie a engendrées dans son propre bassin originel (effondrement des valeurs, crise de la raison et écroulement des repères culturels), on s'aperçoit que la modernité occidentale est un échec. C'est en tout cas le constat fait par Jürgen Habermas. Il parle de "projet inachevé".[320] Alors qu'il appelle à une reprise du "projet" dans une perspective "postmétaphysique", Lyotard invite à l'abandonner totalement.

Introduit en Afrique, le modernisme iconoclaste voue aux gémonies l'ancien ordre sociétal. Une partie de l'élite africaine s'y oppose vigoureusement et propose des modèles de modernité alternative. Sarr cite Frantz Fanon, qui écrivait au début des années 60 :

> « Ne payons pas le tribut à l'Europe en créant des États, des institutions et des sociétés qui s'en inspirent. L'humanité attend autre chose de nous et cette imitation caricaturale est obscène. Si nous voulons transformer l'Afrique en une autre Europe, alors confions à des Européens les destinées de nos pays […]. Mais si nous voulons que l'Humanité avance d'un cran, si nous voulons la porter à un niveau différent de celui où l'Europe l'a manifestée, alors il faut inventer, alors il faut découvrir. »[321]

Inventer des formes sociétales contemporaines alternatives, c'est proposer des re-narrations du moderne qui s'inspirent du potentiel culturel des peuples subalternisés. Chaque société, en effet, conçoit sa

---

Moubarack Lô. Voir son ouvrage *L'émergence économique des nations. Définition et mesure*, Paris, L'Harmattan, 2017. Du même auteur : *Le Sénégal émergent : agenda pour le futur*, Editions Walfadjri, 2003 ; *Manuel d'émergence économique*, Paris, L'Harmattan, 2020.

[320] J. Habermas, *Le discours philosophique de la modernité. Douze conférences*, Paris, Gallimard, 2011.

[321] F. Fanon, *Les Damnés de la terre*, cit. in F. Sarr, *Afrotopia*, 36.

vision du progrès en se fondant d'abord sur ses propres traditions et en tirant les leçons de son expérience historique.

2. Les épistémogonies et les métaphores du futur

2.1. Les épistémogonies

Le travail de réinvention de l'imaginaire vise, entre autres, à valoriser des formes alternatives d'appréhension du réel. La science dite "positive" n'est pas l'unique voie d'accès au savoir. Il existe d'autres approches rationnelles du réel, d'autres formes de connaissances ; elles ont permis aux anciennes sociétés de lire et de transformer le réel de manière créative. Le défi, c'est de réinterroger ces savoirs parallèles et surtout les épistémogonies traditionnelles, pour en faire le socle de la nouvelle épistémè en construction. On entend par "épistémogonie" un système de représentation du monde, un système duquel on peut dégager une épistémè ou une vision épistémologique :

> « Just as a cosmogony may generate a class of theories of cosmology, or Hesiod's *Theogony* generated the class of theologies that are collectively called classical Greek mythology, so an epistemogony may be said to generate a class of epistemologies (e.g., Popper, Kuhn, Lakatos). For example, scientific realism is an epistemogony. The comparative examination of Popper, Kuhn and Lakatos reveals that an epistemogony has three components : a logic of hypothesis generations, a logic of hypothesis testing (i.e., a logic of the process of confirmation), and a logic of generative consequences from (dis)confirmation. In any epistemogony, each of these may be either inductive or deductive. »[322]

---

[322] R. M. Cutler, « Complexity Science and Knowledge-Creation in International Relations Theory », in J. Wiener, R. A. Schrire (eds), *International Relations. Ecyclopedia of Life Support Systems*, Oxford, Eoloss Publishers/Unesco, 2009, 257.

Il faudra retourner, avons-nous dit, aux épistémogonies traditionnelles, mais en évitant le risque d'une lecture dogmatique ou substantialiste. Il importe de relire ces systèmes de pensée en tenant compte des mutations perpétuelles des cadres culturels qui leur donnent sens.

2.2. Les métaphores du futur

Depuis les Indépendances, le discours sur les métaphores du futur oppose les théoriciens de l'ouverture assimilationniste aux tenants de la théorie de l'authenticité. Le premier courant défend l'idée d'un universalisme cosmopolite et considère que l'Afrique, dans sa marche vers le progrès, n'a pas besoin de "réinventer la roue" ; elle doit seulement s'inspirer des meilleures pratiques qui ont eu du succès sous d'autres cieux. Ces pratiques sont vues comme des "formes achevées" transposables d'un contexte à l'autre. Le deuxième courant dénonce la tendance à « faire du passé des autres notre avenir » ; il prône un retour aux racines, à l'héritage ancestral, pour en extraire des formes neuves et pour mettre en lumière la "face africaine du visage de l'expérience humaine" ; il ambitionne de construire un universalisme de la diversité qui donne à chacun le sentiment « d'habiter un monde qui soit sien ».

Pour Felwine Sarr, la doctrine de l'ouverture assimilationniste est inconsistante et même dangereuse :

> « Les formes achevées qu'il ne s'agirait que de reprendre et de répliquer en politique, en édification des villes, en pratiques sociales, juridiques, économiques, attesteraient l'idée que les choses auraient pris leurs formes définitives et ultimes. Que le

---

Augusto Zubiaga et Lourdes Cilleruelo emploient le concept dans une perspective neuro-esthétique : « A space where the physiology of knowledge and the making are activated, and from wich we intend to highligth certain conditions that make possible both the so-called scientif research and art making » (A. Zubiaga, L. Cilleruelo, « Emulation Games. See and be seen. An Subjective Approach to Analog Computational Neuroscience », in J. Romero, A. Ekárt, T. Martins, J. Correia (eds), *Artificial Intelligence in Music, Sound, Art and Design*, Gewrbestrasse, Springer, 2020, 220).

monde serait achevé. Qu'il suffirait de "se mettre au pas et au rythme du monde" (Césaire). Un tel mimétisme est anesthésiant et mortifère. Il signe la fin de la *poiésis* (créativité). C'est une amputation de la fonction générique de l'homme qui est de créer. »[323]

La seconde doctrine, dans la mesure où elle revendique un universalisme circulaire et non pyramidal, semble répondre aux attentes actuelles de l'Afrique :

« Aussi s'agit-il, pour nous Africains, de nous connaître à nouveau, d'apporter des réponses nouvelles à la question de savoir qui nous sommes. Cependant, plus que qui nous sommes, c'est ce que nous voulons être, ce que nous voulons pour nous-mêmes et pour le monde qui constituent les interrogations primordiales devant faire l'objet de notre effort de réflexion. Ce n'est qu'une fois ce travail achevé qu'une présence aux autres, sur le mode de la fraternité, peut s'accomplir, car il n'y a de dialogue véritable en dehors de l'existence d'une voix singulière, reconnue comme telle, et qui se pose dans un vrai rapport d'interlocution. »[324]

L'éducation devra jouer un rôle important dans cette œuvre de reconstruction et de réinvention des paradigmes.

3. L'éducation, la recherche scientifique et la reconfiguration des paradigmes

Des efforts louables ont été consentis ces dernières décennies pour faire "grimper" le taux de scolarisation sur le continent. Beaucoup reste

---

[323] F. Sarr, *Afrotopia*, 130.
[324] *Ibid.*, 149.

cependant à faire. Il manque encore une forte dynamique pour accélérer les processus vertueux qui impactent positivement les nouvelles sociétés du savoir (les sociétés dites "numériques"). Ces processus se mettent en place lorsque « la production scientifique à travers l'innovation contribue à accroître la valeur ajoutée, et que celle-ci, en retour, permet un meilleur investissement dans la production de savoirs nécessaires à la prise en charge des défis présents, mais également futurs ».[325] Il ne suffit donc pas de favoriser l'accès du plus grand nombre au savoir, mais de créer un système éducatif performant et innovant, ancré dans les réalités socioculturelles du milieu et attentif à la marche du monde. Dans le domaine de l'enseignement des sciences humaines, les effets pervers des savoirs coloniaux persistent ; ils sont un « élément de la perpétuation de la domination, sinon de la dépendance ». Une bataille intellectuelle ardue devra donc être menée pour vaincre ce que Rajeev Bhargava appelle l'*injustice épistémique coloniale* :

> « Maintenir l'asymétrie économique entre les colonies et la métropole impliquait que cette dernière exerçât un contrôle politique quasiment absolu sur les colonies. […] Il était vital, afin d'établir cette supériorité, de conquérir non seulement les terres et les ressources des colonisés, mais aussi leur culture et leur esprit. Par conséquent, à l'injustice économique et politique qu'implique la colonisation s'ajoute une injustice culturelle. L'injustice épistémique en est l'une des formes : elle survient quand les concepts et les catégories grâce auxquels un peuple se comprend lui-même et comprend son univers sont remplacés ou affectés par les concepts et les catégories des colonisateurs. »[326]

Pour sortir de l'injustice épistémique, Sarr invite à prendre en considération deux orientations proposées par Mudimbe :

---

[325] *Ibid.*, 100.
[326] R. Bhargava, « Pour en finir avec l'injustice épistémique du colonialisme », in *Socio*, n.1, 2013 (https : : //socio.revues.org/203).

a- La valorisation de l'expérience historique comme lieu épistémique : « La singularité des expériences historiques est une évidence. L'on peut arracher à chaque expérience ses propres normes d'intelligibilité sans que n'interviennent nécessairement des instruments ou des catégories privilégiées par une autre expérience ».[327]

b- Le recours à l'imaginaire des langues africaines : l'adoption de ces langues comme langues de recherche et d'enseignement provoquera une révolution culturelle et scientifique, semblable à celle advenue dans la Grèce du VIème siècle : « Les promoteurs de la pensée grecque, en transplantant dans leur langue, techniques, méthodes et usages de la connaissance reçue de l'Égypte, ont déclenché une réorganisation du savoir et de la vie dont l'ordre essentiel est toujours en cours ».[328]

Les intellectuels ont certes un rôle important à jouer dans la révolution culturelle attendue, mais le but ne sera pleinement atteint que lorsque les universités africaines, à travers une réforme institutionnelle substantielle, se débarrasseront de la gangue coloniale qui les étouffe et les rend inefficaces. En effet, elles ont amorcé peu de réformes structurelles depuis les Indépendances et se trouvent de plus en plus en déphasage avec le milieu socioculturel.

Dans le domaine de la production scientifique, les enseignants-chercheurs, ainsi qu'il a été dit, préfèrent – pour la plupart – se soumettre à l'ordre dominant du savoir et se complaisent dans ce qu'ils appellent la "coopération universitaire internationale" :

> « La coopération universitaire internationale fonctionne sur ce même schème. Une recherche scientifique africaine majoritairement soumise aux financements externes, dont par conséquent l'agenda scientifique est fixé ailleurs. Les chercheurs africains se retrouvant ainsi dans la position

---

[327] V. Y. Mudimbe, *L'Odeur du Père*, Paris, Présence Africaine, 1982, 185.

[328] F. Sarr, *Afrotopia*, 106. À propos de l'adoption des langues africaines comme langues littéraires et académiques voir Ngugi Wa Thiong'o, *Décoloniser l'esprit,* Paris, La fabrique éditions, 2011.

d'informateurs ou sous-traitants des questions et des problématiques ne relevant pas de leurs priorités épistémologiques. Dans ce cas, comment donner aux jeunes Africains une représentation positive d'eux-mêmes à partir des théories élaborées ailleurs visant à les maintenir dans la subalternité ? Comment leur permettre de se réinventer sans s'aliéner ? »[329]

La réforme du système universitaire ne doit pas être envisagée comme une série d'ajustements circonstanciels. Il faut, dit Sarr, « déconstruire totalement » l'université coloniale afin de « jeter les bases d'une nouvelle université africaine ». Seule une université véritablement africaine peut contribuer au rayonnement intellectuel et scientifique du continent.

Notes conclusives

En nous appuyant sur les travaux des auteurs étudiés, nous avons essayé de dégager le cadre général de l'épistémè africaine. Trois éléments essentiels ont été mis en évidence :

a- Une forme de rationalité que nous avons décrite comme une rationalité de la complexité, une rationalité dialectique et ouverte à l'Absolu.

b- Un modèle d'appréhension scientifique du réel (le Modèle CAMU) caractérisé par le souci de la classification, l'abstraction conceptuelle et mathématique, l'attention à la multidimensionnalité et l'élan pragmatique.

---

[329] F. Sarr, *Afrotopia*, 120).

c- La dimension sapientiale et humaniste du savoir : la science doit être mise au service de l'épanouissement intégral de l'homme. Telle est sa vocation.

Ces trois éléments sont une esquisse de réponse à la question posée par Mbog Bassong dans l'un de ses récents ouvrages :

> « L'Afrique dispose-t-elle d'un modèle de connaissance rationnelle (scientifique et philosophique) susceptible de féconder, en profondeur, un développement avec épanouissement de ses nations historiques ? Si oui, ce modèle peut-il orienter la voie susceptible de permettre à l'Homme planétaire de sortir de l'impasse existentielle ? »[330]

Il ressort de nos analyses que l'Afrique non seulement dispose d'un modèle de rationalité, mais jouit également du privilège d'être le berceau de l'émergence de la raison et de la science (Diop). Elle est appelée à renouer avec son épistémè. Cela ne saurait se faire sans un retour aux humanités classiques nubi-égyptiennes et sans une réappropriation dynamique du legs scientifique ancestral. Il s'agit de « repérer les concepts et les catégories par lesquels nos ancêtres avaient créé leur culture », de les « interpréter de manière objective et correcte afin de promouvoir une culture nouvelle, moderne et libératrice ».[331]
Cette tâche exige à la fois un travail de déconstruction épistémologique et un renouvellement de l'engagement éducatif. Trois exigences paraissent urgentes :

- Décoloniser la science ou le narratif sur la science
- Promouvoir et valoriser les recherches sur les savoirs traditionnels

---

[330] M. Bassong, *Le savoir africain. Essai sur la théorie avancée de la connaissance*, Québec, Kiyikaat Editions, 2013, 287.
[331] C. H. Wondji, « La philosophie et le développement d'une science de l'histoire en Afrique », in *Afrika Zamani, Revue d'histoire africaine*, n° 16-17, février 1986, 18.

- Renforcer chez les jeunes la conscience de la portée politique, sociale et humaniste du savoir.

Le modèle éducatif qui correspondrait le mieux à l'épistémè africaine et répondrait aux enjeux actuels doit être forcément un modèle holiste, multidimensionnel. Ce modèle, nous l'appelons Système Educatif Imhotepien (SEI).[332]

C'est une vision éducative intégrale qui s'articule autour de quatre pôles du savoir :

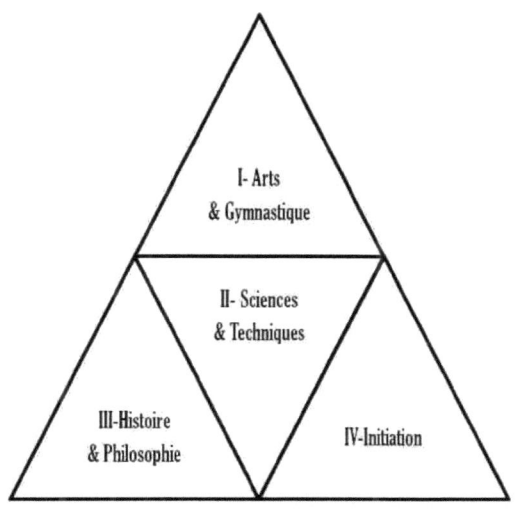

Système Educatif Imhotepien

En fonction de ces quatre pôles, nous proposons une restructuration de l'enseignement primaire et secondaire en Afrique :
- ***Phase Initiale***. À l'âge de cinq ans, l'enfant commence ses études primaires. Elles dureront trois ans. Objectif principal

---

[332] Sur la figure d'Imhotep, savant égyptien pluridisciplinaire, voir Annexe 2.

de cette phase : apprendre à lire, écrire et compter.

- *Cycle I*. L'enfant est initié à un art et à une discipline sportive (Pôle I). Au cours de cette phase qui dure trois ans, quelques matières secondaires seront enseignées, mais elles devront converger vers la formation artistique et sportive. À la fin de cette phase, l'élève est censé maîtriser les rudiments d'un art spécifique et d'une discipline sportive. On prévoira trois ou quatre sections pour chacun des deux domaines A (Arts) et B (Gymnastique). Exemple : Section A1 (Musique) ; Section A2 (Arts scéniques), Section A3 (Arts visuels) ; Section B1 (Basket), Section B2 (Athlétisme), etc. À la fin de ses études primaires, l'enfant, en fonction de ses talents, sera orienté vers une Section A et une Section B.

- *Cycle II*. Le jeune élève reçoit une formation dans un domaine scientifique ou technique (Pôle II). Elle dure trois ans. Des filières ou des sections seront proposées. Le candidat choisira librement une d'entre elles. Objectif de cette phase : donner à l'apprenant les outils nécessaires qui lui permettent de maîtriser les rudiments et les fondements d'une discipline scientifique ou technique.

- *Cycle III*. L'élève reçoit une formation biennale en philosophie et en histoire (Pôle III). Un accent particulier sera mis sur l'Histoire Africaine (de la préhistoire jusqu'à la période contemporaine) et la Philosophie Africaine (de l'antiquité à nos jours). Objectif de cette phase : permettre à l'apprenant d'avoir une vision à la fois globale et contextuelle de l'histoire de la pensée et de l'histoire du monde.

- Après ces phases, l'apprenant fera une *Classe Préparatoire pour le Baccalauréat*. Elle durera deux ans, au cours desquels on offrira à l'élève une synthèse systématique des éléments théoriques des enseignements reçus au cours des Cycles I, II, III. L'examen du Baccalauréat portera justement sur cette synthèse.

- *Cycle IV* : l'Initiation (Pôle IV). Cette formation dure une année. Après l'obtention du Baccalauréat, les apprenants seront orientés vers des centres appelés "Maisons de Vie" (*Per Ankh*) où ils feront une expérience formative et communautaire inspirée du Système Initiatique Africain (SIA). Ils vivront là, sur place, durant toute la formation, répartis en de petits Groupes de Vie. Les axes formatifs principaux devront être : les valeurs de la vie communautaire (Maât-Ubuntu), l'éducation à la vie familiale, la vie intérieure, la connaissance de soi, le respect des lois cosmiques, l'éducation civique, militaire et panafricaniste, l'étude des textes majeurs de la Spiritualité Africaine. Un accent particulier sera mis sur l'expérience de vie, le partage et la discipline.

Au total, du primaire jusqu'au Cycle IV, la formation dure 14 ans. L'enfant africain qui s'inscrit à l'école à l'âge de 5 ans finit donc ses études primaires et secondaires à l'âge de 19 ans. Il commence ses études universitaires à l'âge de 20 ans, et se spécialise dans un domaine.

Cette vision de l'éducation s'accorde avec les idéaux proclamés dans la *Charte de la Transdisciplinarité*. Les Signataires de la Charte rappellent qu'une éducation transdisciplinaire doit « enseigner à contextualiser, concrétiser et globaliser » (Article 11). Ils attirent l'attention sur le fait que « la rupture contemporaine entre un savoir de plus en plus accumulatif et un être intérieur de plus en plus appauvri mène à une montée d'un nouvel obscurantisme, dont les conséquences sur le plan individuel et social sont incalculables » (Préambule). Le défi est donc d'offrir, comme l'envisageait W. E. B. Du Bois, une formation qui concilie « l'idéal et le matériel », c'est-à-dire une formation qui « permette d'utiliser le mieux le travail humain » et qui, dans le même temps, « nous donne du poids pour encourager les opinions qui servent de rempart à la société, pour éradiquer les préjugés ».[333]

---

[333] W. E. B. Du Bois, *Les âmes du peuple noir*, trad. M. Bessone, Paris, La Découverte, 2007, 92, 93.

-III-
Ontologie, Cosmosophie, Anthropologie

n jj js ḫ.(w)t ḏs(=sn)

Les choses ne viennent certes pas d'elles-mêmes

(Ptahhotep, v. 181)

CHAPITRE 10 :
Linéaments d'une herméneutique des cosmosophies africaines

La pensée est là, rigoureuse, exigeante, à la recherche du Réel et de la Totalité qui vit de ce Réel et qui est ce Réel lui-même.

(T. Obenga)

Le détour par la métaphysique traditionnelle ne doit pas être conçu comme la phase ultime, mais comme un moment de la création philosophique actuelle.

(A. Ndaw)

Nous tenterons, dans ce chapitre, de dégager les principes métaphysiques qui sous-tendent les cosmosophies africaines. Qu'entendons-nous par "cosmosophie" ? Nous entendons précisément un système d'intelligibilité du monde qui propose à la fois une pensée cosmologique et une réflexion sapientiale sur le rapport de l'homme au Réel. Les cosmosophies sont, de ce point de vue, non seulement des *Wɛkέxό*, c'est-à-dire des discours sur l'univers, mais aussi des *Késunyinyixó* ou des discours sur le respect des lois de l'harmonie socio-cosmique.[334] Elles occupent une place prépondérante dans le Corpus des savoirs traditionnels.

---

[334] Pour la définition étymologique et littérale des termes fon utilisés, consulter le glossaire à la fin du chapitre. Alassane Ndaw utilise le terme "cosmologie" pour désigner ce que nous appelons "cosmosophie". La cosmologie, écrit-il, « est un ensemble de croyances et de connaissances. C'est un savoir composite, qui rend compte de l'univers naturel et humain, tandis que la cosmogonie est une partie de la cosmologie centrée sur la création du monde. [...] La cosmologie ordonne et met en rapport le milieu naturel et les traits culturels du milieu qui les a produits » (A. Ndaw, *Pensée africaine. Recherches sur les fondements de la pensée négro-africaine*, Dakar, Nouvelles Editions Africaines, 1997, 109-110).

Les fragments de texte qui nous serviront de champ d'étude proviennent de quatre *Joow* ou Ecoles Initiatiques Traditionnelles (nous empruntons le terme "*Joo*" [pluriel "*Joow*"] au lexique manding – voir chapitre 15) :

- L'École Egyptienne des Mystères[335]
- L'École Dogon, en particulier celle qui se revendique de la filiation initiatique du Vénérable Ogotemmêli
- L'Ecole Ekang-Fang, en particulier celle qui se réclame de la filiation "mvettique" du Vénérable Zue-Nguema
- L'Ecole Ciluba, en particulier celle dont les maîtres sont cités par Henri Morlighem dans la Préface de *Une Bible noire*.

La réflexion s'organise autour de quatre axes thématiques : l'ontogenèse ou l'origine des choses (*nŭdò*), l'existence, l'essence et le mouvement (*nŭtĭn, nŭnyí, nŭdannŭ*), l'union et la parenté des éléments (*nŭḍòkpɔ́*), la diversité et la distinction des étants (*nŭvovo, nŭgbɔnvo*). Au terme de l'étude, nous essayerons d'affronter une problématique qui, depuis plus d'une trentaine d'années, suscite de vives discussions parmi les philosophes africains. Nous la formulons comme suit : *quelle vision métaphysique dominante émerge des cosmosophies africaines ?* Notre hypothèse est que les textes examinés traduisent une métaphysique qu'on pourrait définir comme un "*Ntuisme Significationnel*". Nous expliciterons ce concept.

---

[335] À propos de cette École, voir les notes conclusives de la première partie du volume.

1. Les cosmosophies et l'ordre du savoir dans les anciennes sociétés africaines

On peut distinguer, dans les anciennes sociétés africaines, trois *ordres de pensée* que l'ethnologie coloniale a souvent confondus. Nous les schématisons comme suit :

	Organisation des savoirs	Typologie des pensées
Niveau I **(Supérieur)**	Systèmes de connaissances sur l'univers, les étants, le Divin, les valeurs, les nombres et les formes… (SAVOIRS THÉORIQUES)	Pensée Pensante (Pensée spéculative, tension cogitante)
	↓ ↓ ↓	↓
Niveau II **(intermédiaire)**	Codes de vie, sagesses, rituels, arts et techniques (SAVOIRS PRATIQUES)	Pensée Pensée (Pensée praxique, saisie résultative)
	↓ ↓ ↓	↓
Niveau III **(inférieur)**	Us et coutumes, légendes, folklore (SAVOIRS POPULAIRES)	Pensée Diffuse (Sens commun, mentalités, Weltanschauung)

Tableau 1 : La structure du savoir selon l'épistémè des EIT[336]

---

[336] Nous recourrons ici à la vieille distinction entre "pensée pensante" et "pensée pensée". Selon Gustave Guillaume, « le propre de la pensée pensée est d'être résultat et le propre de la pensée pensante, d'être opération ». L'opération ou l'activité cogitante « précède et conditionne le résultat ». La pensée pensante est « tension opérative [progressant] en direction du résultat », tandis que la pensée pensée est « saisie résultative » (R. Lowe (ed), Essais et mémoires de Gustave Guillaume. Essai de Mécanique intuitionnelle. Livre I. Espace et temps en pensée commune et dans les structures de langue, Québec, Les Presses de l'Université de Laval, 2007, 215). La notion de "pensée pensante", telle que définie, exprime fort bien ce que l'on entend par "pensée spéculative" dans le contexte africain traditionnel. Ici, la pensée spéculative n'est pas une pensée qui se complaît dans l'acte de s'auto-contempler ou qui se contente de "cogiter pour cogiter" ; c'est une pensée cogitante orientée vers la pensée pratique. Elle est véritablement "tension cogitante opérative".

249

Sous tous les cieux, ce sont des élites qui produisent les spéculations et les savoirs du Niveau-I. Dans les anciennes sociétés africaines, la fine fleur de l'élite est constituée de ceux qui ont atteint les plus hauts sommets de l'Initiation et qu'on appelle les "Grands Initiés". Ces anciens maîtres du savoir, ces *rekhou saiwou* au "regard pénétrant", nous les désignons par un terme générique tiré du lexique Swahili : *Wasomi* (singulier *Nsomi*). Germaine Dieterlen dit d'eux qu'ils ont élaboré, dans leurs divers cercles initiatiques, « une explication [...] des manifestations de la nature (anthropologie, botanique, zoologie, géologie, astronomie, anatomie et physiologie) comme des faits sociaux (structures sociales, religieuses et politiques, techniques, arts, économie, etc.) ».[337] Leurs savoirs ne relèvent pas du sens commun (Niveau-III). On y accède par grades d'initiation ou d'instruction. Les *Joow* Peuls, par exemple, proposent un itinéraire de formation qui prévoit « trente-trois degrés [d'instruction] auxquels s'ajoutent trois degrés supérieurs ».[338] Les EIT Dogons, quant à elles, distinguent quatre paliers du savoir :

-   Au niveau inférieur, les savoirs relevant de la catégorie dite "*Giri so*" : légendes populaires, affabulations, explications simplifiées
-   Au deuxième niveau, les savoirs de la catégorie dite "*Benne so*" : exposition des grandes divisions du savoir, sans une explication détaillée
-   Puis, les savoirs de la catégorie "*Bo loso*" : approfondissement des savoirs de la deuxième catégorie
-   Enfin, les savoirs de la catégorie "*So dayi*" : exposition systématique de « l'édifice du savoir dans sa complexité ordonnée ».[339]

---

[337] G. Dieterlen, *Tendances de l'ethnologie française II*, Paris, PUF, 1959, 24.
[338] A. Bâ Hampâté, G. Dieterlen, *Koumen. Texte initiatique des Pasteurs Peul*, Paris, EHESS, 2009, 19.
[339] M. Griaule, « Le savoir des dogons », in *Journal de la Société des Africanistes*, n. XXIII, 1952, 27.

Les cosmosophies appartiennent à cette dernière catégorie. Griaule note que *So dayi*

> « ne s'acquiert qu'après de longues années d'application et de persévérance. Le fait de posséder des principes généraux et des procédés de calcul très secrets ne suffit pas à un homme pour qu'on le dise détenteur de la "parole claire" (*so dayi*), il faut connaître matériellement tous les détails qui s'y rapportent. C'est ainsi que le système de signes graphiques, qui en comporte des milliers, doit être théoriquement possédé dans son entier et non pas seulement connu dans sa structure et dans son fonctionnement. »[340]

Dans une même aire culturelle, il y a souvent différentes Ecoles Initiatiques, avec des approches théoriques parfois convergentes, parfois divergentes. Ainsi, distingue-t-on divers courants de pensée autour des savoirs du corpus Mvet. Tsira Ndong Ndoutoume, un des brillants érudits de cette tradition séculaire, se réclame de l'école du Vénérable Zue-Nguema : « Cette connaissance de l'univers, écrit-il, je l'ai reçue, voilà quatre décennies et par enseignement direct, de mon Maître Père Zue-Nguema, qui la détenait lui-même exactement de la même manière des Maîtres qui l'avaient précédé ».[341] Ndoutoume établit la généalogie des maîtres de cette école et des affiliations qui les lient dans l'ordre initiatique. Cette généalogie remonte, par-delà le temps et l'espace, à un Grand Maître mythique, Oyono Ada Ngone, « l'homme qui entendit premièrement la voix du Verbe ».[342] Grégoire Biyogo distingue cinq courants de mvet : Le courant spiritualiste, le courant ontologique, le courant historique et sociopolitique, le courant encyclopédique, le courant du comparatisme historique.[343] La diversité de ces courants

---

[340] *Ibid.*, 52.
[341] T. N. Ndoutoume, *Le Mvett. L'homme, la mort et l'immortalité*. Paris, L'Harmattan, 1993, 27-28.
[342] *Ibid.*, 12.
[343] G. Biyogo, « Le mvett et la découverte de connaissance scientifiques nouvelles », Préface du livre de L. Minko Bengone, *Comprendre autrement le Mvett*, Paris,

confirme qu'il existe des nuances de pensée dans les doctrines des *Joow* se réclamant du même "imaginaire civilisationnel". On a vu que les diverses Ecoles égyptiennes, bien qu'enracinées dans le même contexte culturel, ont des spécificités doctrinales qui les distinguent les unes des autres (Waset, Khemenou, Iounou, Men-Nefer, Saou, etc.)

Des chercheurs occidentaux ont souvent cherché à lire obstinément les textes du Niveau-I seulement sous l'angle religieux. Théophile Obenga fustige cette tendance chez les commentateurs des textes du corpus égyptien :

> « C'est l'erreur des exégètes d'avoir interprété tous les textes importants égyptiens comme des documents religieux, laissés par leurs auteurs pour comprendre leur religion. De l'Égypte antique on ne parlera que de "religion", jamais de "philosophie" : le sort est imputable aux seuls lecteurs des textes égyptiens. Les égyptologues africains doivent réagir contre cette tendance généralisée qui peut tenir d'un préjugé inavoué cependant dangereux. Les anciens Égyptiens ont pensé l'être, la vie, la mort, etc. Ne réduisons plus leurs écrits importants à la seule dimension "sacrée", "religieuse". »[344]

Comme le montre le tableau 1, la pensée théologique, en tant que réflexion sur le Divin, relève de la Pensée Pensante (Niveau-I), mais celle-ci ne se réduit pas à la sphère du "religieux". La pratique religieuse, quant à elle, est du domaine de la Pensée Pensée (Niveau-II).

L'Harmattan, 2008, 14-17.
[344] T. Obenga, *La philosophie africaine de la période pharaonique,* op.cit, 61.

Les cosmosophies africaines adoptent généralement un schéma explicatif qui peut être résumé comme suit :

Objet : le monde, le cosmos ou l'univers				
Origine			**Structure et composition**	
			Éléments constitutifs	**Principes structurels**
Un Démiurge	Il s'engendre lui-même ou se manifeste en ses hypostases.		Une forme primordiale : un œuf, une spirale, un flux, etc.	Unité
	Il conçoit le monde dans sa pensée (le projette intentionnellement)		Les 4 Éléments (Eau, Terre, Feu, Air)	Multiplicité, diversité, dualité, complémentarité
	Ensuite, il le façonne avec la Parole, le Souffle et le Geste		Temps, Espace, Esprit	Rythme, Équilibre, Harmonie, Intelligibilité.
	Il le renouvelle continuellement (Création continue)			

Tableau 2 : Le modèle explicatif des cosmosophies africaines

Ce tableau montre que les cosmosophies sont véritablement des « systèmes d'intelligibilité du réel ».[345] Tentons à présent d'élucider ce schéma à partir des textes.

---

[345] C. Ba Moctar, *Étude comparative entre les cosmogonies grecques et africaines*, Paris, L'Harmattan, 2007, 241.

2. Les postulats métaphysiques des cosmosophies africaines

2.1. Nŭdò : l'ontogenèse ou l'origine des choses

Textes cosmosophiques de référence : T1, T-II, T-III, T-IV, T-V. T-VI. (Voir le corpus des textes à la fin du chapitre).

Les auteurs de ces textes postulent un Principe Premier, Raison Suprême, Fondement et Origine des choses. Les séquences (T-I) et (T-II) indiquent que ce Principe se manifeste à l'intérieur de "Quelque chose" appelé "Noun". Le Noun, écrit Obenga, c'est « Cela qui ne ressemble à rien de connu, d'édifié ». Il le décrit ensuite comme étant de la matière : « Au commencement, il y a la matière, une eau faible, obscure, abyssale, mais puissante, dynamique ».[346] Un autre auteur, Cheikh Moctar Ba, conçoit le Noun comme une "béance", un "état originel", un "ensemble de possibilités existentielles" et, dans le même temps, comme une "eau", une "étendue aqueuse".[347]

Ces interprétations prêtent le flanc à un certain matérialisme que nous discuterons plus loin. Notre hypothèse interprétative est que la notion de Noun connote l'idée d'Infini. Dans le système hiéroglyphique, l'idéogramme qui traduit le concept est le signe N35A (Gardiner), figurant une sorte de flux ou de filet d'eau. À notre avis, ce que suggère ce signe, c'est l'idée d'une continuité atemporelle, insaisissable et dynamique. La métaphore de l'eau renvoie à l'idée de genèse. Pour exprimer la notion d'origine, la pensée symbolique égyptienne semble solliciter, à travers le signe ci-dessus indiqué, l'image des eaux matricielles. Une substantification de l'image porte forcément à une lecture matérialiste. Ce qui est hélas souvent le cas.

---

[346] T. Obenga, *La philosophie africaine de la période pharaonique*, 31.
[347] C. Ba Moctar, *Étude comparative entre les cosmogonies grecques et africaines*, 72-73.

Cheikh Anta Diop indique que la philosophie du Noun a comme corollaires la thèse de l'éternité de l'Etre et celle de l'impossibilité du non-être :

> « Il n'a pas existé dans la cosmogonie égyptienne un instant zéro, à partir duquel l'être, la matière surgit du néant, du non-être ; l'être, au sens de Heidegger et de J-P. Sartre, est éternel ; sa plénitude exclut à priori la possibilité même hypothétique du non-être, du néant comme absurdité suprême ».[348]

Nous interprétons donc le Noun comme :

- La Plénitude de l'Être (qui rend impossible l'existence réelle du néant)
- L'Infini (qui porte en soi le principe de la matière et du devenir)
- L'Origine Insondable du Pré-Existant (l'Origine absolue des origines).

Cette interprétation s'écarte de l'approche matérialiste, mais aussi de celle proposée par Ameth Diouf. Selon ce dernier, le Noun ou le Nen des Waa laf du Sénégal renverrait au « chaos originel ».[349] Obenga adopte la même notion de "chaos" : « Le démiurge prendra conscience de lui-même dans le "chaos primordial" avant de venir de lui-même, par lui-même à l'existence ».[350] Mbog Bassong s'inscrit dans cette perspective : « Le point de départ de la cosmologie négro-égyptienne pose l'origine de notre monde sous un aspect chaotique, non structuré de la matière primordiale ».[351] Pour Moctar Ba, il est hasardeux de rapprocher le Noun du chaos sans une certaine précision : « Le rapprochement Noun/Chaos que semble rendre possible ou acceptable une certaine analyse faite sur la pensée égyptienne n'est à notre avis faisable que si le Chaos se dépouille d'une certaine situation informe.

---

[348] C. A. Diop, *Civilisation ou barbarie*, op. cit., 131.
[349] A. Diouf, *La gens de droit maternel ou la famille matriarcale*, Paris, L'Harmattan, 2016, 36.
[350] T. Obenga, *La philosophie africaine de la période pharaonique*, 39.
[351] M. Bassong, *Le savoir africain. Essai sur la théorie avancée de la connaissance*, Québec, Kiyikaat Editions, 2013, 180.

Autrement dit, si par Chaos, il est rendu compte de la reconnaissance d'une entité béante et obscure, sans organisation aucune, il ne serait objectivement pas justifié que le rapport puisse être soutenu ».[352] Le Noun n'est point caractérisé par l'indifférenciation et la confusion qui caractérisent le chaos grec. Il porte en soi la Raison ordonnatrice, Ra.

Un autre trait mis en évidence dans les textes du premier corpus est l'Unicité foncière du Principe Primordial (Atoum-Ra, Maweeja Nngangila, Eyô). Il créa seul dans le Noun. Il est l'Unique Origine de tout ce qui est. Une certaine lecture des fragments (T1) et (T2) pourrait conduire à postuler un dualisme ontologique entre Noun et Atoum. Ce serait, à notre avis, une erreur. Le Noun est consubstantiel au Démiurge et forme avec lui une seule Entité, Indivisible, Incréée, Invisible. Le Noun est la béance insondable de l'Être Primordial. Dans les textes égyptiens, l'idée de l'Unicité de l'Être Pré-Existant se traduit par les termes suivants :[353]

Wa	L'Un
Wawu	L'Unique/ Qui est Un
Wa-Wawu	L'Un qui demeure Unique
Wa-Wati	L'Un qui n'est qu'Un
Neter-Wa	Dieu-Unique
Kheperu-Wa	L'Existant-Unique
Neb-Wa	L'Unique Seigneur.

Les textes décrivent par ailleurs la manière dont l'Être Primordial ou l'Un-Multiforme créa les modes d'existence. Il les créa usant de la « force qui est en lui » (T-III), c'est-à-dire la force de la « pensée, de l'intelligence » (T-VI) ou encore la puissance du Verbe, du Geste et du Souffle (T-V). Il conçut la création « dans Sa Pensée et la réalisa par

---

[352] C. Ba Moctar, *Étude comparative entre les cosmogonies grecques et africaines*, 72.
[353] Pour plus de détails, voir M. Bilolo, *Fondements Thébains de la Philosophie de Plotin l'Égyptien*, Munich/Kinshasa, African University Press, 2007, 59-60.

Son Verbe ».[354] Les cosmosophes Dogons disent : « Amma (le Démiurge) maintenait l'ensemble, car il avait tracé en lui-même le plan du monde et de son extension. Car Amma a dessiné l'univers avant de le créer [La création par la Pensée] ». Encore : « Les signes d'Amma, qu'il a envoyés dans le monde, sont allés, sont entrés dans les choses, qui, (à ce moment) furent ».[355] Ainsi, « au commencement était la Raison, […]. Avant de faire être concrètement en prononçant le nom […] même de ce qui est appelé à être, le démiurge conçoit d'abord cela qui va être par la puissance du verbe, l'efficience de la parole créatrice ».[356]

2.2. Nŭtĭn, nŭnyí, nŭdannŭ : l'existence, l'essence et le mouvement

Textes cosmosophiques de référence : T-VII, T-VIII, T-IX.

Alexis Kagame recourt à la notion d'*existant* pour désigner le concept d'*être*. Par ce terme, il entend « ce qui est réalisé dans la nature et ce qui peut l'être, chacun dans son ordre, soit en lui-même (substance), soit par adhésion à la substance (accidentalité) et intemporellement ».[357] Dans la philosophie occidentale classique, "l'être en lui-même" est appelé "essence". L'essence, c'est « ce qui est considéré comme formant le fond de l'être, par opposition aux modifications qui ne l'atteignent que superficiellement ou temporellement ». C'est aussi « ce qui constitue la nature d'un être, par opposition au fait d'être ».[358] Le "fait d'être" est ce que l'on nomme "existence".

Partant des présupposés de la métaphysique scolastique, Ernest Menyomo se demande si dans l'ontologie africaine l'être de l'essence appartient à l'essence elle-même ou à l'existence. Si l'essence est créée, répond-il, « elle l'est nécessairement dans un temps et par là, elle n'est

[354] A. Elloué-Engoune, *Du Sphinx au Mvett. Connaissance et sagesse de l'Afrique*, Paris, L'Harmattan, 2008, 24.
[355] M. Griaule, G. Dieterlen, *Le renard pâle*, 63-64, 71-72.
[356] T. Obenga, *La philosophie africaine de la période pharaonique*, 59-60.
[357] A. Kagame, *La Philosophie Bantu comparée*, 117.
[358] A. Lalande, *Vocabulaire technique et critique de la philosophie*, Paris, Quadrige/Puf, 1996, 301.

plus essentielle, d'où il appert que l'essence de l'essence est de fuir l'essence pour entrer dans l'existence, c'est-à-dire que l'essence est avènement, tandis que l'existence est nécessairement évènement ».[359] L'auteur ne précise pas le sens qu'il donne à ces deux concepts, "avènement" et "évènement". Il pose ensuite un second problème qui n'est pas nouveau : dans la pensée négro-africaine, l'essence précède-t-elle l'existence ou est-ce l'inverse ? Marcien Towa se fonde sur T-VII pour défendre la thèse de l'antériorité de l'existence.[360] Menyomo semble valider cette position. Au fond, à y voir de près, le texte indique plutôt que les deux principes sont inséparables. C'est dans un même acte que l'Être se manifeste comme étant l'Existant : « Dès qu'il existe, l'Existant amène à l'existence l'existence : cela de façon immédiate, une sorte d'épiphanie soudaine de l'être dans sa manifestation même ».[361] L'existence présuppose l'essence et vice versa. T-VIII exprime cela de manière explicite : en créant les choses (*appel à l'existence*), Maweeja Nnangila leur confère du « même coup » leurs qualités (*essence*). L'expression "du même coup" a ici tout son sens.

Une troisième problématique retient l'attention du philosophe camerounais : le rapport entre essence et identité :

> « Pas plus que l'essence, l'identité ne sera au départ, mais seulement à l'arrivée. L'identité est résultat, c'est l'ensemble de toutes les variations que l'on aura acquises, sans que pour autant ces transformations excluent d'autres transformations futures. L'identité n'est pas séparable de la diversité, en ce sens que la

---

[359] E. Menyomo, *Les bases métaphysiques de la pensée négro-africaine*, Paris, L'Harmattan, 2010, 100.

[360] Towa se dresse contre l'idée d'une essence "éternitaire", immobile, absolue, parfaite. Il craint le totalitarisme et le dogmatisme qui peuvent en découler : « Aussitôt que l'omniscience et la perfection d'un être réel sont posées, sont aussi par là même posés en principe le dogmatisme et l'enfermement, d'autant plus que les prétendues omniscience et perfection ne sont invoquées que pour justifier l'absolutisme socio-politique effectif ou potentiel » (M. Towa, *L'Idée d'une philosophie négro-africaine*, 39).

[361] T. Obenga, *La philosophie africaine de la période pharaonique*, 59.

variation à laquelle elle est soumise lui donne la possibilité d'être elle-même et autre qu'elle-même. » [362]

Selon l'auteur, l'essence n'est jamais quelque chose d'immuable ni d'achevé. Elle est "prétention à être", tension continue vers l'accomplissement. Il s'ensuit que « l'essentiel est le mouvement, l'essentiel est le transitoire ». Précisons que l'accomplissement n'est pas une mutation d'essence, mais une actualisation des qualités potentielles dont l'essence est porteuse. Ces qualités potentielles constituent ce que les *Wasomi* Ciluba appellent "qualités de création". Une objection pourrait être soulevée : si l'accomplissement n'est pas une mutation *substantielle* ou *essentielle*, comment appréhender la question de la divinisation de l'homme profusément évoquée dans les textes initiatiques africains ? Comment l'homme peut-il devenir "dieu" ? Nous répondons que l'homme "devient dieu" parce qu'il porte en soi les germes de la divinité.

Revenons au rapport essence/identité. Du point de vue anthropologique, il y a une distinction entre les deux notions. L'*essence* de l'homme, c'est l'ensemble des qualités de création qui le constituent comme membre de l'espèce humaine : qualités génériques ou communes (corporéité, rationalité, émotivité, etc.) et qualités individuelles potentielles (talents, sensibilité, goûts, etc.). L'*identité*, par contre, c'est, d'une part, la découverte ou la prise de conscience de l'essence humaine individuelle et collective, et, d'autre part, la mobilisation des qualités potentielles de l'essence pour une cause finale : l'accomplissement. En d'autres termes, l'essence est donnée, tandis que l'identité est une construction. Chaque homme se forge une identité en fonction de la perception qu'il a de lui-même, de ses aspirations profondes et de sa vocation spécifique.

---

[362] E. Menyomo, *Les bases métaphysiques de la pensée négro-africaine*, 100-101.

Existence, Essence et Identité s'inscrivent dans la dynamique du Devenir. En effet, la création est gouvernée par la loi du mouvement et de l'évolution. Cette dynamique s'entend de deux manières :

a- Comme *re-création* ou *création continue*. Pour Moctar Ba, l'idée de Noun, exprimant une infinité de possibilités potentielles, « permet d'inscrire l'avènement de l'Être dans une création continuée, marquée par une série de mouvements et de ruptures dont le sens est de favoriser la venue à l'existence de nouveaux êtres ».[363]

b- Comme *passage d'un état-x à un état-y à partir d'un principe interne*. L'idée de principe interne « rend compte de la présence de la loi du devenir comme force de mouvement, de changement, jouissant d'une transcendance au processus existentiel ».[364] C'est la loi du devenir et du mouvement qui rend possible l'actualisation des formes existentielles potentielles.

Le Démiurge est lui-même mouvement, fondement et principe ultime du devenir : « Amma, à l'intérieur de l'œuf, était lui-même comme un mouvement spiralant ».[365] Dans un passage du *Livre de la sortie au jour* (malencontreusement appelé "Livre des morts"), l'Un-Multiforme proclame : « C'est moi le Devenir de Khepra, lorsque devint pour moi le Devenir des Devenirs après mon Devenir ».[366] En d'autres termes, au

---

[363] C. Ba Moctar, *Étude comparative entre les cosmogonies grecques et africaines*, 249.

[364] *Ibid.*, 249.

[365] M. Griaule, G. Dieterlen, *Le renard pâle*, 106.

[366] Cit. in C. A. Diop, *Civilisation ou barbarie*, 413. C'est le terme "Kheper" qui est utilisé dans le texte pour traduire la notion de Devenir. À propos de ce terme, Moctar Ba note : « En indiquant sa première manifestation par l'usage de l'expression "Kheper" ("venir à l'existence"), qui, selon Obenga, est un "verbe intransitif" ayant, entre autres, le sens de "changer", "transformer", Râ (autre nom du Dieu suprême) ouvre la possibilité d'inscrire le Devenir au cœur du processus existentiel. [...] Ainsi, Râ jouit-il d'un principe de mouvement ou de changement *in agente* lui permettant de Devenir ce qu'il doit être par le concours de sa propre force ou de son pouvoir de transformation ». C. Ba Moctar, *Étude comparative entre les cosmogonies grecques et africaines*, 250.

"commencement", pour ainsi dire, le *Wawu* ou le *Kheperu Wa* se manifeste, et, de lui, procède le "Devenir des Devenirs", c'est-à-dire toute la chaîne des autres devenirs. Moctar Ba interprète le Devenir de l'Etre-Un comme passage de la "somnolence à la manifestation concrète ou expressive". Vu que la notion de "somnolence" prête à confusion, il serait plus judicieux de parler de "passage de la non-manifestation à la manifestation". Ajoutons que le Devenir de l'Un-Multiforme n'est pas une actualisation de virtualités ou de qualités potientielles, mais l'épiphanie de sa Plénitude. Une Plénitude qui est "Acte Pur", pour reprendre une vieille expression scolastique. Par contre, dans l'acte ou l'économie de la création, le Wa actualise les virtualités des êtres qu'il a conçus dans son for intérieur et qu'il appelle à l'existence.

2.3. *Nŭɖòkpɔ́ : Union et parenté des éléments*

Textes cosmosophiques de référence : T-X, T-XI.

On peut relever deux idées-maîtresses dans ces textes :

- L'univers est une totalité. C'est ce qu'exprime la métaphore de la calebasse ou de l'œuf cosmique : « De ce que tout le réel nous paraît en un flux incessant, les hommes en ont inféré à une source (l'œuf, l'Un) d'où part ce flux ».[367]

- Tous les êtres sont reliés entre eux par un principe ontologique universel que le Vénérable Ogotemmêli désigne par le concept d'*eau*. Quand Thalès de Milet annonce que « tout est eau », il ne fait que proclamer ce principe d'unité originelle : « Thalès, écrit Nietzsche, a vu l'unité de l'être, et quand il a voulu la dire, il a parlé de l'eau ».[368] C'est à peu près la même intuition qu'on retrouve dans l'enseignement du *Rekh-sai* Dogon. En commentant T-XI, Mbongo écrit :

---

[367] I-M. Thsiamalenga Ntumba, *Le réel comme procès multiforme*, Paris, Edilivre, 2014, 213. Voir aussi notre article « Aki Ngoss : la métaphore de l'œuf du monde dans les cosmothéologies africaines », in *Khepert-Ankhu Papers. Unneferian Studies*, n° 6, III, Akhet 6256, 06/2020, 1-5.

[368] F. Nietzsche, *La naissance de la philosophie à l'époque de la tragédie grecque*, cit. in T. Obenga, *L'Égypte, la Grèce et l'École d'Alexandrie*, 24.

261

« Nous ne sommes pas ici dans une spéculation inintelligible
[…]. Le concept est présent et se sait rationnel : le concept
d'*eau*. Dans le fouillis des êtres et des choses, la pensée du
vieux sage Dogon va à la recherche d'un élément et d'un seul,
qui serait l'entité essentielle rendant compte de tout le reste : le
principe des choses et des êtres. Cette place revient à la fluidité
agissante d'un liquide "*pur*", l'*eau*. » [369]

Obenga souligne, lui aussi, la portée éminemment philosophique de
cette idée de l'eau conçue comme *archè* :

« L'Égypte, bien avant Thalès, a posé les concepts de Noun et
de Râ, l'unité de tout comme une unité vivante et comme
"divine" à la fois. Ce discours qui fait partie lui-même du tout
cosmique, est proprement philosophique, car l'opinion
commune égyptienne était certainement assez éloignée de telles
conceptions sur la réalité de l'univers. Les prêtres égyptiens ont
donc enseigné à Thalès une découverte essentielle : le rapport
entre "l'esprit" et toutes choses, en reconnaissant dans l'eau
"l'origine" et la "condition première" de tout ce qui est : le *Noun*
est radicalement un principe d'unité. » [370]

Pour Matand Makashing,

« l'appartenance de tous les êtres au seul Maître de Tout, la
réduction de tous les êtres à une seule et une seule origine fonde
[…] la fraternité universelle, non seulement entre les hommes,
entre les hommes et les dieux, mais aussi entre toutes les
créatures passées, présentes et futures, visibles et invisibles ». [371]

---

[369] N. Mbongo, *La personnalité philosophique du monde noir. Contre-histoire de la
philosophie*, 50.
[370] T. Obenga, *L'Égypte, la Grèce et l'École d'Alexandrie*, 25.
[371] R. Matand Makashing, *L'homme et la nature. Perspectives africaines de l'écologie
profonde*, Paris, L'Harmattan, 2019, 155.

On peut tirer deux conséquences du postulat de l'unité originelle des éléments : a) dans l'ordre de la création, matière et esprit ne s'opposent pas principiellement, puisqu'ils dérivent d'un même principe primordial ; b) la parenté n'est pas seulement un fait social ; elle est d'abord une donnée ontologique. Nous verrons plus loin les implications écologiques de ce principe (Chapitre 16).

2.4. *Nŭvovo, nŭgbɔnvo : diversité et distinction*

Textes cosmosophiques de référence : T-XII, T-XIII, T-XIV, T-XV, T-XVI.

Affirmer l'unité ou la parenté de l'esprit et de la matière, est-ce professer une foi "animiste" ? Menyomo semble défendre une telle opinion :

> « Si l'animisme syncrétique est étudié avec sérieux, sans préjugés, on peut y déceler une philosophie embryonnaire, où l'être apparaît essentiellement indéterminé, les substances mêlées les unes aux autres […]. La confusion qui frappe les êtres et les choses ne doit pas être interprétée de manière négative, au contraire, c'est de la confusion que doit jaillir la lumière qui distingue les choses. »[372]

Cette lecture appelle deux remarques :

a) L'être, pris dans sa totalité, est matière et esprit ; mais cela n'induit nullement l'idée que tous les étants soient des esprits ou qu'il y ait autant d'esprits qu'il y a d'objets. En affirmant que "l'être, dans sa totalité, est matière et esprit", on veut simplement signifier que, dans l'extension du champ de l'être, il y a des étants qui sont matériels (les minéraux par exemple), des étants qui sont à la fois matériels et spirituels (les humains) et des étants qui sont purement spirituels (les

---

[372] E. Menyomo, *Les bases métaphysiques de la pensée négro-africaine*, 28.

263

Esprits). À notre avis, le présupposé d'un prétendu "animisme africain" découle d'une confusion des genres imputable aux auteurs qui interprètent la pensée africaine selon le paradigme de l'ethnologie coloniale.[373]

b) L'union originelle ou la parenté des êtres matériels et spirituels n'implique aucune idée de confusion ou d'indistinction. Menyomo entretient le flou lorsqu'il écrit : « Au départ, la pensée négro-africaine estime toutes les choses confondues ». Comme nous l'avons indiqué plus haut, l'Un-Primordial porte en soi la différenciation des êtres et des choses appelées à exister. Obenga, commentant T-VII, écrit : « Quand la raison [divine] a tout conçu, le plan de la création se présente devant l'Un-Créateur, devant sa face […], en toute visibilité, sans confusion. La création est une idée claire, nette, distincte, consistante chez le Créateur, lui qui est absolu, amour, volonté et raison, efficacité par excellence, maître de la totalité ».[374] L'éclatement de "l'œuf primordial" (T-XIV) matérialise (rend manifeste) cette distinction des êtres et imprime dans l'ordre de la création le principe de leur séparation ou différenciation (*Nkanané*). Chaque chose a son essence propre, son "nom" (T-XVI) et appartient à une catégorie ontologique précise.

Alexis Kagame distingue cinq types d'existants : le Pré-existant, l'existant figé, l'existant assimilatif, l'existant sensitif, l'existant raisonnable.

---

[373] Voir par exemple G-P. Effa, *Le dieu perdu dans l'herbe. L'animisme, une philosophie africaine*, Paris, Presses du Châtelet, 2015. Rappelons que c'est l'anthropologue britannique E. B. Tylor, fervent partisan de la théorie de l'évolutionnisme social et culturel, qui, dans le champ des études ethnologiques, a introduit la notion d'*animisme*, qu'il définit comme l'expression religieuse des « peuples primitifs ». (E. B. Tylor, *Primitive Culture : Researches into the Development of Mythology, Philosophy, Religion, Language, Art and Custom*, London, John Murray, Albemarle Street, 1871). Plusieurs philosophes africains rejettent ce terme à cause des présupposés idéologiques qu'il charrie. (Voir D. Samb, *Le vocabulaire des philosophes africains*, Paris, L'Harmattan, 2010, 23).

[374] T. Obenga, *La philosophie africaine de la période pharaonique*, 59.

Toutes ces entités, à l'exception du Pré-existant, sont des "Ntu" (un terme sémantiquement proche du "Nǔ" Fon et du "Nti" égyptien) :

> « Tout ce qu'il est possible de concevoir et d'exprimer (substance, accident, nombre, etc.) est *quelque chose*, une *entité*, un NTU, mais chaque entité dans son ordre […] ; c'est dans ce sens que le genre suprême [NTU] est dit applicable à toute entité d'une manière *analogique*, et pas *univoque* (signifiant la même chose en chaque chose) ».[375]

Les NTU se répartissent en quatre catégories métaphysiques :

Catégories métaphysiques	Définition	Spécifications	Entités
MU-NTU	L'existant doué d'intelligence	Masculin	Homme
		Féminin	Femme
KI-NTU	L'existant sans intelligence (Chose)	Figé (inanimé)	Le minéral
		Assimilatif (inanimé)	Le végétal
		Sensitif (doué du principe vital)	L'animal
HA-NTU	L'existant localisateur	Sur la dimension espace	Lieu
		Sur la dimension durée	Temps
KU-NTU	L'existant modal	Interne	Quantité, Qualité
		Externe (Relation)	Action, Passion, Position, Possession, Circumposition, nombre (succession-juxtaposition)

Tableau 3 : Les catégories métaphysiques des entités Ntu

---

[375] A. Kagame, *La Philosophie Bantu comparée*, op. cit., 121.

La différenciation des NTU présuppose l'existence du "Rien", lequel se distingue du "Néant". Alors que le Néant est "inconcevable", le Rien est « le principe de la distinction entre les existants matériels et la cause du multiple. Deux objets sont deux, parce qu'entre eux *il y a* le rien ».[376] Le rien existe, mais il est indéterminé et indéterminable ; il est simplement un "vide diviseur". À propos du Pré-existant, le philosophe rwandais écrit : « Ce tout premier qui jouit de l'exister sans l'avoir reçu, en qui est fondée l'explication ultime des commençants-à-exister, sera, sans ajoute, le Pré-existant. Comment les créateurs de la Culture Bantu ont-ils perçu et exprimé cette vérité fondamentale ? Ils l'ont fait par exclusion dans la formulation des catégories des existants ».[377] Cette thèse de l'exclusion du Pré-Existant de la catégorie des Ntu est âprement discutée par certains auteurs (voir chapitre 18).

3. Le Ntuisme Significationnel

Quel modèle métaphysique dominant émerge des cosmosophies africaines ? Idéalisme, matérialisme, monisme, dualisme ? Les avis divergent sur la question. Pour Kwame Nkrumah, l'ontologie africaine se fonde sur un postulat matérialiste : « Notre univers est un univers naturel. Et son fondement est la matière, avec ses lois objectives ». Il ajoute : « La transformation dialectique de la matière est ce qui sert de fondement à la possibilité de l'évolution des espèces ».[378] Ce matérialisme reconnaît l'existence de "l'esprit" comme une catégorie d'être émanant dialectiquement de la matière. Car, « strictement parlant, l'affirmation de la seule réalité de la matière est un athéisme ».[379]

---

[376] *Ibid.*, 128.
[377] *Ibid.*, 130.
[378] K. Nkrumah, *Le consciencisme*, Paris, Présence Africaine, 1976, 37, 41. Voir notre critique de cette lecture de Nkrumah : Annexe 5.
[379] *Ibid.*, 105.

Alexis Kagame défend par contre la thèse d'une ontologie dont le postulat initial est immatérialiste, car fondée sur l'idée de Dieu : « [Des] idées principales que les initiateurs bantus ont formulées dans les noms désignant le Pré-existant, ou l'Existant Éternel, celle logiquement antérieure à toutes les autres et qui sert de fondement est la Transcendance du Pré-existant [...]. Il est analogue aux esprits désincarnés ; il est par conséquent incorporel, d'où il est corollairement Immatériel (Invisible, Spirituel) et Immortel ».[380]

Léopold Sédar Senghor propose, quant à lui, une approche prétendument moniste :

> « L'étoffe de l'univers n'est pas composée de deux, mais d'une seule réalité sous la forme de deux phénomènes ; il n'y a pas la matière et l'énergie, pas même la matière et l'esprit, mais l'esprit-matière comme il y a l'espace-temps. La matière et l'esprit se réduisent, l'une à l'autre, à un "tissu de relations", pour parler comme Bachelard : à l'énergie définie comme un réseau de forces. Il n'y a donc, dans la matière-esprit, qu'une énergie unique, qui se présente sous deux aspects. L'une, l'énergie tangentielle, celle du "dehors", est matérielle et quantitative. [...] L'autre, l'énergie radiale, celle du "dedans", est psychique et qualitative. »[381]

Nsame Mbongo soutient, pour sa part, la thèse d'un naturalisme significationnel à base matérialiste :

> « A notre sens, le fondement de la philosophie classique négro-africaine relève du matérialisme et non de l'idéalisme ou de la prétendue troisième voie énergétique. C'est ce matérialisme philosophique, qui est en même temps dialectique, que nous appelons naturalisme significationnel ou significationnisme ».[382]

---

[380] A. Kagame, *La Philosophie Bantu comparée*, 151-152.
[381] L. S. Senghor, *Liberté 3. Négritude et Civilisation de l'Universel*, Paris, Le Seuil, 1977, 71.
[382] N. Mbongo, *La personnalité philosophique du monde noir,* 125.

Que penser de telles positions ? À la lumière des textes cosmosophiques que nous avons analysés, la thèse matérialiste ne nous semble pas fondée. Pour justifier cette thèse, Mbongo s'appuie sur le concept de Noun qu'il interprète dans une perspective naturaliste : « La matière aquatique (l'eau) apparaît comme l'élément premier de l'existence ».[383] Cette lecture littérale ne rend pas compte de la profondeur du concept. Elle rencontre surtout une objection fondamentale : si la matière est l'élément premier, comment s'explique l'émergence de l'esprit ou de la conscience ? Nkrumah propose la théorie de la *conversion catégorielle* : « Par conversion catégorielle, j'entends quelque chose comme le jaillissement de la conscience de soi à partir de ce qui n'a pas de conscience de soi, quelque chose comme le jaillissement de l'esprit à partir de la matière ».[384] Mbongo reprend sous une autre forme cette théorie : « L'Etre en tant que Matière initiale inconsciente prend ensuite une dimension consciente, devenant lucide, capable de faire des plans et des projets pour conduire l'œuvre de création ».[385] Par quelle alchimie ou quel processus la matière inconsciente devient-elle consciente dans l'élan de son propre mouvement ? Quelles sont les lois objectives et dialectiques de la matière qui rendent possible cette conversion ? Nos auteurs peinent à résoudre une telle équation. Mbongo avance une explication ingénieuse, qui, loin de résoudre l'énigme, ne fait que l'étaler de manière plus éclatante. Il affirme que la matière produit de l'immatériel selon trois "modes" :

> « 1. *L'évolution ascendante* (l'autodynamisme contradictoire de la matière fonctionne selon une logique assurant le passage du simple au complexe, du quantitatif au qualitatif, de l'inférieur au supérieur, à travers la complexification, la diversification et le perfectionnement progressifs) ; 2. *L'organisation cohérente* (la matière n'existe pas de manière chaotique, mais se constitue comme construction [...]) ; 3. *La dimension axiologique* (la

---

[383] *Ibid.*, 126.
[384] K. Nkrumah, *Le consciencisme*, 32.
[385] N. Mbongo, *La personnalité philosophique du monde noir*, 127.

matière la plus évoluée se convertit en réalité capable de sensibilité esthétique, de sens moral, de conscience intellectuelle. »[386]

Nkrumah évite de donner des explications aussi apodictiques. Selon lui, « ce n'est pas la tâche de la philosophie que d'indiquer les détails d'une telle conversion catégorielle, c'est l'une des tâches de la science ; la philosophie n'intervient que pour montrer la possibilité de la conversion ».[387] La science pourra-t-elle vraiment nous fournir un jour des réponses quant à ces "détails" ?

Venons-en au monisme de Senghor. Il pèche par son caractère contradictoire. Le poète-philosophe écrit : « L'énergie étant force, il en résulte que c'est la radiale qui est créatrice, "l'étoffe première des choses", la tangentielle n'en étant qu'un produit résiduel ».[388] Senghor reproche à Marx et à Engels d'avoir maintenu le vieux dualisme des philosophes en « donnant à la matière l'antériorité sur l'esprit ». Or, en changeant les termes de l'antériorité (l'esprit précède et engendre la matière), il nous ramène à un système dualiste. Le monisme qu'il proclame n'est donc qu'un "crypto-dualisme", pour reprendre l'expression de Nkrumah.

À titre personnel, nous défendons l'hypothèse selon laquelle les cosmosophies africaines postulent une vision métaphysique qu'on pourrait qualifier de "Ntuisme Significationnel". Cette doctrine affirme qu'il y a de l'être (*Ntuisme*[389]) et que l'être porte en soi une "signification suprême" qui transcende la matière et l'esprit (*significationnisme*). Nous empruntons à Nsame Mbongo le concept de "significationnisme", mais nous lui donnons un sens quelque peu différent.

---

[386] *Ibid.*, 132.

[387] K. Nkrumah, *Le consciencisme*, 31-32.

[388] L. S. Senghor, *Liberté 3,* 72.

[389] Ce néologisme dérive du mot "Ntu", qui veut dire "Etre". Mubabinge Bilolo indique que le terme « est commun à la langue égyptienne et à la Famille linguistique Ntu [la Famille des langues Bantu] ». M. Bilolo, *Fondements Thébains de la Philosophie de Plotin l'Égyptien*, op. cit., 17.

Le philosophe camerounais entend par cette notion une sorte de matérialisme ou de naturalisme dialectique immanent :

> « Cette capacité dialectique de la matière à se muer en son contraire, l'immatériel, à partir de la tension des forces qu'elle porte en elle, est sans doute sa signification la plus fondamentale et la plus générale. […] La nature produit elle-même spontanément de la signification en son sein ».[390]

Pour nous, au contraire, la signification profonde de l'être, bien qu'elle se manifeste dans l'être, transcende toutes les manifestations de l'être (matière et esprit). La signification suprême de l'être, c'est l'Absolu.

***

Les séquences de textes classiques examinées révèlent la complexité et la richesse de la Métaphysique Africaine. Les cosmosophies ne sont pas le résidu d'une pensée collective inconsciente d'elle-même, mais des tentatives d'explication rationnelle du réel. Ces doctrines anciennes ont besoin d'être continuellement ré-interrogées et réinvesties d'un nouveau souffle herméneutique.

---

[390] N. Mbongo, *La personnalité philosophique du monde noir,* 132.

Glossaire des termes Fon utilisés

Termes	Décomposition des termes	Traduction littérale
Kɛ́sunyinyixó	« Kɛ́ », diminutif de « wɛkɛ́ », univers + « sù », lois + « nyinyi », le fait de respecter + « xó », parole, discours	Discours sur le respect des lois de l'univers
Nǔ	Terme indécomposable	Chose
Nǔdò	« nǔ », chose + « dò », source, abîme	Le fondement de la chose
Nǔtǐn	« nǔ », chose + « tǐn », exister,	L'existence de la chose ou la chose existante
Nǔtǐnxó	« nǔ », chose + « tǐn », exister + « xó », parole, discours	Discours sur l'Existant ou l'Étant
Nǔnyí	« nǔ », chose + « nyí / nyǐ », être, nature.	L'être ou la nature de la chose
Nǔvovo	« nǔ », chose + « vovo », divers	La diversité des choses
Nǔgbɔnvò	« nǔ » + « gbɔnvò », se différentier	La différenciation des choses
Nǔdòkpɔ́	«nǔ » + « dò », rester, demeurer + « kpɔ́ », ensemble	L'union des choses
Nǔkpíkpé	« nǔ » + « kpíkpé », complet, parfait.	La perfection des choses
Nǔdannǔ	« nǔ » + « dǎn », mouvoir + « nǔ », chose	La chose qui meut la chose (le mouvement)
Nyínyí	Réduplication du verbe « nyí », être	Être ou advenir perpétuellement
Nǔdyɔ́	« *nǔ* » + «dyɔ̌», changer, modifier	Le changement ou la modification de la chose
Wɛkéxó	« Wɛkɛ́ », univers + « xó », parole, discours	Discours sur l'univers

Corpus des textes cosmosophiques commentés :

[T-I]

« Je naquis dans le *Noun*

Avant que le ciel ne vînt à l'existence

Avant que la terre ne vînt à l'existence

Avant que ce qui devait être établi ferme ne vînt à l'existence ».

(« Textes des Pyramides », 1040, cit. in T. Obenga, 1990, p. 29)

[T-II]

« Je suis Atoum quand je suis seul à exister, étant seul dans le *Noun* ».

(« Livre pour sortir au jour », cit.in T. Obenga, 1990, p. 38)

[T-III]

« Je fis tout ce que je fis, étant seul, avant que personne d'autre (que moi) ne se fût manifesté à l'existence, pour agir en ma compagnie en ces lieux. Je fis les modes d'existence à partir de cette force (qui est en moi) ».

(« Livre de connaître les modes d'existence de Ra », cit. in Obenga, 1990, p. 56)

[T-IV]

« Au commencement de Toutes-les-Choses, l'Esprit Aîné, Maweeja Nnangila, le premier, l'aîné et le grand seigneur de tous les Esprits qui apparurent par la suite, se manifesta, seul, et de par soi-même ».

(« Cosmogonie bantu », T. Fourche, H. Morlighem, 2002, p. 31)

[T-V]

« Suivant leur sorte, il les créa en usant de l'un ou l'autre de ses trois grands pouvoirs de science secrète :

- L'Émission du Verbe
- L'Appel par le Geste
- Le Souffle ».

(« Cosmogonie bantu », T. Fourche, H. Morlighem, 2002, p. 53)

[T-VI]

« Au commencement Eyô est le seul à être. Il est seul. La vie, la lumière sont en lui. Il en jouit seul. Tout, autour de lui, est néant. Il n'y a pas de *tam* ou *eyong* (temps) ni d'*évuigne* ou *lamé* (espace), ni de *megnoung* (matière). Il est seul et seul. Mais il est. Il est hors de *tam*, de *lamé* et de *megnoung*. Tout se réduit à lui. Il se met à réfléchir. Il pense et, de sa seule intelligence (*ossimann*) trouve le mot vie. Donc il vit. Eyô est le seul à vivre, le seul à être. Il se dit : « Et si j'élargissais la vie ».

(« Texte Mvett », trad. T. N. Ndoutoume, 1993, p. 23)

[T-VII]

« Quand je me suis manifesté à l'existence, l'existence exista. Je vins à l'existence sous la forme de l'Existant qui est venu à l'existence, en la Première Fois ». (« Livre de connaître les modes d'existence de Ra », Obenga, 1990, p. 56).

[T-VIII]

« Créant ainsi Toutes-les-choses [...], Maweeja Nnangila leur conférait du même coup leurs qualités primordiales ». (Cosmogonie bantu, p. 39).

[T-IX]

« Ces qualités apparaissent aux initiés d'après les modes d'action des choses auxquelles elles appartiennent ». (Cosmogonie bantu, p. 47)

[T-X]

« Dans le principe, alors que Maweeja Nnangila était encore seul, tout était Un, entier comme l'est un œuf, entier comme l'est une calebasse ».

(« Cosmogonie bantu », in T. Fourche, H. Morlighem, 2002, p. 32)

[T-XI]

« L'eau, semence divine, pénétra donc au sein de la terre et la génération poursuivit le cycle régulier de la gémelliparité.

[…] L'humidité est dans tout ».

(« Entretiens avec Ogotemmêli », in M. Griaule, 1966, p. 16-17)

[T-XII]

« Je suis celui qui a séparé ce qui était réuni ; j'ai circulé autour de son Œuf. Je suis le matin du temps ».

(« Livre de la sortie au jour », cit. in T. Obenga, 1990, p. 44)

[T-XIII]

« Lorsque Aki Ngoss éclata, donnant naissance à *Lamé* (espace), et que *Lamé* s'étendit devenant *Ndalamé* (infiniment grand), Eyô fit la Différence (*Nkanané*). Dans l'immensité il fit apparaître d'autres formes de vie. Ainsi les ténèbres alternèrent avec la lumière, le laid avec le beau, la nuit avec le jour, le dur avec le tendre, le saisissable avec l'insaisissable, le non avec le oui, le mal avec le bien, la mort avec la vie ».

(« Texte Mvett », trad. T. N. Ndoutoume, 1993, p. 27)

[T-XIV]

« Aki Ngoss [l'Œuf Cosmique] grossit démesurément comme une boule de caoutchouc qu'on gonfle, devint incandescent, explosa (*ala'a*) en d'infinies particules (*megnoung*) étincelantes et donna naissance à :

Mikour mi Aki ou MikourNegnoung:

Les brouillards issus d'Aki Ngoss : Galaxies ;

Mikour mi Aki œuvra et engendra

Biyem-YemaMikour:

Les Vides issus des Brouillards, Vides intergalactiques ;

Biyem-Yema œuvra et engendra

Dzop Biyem-Yema:

Le Ciel issu de Biyem-Yema, des Vides ;

Dzop œuvra et engendra

Bikoko bi Dzop:

Les nébuleuses, les constellations ».

(« Texte Mvett », trad. T. N. Ndoutoume, 1993, p. 17-18).

[T-XV]

« Il créa donc d'abord, et de cette façon, par paires jumelles :

- L'énergie et le Souffle
- L'Eau et le Feu
- Le Ciel du Sommet et la Terre
- La Lumière et les Ténèbres
- Les deux Grands luminaires (le Soleil et la Lune) et les étoiles ».

(« Cosmogonie bantu », in T. Fourche, H. Morlighem, 2002, p. 37)

[T-XVI]

« Maweeja Nnangila, en même temps qu'il créa chaque chose, leur conférait son nom, et du même coup, les qualités que signifiait son nom ».

(« Cosmogonie bantu », in T. Fourche, H. Morlighem, 2002, p. 43)

CHAPITRE 11 :
Ontomythologie et quête du sujet dans le Mvet

La philosophie n'est nullement appelée à devenir une mythologie, mais il appartient à la philosophie d'accueillir le témoignage de la mythologie et chercher à en déchiffrer le sens.

(P. Nguéma)

La dualité du logos et du mythos ne saurait être la dernière instance sur laquelle nous devons nous arrêter.

(B. Mve Ondo)

Examiner les rapports entre subjectivité, univers de signification et transcendance : telle est la finalité de la réflexion que nous propose Bonaventure Mve Ondo dans un ouvrage au titre provocant : *A chacun sa raison. Raison occidentale et raison africaine*. Dans la Préface, Michèle Gendreau-Massaloux présente l'œuvre comme « deux livres en un », l'un centré sur la tradition logocentrique occidentale et l'autre tourné vers la pensée onto-mythologique Fang. Dans cette alliance d'éléments hétérogènes, poursuit-elle, réside « l'apport original » de l'auteur. Dans l'Avant-Propos, Lilyan Kesteloot s'exclame : « "A chacun sa raison", eh oui ! et non plus "l'émotion et la raison" ». Mve Ondo se propose d'esquisser, à partir d'une relecture des textes sapientiaux traditionnels (en particulier le Mvet), une philosophie de l'homme. L'homme appréhendé comme "sujet". Le philosophe gabonais part d'un postulat :

> « L'homme est un être qui est et qui, en même temps, est installé dans le monde. La conjonction de l'Univers de Signification (dans lequel il vit) et du Sujet qu'il est s'impose à

nous comme un rapport primordial qui ne tolère aucune déduction d'un terme à partir d'un autre terme ».[391]

La quête du sujet est donc irrémédiablement une quête ontologique, qu'elle se déploie dans une tradition de pensée logocentrique ou symbolique. Nous examinerons la conception du sujet dans l'univers signifiant de la raison "mvetologique". Cette étude revêt pour nous un double intérêt : elle permet, d'une part, de saisir le rapport entre *raison* et *subjectivité*, et, d'autre part, d'apprécier comment la raison s'exprime dans des formes de spéculation dites "mythologiques". Certaines positions de l'auteur nous paraissent contradictoires ou confuses. Nous les discuterons.

1. Le sujet et son univers de signification : entre archéologie et téléologie

La saisie de soi en tant que sujet n'est possible qu'à l'intérieur d'un système signifiant. L'homme est un "producteur de sens", car il est lui-même un "produit du sens". Cette conception anthropologique a conduit certains philosophes contemporains à opérer un "revirement méthodologique". Alors que dans la pensée traditionnelle occidentale, le sujet était appréhendé comme une substance éthérée, hors d'atteinte, ou comme une conscience réfléchie, ces auteurs, au contraire, conçoivent le sujet comme un être incarné et historiquement situé. L'importance accordée aux notions de "champ social", de "champ de présence" de "champ de la conscience", "d'infrastructure", de "milieu", "d'être-au-monde", etc. témoigne de ce revirement. C'est le vécu et non un quelconque substrat essentialisé qui détermine le sujet et la conscience qu'il a de soi. Il doit être donc saisi à partir des "nervures de sens" qui le constituent et qui sont forcément le fruit d'un univers de significations. Mve Ondo entend par "univers de signification", « cet absolu qui donne

---

[391] B. Mve Ondo, *A chacun sa raison. Raison occidentale et raison africaine*, Paris, L'Harmattan-IFAN, 2013, 14.

278

sens à tout individu », et, par conséquent, « ce soubassement sans lequel rien n'est » ; il constitue l'espace existentiel de l'être. Dans cet espace, le sujet s'appréhende comme un "être-dans" et un "être-vers".

"Être-dans", c'est "être situé". L'espace existentiel s'identifie ici au monde, à l'environnement immédiat qui sert de lieu d'ancrage. L'identité, la relation, la tradition et la corporéité sont les catégories qui délimitent le champ de cet espace, liant le sujet au « sol qui le tient », à l'univers qu'il habite (ou qui l'habite). "Être-vers", c'est "être orienté", être mû par quelque chose qui pousse à transformer "l'être-dans" et à le distendre jusqu'aux frontières de l'infini et de l'universel. L'univers de signification repose donc sur deux axes principaux : l'axe archéologique et l'axe téléologique. Le premier est la structure primordiale de l'ensemble du système de signification ; il enracine profondément le sujet dans sa propre terre ; il est donc *fondement* ; l'axe téléologique, par contre, est celui de l'ordre des fins. Il pousse et oriente le sujet vers la *transcendance*, vers le dépassement des limites de l'enracinement. La transcendance, bien qu'elle soit le lieu du dépassement et du dépaysement, renvoie toujours à un milieu archéologique à partir duquel elle opère une double transformation :

> « D'une part, le facteur de transcendance annule l'univers de signification dans la mesure où celui-ci est local et régional. Il dissocie le contenu particulier de l'univers pour l'universaliser. Mais d'autre part, l'accès à l'Etre lui fait percevoir l'univers de signification comme un néant d'être, comme un milieu de transparence où se vérifie la transfiguration de l'ancien dans la naissance de l'univers de signification ».[392]

L'univers de signification, aussi bien dans sa dimension archéologique que téléologique, est à la fois *logos* et *mythos*. Le *mythos,* selon l'auteur, « traduit une symbolique de la vérité qui n'est pas exprimable rationnellement », tandis que le *logos* « indique la Raison qui gouverne le monde ». Faut-il comprendre que la symbolique de la vérité mythologique n'est pas en soi un discours rationnel ? Le rationnel

---

[392] *Ibid.*, 38.

s'oppose-t-il au symbolique ? La manière dont Mve Ondo aborde ces questions soulève quelques problèmes qui seront évoqués plus loin.

2. Le sujet dans la tradition logocentrique ou onto-logique

Il convient de souligner l'enjeu du langage dans la problématique du rapport entre sujet, mythe et logos. Quelles formes de subjectivité le mythe et le logos articulent-ils dans l'univers de signification de leur langage respectif ?

2.1. Essai d'appréhension du sujet logocentrique

L'auteur distingue deux aspects du langage logocentrique : le propositionnel et la proposition. L'un est le contenant et l'autre le contenu. Le *propositionnel* est le lieu où s'élabore la proposition ; il en est la condition de possibilité. La *proposition*, quant à elle, figure ce qui peut être énoncé avec une intention de signification dans l'univers du propositionnel. Elle est intrinsèquement liée au sujet, puisque l'énonciation présuppose une double subjectivité : celle du sujet qui énonce une intention et celle du sujet qui restitue dans un univers d'entendement ce qu'il a compris de l'énoncé. À travers la proposition, le sujet s'universalise ; son acte d'énonciation, en tant qu'acte d'interlocution, convoque une pluralité d'interlocuteurs ; comme discours, il n'est intelligible que dans l'universalité des éléments constitutifs de l'univers de signification où il s'insère. Cela explique pourquoi la proposition est le fondement ontologique du discours logocentrique et, par conséquent, la « catégorie la plus explicite » du sujet logocentrique lui-même. Elle étale ce sujet et le révèle comme un être synthétique, une puissance de position et un être auto-affirmatif.

Le sujet logocentrique est un "être synthétique", car il est le lieu d'une synthèse de l'un et du divers, le point de jonction entre l'identité et l'altérité, l'intériorité et l'extériorité. Comme tel, « il n'a de consistance que parce qu'il s'origine à l'unité duelle où s'équilibrent les facteurs complémentaires qui en assurent la solidité. Il est alors non seulement a priori, mais encore consubstantiel à l'être et à l'un ».[393]

En tant que désir d'harmonie, l'être synthétique est une puissance d'être ; mais il est également une "puissance de position" : il prescrit ce qui doit être et, ce faisant, « pose ce que la synthèse compose ». Ici, le sujet logocentrique s'appréhende à travers trois catégories : l'extériorité, la production et l'existence. L'*extériorité* désigne, d'une part, tout ce qui est hors de la conscience (l'objet, le hasard, le milieu, la temporalité, la loi) et, d'autre part, ce que l'univers de signification imprime dans la conscience. La *production* est l'activité par laquelle le sujet énonce du sens dans un jeu dialectique entre liberté et nécessité, entre spontanéité et transitivité. La production de sens est une activité libre, mais elle a lieu dans un univers de signification et naît d'une exigence intérieure, donc d'une nécessité. L'*existence* est une expression des deux autres catégories ; elle est, en effet, sortie de soi et production de soi.

Le sujet logocentrique se pose enfin comme une "autoréférence", cause de soi, doté du pouvoir de l'auto-affirmation. Deux traits caractérisent ce pouvoir :

- La capacité de prendre position, de "s'engager" et de "se dégager"
- La tendance à se confondre avec l'absolu.

À travers la capacité de se positionner, le sujet logocentrique se met à distance et cherche à transcender non seulement le milieu où il s'enracine, mais également son propre être. Dans cet élan de transcendance, il se projette hors des catégories du réel, du vrai et du faux et s'immerge dans le champ du possible, du devenir en puissance. Il tombe ainsi dans un double paradoxe : a) lors même qu'il prétend se plonger dans le réel rationnel, il se sent poussé à voguer dans l'imaginaire, car le possible vers lequel il est tendu n'est pas encore. b)

---

[393] *Ibid.*, 46-47.

Le deuxième paradoxe réside dans le fait que le sujet, en transcendant le réel immédiat, affronte le néant. Or, l'acte d'auto-affirmation est au départ une négation du néant. En d'autres termes, le sujet « s'appuie à un préalable qu'il destitue ». Ce préalable, puisqu'il « n'a rien d'un donné », doit être inscrit dans le champ de l'utopie.

À quoi aboutit alors l'auto-affirmation ? Elle porte à une subjectivité évanescente, fluente. La quête n'aboutit pas à une saisie de soi, mais à une projection de soi et à une dilution de soi dans l'absolu indifférencié de l'Être. Le sujet logocentrique est un être écartelé, isolé, amputé, aliéné, exténué.

À travers les trois figures ci-dessus analysées (la synthèse, la position et l'affirmation), la tradition logocentrique appréhende la subjectivité dans un triple mouvement :

> « [La subjectivité] est, d'une part, le lieu de l'intériorisation, d'autre part, celui de la transcendance, et enfin le témoin de l'être au sein du monde. Tout se passe en effet comme si cette tradition voulait relier subjectivité, intériorité et transcendance, étant entendu que l'intériorité désigne pour elle une qualité caractéristique des opérations humaines les plus lucides (dans lesquelles tout homme rationalise ses spontanéités), mais aussi les plus marquées par un profond désir d'absolu que ne résorbera jamais la réflexion entendue comme prise de conscience. »[394]

L'auteur examine comment se configure cette forme de subjectivité dans la pensée de certains philosophes de la tradition gréco-occidentale.

---

[394] *Ibid.*, 90.

2.2. Le sujet logocentrique dans la philosophie gréco-occidentale

L'idéalisme platonicien est sans doute le courant qui incarne le mieux la tradition logocentrique dans la pensée grecque. Le platonisme vise à libérer le sujet de l'emprise des réalités contingentes du monde sensible afin de l'enraciner dans le "monde réel", le monde des entités premières. Le sujet platonicien se définit essentiellement comme "esprit", comme une essence d'origine divine. Pour ne pas dissoudre son être véritable dans l'éparpillement des réalités intramondaines illusoires, il doit s'équilibrer sur l'Etre, le "réellement étant", à travers un mouvement d'extraversion extatique. L'extraversion consiste à se dégager des attaches du monde physique et à se plonger dans l'intériorité. Pour Platon, « l'intériorité humaine peut être définie, d'une part, comme une sorte de moyen terme entre la nécessité qui fixe les règles du jeu et la divinité qui demeure "hors de cause", et, d'autre part, comme ce qui nous ouvre à l'Être et qui, du même coup, suppose la conversion spirituelle ».[395] Platon propose deux voies pour accéder à cette intériorité :

- La Réminiscence : à travers l'expérience de la mémoire, elle fait prendre conscience au sujet de l'immortalité et de la transcendance de son être profond (âme et esprit)
- La Dialectique : c'est l'art de rechercher partout l'Idéal transcendant du Bien.

Ainsi, pour l'idéalisme platonicien (et plus tard plotinien), la subjectivité se confond avec l'intériorité et transcende l'ordre de la nature. C'est en tant qu'intériorité que le sujet médiatise l'Être et se réalise pleinement comme un "*théios aner*".

Dans la philosophie occidentale moderne, Descartes est le représentant le plus emblématique de la tradition logocentrique. Mve Ondo distingue deux figures du sujet cartésien : le *sujet épistémologique* et le *sujet métaphysique*. On trouve un portrait de la première figure dans les

---

[395] *Ibid.*, 101-102.

Regulae. Ici, le sujet apparaît comme un "esprit" en quête de vérité, qui se donne des "règles", des principes pour y parvenir (*Règles pour la direction de l'esprit*). Ce qui est en jeu dans les *Regulae*, c'est moins les règles que l'esprit lui-même, l'entendement humain. Descartes pose « la primauté et l'identité invariable de l'esprit » et fait de l'esprit la première certitude de la subjectivité. Comme Platon, il identifie l'esprit à l'Idée. Le sujet est à la fois l'Idée et la conscience de l'Idée.

Partant de cette conception du sujet épistémologique, le cartésianisme opère trois changements importants : a) il inverse l'ordre du processus gnoséologique : ce n'est pas du sensible qu'il faut partir pour atteindre l'intelligible ; c'est plutôt la lumière de l'esprit qui doit éclairer le sensible. L'intelligibilité du monde ne vient pas du monde, mais de la raison. b) Pour formuler l'idée de Dieu, Descartes ne part pas des réalités mondaines (la fameuse preuve cosmologique) ; il se "retranche" dans la pensée ; c'est dans la contemplation des "idées claires et distinctes" qu'il postule Dieu, le monde, la totalité. c) Le troisième revirement consiste à passer « du connu à l'inconnu, de l'acte à l'être, de la finalité fonctionnelle ou opérative des idées à leur finalité ontologique ».[396] Ces trois mutations traduisent bien la tendance à placer le sujet logocentrique au centre de toute démarche épistémologique.

La figure métaphysique du sujet cartésien s'incarne dans le cogito. Ses traits sont esquissés dans le *Discours de la méthode* et dans les *Méditations*. Le cogito, c'est le sujet en tant que pensée et existence, une réalité ontologique (*sum*) qui ne relève pas du pur phénomène ; il est à la fois saisie de l'être, expérience de l'être et hypostase de l'être :

> « Le moment du cogito chez Descartes coïncide avec la totalité de la conscience psychologique et ne se réduit pas au seul entendement. Le sujet de Descartes n'a rien à voir avec le moi empirique, trop lié aux contingences et aux vraisemblables que le doute évince, il est le constat épistémologique, celui qui permet le rejet des fausses identités de l'ego. Le cogito chez

---

[396] *Ibid.*, 114.

Descartes opère en fait à deux niveaux. Il est, d'une part, comme acte intentionnel suspendu, la visée d'une vérité sur l'objet ; et, d'autre part, comme racine de cet acte dans l'ego, il est la certitude immédiate sur l'existence-connaissance du Je. Ainsi, il me permet d'accéder à l'intérieur de la pensée, c'est-à-dire à l'intériorité de mes attributs pour me découvrir comme unité transcendantale. » [397]

Le cogito donne accès à l'existence par le biais de la pensée. Il est l'instance de validation de la vérité.

Kant montre que la formulation cartésienne du *sum* est une tautologie et qu'elle ne saurait fonder a priori l'objectivité de la connaissance. Le sujet s'appréhende à travers "l'aperception transcendantale". Celle-ci se distingue de la simple aperception, c'est-dire de la perception de soi comme sujet pensant. Le cogito relève de la simple aperception. L'aperception transcendantale, au contraire, est la saisie de l'unité transcendantale de la conscience pure et immuable de soi. Elle est posée comme une « condition qui précède toute l'expérience et qui rend possible l'expérience elle-même ».[398] Elle n'est pas que conscience réflexive, mais également réceptivité de l'intuition empirique. Si le Moi objectif de Descartes s'écarte de l'expérience des sens, le Moi transcendantal s'enracine dans une subjectivité qui allie sensation et pensée, intuition et conscience. Le sujet kantien demeure toutefois un être anonyme et universel. Il est un "sujet vide", une "forme pure", une "apriorité", destinée à n'assurer qu'une fonction d'unité et de synthèse.

---

[397] *Ibid.*, 119.
[398] E. Kant, *Critique de la Raison pure*, trad. A. Tremezaygues et B. Pascaud, 1ère édition, Paris, coll. Quadrige/PUF, 2012,120.

2.3. Approches non onto-logiques du sujet dans la philosophie occidentale

Cinq courants de pensée, en Occident, s'écartent plus ou moins de la tradition logocentrique : le subjectivisme protagoréen, l'approche empiriste, le courant néo-positiviste, l'approche nietzschéenne et le courant phénoménologique. Ces courants ont en commun la référence au réel, au vécu, le souci d'appréhender le sujet au cœur de l'expérience existentielle

Protagoras formule une pensée qui fait de l'homme la "mesure de toute chose". Il en résulte une approche du sujet qu'Ondo Mve qualifie d'*a-ontologique*. L'homme protagoréen n'est ni une "essence", ni une "intériorité" en quête d'un Moi caché ; il ne se définit ni par rapport à une prétendue forme pure de l'Etre ni par rapport à une transcendance absolue. Il se détermine lui-même, étant la mesure de soi-même et de tout ce qui est. Au fond, il s'agit moins d'une théorie de la subjectivité que d'un subjectivisme, c'est-à-dire une philosophie qui « explique non pas l'homme par le monde, mais le monde par l'homme ». L'ambigüité du subjectivisme réside dans le fait qu'il proclame un sujet qui, en fin de compte, se révèle tout aussi égotiste que le sujet logocentrique ; comme ce dernier, "l'homme-mesure" s'enferme dans son propre ego, incapable de s'ouvrir à une réelle intersubjectivité.

Les empiristes s'inscrivent dans la ligne de pensée ouverte par Protagoras. Ils rejettent l'approche onto-téléologique et intimiste du sujet. Le Moi doit être appréhendé à partir de l'expérience. Les néopositivistes, quant à eux, récusent le dogmatisme métaphysique des subjectivités transcendantales. Carnap déclare "impossible" toute théorie métaphysique qui « entend inférer le transcendant au-delà de l'expérience » ou « à partir de l'expérience même ».[399] Le sujet, entendu comme conscience pure, est rejeté également par Wittgenstein. On sait la critique tranchante que ce dernier fait des théories de l'intériorité dans ses derniers travaux (*Recherches philosophiques*). Nietzsche est encore

---

[399] R. Carnap, *Die alte und neue Logik*, cit. in M-D. Philippe, *Une philosophie de l'être est-elle encore possible ?* Vol. 1, Paris, Ed. Téqui, 1975, 116.

plus radical. Il voit dans le sujet cartésien ou kantien un avatar et une déchéance des ontologies rationalistes. Décloisonner le Moi, l'ouvrir à l'intra-subjectivité, à la pluralité et à la plénitude anthropo-cosmique, tel sera l'un des moteurs de la pensée nietzschéenne.

Que dire du courant phénoménologique ? Il vise à concilier l'ontologie et la phénoménologie, la réflexivité de la tradition logocentrique et la nécessité de l'ancrage dans le vécu. Husserl envisage la possibilité d'un retour au moi transcendantal sans tomber dans les travers d'une métaphysique excessivement spéculative. Il veut saisir la « signification profonde d'un retour radical à l'ego cogito pur, et faire revivre ensuite les valeurs éternelles qui en jaillissent ».[400] Le philosophe allemand reprend donc et réexamine la théorie cartésienne du cogito. Il substitue au doute méthodique qui donne accès au "je pense", l'*épochê*, la suspension du jugement. Cela lui permet de se distancier du "moi-substance" et de découvrir la conscience comme intentionnalité pure : « Je me saisis, écrit-il, comme moi pur, avec la vie de la conscience pure qui m'est propre, vie dans et par laquelle le monde objectif tout entier existe pour moi ».[401] Descartes a entrevu, lui aussi, le moi pur, mais au lieu de le saisir comme un sujet transcendantal, il en a fait un "moi-substance". En rejetant le Moi-Cogito, Husserl réussit à s'écarter effectivement de la subjectivité essentialiste de l'ontologie classique ; mais, comme les tenants de cette ontologie, il affirme la « primauté de la transcendance dans la subjectivité ». Heidegger, proclame, quant à lui, la primauté de l'Être. Dans sa *Lettre sur l'humanisme*, il tente d'*historialiser* le sujet en l'enracinant solidement dans le monde et dans l'expérience de l'Être. Il n'y a point d'homme, dit-il, « en deçà du monde ». Ce n'est que par l'être que le sujet se construit comme *Dasein*.

---

[400] E. Husserl, *Méditations cartésiennes*, Paris, Vrin, 1953, 5.
[401] *Ibid.*, 18.

3. La tradition ontomythologique

3.1. À propos du mythe

En se retranchant dans la raison-logos, la tradition ontologique peine à penser l'*archéologique* (ce qui précède la raison) et le *téléologique* (ce qui transcende la raison). C'est dans le mythe, affirme Mve Ondo, qu'il faut chercher les lieux d'un dépassement du réductionnisme ontologique. Le philosophe gabonais définit par conséquent le mythe comme ce qui se situe « au-delà du propositionnel », un « étrange phénomène qui pousse à dire, sans référence à une intention de signifier ». C'est un espace où se croisent deux lignes : une ligne horizontale, celle des "successions temporelles et logiques" et une ligne verticale, qui sert de pont entre le visible et l'invisible. Le mythe manifeste la puissance du dire et s'affranchit des contraintes ou des limites du langage. Il porte ainsi au-delà du vrai et du faux. Il invite à la transcendance, mais sans indiquer une forme spécifique de transcendance. Son sujet est impersonnel, anonyme. Il crée une connexion entre l'ultérieur et l'antérieur, entre la nécessité et la liberté :

> « Le mythe fait parler dans un processus sans fin où l'ultérieur répète le mouvement antérieur. C'est ce qui explique que le mythe se perpétue, se constitue dans les et sous les affabulations qu'il se donne. On comprend alors à la fois qu'une certaine forme de permanence demeure dans le mythe, mais qu'en même temps, il n'y ait jamais ici de sens immanent, de finalité et de destination pré-définies. Le propre du mythe est d'abord d'être libre et nécessaire. Il est libre actualisation de l'ineffable. » [402]

---

[402] B. Mve Ondo, *A chacun sa raison. Raison occidentale et raison africaine*, 57. Le mythe a également une fonction pédagogique. Il « opère la synthèse des diverses branches de la Connaissance ; il les met en jeu dans une action commune ; il leur compose une forme concrète qui revêt leur structure abstraite, et conduit l'étudiant à trouver leurs points de contact par l'analogie des symboles » (I. Schwaller De Lubicz,

La tradition logocentrique oppose radicalement le logos au mythos. Elle considère ce dernier comme une légende, un récit vagabond qui, nageant dans le bleu de l'imaginaire, manque de fondement. Pour cela, il doit être rejeté au profit d'un discours fondé en raison et enraciné dans le réel : le discours philosophique. Ce processus de démythologisation atteint son paroxysme dans la culture technoscientifique et la pensée positiviste. La métaphysique occidentale classique prétendait avoir triomphé des affabulations mythologiques ; avec le positivisme, elle se verra elle-même reléguée au rang des systèmes de superstitions.

Alors qu'il critique le réductionnisme de la tradition logocentrique, notre auteur semble avoir lui-même une approche étriquée du mythe. Il reprend à son compte certains lieux communs de la pensée occidentale. On peut relever au moins trois contradictions dans son esquisse de définition du mythe :

(a) Il assume vraisemblablement le présupposé selon lequel le mythe ne serait pas rationnel. C'est un "lieu obscur", dit-il, qui précède la rationalisation. Mais, dans le même temps, il affirme que « le mythe est logique » et qu'il peut être analysé comme un système de pratiques « visant à rendre raison de l'incomplétude de l'existence ».

(b) Le mythe serait en outre le "point zéro du vouloir dire". Or, il est également défini comme un "discours", une "puissance du dire" qui aide l'homme « à classer, à situer les choses ». L'auteur nous jette et nous laisse dans le flou de cette ambiguïté.

(c) Enfin, le mythe est présenté comme un vouloir-dire, « sans référence à une intention de signifier », un vouloir-dire qui « ne pose rien ». Et pourtant, plus loin, l'auteur écrit que « le mythe signifie toujours » et qu'on peut « le concevoir comme réponse, ou plutôt comme ce qui répond à une question qui n'est jamais posée et qui est pourtant toujours implicite ». Si le mythe est une réponse, cela signifie qu'il est en soi un

---

Her-Bak. Pois Chiche, Paris, Flammarion, 1955, 387).

discours ou qu'il articule un certain discours. Il pose quelque chose qui est perçu ou déchiffré comme étant une possible "réponse".

Il y a un autre présupposé qui relève de l'ethnologie et que Mve Ondo semble entériner ; il s'agit du préjugé habituel qui porte à ne voir dans le mythe qu'une instance de légitimation du pouvoir temporel ou religieux. À la question de savoir si le mythe aurait un "pouvoir de production ou de position", le philosophe gabonais répond :

> « Quelle qu'elle soit, une telle question est susceptible de deux types de réponses. Ou bien le mythe, en tant que parole séculaire, traduit un vouloir politique et social, qui se reproduit dans un autre vouloir en vue de maintenir les rôles utiles à la conservation ou à la promotion du groupe ; ou bien, comme dans une liturgie, il s'emplit d'une vertu surnaturelle qui convertit les mots en instruments d'une grâce dont ils détaillent les effets. Dans les deux cas, on fait appel à une causalité, principale ou secondaire, qu'on emprunte soit aux énergies de la nature, soit aux pratiques d'une société. » [403]

Ces lieux communs peu questionnés, ces contradictions et l'usage de termes imprécis (tels que "magie", "affabulation", "légende", etc.) jettent une once d'ombre sur l'entreprise de l'auteur qui est pourtant de valoriser l'ontomythologie. Se cristalliser sur le critère de la *raison* comme ligne de démarcation entre le logos et le mythos se révèle une démarche infructueuse. Mythos et logos sont deux formes de rationalité complémentaires. Le mythos n'est pas irrationnel.

---

[403] B. Mve Ondo, *A chacun sa raison. Raison occidentale et raison africaine*, 57.

De manière schématique, nous pouvons représenter comme suit quelques traits distinctifs de ces deux formes de rationalité :

Logos-rationalité →	Raison ↓	← Mythos-rationalité
-Prédominance du concept		-Prédominance du symbole (dramatisation de l'idée ou du concept)
	↓	
-Primat de la forme propositionnelle		- Primat du discours allégorique
	↓	
- Clôture du discours		- Ouverture du discours
- Présuppose le mythos		- Englobe le logos
Finalité → →	Quête du Sens et déchiffrement du Réel	← ← Finalité

3.2. L'ontomythologie

L'ontomythologie est définie comme le « lieu d'émergence d'une certaine science de l'Être et du non-être et donc, dans une certaine mesure, du sujet » ; elle est un « discours libre sur l'être qui prend racine sur le mythe et le poétique, sans renoncer aux nécessités imprescriptibles d'un langage propositionnel ». Elle se démarque du discours logo-ontologique sur trois points :

> « Tout d'abord, l'idée d'Ordre. L'ontologique établit un rapport indissoluble entre l'Ordre, le Bien et l'Idée. L'existence n'a de valeur que si elle s'adapte à ce qui doit être (la loi), ce qui est conforme à la mesure et correspond à l'idéal établi. L'ontomythologie explore au contraire le champ de ce qui ne saurait être confiné dans les limites d'un ordre ainsi conçu. Elle vise le dépassement de cet ordre. » (Voir la réflexion de Cissé sur l'ordre maâtique – Chapitre 17 –).

291

Il y a ensuite le rapport au monde, à la totalité. Si l'ontologique écartèle le sujet et l'extrait du monde, l'ontomythologie l'appréhende comme un être profondément lié à un univers de signification, un univers qui, toutefois, est toujours en construction.

Le troisième trait distinctif réside dans l'approche. Alors que la tradition ontologique procède selon une démarche synthétique et démonstrative, l'ontomythologie adopte une démarche de dévoilement : « La première *énonce*, dans un style direct, ce qui est et ce qu'il en est du sujet. La seconde *montre* que le sujet n'est pas distinct du monde, mais est principe du monde parce qu'il est à la fois le lieu de l'imaginaire et de l'existence ».[404] Nous soulignons ici les deux verbes "énoncer" et "montrer". Ils pourraient être interprétés dans la perspective wittgensteinienne du *dire* et du *montrer* (Voir la théorie de l'inexprimable dans le *Tractatus)*. L'ontomythologie ne démontre pas, elle montre et invite à sonder l'envers des mots, l'envers des signes. Ce qui importe ici, ce n'est pas la construction d'un système hypothético-déductif (au sens logocentrique), mais l'herméneutique du symbolique et l'attention à ce qui ne se résorbe pas dans la loi des algorithmes. La démarche ontomythologique se caractérise aussi par son ouverture ; elle tient compte de la "liberté du mythe" et cherche à appréhender le sujet au-delà des tautologies logocentriques.

Si dans la tradition ontologique, le Moi est saisi à travers l'axiomatique de l'unidimensionnalité qui fait de lui un être seul (esseulé dans son cocon), le sujet ontomythologique est un homme relié. Il se fraie un chemin dans le "clair-obscur des circonstances". C'est un sujet complexe, traversé par des influences et des polarités multiples, un "sujet-inter-monde", un lieu de jonction où se croisent transcendance et immanence, particularité et universalité, le même et le démultiplié, le Moi et le Nous, l'être et le néant. L'ontomythologie montre que « nous sommes toujours en présence des deux faces d'un même être, que l'ombre et la lumière ne sont pas interchangeables, mais constitutifs de

---

[404] *Ibid.*, 59.

cette même réalité ». Cette complexité du réel et de l'être-au-monde est l'une des problématiques que la pensée Mvet essaie d'élucider.

4. Le sujet dans le Mvet : une saisie ontomythologique

4.1. Considérations préliminaires

En abordant l'étude du corpus Mvet, Mve Ondo fait deux remarques importantes :

a) Les textes traditionnels africains ne doivent plus être analysés uniquement à partir de la méthode structuraliste. Ne s'attachant qu'aux formes générales ou aux structures génériques, cette approche dépouille les textes de leur résonnance poétique. Ce faisant, elle les appauvrit.

b) Il importe plutôt de lire ces textes dans une perspective herméneutique ou phénoménologique pour en saisir la portée philosophique.

À propos de l'intérêt qu'il conviendrait d'accorder au Corpus Ancestral, l'auteur déplore l'attitude des philosophes africains qui considèrent que « la prise en compte de leur univers originel de signification est un retour stérile vers le passé et manifeste notre "sous-développement culturel" ». Or, cet univers constitue un « socle de trajets anthropologiques et philosophiques ». L'étude de nos mythes montre que « ceux-ci sont le lieu de tensions qui traversent la vie des individus et, en même temps, qu'ils révèlent les signes inscrits encore en nous que nous feignons d'ignorer et qui marquent notre désir d'être ». Quant à la valeur des textes, il faut, pour la saisir, cerner le projet initial de leurs auteurs : « Ce qui intéressait nos Ancêtres, ce n'était pas vraiment de dominer la nature […]. Ce n'était pas de disjoindre le sacré et le profane, mais de montrer que le visible et l'invisible s'interpénètrent, que c'est dans et à partir de ce lien que se constitue le sens et surtout que l'individu peut saisir le sens de son existence ». Pour approcher donc l'univers de sens de la littérature sapientiale traditionnelle, nous ne devons plus « nous contenter de l'observer de l'extérieur ; nous devons montrer non seulement l'importance de ses catégories implicites, mais encore comment interfèrent ici les différents niveaux de langue et donc de compréhension ».[405] L'herméneutique philosophique des textes sapientiaux requiert la capacité de "démonter les expressions" (*ebughi bifia*) pour laisser émerger leurs significations. Cela d'autant plus que les catégories implicites et les niveaux de langue inscrivent le texte dans un univers signifiant dont le dévoilement exige une analyse fine (non abrupte). Il y a deux niveaux de compréhension qui se recoupent :

- Le *Manifeste* : c'est le niveau de compréhension ordinaire, souvent destiné aux non-initiés et aux enfants. Le mythe s'enracine dans le quotidien et nous présente l'histoire d'un homme « écartelé entre les habitudes sociales et son désir ».

- Le *Profond* : c'est le niveau où le texte dévoile sa signification cachée et sa visée proprement métaphysique. Ici, le récit transcende les questions sociales ordinaires et invite à une méditation philosophique sur « l'histoire du cheminement mystique de l'humanité ».[406]

Si le premier niveau relève de l'allégorie, le second niveau nous installe dans un champ discursif où il faut creuser les mots et contempler les choses avec un regard d'initié, un regard regardant : *Mbola, Mbola ké*, « deviens, oui, deviens vieux », disaient les Sages Fang à un missionnaire européen qui, voulant discuter avec eux, s'accrochait au sens primaire des mots. Il se vit finalement éconduire : « Eh bien, lui dirent les Sages, comme tu as appris avec les enfants, retourne avec les

---

[405] *Ibid.*, 164.

[406] Dans un entretien avec son disciple Youssouf Tata Cissé, le *djeli* Wa Kamissoko insiste sur la nécessité de sonder les mots au-delà des mots pour arriver au sens profond : « Ce que je viens de te faire enregistrer là est une manière de dire les choses : sache par conséquent que chaque "morceau de la parole" a un autre sens, une autre signification. Ce "sens caché", cette "histoire secrète", je te les dirai au fur et à mesure, mais tu ne les enregistreras pas, tu les écriras » Y. Tata Cissé, Wa Kamissoko, *La grande geste du Mali. Des origines à la fondation de l'Empire*, Paris, Karthala, 2000, 12.

enfants. Quand tu sauras parler comme des hommes, tu parleras aux hommes ».[407]

4.2. *Le Mvet*

Le Mvet est un *récit épique* qui raconte les aventures de deux peuples imaginaires engagés dans un perpétuel conflit : d'un côté, le peuple des Immortels (Engong) et, de l'autre, le peuple des Mortels (Okü). Ce qui les oppose, c'est l'enjeu de l'immortalité. Engong a conquis l'immortalité et la conserve jalousement. Les Mortels, par contre, luttent par tous les moyens pour accéder à cette vie éternelle. Ils vivent leur condition de mortels comme une "situation de vide". Les protagonistes se meuvent dans deux univers qui s'interpénètrent : le visible et l'invisible. Tout combat présuppose au moins deux issues : la victoire d'un camp et la défaite de l'autre. Dans le cas du Mvet, la victoire des Immortels ne changera rien à la situation initiale ; chaque peuple conservera sa nature originaire. Si, au contraire, la lutte tourne en faveur des Mortels, tout change, et dans les deux sens : le peuple d'Engong perdra sa spécificité propre et les hommes d'Okü verront leur nature originaire transfigurée. La nature du conflit est donc "philosophique". Le problème radical qui est posé est celui de la condition humaine. Est-il permis aux hommes de surpasser leur condition et leur nature d'êtres mortels ?

Le Mvet est également un *récit généalogique*. Il raconte la genèse du cosmos et montre le lien originel qui lie les êtres à l'Être transcendant et informel, la "racine primordiale" d'où procède toute chose : Eyo'o. Il est le commencement absolu, celui qui inaugure le cycle des successions généalogiques. Il engendra le cuivre divin (Ngoss Eyo) ; le cuivre engendra l'œuf de cuivre (Aki Ngoss) ; en s'éclatant, l'œuf engendra l'infini, l'infini engendra les nébuleuses, lesquelles engendrèrent le ciel ; le ciel engendra les cieux, etc.

---

[407] Trilles H., « Proverbes, légendes et contes fang », in *Bulletin de la Société Neuchâteloise de Géographie*, tome XVI, 1905, 69.

Récit épique et généalogique, le mvet est surtout un *texte initiatique*. Il met en scène la lutte du mortel contre le destin. Les étapes, les cycles que le héros d'Okü affronte décrivent les péripéties du cheminement existentiel de l'homme. Cette dimension initiatique confirme la visée philosophique du texte, car l'Initiation est, selon Mve Ondo, une "démarche philosophique". Elle n'est ni révélation de mystères abscons, ni magie, mais quête de pureté et d'unité (voir Chapitre 15).

4.3. Le sujet du Mvet

Le principal sujet du Mvet est le héros d'Okü. Il mène un double combat : il lutte contre les Immortels pour leur arracher les secrets de l'alchimie de la vie éternelle ; dans le même temps, il doit faire face aux conflits qui naissent des mésententes entre les divers groupes de Mortels. Son héroïsme tient dans l'effort qu'il déploie pour se surpasser. Il semble néanmoins que cet effort soit a priori voué à l'échec. Le récit laisse entrevoir l'impossibilité pour le sujet d'atteindre la plénitude à laquelle il aspire de toutes ses forces. Et pourtant, il ne renonce pas à la lutte ; il défie le destin et espère l'impossible. Il s'érige contre le sort fait aux hommes (leur condition de mortels) et ne se plie pas à l'idée d'une unilatéralité du réel. Si sa mission semble impossible, elle est loin d'être insensée. Car la quête de la plénitude n'est pas et ne sera jamais une entreprise inutile.

Le héros est présenté dans la trame du récit comme un sujet ontologiquement interconnecté. Il tire son identité des alliances ou des filiations généalogiques qui le constituent. Il méprise cependant les siens, ses semblables, entretenant avec eux un rapport hégémonique. C'est l'une des causes de ses égarements. Son fourvoiement s'explique également par la confusion qu'il instaure entre *finalité* et *moyens* et par le refus d'une conversion du for intérieur :

> « Son obsession de vengeance l'empêche d'accéder au désir
> ineffable qui pourrait l'orienter vers la quête d'un état premier,
> vers l'idéal de sagesse. En effet, dès sa première initiation, ce

qui change en lui, ce n'est pas son âme, mais sa force physique. Il s'agit, pour lui, d'effectuer un rite de transformation, c'est-à-dire de provoquer par le truchement d'une opération technico-symbolique, le passage d'un état inférieur à un état jugé socialement supérieur, à savoir l'immortalisation par l'acquisition du fer. Mais il n'arrive pas au bout de cette opération. Il ne parvient pas à réaliser à la fois la désagrégation de l'ancienne personnalité et la fabrication d'un être et d'un Moi nouveaux. » [408]

L'auteur compare la situation du personnage d'Okü à celle du cocher du *Phèdre* de Platon. Il aspire à voler au ciel, mais se laisse attirer vers le bas. Le Mvet dépeint le drame d'une conscience divisée entre deux pôles. Le premier pôle est caractérisé par le désir de soumettre les forces mystérieuses et les lois de la nature à sa propre volonté ; c'est une tentative de "perversion de l'ordre établi". Le second pôle est celui de la clairvoyance et de la tempérance. Il rappelle à l'homme qu'il n'est pas la mesure de toute chose. Le premier pôle, même s'il est qualifié de "négatif", révèle un *désir d'être*. Or, le désir d'être manifeste une puissance d'être, une tension, une aspiration.

En conclusion, le sujet du Mvet, contrairement au sujet logocentrique, ne se perçoit pas comme une "conscience séparée" ou comme un être qui s'auto-contemple dans la pure spéculation ; il se perçoit plutôt comme une "conscience incarnée et socialisée", même s'il opère des choix qui l'éloignent de son identité et de sa vocation.

---

[408] B. Mve Ondo, *A chacun sa raison. Raison occidentale et raison africaine*, 251.

Notes critiques

Il nous vient un doute : est-il certain que l'ontomythologie du Mvet qui nous est proposée s'écarte réellement des sentiers battus de l'ethnophilosophie ? Il ne nous semble pas que Mve Ondo ait réussi à établir une nette démarcation entre l'approche ethnophilosophique et celle ontomythologique. À notre avis, la ligne de démarcation réside dans la manière de se positionner par rapport au texte traditionnel. On peut avoir trois cas de figure ou approches possibles :

(a) Le philosophe pense "du dedans du texte", c'est-à-dire qu'il s'en inspire pour élaborer une réflexion qu'il assume comme sienne. Dans ce cas, sa démarche ne saurait être qualifiée d'ethnophilosophique.

(b) Le philosophe étudie le texte dans l'intention d'y déceler l'impensé ou la pensée collective d'une communauté culturelle. Il se situe ici dans la perspective ethnophilosophique.

(c) Le philosophe adopte une approche historico-herméneutique. Il appréhende le texte comme une œuvre produite par une confrérie ou une école initiatique traditionnelle. En identifiant la confrérie à laquelle se rattache un mythe ou la version d'un mythe, il sort le texte de l'anonymat et l'étudie de la même manière qu'on étudie par exemple les fragments de l'école pythagoricienne (qui était, elle aussi, une école initiatique et même une secte ésotérique). Cette approche s'écarte de celle précédente, car autant on ne saurait considérer le pythagoricisme comme la pensée collective des Grecs, autant on ne saurait qualifier d'ethnophilosophie la pensée d'une Ecole Initiatique Traditionnelle.

Comment situer la démarche de Mve Ondo par rapport à ces trois cas de figure ? Son projet, au départ, semble épouser la première approche. Mais, à la fin, on s'aperçoit que son "ontomythologie" reste confinée dans le paradigme de l'ethnophilosophie. Ainsi, il se propose de dégager des « mythes et des légendes […] les conceptions cosmologiques des Fangs ». Il établit une analogie entre la pensée des Fangs et celle d'auteurs grecs pris individuellement : « De même qu'Héraclite expliquait la logique des choses et des êtres grâce à ses mythes du feu inextinguible et de la guerre […], de même qu'Aristote posait l'hypothèse du moteur immobile qui attire et réveille l'amour dans tout être existant, de même les Fangs ne séparent pas les symboles et la raison dans le *Conte du Soleil, la Lune et les Etoiles* ».[409] Des passages du genre abondent dans l'ouvrage. Il est plus qu'évident que les Fangs dont on parle de manière anonyme dans ces extraits ne sont nullement des sujets philosophiques. Ils sont une masse informe à laquelle on attribue une pensée collective. Et pourtant, cette erreur aurait pu être évitée facilement. L'auteur a identifié plusieurs versions du Mvet. Chaque version exprime non pas la pensée collective et anonyme des Fangs, mais la pensée d'un chantre-poète et celle de l'école traditionniste dont il se réclame. Le Mvet de Zwé Nguéma n'est pas celui de Tsira Ndong Ndoutoume, même si ce dernier se revendique disciple du premier. Et puis, il y a les versions de Ndong Eyogo Osse, d'Essono, de Mfoulou, d'Edou Ada, d'Eko Bikoro, d'Obiang Zue, d'Akwe Obiang, d'Eyi Mone Ndong, etc.[410] Autant de "lignes de pensée" qui nous font entrevoir des "nuances de pensée". Presque toutes les écoles mvet reconnaissent l'autorité d'un grand maître : Oyono Ada Ngone, « contemporain de Ona Otsé ».[411] Ce personnage (réel ou mythique) pourrait donc être considéré comme l'auteur primordial de la pensée mvet, laquelle va s'enrichir dans la suite des siècles avec l'apport des diverses traditions mvetiques. Faisons une analogie avec le confucianisme. Cette doctrine remonte certes à Confucius, mais elle a donné naissance à une pluralité de courants au point où il est pratiquement impossible aujourd'hui d'étudier la pensée confucéenne sans tenir compte de cette pluralité. Cela vaut également pour le Mvet. On ne gagne rien, du point de vue philosophique, à le traiter comme un "objet ethnologique".

---

[409] *Ibid.*, 200.
[410] L. M. Bengone, *Comprendre autrement le Mvett*, Paris, L'Harmattan, 2008.
[411] A. Elloué-Engoune, *Du Sphinx au Mvett. Connaissance et sagesse de l'Afrique*, 55.

Il y a un second aspect qui nous laisse perplexe. Le philosophe gabonais considère l'ontomythologie comme « le propre des civilisations où la tradition orale est restée dominante et où il n'existe ni archives écrites, ni histoire, ni philosophie et ni sciences proprement dites ».[412] On croirait lire Hegel ! Mve Ondo démolit en une phrase tout ce qu'il a laborieusement essayé de construire. Il oppose oralité et histoire. Les sociétés dites "orales", ne disposant pas "d'archives écrites", n'auraient pas, selon lui, une "histoire proprement dite". Or, il est établi que le fait de « subordonner le mouvement des Peuples durant des siècles à la seule mémoire des archives [écrites], à l'imprescriptibilité des papyrus ou à la véracité des *apax* dans les actes notariés » relève d'une vue simpliste ou idéologique.[413] C'est un vieux débat (voir le tome I de l'*Histoire générale de l'Afrique* – UNESCO –). Rappelons, par ailleurs, que les anciennes sociétés africaines n'étaient pas des "sociétés sans écriture".

Un autre vieux débat : l'opposition entre oralité et philosophie. Paulin Hountondji, qui a théorisé cette opposition dans ses écrits de jeunesse, a eu la lucidité de la réviser. Dans une entrevue accordée au journal *Le Point* en 2014, il disait : « Il n'y a pas besoin d'écriture pour que se développe dans une société l'esprit philosophique au sens de Voltaire ou de Socrate, le non-conformisme social et idéologique ».[414]

L'ontomythologie serait le propre des sociétés "orales". Voyons... On sait que Platon a adopté le mythe comme langage philosophique : « Partout dans la cosmogonie platonicienne et dans la métaphysique aristotélicienne, le mythe cohabite pacifiquement avec le concept. Platon pourrait même être appelé, à juste titre, Platon-le-mythologue ».[415] Cela vaut également pour certains présocratiques (Parménide, par exemple, considère la vérité comme une déesse). Et

---

[412] B. Mve Ondo, *A chacun sa raison. Raison occidentale et raison africaine*, 270.

[413] P. Ngandu Nkashama, *Littératures et écritures en langues africaines*, op. cit, 54-55.

[414] « P. Hountondji : Non à l'ethnophilosophie comme philosophie africaine », *Le Point*, 30/04/2014. Voir aussi P. Hountondji, *Sur la « philosophie africaine »,* Paris, Maspero, 1977 ; *Combat pour le sens : un itinéraire africain*, Cotonou, Editions du Flamboyant, 1997.

[415] C. A. Diop, *Civilisation ou barbarie*, Paris, Présence Africaine, 1981, 412.

pourtant, ces philosophes grecs n'appartenaient pas à une société étiquetée comme "orale". Le mythe n'est donc pas lié à l'oralité. Une mise au point s'impose aussi à propos de l'essence de la philosophie : « Tandis qu'Aristote nous assurait que celui qui est *philósophos* était à la fois *philómûthos*, c'est-à-dire que l'ami de la sagesse est aussi l'ami des mythes, Martin Heidegger nous confirmait à son tour que logos "dit la même chose" que *mûthos* : qu'ils "n'entrent aucunement, comme le tout-venant de l'histoire de la philosophie le croit, dans une opposition due à la philosophie elle-même" ».[416]

En lisant les conclusions de l'ouvrage étudié, on se demande à quel port nous conduit finalement l'auteur. Il s'est efforcé de nous présenter l'ontomythologie comme une démarche philosophique ; au final, il la confond avec la pensée collective en disant qu'elle n'est pas une "philosophie" proprement dite. À quoi aura donc servi tout l'effort spéculatif déployé ? On retient cependant – et Mve Ondo a le mérite de l'avoir montré – que le Mvet est véritablement le lieu d'une réflexion philosophique sur l'homme et la condition humaine. Nous reviendrons sur certains aspects de la pensée mvet dans le prochain chapitre.

---

[416] E. Nkogo Ondó, *Le Génie des Ishangos. Synthèse systématique de la philosophie africaine*, Vimereux, Editions du Sagitaire, 2010, 42.

CHAPITRE 12 :
"Mɛɖomɛmɛ".
Jalons pour un humanisme de la diversité[417]

ɑ ʒɑ ʃi¥ú ʒɔ̀ Hɛɓɔ́ ɖọ̀ Hɛɓɔ́ ʒɛ̀ ßŏ¥
ɑ ʃi¥ú λí Hɛɓɔ́ Ʉɔ̀ Hɛɓɔ́ ɑ̆.

Si tu ne peux voir l'Homme dans l'homme
Tu ne peux être véritablement un homme.
(Aphorisme Fon, Benin)

Le défi de l'interculturalité dans un monde dit "globalisé" oblige à repenser l'Universel à la lumière d'un humanisme ouvert, débarrassé des réductionnismes dogmatiques qui l'ont étouffé depuis le siècle des "lumières". Idrissa Cissé esquisse la philosophie d'un tel humanisme. Il la fonde sur le principe osirien de la diversité.

L'humanisme de la diversité présuppose une ontologie de l'altérité. L'auteur aborde cette question sans s'y arrêter longuement. Nous l'approfondirons. Nous tenterons de formuler une onto-phénoménologie de la diversité à partir de quelques textes initiatiques, en particulier le Mvet. Nous montrerons que l'altérité est d'abord ontologique avant d'être éthique, sociale et politique. L'étude s'organise autour de deux axes : nous examinons d'abord l'éthique et la poétique de la diversité chez Cissé ; ensuite, nous explorons la dimension ontologique de l'altérité.

---

[417] Une première version du contenu de cet article a été publiée dans *Mosaïque. Revue interafricaine de Philosophie, Littérature et Sciences Humaines*, n° 20, décembre 2017, 3-20.

1. Éthique et poétique de la diversité

1.1. Le Principe osirien de la diversité

La Spiritualité Africaine « plonge ses racines » dans le culte d'Isis (Asè) et d'Osiris (Wusir).[418] Pour Ernest Wallis Budge, le culte osirien est authentiquement négro-africain. Et ce, non seulement parce que les anciens Égyptiens étaient africains, mais aussi parce que leurs croyances et rituels provenaient du sud du continent :

> « Les notes prises au cours de cette lecture constituaient un matériel assez large qui me semblait d'une grande valeur pour l'étude comparative des religions égyptienne et soudanaise, et elles illustraient de manière remarquable la similitude entre les croyances religieuses égyptiennes et celles des religions africaines modernes [...]. Les croyances religieuses des Soudanais actuels sont identiques à celles de l'Égypte ancienne, car les Égyptiens étaient des Africains et les Soudanais actuels sont africains. »[419]

L'auteur entend par "Soudanais actuels" (modern Sûdani) l'ensemble des « peuples actuels qui vivent dans la région des grands fleuves de l'Est, de l'Ouest et du Centre de l'Afrique ».[420] Budge insiste par ailleurs sur la centralité de la figure d'Osiris dans le culte égyptien :

---

[418] E. Mveng, *L'Afrique dans l'Église. Paroles d'un croyant*, op. cit., 45. Nous utilisons le terme "Unnefer" pour désigner cette Spiritualité (Voir chapitres 18 et 19). L'Unnefer est la synthèse des principes et des valeurs qui constituent le socle commun des traditions spirituelles de l'Afrique Noire, de l'antiquité à nos jours.

[419] « The notes made in the course of this reading formed a large mass material which seemed to me to be of great value for the comparative study of the Egyptian and Sûdani Religions, and they illustrated in a remarkable manner the similarity of ancient Egypt and modern African religious beliefs [...]. Modern Sûdani beliefs are identical with those of ancient Egypt, because the Egyptians were Africans and the modern peoples of the Sûdan are Africans » (E. A. W. Budge, *Osiris and the Egyptian Resurrection*, tome 1, New York, Philip Lee Warner, G. P. Putnam's Sons, 1911, XVII).

[420] *Ibid.*, VII.

« Le noyau de toute Religion Osirienne était l'espérance de la résurrection [de l'homme] dans un corps transfiguré et l'espérance de l'immortalité, lesquelles ne peuvent se réaliser que par la mort et la résurrection d'Osiris. J'ai donc fait d'Osiris et des croyances liées à son culte l'élément central de cette recherche et regroupé autour de l'histoire du dieu les faits qui, dans les Religions Africaines Modernes, sont identiques et que je considère comme apparentés aux vieilles croyances. » [421]

E. Mveng (1985), F. Amadji (2007), L. K. Lubanzadio (2010) et L. L. Nkuka (2010) ont identifié des figures homéomorphes ou des avatars d'Osiris dans d'autres traditions africaines. Le Mythe Osirien/Wusirien traduit, selon Cissé, une philosophie et une spiritualité de la diversité. Osiris est la réaffirmation d'Atoum, le Maître de la Vie et de la multitude. Il vainc le mal par le don total et le dépassement de soi. Assassiné par son frère Seth, il transmute sa propre mort, en en faisant une source de vie pour la multitude. Par lui, les hommes accèdent à l'immortalité. Son message est une parole cosmique qui s'affirme dans "la diversité en soi et hors de soi".[422] Wusir incarne la Justice et l'Amour. Aimer, c'est manifester la force du don ; le don est l'expression d'une reconnaissance de soi et de l'autre. Il implique une expérience de la diversité, vécue à l'aune des principes maâtiques. L'humanisme africain trouve ici son fondement onto-éthique :

« L'homme se reconnaît humain à travers la capacité de reconnaître l'Autre, proche ou lointain. Cette double reconnaissance, qui est diversité vécue, est la justice même. En

---

[421] « The central point of each Osirian's Religion was the hope of resurrection in a transformed body and of immortality, which could only be realized by him through the death and resurrection of Osiris. I have therefore made Osiris, and the beliefs which grew up under his cult, the central consideration of this inquiry, and have grouped about of history of the god the facts in Modern African Religions which are similar and which I consider to be cognate to the old beliefs ». E. A. W. Budge, *Osiris and the Egyptian Resurrection*, VII.

[422] I. Cissé, *Césaire et le message d'Osiris. L'humanisme de la diversité*, op. cit., 188.

elle et par elle, c'est l'humain en soi qui est réaffirmé d'être ouvert à l'humain en l'Autre ».[423]

La haine et l'injustice – dont Seth semble apparemment le symbole – naissent de l'esprit du calcul froid, de l'égocentrisme, de la volonté de puissance. Vouloir s'affirmer à travers la *néantisation* de l'autre est une perversion, une dégénérescence. L'humain ne se réaffirme pas comme puissance de mort, mais comme lumière féconde qui donne vie. Il est puissance lumineuse, qui se manifeste en permanence comme force d'insurrection contre le mal et comme force de résurrection contre la mort. La relance ou la reprise osirienne de la vie a une signification non seulement anthropo-divine, mais aussi anthropo-cosmique. La mort du "*Kem Our*", le Bienfaiteur Universel, (ou celle du Nommo Septième dans le Mythe Dogon) apparaît comme une "mort germinale" qui vivifie et renouvelle toute la création ; elle est porteuse d'une renaissance fulgurante qui se manifeste dans la totalité et la diversité des sphères de l'univers cosmique.

L'éthique osirienne, récusant toute réduction de l'autre à soi, vise à promouvoir une "Civilisation de la diversité" et s'oppose au totalitarisme ethnocentrique qui se camoufle derrière le masque idéologique de l'humanisme abstrait.[424] Il ne peut y avoir d'humanisme vrai que dans un élan transculturel où les communautés humaines s'affirment "dans et par" le dépassement d'elles-mêmes. Osiris se dresse contre toute forme d'exclusion. Dans le *Livre de la sortie*, il est présenté non comme le dieu d'une "communauté" ou d'un "peuple", mais comme "le Maître de l'humanité", le "Promoteur de tous les hommes" (Chapitre CXLVI).

---

[423] *Ibid.*, 189.

[424] Evoquant la question de l'humanisme abstrait ou nébuleux, Fanon dénonce l'hypocrisie de « cette Europe qui n'en finit pas de parler de l'homme tout en le massacrant partout où elle le rencontre, à tous les coins de ses propres rues, à tous les coins du monde ». (F. Fanon, *Les damnés de la terre*, Paris, La Découverte, 2002, 301). Voir aussi P. Gilroy, *L'Atlantique Noir. Modernité et double conscience,* Paris, Editions Amsterdam, 1993, 69-111.

1.2. L'horizon de l'humain et le regard sur l'autre : une lecture "marronne"

Le terme "marronnage" évoque l'expérience historique des Noirs qui, déportés dans les Amériques, s'insurgèrent contre la barbarie de l'esclavage et réussirent à créer les conditions de leur propre libération. Ces héros de la liberté furent appelés *Nègmarrons* ou *Nègres marrons*. Leur combat est un acte d'insurrection-résurrection qui réaffirme l'universelle dignité des hommes ; un acte de "sub-version" qui met en échec la "per-version" totalitaire. Cissé récupère cette notion de "marronnage" pour en faire une catégorie philosophique, une démarche intellectuelle, une méthode d'analyse critique. Comme le marronnage politique, le marronnage philosophique questionne les dogmes établis, les "culbute", les retourne contre eux-mêmes. C'est une philosophie du soupçon.

L'auteur "marronne" Rousseau et Spinoza.[425] Il démasque derrière l'apologie rousseauiste de la vie sauvage le visage de l'ethnocentrisme. Alors qu'il prétend la critiquer, le penseur genevois conserve la structure dichotomique sauvage/civilisé, un des avatars de l'idéologie eurocentriste et, plus tard, de l'évolutionnisme social. Par ailleurs, il garde un silence de marbre sur le drame transatlantique et ne dit mot sur le texte législatif le plus inhumain de son époque, le *Code Noir*. Rousseau qui passe pour un "humaniste" s'interdit de voir, de nommer et de dénoncer la barbarie qu'il côtoyait pourtant tous les jours, c'est-à-dire la déshumanisation de l'Africain. Son silence, observe Cissé, est solidaire de la "vampirisation du Nègre".

Spinoza, lui, s'illustre par son réductionnisme essentialiste. Il traite les appétits et les actions de l'homme comme s'il s'agissait, ainsi qu'il l'affirme lui-même, de "lignes", de "surfaces" et de "solides". L'homme

---

[425] On doit à Aimé Césaire l'usage du verbe "marronner" dans le sens ici sollicité. Dans sa célèbre « Réponse à Depestre » sur l'art poétique, il écrit : « Marronnons-les, marronnons-les… Que le poème tourne bien ou mal sur l'huile de ses gonds, fous-t'en… fous-t'en laisse dire Aragon ». (A. Césaire, « Réponse à Depestre, poète haïtien. Éléments d'un art poétique », *Présence Africaine*, n° 1-2, 1955, 113-115).

est réduit au logos géométrique. Le silence du philosophe juif sur la tragédie du *Kadacha* est tout aussi éloquent que celui de Rousseau.[426] Il parle, dans une de ses lettres, d'un "certain Brésilien noir et crasseux" qui lui serait apparu en songe (« Lettre à Pierre Bailling », 20 juillet 1664). Cissé rappelle que l'association "noir-crasseux", "noir-puant", "noir-grotesque" est l'un des lieux communs du préjugé négrophobe. On la retrouve chez Rousseau, l'avocat des "sauvages" (*Les Confessions*), chez le très "humaniste" Voltaire (*Essai sur les mœurs*), chez le zoologiste Cuvier (*Recherches sur les ossements fossiles*, volume 1), chez Kant (*Essai sur les maladies de la tête. Observation sur le sentiment du beau et du sublime*), chez le très pieux Montesquieu (*L'esprit des lois*). Et puis, David Hume, Guy de Maupassant, le théologien Teilhard de Chardin, le très "philanthrope" Albert Schweitzer, etc. Un simple hasard ?

Hegel n'échappe pas à la critique marronne. Sa conception de la dialectique historique s'inscrit dans une logique de "cannibalisation ontologique" de l'autre. Elle confine l'Humanité à "l'humanité blanche chrétienne" dont elle proclame le triomphe absolu. L'Africain, enveloppé dans la "couleur noire de la nuit", serait en marge de cette ontologie historique. Le démon qui hante la pensée hégélienne, c'est le narcissisme ou le solipsisme ethnocentrique ; le projet qui l'anime est clairement celui d'une supériorité raciale :

> « Ce n'est pas le monde, mais son monde à lui que Hegel voit avec le discours prétendument vrai de sa dialectique. Ce discours dialectique est le discours spéculatif d'un Blanc qui se rêve dépositaire d'une *science divine*, c'est-à-dire d'un pouvoir de maîtrise universelle *absolument* fondé. C'est ainsi que Hegel parle de sa dialectique comme d'une "connaissance spéculative". Le mot latin *speculum*, qui veut dire miroir, est la

---

[426] L'expression « *Kadacha* » signifie en langue fon « l'horreur s'est étalée ». Nous adoptons volontiers ce concept (emprunté à notre ami Laurent Faton) pour nommer le drame des razzias, des déportations négrières et le crime de l'esclavage arabo-occidental.

racine commune des mots *spéculation* et *spéculaire*. Le discours spéculatif de Hegel est une version métaphysique de la théologie blanche du miroir, c'est-à-dire de la justification idéologique du narcissisme blanc. » [427]

La critique marronne n'épargne pas Karl Marx. Cissé fustige le formalisme de sa dialectique matérialiste. Un formalisme qui substitue à la Forme techno-théologique hégélienne la Forme économico-politique. L'art, la religion, la philosophie, la politique sont analysés et décryptés à partir du paradigme de la Forme. Marx parle de "formes juridiques", de "formes religieuses", de "formes artistiques", de "formes de conscience sociale", de "formes idéologiques", etc. En outre, les rapports de production sont considérés comme le seul moteur de l'histoire. Ce sont des rapports de classe. La "révolution", censée libérer l'homme du principe de classe, finit par l'emprisonner dans une forme institutionnalisée : le communisme. L'idéologie communiste, bien que proclamant l'avènement d'une société sans classe, n'est pas moins une forme politique violente : elle spolie le moi et sacrifie l'individu sur l'autel du collectivisme totalitaire. Elle tend à réduire le divers au même, à une forme unique prétendument universelle ; d'où sa difficulté à penser la particularité et son inclination au despotisme :

> « Le rêve communiste de Marx apparaît dès lors comme une version, généreuse sans doute, mais une version tout de même de l'universel abstrait. L'enfer étant pavé de bonnes intentions, ainsi que l'enseigne une sagesse bien connue, on se gardera de penser que les totalitarismes qui ont triomphé sous le nom de Marx sont des dérives ou des malentendus ». [428]

Que dire de la pensée de Nietzsche ? Ce dernier a le mérite de montrer que le logocentrisme de la raison occidentale est un délire ; le

---

[427] I. Cissé, *Césaire et le message d'Osiris. L'humanisme de la diversité*, 46.
[428] *Ibid.*, 56.

technocentrisme de la raison utilitaire, une stupidité ; le démocratisme dont se vante la raison moderne, un dogmatisme ; le socialisme rouge, un fétichisme. Derrière toutes ces ruses de la raison se cache un dessein malsain de contrôler, de dominer, de maîtriser, d'anéantir la vie dans ses expressions vitales. Tout en louant cette "pénétration de vue", Cissé soupçonne une hypocrisie chez Nietzsche, ou tout au moins une incohérence. Au fond, loin de rejeter le "principe de maîtrise", le philosophe allemand le confirme à travers sa théorie de la volonté de puissance. La puissance devenant un but (le but principal de l'existence), la race des forts et des héros prend la place des "hommes du calcul". La finalité reste la même : dominer, régner. À y voir de près, la poétique nietzschéenne de la vie est un jeu factice. Elle est une perversion du message wusirien. Le Dionysos de Nietzsche est une reprise distordue de la figure d'Osiris.[429]

Un mot sur la psychanalyse freudienne. Selon Freud, le principe du plaisir domine le psychisme et la vie de l'homme. Le bonheur est une illusion parce qu'irréalisable. Nous serions donc des êtres désespérés qui, en fin de compte, se contentent de substituer à leur rêve frustré la satisfaction des plaisirs. Le bonheur, écrit Freud, « signifie satisfaction des instincts ».[430] Cissé reproche à Freud de « s'enfermer dans une conception essentialiste du bonheur et de réduire ainsi le principe de la joie à celui de satisfaction ». Mais ce n'est pas tout. Il y a aussi l'égocentrisme freudien. Si le père de la psychanalyse a défait le mythe de la raison spéculative, il n'a pas déconstruit celui du moi. Il enferme l'homme dans la tour du sujet égocentrique, laissant de côté la question du rapport au monde. Or, le moi non transcendé est une clôture, une prison. C'est dans la relation que l'individu s'affirme.[431]

---

[429] À propos du parallèle "Osiris-Dyonysos", voir F. Assad, *Préfigurations égyptiennes de la pensée de Nietzsche*, L'Age d'Homme, Lausanne 1986.

[430] S. Freud, *Malaise dans la civilisation*, VIII, Paris, PUF, 1989, 23.

[431] Jung corrigera son maître en s'écartant de son égocentrisme et de son biologisme et en soulignant la double affirmation de l'individu comme Moi et Soi ; le Moi étant le « sujet de ma conscience », le Soi étant « le sujet de la totalité de la psyché ». (K. Jung, *La dialectique du moi et de l'inconscient*, Paris, Gallimard, 1986).

L'auteur critique également le penchant eurocentriste d'Emmanuel Levinas.[432]

Il ressort de cette lecture marronne que l'horizon de l'humain, tel qu'il se dessine dans la pensée des auteurs susmentionnés, reste tributaire d'une vision anthropologique réductrice.

1.3. Césaire : une poétique osirienne de la diversité

L'œuvre d'Aimé Césaire exprime, selon Cissé, une réelle poétique osirienne de la diversité. Avant de développer ce point, il convient de préciser le rapport entre poésie et philosophie.

La philosophie, en tant que *philos* de la *Sophia*, est un "chemin de lumière" pour l'homme en quête de Sens. Vue sous cet angle, la *Sophia* réaffirme la vision poétique ; celle-ci a pour fondement la Parole de la lumière originelle. La poésie est révélation du triple mystère de Dieu, de l'Homme et du Monde. Elle est, à ce titre, le "principe même de toute civilisation vivante". Le philosophe et le poète se rencontrent sur le chemin de la quête de la lumière.[433]

La poésie césairienne rejoint la philosophie par le biais du politique. Césaire fait de la parole poétique une parole marronne qui déconstruit le mythe du pouvoir et de l'idéologie totalitaire. Son œuvre est une

---

[432] Dans *Humanisme de l'autre homme*, Levinas, comme le rappelle S. B. Diagne, « déplore le monde né de Bandung comme un monde qui avec la fin de la domination de l'Europe et de ce qu'il considère ailleurs, comme une irruption dans l'histoire des "masses afro-asiatiques" aura perdu le nord, sera devenu un monde "désorienté", parce que "désoccidentalisé". Cette dénonciation est menée au nom d'un universel qui pour lui ne peut être que vertical, s'imposant comme logos venu d'en haut et exigeant que sur lui s'allignent les cultures et les langues d'un monde certes pluriel, mais qui aura compris qu'il lui faut surmonter Babel en s'européanisant. Parce que l'Europe, naturellement est, en ses langues et sa civilisation, l'incarnation du logos ». (S. B. Diagne, « Pour un universel vrament universel », in A. Mbembe, F. Sarr, *Ecrire l'Afrique-Monde*, Dakar, Philippe Rey, Jimsaan, 23017, 55).

[433] Le terme égyptien "*seba*", que T. Obenga considère comme l'étymologie du mot "sophia", évoque à la fois les notions de sagesse et de lumière. De ce terme dérive "*sebak*" qui veut dire, "rendre pur, net, clair" (Y. Bonnamy, *Dictionnaire des hiéroglyphes*, op. cit., 532). "*Seba*" est une forme de connaissance qui illumine le cœur (*ib*).

poétique de la vie, c'est-à-dire une poétique qui célèbre l'épiphanie de la vie dans sa mosaïcité irréductible. Pour l'écrivain martiniquais, le politique et la poétique de la vie sont liés.

D'abord, *la poétique de la vie*. Elle s'oppose à tous les réductionnismes idéologiques dont il a été question plus haut. Réhabiliter la vie comme force poétique et libérer le souffle vital de la poésie, voilà le point de départ de la démarche marronne de Césaire. Sa Négritude se veut un universel "poreux à tous les souffles du vent", une dynamique culturelle, une expérience historique et politique ; elle s'écarte donc de tout biologisme et de toute vision essentialiste de l'identité :

> « Ma conception de la négritude n'est pas biologique, elle est culturelle et historique. Je crois qu'il y a toujours un certain danger à fonder quelque chose sur le sang que l'on porte (...). Je crois que c'est mauvais de considérer le sang noir comme un absolu et de considérer toute l'histoire comme le développement à travers le temps d'une substance noire qui existerait préalablement à l'histoire. (...) Si on fait ça, on tombe dans un gobinisme renversé. Et ça, ça me paraît grave. Philosophiquement, ça me paraît insoutenable ».[434]

On connaît le célèbre vers du *Cahier* : « Ma négritude n'est pas une tour ». Césaire perçoit la tentation de l'essentialisme biologique comme un spectre général qui plane sur l'ensemble des sociétés humaines :

> « Il n'a pas tardé à comprendre que le particularisme, c'est-à-dire le rêve d'une particularité culturelle fermée sur elle-même, est un biologisme, c'est-à-dire une fantasmagorie qui voit la particularité culturelle comme un absolu dont le corps visible serait la manifestation irrécusable. Il n'a pas mis longtemps non plus à réaliser que le biologisme n'est pas le propre du Blanc, qu'il est un spectre universel, la grande menace que tout homme communautaire fait planer sur l'Autre dès lors qu'il s'enferme

---

[434] A. Césaire, *Discours sur le colonialisme, suivi du Discours sur la Négritude*, Paris, Présence Africaine, 2004, 82.

dans l'opposition sécuritaire de l'être (c'est-à-dire de la conservation existentielle que l'on rêve pour le moi individuel et communautaire) et du néant (auquel serait voué l'Autre, précisément pour cette conservation du moi.) Autrement dit, le biologisme est le produit d'une crispation prompte à se muer en puissance d'agression. »[435]

En plus de la dénonciation du biologisme, le poète se moque du logocentrisme et du culte de la raison froide. Il préfère la folie à cette raison dont Hegel a proclamé le caractère absolu et exclusif : « Raison, je te sacre vent du soir […] /Trésor, comptons:/La folie qui hurle/La folie qui voit/La folie qui se déchaîne/Et vous savez le reste/Que 2 et 2 font 5 ».[436] La Raison, la vraie, n'est pas ce logos monstrueux et totalitaire que la philosophie dite des "lumières" a absolutisé. Ce logos narcissique frôle la dé-raison. La Raison authentique naît de la rencontre originelle entre l'homme et le monde. C'est une rencontre vécue à l'aune d'une "vérité-émotion" tissée de contrastes : un contraste d'étrangeté et d'intimité, un contraste de peur et de ravissement, de terreur et d'attirance. Au départ, il y a donc cela, la vérité-émotion (pas au sens senghorien). C'est à travers l'imagination créatrice que la raison, portée par la puissance de l'amour, tente d'interroger et d'interpréter cette expérience. La raison naît au commencement comme une quête poétique. C'est l'humain qui donne sens à la vie ; et c'est l'imagination créatrice qui « donne à l'humain de triompher dans l'homme ».[437] Là où s'éclipse l'humain, là pousse l'ivraie de la volonté de puissance, avec sa dé-raison totalitaire.

---

[435] I. Cissé, *Césaire et le message d'Osiris,* 73.

[436] Cit. in H. Dia, *Poètes d'Afrique et des Antilles. Anthologie*, Paris, La Table Ronde, 2002, 62-63.

[437] I. Cissé, *Césaire et le message d'Osiris,* 74.

Alors que le totalitarisme eurocentriste fait de la Raison une conquête exclusivement occidentale, Césaire rappelle quelques faits historiques :

> « Il reste, bien sûr, quelques menus faits qui résistent (à la mystification ethnologique). Savoir l'invention de l'arithmétique et de la géométrie par les Égyptiens. Savoir la découverte de l'astronomie per les Syriens. Savoir la naissance de la chimie chez les Arabes. Savoir l'apparition du rationalisme au sein de l'Islam à une époque où la pensée occidentale avait une allure furieusement prélogique. » [438]

Si le poète martiniquais condamne le particularisme étroit ou le sectarisme ethnocentrique, il fustige aussi l'universalisme abstrait. Dans sa "Lettre à Thorez", il martèle qu'il y a « deux manières de se perdre : par ségrégation murée dans le particulier ou par dilution dans l'universel ». Refuser l'universalisme spéculatif, c'est raviver en permanence la conscience de sa propre histoire, c'est maintenir vivante la mémoire collective de son peuple, c'est réaffirmer les valeurs de civilisation de ce peuple.

Venons-en au *politique*. À travers une analyse minutieuse du théâtre césairien, Cissé montre le rapport qu'il y a entre le politique et l'humanisme décentré. On ne reprendra pas ici cette analyse. Il suffit de rappeler que le politique est pour Césaire le lieu de la pratique de la diversité. La *démocratie formelle* lui semble un piège, un masque idéologique dont l'horizon funeste est l'esprit capitaliste. Il lui oppose la *démocratie marronne,* fondée sur un idéal de sociétés libres, coopératives et fraternelles. La coopération-fraternité est le principe d'une démocratie vraie. Elle fut le socle politique des anciennes sociétés africaines :

> « Chaque jour qui passe, chaque déni de justice […] nous fait sentir le prix de nos vieilles sociétés. C'étaient des sociétés communautaires, jamais de tous pour quelques-uns. C'étaient

---

[438] A. Césaire, *Discours sur le colonialisme*, op. cit., 63.

des sociétés pas seulement anté-capitalistes, comme on l'a dit, mais aussi anti-capitalistes. C'étaient des sociétés démocratiques, toujours. C'étaient des sociétés coopératives, des sociétés fraternelles. Je fais l'apologie systématique des sociétés détruites par l'impérialisme. » [439]

Pour Césaire, la Négritude, en tant que pensée philosophique, a un sens et une finalité politiques. Héritière du combat des *Nègmarrons*, elle est la pérennisation d'un mouvement de résistance et de "lutte opiniâtre pour la liberté". En somme, l'œuvre césairienne est foncièrement une poétique politique dont l'horizon est résolument celui d'un humanisme ouvert, à la fois concret et universel.

2. Esquisse d'une ontologie phénoménologique de la diversité

L'approche ontologique que nous essayons ici d'esquisser se veut phénoménologique. Elle s'appuie sur une herméneutique du Mvet et d'autres textes du Corpus Ancestral. Par "phénoménologie", nous entendons un effort d'appréhension de significations existentielles à partir d'une saisie intuitive et analytique de soi et du rapport de soi à l'autre. Nous développerons trois aspects : le divers comme constitutif du même, la diversité extérieure et la notion de double.

2.1. Le divers comme constitutif du même

Steeve Elvis Ella propose une herméneutique du *Mvet* qui jette les bases d'une ontologie phénoménologique de la diversité. Il présente comme suit l'objet de sa recherche :

« Ici nous montrerons qu'Autrui tire remarquablement de "moi" toute sa validité ontologique, dès lors que son apparaître

---

[439] *Ibid.*, 25.

procède de mon être. [...] Autrui, cet autre du même, est cette conscience actuelle qui se découvre débordée par un horizon de perceptibilité. Autrui n'est plus, seulement, en conséquence, un "objet" vers lequel la conscience est tournée, mais un Ego à part entière qui échappe désormais à toute réduction phénoménologique et se constitue de la sorte lui-même comme un "étant" qui a un jeu plein dans le récit. » [440]

Ce qu'il importe ici de noter, c'est l'intuition selon laquelle l'expérience du rapport à l'autre naît d'une expérience ontologique du même. Autrui est au-dedans de moi, il me constitue, me donne à être. La diversité, avant d'être une relation extérieure à l'autre, est d'abord une ouverture à l'altérité qui m'habite. Il ne s'agit point d'une simple allégorie. Le concept de "l'homme double", affirme Ella, est une "réalité métaphysique et éthique". Il exprime la complexité irréductible de l'homme, un être protéiforme, qui est à la fois le même et l'autre. Il ne se constitue pas seulement comme un *Je*, mais aussi comme un *Nous*, un *Je-Tu*. Dans ce *Nous* intrinsèque, le *Je* incarne le même. Le *Tu* assume les multiples visages de l'autre ; il est ce qu'on nomme dans la poétique Mvet, l'*Essigang* :

> « Essigang désigne en effet la figure du protéiforme, celle-là même qui dans la conception des Ekang, assure que tout homme est double et que le double de l'homme est appelé fantôme. La figure de l'essigang affirme cette altérité qui hante sans cesse chacun de nous, car nous sommes habités par cet être, notre double qui nous suit constamment et nous rappelle que nous ne sommes jamais seul au monde. » [441]

Cette idée d'une altérité intérieure bat en brèche le présupposé d'un cogito solipsiste ; elle introduit une « intersubjectivité dans laquelle la

---

[440] S. E. Ella, *Altérité et transcendance dans le Mvett. Essai de philosophie pratique*, Paris, l'Harmattan, 2014, 32-33.
[441] *Ibid.*, 51-52.

prégnance est accordée au modèle du sujet double, en relation avec son autre qui lui est immanent et avec lequel il entretient une relation transcendantale ».[442] Elle introduit aussi une éthique de la reconnaissance de soi et de l'autre qui se déploie de l'intérieur vers l'extérieur.

2.2. La diversité extérieure

Autrui incarne une transcendance qui pousse à sortir de la bulle de la subjectivité close. L'altérité, vécue du dedans, s'extériorise et prend une forme concrète, la forme du "vis-à-vis". Cela instaure une intersubjectivité à *deux visages* qui transcende l'intersubjectivité *à visage unique*. Au fond, ces deux types d'intersubjectivité s'entrecroisent, car, la réflexivité à visage unique (l'expérience du double intérieur) requiert ou présuppose l'altérité à deux visages (l'expérience du "vis-à-vis"). La réflexivité, bien comprise, est une ouverture à l'altérité intérieure et extérieure.

Examinant l'altérité homme/femme, Ella aboutit à des résultats plus que désolants. Il abandonne le texte Mvet et se lance dans une exégèse du Récit biblique de la Genèse. Après avoir présenté la femme comme l'*ipse* de l'homme, son "double" et sa "moitié", il affirme que la relation Adam/Ève (Ish/Isha) « prend forme par défaut afin de répondre à un besoin de reproduction ».[443] Il cite l'épître paulinienne où il est affirmé que « l'homme ne procède pas de la femme, mais la femme de l'homme ; car aussi l'homme n'a pas été créé à cause de la femme, mais la femme à cause de l'homme » (1 Cor. 11, 8-9). Le philosophe gabonais approuve cette thèse. Il ne la contextualise pas. La femme, qui, selon le langage de la Bible, serait tirée de la "côte de l'homme", apparaît sous la plume du "mvetologue", comme un simple morceau de chair créé pour assouvir l'instinct de l'homme. Il est surprenant qu'il ait choisi de traiter la question de la relation homme/femme sous le prisme

---

[442] *Ibid.*, 36.
[443] *Ibid.*, 74.

exclusif de la reproduction. Qu'en est-il alors du besoin ontologique de la reconnaissance qui fonde toute altérité ?

On trouve, par ailleurs, chez Ella un autre préjugé séculaire contre la femme, un préjugé qu'il justifie en se fondant toujours sur le récit biblique : « N'est-ce pas par la femme que l'homme cède à la tentation ? N'est-ce pas par la chair qu'il succombe et viole certains interdits ? ».[444] Trouve-t-on réellement une telle vision de la femme dans le Mvet ? Elle semble étrangère à la pensée africaine, et ce, depuis l'Égypte pharaonique. Engelbert Mveng note à ce propos :

> « Dans la tradition africaine comme dans la tradition égyptienne, la femme n'est pas, comme dans la Genèse, la cause ou tout au moins l'occasion immédiate de la chute et de la perdition de l'homme. Au contraire, elle est la vie et l'amour en qui l'homme trouve sa libération et son salut. Sans la femme (Isis), l'homme est irrémédiablement perdu. Avec la femme l'homme (Osiris) est définitivement sauvé. Bien plus, il devient sauveur et libérateur à son tour : tel est le sens de la fondation du culte d'Osiris. »[445]

Il faut constater, non sans regret, qu'en s'écartant du Mvet ou en voulant le lire à l'aune de la narration biblique, Ella a fini par ruiner les bases de sa propre pensée. On peut se demander : ce détour par la Bible était-il vraiment nécessaire ?

2.3. La notion de double

L'idée du "double ontologique" que le Mvet appréhende sous le concept d'*Essigang* est esquissée dans d'autres textes traditionnels. Prenons deux exemples :

---

[444] *Ibid.*, 74.
[445] E. Mveng, *Spiritualité et libération en Afrique*, Paris, L'Harmattan, 1987, 15.

- *Le Corpus Luba*. Dans la *Bible noire*, Maweeja Nnangila, le Démiurge, est présenté comme un Être qui porte en Soi la diversité. Il est l'Un qui devient Multiple sans rien perdre de son Unicité. C'est sous ce signe dialectique de l'un et du divers, de l'un et du double, qu'il créa toutes choses : « Ainsi qu'il a été dit, à l'origine, Maweeja Nnangila créa les Animaux et l'Homme sous la forme de Doubles ». Encore : « Il l'avait créé [l'Homme] sous la forme d'un Double entier et il avait créé ce Double de triple nature, c'est-à-dire comportant trois parties ».[446] Le principe du double semble être également le chiffre universel de la création : « Maweeja Nnangila créa donc d'abord, et de cette façon, par paires jumelles : l'Énergie et le Souffle, l'Eau et le Feu, le Ciel du Sommet et la Terre, la Lumière et les Ténèbres, les deux Grands Luminaires... » De même, « dès l'origine, les Animaux et l'Homme ont été créés mâles et femelles du même coup ».[447] L'Homme double n'est pas un être écartelé. Il demeure "un" dans sa diversité intérieure. Le *double* et le *divers* participent de son unité ontologique foncière. Se refuser à l'expérience du divers dans sa double dimension d'intériorité et d'extériorité, c'est se condamner à vivre le drame de la déchirure.

- *Le Corpus Dogon*. Voici comment Ogotemmêli raconte la genèse de l'Homme :

> « Ayant modelé une matrice dans une argile humide, le Nommo la plaça sur la terre et, du haut du ciel, la coiffa d'une boulette jetée dans l'espace. Il fit de même un sexe d'homme : l'ayant posé sur le sol, il lança une sphère qui se ficha dessus. Aussitôt les deux masses s'organisèrent ; leur vie s'étala ; des membres se séparèrent du noyau, des corps apparurent et un couple humain surgit des glèbes. »[448]

---

[446] T. Fourche et H. Morghilem, *Une Bible noire. Cosmogonie bantu*, Paris, Les deux Océans, 2002, 102. Les trois parties en question sont : la dimension divine de l'homme, la dimension proprement humaine et le penchant animal. Le "proprement humain" est le lieu où l'Homme harmonise en soi sa nature divine et son instinct bestial.

[447] *Ibid.* 37, 97.

[448] M. Griaule, in *Dieu d'eau. Entretiens avec Ogotemmêli*, op. cit., 28.

L'Homme naît donc sous le signe de la gémelliparité ; il naît "double", il naît "couple", mâle et femelle. Son double n'est pas seulement extérieur (le "vis-à-vis") ; il est aussi intérieur ("l'autre-soi-même") :

> « Le [Nommo] dessina sur le sol deux silhouettes superposées, deux âmes dont l'une était mâle et l'autre femelle. L'homme s'étendit sur ses ombres et les prit toutes deux. Il fut fait de même pour la femme. Ainsi, chaque être humain, dès l'origine fut nanti de deux âmes de sexes différents, ou plutôt de deux principes correspondant à deux personnes distinctes à l'intérieur de chacun. » [449]

C'est exactement cela que le Mvet désigne sous la métaphore de "l'homme double dans un même corps".[450] La bipolarité fait toujours appel à un principe de transcendance. La relation qu'elle instaure inclut donc un troisième terme qui transcende la pure dualité et rend possible une altérité féconde, ouverte à une diversité plurielle. Nous traduisons cette relation par le concept de *Mɛɗomɛmɛ*, qu'on peut décomposer comme suit :

Mɛ	ɗò	mɛ	mɛ
La personne	(qui) est	la personne	dans
1		2	3

= La personne (qui) est dans la personne.

La graphie du mot donne à voir un triple *mɛ* :

- Le *mɛ-3*, qu'on traduit ici par la préposition "dans" exprime en réalité une intériorité ontologique, c'est-à-dire, une intériorité qui a valeur d'être. On peut l'appeler "*Mɛɗò*", c'est-à-dire l'être fondamental. Il est fondement et transcendance de l'être. Il est cette intériorité radicale où a lieu la reconnaissance de soi et de l'autre ; il est la transcendance des

---

[449] *Ibid.*, 28.
[450] T. N. Ndoutoume, *Le Mvett. Epopée fang, tome 1,* Paris, Présence Africaine, 1983, 30.

deux sans cesser d'être l'immanence primordiale qui rend possible la reconnaissance.

- Le *mɛ-1* ou le "*Mɛyɛ*", c'est l'autre double qui m'habite, plus précisément, l'*Essigang*. C'est aussi l'autre qui est en dehors de moi, le "vis-à-vis" en qui je peux reconnaître une part de moi-même (mon *alter*) sans pour autant le réduire à moi. Il y a donc deux figures du *Mɛyɛ* : le "*Mɛyɛ-mɛyimɛ*" (l'autre qui est en moi) et le "*Mɛyɛ-gbɔnvo*" (l'autre-moi différent de moi, le vis-à-vis).

- Enfin, le *mɛ-2* désigne l'ego-cogito, le "*Mɛlin-mɛɖee*", littéralement, « le *mɛ* qui se pense », c'est-à-dire le moi en tant que conscience qui s'auto-saisit.

En résumé, l'altérité implique une relation triadique : Mɛdò, Mɛyɛ, Mɛlin-mɛɖee. C'est cette triangulation ontologique qu'exprime le concept de Mɛɖomɛmɛ.

Notes conclusives

Tshiamalenga-Ntumba a élaboré une philosophie du réel désignée sous le vocable de "Bisso" ou de "Bobisso" : « *Bisso* (lingala) […] est à prendre *adjectivement* au sens d'une conception du réel faisant de celui-ci l'équivalent du Nous englobant, processuel et plural. On dira ainsi : philosophie bisso ou bobisso ».[451] Cette philosophie assume comme postulat le « présupposé africain de l'unité de destin processuel du divin, du cosmique et de l'humain, et ce, par-delà tout monisme, tout dualisme, tout substantialisme ».[452] Il s'agit, en somme, d'une approche cosmothéandrique, qui s'accorde avec la vision générale que nous avons essayé de dégager dans cette troisième partie. Il convient cependant d'apporter quelques nuances pour préciser notre position par rapport à celle du philosophe congolais :

a- La conception du réel comme un "tout interconnecté" trouve un large écho dans les textes cosmosophiques que nous avons examinés. L'approche africaine du réel est farouchement holiste et systémique.

b- Un autre lieu commun : l'idée de la fluctuation perpétuelle du réel. De cette idée, Tshiamalenga-Ntumba tire une conclusion qui n'emporte pas totalement notre assentiment. Il estime que le réel cosmosthéandrique existe « *exclusivement* sur le mode du devenir, de la métamorphose, du mouvement ».[453] Soit. Mais s'il n'existe que le devenir, le devenir ne constitue-t-il pas lui-même quelque chose de permanent ?

---

[451] I-M. Tshiamalenga-Ntumba, *Le réel comme procès multiforme. Pour une philosophie du Nous processual, englobant et plural*, Saint-Denis, Edilivre, 2014, 408.
[452] *Ibid.*, 53.
[453] *Ibid.*, 37. Nous soulignons.

c- Au nom du principe du devenir, l'auteur rejette également l'idée d'*être*. Il écrit :

> « À la question heideggérienne de savoir "pourquoi il y a quelque chose plutôt que le néant", notre réponse est donc qu'il n'y a, probablement, ni "quelque chose" ("être") ni "néant", mais "devenir", salva veritate. [...] Le réel divin, cosmique et humain apparaît comme auto-genèse, auto-transformation, procès et devenir : mieux, devenir du devenir, procès du procès, transformation de la transformation. » [454]

Ainsi, « dans l'arrière-fond du réel », il n'y aurait « vraiment rien qui existe ». Rien, sinon une « structure de métamorphose ».[455] On peut critiquer et même rejeter une vision substantialiste de l'être, mais est-ce une raison pour nier catégoriquement toute idée d'être ? Autant l'idée d'un réel statique et immuable est incompatible avec ce que nous avons appelé le "Ntuisme Significationnel", autant la négation absolue de l'idée d'être est insoutenable à la lumière de nos cosmosophies.

Nous examinerons plus loin comment s'articule le rapport entre les trois composantes du "Nous englobant", le Cosmique, l'Humain et le Divin (Annexe 3).

---

[454] *Ibid.*, 14.
[455] H-P. Dürr, *Das Weltbild der neuen physic*, cit. in I-M. Tshiamalenga-Ntumba, *Le réel comme procès multiforme*, 31.

-IV-
Philosophie politique et sociale

wr m3ꜥ.t w3ḥ spd.t(=s)

Grande est la Maât, durable son efficacité

(Ptahhotep, v. 88)

CHAPITRE 13 :
"Ðɔ̀ hwɛ̀".
Esquisse d'une philosophie du Droit Africain Classique (DAC)[456]

Qui peut encore nier la remarquable avance du droit pénal négro-africain en matière d'humanisme et de rationalité ?

C'est la rationalité, c'est-à-dire l'usage exclusif des règles de la logique qui préside aux règles gouvernant la procédure en droit noir.

(Fatou K. Camara)

Un des ouvrages de Fatou Kiné Camara a retenu notre attention : *Pouvoir et justice dans la tradition des peuples noirs*. L'auteure/autrice formule comme suit la problématique qu'elle entend aborder : « Comment [le] règne du droit est-il assuré dans la tradition africaine ? En fonction de quels critères, suivant quels principes ? ».[457] En d'autres termes, il s'agit de dégager la logique du droit africain, d'examiner ses fondements, d'évaluer la cohérence et l'efficacité de ses procédures. Un tel exercice s'avère de plus en plus nécessaire et même indispensable. En effet, « pour traiter un présent en convulsions », des États africains « durement secoués par des crises profondes et terribles » ont, dans un passé récent, « décidé de ressusciter certaines institutions [judiciaires traditionnelles] ».[458] Le Rwanda s'est tourné vers les *Gatchatcha* (les

---

[456] Une première version du contenu de ce chapitre a fait l'objet d'un Séminaire que nous avons eu la joie d'animer dans le cadre de la IVème Edition de l'African Summer School sur le thème : *Raison, Rationalités et Logiques du Réel dans la Philosophie Africaine Contemporaine* (Italie, Verona, Juillet-Août 2016). Nous remercions tous les étudiants qui ont participé à ce séminaire ainsi que le Directeur de l'African Summer School, Mr. Fortuna Ekutsu Mambulu.

[457] F. K. Camara, *Pouvoir et justice dans la tradition des peuples noirs. Philosophie et pratique*, Paris, L'Harmattan, 2004, 13.

[458] *Ibid.*,13.

tribunaux communautaires) pour juger les meurtres commis lors du Génocide. L'Afrique du Sud, après la chute du régime ségrégationniste, a mis sur pied la "Commission Vérité et Réconciliation" pour faire la lumière sur les crimes de la période de l'Apartheid.[459] En dehors de ces deux cas, l'Afrique Noire, dans sa globalité, éprouve le besoin de reconfigurer son système juridique sur la base de sa propre sociologie historique et politique. Dans son essai, la juriste sénégalaise défend trois thèses :

a- Il existe une « tradition commune à tous les peuples noirs (…) en matière de pratique de la justice et de conception du pouvoir ».

b- Administrer la justice dans la tradition africaine, « ce n'est pas condamner », mais « faire régner le bien » et « rétablir une harmonie rompue ».

c- Le droit africain obéit à une logique rationnelle gouvernée par la dialectique maâtique.

Après un exposé des acquis les plus significatifs des recherches et de la réflexion de l'auteure, nous proposerons quelques éclairages complémentaires.

1. Les fondements du droit Africain

Au commencement, l'humanisme africain. Il est le socle du système juridique traditionnel. Cet humanisme *maâtiste* et *ubuntiste* permet de comprendre pourquoi le droit africain classique se configure comme un droit de la compassion, de la compensation et de la réconciliation.

1.1. Un droit de la compassion

À partir de nombreuses sources historiques, Fatou Kiné Camara montre que la « justice à l'africaine est d'une rationalité et d'une absence de

---

[459] Voir C. Maia, J-F Akandji-Kombé, J-B Harelimana, *L'apport de l'Afrique à la justice pénale internationale*, Paris, L'Harmattan, 2018.

cruauté remarquables ».[460] Elle se concentre en particulier sur le droit pénal ancestral, lequel ignore quasiment la peine de mort ou n'en fait cas que dans des situations extrêmement graves et exceptionnelles. Même lorsqu'elle est requise, faute d'alternative satisfaisante, elle n'est pas toujours appliquée de manière littérale. Comme l'atteste Olawale Elias, « cette peine est souvent commuée en une réparation ». Elle n'est exécutée littéralement que « quand tout espoir fait défaut de réintégrer le coupable (d'un homicide) dans la vie sociale ».[461] L'exécution n'est jamais publique et elle ne se fait pas avec des moyens de torture. Du point de vue "technique", la sentence d'une peine de mort est difficile à obtenir. Les règles procédurales tendent à protéger la vie et la dignité de tout homme, y compris de celles du coupable. C'est pour cela que le droit africain inclut dans sa vision de la justice le principe de la compassion. Rappelons quelques faits culturels et épisodes historiques qui illustrent et confortent cette thèse de l'auteure :

a- Un Mage jouissait d'une réputation populaire au temps du pharaon Khoufou (Khéops). Il était capable, disait-on, de « remettre en place une tête coupée ». Pour le mettre à l'épreuve, le roi lui propose d'exercer son art sur un condamné à mort. Djedi – c'est le nom du Mage – répond qu'il n'est pas permis de couper la tête à un être humain. La suite ? « Kheops sourit, sans répondre. L'homme qui est en face de lui est bien un sage. Il n'est pas tombé dans le piège. C'est Pharaon, en définitive, qui n'accepte point de couper les têtes humaines ».[462] S'agissant toujours des mœurs égyptiennes, Diodore de Sicile indique que la loi défend au pharaon de « mettre à mort aucun de ses sujets, même pas celui qui a commis un crime méritant la peine capitale ». L'historien grec évoque par exemple le cas des parents coupables du meurtre de leurs propres enfants. On ne leur ôtait pas la vie, mais ils « devaient, pendant trois jours et trois nuits, demeurer auprès du cadavre et le tenir embrassé, sous la surveillance d'une garde publique […] ; on croyait

[460] F. K. Camara, *Pouvoir et justice dans la tradition des peuples noirs,* op. cit., 21
[461] T. Olawale Elias, *La nature du droit coutumier africain*, Paris, Présence Africaine, 1961, 144.
[462] C. Jacq, *L'Égypte ancienne au jour le jour*, Paris, Perrin, 2002, 48.

leur causer, par ce châtiment, assez de chagrin et de repentir pour les détourner de semblables crimes ».[463]

b- En pays mossi, lorsqu'une peine de mort est prononcée contre un chef ou un notable, le roi « envoie au condamné une flèche empoisonnée enveloppée dans un pagne blanc. Le chef, en général, tient à l'honneur de mourir dignement en s'enfonçant la flèche dans le bras ou le mollet ».[464] La tradition juridique *mossi* a même prévu des dispositions de recours en grâce et institué une fonction politique à cet effet, le *Wêemba*. Cette fonction est toujours assurée par une femme, qui incarne la figure de la mère compatissante : « Le *Wêemba*, dans l'organisation du pouvoir est l'autorité, le Ministre chargé du droit de grâce [...]. Le Conseil de contrôle peut condamner un Moro-Naba (roi) à mort [...] et seul ce Ministre pouvait faire commuer cette condamnation ».[465]

c- Amadou Hampaté Bâ rapporte que dans l'empire Peul du Macina (1818-1853), les traitements désobligeants vis-à-vis des femmes n'étaient point admis : « Une femme libre ne recevait jamais de coups : ceux-ci étaient appliqués sur le toit de sa case ou sur un objet lui appartenant ». Ayant surpris des musulmans fanatiques qui s'apprêtaient à fouetter une femme accusée d'adultère, un noble Peul les sermona durement : « Dites à votre coran que je ne lui obéirai pas tant qu'il n'aura pas pour les femmes nobles les égards qui leur sont dus ». [466]

d- Olawale mentionne que, selon une vieille coutume répandue en Afrique Noire, un condamné à mort est épargné s'il se réfugie dans un temple ou un couvent : « Un criminel ayant trouvé asile dans un sanctuaire – fût-il délabré – n'est plus approché par ses

---

[463] Diodore de Sicile, *Bibliothèque historique*, LXV, cit. in B. Diop, « Sources et arbitrages des conflits en Égypte pharaonique », *Revue Sénégalaise de Philosophie*, n° 7-8, déc. 1985, 72, 75.
[464] J. Ki-Zerbo, *Histoire de l'Afrique Noire*, Paris, Hatier 1972, 257.
[465] F. Tingana Pacere, *Le langage des tam-tams et des masques en Afrique*, Paris, L'Harmattan, 1991, 27.
[466] A. Hampaté Ba, *L'Empire Peul du Macina*, Dakar, NEA, 1984, 48-49 ; 259.

poursuivants ».[467] Cette tradition remonte à l'Égypte pharaonique comme nous l'apprend Hérodote (*Enquête*, Livre II, § 113).

Ces mœurs révèlent un trait civilisationnel qui imprègne tout le Système Juridique Africain (SYJA). Le droit de la compassion se fonde sur trois postulats ou principes :

- La vie humaine est sacrée. Une des plus anciennes formulations de ce principe date du temps pharaonique : « N'usez pas de la violence contre les hommes (…) ; ils sont le troupeau de Dieu », lit-on sur les parois d'un temple égyptien.[468] C'est ce principe qu'évoque Djedi pour échapper au piège du pharaon Khoufou : « Il est interdit d'agir ainsi envers un être qui fait partie du troupeau sacré de Dieu ».

- Une justice punitive ou violente ne saurait détruire le mal moral. Tierno Bokar, le "Sage de Bandiagara", nous dit : « Le mal doit être combattu par les armes du Bien et de l'Amour. Quand c'est l'Amour qui détruit un mal, ce mal est tué pour toujours. La force brutale ne fait qu'enterrer provisoirement le mal qu'elle veut combattre et détruire. Or, le mal est une semence tenace ».[469]

- La justice est "fille du bien". Par conséquent, elle ne peut se dénaturer et légitimer des pratiques barbares comme la pendaison, la guillotine, la lapidation, etc.

1.2. Un droit de la compensation et de la réconciliation

La finalité ultime du Droit Africain Classique (DAC) n'est pas la punition, mais la réparation du tort commis et la réconciliation. Des peines sont prescrites pour chaque délit selon une règle de correspondance entre infraction et sanction. Les lois égyptiennes étaient réunies en « huit volumes qui étaient placés devant le juge » pendant les procès (Diodore I, LXXV). Dans la quasi-totalité des anciennes sociétés subsahariennes, un *djeli* rompu aux matières juridiques était chargé de

---

[467] T. Olawale Elias, *La nature du droit coutumier africain*, 234.
[468] Cfr J. Ki-Zerbo, *Histoire de l'Afrique Noire*, 75.
[469] A. Hampaté Ba, *Vie et enseignement de Tierno Bokar*, op. cit., 159-160.

fournir des renseignements précieux aux juges en matière de juridiction ; il attirait leur attention sur « des précédents fort lointains, remontant parfois à dix générations ».[470] Les infractions les plus sévèrement sanctionnées sont : le meurtre, l'adultère, le vol et la désertion des soldats. La sanction la plus redoutée est le déshonneur, considéré plus affligeant que la mort. L'énoncé des peines sert à « mettre en image la gravité du crime » et la sanction a une valeur plutôt comminatoire. L'Afrique Noire rechigne à la loi du talion qui, en plus d'être grossière et brutale, est totalement improductive. Il y a une alternative plus humaine et plus efficace : lorsqu'une sanction grave est prononcée, on demande au délinquant de « réfléchir au prix qu'il attache à sa propre intégrité corporelle et estimer en partant de là à combien il chiffre en monnaie, en tête de bétail ou autre, le fait qu'on ne lui rende pas blessure pour blessure, meurtrissure pour meurtrissure ».[471] Après un sincère repentir, le fautif purge sa peine par une compensation qui rend justice à la victime et aux siens. Mais la simple compensation ne suffit pas pour rétablir l'harmonie sociale ; il est proposé une démarche de réconciliation, une sorte de thérapie sociale, une pédagogie de la correction. La conciliation s'opère à trois niveaux : « la réconciliation du délinquant avec lui-même, du délinquant avec la victime et du délinquant avec la société ».[472] La compensation matérielle ou pécuniaire n'est pas une fin en soi ; elle a une valeur morale. Pour le coupable, elle est devoir de justice, mais aussi demande de pardon. L'acceptation de la compensation de la part de la victime indique que le tort est pardonné et que l'affaire est juridiquement close.

Ce procédé laisse souvent perplexes les chercheurs étrangers. Habitués aux mécanismes du droit occidental, ils ont du mal à comprendre que les juridictions africaines ne tiennent pas compte de la distinction entre *délits civils* et *délits pénaux*. C'est que la conception du droit n'est pas la même dans les deux contextes. Alors que le droit africain vise

---

[470] T. Olawale Elias, *La nature du droit coutumier africain*, 274.
[471] F. K. Camara, *Pouvoir et justice dans la tradition des peuples noirs,* 43.
[472] F. T. Ehui, *L'Afrique Noire : de la superpuissance au sous-développement*, Abidjan, NEI, 2002, 83.

essentiellement à rétablir l'harmonie entre les parties et reconstruire « l'équilibre social de la communauté », le droit européen est « de façon très marquée un droit de sanctions ».[473] (On étudiera plus loin le paradigme culturel et anthropologique du droit aryen).

2. Organisation du pouvoir judiciaire et règles procédurales

Si la justice est "fille du bien", elle est aussi la "sœur jumelle de la vérité". Nous examinerons ici quelques principes et procédures qui, dans le système juridique africain, concourent à l'élucidation de la vérité : le caractère public des audiences, les voies de recours, le principe de l'égalité de tous devant la loi, les méthodes de preuve et d'enquête.

On peut d'ores et déjà souligner que la vérité recherchée dans les prétoires traditionnels n'est pas une vérité unilatérale, mais une vérité dialectique, équilibrée. Théodore Ndiaye exprime cela en des termes pauvres, mais justes :

> « S'adressant à quelqu'un qui était accusé, on lui disait : « ce que tu as fait est une erreur et tu as tort, ce n'est pas bon ». Aussitôt on se retournait vers l'accusateur ou l'offensé en lui rappelant que lui aussi, il n'est pas parfait tout en lui demandant de réfléchir. C'était une forme de dialogue où en définitive chacun reconnaissait que, quelque part, il pouvait avoir tort, mais que par ailleurs il avait raison. » [474]

Seule la dialectique maâtique permet de comprendre cette logique selon laquelle on peut avoir à la fois tort et raison dans un même procès sans que la vérité ne soit écorchée. Avant de siéger, les juges égyptiens (les *Wudjaywou*) mettaient au cou l'emblème de la Maât. Par cet acte

---

[473] T. Olawale Elias, *La nature du droit coutumier africain*, 151-152.
[474] T. Ndiaye, « La justice, la paix et la dignité humaine sont les fondements du développement économique et social », entretien avec le journaliste Mamadou Sy, quotidien *Le Soleil*, 23 juillet 2002, 4.

symbolique, ils s'engageaient à dire le droit, sous le regard de la Déesse de l'Équité, de l'Équilibre et de l'Harmonie. En d'autres termes, le port du pendentif symbolise le fait que « les juges ne sont au service ni des puissants, ni des riches, ni de leurs propres intérêts. Ils ne sont au service que de la Vérité ».[475] E. Bosc nous apprend qu'ils étaient recrutés dans la classe sacerdotale. Les juges secondaires « étaient tirés des nomes » tandis que les magistrats revêtus des plus hautes fonctions étaient choisis parmi les prêtres de Waset (Thèbes), d'Iounou (Héliopolis) et de Men-Nefer (Memphis).[476]

Ci-dessous quelques termes du lexique juridique égyptien que nous avons glanés dans les dictionnaires classiques (Budge, Bonnamy, Champollion, Faulkner) :

Wudja ou wudja rwt	Juger
Smty (Synonymes : "wupty", "sedjemw")	Juge
Djadjat	Magistrat
Aryt ou *wpt* (wupet)	Palais de justice
Wudja medw	Contentieux juridique
Qnbt sedjemyw	Grand Tribunal, Conseil des Juges
Maaty ou wudjat	Jugement, verdict
At-djeseret	La Cour Céleste

2.1. Le caractère public des audiences

C'est par souci de transparence que le législateur africain a prévu que les audiences soient publiques. La communauté participe au procès et peut s'assurer que le droit a été dit, dans le respect des normes et des règles. Ce caractère public et participatif était tel que « n'importe quel membre de la communauté pouvait prendre la parole et poser des questions à l'une ou l'autre des parties ».[477] L'auditoire, parallèlement

---

[475] F. K. Camara, *Pouvoir et justice dans la tradition des peuples noirs,* 98.
[476] E. Bosc, *Isis dévoilée,* 146.
[477] F. T. Ehui, *L'Afrique Noire de la superpuissance au sous-développement,* 49.

au Collège des juges, se constitue en jury, capable de saisir les enjeux de l'affaire traitée et même de dénoncer les turpitudes d'une cour corrompue ou incompétente. Cette attention vigilante du peuple oblige le tribunal à assurer une justice impartiale : « Quand un procès se déroule dans ces conditions de transparence et que le jugement rendu doit rencontrer l'aval de la quasi-totalité de l'auditoire […] peut-il y avoir place pour une justice arbitraire, corrompue ou inique ? »[478]

2.2. Les voies de recours et l'égalité de tous devant la loi

Le Système Juridique Africain (SYJA) prévoit plusieurs voies de recours : le conseil de la collectivité familiale, les autorités judiciaires du conseil régional et, enfin, l'instance suprême, c'est-à-dire le tribunal de la cour royale. En Ouganda par exemple, on a, au niveau élémentaire, le *Mirouka*, l'instance judiciaire de la communauté de base (la collectivité ou le village) ; ensuite le *Gombala*, la juridiction du district, le *Zaza*, la juridiction du comté et, en dernière instance, le *Lukiko*, le tribunal royal. Le choix d'une voie de recours dépend de la nature des affaires traitées. Si le contentieux oppose deux membres d'une même famille, la première instance judiciaire à saisir est le conseil familial ; si les deux parties ne sont pas de la même famille, on peut saisir deux ou trois conseils familiaux qui s'entendent pour examiner l'affaire. Mais le plaignant peut saisir également l'instance régionale. S'il ne trouve pas satisfaction au niveau de cette juridiction, il est autorisé à saisir la Cour royale. Certaines affaires graves ne sont jugées que par cette Cour. La diversité des voies de recours rend possible une recherche plus élargie de la vérité et donne aux parties l'assurance que leurs droits pourront être défendus jusqu'au bout, depuis le conseil familial jusqu'à la cour royale.

À propos du pouvoir judiciaire pharaonique, E. Bosc nous fournit des détails précieux que l'on ne trouve pas dans le livre de notre auteur. Ce pouvoir était organisé comme suit :

---

[478] F. K. Camara, *Pouvoir et justice dans la tradition des peuples noirs,* 63.

« Il y avait à Thèbes un Tribunal Suprême composé de trente magistrats, qui choisissaient parmi eux un président ; celui-ci portait au cou, comme insigne de sa haute fonction, une chaîne en or à l'extrémité de laquelle était fixée une pierre précieuse représentant la déesse Saté (la Vérité). Le président élu désignait pour le suppléer en cas de nécessité, un autre prêtre tiré du même collège que lui. […] Bien que les juges fussent rémunérés par la cassette royale, ils juraient, en acceptant leurs fonctions de désobéir au Roi, s'il commandait jamais une action injuste. Ces magistrats jouissaient auprès du peuple d'une très grande considération. » [479]

L'égalité de tous devant la loi est reconnue. C'est un principe d'équité qui oblige à ne pas faire pencher la vérité du côté du plus fort. Les règles de droit « n'étaient ni racistes, ni sexistes, ni subordonnées à des préjugés de classe ». [480] Diodore de Sicile note qu'à Khemet, les lois frappaient « non d'après les différences, mais d'après l'intention du malfaiteur » (I, LXXVII-LXXXI). Célèbre cette recommandation de Thoutmosis III à son *Tjati* Rekhmirè :

« Un vizir ne doit pas avoir de parti pris pour les uns ni pour les autres. Il doit considérer celui qu'il connaît comme celui qu'il ne connaît pas, écouter tous les plaignants ». [481] Assane Sylla rapporte que chez les Wolofs du Sénégal, les « délits et crimes étaient réprimés de la même façon, et même de façon plus sévère chez le noble que chez les autres ». [482]

2.3. Les méthodes de preuve et d'investigation

---

[479] E. Bosc, *Isis dévoilée*, 146-147.
[480] F. K. Camara, *Pouvoir et justice dans la tradition des peuples noirs,* 75.
[481] Cit. in M. Della Monica, *La classe ouvrière sous les pharaons*, Paris, Librairie d'Amérique et d'Orient, Maisonneuve, 1975, 75.
[482] A. Sylla, *La philosophie morale des Wolofs*, IFAN-Université de Dakar, 1994, 140-141.

Les éléments de preuve et d'investigation les plus utilisés sont : les "déclarations faites sous serment par les parties elles-mêmes ou par leurs témoins", "l'enquête", "l'expertise médicale", "l'évaluation psychologique camouflée derrière la divination ou les ordalies".[483] Quand s'ouvre le procès, le juge, les assesseurs et le *djeli* spécialisé dans les questions juridiques s'installent. On accueille les dépositions. C'est le plaignant qui commence ; il expose sa requête. S'il s'agit d'une instance d'appel, c'est le défendeur qui commence. Des questions sont ensuite posées à l'intervenant sur certains aspects de ses allégations. On lui demande s'il a des preuves qui confirment ses propos. Il peut alors faire appel à des témoins ou exhiber des pièces à conviction. Puis, le tribunal invite l'autre partie à répondre. Après quoi, tout membre de l'assistance peut, avec l'autorisation des juges, intervenir s'il a une déclaration valable à faire.

En Égypte, dit Bosc, « les magistrats siégeaient en robe blanche de lin ; devant le président se trouvait une table sur laquelle était placé le *Livre de Thot*, contenant les dix livres de la Loi ». La procédure se déroulait comme suit :

> « La demande faisait l'objet d'une requête écrite ; le défendeur répondait par le même moyen, et chacun (demandeur et défendeur), avait droit à une réplique écrite. Les juges consultaient ensuite le *Livre de Thot*, qui décidait du point litigieux. Après s'être concerté avec les juges, le président faisait connaître le jugement en tournant la figure de *Saté* (la Vérité) du côté de celui des plaideurs qui avait gain de cause. Il n'y avait donc ni avocats, ni avoués, ni plaidoiries, ni tout le fatras de notre jurisprudence. Sur la simple production des placets, les juges prononçaient et échappaient ainsi aux séductions de l'orateur plus ou moins habile à manier les passions humaines et à s'en servir pour sa cause. »[484]

---

[483] F. K. Camara, *Pouvoir et justice dans la tradition des peuples noirs,* 90.
[484] E. Bosc, *Isis dévoilée*, 147-148.

Les Égyptiens, note Diodore, ont le serment en grand respect. Chez les Kambas de l'Afrique de l'Est, on distingue deux types de serments : le *Kithitu* et le *Ndundu*. Le refus, de la part d'un suspect, de prêter serment, est interprété comme un aveu de culpabilité. Mais l'obligation de serment était plutôt rare ; généralement, on n'y a recours « qu'en dernier ressort, c'est-à-dire lorsqu'aucun des moyens d'investigation ne conduit à une certitude quant aux faits en litige ».[485] Pour ce qui concerne les investigations, lorsque le tribunal est saisi d'une affaire, il mène discrètement une enquête préliminaire avant la tenue du procès. Dans les affaires criminelles douteuses, il n'est pas rare que les juges exigent une autopsie de la victime. C'est le cas chez les Kambas : « Les anciens étaient convoqués et disséquaient le cadavre. Ils le faisaient avec la plus grande habileté, et il ne fait pas de doute que leur longue expérience leur permettait souvent de déceler une lésion sur un organe ».[486] À propos des ordalies, Fatou Kiné Camara n'y voit qu'un "habile numéro de prestidigitation" ou encore un "manteau de persuasion psychologique" dont le but est de "confondre le vrai coupable". Elle rejette donc l'interprétation de Babacar Diop pour qui le recours aux oracles est la "facette irrationnelle" de la procédure judiciaire africaine. Quoi qu'il en soit, c'est une pratique ancienne, qui remonte à la période pharaonique.

3. Éclairages complémentaires

Plusieurs chercheurs ont essayé d'appréhender la conception africaine de la justice, aboutissant à des conclusions plus ou moins convergentes. Il nous plaît d'évoquer ici les travaux de Cheikh Anta Diop, Souleymane Bachir Diagne et Jean-Godefroy Bidima.

---

[485] F. K. Camara, *Pouvoir et justice dans la tradition des peuples noirs,* 98.
[486] T. Olawale Elias, *La nature du droit coutumier africain*, 253.

3.1. Diop : l'idée de la punition dans les cultures indo-européennes et négro-africaines

Qu'est-ce qui explique que le système pénal indo-européen, contrairement au DAC, soit principalement basé sur la punition et qu'il ait légitimé au cours des siècles les mesures punitives les plus violentes de l'histoire de l'humanité (pendaison, guillotine, tortures, etc.) ? Diop avance une hypothèse : dans les cultures nordiques, la notion de "punition" s'enracine dans une conception dramatique de la faute et de la culpabilité. Le savant sénégalais puise dans la littérature aryenne classique des éléments pour étayer son argumentaire. Il écrit :

> « Dans les mythes nordiques, les thèmes sont traités, toujours, par le truchement de l'action du destin, d'une fatalité aveugle qui tend systématiquement à perdre toute une race ou une lignée. Ils trahissent tous un sentiment de culpabilité à la fois originel et spécifique du berceau nordique. Qu'il s'agisse d'Œdipe, des Atrides avec Agamemnon, il y a toujours une faute, un crime commis par les ancêtres qui sera expié irrémédiablement par sa descendance qui, de ce fait, et quoi qu'elle fasse, est entièrement condamnée par le sort. »[487]

On retrouve la même conception tragique de la faute dans les textes sémitiques. Ici, « le péché originel a été commis par les ancêtres mêmes de la race humaine et toute l'humanité, condamnée désormais à gagner son pain à la sueur de son front, doit se racheter ».[488] Certes, il existe une littérature dramatique dans toutes les civilisations du monde, mais c'est surtout dans les cultures eurasiatiques que le genre tragique est élevé au rang d'un classicisme. Nietzsche n'a pas manqué de relever ce fait.

---

[487] C. A. Diop, *L'unité culturelle de l'Afrique noire*, 156.
[488] *Ibid.*, 160.

C'est d'ailleurs le thème de son ouvrage *La naissance de la tragédie grecque ou hellénisme et pessimisme* (1872). Commentant ce livre, Diop écrit :

> « Nietzsche pénètre plus profondément dans le contenu du drame pour dégager les sentiments qui sont à la base, qui lui servent de support. Ils sont ceux-là mêmes indiqués ci-dessus : sentiment du crime, de culpabilité, du péché originel et puis bien que moins nettement exprimé, un sentiment de gêne à l'égard de la femme dont on a fait le bouc émissaire de la société aryenne. » [489]

Cette anthropologie a inspiré un système pénal et pénitentiaire bien spécifique qu'il serait long à décrypter ici. (Nous renvoyons le lecteur aux écrits de Michel Foucault sur la question).[490] Il semble, en revanche, qu'une conception aussi tragique de la "faute" soit absente de la vision anthropologique africaine : « Aucune notion, pour l'Africain, observe Diop, n'est aussi hermétique que le sentiment de culpabilité conçu de la sorte ». C'est pour cela d'ailleurs que Maulana Karenga juge fondamentale la distinction entre les termes "*kosa*" et "*dhambi*" en usage dans la langue Swahili. Le deuxième terme est d'origine arabe et renvoie à l'idée de faute entendue comme "péché". Par contre, le premier terme, d'origine bantu, n'a nullement ce contenu sémantique :

> « An even more expressive example of the distinction between dhambi as sin and kosa as moral failure without stain is found in the *Standart Swahili-English Dictionnary's* (1987, 223) list of meanings of kosa. [...] The essential meaning here, as in the Kemetic [Egyptian] conception of offense, speaks to a moral

---

[489] *Ibid.*, 156.
[490] M. Foucault, *Surveiller et punir. Naissance de la prison*, Paris, Gallimard 1975 ; *La société punitive*, Paris, EHESS, Gallimard, Le Seuil, 2013 ; *Théories et institutions pénales*, Paris, EHESS, Gallimard, Le Seuil, 2015.

failure that is behavioral and changeable, not ontological and requiring divine alteration in someway. » [491]

Sans toutefois banaliser l'idée de faute, le droit africain, comme nous l'avons vu, est plus porté vers une justice réparatrice et conciliante que vers une justice punitive et expiatrice.

3.2. Souleymane Bachir Diagne : les fondements philosophiques de la Charte africaine des droits de l'homme et des peuples

Dans un article publié en 2011, Bachir Diagne fait une lecture philosophique de la *Charte africaine des droits de l'homme et des peuples*. Dans son opuscule de 2013 sur la philosophie africaine, il insiste sur l'importance de ce « document », qu'il considère comme « le témoin de la marche qui a mené le continent à sortir progressivement de son état de région "oubliée des droits de l'homme" ». [492]
Un mot d'abord sur l'historique de la Charte. En 1961, des juristes africains, réunis à Lagos, proposent de créer au sein de l'Organisation de l'Unité Africaine (OUA) une Commission africaine des droits de l'homme. En 1978, se tient à Dakar une conférence sur *Le développement et les droits de l'homme*, organisée par l'Association sénégalaise d'études juridiques. Quelques mois plus tard, le Président Léopold Sédar Senghor soumet à ses pairs réunis à Monrovia une résolution demandant la rédaction d'une Charte africaine des droits de l'homme. La résolution est adoptée. Une commission d'étude est mise sur pied ; elle a pour tâche de produire un document juridique inspiré « des traditions et des principes moraux de l'Afrique ». [493] La commission se met aussitôt à l'œuvre et propose un texte qui sera adopté à la Conférence de Nairobi en juin 1981. En 2006, l'Union

---

[491] M Karenga, *Maat: The Moral Ideal in Ancient Egypt. A Study in Classical African Ethics*, New York, London, Routledge, 2004, 233-234.

[492] S. B. Diagne, *L'encre des savants*, op. cit., 107.

[493] S. B. Diagne, « Philosophie africaine et Charte africaine des droits de l'homme et des peuples », in *Critique*, n° 771-772, août 2011, 667.

Africaine nomme les juges chargés de son application.

La Charte est le fruit d'un "compromis" entre deux visions théoriques qui se réclamaient de la "philosophie africaine". D'un côté, une vision collectiviste qui met l'accent sur la prééminence du groupe sur l'individu, et de l'autre, une vision plutôt libérale qui défend la primauté de l'individu. Le titre de la Charte concilie les deux tendances : droits de l'*homme* (approche libérale) et droits des *peuples* (approche collectiviste). La thèse collectiviste, présentée par ses défenseurs comme l'émanation et l'expression d'une certaine "africanité", semble peu convaincante aux yeux de Bachir Diagne. En effet, sur quels éléments culturels peut-on se fonder pour affirmer, comme Claude Ake, que « nous (les Africains) mettons moins l'accent sur l'individu et davantage sur la collectivité » ? [494] Réfutant cette thèse, le philosophe sénégalais évoque le *Kanlikan Donsolu,* (le Serment des chasseurs du Mandé), datant du XIIIème siècle. [495]

Il cite deux "articles" du texte :

> « Art. 1- Les chasseurs déclarent :
> Toute vie (humaine) est une vie.
> Il est vrai qu'une vie apparaît à l'existence avant une autre vie,
> Mais une vie n'est pas plus "ancienne", plus respectable

---

[494] C. Ake, « Human Rights. The African context », in *Africa Today*, vol. XXXIV, n° 142, 1987, 5-13.

[495] Youssoufou Tata Cissé nomme ce document "la Charte du Mandé" (Y. T. Cissé, J.-L. Sagot-Duvauroux, *La Charte du Mandé et autres traditions du Mali*, Paris, Albin Michel, 2003). Djibril Tamsir Niane note, par contre, que la Charte du Mandé (le *Kalinkan Manden*) et le Serment des Chasseurs (le *Kalinkan Donsolu*) sont « deux choses tout à fait différentes même si, dans l'un et l'autre document on trouve des articles qui ont trait aux droits humains » (D. T. Niane, Introduction à *La Charte de Kurukan Fuga. Aux sources d'une pensée politique en Afrique*, Paris, L'Harmattan, 2008, 22). Des chercheurs ont contesté le fait d'appeler le *Kalinkan Manden* une "charte" ou de considérer ses énoncés comme des "articles". Pour Diagne, « les faits d'histoire du Mandé, ainsi que des relations et interdits entre groupes tels qu'ils sont toujours vécus aujourd'hui en Afrique de l'Ouest, établissent que si la forme de leur transcription n'est certainement pas le décalque de leur mode de production et de circulation, les énoncés eux-mêmes, dans leurs contenus, ne sont pas controuvés » (S. B. Diagne, « Philosophie africaine et Charte africaine des droits de l'homme et des peuples », 670)

qu'une autre vie, de même qu'une vie n'est pas supérieure à une autre vie

Art. 7- Les gens d'autrefois nous disent :
"L'homme en tant qu'individu
Fait d'os et de chair,
De moelle et de nerfs,
De peau recouverte de poils et de cheveux,
Se nourrit d'aliments et de boissons ;
Mais son "âme", son esprit vit de trois choses :
Voir qui il a envie de voir,
Dire ce qu'il a envie de dire
Et faire ce qu'il a envie de faire ;
Si une seule de ces choses venait à manquer à l'âme humaine,
Elle en souffrirait
Et s'étiolerait sûrement."
En conséquence, les chasseurs déclarent :
Chacun dispose désormais de sa personne,
Chacun est libre de ses actes,
Chacun dispose désormais des fruits de son travail.
Tel est le serment du Manden
À l'adresse des oreilles du monde tout entier. »

Le propos, ici, est loin d'être collectiviste : « La totalité du serment s'inscrit résolument dans la vision de droits qui s'attachent à chaque vie ou chaque "âme humaine" comme individuelle et unique. Cette vision n'est pas allée s'encombrer de considération sur la primauté de la communauté et les devoirs de l'individu à son égard ».[496] À notre avis, vouloir établir la *primauté* de l'individu ou de la communauté, c'est vouloir résoudre le paradoxe de l'œuf et de la poule. Le plus important, c'est de souligner l'*interdépendance* qu'il y a entre le Moi et le Nous, entre le sujet et sa communauté. Il est heureux que les rédacteurs de la Charte aient finalement choisi cette option.

---

[496] S. B. Diagne, « Philosophie africaine et Charte africaine des droits de l'homme et des peuples », 671.

345

3.3. Bidima : la "palabre", une juridiction de la parole

Pour Bidima, ce qu'on a coutume d'appeler la "palabre africaine" garde encore aujourd'hui toute son importance et sa pertinence. Les élites africaines s'en détournent, se réfugiant dans un "juridisme superficiel" alors que, ailleurs, sous d'autres cieux, « les pays occidentaux et les entreprises japonaises la remettent paradoxalement à l'honneur chaque fois qu'il y a un conflit à régler ou qu'il faut interpréter le droit ».[497] Le philosophe camerounais invite donc à repenser, dans notre contexte moderne, la "palabre" comme un paradigme politique et juridique. Comment élaborer, à partir du modèle palabrique, une philosophie du vivre-ensemble qui ne tourne pas à l'unanimisme totalitaire, mais laisse place au pluralisme et à la dialectique ? Selon Bidima, cette philosophie peut être forgée autour d'une triple acception du concept de palabre : la palabre comme aporie, la palabre comme tolérance et la palabre comme lien social.

a- La "palabre-aporie". À force d'exalter les notions d'harmonie et de consensus social, on a souvent oublié que la palabre est une dialectique complexe. Ce n'est pas le lieu de la transparence pure, mais un espace communicationnel où l'opacité des mots et les intérêts camouflés créent des malentendus, des dissensions souvent difficiles à résoudre. Ces rapports de force, quoique conflictuels, font partie intégrante de la dynamique sociale : « Une trop grande polarisation sur le consensus retrouvé dénie au conflit sa place constitutive du social. Le dissensus n'est pas qu'un moment provisoire qui aboutit à une réconciliation : c'est un englobant qui encadre tout le rapport au politique ».[498] Deux modèles de palabre traduisent des approches différentes de gestion de

---

[497] J-G. Bidima, *La Palabre. Une juridiction de la parole*, op. cit., 9.
[498] *Ibid.*, 39. Bidima s'oppose ici à la thèse d'Atangana selon laquelle l'important dans la palabre « n'est pas tant dans la béance de la discussion que dans le bénéfice final, la réconciliation » (*Ibid.*, 38). Nous verrons dans le prochain chapitre que le consensus, dans la perspective de la dialogique africaine, résulte d'une discussion libre et contradictoire.

conflit : le modèle de la *palabre-consensus* qui ambitionne de dénouer les conflits et le modèle de la *palabre-aporie*, « génératrice de compromis, d'ententes provisoires ». C'est ce deuxième modèle que Bidima suggère de promouvoir.

b- La palabre comme "tolérance". L'auteur distingue deux types de tolérance, une passive et l'autre active. La première conduit à des "soliloques parallèles" puisqu'elle est fondée sur l'axiome : « Énoncez votre vérité, j'énonce la mienne, et qu'on ne se gêne pas ! ». La tolérance active, au contraire, est "rencontre", "sortie de soi", "épreuve du soi". C'est la tolérance palabrique. Elle consiste à laisser cohabiter en soi la conscience de ses propres certitudes et celle d'une certaine ignorance, une docte ignorance :

> « Poser la question de la validité et de la vérité dans le dialogue conflictuel implique la révision de la notion de compréhension et, à travers elle, du statut de la connaissance. Puisque le rapport à l'autre aboutit à une perte (la sortie de soi comporte toujours une perte de soi), je dois d'abord « perdre la connaissance » avec sa suffisance et son assurance pour accepter l'ignorance. »[499]

c- La palabre comme "lien social". Réinventer la palabre comme lien social, c'est repenser notre rapport au politique, c'est-à-dire repenser le vivre-ensemble et le recentrer sur les valeurs de la dialogique africaine.

***

En guise de conclusion, revenons sur ce vocable de "palabre". Il dérive, semble-t-il, de l'espagnol *palabra* qui veut dire "mot". C'est cette étymologie qui pousse Bidima à définir la palabre comme une "politique du mot". Il faut reconnaître que le terme est ambigu ou inapproprié ; il a une acception vulgaire dans le langage ordinaire ; "faire de la palabre" s'entend communément comme "le fait de parler inutilement" ou "le fait

---

[499] *Ibid.*, 41.

347

de débiter des non-sens". Victor Hugo, dans les *Misérables*, utilise le mot avec cette connotation péjorative. Il écrit : « Les propos auxquels on mêlait son nom n'étaient peut-être que des propos ; du bruit, des mots, des paroles ; moins que des paroles, des palabres, comme dit l'énergique langue du midi ».[500] Nous avions autrefois suggéré de substituer au vocable "palabre" celui de *"Xostasie"*, qui désigne l'acte de "peser les paroles".[501] Ce néologisme est composé de deux termes : *xo* en langue Fon (*hou* en égyptien pharaonique) qui signifie "parole", "énoncé", "logos" et στασία en grec, qui veut dire "peser". Comme la psychostasie égyptienne, la *xostasie* est un jugement, une "pesée des paroles" à la lumière des principes de la Maât : la Vérité, la Justice, l'Amour.

En dehors de ce néologisme et des mots égyptiens indiqués plus haut, on pourrait se référer à deux termes du lexique juridique Fon : *Hwɛɖiɖɔ* et *Hwɛɖɔten*. Le premier terme signifie littéralement : "l'acte de dire (*ɖiɖɔ*) le droit, la justice (*hwɛ*)". Le second terme désigne le lieu (*ten*) où l'on dit (*ɖɔ*) le droit (*hwɛ*). Nous proposons donc ces deux expressions pour nommer, dans une perspective africaine, la "palabre juridique" et les prétoires traditionnels. Nous proposerons, dans le prochain chapitre, un autre terme pour qualifier adéquatement la "palabre politique". Nous rejetons par ailleurs l'expression "arbre à palabre" par laquelle on désigne l'espace discursif de la dialogique africaine. Nous préférons le concept de *Xoɖɔten*, littéralement "lieu de la parole" (voir Chapitre 2).

---

[500] V. Hugo, *Les Misérables*, La Bibliothèque électronique du Québec, Collection A tous les vents, vol. 648, version 1.0, 11.
[501] M. Sinsin, « Punition ou Réparation. Une pédagogie africaine de la correction », in *Educ'Action*, n° 0126, février 2016, 6-7.

CHAPITRE 14 :
"Toxó-toɖɔ̀".
Le consensus comme modèle et fondement des démocraties africaines anciennes

[Les anciennes sociétés africaines] étaient des sociétés communautaires, jamais de tous pour quelques-uns. C'étaient des sociétés pas seulement anté-capitalistes, comme on l'a dit, mais aussi anti-capitalistes. C'étaient des sociétés démocratiques, toujours. C'étaient des sociétés coopératives, des sociétés fraternelles. Je fais l'apologie systématique des sociétés détruites par l'impérialisme.

(A. Césaire)

Dans son autobiographie, Nelson Mandela décrit la manière dont se tenaient les assemblées délibératives dans la "Grande Demeure" du régent de Mqhekezweni :

> « Le régent envoyait des lettres pour prévenir les chefs de la tenue d'une réunion et bientôt la Grande Demeure grouillait de visiteurs importants et de voyageurs venus de tout le Thembuland. Les invités se rassemblaient dans la cour, devant la maison du régent et c'est lui qui ouvrait la réunion en remerciant chacun d'être venu et en expliquant pourquoi il les avait convoqués. À partir de ce moment, il ne disait plus rien jusqu'à la fin. Tous ceux qui voulaient parler le faisaient. C'était la démocratie sous sa forme la plus pure. Il pouvait y avoir des différences hiérarchiques entre ceux qui parlaient, mais chacun était écouté, chef et sujet, guerrier et sorcier, boutiquier et agriculteur, propriétaire et ouvrier. Les gens parlaient sans être interrompus et les réunions duraient des heures. Le

gouvernement avait comme fondement la liberté d'expression de tous les hommes, égaux en tant que citoyens. »[502]

Adame Ba Konaré propose de s'inspirer de ce modèle de gouvernement pour repenser la gestion du pouvoir dans l'Afrique contemporaine :

> « Je dis que la bataille à laquelle doivent s'atteler les acteurs de la démocratie est de négocier la fusion de la gestion ancestrale du pouvoir à sa gestion républicaine. Je dis qu'il y a bel et bien un problème de blocage idéologique, dont il nous faut avoir conscience pour ensuite concevoir une stratégie mûrement réfléchie, restauration d'une forme d'équilibre qu'on pourrait appeler consensus, mais conçu comme une exigence vitale pour les uns et les autres, intégrant les concepts amendés de l'humilité et de la solidarité, comme des facteurs incontournables. »[503]

On retient que le *consensus* constitue le pilier essentiel de "la gestion ancestrale du pouvoir". Nous appelons "*Toxó-toɖɔ*" ce modèle de gestion communautaire et inclusive. Ce terme, tiré du lexique Fon, se compose de trois lexèmes : *tò* (pays, nation), *xó* (parole, discours), *ɖɔ* (parler, discuter). *Toxó-toɖɔ* peut donc se traduire : « ce qui relève du *tò* doit être discuté par le *tò* » ou « les affaires de la nation doivent être discutées par la nation ». Le terme traduit le concept de "démocratie" tel qu'il était appréhendé dans la pensée traditionnelle. Il convient de faire ici une précision : dans le débat sur le caractère prétendument "exogène" de la démocratie en Afrique, on confond souvent le "concept "et le "mot". Si le terme "démocratie" a une origine grecque, il ne s'ensuit pas que le concept auquel renvoie le mot désigne une réalité exclusivement

---

[502] N. Mandela, *Un long chemin vers la liberté*, Paris, Fayard, 1994, 29-30. Notons qu'aussi bien chez les Thembu que chez les anciens Égyptiens, on désigne le Palais Royal par l'expression "Grande Demeure", en Cikam, "*Per-aa*". De ce terme dérive le terme "Pharaon".

[503] A. B. Konaré, *L'os de la parole. Cosmologie du pouvoir*, Paris, Présence Africaine, 2000, 144.

grecque. Le même concept peut se retrouver dans d'autres contextes culturels, avec des noms variés et des significations spécifiques. Nous y reviendrons.

Lokengo Antshuka Ngonga a consacré une étude au modèle consensuel des anciennes sociétés africaines. Pour lui, les notions de "consensus" et de "démocratie" ne sont pas antinomiques. Le consensus n'est pas de l'unanimisme béat ; il donne lieu à un débat démocratique sur les enjeux sociopolitiques du vivre-ensemble. Ngonga remet en cause la démocratie néolibérale « qu'on implante à travers le continent africain à coups de dollars et d'euros ». Il plaide pour un retour aux fondements politiques de la dialogique africaine. Cette dialogique, nous l'appelons en langue Fon *Xóɖɔɖóxówú*. Si le terme "*hwɛɖiɖɔ*" désigne les joutes oratoires qui ont lieu dans les prétoires traditionnels (*hwɛɖɔtɛn*), le vocable "*xóɖɔɖóxówú*" connote l'idée de "débat public". Il signifie littéralement : « dire sa propre parole au sujet de la parole débattue », c'est-à-dire opiner sur la question en débat, affirmer et argumenter sa propre position. Le synonyme de "*xóɖɔɖóxówú*" est "*xóɖɔɖóxómɛ*", littéralement « dire sa propre parole dans la parole en cours d'élaboration », contribuer par son propre discours à la construction de la parole plurielle et juste. Ces deux expressions désignent donc l'art de la confrontation des idées dans les assemblées délibératives et les Conseils des Sages.

Dans ce chapitre, nous exposerons les résultats des recherches menées par Ngonga. Le chercheur congolais n'a pris comme champ d'étude que les sociétés subsahariennes précoloniales. Nous tenterons, en ce qui nous concerne, de remonter plus loin, jusqu'à l'Égypte pharaonique, dont le système politique repose sur une forme de démocratie consensuelle. Pour commencer, nous examinerons le modèle démocratique gréco-européen abusivement présenté comme la référence universelle des démocraties modernes.

1. Les démocraties gréco-européennes

On montrera ici les spécificités et les limites de trois modèles de démocratie européenne : la démocratie athénienne, les démocraties libérales et les démocraties communistes.

1.1. Lueurs et ombres de la démocratie athénienne

On affirme souvent, non sans un brin d'angélisme, que la démocratie athénienne est fondée sur les valeurs d'égalité, de liberté, d'obéissance aux lois, d'alternance, de transparence, d'ouverture aux étrangers. Thucydide, homme politique grec du Vème siècle, exalte ces valeurs dans un célèbre passage de son *Histoire de la guerre de Péloponnèse* :

> « Notre constitution politique n'a rien à envier aux lois qui régissent nos voisins ; loin d'imiter les autres, nous donnons l'exemple à suivre. Du fait que l'État, chez nous, est administré dans l'intérêt de la masse et non d'une minorité, notre régime a pris le nom de démocratie. En ce qui concerne les différends particuliers, l'égalité est assurée à tous par les lois ; mais en ce qui concerne la participation à la vie publique, chacun obtient la considération en raison de son mérite, et la classe à laquelle il appartient importe moins que sa valeur personnelle ; enfin nul n'est gêné par la pauvreté et par l'obscurité de sa condition sociale, s'il peut rendre des services à la cité. La liberté est notre règle dans le gouvernement de la république (t. 2., n. 36-42) ».

Plus loin, Thucydide ajoute : « C'est par nous-mêmes que nous décidons des affaires, que nous nous en faisons un compte exact : pour nous la parole n'est pas nuisible à l'action ; ce qui l'est, c'est de ne pas se renseigner par la parole avant de se lancer dans l'action ».[504] En dépit de ses atouts indéniables, la démocratie athénienne comporte des lacunes. Elle est demeurée une démocratie esclavagiste. C'est l'une de ses principales tares. Même les libertés individuelles dont pouvaient se prévaloir les Athéniens "non esclaves" étaient fort limitées :

> « La liberté dont il est question dans la société grecque classique est une liberté sociale, politique, reconnue aux citoyens et qui se limite essentiellement au fait d'avoir des droits de voter ; de nommer des magistrats et d'être élu, de prendre la parole dans l'assemblée. Il ne s'agit pas de la liberté individuelle qui met l'homme devant ses responsabilités et ses choix personnels. Ainsi les phénomènes courants dans les démocraties modernes tels que l'objection de conscience, la liberté religieuse, la liberté de pratiquer ou de ne pas pratiquer un culte, d'être athée ou incroyant étaient inconcevables. »[505]

L'égalité, dans le système politique athénien, était également un droit limité. Pour en jouir, il fallait avoir le titre de "citoyen". Or, le grand nombre en était privé.

Il est utile de rappeler que la démocratie, en tant que système politique, n'emporte pas l'assentiment des deux grands représentants de la philosophie grecque : Platon et Aristote. Pour le premier, la cité idéale a une structure pyramidale. Au sommet, les sages ou philosophes, qui

---

[504] Comme nous le verrons plus loin, plusieurs éléments évoqués dans ces extraits se retrouvent dans les systèmes politiques de l'Afrique ancienne en particulier le souci de garantir à tous la liberté, l'importance du débat et le fait d'administrer la cité "dans l'intérêt de la masse".

[505] L. A. Ngonga, *Consensus politique et gestion démocratique du pouvoir en Afrique*, Louvain-La-Neuve, Editions Academia-L'Harmattan, 2016, 27. Voir aussi Cl. Mossé, *Dictionnaire de la civilisation grecque*, Bruxelles, Complexe, 1992, 151.

doivent être les seuls à gouverner ; ensuite, les guerriers qui sont comme des coadjuteurs des gouvernants et, enfin, au plus bas de l'échelle, tous ceux qui s'adonnent aux activités productives : esclaves, paysans, commerçants, artisans, ouvriers, etc. Cette troisième catégorie n'avait pas à s'occuper des affaires politiques. Platon, recourant à la mythologie, allègue que, selon un certain "oracle", l'Etat s'effondrait si jamais il échouait dans les mains du bas-peuple. L'idée d'un "gouvernement du peuple par le peuple" se révèle une idéologie dangereuse selon le vieux philosophe. La domination de la multitude est à ses yeux une "monstrueuse bête". Il considère la démocratie comme une des formes de dégénérescence de l'État.[506]

Dans son traité consacré à la politique, Aristote considère, lui aussi, la démocratie comme une forme de gouvernance dévoyée. Pour lui, l'État assume quatre fonctions principales : la guerre, les délibérations, la justice et le culte religieux. Artisans, ouvriers et commerçants ne doivent pas être admis à exercer ces fonctions ; ce qui veut dire qu'ils doivent être exclus de la gestion politique. La démocratie est, selon le Stagirite, l'infâme système où les "pauvres", par le simple fait du poids écrasant de leur nombre, se saisissent des rênes de l'État et deviennent les "seigneurs du pouvoir". Elle est cependant, dit Aristote, plus enviable que certains régimes, en particulier la timocratie, la tyrannie et l'oligarchie. Elle est le "pire des bons régimes", mais le "meilleur des mauvais" (*Politique*, Livre III).

---

[506] Voir D. Fisichella, *Denaro e democrazia. Dall'antica Grecia all'economia globale*, Bologna, Il Mulino 2007, 35-45.

1.2. Lueurs et ombres des démocraties européennes modernes

On distingue ici les démocraties libérales et les démocraties populaires. Elles sont à la fois "héritières" de la démocratie athénienne et fruit des bouleversements politiques qui ont marqué l'histoire tumultueuse de l'Europe : la Réforme protestante, les guerres, les révolutions, la philosophie des "lumières", etc.

Selon H. P. Kriesi, deux principes fondent les démocraties libérales : le principe des libertés individuelles et celui de la souveraineté populaire.[507] Touraine retient trois traits principaux : la représentation, la citoyenneté et la limitation du pouvoir par des droits fondamentaux.[508] Dahl, pour sa part, indique six facteurs : le contrôle du pouvoir central par des représentants élus, l'alternance politique au moyen d'élections libres, la liberté d'expression, le droit à l'information, le droit de créer des associations ou des partis, la protection des droits des résidents non nationaux.[509] On évoque aussi le principe de la "séparation", de la "différenciation" ou de la "mise en balance" des pouvoirs.[510]

Quatre critères de classification permettent de distinguer les divers types de démocratie libérale : la forme du régime, la structure de l'Etat, l'organisation du pouvoir et la forme constitutionnelle.

---

[507] H. P. Kriesi, *Les démocraties occidentales*, Paris, Economica, 1994, 12.

[508] A. Touraine, *Qu'est-ce que la démocratie*, Paris, Fayard, 1994, 43.

[509] R. A. Dahl, «The Past and Future of Democracy. Occasional Papers », Siena, *Circap*, n° 5, 1999, 5.

[510] S. Goyard-Fabre, *L'État : figure moderne de la politique*, Paris, Armand Colin, 1999, 52 ; C. Schmitt, *Parlementarisme et démocratie*, Paris, Seuil, 1988, 49 ; A. Touraine, *Qu'est-ce que la démocratie*, 50.

Sur la base de ces critères, nous présentons dans le tableau qui suit un panorama des divers systèmes :

Critères de classification des démocraties libérales	Types ou modèles	Caractéristiques/illustrations
La forme du régime	Démocratie fortement libérale	Prépondérance des libertés individuelles
	Démocratie constitutionnelle	Centralité de la Constitution et du principe de citoyenneté
	Démocratie conflictuelle	Centralité de la représentativité sociale
La structure de l'État	L'État unitaire centralisé	Exemple : la France
	L'État unitaire décentralisé	Exemple : l'Espagne
	L'État fédéral ou confédéral	Exemple : la Confédération helvétique
L'organisation du pouvoir	Le pouvoir monocéphale	Le Chef de l'État est en même temps le Chef de l'Exécutif
	Le pouvoir bicéphale	Deux personnes gèrent le pouvoir Exécutif : le président ou le monarque et le Chef du gouvernement
La forme constitutionnelle	La constitution républicaine	Exemple : l'Allemagne
	La monarchie constitutionnelle	Exemple : la Grande-Bretagne

Achille Mbembe fait observer qu'à l'aube des temps modernes, l'idée de démocratie, en Occident, était inséparable de l'idéologie "plantocratique" et coloniale. Or, la *plantation* et la *colonie*, sont des "dispositifs raciaux". Elles participent du phantasme du danger et de la menace. Ce phantasme est, selon Foucault, « le corrélatif psychologique et culturel interne du libéralisme ».[511] Les démocraties libérales ont donc, dès l'origine, établi et entretenu un rapport entre race, danger et profit :

> « Le danger racial, en particulier, est, depuis les origines, l'un des piliers de cette culture de la crainte intrinsèque à la démocratie libérale. Conséquence de cette crainte, comme le rappelle Foucault, a toujours été la formidable extension des procédures de contrôle, de contrainte et de coercition [...]. Le problème que pose le régime de la plantation et, plus tard, le régime colonial était en effet celui de la race comme principe d'exercice du pouvoir, règle de la sociabilité et mécanisme de dressage des conduites en vue de l'augmentation de la rentabilité économique. Les idées modernes de liberté, d'égalité, voire de démocratie sont, de ce point de vue, historiquement inséparables de la réalité de l'esclavage. »[512]

Raciales, prédatrices et hégémoniques, les démocraties libérales furent également sexistes et phallocratiques.[513] Il n'y a donc aucune légitimité historique à les idéaliser comme des modèles d'humanisme politique.

Que dire des démocraties populaires ou communistes ? Elles sont caractérisées par trois types de monopoles : le monopole idéologique, le monopole économique et le monopole du pouvoir politique.[514]

---

[511] M. Foucault, *La Naissance de la biopolitique. Cours au Collège de France, 1978-1979*, Paris, Gallimard/Seuil, 2004, 68.

[512] A. Mbembe, *Critique de la raison nègre*, Paris, La Découverte, 2015, 213-214.

[513] Ce n'est qu'au XXème siècle que les femmes européennes ont accédé à la pleine citoyenneté démocratique.

[514] Cfr J. Nagels, *Du socialisme perverti au capitalisme sauvage,* Université Libre de

L'idéologie dominante du communisme repose sur la distinction et l'interaction entre la structure de base de la société (les moyens ou systèmes de production) et sa superstructure (les instances idéologiques et politiques). Les communistes d'obédience marxiste considèrent que c'est la base ou la structure qui doit déterminer la superstructure, tandis que les socialistes non marxistes donnent plus d'importance à la superstructure. Tous les régimes communistes dénoncent cependant l'appropriation privée des moyens de production comme la cause principale de l'exploitation de l'homme par l'homme. Ils proposent comme alternative la socialisation ou la collectivisation des moyens de production. Cette solution est adoptée comme ligne idéologique centrale, non négociable.

Un des moyens utilisés par les régimes populaires pour exercer le monopole économique est la coordination de toutes les activités de production selon les critères et les orientations définis par les fameux "plans". Le plan « déterminait le type d'action à entreprendre, délimitait et situait le lieu et le temps nécessaire pour chaque activité ». Cette stratégie a un défaut rédhibitoire : sa rigidité et son caractère impératif. Cela explique d'ailleurs pourquoi « sa prétention mécanique de vouloir ordonner l'ensemble de l'économie et de la société s'est heurtée aux vicissitudes de l'espèce humaine et aux aléas imprévisibles et souvent incontrôlables de la nature ».[515]

Le monopole du pouvoir s'incarne dans l'omnipotence du Parti Unique. Ce dernier régente tous les aspects de l'État ainsi que ceux de la vie sociale, économique et culturelle. Il est l'unique instance de désignation des membres du parlement et des membres des autres organes institutionnels. Ainsi, la fonction partidaire détermine et oriente la fonction étatique. Ce modèle de gouvernance trouve son fondement théorique dans les fameuses "Thèses d'Avril" énoncées par Lénine en

---

Bruxelles, 1991.
[515] L. A. Ngonga, *Consensus politique et gestion démocratique du pouvoir en Afrique*, 59.

1917 et qui seront plus tard rebaptisées "Principes du marxisme-léninniste".

De ce bref exposé, il ressort que les démocraties communistes ne sont pas plus vertueuses que les démocraties libérales. Elles ont une vision étriquée des libertés individuelles et une vision monolithique du pouvoir. Elles nourrissent, par ailleurs, des ambitions hégémoniques et colonialistes. Dans sa "Lettre à Maurice Thorez", Césaire dénonce les ambigüités du communisme international vis-à-vis de la question coloniale. Le poète martiniquais reproche aux responsables du Parti Communiste Français « leur assimilationnisme invétéré ; leur chauvinisme inconscient ; leur conviction passablement primaire – qu'ils partagent avec les bourgeois européens – de la supériorité omnilatérale de l'Occident ; leur croyance que l'évolution telle qu'elle s'est opérée en Europe est la seule possible ; la seule désirable ; qu'elle est celle par laquelle le monde entier devra passer ». Le chantre de la Négritude attaque ensuite le colonialisme stalinien :

> « Et Staline est bel et bien celui qui a réintroduit dans la pensée socialiste, la notion de peuples "avancés" et de peuples "attardés". Et s'il parle du devoir du peuple avancé (en l'espèce les Grands Russes) d'aider les peuples arriérés à rattraper leur retard, je ne sache pas que le paternalisme colonialiste proclame une autre prétention ».[516]

1.3. La démocratie, une invention exclusivement gréco-européenne ?

Amartya Sen est l'auteur d'un livre intitulé : *La démocratie des autres. Pourquoi la liberté n'est pas une invention de l'Occident* ? L'économiste et philosophe indien examine dans cet opuscule deux objections souvent soulevées dans les rencontres internationales contre ce que d'aucuns appellent les "processus de démocratisation". D'un côté, la démocratie est présentée comme un système politique

---

[516] Aimé Césaire, « Lettre à Maurice Thorez », Paris, 24 octobre 1956. Publiée sur le site du journal *L'Humanité*, 18 avril 2008.

exclusivement européen, incompatible avec les traditions culturelles des peuples non occidentaux. D'un autre côté, on émet des doutes sur l'efficience de la démocratie dans les pays dits "pauvres", dont le défi prioritaire semble être celui du "développement". Pour Sen, ces deux objections se fondent sur une conception réductrice de la notion de démocratie, c'est-à-dire une vision ethnocentriste et parcellaire. On tend à réduire la démocratie au système électoral en usage dans les pays européens. Pour Samuel Huntington, par exemple, « des élections libres, correctes et ouvertes à tous constituent l'essence de la démocratie ».[517]

Sen oppose à cette vision l'approche rawlsienne. En effet, pour John Rawls, le principe de la raison publique est le "concept fondamental et définitif" de la démocratie :

> « The idea of public reason, as I understand it, belongs to a conception of a well ordered constitutional democratic society. The form and contend of this reason – the way it is understood by citizens and how it interprets their political relationship – is part of the idea of democracy. This is because a basic feature of democracy is the fact of reasonable pluralism – the fact that a plurality of conflicting reasonable comprehensive doctrines, religious, philosophical, and moral, is the normal result of its culture of free institutions. »[518]

Partant donc de la notion de *"public reason"*, Amartya Sen montre que la démocratie, loin d'être l'apanage de l'Occident, est un idéal universel, un héritage culturel dont on trouve des expressions variées dans les diverses civilisations du monde. Pour donner un exemple de l'expression africaine de la démocratie, il se réfère à l'extrait de l'autobiographie de Mandela que nous avons cité plus haut et ajoute :

---

[517] S. Huntington, *La terza ondata. I processi di democratizzazione alla fine del XX secolo,* Bologna, Il Mulino, 1995, 120.

[518] J. Rawls, «The Idea of Public Reason Revisited», in *The University of Chicago Law Review*, vol. 64, number 3, 1997, 765-766.

« Il n'y a aucun doute à propos du rôle et de l'importance de la responsabilité individuelle dans l'héritage politique africain. Minimiser cela et considérer la lutte pour la démocratie en Afrique comme une tentative d'importer "l'idée occidentale" de la démocratie serait une grave erreur ».[519]

Évoquant cette question de l'universalité du modèle démocratique, Ngonga note :

« De manière générale, d'aucuns considèrent encore aujourd'hui la démocratie comme une trouvaille spécifiquement européenne. Cette vision ethnocentrique ne fait plus l'unanimité. [...] Une bonne poignée de chercheurs tels que G. Balandier, L. de Heursch, Max-Lineger, R. Nols, Ayittey G. B. N., et bien d'autres africanistes ont pu découvrir ici et là quelques expériences très anciennes de fonctionnement démocratique en dehors de l'Europe. »[520]

Pour J. Baechler, la démocratie « n'est pas une découverte moderne ni une invention grecque » ; elle se retrouve « dans les milieux morphologiques et culturels les plus variés depuis l'aube de l'humanité ». Elle est "le régime le plus naturel à l'homme".[521] Friedrich Hayek considère que les valeurs de la démocratie s'accordent avec les finalités intrinsèques de la nature humaine : la paix, la liberté, la justice.[522] Tous ces auteurs, y compris Ngonga, appellent à un nouvel humanisme centré sur l'idéal démocratique perçu comme valeur transculturelle.

---

[519] A. Sen, *La democrazia degli altri. Perché la libertà non è un'invenzione dell'Occidente*, Milano, Oscar Mondadori, 2005, 12. Nous traduisons.

[520] L. A. Ngonga, *Consensus politique et gestion démocratique du pouvoir en Afrique*, 61.

[521] J. Baechler, *Précis de démocratie*, Paris, Calmann-Levy, UNESCO, 1994, 147.

[522] F. Hayek, *Droit, législation et liberté. Une nouvelle formulation des principes libéraux de justice et d'économie politique*, Vol. 3, Paris, PUF, 1979, 6.

2. Consensus et démocratie dans l'Afrique ancienne

2.1. La notion de consensus

La notion de consensus peut se traduire en égyptien pharaonique par l'expression :

(*m sp wa*), "ce qui découle d'un commun accord".[523]

L'équivalent en Fon est : "*Se-mɛɖee-gbe*", littéralement « écouter la voix des uns et des autres », c'est-à-dire "s'entendre" au sens le plus fort. Dans la plupart des langues africaines, le consensus s'entend comme le fruit d'une recherche collective, inclusive, ouverte aux apports des uns et des autres, apports multiples, tantôt convergents tantôt divergents. Dans les langues occidentales, le mot a plus ou moins le même sens ; il signifie à la fois "entente", "concessions mutuelles", "point de convergence", "alliance", "compromis", "pacte", "contrat", etc. Il dérive du latin *cum-sentire*, qui signifie, « sentir avec, être du même avis sur, s'entendre pour ; être en accord ou en sympathie ».[524]

Récapitulons :

- Nature du consensus : accord
- Finalité : trouver une entente ou un compromis résultant de divers points de vue
- Mode procédural : la discussion, l'échange libre et contradictoire, la négociation
- Fondement : le souci du bien commun.

Dans la sphère politique, le consensus est un « accord général qui fait qu'une société est une société, que les individus qui en sont membres reconnaissent les mêmes valeurs, se conforment aux mêmes normes et

---

[523] Y. Bonnamy, *Dictionnaire des hiéroglyphes*, op. cit., 706.
[524] Cfr H. Goelzer et H. Legrand, *Latin en poche*, Paris, Garnier Frères, 1928, 166.

362

s'interdisent mutuellement l'usage privé de la violence dans la solution des conflits ».[525] Selon cette définition, le *"Se-mɛɖee-gbe"* peut s'entendre comme un pacte ou un contrat social qui permet de régler à l'amiable les désaccords ou de trouver une solution au conflit. Ngonga définit le consensus politique comme un accord « obtenu par négociation libre et sincère, sans recours au vote, par des acteurs politiques ayant des idées ou des points de vue différents autour d'un problème donné et dont la finalité est de servir l'intérêt du peuple ». Dans le régime consensuel, le recours au vote s'avère inutile :

> « Le vote est un signe patent de l'absence de consensus dans la prise de décision. Lorsqu'on atteint un consensus autour d'une question donnée, on n'a plus besoin de confirmer un tel accord par un vote. On passe au vote lorsque le consensus est impossible à réaliser. Le vote est en fait un mode subsidiaire de la prise de décision. C'est un supplétif au consensus, qui permet tant soit peu de garder une certaine cohésion dans la société à défaut de pouvoir dégager ou d'obtenir un accord général. »[526]

Ce qu'on appelle dans les démocraties libérales la "règle majoritaire" peut se révéler un obstacle à l'édification d'une société harmonieuse. Cette règle, poussée à l'extrême, exclut la minorité et consacre la dictature de la majorité, créant ainsi une « société des deux-tiers et du tiers exclu ».[527] Parfois, la majorité est très relative et pourtant elle s'impose mécaniquement à l'autre partie.

---

[525] A. Akoun, « Consensus », in *Encyclopaedia Universalis*, Corpus 6, Paris, 1993, 412.
[526] L. A. Ngonga, *Consensus politique et gestion démocratique du pouvoir en Afrique*, 69.
[527] M. Telò, « De la démocratie mythique à la démocratie technique », in G. Haarscher et M. Telò, *Après le communisme ? Les bouleversements de la théorie politique*, Bruxelles, Editions de l'Université de Bruxelles, 1993, 31.

2.2. Consensus et démocratie

Ce sont deux notions qui s'impliquent réciproquement. Les valeurs démocratiques, en particulier, la justice, la liberté et la transparence, rendent possible la recherche du consensus. Inversement, le consensus fonde la démocratie, car celle-ci « ne peut se construire que lorsque les citoyens acceptent que *liberté, égalité* et *justice* soient justement les règles de base de la vie sociétale ». Il est donc possible de définir la démocratie comme un "pouvoir par consensus" ou comme une "règle consensuelle". Elle repose sur un "consensus axiologique". On entend par cette notion l'ensemble des conventions sociales, culturelles et religieuses qu'une communauté adopte comme cadre de référence.

Certaines démocraties libérales intègrent dans leur système des pratiques consensuelles qui visent à dépasser les limites de la logique arithmétique et de la majorité mécanique. En Suisse, par exemple, il existe depuis 1959 « une procédure consensuelle de partage équitable et équilibré du pouvoir au niveau fédéral. C'est ce qu'on appelle la règle ou la formule "magique" de 2 2 2 1, qui consacre la représentativité proportionnelle des sept membres qui composent le Conseil fédéral. Celle-ci tient compte de trois dimensions de la vie politique suisse à savoir les partis politiques, la langue et la religion des membres qui doivent composer l'Exécutif helvétique ».[528] La Belgique a opté, elle aussi, pour une représentativité inclusive et consensuelle. Sur les 15 membres qui composent le gouvernement fédéral, les deux communautés culturelles et linguistiques du pays (francophone et néerlandophone) ont chacune sept ministères. Le choix du Premier ministre résulte d'un large accord entre les membres de la Chambre des représentants. Bien qu'il provienne d'une des deux communautés, on dit, selon une formule consacrée, qu'il est « asexué linguistiquement » (Article 99, alinéa 2).

---

[528] L. A. Ngonga, *Consensus politique et gestion démocratique du pouvoir en Afrique*, 104.

Ces pratiques consensuelles étaient très courantes dans les anciennes démocraties africaines. L'*African National Congress* y a eu recours en 1994. Après sa victoire aux premières élections démocratiques, le parti de Nelson Mandela, renonçant à tout triomphalisme revanchard, a fait le choix d'un gouvernement d'union nationale. L'objectif visé était de mettre définitivement fin à l'apartheid comme mode de gouvernance et de construire une nation "interraciale" et "interethnique". Mandela décide de partager le pouvoir avec les perdants, les Afrikaners, ceux-là mêmes qui avaient institué le régime ségrégationniste. Il ne s'agit pas d'un simple choix stratégique ou de circonstance ; c'est une option qui s'inscrit dans la logique de l'*Ubuntu* et du *Toxó-toɖɔ*. Hélas, cette politique d'ouverture envers les oppresseurs d'hier n'a pas suffisamment pris en compte les exigences de vérité et de réparation qu'implique la notion africaine de consensus ou de réconciliation (voir Chapitre 13).

2.3. Le régime consensuel, fondement des anciennes démocraties africaines

Le Modèle Démocratique Africain (MDA) se présente comme un régime consensuel. Trois facteurs caractérisent ce régime : la désignation concertée du roi, la gestion décentralisée du pouvoir, l'adoption du *xóɖɔɖóxówú* comme voie privilégiée de délibération et de résolution des conflits.

a) À propos de la désignation du roi, Ngonga note : « Aucun pouvoir ne pouvait être normalement exercé sans qu'il soit préalablement légitimé, accepté soit directement par le peuple, soit indirectement par les conseillers du roi ou les notables agissant au nom du peuple ».[529] Prenons l'exemple de la monarchie Mossi étudiée par Diop :

> « La monarchie Mossi est constitutionnelle. L'empereur, le Moro Naba, sort héréditairement de la famille du Moro défunt

---

[529] *Ibid.*, 112.

[…], mais sa désignation n'est pas automatique. Il est choisi par un collège « électoral » de quatre dignitaires, présidé par le Premier ministre, le *togo naba*, comme en Éthiopie. Il est effectivement investi par ce dernier qui, pourtant, n'est pas un Nakomsé (c'est-à-dire un noble), mais sort d'une famille ordinaire : il est, en réalité, le représentant du peuple, de l'ensemble des hommes de condition libre, des citoyens qui composent la nation Mossi. »[530]

Le caractère "absolu" des monarchies africaines est donc à relativiser. Le monarque jouit certes d'une légitimité sacrée (en vertu du principe de la royauté divine), mais son pouvoir n'est pas illimité. Le Premier ministre est d'ailleurs autorisé à amorcer le processus de sa destitution s'il « est en désaccord […] avec le peuple ; s'il cesse de régner sagement ».[531]

b) La gestion décentralisée vise à établir une gouvernance inclusive et participative. Citons encore Diop :

« L'empereur [Mossi] est assisté, en plus du Premier ministre, de trois autres : le *rassam naba*, le *baloum naba*, le *kidiranga naba*. Chacun d'eux administre une région en plus de ses fonctions plus ou moins spécialisées. Le *togo naba* a la charge de quatre districts royaux : Tziga, Sissamba, Somniaga, Bissigaï ».

Tous ces ministres, « au lieu d'être des ressortissants de la haute noblesse des Nakomsé, sont choisis systématiquement en dehors de celle-ci, parmi le bas peuple et les esclaves. Ils représentent […] les différentes catégories sociales, les différentes professions, les différentes castes, auprès du trône ». On retrouve ce modèle d'organisation dans d'autres monarchies africaines. Par exemple, « la constitution politique du Songhaï, telle qu'elle nous est révélée à travers les textes du *Tarikh*

---

[530] C. A. Diop, *L'Afrique noire précoloniale*, Paris, Présence Africaine, 1987, 50.
[531] *Ibid.*, 77.

es-Soudan, qui datent du XVIème siècle, montre une situation identique ». La constitution du Cayor est une "réplique" de la constitution Mossi. Le *Sesh* souligne le caractère innovant de ce modèle par rapport au régime occidental médiéval :

> « Il faudrait supposer, au plein Moyen-âge occidental (1352-1353, date du voyage d'Ibn Batouta au Soudan, guerre de Cent Ans) non pas un seigneur provincial quelconque, mais le roi de France ou d'Angleterre, associant au pouvoir, avec voix délibérative, les serfs de la campagne, attachés à la glèbe, les paysans libres, les artisans des villes groupés en corporations, les commerçants ».[532]

La "décentralisation du pouvoir" va de pair avec le principe de "contrôle du pouvoir", l'objectif étant de maintenir un équilibre permanent entre les diverses composantes du corps social. Un mécanisme de "séparation des fonctions" est donc mis en place,

> « une séparation verticale chez les *Barotse* où l'adjoint [du chef de l'Exécutif] contrôle son chef hiérarchique et une séparation horizontale chez les *Bamiléké* dans laquelle les deux responsables, en l'occurrence le chef *"fo"* et le premier dignitaire *"kwipu"*, ayant pratiquement le même niveau de pouvoir et de considération dans la société exercent cependant des tâches différentes ».[533]

c) Le *Xóɗɔɗóxówú*. Deux préceptes du *Manden Kalinkan* (1236) nous permettent de saisir l'importance de la dialogique et de la représentativité dans les démocraties africaines :

- Précepte 3 : Les "nyamakalas" se doivent de *dire la vérité aux chefs*, d'être leurs conseillers et de *défendre par le verbe les règles établies et l'ordre* sur l'ensemble du territoire.

---

[532] *Ibid.*, 51.
[533] L. A. Ngonga, *Consensus politique et gestion démocratique du pouvoir en Afrique*, 116.

- Précepte 42 : Dans les *grandes assemblées*, contentez-vous de vos légitimes représentants.[534]

Ainsi, dans le Mandé du XIIIème siècle, devaient participer aux assemblées délibératives les "légitimes représentants" des divers territoires et des diverses composantes sociales de l'Empire. Les "Nyamakala" devaient, au cours de ces assemblées, déployer tout leur art rhétorique pour « défendre par le verbe » les lois établies ainsi que tout ce qui concourt à la cohésion sociale. Ils étaient constitués de quatre sous-groupes : les *Djeli* (qu'on nomme vulgairement "griots"), les *Finè* (les médiateurs sociaux), les *Numun* (les représentants de la caste des Forgerons) et les *Garanke* (les "nobles du cuir").[535] Ajoutons que les femmes prenaient part aux délibérations. L'article 16 de la Charte stipule : « Les femmes, en plus de leurs occupations quotidiennes, doivent être associées à tous nos gouvernements ». Diop parle d'un "bicaméralisme" africain ancien qui permettait justement aux femmes de faire entendre leurs voix sur les questions d'intérêt général :

> « De l'étude de notre passé, nous pouvons tirer une leçon de gouvernement. Le régime matriarcal aidant, nos ancêtres, antérieurement à toute influence étrangère, avaient fait à la femme une place de choix. Ils voyaient en elle, non la courtisane, mais la mère de famille. Ceci est vrai depuis l'Égypte pharaonique jusqu'à nos jours. Aussi les femmes participaient-elles à la direction des affaires publiques dans le cadre d'une assemblée féminine, siégeant à part, mais jouissant de prérogatives analogues à celles de l'assemblée des hommes. »

---

[534] CELTHO, *La Charte de Kurukan Fuga. Aux sources d'une pensée politique en Afrique*, Paris, L'Harmattan, 2008, 43, 57. Nous soulignons.
[535] Cfr M. Sinsin, «Manden Kalinkan o la Carta del Mande : Lineamenti di un ideale democratico nell'Africa precoloniale», in C. Danani (ed.), *Democrazia e verità. Tra degenerazione e rigenerazione*, Brescia, Morcelliana, 2020, 445-455.

Le savant sénégalais rapporte à ce propos un épisode historique édifiant :

> « La résistance militaire de Béhanzin à l'armée française, commandée par le colonel Dodds, serait la conséquence d'une décision de l'assemblée des femmes du royaume, qui s'est réunie la nuit, après celle des hommes réunie le jour, et qui, à l'inverse de cette dernière, avait choisi l'ordre de mobilisation et la guerre. La décision fut ratifiée par les hommes. Il existait donc, en Afrique Noire, un bicaméralisme spécifique reposant sur la dualité des sexes. Loin d'entraver la vie nationale et d'opposer les hommes et les femmes, il garantissait l'épanouissement de tous. C'est à l'honneur de nos ancêtres d'avoir su créer un tel type de démocratie. »[536]

Il ressort de ces faits historiques que dans l'Afrique ancienne, « les normes pour la gestion de la communauté étaient généralement et presque toujours le fruit d'une large concertation entre la population et ses dirigeants ».[537] C'est ce que Mandela a appelé la "démocratie pure". Selon Eboussi Boulaga, l'intérêt de la dialogique africaine réside dans le fait qu'elle se soucie de la « réintégration plutôt que de l'exclusion et du rejet [...] ; elle effectue l'ordre symbolique qui, moyennant une dépense de parole, fait l'économie de la violence, de la force et de la peur ».[538]

Pour conclure cette section, soulignons qu'il a manqué à Ngonga une plus grande attention à l'histoire et à la sociologie des institutions politiques du continent. Il a préféré utiliser le matériau ethnologique. Voilà pourquoi il nous a paru nécessaire de recourir aux travaux de Diop et à d'autres sources historiques.

---

[536] C. A. Diop, *Les fondements économiques et culturels d'un État fédéral d'Afrique Noire*, 45-46.

[537] L. A. Ngonga, *Consensus politique et gestion démocratique du pouvoir en Afrique*, 113.

[538] F. Eboussi Boulaga, *Les conférences nationales. Mythes et réalités*, Paris, Karthala, 1993, 155-156.

3. Aspects des démocraties africaines anciennes

Il a été établi que le *toxó-toɖɔ̀*, dans l'Afrique ancienne, se caractérise comme un régime consensuel. Les principaux traits de ce régime ont été mis en évidence. Il convient cependant d'ajouter quelques précisions.

3.1. Typologie des démocraties africaines anciennes

Ngonga identifie trois types de démocratie dans les anciennes sociétés africaines : la démocratie royale ou monarchique, la démocratie militaire et la démocratie républicaine. Le premier type est sans conteste le plus dominant. Comme indiqué plus haut, il ne s'agissait pas d'un pouvoir absolutiste ou autocratique, mais d'un système régi et encadré par les principes de la gouvernance consensuelle. Dans l'Afrique "précoloniale", les régimes monarchiques ont été « presque partout démocratiques, avec des pouvoirs équilibrés ».[539] On a vu que chez les Mossi, le Moro Naba (l'Empereur) était choisi par un "Conseil électoral". Le mode électoral était également en vigueur dans la Nubie post-méroïtique. Le roi nubien Amaninete-Yerika (431 – 405 avant notre ère) se vante d'avoir été élu monarque sur la base de ses qualités et compétences.[540]

Le recours à la démocratie militaire était souvent envisagé comme une solution de transition, et non comme une institution pérenne. Dans les situations de crise ou de guerre, le roi ou le Conseil des notables pouvait désigner un "homme fort" pour une mission spécifique. La mission une fois achevée, l'homme retournait à ses anciennes occupations. Une pratique similaire a existé dans la Rome antique où le Sénat, face à

---

[539] C. A. Diop, *L'Afrique noire précoloniale*, 74.
[540] *"Inscription d'Amaninete-Yerika"*, cit in A. M. Hakem, « La civiltà di Napata e Meroe », G. Mokhtar (ed), *Storia generale dell'Africa*, Vol. II, Unesco, trad. Edo Ceruti, Jaca Book, Milano, 1988, 240.

certaines crises, choisissait un "dictateur" pour une durée qui ne devait pas excéder six mois. Ces dernières décennies, on a vu émerger, dans plusieurs pays africains, des démocraties militaires de transition qui ont aidé à rétablir l'État de droit là où le pouvoir glissait dangereusement vers des formes de despotisme et d'autocratie. On peut citer par exemple les transitions militaires conduites par Jerry Rawlings (1981-1992), Amadou Toumani Touré (1991-1992), Wamke Daouda Malam (1999), Ely Ould Mohammed (2005), Salou Djibo (2010). Ces régimes militaires n'ont rien à voir avec les dictatures soldatesques des années 60-70 ; ils sont plutôt la preuve que l'armée peut, dans des moments difficiles ou de blocage institutionnel, jouer un rôle de "protectrice de la démocratie". Bien souvent, dans de nombreux cas, elle apparaît comme l'unique institution capable de reprendre les rênes de l'Etat et d'ouvrir les sentiers d'un renouveau démocratique.

Il semble, selon Diop, que l'Afrique ancienne n'ait pas connu de démocraties républicaines : « A l'époque précoloniale, en effet, tout le continent était couvert de monarchies et d'empires. Aucun lieu où vivent des hommes, fût-ce en forêt vierge, n'échappait à une autorité monarchique ».[541] Ngonga soutient l'avis contraire : « La démocratie républicaine a pu fonctionner dans les sociétés dites anarchiques ou anaétatiques, autrement dit, des sociétés sans Etats ou plus correctement des sociétés sans pouvoir central organisé. Compte tenu de leur organisation, de leur vision et de leur gestion du pouvoir, nous les considérons comme des sociétés républicaines ».[542] Il montre que le point de vue de Diop est contredit par les archives coloniales et les études ethnologiques qui font état de plusieurs sociétés africaines acéphales, c'est-à-dire sans monarque ou chef héréditaire. Il indique en particulier deux cas : les États Igbo et Nkole. Relevons quelques aspects de l'organisation politique de ces États : ils sont gérés par un Conseil de notables, seul organe détenant l'autorité suprême et exerçant une triple fonction : exécutive, législative et judiciaire. Le Conseil est présidé à

---

[541] C. A. Diop, *L'Afrique noire précoloniale*, op. cit., 74.
[542] L. A. Ngonga, *Consensus politique et gestion démocratique du pouvoir en Afrique*, 112.

tour de rôle par un membre qui n'est rien d'autre qu'un *Primus inter pares*. Le pouvoir n'est jamais vacant puisque tous les notables incarnent l'organe central. Ils jouissent des mêmes droits et gèrent de manière collégiale les affaires étatiques. Provenant de toutes les couches sociales, ils représentent le peuple dans son ensemble. Le territoire est divisé en régions autonomes, elles-mêmes gouvernées par des conseils locaux.

3.2. *Le cas de l'État pharaonique*

Remonter à l'Égypte pharaonique nous permet de saisir, avec une profondeur historique, la tendance résolument "inclusiviste" et démocratique de la plus ancienne monarchie africaine. Le système politique égyptien est une parfaite illustration du MDA. Ici, comme dans les autres cas évoqués, la recherche du consensus est le principe cardinal et le trait dominant de la gestion de l'État. Bernadette Menu identifie trois trois phases dans le processus de fondation de l'État de Khemet :

> « Chronologiquement et géographiquement, la culture nagadienne a progressé du sud vers le nord en trois grandes étapes, à partir d'un foyer situé à Nagada, à 27 km au nord de Louqsor : Nagada I ou Amratien (3900-3650 av. J-C), Nagada II ou Gerzéen (3650-3300), enfin Nagada III ou Semainéen, ou encore Prédynastique (3300-3100) ».[543]

La première phase (Nagada I) est celle de la création sur le sol égyptien des premières communautés politiques. Des groupes venus du sud du continent essaiment le long du delta du Nil, dans la moyenne et la haute vallée. Ils se constituent en principautés, indépendantes et gouvernées par des roitelets ou des chefs. L'étude des objets retrouvés dans les tombes de ces gouvernants atteste l'existence, à cette époque, d'une "organisation politique déjà avancée". Autour de Nekhen

---

[543] B. Menu, *Histoire économique et sociale de l'ancienne Égypte*, vol I, tome 1, Paris, CNRS Editions, 2018, 37.

(Hiéraconpolis), berceau méridional de la monarchie égyptienne, débute un processus de confédération des principautés qui atteindra son point culminant durant la seconde phase (Nagada II). Selon certains auteurs, les motifs qui auraient justifié cette alliance sont : la lutte contre des ennemis communs, la suprématie d'un royaume sur les autres, le souci d'établir un pacte de concorde entre les communautés pour éviter des guerres de voisinage, etc. Diop rejette ces hypothèses, car elles ne prennent pas en compte la spécificité du Mode de Production de l'État Africain. Selon l'historien sénégalais, ce type d'État « naît chaque fois que des tribus s'intègrent pour devenir une nation, afin de survivre, en relevant un défi de la nature, grâce à une organisation rationnelle et une division du travail ».[544] C'est bien ce qui arriva en Égypte à l'aube du IVème millénaire. Le défi commun à relever n'était vraisemblablement pas la menace d'un ennemi extérieur ni celle de la guerre de tous contre tous, mais la crue du Nil.

Les royaumes s'allient, tout en maintenant leur autonomie. Un document de cette période, le "Couteau du Brooklyn Museum", est incrusté de symboles qui semblent indiquer une structuration des rapports entre les principautés, une "structuration politique sur le mode confédéral". Le processus de confédération a favorisé l'émergence de deux grands royaumes : au sud, la Haute-Égypte (Ta Shemawou) dont la capitale est Nekhen et, au nord, la Basse-Égypte (Ta Mehou), ayant Bouto pour capitale. L'étape successive sera celle de la fédération et de l'unification des Deux Terres (les deux royaumes) en un seul État. Elle débute avec la dynastie dite "Zéro" :

> « L'avènement de la dynastie 0 eut une importance considérable dans la phase préparatoire à l'émergence de l'État : cette dynastie réalisa une étape décisive vers la centralisation du pouvoir, à travers une fédération dirigée par un souverain unique qui exerçait son autorité du sud de la Palestine à la deuxième cataracte du Nil, en Nubie. Les « proto-royaumes »

---

[544] C. A. Diop, *Civilisation ou barbarie. Anthropologie sans complaisance*, Paris, Présence Africaine, 1981, 242.

regroupés en confédération furent réunis sous la férule d'un seul chef. Celui-ci (le roi) est peu à peu identifié au faucon, c'est-à-dire à l'oiseau qui vole le plus haut dans le ciel et dont la vue présente une acuité exceptionnelle ; comme lui, le chef supervise tout ce qui se passe dans la vallée du Nil pour la maîtriser. Le faucon Horus, originaire de Nékhen/Hiéraconpolis, sera plus tard divinisé en tant que principe même de la royauté. »[545]

Le roi Narmer, fondateur de la première dynastie, portera à son achèvement le processus de centralisation qui va donner naissance à l'État nésoutique. La "Palette de Narmer" est considérée comme le "document" historique symbolisant l'acte de fondation du Royaume unifié. Pour Bernadette Menu, cette pièce est véritablement la "Charte constitutionnelle de l'État pharaonique" ; elle « expose à la fois l'idéologie pharaonique et la mise en place des rouages institutionnels ».[546] Deux éléments de l'idéologie fondatrice retiennent l'attention : le symbole de l'unification des Deux Terres (le symbole du

---

[545] B. Menu, *Histoire économique et sociale de l'ancienne Égypte*, op. cit., 43. Au fond, cette idéologie politique du Faucon est l'un des précieux legs des proto-ancêtres venus du sud du continent. Elle est symboliquement représentée sur le fameux Encensoir de Qustul (actuel Soudan) remontant à 5000 avant notre ère. Un détail frappant de l'encensoir est, comme le souligne Ferran Iniesta, la représentation de cet « oiseau qui déploie ses ailes au-dessus de la tête du roi, avec un corps central circulaire rappelant celui d'Horus, le dieu faucon, malgré le manque de précision du relief en ivoire. Il aurait pu s'agir d'un simple chef clanique, avec la barbichette d'autorité, mais la présence du présumé faucon, situé exactement au-dessus de la tête du personnage assis, ne laisse que peu de place au doute concernant une nature royale, et surtout divine, de l'individu intronisé ». On trouve ce modèle idéologique au cœur même du Sahara, et ce, depuis le néolithique : « Il existe déjà des hommes Horus, des rois horusiens, dans les représentations néolithiques des terrains rocheux du Sahara, des personnages avec des masques ou des têtes de faucon, symbolisant ainsi l'identité entre le roi humain et le dieu aérien avec leur disque resplendissant flanqué des ailes du grand faucon africain. […] Depuis huit mille ans, beaucoup de peuples claniques et étatiques ont identifié le roi avec la présence divine dans leur société ; et dans les régions aussi différentes que le Zimbabwe ou l'ancien Mali, le dieu faucon a présidé les rituels que les rois organisaient sous sa constante protection ». (F. Iniesta, *Thot. Pensée et pouvoir en Égypte pharaonique*, Paris, L'Harmattan, 2014, 44).
[546] B. Menu, *Histoire économique et sociale de l'ancienne Égypte*, op. cit., 109.

Sema Tawy) et l'évocation de la Maât (la victoire de l'ordre sur le désordre).

On voit bien que le régime consensuel a prévalu pendant les trois phases de constitution de l'État égyptien. Même si la dernière phase a conduit à la centralisation du pouvoir, la gouvernance a été décentralisée. La monarchie centrale n'évinça point les roitelets régionaux, mais les intégra au nouveau système. La conceptualisation et la mise en œuvre de la vision "*Sema Tawy*" traduisent un effort de conciliation des pôles Nord-Sud. Sa matérialisation symbolique, à travers la figuration des deux couronnes (la *Hedjet* et la *Deshret*) et la représentation de l'union Horus-Seth (deux figures antagonistes), est l'expression d'un consensus politique reposant sur la dialectique. Ainsi, l'idéologie *narmerienne* ou *semaienne* traduit une « conscience très forte de la diversité, à l'intérieur même d'une dualité tendue toujours vers l'unité ».[547] Le principe de la Maât est ce qui nourrit cette conscience et l'oriente vers la fin suprême de l'État pharaonique : conjurer le désordre (*isfet*), maintenir l'harmonie socio-cosmique et assurer aux fils et aux filles d'Égypte Vie (*Ankh*), Force (*Udja*) et Bien-être (*Seneb*).

3.3. Récapitulatif : caractéristiques des démocraties africaines anciennes

Trois traits principaux englobent et résument les caractéristiques du régime consensuel examinées plus haut : le caractère communautaire, la propension égalitaire et le souci de l'équilibre institutionnel.

a- Caractère communautaire et contractuel. Il est frappant de noter l'absence dans les anciens régimes africains de factions politiques constituées en "partis" se livrant à une lutte farouche en vue de la conquête du pouvoir. Le système de représentation élargie favorise une gestion participative où les groupes sociaux, à travers leurs représentants, se sentent impliqués dans la prise de décision. Le pouvoir

---

[547] *Ibid.*, 132.

central est lié au peuple par un pacte fondé sur des obligations ; sa légitimité réside dans le respect des lois, le respect du "Code des vertus" et dans la gestion responsable des affaires de l'État.

b- Propension égalitaire et respect de la dignité de l'être humain. En dehors des privilèges institutionnels réservés aux notables et au monarque, les démocraties africaines accordent un statut égalitaire à tous les enfants de la nation. La Maât et le Code des vertus traditionnelles s'opposent à la violation de la dignité humaine. Les étrangers, les prisonniers de guerre et les "esclaves domestiques" ou plutôt les "tributaires", jouissaient des droits fondamentaux : le droit au statut juridique, le droit à la propriété, le droit de recourir aux tribunaux en cas d'injustice, etc. Il arrive même que des tributaires assument de hautes fonctions dans l'appareil d'État : « C'est le cas, dans la monarchie du Cayor (Sénégal), du *djarâf Bunt Keur*, représentant des esclaves [des tributaires] au sein du gouvernement et généralissime de l'armée ».[548] Avec la traite arabo-occidentale, le statut du captif de guerre et du tributaire domestique va progressivement changer. En 1222, les chasseurs du Mandé proclament un Serment, le *Donsolu Kalinkan*, dans lequel ils s'opposent à l'esclavage. Le *Donsolu Kalikan*

---

[548] C. A. Diop, *L'Afrique noire précoloniale*, 14. Nous préférons le terme "tributaire" à la notion d'"esclave domestique". Et ce, pour éviter des confusions malencontreuses. Le statut du tributaire est loin d'être celui de l'esclave dans les sociétés esclavagistes. Dans la Rome antique par exemple, l'esclave, comme le rappelle Anténor Firmin, est considéré comme un « être inférieur aux autres membres de l'humanité. Aussi le droit romain définit-il l'esclave par ces termes expressifs : *capitis dimunitio*. Les esclaves, les *diminuti capitis*, présentaient aux yeux des citoyens une personnalité incomplète et inférieure. L'homme ainsi diminué pouvait bien être considéré comme un objet de commerce dont la possession paraît tout aussi naturelle que celle d'une chose quelconque ». (A. Firmin, *De l'égalité des races humaines. Anthropologie positive*, Québec, Mémoire d'Encrier, 2005, 127). L'esclave est également considéré comme un "vil" (*non tam quam nullus*) et membre d'une autre espèce humaine (*quasi secundum hominum genus*). Rien de tel dans l'Afrique ancestrale. Le tributaire domestique est « presque partie intégrante de la famille : il est le domestique fidèle, respecté, craint et consulté par les enfants ». Sa condition « n'est pas comparable à celle du plébein de la Rome antique, ou du thète d'Athènes ni à celle du çoudra de l'Inde » (C. A. Diop, *L'Afrique noire précoloniale*, 14).

réaffirme l'égale dignité de toutes les vies humaines : « Une vie n'est pas supérieure à une autre ». Les chasseurs déclarent :

> « L'essence de l'esclavage est éteinte ce jour,
>
> D'un mur à l'autre, d'une frontière à l'autre du Manden ;
>
> Les tourments nés de ces horreurs sont finis à partir de ce jour au Manden
>
> Quelle épreuve que le tourment !
>
> Surtout lorsque l'opprimé ne dispose d'aucun recours
>
> Quelle déchéance que l'esclavage ! »[549]

Ce Serment des Chasseurs est l'une des sources d'inspiration de la Charte du Mandé proclamée par Soundjata Keita. Ce dernier consolide le système des droits des tributaires (voir le Précepte 20 de la Charte). Il abolit l'esclavage et fit un serment solennel à ce sujet : « Personne ne sera jamais plus vendu dans ce pays. Manden-Fakoli, si vous consentez à m'installer sur la peau de la royauté, aucune personne ne sera plus vendue dans le Manden. Habitants de Doundougou ! Vous n'appartenez désormais qu'à vous-mêmes ».[550]

c- Le souci de l'équilibre institutionnel. La "distribution du pouvoir" dans les anciennes démocraties africaines révèle un réel souci d'équilibre. Selon Diop, la création des institutions de contrôle serait à l'origine une résultante de la division du travail entre les différentes castes professionnelles. La première institution de contre-pouvoir est le Conseil des notables :

> « Aucun texte, aucune tradition n'obligeait le roi à prendre son avis ; il le fit d'abord de son plein gré pour régner plus sagement ; puis il fut, de plus en plus, forcé de le faire sous l'effet d'une exigence interne, sociale ; les hommes libres, en

---

[549] CELTHO, *La Charte de Kurukan Fuga. Aux sources d'une pensée politique en Afrique*, op. cit., 149.
[550] Y. T. Cissé, *La grande geste du Mali. Des origines à la fondation de l'empire*, 205.

particulier les grands du royaume, représentés par le Premier ministre, ne tardèrent pas à faire sentir leur poids, à limiter discrètement, mais efficacement, le pouvoir royal. »[551]

C'est là une explication "matérialiste" de l'origine du régime constitutionnel africain ; Diop la défend contre l'interprétation idéaliste : « Le système, écrit-il, n'est pas né de l'idéalisme ; une apparence trompeuse seule peut pousser à ces conceptions ». En outre, selon le savant sénégalais, il n'y aurait eu au commencement que la royauté ; l'institutionnalisation des organes de contrôle ou de concertation serait une étape successive. Nous ne partageons pas cette analyse. Et ce, pour trois raisons. D'abord, Diop ne nous donne aucun exemple historique de royauté qui ait pu réellement fonctionner sans un Conseil. Depuis le prédynastique égyptien, le pouvoir royal a toujours été encadré par d'autres corps constitués. (Lire le commentaire que fait B. Menu des "documents" des rois de la dynastie 0).

Par ailleurs, dans la plupart des cas, c'est le Conseil qui met en place le pouvoir royal et choisit celui qui doit l'exercer. C'est ce que nous apprend le *Sesh* lui-même : « Le Conseil qui se réunissait pour investir le roi (Moro Naba) examinait, en réalité, le degré de légitimité des différents prétendants […]. On était obligé, après un examen savant et complet de chaque cas, de désigner, non pas d'après ses préférences, mais en vertu de la tradition, celui qui réunissait l'ensemble des qualités requises ».[552] Enfin, Diop reconnaît que la royauté en Afrique avait un caractère religieux et que la vision africaine du pouvoir s'enracine dans une métaphysique "vitaliste". On ne saurait donc sous-estimer cette dimension spirituelle pour tout ramener à une explication purement matérialiste.

***

---

[551] C. A. Diop, C. A. Diop, *L'Afrique noire précoloniale*, 77.
[552] *Ibid.*, 65.

Les trois caractéristiques susmentionnées (aspect communautaire, propension égalitaire et équilibre institutionnel) attestent que la démocratie africaine « n'avait jadis et n'a pas aujourd'hui beaucoup à envier aux autres systèmes politiques développés en dehors du continent africain ».[553] Comment réactualiser aujourd'hui cette tradition du *toxó-toɖɔ* et la promouvoir comme une alternative à la démocratie néolibérale "importée" ? C'est l'un des défis de la Renaissance Africaine. Un autre défi est d'asseoir le Modèle Démocratique Africain Rénové (MDAR) sur une idéologie politique dominante qui lui soit appropriée. C'est le thème du prochain chapitre.

---

[553] L. A. Ngonga, *Consensus politique et gestion démocratique du pouvoir en Afrique*, 172.

CHAPITRE 15 :
"Maâticratie".
Le Mode de Production Initiatique des anciennes sociétés africaines

Le facteur, sinon la cause de cette dynamique propre à la société africaine, n'est autre chose que l'Initiation, ou Maât, qui, comme on le verra, est l'idéologie et la pensée de la société africaine. Elle entretient avec celle-ci un rapport semblable (mais pas identique) à celui que Max Weber avait identifié entre l'éthique protestante et l'esprit du capitalisme. Il résulte de cette découverte qu'il existe un schéma conceptuel de développement de la société africaine ou "système communautaire". C'est-à-dire une trajectoire de développement dont l'Initiation est le moteur.

(J-P. Kaya)

Les sociétés contemporaines sont définies comme des "sociétés du savoir". On entend par là des sociétés qui promeuvent l'économie du savoir dans toutes les sphères de la vie sociale et politique. Il semble que les anciennes sociétés africaines aient été, elles aussi, en un certain sens, des "sociétés du savoir". Un certain type de savoir. Un savoir du monde intérieur et du monde extérieur qu'on désigne sous le nom générique d'*Initiation* ("*Bwadi*" en luba)[554]. Les peuples africains, écrit Jean-Pierre Kaya, « considèrent l'Initiation comme étant le noyau dur de la culture africaine, c'est-à-dire comme l'idéologie de cette société ». Il ajoute : « L'Initiation est véritablement le moteur de l'Histoire dans la civilisation africaine. Car, elle est non seulement l'instrument du changement social, mais également celui des mutations révolutionnaires au sein de la société africaine ».[555] Sa forme la plus aboutie est le Modèle Maâtique, un Idéal vers lequel l'Afrique contemporaine doit

---

[554] Voir M. Bilolo, *Fondements Thébains de la Philosophie de Plotin l'Égyptien*, 32.
[555] J-P. Kaya, *Théorie de la Révolution Africaine. Tome II. Maât*, 2008, 17 ; 35.

tendre, selon l'auteur, pour se rénover à partir de son propre paradigme. C'est la thèse que nous allons examiner dans ce chapitre. Nous nous focaliserons sur certains aspects de la réflexion de l'auteur : l'importance de l'Initiation dans l'Afrique traditionnelle, l'émergence du Modèle Maâtique (la Maâticratie), la théorie africaine de la science initiatique et les fondements d'une société politique maâtique.

1. La centralité de l'Initiation dans les anciennes sociétés africaines

1.1. Cheikh Anta Diop et le Système Initiatique Africain (SIA)

Selon Diop, le SIA serait un système défectueux : « Une idée maîtresse existe, comme partout en Afrique Noire, celle d'initiation à différents niveaux ou degrés, et qui n'a pas peu contribué à la dégradation et à la fossilisation des connaissances autrefois quasi scientifiques ».[556] Si tel est réellement le cas, quelle valeur peuvent avoir aujourd'hui les anciennes doctrines que les *Wasomi* continuent d'enseigner dans les *Joow* ? En abordant cette question, le *Sesh* adopte une double position :

a) Il dénie à ces doctrines le statut de pensée consciente : « Certes, aux époques précoloniales, lorsqu'elles étaient intensément vécues, ces cosmogonies étaient infiniment proches d'une pensée consciente d'elle-même, mais elles se sont dégradées, fossilisées depuis, et il serait excessif de les prendre pour des systèmes philosophiques à l'heure actuelle. De même, ce serait une erreur de mener un faux débat à leur sujet ».[557]

b) Il considère cependant que ces doctrines sont « précieuses pour l'archéologie de la pensée, et, ne serait-ce que pour cela, leur étude sera

---

[556] C. A. Diop, *Civilisation ou barbarie*, op. cit., 393.
[557] *Ibid.*, 405.

toujours indispensable au penseur africain, s'il veut bâtir une tradition intellectuelle à partir du terrain historique ». Mais c'est seulement à travers un "retour à l'Égypte" que ces systèmes de pensée pourront être déverrouillés pour constituer le socle d'une tradition intellectuelle rénovée ; ils ne livreront leur « sens profond, souvent perdu » que « sous l'éclairage de la pensée égyptienne ».[558]

Nous partageons l'idée selon laquelle l'étude de la pensée égyptienne permet de mieux comprendre les doctrines des E.I.T. Mais contrairement à Diop, nous pensons que ces doctrines n'ont rien perdu de leur valeur philosophique. Elles ont été, au cours des âges, continuellement commentées, enseignées, repensées, réinterprétées et même remodelées. En d'autres termes, ces systèmes d'intelligibilité ne sont pas des "pensées figées dans le temps". Certes, des traditionnistes manquant de finesse et de profondeur, ont développé une approche "fossilisante" et dogmatique des anciens systèmes cosmosophiques. Cependant, dans beaucoup d'Écoles, les textes traditionnels font l'objet d'une réinterprétation dynamique et innovante. Il n'est pas rare de rencontrer des *Wasomi* qui ont une lecture profonde du Corpus Ancestral. C'est le cas du Vénérable Kindjihossou Gbinwa, brillant exégète du Fa. Son disciple, Firmin Amadji, lui rend hommage en ces termes :

> « [Il] m'a instruit autour des fondements divins de nos traditions ancestrales, depuis la Tradition Fa, passant par la Tradition Vodun, la tradition de chasse Singbé, la tradition des danses sacrées Mahi, Agbi, Fahun et autres, pour englober les clés panégyriques des clans, et bien d'autres choses encore que je comprendrai au fil des temps des mûrissements ».

Il ajoute :

> « À maints reprises, maître Gbinwa qui nous a amplement informé sur les clés des traditions Fa n'a pas cherché à faire partager nos entretiens intimes avec des collèges de Bokɔnɔ,

---

[558] *Ibid.*, 405.

prêtres Fa, qui le fréquentent à longueur de journée. Il l'a dit et répété toujours, "ils ne connaissent que les côtés institutionnalisés de la tradition et même imparfaitement d'ailleurs. Quant à ces fondements divins dont nous traitons les expressions ici, n'allez pas leur demander ce qu'ils en savent. Ils n'en savent rien ».[559]

L'on doit donc distinguer deux groupes de traditionnistes : les *fins connaisseurs* et les *médiocres*. Les premiers, ceux que nous appelons les "*Wasomi"* ou "*Rekhou saiwou*", ont une claire intelligence des fondements des doctrines anciennes alors que les autres n'en retiennent que les "côtés institutionnalisés".

Selon Jean-Pierre Kaya, le jugement négatif de l'égyptologue sénégalais sur le SIA serait influencé par ses « choix idéologiques marxistes ». Voyons... Autant la position diopienne est surprenante, autant l'est l'interprétation qu'en donne le politologue congolais. Diop marxiste ? Comme le rappelle un de ses biographes les plus autorisés, il a proposé « une voie politique et de développement originale, hors des schémas de pensée établis, sans dépendance vis-à-vis des partis politiques français comme le Parti Communiste Français (PCF), la Section Française de l'Internationale Ouvrière (SFIO), l'Union Démocratique et Socialiste de la Résistance (UDSR) auxquels sont affiliées plusieurs figures politiques africaines marquantes ».[560] La "voie" qu'il indique n'est pas celle du Marxisme, mais celle du Panafricanisme (voir son article de 1952, « Vers une idéologie politique africaine »). Cette option lui vaudra d'ailleurs des attaques et même des inimitiés de la part de certains

---

[559] F. Amadji, *Le Christ révélé au sein des cultures et des traditions africaines. Osons engager le débat. Témoignages et Réponses Scientifiques des Traditions Fa – Dogon – Malinké – Kotoko*, Cotonou, ESAfrique, 2007, 7, 11-12. Kindjihossou Gbinwa est à l'image du Grand Hiérogrammate Guèdégbé (1850-1936), qui instruisit le jeune chercheur français Bernard Maupoil (1906-1944), auteur d'une œuvre classique sur le Fa.

[560] C. M. Diop, *Cheikh Anta Diop. L'homme et l'œuvre*, Paris, Présence Africaine, 2003, 54.

marxistes de sa génération.[561] Ceci dit, voyons les limites de sa pensée sur le *Bwadi*.

1.2. Critique de la position diopienne

Diop affirme que « tout le reste de l'Afrique noire » a eu l'Initiation « en commun avec l'Égypte ». Si ce système était si "défectueux", comment expliquer qu'il ait permis à l'Égypte de bâtir la civilisation la plus brillante de l'antiquité et la plus durable de l'histoire universelle ? Comment expliquer qu'il ait servi, pendant des siècles, de socle et de rempart culturel aux empires et royaumes africains post-pharaoniques ? Sûrement, ce n'est pas du côté de l'institution initiatique qu'il faut aller chercher la cause du déclin de l'Afrique ancienne. Elle réside plutôt dans « la perte de la souveraineté nationale, et surtout celle de la maîtrise du système de reproduction sociale ».[562]

S'il est inexact de qualifier le savant sénégalais de "marxiste", on peut cependant critiquer son penchant trop prononcé pour le matérialisme philosophique. Il faut reconnaître qu'à une certaine époque, la "gangue métaphysique" de la pensée africaine lui répugnait. Dans *Les fondements économiques et culturels d'un État fédéral*, il estime que le "rationalisme laïc" et la "foi laïque en la nature" permettront à l'Afrique « d'envisager les choses en dehors des catégories religieuses, quelles qu'elles soient ». C'est cela qui explique sa position sur le SIA et le pousse à exalter la démarche grecque. Dans *Antériorité*, il soutient que c'est en se fondant sur le "pôle matérialiste de la pensée égyptienne" que l'école naturaliste grecque a produit la « première théorie scientifique au sens strictement moderne du terme ». Il ajoute :

> « Les prêtres égyptiens s'étaient parfaitement rendu compte de l'importance relative des principes purement physiques et de la

---

[561] Voir A. Aly Dieng, *Le Marxisme et l'Afrique noire. Bilan d'un débat sur l'universalité du Marxisme*, Paris, Nubia, 1985.

[562] J-P. Kaya, *Théorie de la Révolution Africaine. Tome II. Maât. L'idéologie africaine*, 54 ; D. Gnonsea, *Cheikh Anta Diop, Théophile Obenga : Combat pour la renaissance africaine*, Paris, l'Harmatan, 2003, 208.

carapace divine de la théorie. S'ils n'ont pas secoué cette dernière ce n'est pas par manque de logique ou de maturité scientifique, mais parce que leur prestige et les intérêts mêmes de leur caste sacerdotale militaient pour ce maintien, pour cette coexistence du divin et du profane dans la théorie [...] Ce sont les disciples grecs des prêtres égyptiens qui, à force de s'initier, séparément, en Égypte, pour fonder des écoles rivales qui se critiquaient mutuellement, ont fini par créer les conditions générales d'une critique de ces doctrines d'où sortiront progressivement une philosophie et un esprit scientifique débarrassés de leur ancienne gangue religieuse égyptienne. »[563]

Quelques remarques :

a) La "gangue religieuse" ou la "coexistence du profane et du divin" n'a pas empêché les savants égyptiens d'atteindre une « maturité scientifique » dans divers domaines du savoir. Les papyri anciens qu'ils nous ont laissés ainsi que le faste de leurs œuvres monumentales témoignent du niveau très avancé de leur science. C'est un fait.

b) En outre, il n'est pas très évident que les "disciples grecs" se soient affranchis de toute référence théologique ou religieuse dans leur réélaboration des savoirs reçus en Égypte.

c) Diop semble ne pas accorder un grand intérêt à ce qu'on pourrait appeler "l'allure" du logos africain, un logos qui apparaît, ainsi qu'il a été dit, comme une rationalité de la complexité et de la multi-dimensionnalité. Si donc les prêtres égyptiens n'ont pas senti la nécessité de trop durcir la ligne de démarcation entre la science profane et la science sacrée, ce n'est pas pour préserver le "prestige et les intérêts de leur caste" (lecture matérialiste) ; c'est que, selon leur paradigme épistémologique, le Réel devait être pensé comme un Tout,

---

[563] C. A. Diop, *Antériorité des civilisations nègres*, 218.

chargé de sa riche signification symbolique. Une telle approche n'est en rien contraire à la démarche scientifique, à moins que l'on veuille définir la notion de science à l'aune des présupposés du rationalisme illuministe et des dogmes du positivisme. Si la rationalité cohabite, non avec la foi aveugle et superstitieuse, mais avec la quête intelligente du divin, il n'y a aucune crainte à avoir quant au progrès intellectuel de l'humanité. Et c'est ce que vise justement le *Bwadi*, l'Initiation africaine.

Kaya fait observer qu'en rejetant le modèle initiatique, Diop rend impossible la pleine réalisation du projet du "Retour à l'Égypte". En effet, qu'allons-nous chercher en Égypte sinon son héritage le plus précieux ? Quel est-il cet héritage ? Ce ne sont pas seulement les réalisations matérielles (pyramides, temples, sphinx, obélisques, momies, organisation politique, etc.), mais aussi et surtout la Rationalité qui les a produites. Or, il se trouve que cette Rationalité est initiatique ! Il est donc à déplorer que si « Diop a incontestablement réconcilié les Africains avec leur passé en les décomplexant en quelque sorte, il leur a fermé en même temps, malheureusement, la porte d'accès à l'héritage le plus précieux de ce passé : l'Initiation ».[564] L'on doit cependant atténuer la critique. Car, l'égyptologue sénégalais, dans ses derniers textes, médite longuement sur la crise de la raison matérialiste et les impasses de la science positiviste : « L'activité scientifique dans ses formes les plus avancées, et les plus élaborées, ne concerne que les transformations de la matière, une fois que celle-ci est là comme une donnée, un existant brut. Elle est donc, cette activité, entièrement située en deçà du grand mystère ». Et puis, cet autre constat : « Nous assistons en réalité à un phénomène très particulier à l'Occident, et fort intéressant à analyser. Tout se passe comme si, près d'un siècle après Nietzsche, les savants occidentaux éprouvaient une ardente soif de spiritualité qui pousse les physiciens à réanimer la Nature en ressuscitant en quelque sorte un Dieu laïque ». On comprend alors aisément que le « sort aride de l'humanité

---

[564] J-P. Kaya, *Théorie de la Révolution Africaine. Tome II. Maât*, 63.

[…] amène certains savants néopositivistes à ressusciter l'animisme ».[565] Le Modèle Initiatique Africain, dès l'antiquité, repose sur le postulat selon lequel un Principe, une Raison Universelle, gouverne la Nature. On a jadis qualifié improprement cette vision d'*animiste* et de *primitive*. Et voilà qu'on y revient après les errements de la science dite "moderne". Diop invite, par conséquent, les philosophes africains à participer à l'édification d'une "nouvelle théorie de la connaissance" et à être les acteurs d'une "révolution épistémologie sans précédent". Il s'agit de construire une rationalité capable de relier science et métaphysique. Une rationalité capable d'aider l'homme à « se réconcilier avec lui-même » et à « trouver un sens à la vie, à l'existence ». N'est-ce pas là le projet de l'Initiation africaine ?

1.3. L'Initiation dans les anciennes sociétés africaines

L'ethnologie a pendant longtemps adopté un schéma de lecture qui ne permettait pas de saisir l'évolution historique des modes d'organisation politique des anciennes sociétés africaines :

> « Tant qu'on a regardé la société africaine comme accablée par une superstructure mythologique propre à engendrer un temps cyclique et non pas une dynamique historique linéaire et cumulative, on ne pouvait aboutir qu'à des opinions médiocres, et non pas à des assertions garanties. Dès qu'on a remis les choses à leur place, en constatant au sein du mode d'organisation communautaire, la fonction révolutionnaire de l'Initiation, alors, l'idée d'un mode de production africain, c'est-à-dire initiatique, s'impose d'elle-même. »[566]

---

[565] C. A. Diop, *Philosophie, science, religion*, Dakar, Institut Fondamental d'Afrique Noire, 1985, 22, 23.
[566] J-P. Kaya, *Théorie de la Révolution Africaine. Tome I. Repenser la crise africaine*, Paris, Editions Menaibuc, 2007, 63.

L'idée selon laquelle l'Initiation constituerait la charpente idéologique de l'Afrique ancienne est en réalité une trouvaille de l'anthropologue malien Mamadou Balla Traoré. Ce dernier écrit : « Si l'on peut définir l'idéologie comme le produit de tout système social, à savoir l'ensemble des représentations, des normes et des valeurs qui fournissent jusqu'au moindre détail formel des modèles de comportement à l'individu, on peut alors dire que l'initiation Mandeng fonctionne comme une idéologie ».[567] Du point de vue sociologique, l'idéologie assume quatre fonctions principales :

- Elle décrit une Situation (SI)
- Elle offre une Synthèse cohérente (SY) qui permet de lire et d'interpréter SI
- Elle rationalise et réorganise les Valeurs Fondatrices (VF) dans le schème de pensée qu'elle propose comme cadre de lecture de SI
- Elle fixe des Objectifs (OB), les motive et pousse la communauté à les atteindre.

Nous formalisons cela comme suit :

$$SI \rightarrow \frac{SY}{VF} \rightarrow OB$$

Si la définition proposée par Traoré tend à assimiler l'idéologie à la culture (approche marxiste), pour Kaya, l'idéologie est le noyau de la culture. Elle l'innerve, l'irrigue, constituant ainsi le principal facteur du changement social. L'Initiation africaine, en tant qu'idéologie, est le « lieu de la pensée claire, au sein de la société africaine, où se définissent le rôle de l'Homme dans la société et son destin dans le

---

[567] M. B. Traoré, « Société Initiatique et régulation sociale chez les Malinkés et Bambara du Mali ». Thèse de doctorat, Université Paris 1, 1980, 192.

cosmos. C'est aussi le lieu où s'élabore un projet pour la collectivité, et se fabriquent la stratégie et les moyens pour l'atteindre ».[568]

Dominique Zahan a perçu, lui aussi, la centralité de l'Initiation en Afrique et la similitude des systèmes pédagogiques à travers lesquels elle est mise en œuvre d'un bout à l'autre du continent :

> « Considéré sous l'aspect d'introduction de l'homme à ses propres mystères et à ceux de l'univers, le schéma initiatique se présente avec une similitude remarquable chez les populations les plus différentes, aussi bien chez celles du Sud de l'Afrique que chez les nomades lancés à travers les steppes et qui, en apparence, sont fort éloignés, culturellement parlant des premières ».[569]

L'étude du Système Initiatique vient donc confirmer la thèse diopienne de l'unité culturelle africaine. Il s'agit, bien entendu, d'une unité foncière et non superficielle, une unité qui repose sur des schèmes, des archétypes profondément enracinés. Derrière l'apparente diversité des formes, on repère, n'en déplaise à Foucault, les éléments de la méta-structure. L'Initiation en est un, le plus important, le plus profond, le plus radical, selon Kaya.

Examinons brièvement le schéma initiatique manding. Il nous donne une idée des autres systèmes africains. Tel que nous le décrit Traoré, il comprend six niveaux ou grades de connaissance :

- *Ndomo*   Enseignements sur la quête de la connaissance de soi
- *Komo*   Enseignements sur la quête du savoir (théorie de la connaissance)
- *Nama*   Enseignements sur les chaînes de relations sociales
- *Kono*   Enseignements sur la conscience morale

---

[568] J-P. Kaya, *Théorie de la Révolution Africaine. Tome II. Maât. L'idéologie africaine*, 71.
[569] D. Zahan, *Société d'initiation Bambara. Le N'Domo, le Koré*, Paris, La Haye-Mouton, 1960, 97.

- *Cywara*   Enseignements sur la structure et les principes de l'univers
- *Kore*   Enseignements sur la connaissance du Divin.

Chacun de ces niveaux de connaissance est confié à des institutions initiatiques spécifiques appelées "Joow". Ainsi, le Joo du Ndomo a pour mission principale de "réveiller la conscience" du postulant et lui « ouvrir la route, la voie (*sira*) qui mène au savoir (*doni-ya*) ». Le Joo du Komo articule tout le contenu des savoirs qu'il dispense autour de la notion clé de "l'Homme-Verbe" ou de « l'Homme-Savoir ». Son enseignement tend à « élargir la prise de conscience de soi-même (Ndomo) en l'étendant à la connaissance des choses concrètes et abstraites qui constituent ce que les Mandeng nomment doni-ya, connaissance ». Le Joo du Nama examine les rapports entre société, culture et savoir. Le Kono étudie les questions liées à la dialectique Matière-Esprit, ainsi que les valeurs qui contribuent à l'édification de la personnalité. Le Cywara offre une synthèse globale du système du monde. Le Kore, enfin, « couronne et totalise l'intégralité des autres joow ». Son enseignement est surtout centré sur le thème de la transcendance et de la divinisation de l'Homme.

Un mot sur l'initiation aux mystères divins dans l'Égypte pharaonique. Apulée, dans ses *Métamorphoses*, nous apprend qu'il existait à Khemet deux types ou plutôt deux grands cycles d'initiation sacrée : le cycle des petits mystères (Cycle Isiaque), et le cycle des grands mystères (Cycle d'Osiris). E. Bosc indique que « les Égyptiens, à quelle classe qu'ils appartinssent, pouvaient recevoir communication des grands mystères, mais jamais les étrangers n'étaient admis à les étudier, bien que nous sachions que Pythagore ait eu pour maître l'archi-prophète Sonchis et que Platon, d'après Proclus ait suivi pendant treize ans les enseignements des mages de Memphis ». Sur la question de l'initiation des étrangers, l'auteur est formel : « Moïse, Platon, Pythagore et autres personnages de l'antiquité, étrangers à l'Égypte n'ont jamais été initiés qu'aux petits mystères ». Avant d'être admis aux mystères isiaques, le postulant étranger « était soumis à une enquête rigoureuse sur ses antécédents ; si le résultat de l'enquête lui était favorable, le collège des Initiés autorisait ou refusait par un vote secret l'admission aux épreuves initiatiques ».[570] Ainsi qu'il a été dit, tous les égyptiens autochtones pouvaient être admis. Une précision cependant : « Bien que l'Initiation fut accordée à tous les Égyptiens qui la demandaient, on ne la communiquait pas indifféremment à tout le monde, pas même à tous les prêtres. Il existait, en effet, au sein du collège sacré, une sorte de hiérarchie, hiérachie d'aptitude (échelle de grades) à chacun desquels était attachée une épreuve ». Bosc ajoute : « Chaque épreuve donnait la mesure, la quantité d'intelligence et de force morale que possédait le postulant ou néophyte qui ne pouvait passer d'un degré à un autre, c'est-à-dire d'un grade à un autre grade supérieur, sans avoir complètement satisfait aux épreuves successives auxquelles il était astreint ».[571]

2. L'Initiation comme facteur de développement de la société africaine

2.1. Typologie générale des anciennes sociétés africaines

Kaya décrit les anciennes sociétés africaines comme des "systèmes communautaires" ; il en distingue trois types :

- Le Type I ou société communautaire de base
- Le Type II ou société communautaire en transformation
- Le Type III ou société communautaire développée

Au type I correspondent les sociétés lignagères, claniques, segmentaires, les chefferies traditionnelles. Ce modèle se caractérise par une forte parentalisation des rapports sociaux (économiques, politiques, interpersonnels), un mode de production simple, basé sur une économie de subsistance et une division élémentaire du travail, une

---

[570] E. Bosc, *Isis dévoilée*, 228, 235.
[571] *Ibid.*, 234.

complémentarité mécanique (qui n'annihile pas cependant l'autonomie individuelle). Dans les sociétés communautaires de base, l'Initiation est encore « dans ses langes, et ne remplit pas encore la fonction de socialisation, qui deviendra son rôle principal tout au long du développement du système communautaire ».[572] Au niveau du Type II, par contre, l'Initiation assume pleinement cette fonction ; elle devient l'idéologie officielle de la société. D'où l'importance accordée au savoir et à l'éducation dans les sociétés de ce type. Ces dernières sont dites "en mutation" ou "en transformation", car elles sont une transition vers la société communautaire développée. Elles se distinguent, en outre, par une autonomisation du système politique, une stratification sociale plus élargie, une organisation fortement hiérarchisée, une économie plus diversifiée et plus dynamique, etc. Les exemples historiques du type II sont les États nilotiques protodynastiques (Nekhen, Nagada, Abydos) et la plupart des empires/royaumes post-pharaoniques (Ghana, Mali, Kongo, Songhai, Kanem-Bornou, les États Mossi, le Cayor, les royaumes Yorubas, le Royaume Bamoun, etc.)

Le passage du Type II au Type III a lieu à travers la « révolution du savoir, qui impose l'invention de l'écriture et son utilisation systématique dans toutes les activités humaines ». Le Type III est historiquement « l'expérience la plus accomplie du développement de la société africaine ». Il s'incarna brillamment dans les modèles égyptien, nubien-méroïtique et axoumite. Ces modèles étant considérés des prototypes de "sociétés développées", il convient de préciser le sens que Kaya donne au concept de "développement". Il renvoie, dit-il, à une double vision : celle du progrès spirituel de l'Homme et celle du progrès matériel de la société.

Le Pharaon Akhenaton a jeté les bases d'une forme de société qui vise à dépasser non seulement le Type III, mais le type communautaire en général. La réforme atonienne a pour finalité la création d'une société

---

[572] J-P. Kaya, *Théorie de la Révolution Africaine. Tome I. Repenser la crise africaine*, op. cit., 59.

post-communautaire. Elle n'est pas inspirée d'une idéologie extérieure ; elle est plutôt

> « le résultat de la mutation de la société communautaire elle-même, au sein de laquelle, l'Initiation qui se comporte d'abord comme un véritable paradigme, passe du statut d'idéologie de la société africaine à celui de culture de cette société. Elle crée de ce fait une rupture dans le système communautaire, et inaugure alors, un nouveau cycle de développement dans cette société, qui instaure la Société Initiatique. »[573]

La "Société Initiatique" entend créer une civilisation solaire fondée sur une réelle Fraternité Universelle. C'est cet idéal sociétal que notre auteur envisage comme solution à la crise de la société africaine postcoloniale.

2.2. Débat autour du Mode de Production dit "Asiatique"

Le concept de "Mode de Production Asiatique" (MPA) est une invention de Karl Marx et de Friedrich Engels. Il indique, selon eux, une phase intermédiaire du développement des sociétés. C'est la phase qui suit immédiatement l'étape des communautés dites "primitives". Selon la théorie marxiste, l'Égypte pharaonique serait le modèle le plus achevé des sociétés de type MPA. Diop conteste cette lecture. D'abord, concernant la terminologie, il fait remarquer que si l'Égypte est le prototype ou le modèle paradigmatique d'une certaine forme de société, le mode de production d'une telle société ne saurait être qualifié d'*asiatique*. L'Égypte n'appartient ni géographiquement, ni culturellement à l'Asie, mais à l'Afrique (Elle « appartient totalement à l'Afrique », dit Champollion). En conséquence, le prototype égyptien devrait être appelé "État de Type Africain" (E.T.A.)

---

[573] J-P. Kaya, *Théorie de la Révolution Africaine. Tome II. Maât. L'idéologie africaine*, 37.

L'autre argument de la critique diopienne, c'est que, contrairement à la doxa marxiste, l'État pharaonique n'est pas né d'une exigence de défense militaire face à un ennemi extérieur. C'est ce qui explique le primat du pouvoir civil sur l'aristocratie militaire. Cette dernière n'est pas le "point de mire de la société". L'idéologie pharaonique exalte les valeurs sociales et non celles guerrières, comme c'est le cas dans les Etats nés de la résistance à l'ennemi. Le *Sesh* explique l'émergence de l'État nesoutique par la nécessité, pour le peuple égyptien, de se constituer en une nation en vue d'affronter un défi naturel :

> « La soudaineté et l'ampleur de la crue du Nil obligèrent les premières populations africaines que le hasard avait conduites dans cette vallée à dépasser les égoïsmes individuels, claniques et tribaux, ou à disparaître. Ainsi émergea une autorité supra-tribale, une autorité nationale, acceptée par tous, investie, des pouvoirs nécessaires pour la conduite et la coordination des travaux d'irrigation et de distribution de l'eau indispensable à l'activité générale. »[574]

Le savant sénégalais rejette également l'idée selon laquelle l'État pharaonique serait, comme le prétend Marx, un État esclavagiste :

> « C'est la cause matérielle qui est à la base de la naissance de l'État qui détermine le processus d'apparition de celui-ci, le type d'État, sa forme politique spécifique. Donc, la forme des rapports de production est déterminée par le type d'État créé. Par conséquent, des rapports de production de type esclavagiste sont exclus par le [Mode de Production Africain] ».

La cause matérielle qui préside à la naissance de l'État égyptien n'est pas l'exploitation de l'homme par l'homme, mais un obstacle naturel dont « l'élimination nécessite un effort collectif dépassant les moyens d'un petit groupe ». Cette nécessité est « acceptée et défendue par tous les citoyens de la nation comme seul moyen de survie de la

---

[574] C. A. Diop, *Civilisation ou barbarie*, 166.

collectivité ». Pour cela, les corvées nationales sur les grands chantiers de l'État ne sont pas une forme d'esclavage.[575]

L'E.T.A. est loin d'être le symbole d'une phase de stagnation ou de balbutiement ; c'est plutôt, comme l'affirme Godelier, « le plus grand progrès réalisé sur la base de formes communautaires de production ». Il inaugure le temps glorieux où l'homme « passe à la domination de la nature et invente des formes nouvelles d'agriculture, l'architecture, le calcul, l'écriture, le commerce, la monnaie, le droit »[576]. C'est la phase du surgissement inaugural des Lumières dans l'Histoire Universelle. L'Afrique fut le berceau et le laboratoire de cette Révolution Solaire.

Kaya, en s'inscrivant dans la ligne de la critique diopienne, réfute la lecture marxiste du Mode de Production dit "Asiatique". Comme Diop, il trouve que le concept est inadéquat. Et ce, pour deux raisons : d'abord, c'est une notion qui sépare l'expérience pharaonique de celle des autres sociétés africaines ; ensuite, elle charrie deux présupposés théoriques étrangers et même opposés à l'Idéologie Africaine : l'idée de la lutte des classes comme seul moyen d'évolution des sociétés et l'idée d'une « surdétermination de l'être social sur la conscience sociale ».

Le politologue et sociologue congolais se distancie, en outre, du postulat matérialiste qui pousse Diop à expliquer l'émergence de l'État pharaonique par une cause exlusivement matérielle :

> « Ce n'est pas le Nil qui a fait l'Égypte, mais d'abord sa propre culture, c'est-à-dire la culture africaine. Or, cette culture se confond avec l'idéologie initiatique qui représente la puissance

---

[575] À propos des corvées, Bernadette Menu écrit : « L'exclusion qui caractérise l'esclavage n'a pas sa raison d'être dans une société qui pratiquait au contraire l'intégration à tous les niveaux. La pratique du système de corvée – à laquelle était soumise toute la population – permettait l'obtention périodique de journées de travail au bénéfice de l'État, de l'administration ou des temples, et rendait par-là inutile le recours à l'institution de l'esclavage ». (B. Menu, « Esclavage », in J. Leclant (éd.), *Dictionnaire de l'Antiquité*, Paris, PUF, 2005, 839).

[576] M. Godelier, « La notion de Mode de Production Asiatique et les schémas marxistes d'évolution des sociétés », in C.E.R.M, *Sur le Mode de production Asiatique,* Paris, Editions Sociales, 1974, 285. Godelier parle de "domination de la nature". Etant donné la vision maâtiste qui fonde l'État de type africain, il serait plus juste de parler de "maîtrise de la nature". Voir le chapitre 16 du présent volume.

d'action la plus colossale dans la société africaine. Nous soutenons que c'est en s'appuyant sur celle-ci que l'Égypte prédynastique a pu se transformer pour donner naissance à l'extraordinaire aventure pharaonique. »[577]

Si l'E.T.A. est un produit du Système Initiatique et que ce système est le socle de toutes les sociétés africaines, alors on peut les qualifier à juste titre de sociétés à "Mode de Production Initiatique" (MPI). Telle est la thèse de Kaya. À notre avis, pour expliquer l'émergence de l'E.T.A., il n'est pas nécessaire d'opposer le point de vue matérialiste (Diop) au point de vue idéaliste ou culturaliste (Kaya). Les deux facteurs confluent. La culture n'est pas une forme abstraite, tombée du ciel ; elle dépend des conditions matérielles d'existence, et, dans le même temps, elle les détermine.

2.3. Passage du Type II au Type III au Protodynastique : l'apport du Référent Initiatique

La grande mutation qui marquera, en Égypte, le passage du Type II (petites communautés organisées ou proto-Etats) au Type III (l'unification des communautés en une nation, en un État) se produira entre -3500 et -3200. Le processus commence en Haute Égypte, en particulier à Nekhen, Nagada et Abydos. Jean Vercoutter explique l'émergence de l'Etat pharaonique par une aggravation des conditions climatiques et par l'apparition de "chefs faiseurs de pluie", de "sorciers" qui, par leur "pouvoir magique", auraient subjugué toutes les communautés de la vallée :

> « L'ethnologie nous apprend que le pouvoir magique se transmet de père en fils ou fille. S'il en était ainsi au IVè millénaire dans la vallée du Nil, on pourrait voir dans l'institution des "chefs faiseurs de pluie" une des origines du

[577] J-P. Kaya, *Théorie de la Révolution Africaine. Tome II. Maât. L'idéologie africaine*, 136.

pharaon égyptien. [...] Ainsi, en tant que sorciers ayant autorité sur la pluie ou la crue, certains individus et leur famille auraient accaparé une part des ressources du groupe, et, en les accumulant auraient renforcé leur autorité sur l'ensemble du groupe. Dès lors les détenteurs du pouvoir pouvaient par volonté de puissance s'attaquer aux communautés voisines, les conquérir et s'imposer sur leurs territoires. »[578]

Alors que pour Diop, c'est l'exigence de l'intérêt collectif et solidaire qui serait la cause principale de l'unification des États prédynastiques, Vercoutter, lui, parle de *volonté de puissance*. Pour la plupart des intellectuels occidentaux, l'évolution politique des sociétés ne s'explique que par la force, la violence. Marx n'a fait que théoriser une vision de l'histoire profondément enracinée dans la conscience et l'imaginaire de l'élite occidentale. Cette élite a souvent tendance à interpréter l'histoire et les réalisations des sociétés sous le prisme de l'histoire et de la culture de l'Europe. Ce n'est pas parce que l'évolution historique des sociétés caucasiennes et aryennes fut rendue possible grâce à la force et à la violence qu'il faut penser qu'il en fut ainsi en tout temps et en tout lieu.

Ceci dit, il y a dans l'explication de Vercoutter un détail important : le rôle de ceux qu'il appelle les "sorciers". Selon Kaya, il faut voir dans ces fameux "faiseurs de pluie" la marque même d'une culture initiatique. Ces hommes exceptionnels étaient des « Maîtres initiateurs, des initiés ou adeptes de l'Initiation, praticiens de la Maât ». Ils portent le titre de "*Shemsu Hor*", les "Suivants d'Horus". Narmer, le Grand Unificateur, est l'un d'entre eux. Les documents protodynastiques contiennent assez d'éléments et de symboles qui renvoient indubitablement à l'univers initiatique : la représentation du Faucon (symbole d'Horus), la dramatisation de l'idée de Maât, le symbole du Sema Tawy, etc.

---

[578] J. Vercoutter, *L'Égypte et la vallée du Nil*, Tome I, Paris, PUF, 1996, 240.

De ces faits, le politologue congolais tire deux conclusions : a) le rôle déterminant du facteur initiatique dans l'émergence de l'État pharaonique confirme la thèse selon laquelle « le système communautaire peut effectivement se transformer sous l'action de sa propre idéologie : l'Initiation » ; b) pour avoir réussi avec éclat le passage du Type II au Type III, l'Égypte nesoutique représente « la trajectoire type de développement de la société africaine ».

3. La science initiatique : la Maât

3.1. Objet et méthode de la science initiatique

Eboussi Boulaga définit l'Initiation à la fois comme un "savoir-être" et une "célébration" :

> « Pourquoi une célébration ? Parce qu'il est une reconnaissance et une actualisation de ce qui est. On reconnaît l'ordre du tout, en le dramatisant ; on reconnaît les similitudes pour les imiter. On reconnaît ce qui est depuis toujours. La connaissance est une sorte d'action de grâces : contemplation de ce qui est et communion par la dramaturgie liturgique à ce qui est et qui fait être ».[579]

L'objet principal de la science initiatique est l'Homme intérieur. En Afrique, écrit Zahan, « ce qui est caché est plus profond et plus vrai que ce qui est visible. L'Homme intérieur est plus estimé que l'Homme extérieur ; la pensée s'affirme comme une valeur supérieure à l'acte ; l'intention prévaut vis-à-vis de l'action ». Il poursuit :

> « C'est grâce à la valorisation de l'Homme intérieur que l'être humain se hisse au-delà de ses limites pour ainsi dire naturelles et accède aux dimensions des dieux. Il devient autre en refusant

---

[579] F. Eboussi Boulaga, *La Crise du Muntu*, 54.

la valorisation des apparences, pour exploiter en profondeur son être secret. Cela ne va pas sans l'acquisition d'un véritable "sens du dedans", d'une véritable science de l'âme. Et cela ne va pas, non plus, sans une transformation totale de la personnalité qui se réalise au cours d'initiations marquées principalement par la mort du "vieil Homme" et "la résurrection d'un être nouveau". »[580]

Kaya confond parfois le "vieil Homme" avec la "nature humaine", laquelle serait, d'après lui, "nuisible", "égocentrique et primitive". Le sens de l'Initiation, écrit-il, « réside dans l'idée que la nature humaine est quelque chose de négatif ». Cette conception pessimiste de la nature humaine est totalement contraire à l'anthropologie maâtique. Au fond, ce que l'auteur veut mettre en évidence, ce sont les mauvais penchants qui entravent l'épanouissement spirituel et moral de l'homme. Ils forment ce qu'on appelle la "nature inférieure". Celle-ci est caractérisée essentiellement par l'égocentrisme. Mais dans l'homme, il y aussi les germes d'une Nature Supérieure ou Divine, dont le trait fondamental est le désintéressement : « Alors que la nature inférieure affaiblit notre volonté, borne nos capacités affectives et intellectuelles, la Nature Divine au contraire, élargit à l'infini notre perception, notre affectivité et notre volonté ». Par conséquent, le but de l'Initiation est de « domestiquer notre nature inférieure ».[581]

La méthode pour y parvenir, c'est la pédagogie initiatique, dont l'approche repose sur trois facteurs :

- La clarté idéologique : l'institution initiatique forme l'homme selon une vision idéologique clairement définie, avec des buts précis à atteindre
- L'efficacité pédagogique : c'est la capacité à mobiliser la science et la tradition initiatique pour atteindre les objectifs

---

[580] D. Zahan, *Religion, spiritualité et pensée africaine*, 89.
[581] J-P. Kaya, *Théorie de la Révolution Africaine. Tome II. Maât. L'idéologie africaine*, 172.

fixés

- Le facteur temps : L'Initiation est l'œuvre de toute une vie. Les diverses étapes formatives visent à faire prendre conscience au postulant du chemin intérieur qu'il est appelé à faire tout au long de son séjour terrestre.

La pédagogie initiatique utilise certaines techniques adaptées à sa propre démarche : l'observation attentive, la concentration, la méditation, le silence, la maîtrise des passions, etc.

3.2. La Maât comme fondement de la science initiatique

L'Initié est appelé à devenir un Geru Maa ou un Imakou, c'est-à-dire un homme maâtique. La pratique de la Maât permet, en effet, de se forger un caractère, de conduire une vie exemplaire, de s'épanouir spirituellement et de devenir, après la mort, un "Esprit lumineux" (*Akh*). La figure de l'homme maâtique dans la tradition Bambara est celle du "Maa" : « La tradition enseigne en effet qu'il y a d'abord Maa, la Personne-réceptacle, puis Maaya, c'est-à-dire les divers aspects de Maa contenus dans le Maa-réceptacle ».[582] Cela implique une éthique, un style de vie, une spiritualité :

> « La notion d'unité de la vie s'accompagne de la notion fondamentale d'équilibre, d'échange et d'interdépendance. Maa, qui contient en lui un élément de toutes choses existantes, est appelé à devenir le garant de l'équilibre du monde extérieur, voire du cosmos. Dans la mesure où il réintègre sa vraie nature (celle du Maa primordial), l'homme apparaît, dans le monde, comme l'axe appelé à préserver la multiplicité extérieure de tomber dans le chaos. »[583]

---

[582] A. Hampaté Bâ, *Aspects de la civilisation africaine,* Paris, Présence Africaine, 1972, 11.
[583] *Ibid.*, 17.

La Maât constitue le pivot de la science initiatique, car elle est non seulement le principe régulateur de la connaissance, mais aussi la loi cosmique universelle.

3.3. Quelques principes de la science initiatique

Les principes épistémiques de la Maât constituent les fondements de la science initiatique. Kaya en énumère quelques-uns :

- La Complémentarité : c'est dans l'interdépendance que les êtres créés réalisent leur complétude. La dualité entre les étants ne doit donc pas être pensée en termes d'antagonisme radical.
- La Causalité : il n'y a point de hasard. Toute chose a une cause. Une cause A est déterminée par une cause B. Seule la Cause Causante Primordiale n'est pas causée.
- L'indéterminisme : il y a des lois de causalité supérieure qui échappent au déterminisme physique ordinaire.
- La téléologie : le *télos* de l'univers, c'est la récapitulation de tous les êtres dans la Matrice originelle et la fusion avec l'Un.
- L'Unité : Un seul Être est à l'origine de la totalité. D'où l'unité originelle et téléologique du monde.

La science maâtique ambitionne de promouvoir une rationalité de la complexité, capable d'accéder à «l'Intelligence Cosmique, à la connaissance stable du monde, en provoquant une modification de la conscience humaine».[584] Elle procède par la *pensée symbolique* (dévoilement de la réalité par des formes abstraites), l'*intuition* (démarche qui permet de transcender, par la force de l'intellect supérieur, la barrière symbolique de la réalité), l'*analyse rationnelle*

---

[584] J-P. Kaya, *Théorie de la Révolution Africaine. Tome II. Maât. L'idéologie africaine*, 365.

(examen rigoureux du réel) et l'*identifi*cation (procédé qui permet de "comprendre l'être, en fusionnant avec lui").

Reste à examiner comment la Maât se configure comme Idéal politique.

4. L'idéal d'une société initiatique fondée sur la Maât

4.1. Société maâtique et ordre universel

Certains auteurs distinguent deux types de sociétés : les sociétés où l'ordre transcendant est immanent aux choses et celles où il y a une tension entre la transcendance et l'ordre immanent. Karl Jaspers et Eric Voegelin pensent que l'Égypte pharaonique incarne le premier type de société et que la Grèce et Israël sont des exemples du second type. Comme l'explique Jan Assmann, « ce qui correspond le mieux à ce que nous nommons "ordre universel", c'est selon Voegelin, le concept égyptien de la Maât. Maât représente le prototype d'un concept "compact" ».[585] Un "concept compact" est, d'après le même Voegelin, une notion qui ressort d'une "compacité mythologique", d'un "style cosmologique de la vérité" propre au langage des sociétés où transcendance et immanence se confondent. Pour lui, ces sociétés sont des "empires cosmologiques", gérés de manière monarchique et théocratique. Elles ne sont pas monothéistes, mais "summodéistes" (le summodéisme étant la croyance en un Dieu suprême siégeant à la tête d'une pluralité de dieux qui sont en réalité ses multiples formes manifestées). L'ensemble de ces éléments, à savoir l'expérience compacte de l'ordre, la monarchie théocratique, le summodéisme et le mythe cosmologique formeraient une sorte de syndrome, le "syndrome cosmologique", qui induit à confondre le divin et le politique, le cosmique et le social.

---

[585] J. Assmann, *Maât. L'Égypte pharaonique et l'idée de justice sociale*, Paris, Julliard, 1979, 18.

Jan Assmann partage cette théorie dans ses traits essentiels, mais il dénonce "l'ethnocentrisme humaniste" de Jaspers et de Voegelin. À propos des grecs et des hébreux que ces deux auteurs ont tendance à sublimer, il écrit :

> « Les Grecs et les Hébreux c'est bien notre début [celui des sociétés judéo-chrétiennes], mais ce n'est pas le début de l'humanité et de l'histoire. Ce n'est que l'effet de notre ancrage dans les traditions antiques et bibliques qui nous fait entendre dans ces textes-là la voix de l'Homme général et absolu. Si nous sommes incapables d'entendre cette voix dans les textes égyptiens et mésopotamiens, ce n'est pas la faute de ces textes, mais de notre mémoire culturelle qui ne s'étend guère au-delà des traditions classiques et bibliques. »[586]

L'égyptologue allemand fait ensuite observer que, même si le concept de Maât semble un "concept compact", les discours qui en relèvent évoquent des structures et des perspectives bien différenciées.

Quoique louant cet effort de distanciation critique, notre auteur souligne que la démarche de Jan Assmann lui-même « reste fondamentalement évolutionniste et ethnocentriste, sans qu'il ne le sache apparemment ». Kaya rejette deux thèses défendues par l'éminent chercheur : a) l'idée selon laquelle la Maât ne serait en fin de compte qu'un simple système d'interdépendance sociale, basé sur "l'échange social balancé", c'est-à-dire l'échange intéressé ; b) l'absence présumée du concept de religion chez les Égyptiens. Ce présupposé induit Assmann à considérer la pensée égyptienne plus "archaïque" que celle judéo-chrétienne. C'est la "sortie d'Égypte" qui, selon lui, aurait permis aux hébreux de découvrir la religion. Au fond, la critique qu'il fait des positions de Jaspers et de Voegelin n'aura pas servi à grand-chose puisqu'elle nous ramène aux mêmes conclusions. Il se rend coupable de ce qu'il semblait dénoncer chez les autres : l'ethnocentrisme.

---

[586] *Ibid.*, 26.

Deux arguments battent en brèche les thèses ci-dessus énoncées :

a') Selon la littérature sapientiale égyptienne, Maât est le « Ka de Rê », c'est-à-dire l'Essence profonde de Dieu. Or, il se trouve que c'est le désintéressement et la bienfaisance qui caractérisent le Divin. Par conséquent, « là où Jan Assmann voit un quelconque échange balancé, se manifeste en réalité ce que Marcel Mauss n'a pu conceptualiser : le don, mais sans contre don ».

b') L'idée de "religion" entendue comme "relation à Dieu" n'est pas étrangère à la pensée égyptienne. Une nuance cependant : « Les Africains ne considèrent pas la religion sous une forme passive : entrer dans la dépendance de Dieu. Mais toute leur civilisation est tendue vers l'identification à Dieu ». La religion ou la spiritualité africaine est « une forme de relation dynamique à Dieu. C'est-à-dire la volonté de l'Homme de fusionner avec Dieu, et non seulement de lui être soumis. L'identification est du point de vue initiatique supérieure à la soumission ».[587]

Il ressort de cette analyse que la société maâtique repose sur un principe régulateur qui est à la fois transcendant et immanent (la Maât) et qui garantit l'équilibre harmonieux de l'ordre universel.

4.2. La société maâtique : une société de la solidarité

Assmann a tout au moins le mérite de relever que la Maât, en tant que théorie sociale, se décline en une triple solidarité : une solidarité active, une solidarité communicative et une solidarité intentionnelle.

La *solidarité active* est celle de la réciprocité et de l'action sociale. C'est le fait d'agir les uns pour les autres. On lit souvent dans les textes sapientiaux : « Agis pour celui qui agit » ; « la récompense pour celui qui agit consiste en ce qu'on agira pour lui. Cela est Maât dans le cœur du dieu ». La solidarité agissante intègre la dimension temporelle et la

---

[587] J-P. Kaya, *Théorie de la Révolution Africaine. Tome II. Maât. L'idéologie africaine*, 281.

mémoire sociale : « Le paresseux n'a pas d'hier ». Celui qui n'agit pas rompt le lien social qui lie l'hier à l'aujourd'hui et au futur. L'action sociale s'inscrit dans la durée.

La *solidarité communicative* met en œuvre la Maât comme discours, comme logos et dia-logos. Dans son réquisitoire contre l'injustice, Khun-Inpu, le Paysan Eloquent, affirme : « Il n'y a pas d'ami pour celui qui est sourd à la Maât ». Pour Ptahhotep, l'insensé est celui qui « n'écoute pas » ; il « fait tout ce qui est odieux ». Si la paresse paralyse la solidarité active ou l'agir social, la surdité est un obstacle à l'édification d'une société de l'entente. Or, la vie sociale présuppose la capacité de s'écouter et de s'entendre. L'action et la parole incarnent deux principes de la Maât : la Justice et la Vérité, la Justice étant la "Maât que l'on fait en agissant", la Vérité la "Maât que l'on dit en parlant".[588]

La *solidarité intentionnelle* est un "altruisme prescriptif". Khun-Inpu fustige une attitude qui empêche cette forme de solidarité : l'avidité. Il n'y a pas, dit-il, « de jours de fête pour l'avide ». Ptahhotep considère ce défaut comme un véritable "désastre" pour le Ka (l'Homme intérieur) et pour l'ensemble de la société. La rapacité, la convoitise et l'insatiabilité sont des penchants contraires à l'esprit de la Maât.

Kaya résume comme suit les trois aspects de la théorie de la solidarité maâtique :

> « Confrontée à la paresse, Maât se définit comme l'agir, soit l'agir « l'un pour l'autre » avec la conscience de l'hier, c'est-à-dire d'un horizon temporel et social qui constitue la condition de la confiance et de la réussite. Confrontée à la surdité mentale (insensibilité), Maât se définit comme "sensibilité sociale", écoute mutuelle et intégration communicationnelle dans un monde social qui est au fond langagier et dont la violence et la brutalité sont exclues. Enfin, confrontée à l'avidité, Maât se

---

[588] *Ibid.*, 264.

définit comme altruisme, charité, formation d'un "moi social" dans le for intérieur de la personne. »[589]

Quel type d'État peut incarner le mieux cet idéal de société maâtique ?

4.3. L'État maâtique

L'État maâtique, c'est l'État dont l'idéologie est la Maât, dont les institutions reposent sur les principes de la Maât, dont les gouvernants sont initiés à la Maât et vivent les valeurs de la Maât. Cet idéal est célébré dans un vieux texte égyptien :

> « Rê a installé le Roi
>
> Sur la terre des vivants,
>
> À jamais et à toute éternité
>
> De sorte qu'il juge les hommes et satisfasse les dieux,
>
> Qu'il réalise Maât et anéantisse Isfet. »[590]

Le texte met en exergue deux idées-forces : l'origine divine de la royauté et la mission du pouvoir politique. Le Roi tient son autorité de Dieu et l'exerce selon les principes de la Maât. Le but principal du pouvoir politique est de réaliser la Maât sur terre et d'anéantir Isfet, le mal, le chaos. Il en résulte qu'un État maâtique n'est point, dans son essence, un État oppresseur, mais plutôt un État libérateur, un « État de droit, dans la mesure même où sa substance est la Maât ».

En s'inspirant du modèle égyptien, Kaya élabora une théorie politique (Maâtisme) devant servir de base idéologique pour la Renaissance Africaine. Selon lui, cette Renaissance sera Maâticratique ou ne sera pas. En outre, elle ne peut advenir sans une Révolution. Tant que les

---

[589] *Ibid.*, 265.
[590] Cit. in J. Assmann, *Maât. L'Égypte pharaonique et l'idée de justice sociale*, op. cit., 117.

sociétés africaines ne sortiront pas de leur phase de stagnation néocoloniale, elles ne pourront s'émanciper. Or, seule une révolution peut les sortir de la léthargie. Elle sera d'abord initiatique. Car le défi le plus important, c'est la formation de l'Homme Intérieur, l'initiation des nouvelles élites aux Valeurs de la Maât. L'Afrique, en effet, ne manque pas de compétences scientiques ou technologiques. Mais qu'est-ce la science sans la sagesse ou la science sans une conscience vive des enjeux sociopolitiques du savoir ?

Le sociologue et politologue congolais fonda un parti politique pour former une avant-garde panafricaine, capable de conduire la Révolution à sa "victoire finale". Il lui donna le nom de "Parti Solaire Initiatique" (PSI) ou de "Parti de la Maât" :

> « Nous invitons, écrit-il, tous les membres de la Communauté Africaine [...] à rejoindre l'avant-garde éclairée de la Révolution Africaine, au sein du PSI [...]. Ce parti révolutionnaire panafricain a pour objectif de s'implanter dans chaque pays africain, et partout dans le monde où existe une diaspora africaine, car la situation actuelle de la Communauté Africaine ne peut plus durer et doit donc changer radicalement dans les meilleurs délais. »[591]

Simple utopie ? Ne dit-on pas que l'utopie est la "matrice de l'histoire" et la "sœur jumelle de la révolte" ? On a souvent traité de « rêveurs et d'utopistes tous ceux qui, dans l'histoire, ont fait bouger les choses ».[592] En tout cas, la contribution de notre auteur ne manque pas d'originalité. Kwame Nkrumah, à partir d'une reprise critique et contextuelle du matérialisme, avait proposé, lui aussi, une théorie révolutionnaire : le Consciencisme (Voir Annexe 5). En confrontant les deux théories, on s'aperçoit que l'approche de Kaya prend en considération non seulement les aspects politiques et anthropologiques, mais aussi les

---

[591] J-P. Kaya, *Théorie de la Révolution Africaine. Tome I. Repenser la crise africaine*, 223.
[592] Abd al Malik, in *Télérama*, 18 février 2015.

aspects sociologiques, métaphysiques, spirituels et pédagogiques. Le Maâtisme offre donc une perspective plus large que le Consciencisme.

Notes conclusives

En 1960, au cours de sa tournée en Afrique de l'Ouest, Frantz Fanon médite sur ce qu'il appelle "l'Afrique à venir". Il écrit : « C'est bien l'Afrique, cette Afrique-là qu'il nous fallait lâcher dans le sillon continental, dans la direction continentale. Cette Afrique-là qu'il fallait orienter, mobiliser, lancer à l'offensive. Cette Afrique à venir ». Non l'Afrique qui « endort, mais celle qui empêche de dormir, car le peuple est impatient […]. Le peuple dit : "Je veux me construire en tant que peuple" ».[593] Comment la penser politiquement cette Afrique-là ? Comment « collaborer à son organisation, à son regroupement derrière des principes révolutionnaires » ? Les auteurs dont nous avons examiné les œuvres dans cette quatrième partie proposent des pistes. On retient fondamentalement qu'il est impérieux de repenser le modèle de l'État africain, son architecture, ses institutions, ses fondements métaphysiques et ses finalités. Il semble de plus en plus évident que seule une Révolution et non une simple réforme peut conduire à l'avènement d'un ordre nouveau et « faire basculer » le continent « sur la pente de son destin fédéral » (Diop).

En dehors des auteurs étudiés, il nous plaît d'évoquer brièvement la contribution de P. Ngoma-Binda à ce débat. Ce dernier propose une philosophie politique dite "inflexionnelle". Il définit ce concept comme suit :

> « Par philosophie inflexionnelle, j'entends désigner toute philosophie qui s'organise de manière à pouvoir infléchir le

---

[593] F. Fanon, *Pour la Révolution africaine*, in F. Fanon, *Œuvres*, Paris, La Découverte, 2011, 861.

gouvernement de la vie sociale et politique vers de meilleures options et modalités d'effectuation, de sorte qu'il produise les effets sociaux les meilleurs possibles pour chacun des membres de la communauté concernée ».[594]

On peut dire que les philosophes du Retour sont animés du désir de prospecter les lieux d'une pensée inflexionnelle. Et pourtant, Ngoma-Binda qualifie de passéiste et de stagnante toute démarche rétrospective : « Il s'opère dans la philosophie africaine contemporaine une césure essentielle qui permet désormais de distinguer les philosophies mortes, aveuglément rétrospectives ou stagnantes, des philosophies vivantes, prospectives et inspiratrices des significations, structures et procédures nouvelles ».[595] On s'étonne de cette vue superficielle de l'auteur. Les seuls philosophes africains qui, d'après lui, produisent une pensée "vivante" et "prospective", sont ceux que nous avons qualifiés d'euro-modernistes ou d'euro-assimilationnistes. Mais, passons. Rappelons tout simplement que l'*Uha* est une démarche rétroprospective, comme nous nous évertuons à le montrer dès le début.

Ngoma-Binda énumère les principes de base de la théorie inflexionnelle : l'authenticité philosophique, la raison pratique, l'utilité émancipatrice, la sociabilité, le principe sélectionnel, le principe de proximité, le principe de publicité, le principe d'adéquation éducationnelle, le principe de noyau idéologique, le principe d'exigence politique et le principe de fondamentalité. Dans cette longue liste, le principe qui nous semble le plus pertinent est celui ayant trait au noyau idéologique. Il stipule qu'une philosophie à vocation inflexionnelle doit se forger et s'articuler autour d'une idéologie éclairée, c'est-à-dire « un ensemble de valeurs » qui « entendent donner un sens et une destinée heureuse à la société ». Quelle idéologie politique pour l'Afrique du

---

[594] P. Ngoma-Binda, *Philosophie et pouvoir politique en Afrique*, Paris, L'Harmattan, 2004, 169.
[595] *Ibid.*, 169.

XXIe siècle ? Elle ne peut être, au vu de ce qui précède, que le Maâticratisme Fédéraliste/Semaïste (MAFS).

Il faut, avons-nous dit, refonder l'État africain. Le nouvel État qui naîtra de cette refondation, nous l'appelons Etat Narmerien Rénové (ENAR). Il devra être érigé sur trois piliers : le Modèle Démocratique Africain Rénové (MDAR), le Maâticratisme Fédéraliste/Semaïste et le Système Juridique Africain Rénové (SYJAR) :

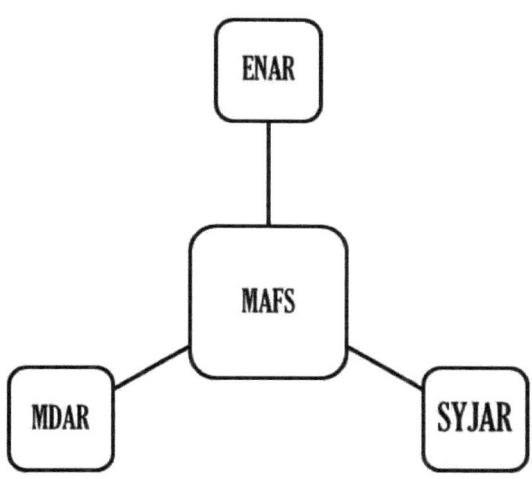

Les Piliers de l'Etat Narmerien Rénové

Inutile de préciser que l'ENAR est un État Fédéral Continental, composé d'États régionaux jouissant d'une relative autonomie et fondés sur les trois piliers ci-dessus indiqués.

-V-
Éthique, Esthétique et Théologie

sḫr(=f) ḫft wḏ kꜣ=f

Que son comportement se conforme à son Ka

(Ptahhotep, v. 136)

CHAPITRE 16 :
"Ta-Serudj".
Jalons pour une éthique écologique d'inspiration africaine

L'Afrique ancienne, principalement l'Égypte pharaonique, a élaboré une vision du monde qui rassemble et unit le Créateur et tous les autres êtres créés. Cette vision qui nous a fort inspiré nous amène à préconiser une éthique de la Maât ou maâtéthique dont l'impératif catégorique est le respect de l'ordre du monde

(Matand Makashing)

"Maâtéthique". Voilà le terme proposé par Matand Makashing pour désigner une approche africaine de "l'écologie profonde". Maulana Karenga préfère la notion de "*Maatian environmental ethics*". Nous proposons, quant à nous, le concept de "*Ta-Maât*" ou de "Ta-*Serudj*" pour nommer cette éthique. Les raisons de ce choix seront explicitées plus loin. Arrêtons-nous un moment au projet qui motive la démarche des deux auteurs susmentionnés : il s'agit, pour le premier, de s'inspirer de la « tradition mythico-philosophique négro-africaine de l'antiquité et des cosmogonies africaines » pour jeter les bases d'une éco-éthique. Il énonce comme suit la thèse qu'il défend :

> « La crise écologique actuelle ne pourra être résolue que grâce à la maâtéthique qui promeut la fraternité universelle de toutes choses, en prescrivant le respect de la vie humaine, animale et végétale. En effet, l'homme et la nature font un ; ils forment une unité fondamentale. Cette unité convoque l'homme à vivre en harmonie avec la nature qui est son habitat et sa mère-patrie. »[596]

---

[596] R. Matand Makashing, *L'homme et la nature. Perspectives africaines de l'écologie profonde*, Paris, L'Harmattan, 2019, 16.

Karenga, lui, ne cherche pas à fonder une éthique de la nature, mais à offrir une vision organique des aspects écologiques de la *Classical African Ethics*. Les deux chercheurs s'appuient sur le concept de Maât, interprété à la fois comme loi cosmique universelle et comme principe régulateur du rapport de l'homme à la nature. Après un exposé des lignes de force de leurs réflexions, nous montrerons en quoi l'écologie maâtique se rapproche ou se démarque d'autres approches écologiques.

1. La nature comme objet philosophique

1.1. Ntt, Wnnt : le concept de nature dans la pensée africaine classique

Examinant la notion de nature dans les textes égyptiens de la période classique, Maulana Karenga note : « The word *nty* and its feminine form, *ntt*, which means "that which exists" approximate what we term nature [...]. For in its most inclusive sense, the word nature signifies "the sum total of all things in time and space, the entire physical universe" ».[597] Le synonyme de *ntt* (netet) est *wnnt* (wennet). Les deux termes ont le même sens. Ils désignent la totalité de ce qui est. Tout ce qui est, a une origine, postulée comme divine dans les textes classiques :

Unique one who made what is (*nty*)
And created what exists (*wnnt*).[598]

He who created the mountains and brought the hill countries into being

---

[597] M. Karenga, *Maat. The moral Ideal in Ancient Egypt. A Study in Classical African Ethics*, New York, Routledge, 2004, 382.
[598] K. Sethe, *Urkunden des ägyptischen Altertums,* cit. in M. Karenga, *Maat. The moral Ideal in Ancient Egypt,* 383.

He who created all that is (*nty*) and all that exists (*wnnt*).[599]

Ntt et *wnn* renvoient à l'aspect physique du réel.[600] On trouve dans les textes un terme encore plus inclusif, "*ntt iwtt*", qu'on traduit littéralement : « ce qui est et ce qui n'est pas ». *Ce qui n'est pas*, ce n'est pas le néant, mais ce qui est "en dehors de la nature" (*outside of nature*).

En Swahili, le terme "*dunia*" traduit le concept de nature, entendu comme univers visible. Selon la Hekima (la littérature sapientiale Swahili), l'univers cosmique est une création émanant de Dieu (« *Dunia ya Mungu* »), un bien précieux dont il faut prendre soin (« *Dunia usishindane* »). Il n'a pas de fin, car son évolution et son expansion s'étendent à l'infini (« *Dunia haiishi* »).[601]

1.2. La crise de la philosophie de la nature en Occident

Le refus de considérer la nature comme un objet philosophique remonterait, dans l'histoire de la pensée, à Parménide.[602] Ce dernier entend la philosophie comme une métaphysique, une pensée tournée vers l'être, dans sa forme pure, et non vers la *phusis*. Pour le Sage d'Elée, il n'y a que l'être, l'être absolu, l'être idéal, identifié à la vérité. Seul l'être peut être pensé : « On ne peut saisir par l'esprit ce qui n'est pas, cela n'est pas possible, ni l'exprimer par des paroles ». La nature sensible relève du non-être ; elle est mouvante, multiple et temporelle. Or, l'être, seul vrai objet de pensée, est « incréé, impérissable, car il est complet, immobile, éternel ».[603] Parménide nie donc à la nature

---

[599] K. A. Kitchen, *Ramesside Inscriptions: Historical and Biographical*, Oxford, B.H. Blackwell, 1975-1990, V, 406.6.

[600] M. Karenga, *Maat. The moral Ideal in Ancient Egypt,* 384.

[601] Voir M. Sinsin, « Dunia », in C. Caneva, M. Sinsin, S. Thuruthiyil, *Filosofie in dialogo. Lexikon universale : India, Africa, Europa*, Milano, Mimesis, 2017, 168-169.

[602] Voir B. Hiusman, F. Ribes, *Les philosophes et la nature*, Paris, Bordas, 1990.

[603] Parménide, Fragment 4, cit. in R. Verneaux, *Textes des grands philosophes*, vol I, Paris, Beauchesne, 1962, 10.

physique son caractère d'intelligibilité et surtout sa "réalité substantielle".

La métaphysique platonicienne est, elle aussi, un réalisme des essences pures, des Idées ou des Formes. Pour Platon, les Idées sont la vraie réalité. Le monde sensible n'a pas de consistance réelle ; il n'est qu'apparence et illusion ; il ne peut constituer l'objet réel de la science. S'il n'y a de science que de l'immuable et de l'intelligible (*Phédon*, 78d), son objet réel ne peut être que ce dont le monde apparent est l'image. Par conséquent, la vraie connaissance ne procède pas de l'image pour saisir le réel. C'est plutôt le mouvement inverse qui s'impose :

> « De ces deux façons de s'instruire, s'interroge Socrate, laquelle est la plus belle et la plus sûre ? Est-ce celle qui consiste, en partant de l'image, à apprendre si celle-ci, en elle-même, est une fidèle image et, du même coup, à s'instruire sur la réalité dont elle est l'image ? Ou bien celle qui part de la réalité pour s'instruire de celle-ci en elle-même et, du même coup, apprendre si l'image en a été exécutée de manière convenable ? »

Et Cratyle de répondre : « Nécessairement, à mon avis, celle qui consiste à partir de la réalité » (*Cratyle*, 439ab).

Avec les philosophes modernes, on assiste à une "absorption" ou à une dilution de la *philosophie de la nature* dans les *sciences de la nature*. Jacques Maritain relève deux moments-clé de ce tournant de la pensée moderne. Au départ, la science physico-mathématique tente de se substituer à la philosophie de la nature. La nature est étudiée selon les catégories mathématiques, le nombre, l'étendue et la mesure. Le quantitatif fait éclipser le caractère ontologique du réel : c'est la mathématisation du monde. Descartes fut un des protagonistes de ce revirement.

Le deuxième moment se caractérise par une négation de la philosophie de la nature au profit des sciences de la nature. Il se décline en trois étapes :

- 1ère étape : les limites du mécanicisme et du dualisme cartésien apparaissent plus évidentes, mais la pensée occidentale peine à abandonner ce modèle et s'y accroche obstinément.
- 2ème étape : la science moderne acquiert plus d'autonomie et se libère de la gangue philosophique qui entoure le mécanicisme. Elle se définit dès lors par opposition à la philosophie.
- 3ème étape : le criticisme kantien instaure un nouveau dualisme ; d'un côté, le monde des phénomènes et, de l'autre, celui des noumènes. Seul le monde des phénomènes est connaissable. L'en-soi du réel ne peut être connu.

Pour Maritain, ce qui advient dans la pensée moderne est un véritable renversement des catégories :

> « Alors que chez les anciens l'analyse qu'on peut appeler ontologique et l'explication ontologique absorbaient tout, et les sciences des phénomènes elles-mêmes, dans une interprétation philosophique, ici, au contraire, c'est l'analyse que nous pouvons appeler empiriologique qui absorbe tout, et qui prétend se substituer à une philosophie de la nature ».[604]

Le positivisme, proclamant révolu l'âge métaphysique, parachève le projet de *dé-ontologisation* du discours sur la nature. L'étude du monde sensible doit faire abstraction des notions sans fondement empirique pour ne s'arrêter qu'aux phénomènes, aux faits et aux lois qui les régissent dans l'ordre causal.

Revenons à Kant. Il a ouvert une voie que les idéalistes modernes vont reprendre avec plus de radicalité. Pour le philosophe allemand, la nature, dans sa dimension phénoménale, ne peut être appréhendée à partir de ses propres lois, mais à partir des catégories de l'entendement et de la sensibilité :

---

[604] J. Maritain, *La philosophie de la nature*, Paris, Téqui, 1935, 45.

« C'est en nous-mêmes, je veux dire dans notre entendement, que doit résider la législation suprême de la nature ; loin que ça soit à partir de la nature que nous devions en chercher les lois universelles, au moyen de l'expérience, à l'inverse, c'est à partir des conditions de la possibilité de l'expérience qui résident dans notre sensibilité et dans notre entendement que nous devons chercher la nature selon sa conformité à des lois universelles. »[605]

On voit bien que cette pensée s'inscrit dans la vieille tradition qui nie à la nature son caractère d'intelligibilité intrinsèque. Les idéalistes enfoncent le clou. Ils définissent la nature comme une « réalité irréductible au donné empirique qui n'acquiert son sens que dans l'activité spéculative du sujet ».[606] Chez Fichte, le Moi s'identifie au réel. Il y a, écrit-il, « une identité parfaite entre le monde et le Moi, entre l'objet et le sujet ». Par un jeu dialectique, le Moi « s'oppose à lui-même comme objet de pensée »[607] ; il produit alors le non-moi qui est le monde pensé comme réalité extérieure. Mais même dans cette opposition dialectique, le Moi ne cesse jamais d'être « identique à lui-même ». La nature n'existe donc pas en soi ; elle est une ruse du Moi. Le non-moi est fictif.

Schelling a une position très voisine de celle de Platon ; le monde est le reflet d'une forme idéelle, une géométrie parfaite dont l'intuition se trouve dans le sujet :

« La régularité qui préside à tous les mouvements de la nature, la sublime géométrie par exemple, à laquelle se conforment les mouvements des corps célestes, s'explique, d'après cette philosophie, non par le fait que la nature serait la plus parfaite

---

[605] E. Kant, *Prolégomènes à toute métaphysique future qui pourra se présenter comme science*, Paris, Vrin, 1996, 61.
[606] R. Matand Makashing, *L'homme et la nature. Perspectives africaines de l'écologie profonde*, 29-30.
[607] Cit. in D. Barbette, *Histoire de la philosophie*, Paris, Berche et Pagis, 1934, 483.

géométrie, mais au contraire, par le fait que c'est la plus parfaite géométrie qui est la forme productive de la nature ; explication, grâce à laquelle le réel lui-même se trouve intégré dans le monde idéel et les mouvements en question sont transformés en intuitions qui ont lieu en nous-mêmes et auxquels rien ne correspond en dehors de nous. »[608]

Il en découle que la philosophie de la nature n'est rien d'autre qu'une phénoménologie de l'esprit humain, une sorte d'épiphanie du monde intérieur.

Hegel est convaincu que le réel n'est qu'une projection de l'Idée. Comme Fichte, il soutient que c'est par un mouvement dynamique de la "pensée pensante" que le monde est posé comme réalité :

> « L'Idée se produit dans la nature sous la forme d'une existence étrangère à elle-même. Comme c'est l'Idée qui pose par là la négation d'elle-même, et qu'elle devient extérieure à elle-même, la nature ne doit pas être considérée comme une existence extérieure relativement à l'Idée, ni même relativement à son existence subjective, c'est-à-dire à l'esprit ».[609]

L'Idée s'objective dans la nature à travers trois moments dialectiques :

- Le *moment mécanique,* où l'Idée se manifeste ou s'autoproduit comme espace, temps, matière et mouvement.
- Le *moment chimique,* où la matière informe se spécifie et se distingue en substances générales et particulières.
- Le *moment organique,* où la matière se différencie davantage en se muant en organisme végétal, géologique, animal, humain.

---

[608] F. W. J. Schelling, *Introduction à la première esquisse d'un système de la philosophie de la nature*, cit. in B. Hiusman et F. Ribes, *Les philosophes et la nature*, op. cit., 20.
[609] G-W-F Hegel, *Précis de l'Encyclopédie des sciences philosophiques*, cit. in B. Hiusman et F. Ribes, *Les philosophes et la nature*, 25.

Pour certains auteurs contemporains, le concept même de "philosophie de la nature" apparaît comme « anachronique dans un monde où la répartition des tâches paraît désormais bien délimitée. Les sciences naturelles sont les seules habilitées à étudier la matière dans toutes ses dimensions ; la philosophie devant se retrancher dans le domaine de l'esprit ».[610] Une telle position est bien évidemment insoutenable. Face aux défis écologiques actuels, il est impérieux de refonder la philosophie de la nature.

1.3. Le pari d'une refondation de la philosophie de la nature

En Occident, la philosophie de la nature fut pendant longtemps influencée par les thèses de la physique d'Aristote. Il se trouve que les nouvelles découvertes de la science, notamment dans les domaines de l'astrophysique, de la physique quantique, de la biologie, de l'astronomie amènent à reconsidérer les catégories de la cosmologie aristotélicienne. En évoquant ces nouvelles découvertes, C. Anta Diop parle d'une véritable crise du "rationalisme scientifique dans sa forme classique". La science, surtout dans le domaine de la physique et de la cosmologie, était régie par les principes du déterminisme, de l'objectivité et de la complétude. Le déterminisme est une théorie de la causalité. Or, « la mécanique quantique affirme que l'interaction objet-instrument est a-causale. Par conséquent, elle nie, à son échelle, les trois principes fondamentaux de la macrophysique : le déterminisme des lois, la causalité, l'objectivité des phénomènes et de la réalité physique ».[611] Ce qui amène le savant sénégalais à suggérer l'idée d'une nouvelle théorie générale de l'univers et de la connaissance :

> « La nouvelle rationalité qui permettra d'avancer dans la connaissance du réel, il faudra la bâtir pas à pas, en ayant une conscience aiguë de la difficulté et de la singularité du problème

---

[610] R. Matand Makashing, *L'homme et la nature. Perspectives africaines de l'écologie profonde,* 33.
[611] C. A. Diop, *Philosophie, science et religion,* Dakar, Institut Fondamental d'Afrique Noire, 1985, 5.

posé. Les philosophes africains doivent participer à l'édification de cette nouvelle théorie de la connaissance, la plus avancée et la plus passionnante de notre temps. C'est une première tâche positive. Toutes les conditions semblent réunies pour une révolution épistémologique sans précédent, pour le changement complet de notre paradigme de l'univers. »[612]

Diop exhorte les penseurs africains à puiser dans leur "passé culturel et historique" les éléments qui pourraient servir à cette refondation épistémologique. Pour Maurice Gagnon, la nouvelle philosophie de la nature doit questionner les présupposés métaphysiques des théories cosmologiques et évaluer les conclusions des sciences de la nature.[613] Jean Ladrière évoque, pour sa part, trois coïncidences historiques qui justifient, selon lui, "la pertinence de la philosophie de la nature" dans le contexte contemporain :

(i)   L'évolution de la pensée phénoménologique et existentialiste a rendu nécessaire une réflexion approfondie sur la nature comme lieu d'ancrage du *Dasein*.

(ii)   Les nouvelles interrogations nées du bouillonnement des philosophies du XXème siècle ont permis d'esquisser une ontologie plus ouverte aux apports des sciences de la nature.

(iii) Les progrès technologiques des trois derniers siècles ont engendré des dégâts écologiques qui appellent un renouveau de la réflexion philosophique sur les questions environnementales.[614]

---

[612] *Ibid.*, 18.
[613] M. Gagnon, « La philosophie de la nature est-elle encore possible ? », in *Dialogue*, 1981, Vol. XX, n° 3, 415-429.
[614] J. Ladrière, « La pertinence d'une philosophie de la nature aujourd'hui », in P. Colin (ed.), *De la nature : de la physique au souci écologique*, Paris, Beauchesne, 1992.

Matand Makashing insiste particulièrement sur la problématique du drame écologique. La nature, écrit-il, « n'est plus aujourd'hui en bonne santé comme elle l'était il y a trois siècles. Maintenant elle est malade de tous les progrès technoscientifiques qui la rendent fragile. Elle est menacée de destruction, et l'homme avec elle ». Le philosophe congolais se veut plus convaincant :

> « Il devient urgent de penser la nature. Il serait vain d'essayer, ainsi que le déclare J-M. Aubert, de se soustraire à ce problème. Il faut le regarder en face et essayer de le traiter pour lui-même. Il est nécessaire de faire de la philosophie de la nature, de faire une approche ontologique de la nature sensible, de faire une approche différente de celle des sciences expérimentales, qui vient en quelque sorte compléter l'approche scientifique. »[615]

Alors que l'approche scientifique (l'écologie scientifique) examine les interactions entre les êtres vivants d'un milieu physique et les lois éco-organisationnelles qui les régulent, l'écologie philosophique se concentre en particulier sur le rapport de l'homme à la nature.

2. Jalons pour une écologie maâtique

2.1. "Ta-Serudj" ou la "Maatian Environmental Ethics"

La maâtéthique est une éthique de l'ordre, de l'équilibre et de l'harmonie. Elle prescrit le respect de la vie et repose sur une triple exigence : « Exigence de respecter l'ordre du monde tel que créé par son Créateur, exigence de respecter les lois du monde, exigence de respecter la place de chaque être créé et le rôle que chacun y joue ».[616] Pour

---

[615] R. Matand Makashing, *L'homme et la nature. Perspectives africaines de l'écologie profonde*, 39.
[616] *Ibid.*, 283-284.

Maulana Karenga, ce qui caractérise la Maatian Environmental Ethics, c'est la *Worthiness before nature* : « The concept of worthiness before nature evolves out of the concept the interrelatedness of moral worthiness in every area of human life. The highest form of moral worthiness is always inclusive, that is to say, it enables the possessor to claim a Maatian standing in the major areas of moral consideration ».[617] Comme indiqué plus haut, nous préférons utiliser, en ce qui nous concerne, la notion de *Ta-Serudj* ou de *Ta-Maât*. Le terme "maâtéthique" nous semble trop vague. Il pourrait désigner l'éthique maâtique en général et non, de manière spécifique, l'éthique éco-maâtique. Quant à l'expression "Maatian Environmental Ethics", elle est plus une périphrase qu'un concept. Elle pourrait être employée pour définir la Ta-Maât.

En égyptien pharaonique, "Ta" (⎯⎯) désigne la terre en général ou une région spécifique. C'est le premier sens qui nous intéresse ici (Ta = Terre). Quant au terme "Serudj" (𓊪𓄿𓂝), il signifie à la fois « fortifier, renforcer, affermir, maintenir, consolider, perpétuer, rendre florissant, faire prospérer, restaurer, etc. »[618] Karenga retient principalement du mot l'idée de restauration : « *Restoration, srwd* (serudj), was not simply a physical act of repairing buildings and other ruined things, but was also in its fullest meaning a spiritual and moral act of healing and repairing the world, i.e., *serudj ta* ». "Ta-Serudj" peut donc s'entendre au sens de "serudj-wennet" qui signifie : « repairing and restoring *all that exists,* i.e., nature, or the cosmos ».[619] Synonymes : *semawy* (renouveler, refaire), *semenkh/senefer* (restaurer ce qui est endommagé ou défectueux), *seped* (restaurer l'ordre). "Serudj" comporte toutes ces significations, comme en témoignent ces occurrences textuelles : Ramsès III, en énumérant les bonnes actions (*akhu*) qu'il a accomplies, affirme : « J'ai restauré la terre entière (*serudj*

---

[617] M. Karenga, *Maat. The moral Ideal in Ancient Egypt,* 381.
[618] Y. Bonnamy, *Dictionnaire des Hiéroglyphes*, 567.
[619] M. Karenga, *Maat. The moral Ideal in Ancient Egypt,* 397-398.

ta), les arbres et la végétation ».[620] La reine Hatchepsout déclare : « J'ai restauré (*serudj*) ce qui était en ruines ; j'ai fait ressurgir ce qui avait été détruit ».[621] Petosiris, le prêtre de Djehuty, écrit : « J'ai fait resplendir ce que j'ai trouvé ruiné en sa place. J'ai restauré (*senefer/serudj*) ce qui avait été longtemps abîmé, ce qui depuis fort longtemps n'était plus à sa juste place ».[622] L'expression "mettre les choses à leur juste place" ou "restaurer les choses" a une évidente connotation maâtique, car "accomplir Maât", c'est mettre l'ordre à la place du désordre, rétablir l'ordre originel des choses, recréer constamment l'ordre primordial du monde :

> « This Maat-doing is made more urgent by its role in preserving and nourishing the world and all the beings in it. [...]. This project emanates from a series of assumptions about creation, especially its rootedness in Maat as both a principle and practice, a practice which is ongoing and creative. Thus, the ancient Egyptians speak of creations rather than creation, because that which has been created must be constantly reaffirmed, restored and expanded. In a word, it must be constantly achieved as it was the First Time (*st tpy*). The First Time refers to first creation. »[623]

Il ressort de cette analyse que la notion de "serudj" est indissociable de celle de "Maât".

2.2. Quelques principes Ta-Maâtiques

---

[620] J. R. Harris (ed.), *The Legacy of Egypt*, I, 78.8, Oxford, Oxford University Press, 1971.

[621] K. Sethe, *Urkunden des ägyptischen Altertums, Abteilung IV, Urkunden der 18 Dynastie Fasc. 1-22*, Leipzig, J.C. Hinrichs'sche Buchhandlung, 309.5-9.

[622] G. Lefebvre, *Le tombeau de Petosiris*, vol. II, 55.45-46, Le Caire, Institut français d'archéologie orientale, 1923-1924.

[623] M. Karenga, *Maat. The moral Ideal in Ancient Egypt*, 400.

Matand Makashing et Maulana Karenga ont dégagé des textes du Corpus Ancestral quelques principes éco-maâtiques : le principe de totalité, le respect et la préservation de l'équilibre cosmique, l'imbrication de l'humain, du naturel et du social.

Le principe de la Totalité originelle ou de l'Unité Primordiale

Dans le chapitre XVII du *Livre de la Sortie*, Ra, le Démiurge, se présente comme étant la Totalité, surgie du Noun, l'Origine sans commencement portant en soi les "modèles primordiaux" de tout ce qui viendra à l'existence. Après qu'il se fut manifesté dans le Noun, Ra « prend l'initiative dans l'émergence des étants successifs et dans leur organisation. Il le fait par la toute-puissance de sa Parole, créant tout étant venant dans le monde ».[624] Tout *ce qui est* a donc une origine commune. C'est le présupposé fondamental de la Ta-Maât : « The natural ethical concerns of Maatian ethics, then, flow first from the concept of a holistic universe, an inclusive order founded and sustained by Maat ». Le caractère cosmique de la Maât justifie cette vision holiste de l'univers : « Maat was the unifying principle that bound all together, from the star to the humans, to the fish in the sea and the chick in the egg, fleas, worms, in a word – all that is ».[625]

L'idée de l'unité originelle des êtres est souvent suggérée dans les textes classiques à travers la métaphore de l'œuf. Les Ecoles Initiatiques Lubas, par exemple, enseignent qu'au commencement, tout était Un "comme un œuf ou comme une calebasse". Les Maîtres du Mvet font, eux aussi, référence à l'œuf originel (Aki Ngoss) : « Ada Ngone vit alors sortant du néant un œuf de cuivre avec quatre faces. [...] Il s'agit d'une petite boule aux couleurs or et cuivre (*khong ngoss*) de la forme et de la grosseur d'un œuf ». Dégageant une chaleur et une lumière « d'intensité aveuglante », Aki Ngoss s'enfle et « explosa (*ala'a*) en d'infinies

---

[624] R. Matand Makashing, *L'homme et la nature. Perspectives africaines de l'écologie profonde*, 147.
[625] M. Karenga, *Maat. The moral Ideal in Ancient Egypt*, 385.

particules (*megnoung*) étincelantes ».[626] L'École memphite (Men-nefer) recourrait, pendant la période pharaonique, à la même métaphore : « La lumière et la vie sortirent d'une bulle, d'un vide […]. Cette bulle est l'œuf de la création ».[627] Les cosmosophes Dogons utilisent la métaphore de la "graine" (*po*). Le *po* est la particule primordiale, l'infiniment petit à partir duquel le Démiurge créa tous les étants. Ces derniers ont en partage un Elément commun, à savoir l'énergie liquide, l'Eau : « L'humidité est dans tout », enseigne Ogotemmêli. Commentant la métaphore de l'œuf primordial, Tshiamalenga-Ntumba écrit :

> « L'Œuf, l'Un, Dieu, comme source et origine du réel, c'est la représentation symbolique et mythico-religieuse de l'apparente unité de destin caractéristique de notre perception du réel cosmique, humain et divin. Bref, de ce que tout le réel nous paraît en un flux incessant, les hommes en ont inféré à une source (l'Œuf, l'Un) d'où part ce flux ».[628]

De ce postulat de l'Unité primordiale, on peut déduire trois conséquences : (i) le Réel est une totalité qui a sa source et son fondement dans le Pré-Existant ; (ii) tous les êtres sont indissolublement liés par une fraternité universelle ; (iii) il y a une interdépendance entre tous les êtres constituant l'univers créé.

En vertu du principe de la "fraternité universelle", la pensée africaine classique accorde une place prépondérante à la filiation totémique. Selon les *Wasomi* Lubas, les hommes sont liés aux animaux par « le lien de leur création gémellaire comme deux enfants jumeaux sont liés par le lien de leur portée commune ». Les Maîtres Dogons ne disent pas le contraire : chaque famille d'hommes fait partie d'une « longue série

---

[626] T. Ndong Ndoutoume, *Le Mvett. L'homme, la mort et l'immortalité,* 17. Pour le texte Luba, voir T. Fourche et H. Morghem, *Une Bible noire*, 7.

[627] S. Mayassis, *Le Livre des morts de l'Égypte ancienne est un livre d'initiation. Matériaux pour servir à l'étude de la philosophie égyptienne*, Milan, Archè, 2002, 101-102. Pour Mayassis, l'allégorie égyptienne de l'œuf cosmique a influencé celle orphique : « L'analogie des deux mythes est assez frappante pour que l'on ne tente pas une équation et que l'on en établisse l'équivalence. […] Orphée a fait de l'enseignement égyptien ce que Platon a fait du sien » (*Ibid.*, 110).

[628] I-M. Tshiamalenga Ntumba, *Le réel comme procès multiforme*, 213.

d'êtres et l'ensemble des familles [est] lié au règne animal en entier ». Les hommes sont liés également au règne végétal. On dit de manière symbolique qu'à chaque accouchement « sont déclenchées les naissances de tous les animaux et végétaux liés à la famille ».[629] Certains auteurs occidentaux ont du mal à saisir cette idée si simple, si belle, si profonde ; ils l'assimilent à une pensée "primitive", "magique", "animiste" et "panthéiste". Or, il s'agit, comme dit Karenga, d'une vision « profondément spirituelle et respectueuse de toutes les modalités de l'être ». Une précision cependant : bien que l'homme partage un lien de fraternité ontologique et symbolique avec les autres règnes, il occupe une place centrale dans l'univers et jouit d'un privilège inégalable. L'Enseignement du *Rekh-sai* Kheti à ce sujet est sans équivoque :

> « Les hommes, le troupeau de Dieu, sont (fondamentalement) bien pourvus
>
> C'est à leur intention qu'il a créé ciel et terre [...]
>
> C'est dans l'intention que vivent leurs narines qu'il a fait le souffle,
>
> Car ce sont ses répliques, issues de ses chairs
>
> C'est à leur intention qu'il se lève dans le ciel.
>
> S'il a fait pour eux les végétaux, le bétail, les oiseaux, les poissons,
>
> C'est pour les nourrir. »
>
> (Kheti, *Enseignement pour Mérykarê*, P. 130, trad. di P. Vernus, 2010).

Anthropocentrisme ? Le problème, ce n'est pas la position centrale de l'homme dans l'univers ; ce qui est en cause, c'est le fait que l'homme n'assume pas sa responsabilité maâtique vis-à-vis du cosmos. Nous reviendrons sur cette question dans notre critique du biocentrisme.

---

[629] Cfr M. Griaule, *Dieu d'eau*, 122-123. Pour le texte Luba, voir T. Fourche et H. Morghem, *Une Bible noire*, op. cit., 44.

L'Eco-Responsabilité : le respect et la préservation de l'équilibre cosmique.

Autant le Créateur pourvoit aux besoins de l'homme, autant il donne le nécessaire à toutes ses créatures. Bien que dotant l'humanité d'atouts inégalables, le Démiurge prend également soin de tout ce qu'il a créé.

L'Ecole Atonienne exprime cela de manière fort belle :

> « Tu chasses les ténèbres et tu émets tes rayons […]
>
> L'univers entier se livre à son travail
>
> Tout bétail est satisfait de son herbe
>
> Arbres et herbes verdissent
>
> Les oiseaux s'envolent de leurs nids […]
>
> Les poissons dans le fleuve bondissent à ta face
>
> C'est que tes rayons pénètrent profondément dans la mer […]
>
> Nourrice dans le sein
>
> Tu donnes le souffle pour vivifier chacune de tes créatures.
>
> Lorsqu'elle sort du sein pour respirer au jour de sa naissance,
>
> Tu ouvres sa bouche tout à fait et tu pourvois à son nécessaire. »[630]

Aton, Providence de l'Univers. Ainsi se résume, selon Obenga, le message du "Grand Hymne". L'Être Primordial, conçu ici comme "Logos Solaire" et "Dieu Bienveillant", répand quotidiennement sur l'ensemble de la Création une effusion de "rayons de vie" (*akhu*). Après avoir créé l'univers, il « le maintient chaque jour par sa providence ; chaque jour il donne au monde la lumière qui vivifie la nature ; il conserve les espèces animales et végétales et maintient toutes

---

[630] Extrait du Grand Hymne à Aton, *cit. in* T. Obenga, *La philosophie africaine de la période pharaonique*, 84-85.

choses ».[631] Selon l'approche Ta-maâtique, l'homme, Image de Dieu (*Snn Ntr*), est appelé à avoir la même attention vis-à-vis de la nature. Il a pour tâche de coopérer au maintien de l'équilibre et de l'harmonie cosmique. Le texte de la "Confession Négative" contient plusieurs passages où l'Initié affirme ne pas avoir transgressé certaines normes à caractère écologique : « Je n'ai pas privé le petit bétail de ses herbages. / Je n'ai pas retenu l'eau dans sa saison. / Je n'ai pas opposé une digue à une eau courante. / Je n'ai pas éteint un feu dans son ardeur » (*Livre de la Sortie*, chap. 125). C'est dire que les actes moralement répréhensibles ne se limitent pas à ceux commis contre les hommes ou contre les puissances célestes, mais incluent les outrages contre la nature. On doit donc relativiser une certaine opinion de Hans Jonas. Ce dernier soutient que les morales anciennes étaient essentiellement anthropocentriques et n'accordaient aucune signification éthique aux actions de l'homme sur les êtres non humains.[632] Cela ne vaut sûrement pas pour la morale égyptienne pharaonique, comme le souligne si bien Matand Makashing. Dans le même ordre d'idées, Maulana Karenga indique que l'approche cartésienne de la nature, qui instaure une hiérarchie de domination entre l'homme et les autres créatures, est diamétralement opposée à l'Eco-Maât. Il ajoute que l'idée d'une hégémonie de l'homme sur la nature est l'un des points de démarcation entre la pensée maâtique et celle biblique :

> « There is no passage in Maatian ethics which approximates the Judaic-Christian concept of God's command to humans to "subdue" the earth "and have dominion over the fish of the sea and over the fowl of the air and over every living thing that moves upon the earth" (Gen. 1, 26-27). It is interesting, however, that in both the Kemetic text of Kheti (130-135) and the later Hebrew text of Genesis (1, 26-27), one finds both the concept of humans in the image of God and the textual basis for guardianship. In the Kemetic text, humans are given the

---

[631] E. Grebaut, *Hymne d'Amon Ra*, *cit.* in E. Bosc, *Isis dévoilée ou l'Égypte sacrée*, Paris, Chamuel & Cie, Libraire-Editeurs, 1891, 84-85.
[632] H. Jonas, *Le principe responsabilité*, Paris, Cerf, 1992, 23-24.

bountifulness of the earth and heaven for sustenance. But unlike in the Hebrew text, they are not told to have dominion (*rada* – tread on, tramp down) or subdue (*kabas* – stamp down) the nature. »[633]

En quoi consiste la "*maatian guardianship*" ou la "tutelle maâtique" de l'homme sur l'univers ? Elle consiste à « prendre soin et à assumer sa responsabilité d'homme vis-à-vis de la nature » (*to care and take responsability for nature*). Karenga utilise d'autres expressions pour mieux définir cette tutelle : "filial guardianship", "welfare of nature", "interest of all nature", "defense of its integrity, diversity and stability", etc. La tutelle est dite "filiale" en vertu du principe de la filiation divine. Le Pharaon Amenhotep III évoque ce principe dans un texte autobiographique :

> « It was my father which commanded me to do it, Amen, Creator of Good [...]. He appointed me as Guardian (*mniw*, literally shepherd, herdsman) of this land because he knew I would administer it for him. He has assigned (*sip*) me to that which is under him (*hr.f*) it for him, that which the eyes of his uraeus encircles, all the lowlands, all the highlands, all the oceans encircles. »[634]

L'homme, dans la pensée égyptienne, n'est pas que "*Snn Ntr*" (Image de Dieu) ; il est aussi "*Sa Ra*" (Fils de Dieu). C'est en tant qu'intendant filial (*filial guardian*) qu'il exerce sa "*responsability for nature*". L'écologie sacrée des traditions unneferiennes trouve ici son fondement théologique.

---

[633] M. Karenga, *Maat. The moral Ideal in Ancient Egypt*, 392.
[634] K. Sethe, *Urkunden des ägyptischen Altertums, Abteilung IV*, 1326.15-1327.1,4,7. La traduction anglaise est de M. Karenga.

L'imbrication de l'humain, du naturel et du social

Les *Wasomi* Bambaras enseignent que l'homme est le "grain du monde", le "reflet de la totalité des êtres et des choses", le "microcosme du macrocosme", un être essentiellement relationnel et social. Dans l'Homme, l'humain, le naturel et le social se rejoignent et s'imbriquent indissolublement. L'harmonie intérieure dépend de la capacité de l'homme à se forger une conduite morale fondée sur le respect de la loi de l'équilibre qui régule ces trois ordres. Cette loi d'harmonie et d'équilibre n'est rien d'autre que la Maât. Matand Makashing l'entend comme un "principe de solidarité" qui « exige que ne soient séparées la cause de la dégradation de la nature de celle de la dégradation humaine et sociale. Car le destin de l'une et celui de l'autre sont liés ».[635] On retrouve cette idée d'une interdépendance Homme-Univers dans l'Enseignement d'Ifa :

> « Le cheval qui étrille les herbes à sa guise/ n'aura rien à brouter à l'avenir. / Quand l'Homme aura détruit la Nature/ il ne lui restera plus qu'à pleurer son propre deuil/ Le Créateur a disposé que le Destin Humain/ soit irrémédiablement lié à celui de toute la Création ».[636]

Maulana Karenga rappelle que l'homme a une triple dimension constitutive : divine, sociale et naturelle. En tant que Fils et Image de Dieu, il appartient à la Divinité ; en tant qu'être social, il appartient à la Société ; comme être vivant, il appartient à la Nature. En partant de cette vision "cosmothéandrique", il est possible de réinventer aujourd'hui une morale holiste, éco-sociale :

> « Clearly, an ethics that links life in a holistic framework and makes it morally compelling to respect both the social and the natural is needed (Lovelock 1979; Regan 1991). Maatian ethics

---

[635] R. Matand Makashing, *L'homme et la nature. Perspectives africaines de l'écologie profonde*, 187.
[636] M. Sinsin, *Chemins de la Sagesse Ifa*. Livre I, Raleigh, RekhSeba Academy, 2013, 71.

stresses such a holistic approach [...]. It is, even in its ancient form, committed to a just, good and righteous order in the social and natural realm. From this, one can evolve a social and environmental ethics which are interrelated and interdependent. »[637]

La *Ta-Maât* considère la terre comme un héritage commun (*shared legacy*), dont les ressources doivent être gérées avec équité, pour le bonheur des hommes (générations présentes et futures) et pour la pérennité de l'écosystème. Elle s'oppose au capitalisme sauvage qui génère partout des inégalités sociales et des dégâts écologiques inquiétants.

3. La Ta-Maât et les courants écologiques contemporains

Nous examinerons ici quelques courants écologiques qui ont émergé en Occident au cours du dernier siècle : l'écologie profonde, l'éco-féminisme, l'écologie sociale et l'éthique environnementale. Nous dégagerons quelques lieux de convergence et lignes de fracture entre ces courants et l'approche Serudj-Ta.

3.1. L'écologie profonde

Aldo Léopold est considéré comme l'un des précurseurs de ce courant. Il rejette le présupposé selon lequel les ressources naturelles n'auraient qu'une valeur économique et seraient destinées uniquement à satisfaire les intérêts immédiats des humains. La terre, martèle Léopold, n'appartient pas qu'aux humains, mais à toute la "communauté

---

[637] M. Karenga, *Maat. The moral Ideal in Ancient Egypt*, 396. À propos de l'approche cosmothéandrique, voir Annexe 4.

biotique". Elle est un bien commun, une "maison commune". Une nouvelle critériologie morale s'impose donc : on doit retenir comme juste ce qui préserve "l'intégrité, la stabilité et la beauté" de l'ensemble de la communauté des vivants.[638]

Un autre pionnier fut Arne Naess. On lui doit la théorisation de la notion d'*écologie profonde*. Il entend par ce concept une éco-philosophie holiste, capable de transcender l'écologie superficielle, l'écologie scientifique et les vieilles catégories conceptuelles à travers lesquelles la pensée occidentale avait autrefois interprété le rapport de l'homme à la nature. Bill Deval et George Sessions voient dans l'écologie profonde de Naess une voie pour l'Occident de se réconcilier avec la nature. Cela implique, selon eux, une prise de conscience « toujours plus aigüe de la réalité des roches, des loups, des arbres et des fleuves », mais aussi la nécessité de cultiver « une intuition de la connexion du tout ».[639]

Les écoles qui se revendiquent du courant de la *Deep Ecology* soutiennent pour la plupart la thèse (devenue une doctrine) de l'égalitarisme biocentrique (biocentrisme). Selon ces écoles, l'actuelle crise écologique est le fruit d'une certaine vision du monde qui met l'homme au centre et au-dessus de toutes les autres composantes de la nature, faisant de lui la mesure de toutes choses. Le biocentrisme s'oppose à cet anthropocentrisme et défend le principe du bio-égalitarisme, c'est-à-dire l'idée selon laquelle tous les êtres vivants devraient être traités de manière égalitaire.

---

[638] A. Leopold, *Almanacco di un mondo semplice*, Como, Red Edizioni, 1997. Voir aussi : J. B. Callicott, *In Defence of the Land Ethics*, Albany, State University of New York Press, 1989; S. Bartolommei, "Etica filosofica e coscienza ecologica. Introduzione a Leopold", in *Critica marxista*, 25, 1987, 91-111.

[639] B. Devall, G. Sessions, *Ecologia profonda. Vivere come se la natura fosse importante*, Torino, Gruppo Abele, 1989, 25. Quelques publications de A. Naess : *Ecology, Community and Lifestyle: Outline of an Ecosophy*, Cambridge, Cambridge University Press, 1990; "Dall'ecologia all'ecosofia, dalla scienza alla saggezza", in M. Ceruti, E. Laszlo (edd.), *Physis: abitare la terra*, Milano, Feltrinelli, 1988, 455-462.

3.2. L'écoféminisme

On peut considérer ce courant comme une expression de "l'écologie décoloniale" dans la mesure où il dénonce le système de domination des sociétés patriarcales sur la nature et sur les femmes. Selon Karen Warren, cette domination trouve une justification théorique dans les traditions dualistes et mécanicistes de la philosophie grecque et cartésienne. Le sens commun consacre certaines dualités hiérarchiques inspirées de ces philosophies : esprit/corps, raison/émotion, culture/nature, homme/femme. L'esprit, la raison, la culture et la masculinité sont perçus comme des réalités supérieures qui doivent subjuguer le corps, l'émotion, la nature et la femme. Voilà pourquoi les éco-féministes soutiennent que la solution à la crise écologique passe par la libération de la femme et la destruction du système patriarcal : « Les femmes doivent s'apercevoir, écrit Rosemary Ruether, qu'il n'y aura pas de libération pour elles et qu'il n'y aura aucune solution à la crise écologique dans une société dont le modèle relationnel fondamental continue d'être celui de la domination ».[640]

3.3. L'écologie sociale et l'éthique environnementale

Le principal théoricien de l'écologie sociale est Murray Bookchin. Selon lui, l'idée d'une domination de l'homme sur la nature dérive d'une "épistémologie du pouvoir" propre aux sociétés hiérarchiques. Par conséquent, la solution à la crise écologique n'est ni dans la promotion de l'écosophie (comme le suggèrent les tenants de l'écologie profonde), ni dans le rejet des épistémologies dualistes (comme le soutiennent les éco-féministes), mais dans le démantèlement des structures de pouvoir

---

[640] R. Ruether, *New Woman, New Earth: Sexist Ideologies and Human Liberation*, New York, Seabury, 1975, 204. Voir aussi K. J. Warren (ed.), *Ecological Feminist Philosophies*, Bloomington, Indiana University Press, 1996. À propos de l'écologie décoloniale, voir entre autres M. Ferdinand, *Une écologie décoloniale. Penser l'écologie depuis le monde caribéen*, Paris, Le Seuil, 2019.

dans toutes les sphères de la société : famille, institutions politiques, éducatives, religieuses, etc.[641]

L'éthique environnementale, quant à elle, émerge dans la deuxième moitié du XXème siècle. Si l'éthique occidentale traditionnelle traitait prioritairement les questions liées aux rapports inter-humains, l'*Environmental Ethics* met l'accent sur la responsabilité de l'homme vis-à-vis de la nature. Son plus célèbre protagoniste est Hans Jonas. Pour lui, la crise actuelle, née des dégâts de la technoscience, requiert une responsabilité éthique vis-à-vis de la nature et des générations futures.

3.4. Lieux de convergence et lignes de démarcation avec la Ta-Maât

La Ta-Maât partage avec le courant de l'écologie profonde l'approche holiste du réel, la conscience d'une communauté de destin entre l'homme et la nature et l'idée selon laquelle les étants non-humains ont une valeur morale intrinsèque. Précisons toutefois que dans l'approche maâtique, le caractère holiste ne signifie nullement que les étants soient sans individualité ontologique propre ou qu'ils forment, de manière indifférenciée, un corps homogène, appelé "communauté de vie" ou "biosphère". L'approche africaine est relationnelle ; elle se fonde sur l'idée d'une interconnexion des êtres, reconnus dans leurs spécificités propres. Le biocentrisme défendu par les théoriciens de l'écologie profonde est excessif ; ses présupposés sont fort discutables. Sur le plan conceptuel, substituer le biocentrisme à l'anthropocentrisme est une entreprise sans issue, car toute conception de l'univers (y compris le biocentrisme) est forcément un point de vue humain et relève donc d'un certain anthropocentrisme (un anthropocentrisme épistémique). Sur le plan pratique, le biocentrisme absolu est illusoire puisque, depuis l'aube des temps, les hommes ont toujours recouru à la nature pour satisfaire leurs besoins primaires : se nourrir, se vêtir, se soigner, etc. En outre, le bio-égalitarisme qui voudrait que l'homme n'assume plus une position

---

[641] M. Bookchin, *The Ecology of Freedom,* Palo Alto, CA, Cheshire Books, 1982.

centrale dans l'univers ne peut que conduire, dans la praxis, à l'inaction et à l'irresponsabilité. De même, l'idéal d'une société sans hiérarchie proposé par Brookckin comme solution à la crise écologique, relève d'une fiction utopique.

Examinant de manière critique le bio-égalitarisme, John Habgood écrit :

> « Le biocentrisme dans sa forme extrême requiert que dans la communauté de vie tous les êtres soient respectés pour ce qu'ils sont et que les humains n'aient aucune position privilégiée. Sa conclusion logique est que, puisque nous [les humains] avons détruit la nature plus que n'importe quelle autre espèce et que nous sommes devenus ses principaux prédateurs, le réseau de vie sera plus paisible sans nous ou au moins sans beaucoup d'entre nous ».[642]

Cette orientation pousse certains tenants de l'écologie profonde à soutenir la doctrine malthusienne de la réduction de la population mondiale. Pour Arne Naess par exemple, « les diversités culturelles, le progrès des sciences et des arts et la satisfaction des besoins fondamentaux des êtres humains ne peuvent devenir une réalité avec, disons, 100 millions d'habitants ».[643] La Ta-Maât se démarque nettement de ces positions extrémistes à relent génocidaire.

La contestation, par les éco-féministes, de la domination patriarcale occidentale trouve un écho dans la pensée africaine. De la Nubie antique à l'Égypte des pharaons, en passant par les civilisations Malinké, Tswana, Ashanti, Bantu, etc., les sources historiques attestent la prédominance du matriarcat dans les cultures négro-africaines. Or, ce régime, sur le plan symbolique et spirituel, a une dimension "agraire" et donc "écologique". Prenons le cas de l'Égypte. Diop nous apprend que c'est « l'un des pays de l'Afrique où le matriarcat fut le plus manifeste et le plus durable ». Il ajoute que « le caractère agraire et matriarcal de la

---

[642] J. Habgood, *The Concept of Nature*, London, Darton, Longman and Todd Ltd., 2002, 72.
[643] A. Naess, *Ecology, Community and Lifestyle*, op. cit, 141.

société égyptienne est suffisamment exprimé dans le mythe d'Isis et d'Osiris ».[644] À propos de la figure d'Isis, James George Frazer écrit :

> « Isis doit sûrement avoir été la déesse du blé. En effet, il existe bien des raisons qui justifient cette appréciation. Diodore de Sicile, dont l'autorité paraît avoir été l'historien [égyptien] Manéthon, attribuait à Isis la découverte du blé et de l'orge ; on portait en procession à ses fêtes des tiges de ces céréales pour commémorer le don qu'elle avait fait aux hommes. Saint Augustin ajoute un autre détail : Isis aurait découvert l'orge au moment où elle offrait un sacrifice aux ancêtres de son époux, qui étaient également les siens et qui tous avaient été des rois ; elle montra les épis nouvellement découverts à Osiris et à son conseiller Thot. »[645]

C'est donc à une figure féminine que le Mythe attribue la découverte de l'agriculture, et par conséquent, de la civilisation. En effet, c'est à partir de la sédentarisation, rendue possible par l'invention de l'agriculture, que la civilisation humaine va véritablement prendre ses lettres de noblesse. Isis, figure centrale du Matriarcat Africain, incarne une Féminité Cosmothéandrique. En elle, le Divin, l'Humain, l'Ecologique et le Social se croisent et s'imbriquent harmonieusement. C'est cette même Féminité que reflète la Maât. Dans l'iconographie classique, elle est représentée sous les traits d'une femme. Elle est l'équilibre parfait des mondes : le monde cosmique, le monde humain et le monde divin. C'est dire que l'Afrique Noire offre à l'écoféminisme un modèle de matriarcat fondé sur une logique d'équilibre, de complémentarité et d'harmonie écosystémique.

Quant à l'éthique environnementale, elle s'accorde avec la Ta-Maât sur la question de la responsabilité de l'homme vis-à-vis de la nature et des générations futures. À propos de l'éthique du futur, Karenga écrit :

---

[644] C. A. Diop, *L'unité culturelle de l'Afrique noire*, 57
[645] J. G. Frazer, *Atys et Osiris. Étude de religions orientales comparées*, cit. in C. A. Diop, *L'unité culturelle de l'Afrique noire*, 57-58.

« The Maatian concept of worthiness before nature is also informed and undergirded by the ancient Egyptian profound sense of the obligation to the future. In its most expansive expression, this moral obligation includes a rightful and respectful concern for both future generations and the world the will enter ».

L'éthique maâtique du futur implique, selon l'auteur, cinq attitudes fondamentales :

1) Speaking to the future [*djed n m-khat*]
2) Acting for the future [*ir n m-khat*]
3) Looking towards or into the future [*maa n m-khat*]
4) Thinking for the future/what is good for the future [*kai m khat/akht n m-khat*]
5) Searching for that which is useful for the future [*djar / hhy akht n m-khat*][646]

La pertinence de l'approche Ta-maâtique réside dans son caractère holiste, cosmothéandrique. Dans l'étude des apports africains à la pensée écologique, il nous plaît de signaler également les travaux de Malcom Ferdinand. Ce philosophe martiniquais tente d'examiner les rapports entre écologie, théories raciales et domination coloniale ; il met en lumière les traditions de pensée et de lutte que les africains déportés dans le "nouveau monde" ont développées pour résister à la logique d'exploitation infernale de la nature et de l'homme : la *plantation* fut jadis le théâtre de cette double exploitation.[647]

---

[646] M. Karenga, *Maat. The moral Ideal in Ancient Egypt*, 402.
[647] M. Ferdinand, *Une écologie décoloniale. Penser l'écologie depuis le monde caribéen*, op. cit.

CHAPITRE 17 :
La Visée maâtique de l'Art Africain Classique : Une approche philosophique de l'esthétique pharaonique

L'art africain a vu se poser sur lui des regards fort distincts, parfois contrastés, avant d'entrer, comme le dit si bien Jean Laude, dans le panthéon esthétique des temps actuels.

En Afrique, la protection des valeurs artistiques traditionnelles doit être assurée pour servir de stimulant à la création et pour favoriser les formes collectives et modernistes de la créativité permanente.

(J.-M. Essomba).

Nous appelons "Art Africain Classique" (AAC) ce qu'autrefois la littérature exotique appelait prosaïquement "l'Art nègre". L'AAC regroupe l'ensemble des œuvres plastiques de l'Afrique ancienne et traditionnelle. Iba Diadi Ndiaye relève cinq traits caractéristiques de "l'empreinte civilisatrice" de cet Art :[648]

- Son identité sociale et géographique

- Sa visée spirituelle

- Le rythme de sa composition (rupture de la linéarité, parallélisme asymétrique, conjonction entre simplicité et complexité, etc.)

- Une tendance à la mixité des formes, des techniques et des genres

- La présence d'une "couleur locale" qui permet de distinguer les divers styles selon les aires culturelles du continent.

---

[648] I. D. Ndiaye, *La critique d'art en Afrique. Repères esthétiques pour lire l'art africain*, Paris, L'Harmattan, 2007, 84-88.

C. Anta Diop distingue deux grands courants esthétiques de l'AAC :

- Le *Réalisme* (Égypte pharaonique, Ifè, Bénin, Ourua, Bakuba, Pongwé, Gouro, etc.). Il est caractérisé par une « sérénité, un équilibre qui défient l'art de l'époque grecque archaïque du VIe siècle » ; il s'écarte toutefois du « naturalisme outrancier de l'art de l'époque grecque classique ».

- L'*Expressionnisme géométrique.* Il comprend trois tendances ou styles : le géométrisme de forme concave (Écoles Bakouele et Makonde), le géométrisme de forme plane (Écoles Dogon et Fang), le géométrisme de forme cubiste (Ecoles Dan, Basonge, etc.). L'expressionnisme se distingue du réalisme par "une plus grande liberté et une plus grande audace".[649]

Il sera question, dans ce chapitre, de l'art africain pharaonique. Trois auteurs ont tenté de le lire et de l'interpréter dans une perspective maâtique : Théophile Obenga, Idrissa Cissé et Mbog Bassong. Les deux premiers se sont inspirés d'un texte attribué à un artiste égyptien du IIIème millénaire. Bassong, lui, élargit le champ de la réflexion en prenant en considération aussi bien les études sur l'art khemite que celles menées sur l'art subsaharien précolonial.

1. Obenga : une lecture de l'esthétique du *Sesh genouty* Iritisen

Iritisen est un scribe-sculpteur (*sesh genouty*) du Moyen-Empire. On lui attribue un texte gravé sur une stèle, la Stèle C14 du Musée du Louvre. Dans ce texte, l'artiste présente son art, les techniques qu'il utilise, ainsi que les vertus intellectuelles, morales et spirituelles qu'il a dû acquérir

---

[649] C. A. Diop, *Nations nègres et culture. De l'antiquité nègre égyptienne aux problèmes culturels de l'Afrique Noire d'aujourd'hui.* Tome II, Paris, Présence Africaine, 1979, 532.

pour devenir un artiste accompli. Datant de 2000 ans avant notre ère, la stèle d'Iritisen est, selon Obenga, « le plus vieux document écrit de l'humanité relatif à l'Esthétique, c'est-à-dire à une conception exprimée de l'Art du Beau ». En d'autres termes, Iritisen est « le premier artiste de l'humanité à expliquer son expérience esthétique ».[650] Le philosophe et égyptologue congolais décrypte cette expérience esthétique en se fondant sur trois aspects de l'idéal maâtique : la quête de l'équilibre, la quête de la vérité, la quête du divin.

1.1. Une esthétique de la mesure et de l'équilibre

Platon exalte le "canon" de l'esthétique égyptienne. Ce canon, dit-il, était fixé dans des modèles préétablis que les artistes devaient simplement reproduire : « Il n'était permis ni aux peintres, ni à aucun de ceux dont c'est par ailleurs le métier, de produire des attitudes ou encore quoi que ce fût d'analogue, de s'écarter de ces modèles en ouvrant de nouvelles voies, pas même d'imaginer rien qui différât des représentations traditionnelles » (*Lois*, II, 656 e). Il ajoute que c'est l'adoption de ces modèles techniques qui explique la pérennité de l'art égyptien :

> « Du reste, à examiner les peintures et les sculptures qui ont été faites dans ce pays il y a dix mille ans (et quand je parle de dix mille ans, ce n'est pas une façon de dire, mais bien ce qui en est réellement), on se rendra compte que, comparées à celles qui sont l'œuvre des artistes d'à présent, elles ne sont en rien ni plus belles, ni plus laides, mais qu'elles attestent la même technique. » (*Lois*, II, 656 e – 657 a)

Obenga partage globalement cette analyse de Platon : « Il existe en somme, écrit-il, une Idée de l'Art égyptien. C'est la Maât qui seule

---

[650] T. Obenga, « La Stèle d'Iritisen ou le premier Traité d'Esthétique de l'humanité », in *ANKH, Revue Africaine d'Egyptologie et des Civilisations noires*, n. 3, juin 1994, 30, 42.

confère à l'Art égyptien pérennité, beauté, vérité, efficacité, force vitale, puissance divine ».[651] La Maât serait donc l'équivalent de l'Idée platonicienne et le "canon" auquel fait allusion le philosophe grec (*Lois*, II, 656 d-e, 657 a-b). A. Eggebrecht a, lui aussi, mis en évidence ce rapport entre la Maât et le canon esthétique :

> « Grâce à l'axe élevé perpendiculairement à la ligne de sol et au canon de proportions qui assujettit toutes les représentations, selon des mesures chiffrées à un système de conventions extrêmement précis, les Égyptiens avaient déjà inventé, depuis la palette de NARMER (dans laquelle on retrouve le *canon*), la possibilité de donner à leur univers figuré un cadre immuable s'accordant à la loi de *Maât*, principe de l'ordre cosmique. »[652]

Pour Obenga, l'œuvre esthétique d'Iritisen résulte d'un "travail technique, quasi mathématique" ; c'est "l'aboutissement de toute une géométrie" orientée vers la quête de l'équilibre et de l'harmonie des proportions. À partir d'une analyse méticuleuse du vocabulaire du texte de la stèle, il indique quelques "savoirs techniques" maîtrisés par le vieil artiste :

- *bagu* : épaissir
- *fat net tep-heseb* : procéder de manière méthodique, "doser suivant les calculs, les règles précises"
- *shedet sakt m per aka.f* : dessiner la forme, la rectifier, "faire sortir les contours définitifs" de l'œuvre.

La méthode (*tep-heseb*) utilisée et décrite par Iritisen consiste en ceci : « On commençait par tracer sur les quatre côtés du bloc à travailler les principaux axes ou lignes de construction du quadrillage, conformes au canon de proportions, puis, toujours sur les quatre côtés, on dessinait les contours de manière précise ; enfin, venait le travail de sculpteur

---

[651] *Ibid.*, 33.
[652] A. Eggebrecht, *L'Égypte ancienne*, Paris, Bordas, 1986, 406. Nous soulignons.

proprement dit sur les quatre faces également, en suivant l'esquisse apparue, quadrillée et corrigée ».[653] Il est question à la fois d'art (*hemt*) et de science (*rekh*) comme le suggère Iritisen lui-même : « Je suis un artiste accompli dans son *art*, renommé au plus haut point dans sa *science* » (Stèle C 14, ligne 8).

1.2. Une esthétique de la perfection et de la quête de la vérité

Obenga trouve que l'esthétique hégélienne s'accorde "parfaitement" avec la conception égyptienne de l'art. Selon le philosophe allemand, le beau artistique est une manifestation de la vérité ; il est un "moment essentiel de l'essence", un "produit de l'esprit", un reflet de la conscience de soi. Comme Platon et Kant, Hegel est séduit par la magnificence et la profondeur du symbolisme de l'art égyptien. L'Égypte, écrit-il, est "le pays des symboles" et les égyptiens "le peuple artistique par excellence". Un peuple qui, par la force de son symbolisme artistique, a « préparé la voie à la libération de la conscience ».[654] La conscience de soi est une exigence de la quête de la vérité. En disant qu'il est un "artiste accompli" (*hemww ikr*), Iritisen ne s'auto-glorifie pas. Il ne fait qu'exprimer l'idéal auquel aspirent tous les artistes parvenus au même degré de conscience que lui. En effet, l'artiste égyptien est « un homme vertueux qui traduit dans l'art, concrètement, l'exigence égyptienne de la Perfection et de la Vérité ».[655]

Le symbolisme artistique égyptien exalte la vérité comme justice, comme triomphe du bien sur le mal. Ce thème est dominant dans l'iconographie pharaonique. Sur le plan artistique, il se traduit par la

---

[653] T. Obenga, « La Stèle d'Iritisen ou le premier Traité d'Esthétique de l'humanité », op. cit., 41.
[654] G. W. F. Hegel, *Esthétique. Tome II. Développement de l'idéal et sa différenciation en formes d'art particulières*, Paris, Aubier, Editions Montaigne, 1944, 65, 67. Voir aussi le Tome Premier, *L'idée et l'idéal*, Paris, Aubier, Editions Montaigne, 1944.
[655] T. Obenga, « La Stèle d'Iritisen ou le premier Traité d'Esthétique de l'humanité », 40.

mise en scène d'Horus abattant Seth, auteur du chaos et du désordre, ou par la représentation symbolique du Nesout (le "Suivant d'Horus") terrassant les envahisseurs étrangers, les ennemis héréditaires de Khemet. Iritisen fait allusion à cette drammatisation symbolique de la justice maâtique : « Je sais comment rendre l'allure d'une statue d'homme [...] ; l'élan pour assommer un captif [...], l'expression de crainte sur le visage de l'ennemi » (Lignes 9-10). La Palette de Narmer, la scène du VIIème pylône du temple de Karnak et bien d'autres œuvres contiennent des scènes similaires, expressions variées d'un même modèle théorique.

1.3. Une esthétique de la quête du divin

Revenons à Hegel. Il soutient que l'art, la philosophie et la religion se rejoignent dans leur finalité ultime ; ce sont des modes d'expression du divin. Il suit de là que la création artistique « porte sur des contenus spirituels ». Iritisen, note Obenga, est pleinement conscient de cette dimension sacrée de l'art. Il considère les arcanes de l'esthétique comme un ensemble de "mystères" (*sesheta*) à dévoiler dans le secret de l'Initiation : « Il n'y a personne qui peut révéler cela excepté moi seul avec mon propre fils ainé. Pharaon a ordonné qu'il fasse cela et que je le lui révèle » (Lignes 13-14, C14). Le terme *"pery kher"* signifie littéralement "sortir dessous", c'est-à-dire dévoiler ce qui est caché, révéler ce qui est inconnu. Ce n'est pas de sa propre initiative que le vieil artiste décide d'initier son fils aîné aux mystères de l'art. C'est pharaon, en tant que représentant et serviteur de l'autorité divine (*Neter*) qui le lui a ordonné (*wudj*). Cela veut dire que l'on ne devient pas artiste par simple filiation biologique. L'artiste est d'abord et avant tout un Initié, qui se dédie à son art par vocation et s'y consacre religieusement. Iritisen se présente lui-même comme tel : « Je connais les mystères des écrits sacrés, la conduite des rites lors des fêtes. Toutes les formules magiques, je les ai acquises » (Lignes 6-7). Obenga commente :

448

« L'art étant essentiellement sacré en Égypte, Iritisen a dû être initié aux mystères religieux et divins pour créer des œuvres pies. Initié aux mystères des textes sacrés, Iritisen était capable, de par son initiation même, de conduire le déroulement rituel des affaires religieuses, des cérémonies relatives aux fêtes des offrandes ».[656]

La liturgie des fêtes religieuses comprenait, en effet, une dimension artistique : récitations, mimiques, exposition de statues, déclamation de formules rituéliques (*khekhaou*) qu'on a souvent tendance à réduire à des "formules magiques".[657]

Le philosophe congolais conclut son étude en insistant sur la valeur historique et philosophique du texte d'Iritisen :

> « Il faut de tels textes pour étudier l'art égyptien avec moins de clichés convenus et de préjugés presque héréditaires. Une conception de l'art existe en Égypte ancienne avec des textes laissés par les artistes eux-mêmes, il y a 40 siècles dans le cas d'Iritisen, premier artiste de l'humanité à pouvoir écrire sur son art ».[658]

La pratique de l'art sur les bords du Nil n'était donc pas une simple pratique empirique, artisanale, spontanée, mais un exercice illuminé par une *théorie du beau* et gouverné par une *vision esthétique* : la *philosophie de la Maât*.

---

[656] *Ibid.*, 39.

[657] Les Initiés égyptiens que certains égyptologues ont pris la mauvaise habitude de désigner sous le nom de "magiciens" « s'appelaient *Kher-eb*, "*les hommes au rouleau*" [...] D'autres s'appelaient "*ceux qui connaissaient les choses*" ». Par conséquent, « les mots magie et magiciens sont impropres [...] à la science et aux savants Égyptiens » (S. Mayassis, *Le livre des morts de l'Égypte ancienne est un livre d'initiation,* 16-17).

[658] T. Obenga, « La Stèle d'Iritisen ou le premier Traité d'Esthétique de l'humanité », 46-47.

2. Idrissa Cissé : Maât et esthétique de la poétique anthropocosmique

2.1. Critique de l'interprétation d'Obenga

Idrissa Cissé rejette l'interprétation que fait le philosophe congolais du texte d'Iritisen. Cette interprétation glisse, selon lui, vers une sorte de "travers essentialiste". Il récuse surtout la lecture platonicienne, kantienne et hégélienne de l'art égyptien.

Obenga fait allusion à un passage de la *Critique du jugement*. Kant, écrit-il, « rappelle clairement que "tous les jugements du goût sont particuliers" ». Il ajoute : « Kant a commenté un passage des *Lettres sur l'Égypte* de Savary, à savoir qu'il ne faut pas trop s'approcher des pyramides, ni en être trop éloigné, "pour ressentir toute l'émotion que donne leur grandeur" ».[659] En ce qui concerne la première référence, Cissé rappelle que « pour Kant, le jugement esthétique est fondamentalement particulier (d'où la notion de "goût") en même temps qu'il prétend à l'universalité (d'où la notion de réflexion) ».[660] Le philosophe allemand distingue en effet deux types de goût : le goût des sens et le goût de la réflexion. Si le premier consiste à « porter des jugements d'ordre personnel », le second « en porte qui prétendent être universels ».[661] En outre, l'esthétique, selon Kant, se situe entre deux ordres : l'*ordre intellectuel* de la pragmatique, orienté vers la recherche du bon et l'*ordre rationnel* de la loi morale dont la finalité est la recherche du bien. Pour Cissé, une telle esthétique est incompatible avec le principe d'harmonie maâtique.

La deuxième référence à Kant est également hors-propos. En effet, le philosophe de Königsberg a une conception "apollinienne" de la grandeur. Une grandeur de marbre qui s'impose dans une "forme-

---

[659] *Ibid.*, 31.
[660] I. Cissé, *Césaire et le message d'Osiris. L'humanisme de la diversité*, op. cit., 204.
[661] E. Kant, *Critique de la faculté de juger*, 1ère partie, 1ère section.

spectacle", fruit d'une simple re-présentation. L'esthétique kantienne ne conçoit l'œuvre d'art que comme imitation d'une chose ("une belle représentation d'une chose") et pas vraiment comme une œuvre de création. L'imagination artistique doit être placée sous le contrôle scrupuleux de la raison logocentrique. La principale fonction du logos est d'empêcher les "divagations poétiques". Rien de plus opposé à la conception égyptienne du beau et de la création artistique.

Il faut ajouter que les pyramides dont le philosophe allemand exalte la "grandeur" ne sauraient être, selon lui, l'œuvre de négro-africains. Les préjugés grotesques qu'il nourrissait vis-à-vis des africains et le penchant ethnocentrique de sa pensée l'empêchaient de toute évidence de reconnaître que des Noirs aient pu bâtir des œuvres architecturales monumentales qui défient le temps. Voici comment ce penseur raciste appéciait le talent des peuples, en particulier celui des "Nègres" :

> « Dans les pays chauds, les hommes mûrissent plus vite à tous égards, mais ils n'atteignent pas la perfection des zones tempérées. L'humanité atteint la plus grande perfection dans la race des Blancs. Les Indiens jaunes ont déjà moins de talent. Les Nègres sont situés bien plus bas ».[662]

Ailleurs, il écrit :

> « Les Nègres d'Afrique n'ont reçu de la nature aucun sentiment qui s'élève au-dessus de la niaiserie. M. Hume invite tout le monde à citer un exemple par lequel un Nègre aurait prouvé des talents, et il affirme ceci : parmi les centaines de millions de Noirs qui ont été chassés de leur pays vers d'autres régions, bien que beaucoup d'entre eux aient été mis en liberté, on n'en pourrait pas trouver un seul qui, soit en art ou en science, soit dans une autre discipline célèbre, ait produit quelque chose de grand. »[663]

---

[662] E. Kant, *Géographie*, cit. in D. Gay, *Les Noirs du Québec, 1629-1900*, Sillery, Les éditions du Septentrion, 2004, 204.

[663] E. Kant, *Essai sur les maladies de la tête. Observations sur le sentiment du beau et du sublime,* Paris, Flammarion, 1990, 166). Voir les commentaires critiques de Louis

Hegel, on le sait, a le même penchant raciste. En outre, son formalisme (le dogme de la Raison-Forme) est diamétralement opposé à la vision esthétique d'Iritisen. Pour le philosophe d'Iena, même si l'art est "un mode d'expression du divin", il est une forme inférieure de manifestation de l'esprit, une forme à peine dégagée de la nature et de la sensibilité. La conception maâtique de l'art contraste avec cet idéalisme asséchant. Obenga, reprenant à son compte les acceptions hégéliennes des notions d'*idéal* et de *transcendance*, les applique acritiquement au concept de Maât. Il écrit : « L'idéal artistique égyptien était soutenu de part en part par la Maât, principe transcendant de l'ordre divin et cosmique ». Or, selon Cissé, ces notions « échouent à dire le principe de la Maât ». Et ce, pour deux raisons : d'une part, elles renvoient à un modèle rêvé, à un fantasme ; ce qui crée irrémédiablement une distance presque infranchissable entre l'artiste et le modèle fantasmé ; d'autre part, l'esthétique maâtique n'impose pas un modèle à imiter ; au contraire, elle « réveille l'homme à lui-même, dans le double geste de l'approfondissement du particulier et de l'ouver-ture à l'universel qui est le scénario anthropocosmique du dépassement de soi ».[664] L'ordre, ici, participe de la "nécessité libre de l'harmonie". Il n'est point absolu. L'absolutiser, c'est le transformer en un "ordre du rêve sécuritaire et de la volonté totalitaire". Il convient donc de distinguer le langage de l'ordre de celui de l'harmonie. L'un est un langage de la représentation et de la performance technique, l'autre, un langage poétique, totémique.

Le philosophe allemand considère l'Égypte comme le "pays des symboles". Fort bien. Mais cette appréciation fait appel à un présupposé que Théophile Obenga n'a pas questionné. En effet, dans la perspective de la dialectique hégélienne, la pensée symbolique n'est qu'une phase transitoire vers la manifestation pleine de l'esprit. Dans la grande

---

Sala-Molin et de Chukwudi Eze : L. Sala-Molin, *Le Code Noir et le calvaire de Canaan*, Paris, PUF, 2012 ; E. C. Eze, « The Color of Reason : The Idea of "Race" in Kant's Anthropology », in E. C. Eze (ed.), *Postcolonial African Philosophy. A Critical Reader*, Oxford, Blackwell Publishers, 1997, 103-131.
[664] I. Cissé, *Césaire et le message d'Osiris. L'humanisme de la diversité*, 207.

odyssée de la Raison, les égyptiens, "peuple artistique par excellence", occuperaient une place certes inaugurale, mais transitoire. Ils n'auraient fait que "préparer la voie à la libération de la conscience".

Que dire de la référence à Platon ? Cissé épingle dans "l'égyptologie platonicienne" une "ruse" dont le but idéologique est d'annihiler la libre créativité des artistes athéniens en leur faisant miroiter « le modèle construit d'une Égypte où la créativité est aux ordres du politique qui impose une technologie du beau ».[665] Le "canon", ici, relève du langage de l'ordre et de la *technè*. Il pervertit l'art, l'étouffe en le dépoétisant. La négation de la diversité artistique masque un dessein totalitaire et ne saurait s'accorder avec l'esthétique maâtique. Pour Platon, l'ordre absolutisé régit tout : au niveau psychologique, il doit dominer les passions de l'âme ; au niveau socio-politique, il s'incarne dans un système de lois qui régulent les rapports entre les hommes ; au niveau cosmo-théologique, il est identifié au Démiurge. Par conséquent, tout ce qu'il y a de vrai, de bon et de beau ne peut avoir qu'une essence démiurgique. C'est la raison pour laquelle le philosophe grec considère l'art égyptien comme l'œuvre d'une divinité. Obenga s'empresse d'assimiler cette divinité à la Maât. S'il est vrai que la Maât, dans la sphère religieuse, est contemplée comme une déesse, elle n'épouse pas les traits du Démiurge platonicien.

2.2. L'horizon osirien de l'esthétique maâtique

Par "horizon osirien", Cissé entend une certaine vision du monde, une vision spirituelle, une poétique de la vie anthropo-cosmique. C'est à l'aune de cette spiritualité qu'il faut, d'après le philosophe sénégalais,

---

[665] *Ibid.*, 209. Dans le domaine de la musique par exemple, Platon voyait d'un mauvais œil l'introduction ou l'adoption de nouvelles formes harmoniques. Et ce, pour des raisons politiques : « Il faut se garder, écrit-il, de ceux qui se complaisent dans de nouveaux chants ; il faut se garder d'introduire une nouvelle espèce de musique, car ce serait le naufrage de tout ; jamais en effet, un changement ne peut subvenir dans les modes de la musique sans qu'il ne survienne aussi de grands changements dans les lois civiles [c'est-à-dire dans la politique] » (*De republica*, cit. in E. Bosc, *Isis dévoilée*, 268).

lire et comprendre le texte d'Iritisen. Dans cette perspective, les compétences techniques revendiquées par le vieil artiste sont des talents mis au service d'une mystique de l'invocation et de l'évocation :

> « L'invocation et l'évocation sont des paroles, la deuxième, qui est la parole poétique elle-même et dont tout art véritable relève, s'affirmant comme la réaffirmation de la première, qui est parole mystique, parole du divin en l'homme. Le divin qui est potentiellement en tout homme devient actif grâce à une connaissance mystique qui éveille aux mystères au lieu d'imposer une dogmatique. C'est d'une mystique sans mysticisme qu'il est question ici. »[666]

On ne saurait nier ni sous-évaluer le rôle de la *technè*, de la géométrie et du calcul dans le travail artistique d'Iritisen[667] ; cependant, ce n'est pas l'efficience technique qui constitue l'horizon ultime de la création artistique, mais l'expérience esthétique dans sa dimension spirituelle. « Je connais les mystères » proclame le scribe-sculpteur. La connaissance des mystères présuppose une saisie du réel qui n'est pas de l'ordre de l'appréhension purement théorique ou technique. C'est une connaissance initiatique dont le but est de faire pressentir à l'homme la présence de ce qui le dépasse et qui dans le même temps l'interpelle, l'appelle, l'inspire. La vérité initiatique n'est pas une vérité calculable ; ce n'est pas une vérité de l'adéquation ou de la conformité de la parole à l'objet. C'est pourquoi elle ne peut être mieux rendue que par la métaphore totémique. Lorsque l'artiste peint ou sculpte un animal, il ne vise pas l'être biologique de l'animal, mais « la puissance d'invocation qu'il est réputé incarner ». En outre, il ne fige pas les personnages de ses œuvres dans des positions statiques ; il est plutôt attentif au mouvement : "l'allure d'une statue d'homme", "l'allure de celui qui court", "le pas d'une statue de femme", "l'attitude de l'oiseau", "l'élan"

---

[666] I. Cissé, *Césaire et le message d'Osiris*, 212.
[667] Voir B. Mathieu, « Irytisen le technicien (Stèle Louvre C14) », in *Studi Poliziani di Egittologia*, n° 1, 2016.

du combattant, "l'œil qui regarde son vis-à-vis" (lignes 9-11 de la Stèle C 14). Ces formes en mouvement traduisent le *dynamisme de la vie* et expriment une *poétique de la vie*. L'art d'Iritisen s'inscrit dans « l'horizon maâtique de l'affirmation existentielle authentique ». Il ne saurait être qualifié de "réaliste", car le vieil artiste ne peint pas ce qu'il voit à la "surface du monde", mais invite à une expérience du "regard regardant".[668] Pour percevoir ce qu'il voit réellement, il faut se laisser interpellé par la vision de sa vue (« Sa vue est une vision »). Il donne à contempler la "vie vraie" entendue comme triomphe du combat osirien. La vue de l'artiste *métaphorise* et *transfigure*. Elle ne chosifie pas. Peindre par exemple le "regard qui regarde", c'est s'interdire de réduire le regard à un organe. Le regard est « un événement de l'ouverture originaire au monde de l'Autre » ; il est rencontre et découverte de l'Autre comme *visage*, singularité irréductible. Le visage est la "parole primordiale de l'Autre" ; il est « corps et esprit, cœur et raison ». En somme, conclut Cissé, « c'est de vie et de mort et, plus précisément, de la traversée de celle-ci par celle-là, qu'il est question dans l'art d'Iritisen et l'interprétation qu'il en propose. Les moyens techniques exceptionnels que la grande science des matériaux de son œuvre lui a permis d'inventer sont mobilisés au nom d'une célébration de la Vie qui est aussi, et par là même, une pro-vocation à la vie vraie ».[669] Ce qui fait du vieil artiste un véritable "philosophe osirien".

La critique de Cissé nous semble recevable, sauf sur un point : la négation de l'existence d'un canon esthétique égyptien. Ce canon existe.

---

[668] À propos de la poétique du "regard regardant", Mahougnon Kakpo écrit : « Notre mission à nous, de l'Afrique Noire, c'est d'avoir le regard de lynx qui procède d'abord de soi. Etre Regardant, c'est bien cela. Etre Poète-Regardant, c'est être Ngaara, c'est-à-dire celui-là qui, chez les Madenka, dispose d'une réelle connaissance de l'histoire ancestrale et de la tradition. Le Poète-Regardant est donc un Ngaara authentique et inspiré qui profère ce que Sony Camara nomme des Paroles très anciennes qui, non seulement font voir, mais transforment l'âme de celui qui voit, et changent le monde. Il apparaît ainsi que le Poète-Regardant fait une poésie profonde qui procède à l'accomplissement du monde ». (M. Kakpo, *Ce regard de la mer. Anthologie de la poésie béninoise d'aujourd'hui,* Cotonou, les Editions des Diasporas, 2001, 99) On peut dire qu'Iritisen est réellement un *Ngaara*, un artiste-regardant.
[669] I. Cissé, *Césaire et le message d'Osiris*, 216.

Les artistes égyptiens utilisaient des proportions mathématiques conventionnelles :

> « La surface devant recevoir le dessin ou l'œuvre d'art est carrelée régulièrement, au préalable. Le sommet de la tête d'un personnage est toujours situé à trois carrés au-dessus des épaules ; le haut de la tête jusqu'à la base du front occupe une unité carrée ; de là à la base du nez, une unité, c'est-à-dire un carré ; de la base du nez à celle du cou, une unité. Le corps, de la base du cou au genou, dix unités ; du genou au talon, six unités. Au total, le corps humain occupe, de la tête aux pieds, dix-neuf unités ou carrés. »[670]

Le canon égyptien n'est cependant pas une forme rigide ou monolithique. Il n'annihile pas l'élan de la créativité libre. Il varie d'ailleurs d'une époque à l'autre.[671]

3. Mbog Bassong : la Maât comme Valeur esthétique

Pour Bassong, le système esthétique africain est « maâtiste, c'est-à-dire qu'il a essentiellement pour objet d'étude la Valeur, Maât ». En d'autres termes, c'est une esthétique qui « engage la Loi de l'Harmonie universelle et, par conséquent l'Ordre et la Valeur incarnés par Maât ».[672] Nous nous intéressons ici à trois aspects de l'interprétation proposée par le philosophe camerounais : la Valeur esthétique et le langage analogique ; la Valeur esthétique et la complexité du Réel ; la Valeur esthétique et l'ordre politique.

---

[670] C. A. Diop, *Civilisation ou barbarie*, op. cit., 370.
[671] Voir G. Robins, *Proportion and Style in Ancient Egyptian Art*, University of Texas Press, 1994.
[672] M. Bassong, *Esthétique de l'art africain. Symbolique et complexité*, Paris, L'Harmattan, 2007, 78, 104.

3.1. La Valeur esthétique et le langage analogique

L'esthétique africaine classique accorde une importance particulière à la signification analogique. L'analogie est son langage privilégié. C'est un langage parabolique, qui se donne à lire sous le voile de la métaphore. En effet, la rationalité maâtique, consciente de la complexité du Réel, l'appréhende aussi bien par le concept que par le symbole. L'un n'exclut pas l'autre ; ils se complètent. Le symbole ne porte jamais à une clôture du discours. Il est par essence le lieu de l'entrouvert, où le sens s'entrevoit non comme un aboutissement, mais comme une quête sans fin de l'infiniment possible.

La symbolique de l'art égyptien fourmille d'images allusives et totémiques.

Ci-dessous quelques significations des représentations zoomorphiques qu'on retrouve fréquemment dans le système des hiéroglyphes et dans les œuvres artistiques :

Représentations zoomorphiques	Significations
L'épervier	L'éternité
La grenouille	L'humidité
La fourmi	La connaissance, l'intelligence
Les cornes du bovin	Le rayonnement, la splendeur, la sainteté
La chèvre	La finesse de l'ouïe
L'abeille	La royauté, l'obéissance
La taupe	L'aveuglement
Le taureau	La puissance
Le lion	La transcendance
L'oie	La tendresse pour les petits
Le scarabée	La création, le devenir
Le poisson	Le crime
Le porc	L'impureté
La plume d'Autruche	La Vérité-justice (Maât)
Le rat	La destruction
Le lièvre	L'ouverture
Le crocodile	La malice, l'agressivité
Le vautour	La maternité

Ces symboles expriment une pensée abstraite et établissent un rapport entre l'Idée et le Réel. Loin d'être arbitraires, ils résultent d'une observation minutieuse de la nature. La symbolique artistique est donc véritablement le lieu où Science et Esthétique se rejoignent et s'imbriquent. Elle n'est pas une simple re-présentation d'éléments naturels. Elle "densifie" l'objet qu'elle représente, l'arrache à son insignifiance apparente, à son immobilité, et l'introduit dans le mouvement de l'existence signifiante. Ainsi saturé, l'objet cesse d'être une "chose" pour devenir un réceptacle de la plénitude de vie. Par la force du symbole et de l'analogie, l'œuvre d'art est investie d'un souffle qui fait d'elle une forme vivante, une Icône de l'Etre et de la Présence. Elle exprime un "souci de complétude" qui est "tension vers l'immortalité", "quête de l'Absolu", quête de notre "humanitude". Une humanitude qui s'éprouve sans cesse dans l'acte de penser et de créer :

> « Le *symbolique* qui abstrait le *naturalisme* et le *réalisme* se pose donc comme un moment de cette lutte inscrite dans l'hostilité, l'imprévisible, l'indéterminisme que nous oppose la vie. Entre certitude et incertitude, déterminisme et indéterminisme, s'articule l'humble condition de l'homme condamné à philosopher pour transcender le vécu quotidien et la perspective de la mort inéluctable. L'esquisse, la gravure, la peinture traduisent ce besoin d'ordre de l'esprit. Ils constituent, bien entendu, avec l'échelle choisie, une systématisation de l'harmonie, qui est tension de l'effort et maîtrise du signe par l'amélioration de la technique qui le produit. »[673]

En somme, l'esthétique maâtique, à travers le langage analogique, vise à contempler le Réel dans sa complexité et à réguler les énergies vitales.

3.2. La Valeur esthétique et la dialectique du Réel

L'art pharaonique reprend et développe le thème majeur du Mythe Osirien, à savoir la dialectique de l'harmonie universelle : « L'univers mental égyptien exprime le monde comme une unité de toutes choses (*Râ*), produisant dans le temps et l'espace des existants liés par (*Maât*) la Valeur. Cet Univers est dynamique, en mouvement (*Kheper*) et subit la loi générale de l'entropie ». Le mouvement est rendu possible par la tension entre deux forces antagonistes (Ordre et Désordre) et par le triomphe de l'une sur l'autre. L'Ordre (*Horus*) l'emporte toujours sur le Désordre (*Seth*) sans toutefois l'éradiquer. Tel est le fondement ontomythologique de l'esthétique maâtique : « En toute chose, cette

---

[673] *Ibid.*, 27.

vérité doit être restaurée, y compris dans les arts et en particulier dans les motifs graphiques ».[674]

Engelbert Mveng fut l'un des premiers philosophes contemporains à soupçonner et à théoriser cette vérité générale de l'Art Africain Classique. L'Ordre symbolise, selon lui, les forces de la Vie tandis que le Désordre ou le Chaos renvoie aux forces de la Mort. Ainsi, la symbolique africaine n'est rien d'autre que l'expression d'une « lutte gigantesque dans laquelle la vie et la mort affrontées constituent le fondement dialectique de l'existence. Et cette lutte n'est qu'un prélude ; elle précède la victoire : la victoire de la VIE sur la MORT ». En d'autres termes, l'AAC « exprime avant tout le destin de l'homme. Ce destin y apparaît sous le signe de la division et de la lutte : lutte entre la vie et la mort. L'homme est un destin divisé et dramatique. [...] Sa mission est d'assurer le triomphe de la vie sur la mort ».[675] Mveng révèle ainsi la dimension anthropocosmique du Mythe et en fait le thème principal de l'esthétique africaine. Bassong s'inscrit d'emblée dans cette optique :

> « L'art, écrit-il, illustre le drame de l'esprit humain dans cette lutte pour sa survie. Le monde lui est hostile et rien ne garantit une félicité ; mieux, il mesure les limites de notre humanitude et face à celle-ci, l'esprit formule une philosophie de son dépassement en termes d'espérance, d'éternité et d'immortalité ».[676]

La dialectique qui gouverne le Réel est la même qui gouverne l'Existence humaine. Or, cette dialectique est elle-même ordonnée à la Maât en tant que Valeur transcendante. En effet, l'opposition entre les forces contrastantes participe de l'Harmonie Universelle dont Maât est l'incarnation. L'Art Africain traduit cette quête d'un Ordre ou d'un Équilibre dialectique sans cesse en construction.

---

[674] *Ibid.*, 64, 79.
[675] E. Mveng, *L'art d'Afrique noire. Liturgie cosmique et langage religieux*, Yaoundé, Editions Clé, 1974, 34-35, 71.
[676] M. Bassong, *Esthétique de l'art africain*, 69.

3.3. La Valeur esthétique et l'ordre politique

La finalité de l'ordre politique est de garantir le respect des valeurs qui régissent une société maâtique. Comment l'art contribue-t-il à ce projet ? Si Cissé semble rejeter radicalement l'idée d'une instrumentalisation politique de l'art dans l'Égypte ancienne (l'idée selon laquelle la création artistique serait soumise aux *desiderata* des gouvernants), Bassong, lui, défend justement cette thèse. Il ne voit aucune malice dans cette politisation de l'art, dans la mesure où le pouvoir pharaonique n'est pas, par essence, un pouvoir tyrannique. La mission du *Per-aa neb* (Pharaon) est d'assurer la victoire d'Horus (l'Ordre) sur Seth (le Désordre) et de garantir le triomphe de la Maât sur Isfet (le Mal). Sa titulature, le consacre "fils de Dieu", mais « Maât, déesse de la Justice et de la Vérité, lui est supérieure. Il doit la faire respecter. En échange, l'équilibre du monde et la prospérité du pays lui sont accordés ».[677] En faisant respecter la Maât, le roi égyptien travaille à préserver l'équilibre du monde, à garantir le progrès social et l'épanouissement des hommes. L'art politisé, c'est l'art royal mis au service de cette vision. C'est un art qui célèbre, à travers des formes esthétiques, l'axiologie du pouvoir, les valeurs et vertus dont le roi est censé être à la fois l'incarnation et le dépositaire. Il postule, pour ainsi dire, une éthique du pouvoir, réaffirmant les grands idéaux de la société.

Les formes totémiques occupent une place prépondérante dans le langage symbolique de l'art royal au point où il est permis de parler d'une véritable esthétique totémique : « Les totems abondent. *Thouéris*, déesse hippopotame et à la gueule de crocodile, *Horus*, dieu-faucon, *Anubis* à tête de chacal, *Apis* le taureau, *Sekhmet* à tête de lionne, *Bastet* la déesse chatte, *Hathor* sous la forme d'une vache, *Thoth* le scribe divin à la tête d'ibis, etc., sont autant de thèmes qui servent aussi l'ordre organisationnel des entités politico-administratives de l'Égypte ».[678]

---

[677] C. Orgogozo, *L'Art Egyptien*, Paris, Flammarion, 1984, 12.
[678] M. Bassong, *Esthétique de l'art africain,* 102.

Cette symbolique royale "organise" la société ; chaque composante du corps social se reconnaît de manière spécifique dans un totem particulier sans toutefois rejeter la valeur des autres totems de la nation tout entière. Ainsi, l'art totémique crée un imaginaire esthétique qui renforce le pacte du vivre-ensemble et sert de cadre de référence identitaire pour la construction du consensus national. Il répond à un "besoin d'ordre social", obéit au "mode de régulation socio-affinitaire des communautés historiques", modélise, selon la vision maâtique, la stature éthique du souverain et celle du sujet politique ordinaire.

**

Que retenir, en fin de compte, de cette lecture croisée de l'Art Africain Classique ? Elle met en lumière une esthétique que nous pourrions qualifier d'*Asansan*. Ce vocable désigne un style particulier que les artistes, les modélistes et les designers ouest-africains prédilectionnent. C'est une technique qui consiste à combiner divers types de matériaux, de couleurs, de genres, de langages, de registres, pour en extraire des œuvres originales. L'*Asansan* se veut une harmonie dialectique, faite d'éléments hétérogènes.[679] Il vise à promouvoir une "esthétique de la complexité" dont l'enjeu est la valorisation des formes polyédriques du Réel et l'articulation harmonieuse de l'Être, du Beau, du Vrai.

---

[679] M. Sinsin, « Arte africana : verità e orizzonti di senso », in C. Ciancio (ed), *Bellezza e verità*, Brescia, Morcelliana, 2017, 317-324.

CHAPITRE 18 :
Le discours théologique africain : Langage et instances de signification

C'est donc le défi et la lutte qui amènent l'Afrique à reprendre ses traditions, à les unifier, à faire un retour réflexif sur elles. La logique qui doit résulter de cette démarche n'est pas la combinatoire issue de propriétés associatives de choses inertes. Il ne s'agit pas de réduire le matériau africain à des structures formelles, logico-mathématiques, mais de montrer la logique dialectique d'un esprit vivant. [...]. Telles sont les remarques préliminaires à cet exposé de la spiritualité africaine.

L'Africain a l'obligation intellectuelle et morale d'éprouver la solidité de la [spiritualité africaine], de ne pas l'exclure hâtivement de la quête de la sagesse, de la vérité et du bonheur

(F. Eboussi Boulaga)

Dans son ouvrage, *Discours théologique négro-africain*, Oscar Bimwenyi-Kweshi se propose de sonder le "lieu" à partir duquel pourrait s'élaborer une théologie africaine contemporaine, enracinée dans son propre "terroir". Ce "lieu théologique" ne peut être que le "Bosquet Initiatique Ancestral". Avant d'arpenter, avec l'auteur, les sentiers de ce Bosquet, essayons de saisir ce qu'il entend par "théologie" :

> « La théologie apparaît comme un service ordinaire de la communauté croyante, comme une de ses responsabilités imprescriptibles, comme une exigence d'intelligibilité inhérente à la démarche de la foi, à l'expérience de la foi comme dialectique du connaître et de l'aimer se promouvant l'un

l'autre, dans une circularité constructive. En ce sens la "théologie" n'advient pas à une communauté comme un cadeau du dehors, comme un ajout de l'extérieur et parfaitement surérogatoire. »[680]

Pour Bimwenyi, la foi relève de la "dialectique du connaître et de l'aimer" et non de l'adhésion aveugle et aliénante à une doctrine. La théologie vise à répondre à une "exigence d'intelligibilité". Elle est essentiellement une quête du sens, et donc une herméneutique. Pour cela, elle accorde un intérêt particulier au langage religieux.[681] Comme l'explique Tshibangu Tshishiku, « le Discours Théologique Africain à promouvoir est fondé sur les lois du langage humain, du langage religieux. […] Le langage théologique africain est conditionné par l'enracinement anthropologique existentiel distinct d'autres enracinements ».[682]

Le livre susmentionné nous a semblé une œuvre majeure, une œuvre fondatrice, qui ouvre des perspectives pour une relecture de la Spiritualité Africaine (Unnefer) et une nouvelle synthèse de la Doctrine Spirituelle Ancestrale (Djed-Unnefer).[683]

---

[680] O. Bimwenyi-Kweshi, *Discours théologique négro-africain. Problème des fondements*, Paris, Présence Africaine, 1981, 24.

[681] La notion de "religion" soulève des débats houleux dans certains cercles. Les questions relatives à cette polémique n'entrent pas ici dans nos préoccupations. Nous préciserons dans le prochain chapitre ce que recouvre le concept dans notre langue maternelle, le fon.

[682] Préface à *Discours théologique négro-africain,* 10.

[683] Le terme "Unnefer" est l'un des titres attribués à Osiris et signifie littéralement "être (*unn*) parfait (*nefer*)". Nous l'utilisons pour désigner la Spiritualité Africaine. Comme l'a montré Budge, Osiris est la figure centrale des cultes africains antiques et modernes : « J'ai donc fait d'Osiris et des croyances liées à son culte l'élément central de cette recherche et regroupé autour de l'histoire du dieu les faits qui, dans les Religions Africaines Modernes, sont identiques et que je considère comme apparentés aux vieilles croyances » (E. A. W. Budge, *Osiris and the Egyptian Religion*, tome 1, op. cit., VII. Voir aussi notre article «Dio e il dolore nell'*Unnefer* o nella Religione Africana», in C. Freni, *Il dolore degli altri. Atti di convegno*, Roma, Aracne Editrice, 2019, 167-189). L'expérience spirituelle de l'Unneferien/Unneferienne est centrée sur la quête de la Perfection entendue comme Plénitude ou Rayonnement de Vie. Il/elle est appelé(e) à se conformer à l'Archétype Osirien de l'Homme Parfait (Voir E. Mveng, 1985). Son but est devenir Unnefer dès ici-bas. Le "Djed-Unnefer" est la Doctrine Ancestrale sur

Trois thématiques traitées dans l'ouvrage retiennent notre attention :

- Le débat sur la nature et la pertinence du langage religieux dans la philosophie contemporaine
- Les préalables à la fondation d'un discours théologique africain
- L'*éclairement* du lieu germinal de ce discours.

Est-il besoin de rappeler que Bimwenyi, en tant que théologien, se questionne sur l'héritage de ce qu'il appelle le "christianisme colonial" en Afrique ? Il examine comment l'Africain d'aujourd'hui, tout en demeurant "bien adossé à sa propre histoire" et séjournant dans sa "propre tente", peut lire et déchiffrer, au "niveau stratégique adéquat", le message chrétien. Tshibangu affirme que l'une des visées de l'auteur est « la prise de conscience scientifique du fait que les valeurs de l'africanité peuvent valablement, et adéquatement à leur point de vue spécifique, soutenir l'élaboration, puis la formulation d'une authentique théologie chrétienne ». Notons, toutefois, que la réflexion qu'il nous propose transcende l'univers théologique chrétien. Elle pose des jalons indispensables à la fondation de n'importe quel discours théologique qui se veut "africain". En tout cas, ce qui nous intéresse dans ce chapitre, c'est l'herméneutique de la Doctrine Ancestrale et l'étude des catégories conceptuelles du langage religieux africain. Une théologie qui ne prend pas en compte cette Doctrine et ce langage ne peut se revendiquer véritablement "africaine".

---

laquelle repose la Spiritualité Unneferienne.

1. Débat autour du langage religieux

1.1. À propos de l'approche analytique et structuraliste du langage religieux

Trois courants philosophiques du XXème siècle se sont intéressés à la question du langage : l'empirisme logique, la philosophie du langage ordinaire et le structuralisme. Le premier courant professe un "vigoureux empirisme" et se base sur les travaux des fondateurs de la nouvelle logique mathématique, en particulier ceux du courant analytique. Ses tenants s'inspirent du *Tractatus logico-philosophicus* de Ludwig Wittgenstein, assumant la théorie atomiste du philosophe autrichien et poussant à l'extrême sa théorie de la vérification. Partant du présupposé selon lequel les pseudo-problèmes de la philosophie traditionnelle reposent sur une méconnaissance de la logique du langage, ils livrent au "scalpel" de l'analyse logique les énoncés de la métaphysique, de l'éthique et de la théologie, concluant à leur non-sens. La critique du langage religieux s'articule autour de trois thèses : le caractère non factuel des énoncés théologiques, les apories des vérités absolues et les traits émotionnels qui affectent le discours sur le sacré. Bimwenyi relève quelques faiblesses de l'empirisme logique :

- Une conception étriquée de la notion de "fait" et une vision unilatérale de l'objet du langage.[684]
- L'absolutisation du principe d'univocité et le refus radical de reconnaître la valeur des langages dits "obliques" ou "indirects".
- L'absolutisation du principe de vérification, lequel « n'est

---

[684] « En rendant impossible la référence du langage à tout autre que scientifique, l'empirisme logique exerce un chantage apparemment scientifique, mais, en fait, proprement métaphysique » (O. Bimwenyi-Kweshi, *Discours théologique négro-africain,* 322. Voir aussi F. Ferré, *Le langage religieux a-t-il un sens ? Logique moderne et foi,* Paris, éd. Cerf, 1970).

pas lui-même vérifiable empiriquement ».

-   La dévalorisation de la langue naturelle au profit d'un langage aseptisé, prétendument scientifique. Il manque aux empiristes logiques une approche générale du langage ; ils confondent *langage* et *discours*.[685]

Le second courant, bien que poursuivant l'œuvre d'élucidation du langage, sort du cadre trop étroit de l'empirisme logique. Ses protagonistes se réclament du second Wittgenstein et adhèrent à sa théorie pluraliste de la signification : *Meaning is use*. La signification des "jeux de langage" dépend des contextes culturels où ils s'actualisent. John L. Austin s'inspire de cette philosophie pour développer sa théorie du performatif et du "*speech-act*".[686] Bimwenyi note que cette nouvelle approche se révèle fort utile pour l'étude du langage religieux. Le performatif, explique-t-il, « comporte une prise de position et un engagement du locuteur dans l'énoncé même de la phrase. Ce caractère "sui" ou "auto-référentiel" (Benveniste) du performatif et l'efficacité qui lui est inhérente ont amené certains à y déceler une "sorte de rituel désacralisé" ». D'autres auteurs reconnaissent la valeur performative du langage religieux, mais lui nient la capacité de désigner des réalités transcendantes.

Le structuralisme trouve son modèle d'analyse dans la linguistique saussurienne. Il reprend certains éléments théoriques développés par le linguiste suisse : la distinction entre langue et parole, les notions de diachronie et de synchronie, etc. Avec Lacan, Althusser, Lévi-Strauss, Foucault, Derrida, le structuralisme cesse d'être un modèle d'analyse et, prenant subitement une allure philosophique, « érige en principes doctrinaux ce qui n'était qu'abstractions méthodologiques légitimes ».

---

[685] Voir à ce propos J. Macquarrie, *Gold Talk : An Examination of the Language and Logic of Theology*, New York and Evanston, Harper and Row Publishers, 1967.
[686] J. L. Austin, *Quand dire, c'est faire*, Paris, Seuil, 1970.

Autres limites :

- La résorption du sujet dans le système : la langue, comme système, « s'assujettit le sujet parlant ».
- L'oubli du monde : le langage, en tant que système immanent et autosuffisant, fonctionne pour lui-même. La référence au monde et aux faits apparaît comme non essentielle.
- La subordination de la diachronie à la synchronie : il s'ensuit une "éclipse" de l'aspect historique de la langue et donc une forme d'antihistoricisme.

L'analyse structurale présente cependant quelques avantages pour l'étude du langage religieux. Elle permet par exemple de passer de la *sémantique de surface* à une *sémantique de profondeur* où le texte religieux dévoile la "virulence de sa signification".[687]

1.2. La pertinence du langage religieux

Notre auteur cherche à fonder la légitimité du langage religieux sur une ontologie du dire. Ce qui l'amène à revisiter la théorie de l'ouverture chez Ricœur et Heidegger. Le premier, en sondant les racines ontologiques du langage, se concentre sur la distinction entre *parler* et *dire*. Le *parler* se déploie et s'éparpille dans la pluralité des jeux de langage (langage ordinaire, langage logicisé, etc.). Le *dire*, par contre, est une « modalité de l'être qui suppose une constitution de l'être tel qu'il puisse être signifié ».[688] Chez Heidegger, le langage est la modalité du *Dasein*, l'être-là, ouvert à son propre être. Mieux, il est la "maison" et l'épiphanie de l'Etre (*Sein*), le lieu où il se dévoile (*a-lèthéia*). On est bien loin, commente Bimwenyi, « du langage stérilisé

---

[687] P. Ricœur, « Contribution d'une réflexion sur le langage à une théologie de la Parole », in *Exégèse et Herméneutique* (Parole de Dieu), Paris, Seuil, 1971, 52.
[688] P. Ricœur, *Les incidences théologiques des recherches actuelles concernant le langage.* Cours à l'Institut d'Etudes Œcuméniques, 1968, 15.

des empiristes logiques, de "l'inconscient structural" des structuralistes et même de la chatoyance des "jeux de langage". On est dans une zone toute différente ». Il ajoute :

> « Même si cette conception heideggérienne du langage ne devrait pas emporter l'unanimité des suffrages des philosophes, elle demeurera un rappel vigoureux et opportun que le langage plonge ses racines dans l'être et qu'il ne peut être étudié de façon exhaustive avec les seules méthodes dites "scientifiques" ».[689]

Un autre aspect de l'ontologie du dire réside dans le problème du sens. Ce problème se pose à l'homme à travers trois types d'expériences existentielles :

L'*expérience de la contingence*. L'aperception de sa propre finitude peut provoquer chez l'homme un certain sens de la transcendance. Si cela advient, la conscience humaine pourrait s'ouvrir à la Parole sacrée qui l'engage dans une quête plus profonde.

L'*expérience de la transcendance humaine*. Elle est liée à l'expérience de la contingence. Ici, l'existence humaine est saisie et vécue comme une « vocation à se dépasser sans cesse pour égaler ce que l'on a à être ». La Parole sacrée peut aider à mieux comprendre cette vocation.

L'*expérience éthique*. L'éthique, en tant qu'elle porte sur la question du sens des valeurs et de la destinée humaine, requiert « l'intervention d'un langage spéculatif », un « langage qui parle d'un non-visible ».[690]

En somme, la quête du sens est la condition de possibilité du langage religieux. Le seul fait que ce dernier constitue en soi un "jeu de langage" particulier suffit à le légitimer ; il pousse l'homme à un "questionnement radical sur le *moyo*, sur la vie".[691]

---

[689] O. Bimwenyi-Kweshi, *Discours théologique négro-africain*, 359.

[690] J. Ladrière, *L'Articulation du sens. Discours scientifique et parole de la foi*, Paris, Aubier Montaigne, Cerf, Delachaux et Niestlé, 1970, 237.

[691] O. Bimwenyi-Kweshi, *Discours théologique négro-africain*, 364.

2. Préalables à la fondation d'un discours théologique africain

Le débat sur la pertinence du langage religieux est en soi un préalable à la fondation du discours théologique. Comment parler en effet des choses divines et concevoir une intelligence des textes sacrés si le langage à partir duquel s'élabore ce discours est considéré comme un langage impossible, absurde, irrecevable ? Voilà pourquoi l'effort de l'auteur a d'abord consisté à fonder en raison la légitimité du langage religieux. Il pose ensuite deux autres jalons que nous allons examiner dans cette section : la mise en lumière des "questions brûlantes" que le discours théologique doit affronter et l'approche qu'il convient d'adopter pour une herméneutique de l'Expérience Religieuse Africaine.

2.1. Les questions brûlantes

La réflexion théologique africaine doit relever trois défis :

(a) Scruter l'intelligence du contenu de la foi. Il faut entendre par là un « effort incessant pour mieux connaître [Dieu] ». Nous avons déjà précisé que pour Bimwenyi, la "foi" ne relève pas de la croyance aveugle, mais d'une forme de "connaissance", une connaissance expérientielle du Divin. La compréhension de la foi relève « d'une question fondamentale, réellement africaine − ce qui ne signifie pas exclusivement africaine − exigeant par conséquent une réponse (ou des réponses) fondamentale et réellement africaine. Celle-ci sera effectuée toujours à nouveau par les diverses communautés d'aujourd'hui et de demain selon leur position sur l'itinéraire spirituel. Ceci signifie qu'il n'y aura pas une « seule théologie africaine », mais plusieurs, selon les expériences fondamentales des communautés et des penseurs au sein de ces communautés. »[692]

---

[692] *Ibid.*, 104.

(b) Penser les continuités et les ruptures. Il s'agit ici de réaliser une fusion des horizons entre le monde ancien et les nouvelles quêtes du sens. L'ancien univers survit comme "condition de possibilité du nouveau" ; et le nouveau surgit comme une transfiguration de l'autre. Cette manière de voir les choses s'écarte des positions iconoclastes d'un Njoh-Mouelle qui, dans la fièvre de l'âge, soutenait que « la tâche de la philosophie ne saurait consister à aller chercher dans le passé des visions du monde qui ont cessé de vivre ».[693] C'est avec une pointe d'ironie que Bimwenyi commente cette affirmation. Il fait remarquer que les auteurs qui défendent de telles positions professent une "espèce d'héraclitéisme culturel généralisé" et invoquent « à longueur de pages les mânes d'un Thales de Milet ou d'un Socrate » sans s'accuser eux-mêmes ou s'entendre accusés d'archaïsme. Il rappelle que les anciennes traditions africaines sont loin d'être des pièces de musée ou des oripeaux d'un monde fini. Elles sont au contraire "bien vivantes" dans la mémoire populaire et dans l'imaginaire collectif. Et ce, en dépit des agressions culturelles extérieures.

(c) Saisir les enjeux actuels des luttes des peuples africains pour la liberté, la dignité et le bien-être. Si le discours théologique n'aborde pas cette question cruciale de l'indépendance politique, économique et culturelle, il risque non seulement d'être inaudible, mais aussi de trahir sa propre vocation.

2.2. L'approche

Un impératif théorique justifie la réflexion de l'auteur sur l'approche la plus adaptée à la théologie africaine :

> « Etant donné la structure "thé-andrique" de l'expérience de la foi africaine vécue et de son langage [...], il y a lieu de penser qu'un examen critique de la forme aussi bien que du contenu de

---

[693] E. Njoh-Mouelle, « Les tâches de la philosophie aujourd'hui en Afrique », in *Abbia*, n° 22 (mai-aout 1969), 54.

ce pôle peut fournir des concepts et des symboles fondamentaux au langage théologique africain ».[694]

La "structure thé-andrique" est constituée, comme l'indique le mot, de deux pôles : le pôle *thé-ique* et le pôle *andrique*. Le premier repose sur la foi en l'existence d'une Parole Divine destinée à illuminer le cheminement spirituel de l'homme. Dieu n'est pas muet. L'homme est son interlocuteur.[695] Le pôle andrique est la "reprise", l'approfondissement et "l'appropriation critique" des textes sacrés.

Pour déterminer la forme du discours théologique africain, il faut tenir compte de la nature de son objet. Cet objet doit être respecté dans « sa réalité dialogique andropolaire et théopolaire à la fois, c'est-à-dire une relation concrète, historique, située comme lieu épiphanique de Dieu et de l'Homme concaténés ». En d'autres termes, l'objet ne saurait être le Dieu purement théorique des spéculations philosophiques, mais bien « Maweja a Nangila, Dieu de toute bonté, invoqué comme Quelqu'un de Vivant ». De manière plus précise, « ce que l'on appellerait "l'objet" de la théologie africaine […] n'est pas d'abord d'ordre notionnel. Ce n'est pas un ensemble de théorèmes ou d'axiomes. Il s'agit d'une réalité d'ordre personnel qui advient dans la double relation d'androtropie et de théotropie ». Cela ne signifie pas que l'aspect notionnel soit inexistant, inconsistant ou écarté ; les notions, toutefois, ne préexistent pas à l'expérience du divin ; elles n'en sont que l'expression et l'explicitation. C'est la raison pour laquelle Bimwenyi soutient que la démarche de la théologie scolastique n'est pas adaptée à la théologie africaine. Cette dernière sera scientifique, mais pas au sens aristotélicien. "Principes et conclusions" : ainsi se résume, selon Fries, la conception aristotélicienne

---

[694] O. Bimwenyi-Kweshi, *Discours théologique négro-africain,* 413.

[695] La tradition unneferienne peule enseigne que « Guéno [l'Eternel] voulut être connu. Il voulut avoir un interlocuteur ». Créant Neddo, l'Homme primordial, il lui donna en héritage « une parcelle de la puissance créatrice divine, le don de l'Esprit et la Parole. Guéno enseigna à Neddo, son Interlocuteur, les lois d'après lesquelles tous les éléments du cosmos furent formés et continuent d'exister […]. Initié par son Créateur, Neddo transmit plus tard à sa descendance la somme totale de ses connaissances. Ce fut le début de la grande chaîne de transmission orale initiatique ». A. Hampâté Bâ, *Contes initiatiques peuls*, Paris, Editions Sock, 1994, 19-20.

de la science.[696] Elle influença la pensée des grands maîtres de la théologie dite "classique". Thomas d'Aquin, par exemple, « a voulu que, par sa structure générale comme par sa technique, la théologie devînt une discipline scientifique, comparable en rigueur aux sciences dont Aristote avait formulé le modèle. Telle que Saint Thomas l'a conçue sous l'influence d'Aristote, la notion de science implique la généralité de son objet. Il n'y a de science que du général ».[697] Selon Bimwenyi, en adoptant cette voie, la théologie chrétienne médiévale s'est trouvée confrontée à une double aporie :

> « L'une venait du caractère manifestement "particulier" et historiquement situé des événements de l'histoire du salut ; l'autre concernait le caractère inévident des "articles de foi" considérés comme les "principes premiers" à partir desquels s'ébranle la déduction logique dans le fonctionnement du discours théologique comme "science" de type aristotélicien ».[698]

Après un examen approfondi de ces deux apories, l'auteur présente le cadre épistémologique dans lequel devra prendre corps le discours théologique africain. Il insiste d'abord sur l'élargissement de la notion de science. Si autrefois la science était perçue comme essentiellement déductive, l'épistémologie moderne a pleinement réhabilité d'autres types d'intelligibilité scientifique. Le discours théologique, en tant que discours scientifique, ne peut donc plus s'élaborer uniquement à partir de la démarche déductive. Bimwenyi cite à ce propos son compatriote Tshibangu :

> « Le danger n'est pas illusoire pour la théologie, si on la considère comme une discipline de type déductif, d'oublier que son donné est réel et personnel, et de s'en tenir à l'aspect "doctrinal" et "conceptuel". Une théologie de type "positif" au contraire aide et porte à respecter le caractère réel et personnel

---

[696] H. Fries, « Théologie », in *Encyclopédie de la foi*, vol. IV, Paris, Cerf, 1967, 318.
[697] E. Gilson, *Théologie et histoire de la théologie*, Paris, 1943, 12-13, 14.
[698] O. Bimwenyi-Kweshi, *Discours théologique négro-africain*, 421.

du donné, le dogme n'ayant à apparaître, dans sa consistance propre, que comme l'expression – doctrinale bien sûr – d'une réalité personnelle. »[699]

D'autres types d'intelligibilité scientifique pourraient être adoptés en théologie : l'*explication conjecturale* (plus particulièrement adaptée aux sciences où la loi du déterminisme n'est pas de rigueur), l'*explication téléologique* (recherche de la fin ultime des choses), l'*explication génétique* (recherche de l'origine des choses).[700] En dehors de ces approches, la *perspective herméneutique* s'impose, car le discours théologique est en quête d'une intelligence toujours nouvelle de l'expérience spirituelle et du langage religieux.

De la même manière qu'elle s'écarte des sentiers de l'épistémologie aristotélicienne, la théologie africaine doit prendre ses distances vis-à-vis de l'onto-théo-logie. Celle-ci n'est que le versant métaphysique de la théologie scolastique. Heidegger l'accuse d'être une pensée qui « tourne en cercle ».[701] Elle a accouché d'une théodicée que Dondeyne considère comme l'une des causes de l'athéisme moderne et du discrédit qui frappe la théologie dite "naturelle".[702] Pour toutes ces raisons et en vertu de la spécificité du langage religieux africain, Bimwenyi soutient avec force que ni la philosophie du Dieu métaphysique (le Moteur Immobile) ni l'alliance entre ce Dieu et le Dieu de la foi ne sont des « marchandises destinées à l'exportation sous les tropiques, même après "tropicalisation" ».

---

[699] T. Tshibangu, *Théologie positive et Théologie spéculative. Position traditionnelle et nouvelle problématique*, Louvain-Paris, Béatrice-Nauwelaerts, 1965, 357.

[700] Pour un examen minutieux de ces types d'intelligibilité, voir E. Nagel, *The Structure of Science*, Londres, 1960.

[701] M. Heidegger, *Lettre sur l'humanisme*, Paris, Aubier, 1964. Du même auteur, « Identité et Différence », in *Questions I*, Paris, Gallimard, 1968.

[702] A. Dondeyne, « Un discours philosophique sur Dieu est-il possible ?», in *Miscellanea Albert Dondeyne*, 1974, 441.

3. Le lieu germinal du discours théologique africain

Si le théologien africain doit éviter "l'asile épistémologique" qui lui est proposé à moindre frais, s'il doit enraciner son discours dans l'humus ou le limon de sa terre, un choix s'impose à lui : retourner à la matrice culturelle, à l'expérience religieuse des peuples africains, à leur langage religieux et à la Doctrine Ancestrale. C'est en effet « cette instance des significations ou ce niveau des fondements qui est le lieu de gestation – en tant que matrice culturelle – et de production des symboles de base, des notions clés, de la vision de l'homme, de Dieu, de l'univers et de leurs relations dynamiques ».[703] Comment accéder à cette instance ? Comment en faire un lieu et un objet épistémiques ? Bimwenyi propose une démarche herméneutique qu'on peut résumer en trois étapes :

- Une première tâche consiste à recueillir les expressions culturelles, porteuses d'intentions.

- Ensuite, il faudra circonscrire la sphère du sens qui se dégage de ces expressions.

- Pour cerner l'univers de sens, on procédera par des regroupements et recoupements thématiques/sémantiques qui permettront de faire ressortir des "panneaux" ou des "constellations". Chaque constellation sera à son tour subdivisée en "clairières", c'est-à-dire en sous-groupes ou sous-thèmes.

---

[703] O. Bimwenyi-Kweshi, *Discours théologique négro-africain,* 444. À propos de l'influence de l'onto-théo-logie sur la théologie chrétienne, Jürgen Moltmann écrit : « Très tôt les Grecs ont vu dans ce principe ultime de l'intelligibilité universelle (=l'Être suprême, infiniment parfait, immuable et impassible, fondement de tout ce qu'il y a de stable, de permanent, de nécessaire) l'équivalent de ce que les religions appellent Dieu, en quoi ils ont été suivis par les théologiens du Moyen-âge. Peu soucieux de rigueur historique, mais surtout préoccupés de montrer comment la foi chrétienne s'accorde admirablement avec la raison, ces derniers n'ont guère hésité à identifier le Dieu de la métaphysique grecque avec le Dieu de la foi et de la catéchèse chrétienne » (J. Moltmann, *Théologie de l'espérance,* Paris, Cerf-Mame, 1970, 95).

En adoptant cette méthode, le théologien évite d'imposer aux documents ancestraux un ordre exogène, une "grille toute faite et rigide". Les expressions culturelles à prendre en considération sont : les textes de la littérature traditionnelle, l'Initiation en tant qu'espace de discours, les principes du Djed-Unnefer.

3.1. La littérature traditionnelle

Elle a deux caractéristiques : d'une part, elle est produite en langues africaines ; d'autre part, elle exprime l'univers de signification de ces langues ainsi que l'univers culturel qu'elles véhiculent. Faire de cette littérature un lieu théologique implique donc une attention particulière aux langues africaines. Bimwenyi soutient d'ailleurs qu'il faut « théologiser en langues africaines », car ces langues « appartiennent aux médiations normales ou ordinaires de la saisie et de l'expression de la foi africaine aussi bien au niveau vécu qu'au niveau critique et réflexif ». [704]

La littérature traditionnelle aborde une variété de sujets et comprend plusieurs genres : prose, poésie, épopée, chroniques historiques, mythes, maximes sapientiales, etc. L'auteur s'intéresse particulièrement à un genre : l'oraison. Celle-ci présente généralement une structure triadique : Invocation, Situation, Aspiration (I-S-A).

---

[704] *Ibid.*, 448. Notons que si le retour aux langues africaines relève du bon sens, l'on doit également prendre en considération la mise en garde de Fabien Eboussi Boulaga contre la tendance à vouloir exhumer une philosophie ou une théologie implicite, ontologiquement et intrinsèquement liée aux idiomes. A notre avis, Bimwenyi n'est pas tombé dans cette tentation. Sa recherche porte sur un corpus de textes, et non sur une quelconque onto-théo-logie consubstantielle aux langues africaines. Ceci dit, il nous semble tout à fait justifié de s'inspirer de l'univers de sens des langues africaines pour produire une pensée philosophique ou théologique. Une telle pensée ne doit cependant pas se réclamer d'un peuple ou d'une communauté culturelle, mais de son auteur. Précisons, par ailleurs, qu'Eboussi Boulaga percevait lui-même la nécessité de philosopher et de théologiser en langues africaines : « Là où il est possible d'utiliser les langues africaines, on le fera ; l'étendue de leur emploi peut être variable, ou progressive » (F. Eboussi Boulaga, *La crise du Muntu*, 141).

Nous proposons ci-dessous un schéma récapitulatif de ces trois moments :

Les 3 moments de l'oraison africaine	Traits caractéristiques	Illustration (Une prière du Kasayi occidental)
(I) Invocation (Dibikila)	- Adressée à Dieu, aux Ancêtres - Usage de noms et de titres - Emploi de verbes au passé et au présent.	O Dieu, Puissant – Créateur Qui créa mains et bras Maweeja de toute bonté Seigneur, Maître des hommes Maître de la mort, Maître de la vie.
(S) Situation existentielle (Bwalu, kabikidila)	- Allusion à une situation précise, inquiétante ou heureuse - Appel au secours ou action de grâces.	Cette maladie, si elle vient de toi, qu'elle finisse.
(A) Aspiration (dilomba, dijinga)	- Formulation d'une attente -Emploi de verbes au mode optatif ou au futur	Que nous nous sentions mieux Que nous ayons (de nouveau) sommeil dans la maison !

La séquence (I) est souvent la plus développée et constitue une source précieuse pour l'étude des noms divins. Elle révèle aussi l'importance de la commémoration des Ancêtres dans l'oraison africaine. En effet, dans plusieurs textes, l'invocation de Dieu est immédiatement suivie d'une invocation des figures tutélaires familiales.

C'est le cas par exemple dans le texte qui suit (document n° 4 du corpus sur lequel l'auteur a travaillé) :

Mulopo Maweja Nangila	Seigneur Maweja de toute bonté
Diba katangila cishiki	Soleil qu'on ne peut regarder fixement
Maweja mukwa lumen (…)	Maweja, maître du voir (…)
Kya ! Nwenu bakaku ne batatu	Quoi donc ! Vous, (nos) grands-parents et pères,
Nutulelela nwatushiya panu…	Vous nous avez engendrés…

L'invocation des Ancêtres est perçue et vécue comme un fait religieux ; ce n'est pas une simple expression de la perpétuation des relations sociales entre les vivants et les morts, comme le soutiennent certains auteurs.[705] Ce culte ne remet nullement en cause ni le principe de l'Unicité divine, ni celui de la primauté de l'Être Suprême. La prière qui suit en est une illustration (document n° 5) :

Mulopo Maweja Nangila	Seigneur Maweja de toute bonté
Diba katangila cishiki (…)	Soleil qu'on ne peut regarder fixement (…)
Wewe kaku ne tatu ne bana benu bonso	Et vous, grand-père, (mon) père avec tous les vôtres
Ke nzolo (mbuji) wa mapiku eu	Voici la poule (chèvre) vouée (en pari)
Wa bu mumvwa ndila se	Celle (que je donne en suite) des larmes que
Mmona mwana !	je versais pour que je voie un enfant ! (j'aie
Vwayi, tudyayi bidya !	un enfant)
Mulopo watwenzedi bimpe !	Venez donc, partageons ce repas !
Kwetu kwatoka !	Le Seigneur (Dieu) nous a comblés
	Lumière de notre côté !

Cette prière est une action de grâces. Elle est d'abord adressée à Maweja Nangila, le "Seigneur de toute bonté". Les Ancêtres sont certes intervenus, mais « c'est finalement à Dieu que va la reconnaissance ultime ».[706]

---

[705] Voir par exemple H. Hochegger, « La mort et le culte des morts chez les populations d'expression teke. Réalités sociales ou religieuses », in *C.R.A.*, vol. IV, n° 7, 1970.
[706] O. Bimwenyi-Kweshi, *Discours théologique négro-africain*, 476.

Les séquences S-A s'imbriquent l'une dans l'autre. Si (S) décrit la situation existentielle de l'orant, (A) exprime non seulement sa confiance dans les entités invoquées, mais aussi la conception qu'il a des pouvoirs divins. En rappelant dans la séquence (I) les hauts faits et les merveilles du Créateur, il professe que rien n'est impossible au Dieu des Ancêtres, l'Un Universel et Provident.

3.2. L'Initiation et la quête du savoir

Quatre traits caractérisent, selon Bimwenyi, la pensée africaine : elle est *dialogique, concrète, symbolique* et *initiatique*. C'est surtout son caractère initiatique qui la rend dialogique, car nul n'accède tout seul au savoir. Ce même caractère initiatique implique une approche méta-sensorielle des choses :

> « Au côté visible et apparent des choses, correspond toujours un aspect invisible et caché qui en est comme la source ou le principe. De même que le jour sort de la nuit, toute chose comporte un aspect diurne et un aspect nocturne, une face apparente et une face cachée. À chaque science apparente correspond toujours une beaucoup plus profonde, spéculative et, peut-on dire, ésotérique, basée sur la conception fondamentale de l'unité de la vie et de l'inter-relation, au sein de cette unité, de tous les différents niveaux d'existence. »[707]

Il en résulte une conception "ouverte" du savoir et du discours :

> « La connaissance africaine est apparue alors comme un itinéraire sans fin, comme un chemin dont le terme s'éloigne sans cesse à l'instar de la ligne de l'horizon. On se souvient des trois questions de type "initiatique" sur le chemin autour de soi plus long que le chemin autour du monde, sur l'impossibilité de monter sur ses propres épaules pour voir plus loin ou de

---

[707] A. Hampâté Ba, *Aspects de la civilisation africaine,* 25-26.

rattraper – en courant – l'aigle en plein vol, ou encore de se saluer soi-même. Tout cela pour dire de façon saisissante que le discours de l'homme sur lui-même, que le discours de la communauté sur elle-même, sur son univers, etc., demeure un discours in-bouclable, affecté d'une béance constitutive. La parole totale est disproportionnée à tout dire et déborde les possibilités d'une bouche même collective. »[708]

Le discours théologique africain, pour être pertinent, doit s'appuyer sur cette conception ouverte et dialogique du savoir. Il ne devra donc pas être élaboré comme un discours de la clôture, avec des formules définitives et absolues.

3.3. Les Idées-clés de la Doctrine Ancestrale

En examinant le corpus des textes initiatiques, l'auteur met en relief les idées-clés autour desquelles s'articule la théologie unneferienne. Ces idées s'organisent autour de quatre axes thématiques : la notion de Dieu, le rapport de l'homme à Dieu, le rapport de l'homme à l'Univers, l'écoute de la Parole Primordiale. Dans le tableau qui suit, nous proposons une synthèse des grandes articulations de la Doctrine Ancestrale sur ces questions :

---

[708] O. Bimwenyi-Kweshi, *Discours théologique négro-africain*, 497.

Thématiques	« Constellations » ou grandes lignes	Explication sommaire
-I- Dieu	I.1. Antériorité absolue	Il est le Principe, la Source originelle de tout, le « toujours-déjà-là ».
	I.2. Grand Artiste, Maître-d'œuvre	Auto-créateur, auteur de sa propre image, il « sculpta » l'univers avec beauté et perfection.
	I.3. Proximité, familiarité	Il est « Père-Créateur », « l'Ancêtre de tous les hommes », « Père des hommes et des choses », « Pilier du monde », « Main » qui donne à profusion.
	I.4. Distance, différence	Il est lumière éclatante que l'homme ne peut fixer ; abîme incréé et insondable, origine sans origine, le « Résident-en-haut », la « Montagne élevée ».
	I.5. Omniprésence, omniscience	« Vent qui emplit » monts et forêts, « Maître du voir » qui voit « même dans les ténèbres » ; il sait tout.
-II- L'homme, tel qu'il se perçoit dans son rapport à Dieu	II.1. Le « tard-venu »	Tard-venu par rapport à l'antériorité de Dieu.
	II.2. L'œuvre d'art de Dieu	Dieu a fait de lui la « parure du monde »
	II.3. Le fils de Dieu	Tendu vers le Père-Créateur
	II.4. « Edifice fragile »	Sustenté par le « Pilier inébranlable ».
	II.5 Un être qui se questionne	Déconcerté et perplexe devant le silence troublant de Dieu.
	III.1 Tardivité	Tard-venu dans le monde, « advenu après les herbes et les fourmis ».

-III- L'homme tel qu'il se perçoit dans son rapport au monde	III.2 Fugacité, précarité	Vie, mort, retour au ciel.
	III.3 Votalité	L'homme comme « quête d'accomplissement », « grain de l'univers » appelé à germer, un être-sans-cesse-en devenir, « pèlerin toujours en chemin ».
	III.4 Etre-carrefour	L'homme comme « charnière du monde », « périchorèse des êtres », « chair de la chair du monde ».
-IV- La Parole Primordiale	IV.1. Origine divine	Comparée au « souffle divin » (*mupuuya wa Maweeja*)
	IV.2. Attribut de la divinité	Elle est divine. Par elle, Dieu créa toute chose.
	IV.3. Synthèse cosmo-thé-andrique	Elle lie intimement Dieu, l'Homme et l'Univers.
	IV.4. Force, Action, Sens	Elle manifeste la Puissance de Dieu et porte en soi une signification inépuisable.

Essayons d'étayer ces idées par des textes du Corpus Ancestral. L'auteur a principalement travaillé sur des documents provenant du Kasayi occidental. Ils ont été recueillis entre 1968 et 1969 dans la région de Luebo. Nous avons jugé nécessaire d'insérer d'autres textes, en particulier ceux du corpus ouest-africain.

(I) Dieu

(I-a) Q. – Mudyanjile ne muye kale
       Apo n-nganyi mene ?
       R. – Se m-Mvidi Mukulu wakafuka nyisu
       ne nyoko (Luba)

Q. – Celui qui précéda et celui qui partit longtemps
Qui donc est-il ?
R. – C'est Mvidi Mukulu, qui créa ton père
et ta mère.

***

(I-b). E.- Mvidi Mukulu wa Bankambwa
        Dya makenga beyemi kuudi
        R.- Ng-wewe (Luba)

E.- Dieu de nos Ancêtres
Au jour d'épreuve on s'appuie sur toi
R.- C'est toi !

Maweze mvumbi ya khenda
Cijembi cya lukomba ibi
Ibena muyisala (Cokwe)

Dieu est un esprit compatissant
Ouragan qui balaie le mal
Le bien restant en place.

***

(I-c) Mvidi Mukulu n-dijiba dya lunteke
       Dyakamana batuwi mpata
       Lubuwa kuwudi mvula
       Nansha miloke matuku dikumi (Luba)

Dieu c'est comme un étang marécageux
Qui éreinte toutes les pêcheuses
Abîme qui ne s'emplit pas de pluie
Même s'il pleut dix jours durant.

Dans ces textes, Dieu (désigné sous divers noms) est présenté comme un Être ayant des traits personnels ou personnifiés. Et pourtant, Alexis Kagame soutient que Dieu n'entre pas dans la catégorie ontologique des NTU et qu'on ne saurait le considérer comme un "*Muntu*.[709] Mujynya ne partage pas cet avis. Pour lui, la notion de NTU s'applique à "tout ce qui est". Dieu est donc un NTU. Il est d'ailleurs désigné sous le nom de "*Muntu Mukulu*", c'est-à-dire le "Grand Muntu". Le terme "*muntu*" ne

---

[709] A. Kagame, « La place de Dieu et de l'homme dans la religion des Bantu », in *C.R.A.*, n° 4, 214-222.

désigne pas à proprement parler l'être humain, mais la "Personne".[710]
Pour Bimwenyi, il est évident que Dieu est perçu dans l'univers bantu
comme "Quelqu'un" ou comme une "Personne", bien que nul ne songe à
« réduire ce Quelqu'un divin au rang des hommes mortels ». La
séquence (I-a) affirme son antériorité absolue (I.1) [les notations
alphanumériques renvoient aux lieux thématiques et aux textes indiqués
dans les tableaux précédents]. Mvidi Mukulu est "musangana", le déjà-
là, « celui qui précéda » toute chose. Il est aussi perçu comme le
Créateur du monde et des hommes. Son œuvre de création est comparée,
dans certains textes, à celle d'un sculpteur ou d'un forgeron. Les termes
utilisés réfèrent en effet à un lexique technique relevant de ces deux
métiers : *Kusesa, kusonga*, « tailler, aiguiser » ; *ngindi, twele*, « marteau,
couteaux » ; *kwanga, kupanga*, « former, façonner ». Le Divin Forgeron
n'utilise cependant ni enclume ni marteau ; il est *Nsendwe wa lubunda
na kanwa*, c'est-à-dire un « Forgeron qui forge par le Verbe » ou, selon
une autre version, un « Forgeron qui forge avec le Souffle de sa
bouche ». En dehors du lexique lié à la forge et à la sculpture, un autre
terme apparaît souvent dans les textes : "*Mfuki*". Il dérive du verbe
"*kufuka*", signifiant « donner origine, faire surgir pour la première fois,
créer ». Dieu, en tant que Mfuki, est le « Surgisseur universel » ; il est
Source et Origine de tout ce qui est. L'idée de création est donc ici
clairement affirmée. L'univers est une œuvre d'art sortie des mains d'un
Grand Artiste (I.2).

Des termes liés au domaine de l'architecture sont aussi utilisés :
cipanda, pilier, *kakondo ka butadi*, colonne de fer, etc. Ces métaphores
indiquent que Dieu est « principe de stabilité et de cohésion » (I.3). Il
constitue l'ultime recours de l'orant (I-b). Et ce d'autant plus qu'il n'est
pas que Créateur, mais aussi Père, Ancêtre, Esprit Bienveillant et
Compatissant, qui « donne sans mesure » et prend soin de ses créatures.
Comme un "ouragan", il « balaie le mal » et laisse « le bien en place ».
Bien que proche, il demeure insondable : source inépuisable, abîme sans
fond, entité "in-manipulable", irréductible.

---

[710] E. N. Mujynya, *L'Homme dans l'univers des Bantu*, Presses Universitaires du Zaïre,
Lubumbashi, 1972, 15.

Des images du monde sont sollicitées par le langage religieux pour exprimer des notions sur Dieu, mais jamais les choses du monde ne sont confondues avec le Créateur : « En appelant son Dieu "eau", "papillon", "forgeron", "mortier", "pieu" ou "colonne", etc., le mortel frappe à la porte des éléments du monde pour s'enquérir de son Dieu. Ni l'eau, ni le papillon, ni le forgeron, ni le mortier, ni aucun de ces éléments ne s'identifie à "l'objet" de sa quête ».[711] Par conséquent, les notions d'animisme, de panthéisme, de polythéisme ne sont pas du tout appropriées pour traduire l'approche africaine du Divin.

(II) Le rapport de l'homme à Dieu

Les catégories conceptuelles et les métaphores ci-dessus examinées dérivent de l'expérience spirituelle, c'est-à-dire du rapport de l'homme à Dieu. Arrêtons-nous à deux autres aspects qui n'ont pas été évoqués précédemment et qui transparaissent dans les textes qui suivent, le "silence de Dieu" et la récrimination contre Dieu :

(II-a). Mvidi Mukulu wa Cimpanga
Wafuka manyongolo wafuka malandi
Kadi kantu kamwe kumushala (Luba)

Dieu de force
Il créa mille-pattes, il créa mollusques
Mais un petit rien lui échappa.

***

(II-b) Sambi munanga diba dya kupa
Pakwemina Sambi nyi :
Sambi kenaku

Sambi munanga diba dya moyu
Diba dya lufu nyi : Sambi kananga baatu (nord-kete)

Dieu est celui qu'on aime quand il donne
Te refuse-t-il quelque chose alors tu dis : Dieu n'est pas là.
Dieu qu'on aime quand on jouit de la vie
Vienne la mort, alors on dit : Dieu n'aime pas les hommes.

---

[711] O. Bimwenyi-Kweshi, *Discours théologique négro-africain*, 547.

La séquence (II-a) est une satire sur Dieu. Bimwenyi a recueilli plusieurs textes du même ton. Leurs auteurs ne sont pas forcément des non-croyants, mais des croyants désabusés, déconcertés, « traversant le tunnel de l'épreuve et cherchant, dans l'obscurité, la main de l'Improbable ». Quatre types de protestation ou de récrimination sont exprimés dans ces textes : l'imperfection de la création, la partialité de Dieu, l'avarice de Dieu, le silence de Dieu devant le drame de la mort.

La séquence (II-b) relativise le jugement sur l'indifférence présumée de Dieu devant le drame humain. Ce n'est pas parce que Dieu ne satisfait pas toutes les attentes de l'homme qu'il cesse d'être le Tout-Puissant et le Bienveillant. Il demeure le Maître absolu de la Vie et de la Mort, le Juste qui abhorre l'injustice et défend la cause des déshérités. Les textes de la constellation du silence (II.5) nous révèlent, de manière générale, deux formes de présence et deux formes d'absence de Dieu :

> « Une présence créatrice et sustentatrice qui ne résorbe pas Dieu dans son œuvre, car celui-ci apparaît en même temps comme "éloigné", voir "absent", le "séparé" (écart topologique) ; une présence de plénitude et d'attention aux hommes, complétée et comme redressée en même temps par le "silence". Ces quatre aspects de Dieu semblent en équilibre structural et dynamique : ils s'appellent l'un l'autre et se rééquilibrent de même suivant la dynamique de l'existence et des événements traversés par les mortels. Présence non confiscable, non maîtrisable, qui se donne et se retire, sans cesse en train de venir et de partir, talonnant le mortel dans une quête incessante et qui n'est pas de tout repos. »[712]

Peut-on mieux exprimer la quête spirituelle de l'homme ? Elle n'est pas le fruit d'une pure spéculation, mais une expérience existentielle, à la fois captivante et troublante. On comprend pourquoi le Dieu invoqué et

---

[712] *Ibid.*, 582.

mis en cause dans les "textes de mécontentement" n'a rien à voir avec le "Dieu" contre lequel s'acharnent bruyamment les athéismes bourgeois.

(III) Le rapport de l'homme au monde

(III-a)	E.- Lufu n-dibanza dya buloba C. - Mwena dyende wadifucila	E. – La mort, c'est comme une dette envers la terre C. – Chacun s'acquitte en personne de la sienne propre.
	Mu dyulu m-mundi nzubu Panwapa tudi bazonzamane (Luba)	C'est au ciel qu'est la demeure Ici-bas nous ne sommes qu'accroupis

***

(III-b)	Extrait d'un texte Bambara traduit et commenté par A. H. Bâ →	[L'homme] qui contient en lui un élément de toutes choses existantes, est appelé à devenir le garant de l'équilibre du monde extérieur, voire du cosmos… L'homme apparaît, dans le monde, comme l'axe appelé à préserver la multiplicité extérieure de tomber dans le chaos.

***

(III-c).	Traduction d'un extrait du dialogue entre Soundjata Keita et Soumaoro Kante (D. T. Niane) →	-Je suis le fromager puissant qui regarde de bien haut, la cime des arbres -Moi, je suis la liane étouffante qui monte jusqu'à la cime du géant des forêts.

Bimwenyi utilise le concept de "*votalité*" pour indiquer une des clairières de la troisième idée-clé (III.3). Qu'entend-il par ce vocable ?

« C'est cette constitution du mortel comme promesse de lui-
même (faite par celui qui le "façonna" ainsi), comme "tropie"
qu'on désigne ici par "votalité". Le *muntu* éprouve son existence
comme un vœu, un *votum* que l'expérience de la fragilité – dans
la clairière des "larmes" par exemple – ne fait qu'exaspérer. Un
vœu que rien ne peut évacuer, comme une incurable espérance
qui, quoique sans cesse différée, se maintient toujours. »[713]

Cette "incurable espérance" est plus forte que la mort. Le trépas est
expression de la fragilité du mortel et de la fugacité du monde ; il
participe de la réciprocité "Homme-Terre" (III-a). Un texte serère
(Sénégal) présente la mort comme une fusion de l'Homme avec la Terre
d'une part, et, d'autre part, une fusion de l'Homme-Terre avec Roog, la
Divinité Suprême, la Mère Primordiale :[714]

Danaas	J'entre en sommeil
Nqoox paal	Moi taureau noir
Yaay um Roog	Ma Mère est Roog
Daapaam lanq	La terre est mon lit
Hakandu Bil	Le roc est mon oreiller
Huwwa Roog	Le ciel ma couverture
Dingoor juwaam	L'océan ma clôture
Wegoor njelem	Ma porte est d'airain.

La mort est, pour ainsi dire, le "lieu" d'une récapitulation : l'homme, fils
du ciel et de la terre, descend dans les entrailles de la terre pour renaître
au ciel. Que ce soit dans l'abîme de la terre ou dans les hauteurs du ciel,
il est uni au Principe Primordial de qui il tient l'être et la vie. La mort
n'est donc pas une fin absolue, mais une "certaine fin". La vie ne
s'arrête pas ; elle se prolonge dans l'Au-delà, la "vraie demeure" (III-a).

---

[713] *Ibid.*, 594.
[714] B. S. Diouf, « Le serère, paganisme polythéiste ou religion monothéiste ? », cit. in F.
K. Camara, *Pouvoir et justice dans la tradition des peuples noirs*, op. cit., 210-211.

On a là, affirme Bimwenyi, une "donnée définitive" des traditions uneferiennes, qui détermine la manière même de concevoir les rites. En effet, dans les "bosquets enchantés", les liturgies initiatiques sont conçues de manière à « permettre à l'homme d'unifier son monde intérieur, d'assurer en soi la victoire de la vie sur la mort, afin de parvenir, ensuite, sur le plan socio-cosmique, au même résultat ». Il n'y a pas de désespoir absolu devant la précarité de la vie terrestre.

Dans la clairière de la votalité, le *muntu* prend conscience de sa liberté et de sa responsabilité en tant que membre de la communauté humaine et "chair de la chair du monde". Sa liberté est celle d'un être responsable qui s'engage dans la lutte commune pour le triomphe de la vie. Ce qui renforce en lui le sens de sa responsabilité vis-à-vis du monde, ce n'est pas seulement sa similitude originelle avec les êtres (III-c) ou le fait d'être la "synthèse de toutes choses" (III-b) ; il y a aussi la découverte fondamentale de sa vocation à être dans le monde "l'écho" de la Parole Primordiale : « Dans ce rôle de grand locuteur-auditeur, le *muntu*, héritier du Verbe, apparaît en seigneur et conducteur des êtres ». Par ce don du Verbe, il participe au renouvellement de l'œuvre du Créateur. Il appelle les choses à « une nouvelle existence en rapport avec lui-même. Il réveille en elles la parcelle engourdie du verbe primordial et, par cet éveil, cette sorte de "résurrection", il anime toutes choses du rythme vibratoire inhérent au verbe. Par là il concourt au dynamisme du cosmos et conduit, en coryphée, cette danse des êtres ».[715] La *danse* dont il est question, c'est le maintien de l'équilibre et de l'harmonie de l'univers.

---

[715] *Ibid.*, 602.

(IV) La Parole Primordiale

(IV-a). Mupuuya wa Maweeja
Nangila
Ubuukabuuka kawuyi nsala
Nyunguluka mwetu munu…
(Luba)

Souffle de Dieu Aimable
Qui t'envoles sans ailes
Répands-toi ici chez nous.

(IV-b)
(Texte luba traduit par T.
Fourche et H. Morlighem.
La version originale n'est
pas transcrite par ces
auteurs)

Puis, il s'emplit à nouveau
d'un grand Souffle, l'exhala
sur l'homme mâle, et dit
ensuite :
« Seigneur Femme, apparais »
Et aussitôt la Femme apparut.

La foi en l'existence d'une Parole Primordiale est l'un des postulats fondamentaux de l'Unnefer.[716] Selon Bimwenyi, elle innerve toutes les autres dimensions de la quête spirituelle dans l'univers négro-africain. Dans les textes Lubas, la Parole Primordiale est comparée à la fois au "Souffle divin" et à la "Force créatrice". Dieu créa le monde à partir de quatre pouvoirs d'appel : l'appel par émission du Verbe, l'appel par le Geste, l'appel par le Souffle, l'appel par le Nom. De toutes les créatures vivant sur la terre, seul l'homme a le privilège d'avoir été appelé à l'existence par le Souffle même de Dieu. En effet, Dieu, voulant créer l'Homme, « souhaita une créature faite à sa propre image, et qui fût le seigneur de toutes les créatures. Il le voulut donc doué d'un Esprit semblable aux Esprits du Ciel, et de la faculté de la parole et du pouvoir du Verbe ».[717] Ce "pouvoir du Verbe" est ce qui distingue l'homme des animaux et lui confère une "seigneurie sur eux".

Dans la tradition Bambara, Dieu est invoqué sous le nom de *Ka Ga*, "Voix de la Voix" ou encore *Ka Galiya*, "Antériorité de la Voix". Il est

---

[716] Voir M. Sinsin, *Xogbe. Méditations Sapientiales. Autour des Textes Initiatiques d'Afrique*, Lille, RSAP, TheBookEdition.com, 2018.
[717] T. Fourche et H. Morlighem, *Une Bible noire*, 40.

« cette toute première voix que, sans même le savoir, l'homme porte en lui », voix qui « reflue jusqu'à l'origine de la création, au "berceau" de l'homme ».[718] Il y a donc comme un lien intime et indissoluble entre la Parole, l'Homme et l'Univers : « Le verbe est la synthèse la plus complète de la divinité, du cosmos et de l'homme total. Produit sui generis dans l'ensemble de la création, il fait de l'homme un "créateur" et le lie, par des attaches invisibles à l'univers et à Dieu ».[719] La Parole Primordiale murmure dans l'intime de l'homme. La Spiritualité Unneferienne éduque à une écoute toujours plus profonde de cette Présence intérieure.

***

Il n'est pas exagéré de considérer l'œuvre de Bimwenyi-Kweshi comme une véritable "Somme Théologique Africaine".[720] Elle témoigne d'un remarquable effort de synthèse et d'intelligibilité des fondements du Djed-Unnefer. Elle a le mérite de proposer un cadre épistémologique à partir duquel peut s'élaborer un discours théologique qui se revendique "africain".

---

[718] D. Zahan, *Les sociétés d'initiation bambara*, 290-291.
[719] D. Zahan, *La Dialectique du verbe chez les Bambara*, 30.
[720] Voir N. Kalamba, M. Bilolo (eds), *Héritage du discours théologique négro-africain. Mélanges en l'honneur du Prof. Oscar Bimwenyi-Kweshi*, Publications Universitaires Africaines, 2011.

CHAPITRE 19 :
Les métaphores du désir de Dieu dans le Vodun béninois. Une lecture à partir des textes du Corpus Fa[721]

Les différents contextes d'expression sociale du Vodun s'érodant [...],
nous en sommes arrivés à interroger la théologie traditionnelle la plus
développée : la théologie du Fa-Lêgba, pour voir l'ordre symbolique
indépendamment du contexte socio-historique.

On pourra se réapproprier les valeurs de la religion Vodun en vue de
faire face, avec l'homme moderne, aux problèmes qui sont les siens : le
pluralisme culturel et religieux, le statut de la vérité, l'espérance, la
"divinité de Dieu" (cf. Heidegger), la résurrection et l'eschatologie,
l'ordre social mondial, le problème racial, etc.

(B. Adoukonou)

André Lalande définit le désir comme une tendance spontanée et
consciente dirigée vers une fin connue ou spontanée, une « puissance
d'action, qui ne s'actualise pas, ou du moins qui ne s'actualise pas
entièrement ».[722] Dans les langues occidentales, on distingue
généralement le *désir* de la *volonté*. Celle-ci, dit-on, suppose une liberté
consciente, une "coordination des tendances" et une rationalisation des
moyens à mettre en œuvre pour atteindre la fin voulue. Elle n'est donc
pas, contrairement au désir, une inclination spontanée.[723] Dans les
langues du Golfe du Bénin (berceau originel du Vodun) et en particulier
dans les langues *gbe* (parlées par les adeptes béninois du Vodun),

---

[721] Une première version du contenu de ce chapitre a été présentée lors d'un Colloque
organisé en 2019 par la Faculté de Philosophie de l'Université Pontificale Salésienne
(Rome) sur le thème : « *Desiderio di Dio : la multiforme apertura umana al divino* ».
[722] A. Lalande, *Vocabulaire technique et critique de la philosophie*, 1115.
[723] Voir cette distinction chez Maine de Biran, in V. Stanek, « Le désir et la volonté.
Maine de Biran lecteur des cartésiens », *Revue philosophique de la France et de*
l'étranger, n° 4, 2004, 423-442.

"désir" et "volonté" renvoient au même concept : *jrŏ*. Il existe un autre concept, *bà*, qui n'est qu'une spécification de *jrŏ*. Il signifie "vouloir/désirer une chose de manière active", tendre de façon consciente et laborieuse vers l'objet de son désir.[724]

Ces considérations terminologiques nous permettent de clarifier le sens que recouvre la notion de "désir de Dieu" dans l'univers de signification du Vodun. Elle s'entend à la fois comme aspiration (*jrŏ*) et comme quête (*bà*). Cette tension ardente du cœur et de l'être entier se traduit par un cheminement de vie orienté vers la fin souhaitée. La fin, ici, c'est, d'une part, l'accès aux "choses de Dieu" (*Sénu*) et, d'autre part, l'accès à Dieu lui-même en tant que Plénitude (*Ségbo-Gbɛnɔ*). Ainsi définie, la notion de "désir de Dieu" est appréhendée à partir de la quête de l'homme, de sa soif de vie, de ses espérances les plus enfouies.

Un autre aspect pourrait retenir l'attention : le désir de Dieu pour l'homme ou ce que l'on nomme généralement la "volonté de Dieu" (*jrŏ Mӑwǔ tɔn*). Cet aspect ne sera pas ici abordé. On peut toutefois noter que l'appréhension de la "volonté de Dieu" est étroitement liée à la quête de l'homme. En d'autres termes, le vouloir divin, pour qu'il se révèle à l'homme, ne peut faire abstraction de l'expérience spirituelle de l'homme. C'est au cœur de cette expérience qu'il se dévoile et révèle un Tu en dialogue avec un Moi, un Nous.

Le Vodun remonte à la nuit des temps, plongeant ses racines dans les anciennes traditions nilotiques.[725] Transplanté en Amérique, il a essaimé partout dans les colonies du "Nouveau Monde" sous des apparences variées (Candomblé, Santeria, Winti, Vaudou haïtien, etc.). Longtemps diabolisé, il a survécu à la dérision, à la persécution, et compte aujourd'hui des millions d'adeptes sur les deux rives de "l'Atlantique Noir". En tant que système de valeurs, il constitue la matrice culturelle

---

[724] Cfr A. B. Akoha, *Syntaxe et lexicologie du Fon-gbe,* Paris, L'Harmattan, 2010, 323. Voir aussi J. Rassinoux, *Dictionnaire Français – Fon,* Cotonou, Société des Missions Africaines, 2016, 134, 453.

[725] Cfr A. W. Budge, *Osiris and the Egyptian Resurrection*, tome 1, New York, Philip Lee Warner, G. P. Putnam's Sons, 1911, XVII.

des peuples Ifè-Tado (Nigeria, Benin, Togo, Ghana) et imprègne la culture afro-diasporique.

Notre réflexion s'articule autour de deux axes : nous tenterons d'abord d'appréhender la notion du Divin dans la pensée vodun ; ensuite, nous examinerons la question du désir de Dieu dans cette théologie, en nous appuyant sur l'herméneutique des textes du Corpus Fa.

1. Considérations préliminaires

Etant donné la profusion et la confusion des discours sur le Vodun, il convient, avant tout propos, de préciser le "lieu" d'où nous parlons. Ceci, non pour nous camper dans une position dogmatique, mais pour permettre un éventuel "dialogue des lieux". Quatre remarques préliminaires nous semblent nécessaires :

(a) Nous situons notre démarche dans le projet de Reconstruction de l'Imaginaire Africain. Le terme "Reconstruction" a pour nous deux sens :

> - Recomposition des vestiges disparates d'un système de valeurs qui, bien qu'ayant subi l'épreuve et l'usure du temps, conserve l'essentiel de sa superstructure [...]
> - Sélection et réinvention de ce qui, dans le système, peut avoir sens pour nous aujourd'hui.[726]

Dans la sphère du religieux, ce projet de reconstruction fait écho à l'appel lancé il y a quelques années par le philosophe et théologien camerounais Eboussi Boulaga : « L'Africain, écrit-il, a l'obligation

---

[726] M. Sinsin, *Xogbe. Méditations Sapientiales. Autour des Textes Initiatiques d'Afrique*, 95. Par "superstructure" on entend ici l'ensemble des principes et des valeurs qui fondent un système culturel. La superstructure ne dépend pas nécessairement ou exclusivement des conditions matérielles (économiques) comme le voudrait la rhétorique marxiste.

intellectuelle et morale d'éprouver la solidité de [la spiritualité africaine], de ne pas l'exclure hâtivement de la quête de la sagesse, de la vérité et du bonheur ».[727]

(b) Notre lecture herméneutique du Vodun s'appuie principalement sur le cadre épistémologique du Fa théorisé par Firmin Amadji à la suite de ses longues années d'entretiens initiatiques avec le Vénérable Gbinwa.[728] Nous préciserons pourquoi le Fa constitue la référence primordiale pour l'herméneutique du Vodun. L'avantage du cadre épistémologique est double : d'une part, il accorde une part éminente à l'archéologie et à l'exégèse des textes sacrés de la tradition vodun ; d'autre part, il propose une interprétation structurée et cohérente du corpus, une interprétation qui colle à "l'esprit des textes" et s'éloigne des gloses fantaisistes, superficielles ou superstitieuses.

(c) Le sens que nous donnons ici au mot "religion" est celui de "tradition spirituelle structurée", *sinsɛn hwɛndo*, en langue Fon. Les questions liées à l'étymologie latine (*religio, religare*) n'entrent pas dans nos préoccuppations. De même, nous nous tenons à l'écart des diatribes autour d'une opposition, supposée ou réelle, entre "religion" et "spiritualité".

(d) Nous considérons la Tradition Fa/Vodun comme l'une des expressions de l'Unnefer (la Spiritualité Africaine Ancestrale ou, selon l'expression diopienne, le "Monothéisme Ancestral d'Osiris"). Cette tradition spirituelle millénaire se fonde, selon notre analyse, sur trois piliers essentiels :

- L'écoute assidue de la Parole Primordiale (Quête du Sens et du "Chemin de vie")
- L'éveil de la Conscience Profonde et la Renaissance

---

[727] F. Eboussi Boulaga, *Christianisme sans fétiche. Révélation et domination*, Paris, Présence Africaine, 1981, 83.

[728] F. Amadji, *Cultures et Traditions Africaines, sources de Connaissances Scientifiques ? Un essai de réponse à partir du Tableau périodique de classification des éléments divins*, Abomey-Calavi, Les Editions de l'Ecole Spirituelle d'Afrique, 2013.

spirituelle. (Cette renaissance est vécue comme un passage de la mort à la vie)

- L'observance des préceptes de la Loi Universelle. (Nous préciserons plus loin le contenu de cette Loi dans le cadre de la pensée vodun).

Sur la base de ces éléments, nous pouvons établir certaines correspondances conceptuelles entre l'Égypte pharaonique et le monde vodun :

Concepts	Égypte pharaonique	Tradition Fa/vodun
La Parole Primordiale	Hou[729]	Xó ("x" est un h aspiré)
L'Ecoute profonde	Sedjem[730]	Sexó, senŭjɛmɛ, setonú
Le Chemin de vie	Wat en ankh	Gbɛlì
La Loi Universelle	Maât	Gbɛsû
L'Eveil spirituel	Tches[731]	Fífɔn
La Conscience profonde	Ka	Sɛ́
La Renaissance spirituelle	Uhem Ankh	Vɔjɔ̀.

---

[729] "Hou" est « la parole créatrice absolue de Rê, la parole dont le cosmos est l'articulation effective ». (I. Cissé, *Césaire et le message d'Osiris*, 192.).

[730] "*Sedjem*" indique trois attitudes : a- prêter oreille à un discours (attention) ; b- essayer de comprendre le sens de ce que l'on a entendu (méditation) ; c- mettre en pratique ce que l'on a compris de la parole reçue et méditée (obéissance). On retrouve ces trois sens dans le vocable fon "*Setonú*", qu'on traduit par "obéissance" et qui, littéralement, signifie : entendre/comprendre (*se*) les choses destinées à l'oreille (*tonú*).

[731] Le mot "Tches", dans son acception eschatologique, signifie "se relever de la mort", "ressusciter". C'est dans ce sens qu'il est utilisé dans les *Textes des Pyramides*. En témoigne cet extrait : « Rise up (*tches*) thou, Teta. Stand up thou mighty one (…) Sit with the gods (*neteru*) », Cit. in E. A. W. Budge, Introduction to *The Book of the Dead. The Papyrus of Ani. The Egyptian Text with Interlinear Transliteration and Translation*, London, Oxford University Press, 1895, Lx. Dans le langage initiatique, le mot évoque l'Eveil intérieur, souvent considéré comme une expérience de régénération ou de renaissance : « Réveille-toi donc, réveille-toi oh toi qui dors », lit-on dans le *Livre de la sortie* (Chap. LXXVIII).

Ces correspondances mériteraient une explication détaillée que nous ne pourrions hélas fournir ici. Cela nous éloignerait du sujet. Il y a cependant un aspect sur lequel nous voudrions nous arrêter. Il s'agit de la figure d'Osiris. Nous avons déjà indiqué que le terme "Unnefer" est un titre osirien et qu'il signifie "être parfait". En nous fondant sur les travaux de Wallis Budge et de Mveng, nous avons laissé entendre qu'il y a un lien entre le culte osirien et les traditions spirituelles subsahariennes. D'autres auteurs ont relevé la même parenté. S. Meirad Xavier Golberry, pour qui l'Unnefer relève du "fétichisme" (un cliché occidental), écrit :

> « Les prêtres du fétichisme ont été, dans le principe, les disciples des prêtres de la Haute-Ethiopie et de l'Égypte […] On peut donc soupçonner une ancienne influence de la Haute-Ethiopie [l'Éthiopie des anciens] sur ces contrées occidentales de l'Afrique, qui, dans les (temps) anciens, étaient sans doute en correspondance avec elle ».[732]

Il a été évoqué plus haut la relation que Lucas Olumide entrevoit entre la figure d'Osiris et les Seize Signes principaux du Fa (Chapitre 7). Le Fa, rappelons-le, nous vient de la Tradition Yoruba (Ilé-Ifè), laquelle remonte à l'Égypte pharaonique. Or, on sait que les peuples de l'aire vodun (l'aire Aja-Tado) ont une parenté biologique et culturelle avec les peuples Yorubas. Il y a donc indiscutablement un continuum linguistique et culturel "Khem-Ifè-Tado". C'est dans cette matrice civilisationnelle qu'il faut situer la Tradition Fa/Vodun.

En dehors du rapport entre la figure osirienne et les Fadù primordiaux, Olumide note que même le nom "Osiri" est resté gravé dans le lexique Yoruba :

> « The name of Osiris, however, is well-known to the Yorubas who use it in a sense which shows that they are conversant with the myth of Osiris. The name survives in its original form of

---

[732] S. M. X. Golberry, *Fragments d'un voyage en Afrique*. Tome 1, Paris, Treuttel et Würtz, 1802, 113. Voir aussi E. L. R. Meyerowitz, *The Divine Kingship in Ghana and Ancient Egypt*, op. cit.

Osiri in the expression *gba osiri* or *da osiri bo o* which means
"to plot against an innocent person with a view to murder him".
The meaning of this expression is certainly derived from the
myth of Osiris ».[733]

L'auteur rapporte une version Yoruba du Mythe osirien où il est fait
mention d'une rivière dont le nom (*Osimiri*) permet de faire un autre
rapprochement :

> « The most important point in the legend is the reference to the
> river Osimiri. This river is the Nile and the Nile god is Osiris.
> The word *Osimiri* consists of two parts, viz : *Osi* and *miri. Osi*
> is an abbreviation of Osiris and *miri* comes from the Egyptian
> word mirit [the final consonant "t" is elided], the name of the
> goddess of the banks of the Nile. The word Osimiri, therefore,
> means "the efflux of Osiris" or "the Nile overflowing its banks"
> about which Plutarch wrote as follows: "They (i.e. the Ancient
> Egyptians) call not only the Nile, but also without distinction all
> that is moist, Osiris Efflux". »[734]

Explorer et rendre intelligible l'imaginaire vodun nous semble une
contribution non négligeable à l'esquisse d'une philosophie du Retour.
On découvre de plus en plus que cet imaginaire peut constituer non
seulement un "objet philosophique", mais aussi un véritable "locus
philosophicus".[735]

---

[733] J. L. Olumide, *The Religion of the Yorubas especially in relation to the Religion of Ancient Egypt,* 51.
[734]*Ibid.,* 53.
[735] Voir G. Mezilas, *Que signifie philosopher en Haïti. Un autre concept du vodou,* Paris, L'Harmattan, 2015.

2. Le Vodun : approches conceptuelles et essais de définition

Le terme "vodun" réfère à un système religieux ou à une entité spirituelle. Dans le premier cas, le mot est toujours utilisé au singulier, alors que dans le second cas, il peut être utilisé au pluriel, car on dénombre plusieurs Esprits Vodun. Du temps colonial à nos jours, il y a eu au moins trois approches théoriques du Vodun en tant que système religieux :

a- L'approche missionnaire. Elle voit dans le Vodun un ensemble de cultes "fétichistes", "païens", "animistes", "obscurantistes". Elle verse dans la caricature, la dérision et la diabolisation, comme en témoignent ces notes extraites des Archives des Missions Africaines de Lyon (1902) : « Le démon règne et gouverne parmi ces pauvres peuples [du Dahomey, actuel Bénin], la dégradation morale y est poussée jusqu'aux dernières limites [...] ; partout les ténèbres d'un grossier fétichisme ».[736] Il y a manifestement dans ces lignes un relent de prosélytisme grégaire sur lequel nous ne nous attardons pas.

b- L'approche ethnologique. Elle s'est développée, selon Barthélémy Adoukonou, en trois phases. Dans la première phase, « le poids normatif de l'Occident grève lourdement les appréciations de l'univers de valeurs défini par le vodun ».[737] La deuxième phase témoigne d'une volonté de "valoriser" l'univers symbolique vodun à partir d'une lecture ethnophilosophique. La troisième phase est caractérisée par le désir de lire le Vodun du "dedans", c'est-à-dire de l'intérieur des *Hunkpame* (les couvents vodun). La plupart des ethnologues qui optent pour cette démarche prétendent être des "initiés". Or, l'initiation comporte quatre

---

[736] « Echos des Missions africaines de Lyon, années 1902 -1907. Collection de la Mission Catholique à Cotonou (Akpakpa) », cit. in J. A. Djivo, *Le refus de la colonisation dans l'ancien royaume de Danxome. 1875-1894,* Paris, L'Harmattan, 2013, 75.
[737] B. Adoukonou, *Jalons pour une théologie africaine. Essai d'une herméneutique chrétienne du Vodun dahoméen,* Paris, Editions Lethielleux, 1980, 59.

étapes. La première est celle des *Hundeva*. À cette étape, le postulant, après une prestation de serment, est juste autorisé à pénétrer dans un couvent vodun. La deuxième étape est celle des *Hunɖotè*, c'est-à-dire des personnes "consacrées" qui n'ont pas encore vécu l'expérience mystique du "chevauchement". Les initiés de la troisième étape, les *Hunsɔ́*, sont ceux qui ont vécu cette expérience décisive, décrite comme une expérience de mort et de résurrection (*vodun hù mɛ, bo fɔ́n hùn mɛ tɔn*). La dernière étape est celle où l'initié accède au Collège des *Vodunɔ* ou des *Hunnɔ,* c'est-à-dire les hauts dignitaires et les grands prêtres du Vodun. Les ethnologues qui se disent "initiés" déclinent rarement leur grade d'initiation :

> « C'est dire la difficulté que nous avons à concevoir ce que veut dire "initiation" lorsqu'il s'agit de chercheurs. Ils sont tout au plus, selon les classes d'initiés citées, des "Hundeva", ou des amis des "vodunno" qui les admettent dans l'enclos "vodun" pour assister à certaines cérémonies. Les avantages de l'expérience vécue ne jouent pas en leur faveur et nous devons leur demander compte du *logos*, de la *théorie*, en fonction desquels ils interprètent les rites observés ou les mythes recueillis. »[738]

Souvent, ce logos s'appuie sur des catégories conceptuelles étrangères au contexte culturel et linguistique du Vodun.

d-L'approche terminologique et textuelle. Elle propose une herméneutique des concepts et des textes du Corpus vodun. Ici, les recherches mettent en lumière un champ lexical composé de termes liés à la notion du sacré : *nŭbudò* (l'insondable), *yɛhwe* (le glorieux, le lumineux), *nŭjiwu* (le saisissement) *hùn* (le sang, entendu comme principe de vie), *nŭmɛsɛn* (la chose à vénérer), *nŭsinu* (ce qui mérite respect), etc. L'analyse étymologique de ces mots laisse entrevoir que, dans la pensée vodun, le sacré « dit référence à la lumière (*yèhwe, nudablù*), à la causalité non identifiable (*nubudo*), à une altérité

---

[738] *Ibid.*, 60.

différentielle (*vodun*), à la puissance vitale (*hun*), aux états psychiques manifestés dans le corps (*nujiwu, badabada*), à l'évocation de la présence et de l'intentionnalité d'un partenaire invisible de l'histoire (*nusinu*) et qui appelle un comportement déterminé (*sen, xwiyo*) ».[739]

Non seulement le champ lexical et sémantique du Vodun renvoie au sacré, mais l'étymologie même du mot consacre cette référence : *vo* = "ce qui est à part" ; *dun* ou *don* = "là-bas". Donc, "vodun" veut dire "ce qui est séparé", ce qui se distingue du profane. Il y a une deuxième étymologie, liée à une formule consacrée : *do voe mε kpɔn*, littéralement, « sème le cœur dedans et regarde (du dedans) ». Cette sentence fait allusion à l'acte de consulter l'Oracle Fa. Maupoil la traduit comme suit : « Va chez le Fa [...] et regarde à l'aide du *vo* pour voir le vrai ».[740] On perçoit ici le lien entre le Vodun et le Fa. En effet, c'est le Fa, en tant que Parole sacrée, qui dévoile le Sens du Vodun. C'est pourquoi Firmin Amadji distingue un "savoir du Fa" et un "savoir de vodun". Alors que le deuxième savoir est principalement un "savoir de culte", l'autre est un "savoir du Verbe", un savoir essentiel, une référence qui éclaire le "savoir de vodun".[741] C'est ce qui justifie l'intérêt particulier que nous accordons au Fa comme cadre herméneutique.

Fa ou Ifa est considéré, dans l'aire culturelle Ifè-Tado, comme la personnification de la Sagesse divine ou "l'expression de la Volonté de l'Être Suprême". Comme nous l'avons indiqué plus haut (voir chapitre 7), le Corpus Fa comporte des milliers de textes répartis en trois catégories : *Fagbesisa* (devises, aphorismes à caractère mystique) ; *Fagleta* (textes narratifs à caractère didactique), *Fahan* (poèmes psalmodiés). Il ressort de ces textes que le Vodun reflète le cheminement spirituel de l'homme. Ce cheminement a lieu surtout dans le cœur de l'Inité (le *Vodunsi*) et requiert une écoute profonde et continue de la Parole intérieure (*ayìmεxó*). Maupoil rapporte à ce sujet

---

[739] *Ibid.*, 65.
[740] B. Maupoil, *La Géomancie sur l'Ancienne Côte des Esclaves,* cit. in B. Adoukonou, *Jalons pour une théologie africaine,* 65.
[741] F. Amadji, *Cultures et Traditions Africaines,* 18.

les propos lumineux d'un Sage d'Abomey : « Ton vodun se trouve dans ton propre rein (cœur). La Vie [Dieu par antonomase] ne chuchote pas à l'oreille des gens : c'est dans ton rein (cœur) même qu'elle parle. La révélation de la Vie [ou de Dieu] n'est pas extérieure à nous ». Par cette sentence, le Sage veut signifier que « l'homme qui désire la Vie et qui la reconnaît en lui-même est un vodun, une personne sacrée en quête de Gbɛɖotɔ́, c'est-à-dire du Dieu Vivant ».[742] Il en résulte, selon Adoukonou, que le Vodun est "le désir du divin dans l'homme" ou "le mythe même de l'homme (origine et fin)".[743] Honorat Aguessy, dans son étude sur Vodun-Lègba, aboutit à la même conclusion :

> « La réflexion d'un sage bokonon, corroborée par les explications fournies par maints autres, insiste sur le miroir que *Lègba* représente par rapport à l'homme. À cet égard, trois points sont mis en relief. *Lègba* est considéré comme le for intérieur de l'homme, le non conscient de chaque homme […]. *Lègba* est aussi considéré comme l'expression, en nous, du manque […] *Lègba* est, enfin, considéré comme ce qui a existé, fondamentalement, de tout temps, depuis l'origine, et qui nous oblige et nous porte, même indépendamment de nous, vers autre chose. »[744]

Cette double idée de "manque" et de "tension vers ce qui comble le manque" nous permet d'aborder plus aisément la question du désir de Dieu dans la théologie vodun.

---

[742] J. M. Agossou, *Gbètɔ́ et Gbèɖotɔ́. L'homme et le Dieu Créateur selon les Sud-Dahoméens. De la dialectique de participation vitale à une théologie anthropocentrique*, Paris, Beauchesne, 1972, 142.
[743] B. Adoukonou, *Jalons pour une théologie africaine*, 66, 103.
[744] H. Aguessy, *Essai sur le Mythe de Lègba*, cit. in. F. Amadji, *Cultures et Traditions Africaines*, 38.

3. Dieu et le désir de Dieu dans le Vodun

Si le Vodun est le "désir du divin dans l'homme" ou le "cheminement de l'homme en quête du Dieu Vivant", il faut expliciter en quoi consiste ce désir ou cette quête. Mais d'abord, explorons de manière rapide le champ sémantique de la notion de "Dieu" dans l'univers vodun.

3.1. La notion de Dieu dans la pensée Fa/Vodun

Nous donnons ci-dessous les divers noms par lesquels on désigne Dieu dans le contexte Aja-Fon.[745]

Noms de Dieu en langue Fon	Traduction littérale	Référentiels
Sɛ́gbo	L'Esprit Suprême	- Esprit
Ayĭhunhɔnnɔ	Le possesseur du jour	- Lumière
Gbɛɖotɔ́	Créateur de la Vie et du Monde	- Vie
Wɛkénɔ	Le Maître de l'univers	- Création
Mɛɖo	Celui qui nous a créés	- Création
Mǎwu	La Force suprême	- Puissance
Mɛtɔ́lɔnfin	Père de nos personnes	- Amour

---

[745] Pour une étude approfondie, se reporter à l'ouvrage de J. M. Agossou, Gbètɔ́ *et Gbèɖotɔ́. L'homme et le Dieu Créateur selon les Sud-Dahoméens*, op. cit.

Le tableau périodique des Huits Mystères du Fa, selon l'exégèse qu'en donnent Bokɔnɔ Gbinwa et Amadji, révèle une dimension triadique de Dieu, manifestée dans les Signes Primordiaux V-VI-VII :[746]

I	II	III	IV	V	VI	VII	VIII
				Mǎwu	Lisa	Agɛ	
				Principe Feu Divin	Principe Esprit Divin	Principe Verbe Divin	
				Triade Divine			
Oracles des Signes du Fa traitant des Mystères liés à l'expérience de l'Homme dans le monde qui passe (Naissance-Vie-Mort)				Oracles des Signes du Fa traitant des Mystères liés à l'expérience de l'Homme en Dieu (Résurrection-Renaissance-Vie éternelle)			

[746] Cfr F. Amadji, *Panégyriques et Histoires sacrés des clans : Akɔ lɛɛ sin tan*, Agonlin Houégbo, Centre Pastoral Bernadin Cardinal Gantin, 2017, 60.

Segourola et Rassinoux notent que lors des rituels vodun « on honore ensemble [les] trois déités » susmentionnées (Mǎwu, Lisa, Agɛ).[747] Pour Amadji, cette idée d'une Triade divine « parcourt les œuvres sacrées de l'Afrique, et les sources écrites les plus anciennes se trouvent consignées dans des Textes en hiéroglyphes venant de l'Égypte antique ».[748]

Récapitulons. Dans l'imaginaire et la pensée Fa/Vodun, Dieu est perçu comme Transcendance (l'Esprit qui est au-delà de tout, Ségbo), Fondement (l'Esprit de qui provient toute chose, Gbɛɖotɔ́), Providence (l'Esprit bienveillant, Mɛtɔ́lɔnfin). Il est contemplé comme l'Un se manifestant en trois formes symboliques distinctes, mais indissociables : Feu – Esprit – Parole. Il entretient un rapport de communion intime avec

---

[747] B. Segurola et J. Rassinoux, *Dictionnaire Fon-Français*, cit. in F. Amadji, « Panégyriques et Histoires sacrés des clans : Akɔ lɛɛ sin tan », 56.

[748] F. Amadji, « Panégyriques et Histoires sacrés des clans », 49. À propos des triades égyptiennes, Bosc écrit : « Quel est le point de départ de la mythologie égyptienne ? C'est la triade formée de trois parties d'Ammon Ra, savoir : Ammon (le mâle ou le père), Maut (la femelle ou la mère) et Khons (le fils enfant). La manifestation de cette triade sur la terre se résout en Osiris, Isis, Horus » (E. Bosc, *Isis dévoilée, op. cit.,* 86). Il est entendu que les termes "mâle", "femelle", "enfant" renvoient ici à des principes et ne doivent pas être pris au premier degré. Il y a deux autres triades égyptiennes : "Ra – Sia – Hou" et "Ra – Shu – Maât". Selon Bilolo, ces noms désignent les mêmes Entités primordiales : « Entre l'Etre, dont Ra est le modèle privilégié, et les multiples, la plupart des Penseurs égyptiens découvrent un Principe ou Double-Principe émanant de l'Etre-qui-est-Un ou de l'Etre-qui-existe de soi-même, mais un (Double-)Principe créé créateur de tout, appelé selon les auteurs : Sia, "Intelligence", Hu, "Parole", [Sia-Hu], "Pensée-Parole, [Shu], "Air, Souffle, Pneuma, Maat, "Vérité-Justice-Rectitude-Ordre » (M. Bilolo, *Fondements Thébains de la Philosophie de Plotin l'Égyptien,* 106-107). Ra créa le monde avec les Deux Principes qu'il a engendrés avant toutes choses : *ShuHuSia,* sa Pensée-Parole et *Maât-Tefnout,* sa Volonté ordonnatrice et providentielle, incarnée dans la Loi de l'Équilibre, de l'Équité et de l'Harmonie Universelle. L'idée de la Triade Divine est attestée dans les textes Lubas : « Parlant des étapes de l'auto-transformation ou de la métamorphose de Sha-Ntu, "Commencement de l'Être"ou "Père de l'Être, de Ce qui est", les Lubas enseignent qu'il s'est d'abord transformé en Trois ou que de l'Un a émané en premier lieu Deux esprits du second rang. Ces deux forment avec l'Un, une sorte de Trinité ». (M. Bilolo, *Fondements Thébains de la Philosophie de Plotin l'Égyptien,* 19-20). Voir aussi notre article : « L'Un-Trine : l'idée d'une Triade Divine dans les Textes sacrés d'Afrique », in *Khepert Ankhu Papers. Unneferian Studies,* n° 4, III, Akhet 6256, 0ctobre 2019.

l'homme. En effet, la tradition Fa enseigne que chaque être humain porte en soi un Sé qui est un reflet de Ségbo, l'Esprit Suprême :

> « Sê, avons-nous dit, est l'immanence en nous du Sêgbo. Il nous est révélé par le Fa au moment de la troisième initiation et nous sommes tenus de lui rendre un culte sous la forme matérialisée de Sê-kpoli. Ce culte est aussi l'accomplissement de la volonté révélée de Sêgbo ».[749]

3.2. Les figures ou les métaphores du désir de Dieu dans le Corpus Fa/Vodun

On peut identifier quatre métaphores du désir de Dieu dans le Corpus Fa/Vodun : Fifa (Fraîcheur), Gbɛ (Vie), Hwe (Lumière), Byɔ́ Măwu mɛ (Fusion avec le Divin). Examinons ces métaphores à la lumière des textes. Nous étudierons des fragments appartenant à la catégorie des Fagbesisa.[750]

---

[749] B. Adoukonou, Jalons pour une théologie africaine, 224. Voir aussi B. T. Kossou, « Sê et Gbê. Dynamique de l'Existence chez les Fons (Sud-Dahomey) », Thèse de Doctorat, Paris, 1971.
[750] Les extraits cités sont traduits et commentés par F. Amadji dans son ouvrage Le Christ révélé au sein des cultures et traditions africaines. Osons engager le débat, Cotonou, Editions de l'École Spirituelle d'Afrique, 2007, 291-324.

3.2.1. "Fifa" ou le désir de la "Fraîcheur Divine" : Paix, Quiétude, Bonheur

	Aphorismes Fa (Textes en langues Maxi/Fon)	Traduction littérale	Signification profonde (Gbinwa – Amadji)
I.1	Afafa o nɔ kɔn tɛhwan/ E mi ɖo fifa ji ɖo fi. (Fadù Abla Mɛji)	C'est l'éventail qui enlève la sueur abondante/ Nous sommes sur la fraîcheur ici. (Fadù Abla Mɛji)	C'est le principe divin qui est la paix et qui amène la paix.
I.2	Tɔ̀ ma nɔ hun zo ɖo hwɛ ji (Fadù Gbe Abla)	L'eau de la mare ne devient pas chaude en stagnant sur un fond de boue. (Fadù Gbe Abla)	Le principe divin fait de ce monde un monde de fraîcheur.
I.3	Agban ee kpɛn Taa, Ayĭ na hɛn. ayikungban na hɛn. (Fadù Trukpɛn cɛ)	La charge trop lourde pour nos têtes, la Terre la portera. (Fadù Trukpɛn Cɛ)	Le principe divin prend sur lui toutes les charges de l'humanité.
I.4	Nukpɛ ee n' na ɖu ɔ, Sɛ na sɔ́ wa. (Fadù Sa Cɛ)	Le peu qu'il me faut pour vivre, Dieu me le donnera. (Fadù Sa Cɛ)	Le principe divin nous assure les dons de sa providence.
I.5	N' na xo nu nɔwe ɖa aɖa, bɔ aɖa na nyɔ́. (Fadù Di Abla)	Je jouerai pour toi sur l'aire de jeu de ce monde, et tu trouveras ce que fut un bon jeu. (Fadù Di Abla)	Le principe divin rend joyeuse notre vie sur cette terre.
I.6	E ɖɔ Zunsɔn kun nɔ yrɔ́ Tɔɔ-Zunnyi bo nɔ bu o. (Fadù Cɛ Woli)	La perdrix des buissons n'évoque pas le nom Zunnyi de son Père pour se perdre. (Fadù Cɛ Woli)	Le principe divin secourt ceux qui l'invoquent.

Chaque énoncé du Fa est appelé "*Fadù*". C'est une « figure oraculaire ou symbolique […] qui est aussi bien une parole sacrée nouée qu'un texte codé. Cette parole doit être dénouée et le texte décodé, interprété ou déchiffré ».[751] Le dévoilement du sens proposé dans la troisième colonne de notre tableau procède d'une méditation qui s'écarte des interprétations de surface.

Le thème abordé dans les textes de ce premier corpus est bien celui de la Paix en Dieu. Le vocable "*fifa*" se traduit "fraîcheur, paix". La métaphore de la fraîcheur symbolise un état de bonheur ou de béatitude, caractérisé surtout par la quiétude intérieure et le bien-être. C'est de cette métaphore que dérive le nom même de Fa ("Amour, Paix, Bonheur"). Dans le contexte Yoruba, Fa ou Ifa porte un second nom : ɔrunmila. Ce nom se décompose comme suit : *ɔrun* = "ciel, au-delà" ; *mi* = "mon/ma" ; *la* = "bonheur, liberté, paix". *Ɔrunmila* signifie donc littéralement « mon au-delà est heureux », ou « j'ai la paix de l'âme ».[752] Il est dit : « *Đagbe ɖò Fa si* », c'est-à-dire, « le bonheur est chez Fa » (Fadù Cɛ Abla).

Le Principe Divin est la Source de toute plénitude ; il est "la paix et amène la paix" (I.1) ; il fait de ce monde "un monde de fraîcheur" (I.2) ; dans sa providence, il pourvoit aux besoins de tous, afin que chacun puisse vivre une existence paisible et heureuse (I.3). En plus des textes ci-dessus indiqués, citons deux invocations rituelles exprimant le même désir de bonheur et de fraîcheur en Dieu :[753]

Invocation I
O Insurpassable, mon Mawu, roi de
nous tous, nous te rendons
hommage et te disons :
« Notre Père bien-aimé, fais-nous
du bien ».

Invocation II
Que l'enclos familial soit en paix
Que les champs soient dans la paix
Que la calebasse soit à sa place
Et que la gourde soit à sa place.

---

[751] M. Kakpo, « Poétique de la Paix ou Tofa : communication entre les voduns et les vivants », *in Voix et voies de la littérature béninoise. Textes réunis et présentés par Mahougnon Kakpo*, Cotonou, Les Editions des Diasporas, 2011, 179-180.
[752] M. Kakpo., *Introduction à une poétique du Fa*, 35.
[753] Cit. in B. Adoukonou, *Jalons pour une théologie africaine*, 55, 70.

La recherche de la paix (intérieure, sociale et cosmique) est aussi désir d'ordre et d'équilibre. C'est ce que traduit l'expression "la calebasse à sa place, la gourde à sa place". L'instabilité vient du désordre et du chaos. Si Dieu est la Source de toute plénitude, l'homme ne doit cependant pas attendre son bonheur comme une manne qui tombe du ciel. Il est appelé à collaborer à l'œuvre d'édification de la paix et de la société du bien-être. Cela requiert un esprit de sacrifice. On entend ici par "sacrifice" (vɔ̌) « non une simple performance rituelle, mais surtout une éthique, un mode de vie. Le sacrifice ne consiste pas seulement à offrir un objet à Dieu (*Object giving*) ; il implique fondamentalement le don de soi (*Self giving*). Ifa enseigne d'ailleurs, à travers Odù Irete Yeku, que le sacrifice rituel est vain s'il n'est pas accompagné d'un effort constant de persévérance dans la Voie du Bien ».[754]

On trouve dans le lexique égyptien pharaonique un terme proche du mot "vodun" qui renvoie à la notion de "sacrifice" ou "d'offrande". Nous reproduisons ici quelques graphies du mot :[755]

wdn [wodun/vodun], offrir, faire offrande, sacrifier.

, wdnw [wodunu/vodunu], offrandes, sacrifices (En Fon, "vodunú" signifie littéralement "la chose ou les choses du Vodun").

, wdhw [wodhu/vodhu], table d'offrande, autel.

Nous nous gardons pour le moment d'émettre l'hypothèse que le "wodun/vodun" égyptien serait l'étymologie lointaine de l'homonyme fon. Il nous a cependant paru nécessaire d'évoquer cette coïncidence lexicale et sémantique. Si toutefois l'hypothèse venait à être établie, elle jetterait une nouvelle lumière sur l'importance de la notion de sacrifice ou d'offrande dans la pensée et le culte vodun.

---

[754] M. Sinsin, *Vie et Plénitude. Chemins de la Sagesse Ifa*, op. cit., 17-18.
[755] Cfr Y. Bonnamy, *Dictionnaire des Hiéroglyphes,* 178.

3.2.2. "Gbɛ" ou le désir de la plénitude de vie en Dieu : conjurer la mort

	Aphorismes Fa (Textes en langues Maxi/Fɔn)	Traduction littérale	Signification profonde (Gbinwa – Amadji)
II.1	Xɛ wli ma sun awaa, Xɛ nɔ zɔn yi we (Fadù Cɛ Sa)	L'oiseau capturé auquel on n'arrache pas les ailes s'échappe et retrouve sa liberté. (Fadù Cɛ sa)	Le principe divin libère de la mort.
II.2	Kɛn ma nɔ gbo vĭtin (Fadù Cɛ Sa)	L'inimitié ne peut détruire l'arbre-d'enfantement (Fadù Cɛ sa)	La nouvelle naissance échappe à toute tentative de destruction.
II.3	Yɔkun gege yi do bɔ To fɔn. (Fadù Cɛ Abla)	Le burin du fossoyeur en martelant le sol fait réveiller les gens du pays. (Fadù Cɛ Abla)	Le principe divin va au pays de la mort pour réveiller ceux qui y dorment.
II.4	Awa-gla-tin ma nɔ ɖo te ni awa nɔ fɛn, Awaglatin ɖo te bɔ awa nyɔ (Fadù Sa Cɛ).	Le poteau central de la hutte ne permet pas que la hutte s'écroule (Fadù Sa cɛ).	Le principe divin soutient [la charpente de la Vie] et l'empêche de s'écrouler.
II.5	Avunsɔ hɛn vo sin Efɛ Sɛxwe bɔ Gbɛ nyɔ. (Fadù Loso Abla)	La roussette a amené le fruit de ficus depuis Efɛ, la Cité de Dieu, et à son arrivée la Vie est (re)devenue bonne. (Loso Abla)	Le principe divin augure l'ère de la Vie Nouvelle.
II.6	Du nɔ ɖo nugbo. Aklasu yi ku o wa Gbɛ (Fadù Loso Cɛ).	Le Vautour est parti au pays de la mort pour revenir à la Vie (Loso Cɛ).	Victoire de la Vie sur la mort.

De manière générale, trois conceptions de la notion de vie (*Gbɛ*) se dégagent des textes Fa :

- *La Vie comme don de Dieu.* Un des noms ou attributs de Dieu est *Gbɛnɔ*, littéralement "Mère (*nɔ*) de la Vie ou du Monde (*Gbɛ*)". Mais Dieu est aussi *Gbɛɖotɔ́*, c'est-à-dire "le Père (*tɔ́*) qui crée/dispose/arrange (*ɖo*) la Vie/le Monde (*Gbɛ*)". Commentant cette étymologie, Jacob Agossou note que « Gbɛɖotɔ́ est celui qui, possédant la vie, a en même temps la capacité et le devoir de la transmettre ».[756] Etant source et plénitude de vie, il « soutient la charpente de la vie » (II.4) et « inaugure l'ère de la nouvelle vie » (II.5).

- *La Vie comme dépassement de soi et de la mort.* Selon l'enseignement du Grand Prêtre Gɛdɛgbe, les quatre premiers Signes-Mères du Fa traduisent une dialectique de la Vie et de la Mort. Il s'agit en l'occurrence des Signes Gbe-Mɛji, Yɛku-Mɛji, Woli-Mɛji et Di-Mɛji. Ils représentent symboliquement les points cardinaux (Est-Ouest-Sud-Nord) et les "racines de la vie". Le premier Signe, symbolisé par le soleil levant, représente la Vie, tandis que le second Signe, métaphore du soleil couchant, préfigure la Mort. Woli-Mɛji, le troisième Signe, symbolise la "violence civilisatrice" (guerre et culture) et Di-Mɛji incarne la fécondité de l'Amour. En somme, « nous trouvons dans ces quatre racines du monde humain, la vie affrontée au drame de la mort que l'homme essaie de surmonter grâce à la fécondité de l'amour de la femme-mère et par les œuvres de culture, par la violence civilisatrice ».[757] La mort, dans la pensée Fa, désigne tout ce qui constitue un obstacle au plein épanouissement de la vie physique, morale, sociale et spirituelle. Vivre est certes une belle aventure, mais également un parcours jalonné d'épreuves.

---

[756] J. M. Agossou, *Gbɛ̀tɔ́ et Gbɛ̀ɖotɔ́*, op. cit. 43.
[757] B. Adoukonou, *Jalons pour une théologie africaine*, 106.

Gbɛhanzin, souverain du Danxomɛ et grand Initié du Vodun, évoque cette dialectique dans un poème sapiential dont nous citons ici un extrait :

> « La vie est comme un chemin
> Dieu qui l'a tracé, l'a fait spacieux
> Beaucoup de vicissitudes le jalonnent
> Inégalités, bosselures, ravinées…
> Venant dans ce monde, "homme vivant",
> Voilà la voie où tu t'engages ! […]
> On ne rebrousse pas chemin
> Après en avoir commencé l'ascension.
> Le monde est un lieu d'épreuves
> Celui qui passe le mont sans encombre
> A surmonté l'épreuve :
> Il est digne de la vie. »[758]

L'homme ne saurait vaincre les épreuves de la vie (*gbɛmɛwé*) et triompher de la mort (*ɖù ɖò ku ji*) sans le secours de l'Auteur de la Vie (*Gbɛnɔ*). C'est le Principe Divin qui, en dernière instance, « libère de la mort » (II.1 ; II.3 ; II.6).

- *La Vie comme relation.* Il y a une relation entre *Gbɛ* (Monde/Vie), *Gbɛtɔ́* (Homme) et *Gbɛɖotɔ́* (Dieu) :

> « Pour appréhender la notion de vie […], il importe d'établir au départ un double rapport : - Le rapport entre Gbɛ et Gbɛtɔ́ (Monde-Homme), d'une part ; - le rapport entre Gbɛtɔ́ et Gbɛɖotɔ́ (Homme-Créateur), d'autre part. De ces deux émerge un troisième qui est le rapport, disons "relations interpersonnelles", où se fait le contact de trois grandes

---

[758] Cit. in B. Adoukonou, *Jalons pour une théologie africaine,* 107-108. Voir aussi le recueil des poèmes de Gbɛhanzin en langue fon in A. B. Akoha et A. Medagbe, *Chants de Béhanzin, le Résistant*, Paris, L'Harmattan, 2011.

constantes de l'existence : l'homme, le monde et le Principe qui fonde l'homme et le monde. »[759]

La dialectique "Vie-Mort" et la conception de la Vie comme "don et relation" engagent la pleine responsabilité de l'homme. Sa vocation sur terre consiste à harmoniser son propre monde intérieur et à maintenir l'harmonie socio-cosmique à travers l'observance des préceptes du *Gbɛsù*. Ce Code des vertus cardinales, dont le contenu rappelle les prescriptions de la Maât, comprend sept ordres de lois (*sù*) :

- Les lois de communion avec sa propre personnalité intérieure (*Mɛsésù)*
- Les lois de communion avec la communauté de base, la famille (*Akɔsù*)
- Les lois de communion avec l'ami le plus proche (*Xɔntɔnsù*)
- Les lois de communion avec l'humanité entière (*Gbɛtɔ́sù*)
- Les lois de communion avec la cité (*Tosù*)
- Les lois de communion avec les principes qui régissent l'univers (*Wɛkɛsù*)
- Les lois de communion avec le Divin (*Vodunsù*).

Le mal, c'est la transgression de ces lois. Il conduit à la mort (*ku*). Le Fa invite à conjurer ce drame à travers le don de soi et l'imploration du secours divin. Le *Vodunsi* a la ferme conviction que, quel que soit le tumulte des forces du chaos, ni le mal, ni la mort n'auront le dernier mot : « *La roussette a amené le fruit de ficus depuis Efɛ, la Cité de Dieu, et à son arrivée, la Vie est (re)devenue bonne. / Le Vautour est parti au pays de la mort pour revenir à la Vie* ». Telle est la Grande Espérance qu'annonce le Fa.

---

[759] J. M. Agossou, Gbɛtɔ́ *et Gbɛ̀ɗotɔ́,* op. cit. 150.

Elle est célébrée dans certains panégyriques sacrés, en particulier celui des "Ɖɛnɔ" et celui des "Hwezɛnu" :

Panégyrique des Ɖɛnɔ (Communauté des « Maîtres de la Prière »)

O mi nɔ jɔ	Nous naissons dans ce monde
Mi nɔ ku	Nous mourons
Bo nɔ lɛɛ jɔ wininiii	Et nous ressuscitons en multitude comme les étoiles du ciel
Ahwɛnu kɔ toboeee,	
Agbojɛ yi ɖɛkpɛ	Oh Ahwɛnu, vraie beauté
Kuɖewu !	Agbojɛ qui a rejoint la Cité de beauté [La Cité éternelle]
	Salut à toi !

Panégyrique des Hwezɛnu (Communauté des « Enfants du Soleil Levant »)

Hwe zɛ	Le Soleil se lève
Ku zɛ	La mort s'éloigne
Hwe zɛ	Le Soleil se lève
Kɔkɔ nɔ blawu	La claie qui transporte le défunt devient pitoyable
Agbonu kpaanvi	
Kɔkɔ o ku	Quand le Maître du Seuil porte l'enfant au dos
	Ce qui nous emporte à la mort devient pitoyable.[760]

---

[760] *Cit. in* F. Amadji, *Panégyriques et Histoires sacrés des clans : Akɔ lɛɛ sin tan*, op. cit., 66, 69.

3.2.3. "Hwe", le désir de la lumière divine : la quête de la Vérité ou de la Parole Féconde

	Aphorismes Fa (Textes en langues Maxi/Fɔn)	Traduction littérale	Signification profonde (Gbinwa – Amadji)
III.1	Dumalɛ na lansi mi ɖɔ n'sɔ i nyi awo na. (Fadù Cɛ Abla)	Dumalɛ m'a donné la queue pour faire métier de prêcheur de la vérité.	Le principe divin a fait de moi le témoin de la Vérité.
III.2	Lɛgba yi mɔ Fa o lo do. Awo n'lo (Fadù Abla Woli)	Lɛgba a été initié à Fa et cela lui a permis d'assumer son être.	La voie initiatique consacre l'être.
III.3	E mi mɔ Dɛnyatɔ-Ahwesu ɖo so ji (Fadù Abla Akan)	Nous avons vu Dɛnyatɔ-Ahwesu auréolé de feu.	Le principe divin élève l'homme et le fait parvenir à l'illumination.
III.4	Do n'do o tɛ afɔ ji. Awo n'do (Fadù Yɛku Abla)	J'ai semé avec soin en posant mon pied là-dessus. Devin ! j'ai semé.	Le principe divin sème la bonne parole qui germera à coup sûr.
III.5	Awo sɛn tɔɔ (Fadù Ka Abla)	L'initié a franchi le fleuve.	L'initiation est la voie qui nous mène au salut.
III.6	Zo ma nɔ xwe Aja do (Fadù Tula Abla)	Le feu ne se couvre pas avec une cage.	La lumière du feu divin ne peut être étouffée.
III.7	Hwe tuntɔn ma nɔ hwedo Aglin go (Fadù Wanlin Abla)	L'apparition du soleil ne manque pas d'atteindre la muraille.	La lumière divine atteint toutes les limites et éclaire tous les retranchements.

Trois idées-maîtresses sont énoncées dans ces textes :

a- La quête de la Vérité est une exigence existentielle. L'homme, dont Lɛgba est la figure symbolique (III.2), ne peut se connaître que s'il s'ouvre à la lumière de la Vérité. La voie initiatique est le chemin de l'illumination (III.5).

b- Dieu est le fondement ultime de la Vérité (III.3, III.4). La Vérité divine resplendit dans l'univers et ne saurait être étouffée (III.6, III.7).

c- L'homme est appelé à être dans le monde un témoin de la vérité (III.1).

Pour mieux comprendre ce discours, revenons un instant à la théologie du Verbe dans la pensée Fa/vodun. Rappelons que le Signe VII de la Triade Divine (V-VI-VII) est celui du Principe de la Parole. Dans les textes Dogons (Mali), le même Principe VII réfère à un Personnage divin incarnant le Verbe Primordial. Il est appelé "Nommo Septième" : « Le Septième, dit Ogotemmêli, est le maître des paroles. Il est le maître du monde. Il est capable de faire toutes choses. Sans le Septième, rien ne pouvait être réorganisé ». Encore : « Le Nommo descendit sur la terre (…). Sa parole humide se lovait avec les tresses humides. La révélation spirituelle pénétrait l'enseignement technique ».[761] Dans le Corpus Fa, le Personnage symbolisant le Principe VII a les mêmes attributs : dispensateur de la Parole Féconde, Principe de Vie et d'Accomplissement.

La Tradition dit : « *Xó nyi mɛɖe gbɛ a* », ce qui veut dire, « la Parole n'est l'égale de personne en ce monde ». Il est ici question de la Parole Primordiale. Elle est l'Intermédiaire Principal entre Dieu et les humains : « Le mur de séparation entre l'Être Suprême, le Sê originel et créateur et ses créatures n'est franchi que par le "xo", la parole qu'il nous fait parvenir. Cette parole travaille le cœur de la vie, le cœur de

---

[761] M. Griaule, *Dieu d'eau. Entretiens avec Ogotemmêli,* 26-27, 61.

l'homme ».[762] La racine *xó* se retrouve dans le vocable "*xójɔxó*" (vérité) dont l'étymologie se révèle assez riche :

> « Lorsque l'exégète attentif se penche sur le mot, il découvre deux termes liés par une action. Nous avons *Xo* en début du mot qui désigne la Parole et *Xo* en fin de mot qui désigne toujours la Parole. Ici, le mot *jɔ* a pour sens *engendrer, naître, parrainer*. La vérité en langue Fon est donc définie en termes de "Parole qui engendre parole". [...] On tente d'exprimer que la vérité première ou la parole première n'est pas de ce monde, et que ce qui se dit dans ce monde est le prolongement de la parole première. »[763]

Un texte Fa, traduit par Maulana Karenga, renforce cette idée :

> « J'ai demandé : qu'est-ce que la vérité ?
> Orunmila dit que la vérité est le Seigneur du Ciel
> Celui qui guide le monde sur le juste chemin [...]
> J'ai demandé : qu'est-ce que la vérité ?
> Orunmila dit que la vérité est l'Un Invisible
> Qui guide le monde sur le juste sentier
> (Fadù Osa Otura). »[764]

De cette théologie du Verbe découle forcément une spiritualité de l'écoute : le *Vodunsì* (l'Initié) se met à l'écoute du Xó (la Parole qui « travaille le cœur de la vie, le cœur de l'homme ») et s'engage à vivre selon la Vérité et la Justice : « Dis la vérité ; agis selon la justice, sois aimable. [...] La Vérité chemine sur un sentier étroit [...] Agis selon la justice et sois véridique, car Dieu protège le juste » (Fadù Ogbe Sa).[765] Voilà qui rappelle le célèbre précepte maâtique égyptien : « Dis la Maât, pratique la Maât ». C'est dans l'écoute assidue et méditative de la Parole

---

[762] B. Adoukonou, *Jalons pour une théologie africaine,* 121.
[763] F. Amadji, *Panégyriques et Histoires sacrés des clans*, 34-35.
[764] M. Karenga, *Odù Ifa. The Ethical Teachings*, op. cit., 380.
[765] *Ibid.*, 158.

Primordiale (*sexó*) que l'Initié apprend à connaître la Vérité (*senujɛmɛ*) et à s'y conformer (*setonu*).

Le "culte des Ancêtres" a son fondement dans la théologie de la Parole. Nous avons évoqué cette question dans une de nos précédentes publications :

> « En Fongbe, le terme *mɛxóxó* qu'on traduit généralement par "vieux", "ancien", "sage" ou "ancêtre" est composé de trois lexèmes : *mɛ*, "personne", *xó*, "parole". Le dédoublement de *xó* indique que la parole de l'Ancien ou du Sage est censée être la résonnance d'une autre Parole, la Parole Primordiale. Le *mɛxóxó* est donc celui qui se dédie à l'écoute de cette Parole "présente dans le monde", celui dont la parole est générée et fécondée par la Parole Primordiale (*Xójɔxó*) ».

Encore :

> « Le culte des Ancêtres est intimement lié à cette spiritualité de la Parole. Ptahhotep exhorte son disciple à écouter et à méditer "les paroles de ceux/celles qui écoutent, les conseils de ceux/celles qui sont devant, et qui écoutèrent autrefois les paroles divines (vv. 30-33)". "Ceux/celles qui sont devant", ce sont les Ancêtres, les *Ankhu*, les Vivants. Ils sont proclamés *Maakheru* (Justes de Voix) pour avoir écouté et médité, durant leur vie, les "paroles divines" et s'être conformés aux principes de la Maât. »[766]

De ce qui précède il ressort que, selon la doctrine unneferienne, seuls les défunts qui ont mené une vie exemplaire sont considérés "Ancêtres" et invoqués comme tels.

---

[766] M. Sinsin, *Xógbe. Méditations Sapientiales. Autour des textes initiatiques d'Afrique*, 7, 97.

3.2.4. "Byɔ́ Mǎwu mɛ" ou la fusion avec Dieu : le désir de la béatitude éternelle

	Aphorismes Fa (Textes en langues Maxi/Fɔn)	Traduction littérale	Signification profonde (Gbinwa – Amadji)
IV.1	N'ba Zingun, n'ba Azigbo (Fadù Woli Abla)	J'ai cherché l'alliance avec Zingun, j'ai établi l'alliance avec Azigbo.	Alliance éternelle entre l'humain et le divin.
IV.2	Taɖagbe ma nɔ wanu ni e nɔ gble. Taɖagbe wanu bɔ ta ze (Fadù Ka Cɛ)	L'Eminence ne réalise pas une œuvre qui s'écroule. L'Eminence a œuvré pour que la tête se relève.	Le principe divin œuvre pour nous faire accéder à la gloire céleste.
IV.3	Go yi tɔ ma nɔ gɔn xwe (Fadù Lɛtɛ Abla)	La gourde qui va puiser de l'eau ne manque pas de revenir à la maison.	Retour à la demeure céleste.
IV.4	Aja-hwan-wa ɖɔ ayikungan nyi mɛ tɔɔn, e ko kpe e (Fadù Cɛ Wanlin)	L'oiseau Ajahwanwa dit que la terre qui est la sienne lui suffit largement.	La terre céleste, héritage des élus.
IV.5	Dɔn kple, Lɔnfixi ɔ, dɔn kple (Fadù Abla Yɛku)	Rassemble, rassemble ceux qui sont du marché de la Cité céleste.	Œuvrer ensemble avec ceux qui cheminent vers la Cité céleste (Lɔntomɛ).

Ces extraits nous donnent une idée de l'eschatologie vodun. L'humanité et la divinité étant intimement liées (IV.1), le destin ultime de l'homme est de rejoindre Dieu au terme de son parcours terrestre. On dit des défunts qui ont vécu une vie exemplaire qu'ils sont "entrés en Dieu" (*yì Mawu mɛ*) ou qu'ils "vivent en Dieu" (*ɖò Mawu mɛ*). Ils accèdent à la

Cité céleste (IV.3, IV.4) et jouissent de la gloire éternelle (IV.2). Dès lors, ils deviennent des Ancêtres et des Voduns qui peuvent être invoqués comme des Esprits tutélaires :

> « Comme le dit le rituel du *Cyodohun*, les morts "embarqués" prennent rang de "personne" (*jê mê ha* : devenir l'égal des personnes par excellence), ils deviennent vodun (*jê vodun mê*) pour, à leur tour, s'ils ont bien vécu, prendre fonction de *joto* [ancêtres protecteurs] pour les enfants ».[767]

L'entrer-en-Dieu est un don (IV.2), mais requiert de l'homme un effort (IV.5), une moralité. Le Roi Gbɛhanzin évoque cette exigence éthique dans son poème précédemment cité :

> « Aux portes du pays des morts
> Tu passeras en revue devant un *Dégbôto* attentif [un contrôleur] ;
> Sa justice est juste et il examine les pieds.
> Le Dégbôto examinera tes pieds,
> Il saura y découvrir toutes les souillures […]
> Si à tes pieds le Dégbôto ne découvre pas de taches,
> Ouvre ton ventre à la joie, car tu es vainqueur,
> Tu as vaincu et ton ventre est propre. »

Ce texte a des accents qui évoquent certains passages du *Livre de la Sortie* :

> « Les actions de ma vie passée sur la Terre
> Les voici ! Je les porte dans mes deux bras (CXXX) ;
> Mes paroles sont pesées dans la Balance du Jugement […] ;
> Ta balance, en vérité, c'est dans notre cœur
> Qu'il faut la chercher » (CXXV). »[768]

---

[767] B. Adoukonou, *Jalons pour une théologie africaine,* 120.
[768] Traduction de G. Kolpaktchy, *Livre des morts des anciens Égyptiens,* Paris, Dervy, 1991, 110, 212, 228.

Si dans les textes égyptiens, ce sont les paroles et l'âme du défunt qui sont pesées sur la Balance de la Maât devant Osiris, dans le texte de Gbɛhanzin, ce sont les "pieds" (les actions) et le "ventre" (l'intériorité) du mort qui sont examinés devant le Juge Céleste (*Dégbôto*) selon les lois du *Gbɛsù*. Par-delà les métaphores, l'idée centrale reste la même, à savoir : pour "entrer en Dieu", il faut être purifié de toute souillure. Dans le prochain chapitre, nous examinerons de manière plus détaillée les grandes articulations de l'eschatologie unneferienne.

***

Au terme de ses recherches sur le Vodun, Barthélémy Adoukonou récuse le préjugé selon lequel les cultures africaines laisseraient Dieu dans un "oubli outrageant". En effet, quelques réalités tangibles du milieu vodun battent en brèche ce préjugé :

> « Affirmation du nom de Dieu dans les noms donnés aux enfants, noms qui sont des prières de confiance, de demande, d'action de grâces ; prières jaculatoires de tous instants ; affirmation explicite que Dieu a tout et qu'il n'a besoin de rien, d'aucune offrande de sang […] ; le culte rendu à Fa et au Sê-kpoli qui est la présence du Créateur Sêgbo-Mêdo en chaque homme ».[769]

Il apparaît donc évident que le Vodun, loin d'être une philosophie de l'oubli de Dieu, est plutôt une spiritualité centrée sur une théologie du désir de Dieu.

L'étude a montré que l'on ne saurait appréhender le Vodun en faisant abstraction des textes qui lui donnent corps (textes rituels et textes du Fa), ni de l'univers de signification des textes. La symbolique vodun est extrêmement riche et complexe, mais la tendance à essentialiser le langage allégorique porte souvent à une lecture magico-esotérique des symboles et des rituels. Cela n'est imputable qu'à ceux/celles qui

---

[769] B. Adoukonou, *Jalons pour une théologie africaine*, 228.

appréhendent la symbolique ancestrale avec une mentalité superstitieuse ou matérialiste et qui rechignent à lire les signes avec un "regard regardant" (*nukunmɔjɛnumɛ*). Il faut une finesse d'esprit et un esprit de finesse pour saisir le sens profond de ce qui se donne à lire sous le voile de la métaphore.

CHAPITRE 20 :
"Sortir à la lumière du jour".
Aspects de l'eschatologie africaine classique

Tu n'es certes pas parti mort, tu es parti vivant (134a. 833a.)
Vis la vie, car tu ne meurs pas la mort (810a. 350b. 1944a.)
Tu as abordé, mais tu vis (1975b.)
[L'Initié] repose en vie dans l'Occident (306.a)
Il vit la vie parmi les esprits lumineux, les étoiles impérissables (2245d.)

Textes des Pyramides

Réveille-toi, lève-toi

Oh Noble Peuple Wusirien

Et fais resplendir ta lumière[770]

Raw nw prt m hrw : "Paroles pour sortir à la lumière du jour" ou "Livre de la sortie à la lumière du jour". Tel est le titre original du Rouleau Sacré communément connu sous le nom de "Livre des Morts". La métaphore de la "sortie au jour" exprime de manière saisissante l'idée d'un Au-delà lumineux. Dans un ouvrage récent, Yoporeka Somet se propose de montrer « qu'une cohérence interne sous-tend la vision du monde des anciens Égyptiens, depuis leur conception de l'univers et de sa naissance, jusqu'à celle de l'au-delà et des fins dernières, en passant par la vie en société, organisée autour de la notion centrale de Maât ».[771] C'est la philosophie égyptienne des fins dernières qui nous occupera

---

[770] Nous entendons par "Peuple Wusirien", le Peuple Négro-Africain, répandu sur la surface de la terre. Wusirè (Osiris) et Asè (Isis), bien que figures archétypales universelles, représentent symboliquement, pour ce Peuple inventeur des premières civilisations du monde, des Neteru fondateurs et tutélaires. La Tradition enseigne que Wusirè et Asè furent les premiers Ancêtres Civilisateurs. Ils inventèrent l'agriculture, la royauté, le système des lois, les arts, la morale, la religion et les rituels, etc. Osiris est appelé « le Grand Noir » (*Kem Our*) et Isis « la Noble Dame Noire» (*Set Kmt*).
[771] Y. Somet, *L'Égypte ancienne. Un système africain du monde*, Paris, Teham Editions, 2018, 23.

dans ce chapitre. Cette philosophie ou plutôt cette théologie trouve un écho dans les traditions unneferiennes subsahariennes. Nous en avons donné la preuve dans le chapitre précédent. Nous avons, en effet, identifié des topoï communs dans les textes eschatologiques vodun et égyptiens, à savoir : la résurrection et l'immortalité de l'âme, le jugement de l'âme devant un Juge Céleste, le Code des vertus en fonction duquel le défunt est jugé, la purification de l'âme et sa fusion avec le Divin (l'entrer-en-Dieu). Ces éléments feront ici l'objet d'une étude plus systématique. Nous nous concentrerons sur les textes égyptiens, examinant l'interprétation qu'en donne Somet. Ensuite, nous essayerons d'approfondir le sujet en nous basant sur les travaux de Maulana Karenga et de Frédérick Mathieu.

1. La conception égyptienne de la vie terrestre et de la mort

1.1. De la vie terrestre

Hérodote rapporte une vieille tradition égyptienne :

> « Aux banquets des riches, à la fin du repas, un homme promène une figurine de bois qui représente un mort dans un cercueil, peinte et sculptée avec la plus grande exactitude et de la taille d'une ou deux coudées. Il l'exhibe à chacun des convives en lui disant : Regarde-le, et maintenant bois et réjouis-toi, car tu seras comme lui quand tu seras mort. Voilà leur coutume dans les festins. »[772]

L'historien grec ajoute qu'un chant accompagne la présentation de la figurine, « le chant de Linos, qu'on chante également en Phénicie, à Chypre et ailleurs ». On pourrait rapprocher ce chant de celui du Harpiste dont nous reproduisons ici un extrait :

---

[772] Herodote, *Histoires*. Livre II, § 78, trad. Andrée Barguet, Paris, Gallimard, 1985.

« Sois heureux et n'y pense pas !

Il est bon pour toi de suivre ton cœur tant que tu existes

Mets de la myrrhe sur la tête, vêts-toi de lin fin

Oins-toi d'huile véritable du culte divin

Ajoute à ta beauté, ne laisse pas languir ton cœur !

Suis ton cœur en même temps que ta félicité

Fais ce que tu as à faire sur terre, ne te tourmente pas le cœur

Jusqu'à ce que vienne à toi ce jour de la plainte funèbre.

Refrain :

Passe un bon jour ! Ne t'en lasse pas !

Songes-y : nul n'emporte avec lui les biens qu'il a acquis,

Nul ne revient, qui s'en est allé. »[773]

Claire Lalouette relève l'accent épicurien de ce chant, dont les versions les plus anciennes précèdent de 2000 ans Epicure.[774] Il traduit, selon Somet, une sorte de *carpe diem ante litteram*. Théophile Obenga observe que le thème du chant sera repris par l'auteur du *Dialogue entre un Homme et son ba* (Moyen-Empire, entre -2065 et -1735).[775] "Jouir de la vie sur terre, savourer les joies naturelles que procure la vie" : tel est le message du Harpiste. Cela dément la thèse selon laquelle les égyptiens étaient hantés par la pensée de la mort et qu'ils accordaient peu d'importance aux plaisirs de la vie :

> « Sans être des épicuriens effrénés, ils n'étaient pas non plus des ascètes, à l'exception de ceux, prêtres et autres hiérogrammates, que leur office assignait à une vie sobre. En effet, aucun peuple ancien n'a laissé à la postérité autant de témoignages sur la valeur de la vie sociale et mondaine que les Égyptiens ».[776]

Le bien-vivre va de pair avec l'exigence de "suivre son cœur" : « Suis ton cœur en même temps que ta félicité », dit l'artiste-philosophe. Or,

---

[773] Trad. de Jan Assmann, *Mort et au-delà dans l'Égypte ancienne*, Paris, Editions du Rocher, 2013, 225-226.

[774] C. Lalouette, *Textes sacrés et textes profanes de l'ancienne Égypte*, op. cit., 227.

[775] T. Obenga, *La philosophie africaine de la période pharaonique,* op. cit., 194.

[776] Y. Somet, *L'Égypte ancienne. Un système africain du monde*, 419.

"suivre son cœur", c'est agir de manière réfléchie et responsable, le cœur étant, dans la pensée égyptienne, le lieu de la "conscience raisonnante" (*ib*).

On retrouve cette pensée du bien-vivre dans certains passages de l'*Epopée de Gilgamesh*, dans l'*Ecclésiaste* (9, 5-12) et plus tard dans les écrits épicuriens. Somet y voit une influence égyptienne, sans toutefois apporter des preuves décisives. Pour rendre plausible une telle hypothèse, il faudra exhiber des faits permettant de retracer les trajectoires historiques et culturelles par lesquelles le texte égyptien aurait influencé les versions mésopotamiennes et grecque. Quoi qu'il en soit, un fait s'impose : l'examen des textes montre des correspondances évidentes qui ne sauraient être le fruit d'un pur hasard. Nous en relevons ici quelques-unes à titre illustratif :

Termes de comparaison	Le Chant du Harpiste (ca. – 2134)	L'Epopée de Gilgamesh (ca. – 2100)	L'Ecclésiaste (ca. – 450)
Références à la divinité	« Les dieux qui… »	« Lorsque les grands dieux créèrent les hommes… »	« Dieu a déjà apprécié tes œuvres… »
Plaintes sur la condition des défunts	« Nul ne revient qui s'en est allé… »	« C'est la mort qu'ils leur destinèrent » (suite de la séquence précédente)	« Leur mémoire est oubliée » (celle des morts)
Invitation à la joie, au bonheur	« Sois heureux »	« Sois joyeux »	---
Prendre soin de son propre corps	« Mets de la myrrhe sur la tête, vêts-toi de lin fin… »	« Que tes vêtements soient propres et somptueux. Lave ta tête et baigne-toi »	« en tout temps, porte des habits blancs et que le parfum ne manque pas sur ta tête »
Valoriser le quotidien	« Passe un bon jour ! Ne t'en lasse pas ».	« Fais chaque jour de ta vie une fête de joie et de plaisirs ».	« Tous les jours de la vie… c'est ton lot dans la vie »

Au-delà de ces lieux communs, il y a une perception différente de la mort dans les textes égyptiens et mésopotamiens.

1.2. La conception égyptienne de la mort

En égyptien pharaonique, le champ lexical de la mort (*mwt*) recouvre un ensemble de concepts et de métaphores :[777]

Khepyt	« The passing away »	= synonyme de « *mwt* »
Neh	« Escape »	= synonyme de « *mwt* »
Uhem ankh	« Repeating life »	= synonyme de « *mwt* »
Hwt neheh	« Le Château de l'éternité »	= tombe
Neb ankh	« Le maître de la vie »	= sarcophage
Niwt nt neheh	« La ville de l'éternité »	= la nécropole

Ces expressions indiquent que la mort n'est que le passage d'une vie terrestre à une vie immortelle. Selon Hérodote, les égyptiens sont les premiers à développer l'idée de l'immortalité de l'âme humaine (Livre II, 123). Cette doctrine, écrit Bosc, « avait bien eu pour origine dans l'Antiquité, l'Égypte, et c'est bien de ce pays, que l'idée passa en Grèce et de là, dans le monde occidental, importée par Platon ».[778] Les diverses composantes et facultés que la pensée pharaonique attribue à l'être humain témoignent manifestement d'un souci de dépassement de l'enveloppe charnelle et de la finitude corporelle. En effet, selon l'anthropologie égyptienne, l'homme est composé d'une dizaine d'entités :

---

[777] Voir les dictionnaires de Budge et de Bonnamy, op. cit.
[778] E. Bosc, *Isis dévoilée*, 160.

Khet	L'enveloppe charnelle du corps vivant
Khat	L'enveloppe charnelle du corps sans souffle de vie (le cadavre)
Sah	Le corps spirituel (selon Budge) ou le corps momifié (selon Somet)
Shout	L'ombre immatérielle de la personne
Ba	L'âme
Ka	L'esprit
Akh	L'état lumineux du défunt
Sekhem	La force intérieure impérissable
Ib	Le cœur comme siège de la raison, de la conscience et de l'émotion
Haty	Le cœur en tant qu'organe physiologique
Ren	Le nom mystique, puissance évocatrice de la personne.[779]

La mort est conçue comme une dislocation des organes physiques, lesquels sont soumis à la loi de la décomposition. Les entités spirituelles, quant à elles, échappent à cette loi de la putréfaction organique. Le défunt est appelé à une nouvelle vie, plus riche et plus lumineuse. Cela explique l'optimisme qu'affiche l'auteur du *Dialogue d'un Homme avec son ba*. Pour lui, la mort n'est qu'un passage, un voyage, un retour chez soi :

> « La mort est devant moi aujourd'hui
> Comme la santé pour un malade
> Comme la sortie au dehors après une détention.
> La mort est devant moi aujourd'hui
> Comme le parfum de la myrrhe,
> Comme le fait de s'asseoir sous les voiles un jour de tempête
> (…)
> La mort est devant moi aujourd'hui
> Comme un chemin de pluie,

---

[779] Selon Ameth Diouf, on retrouve les mêmes composantes dans l'anthropologie Waalaf (Wolof), en particulier le ka, le ba, l'akh (aq), le ren, l'ombre, le corps. (A. Diouf, *La gens de droit maternel ou la famille matriarcale*, op. cit., 45).

Comme un homme qui revient vers sa maison après une expédition militaire.
La mort est devant moi aujourd'hui
Comme le ciel qui s'éclaire
Comme lorsqu'un homme acquiert ce qu'il ignorait.
La mort est devant moi aujourd'hui
Comme lorsqu'un homme désire voir sa maison,
Après qu'il a passé de nombreuses années étant pris en captivité. »

Sans doute, l'auteur du texte a été bouleversé par la situation chaotique de la Première Période Intermédiaire. Mais ce contexte tragique n'est pas, comme le prétendent certains commentateurs, ce qui justifie l'éloge qu'il fait de la mort. L'Égypte, dit Obenga, « est ce pays d'éternité qui n'a jamais dénigré la Cité Divine ». La mort est un passage qui permet d'accéder à la lumière éternelle et de devenir soi-même, par fusion avec le Divin, un être solaire (la solarisation de l'âme). Une telle vérité, « lorsqu'on la détient, ne présente plus la mort comme une épouvante, une perte et une destruction irrémédiable ».[780]

Cette espérance d'une vie radieuse après la mort n'est pas affirmée avec autant d'intensité, de clarté et de conviction dans les textes mésopotamiens. Le personnage principal de l'*Epopée de Gilgamesh*, pleurant son ami défunt, dit : « Mon ami que j'aimais d'amour si fort/ est devenu de l'argile/ Et moi aussi devrais-je me coucher et ne plus me lever ? ».[781] L'*Ecclésiaste* affiche un désespoir plus déroutant : « Il n'y a ni œuvre, ni réflexion, ni savoir, ni sagesse dans le *Shéol* où tu t'en vas » (9,10). Il entrevoit cependant, à la fin du texte, un probable retour de "l'esprit à Dieu" (12, 1-7).

Pour Jan Assmann, le monde souterrain est perçu dans les cultures mésopotamiennes comme « un domaine où les morts sont morts » alors

---

[780] T. Obenga, *La philosophie africaine de la période pharaonique,* 195.
[781] *L'Epopée de Gilgamesh*, traduction française d'Abel Azrié, Paris, Berg International, 2013, 81.

que dans le berceau nilotique il est conçu comme une « sphère de vie éternelle où l'on est libéré de la mort ». Il y a, poursuit l'égyptologue allemand,

> « un abîme entre le monde souterrain babylonien, le *shéol* biblique, l'Hadès grec d'une part et la *douat* égyptienne d'autre part. Le monde souterrain des anciens Égyptiens n'est pas un royaume des morts au sens strict, car on n'y est pas "mort" ; c'est un lieu que l'on souhaite rejoindre et celui qui y parvient échappe à la mort. Le *shéol*, l'Hadès et le "pays sans retour" sont en revanche des lieux auxquels nul ne peut échapper, c'est-à-dire qu'ils sont la mort elle-même spatialisée. »[782]

Nous verrons plus loin ce qu'est la *douat* égyptienne ; mais déjà on peut observer que l'idée d'un Au-delà où les « morts ne sont pas morts » est profondément enracinée dans les cultures africaines. La mort, dans ces cultures, est perçue comme « le passage, pour l'être humain, de l'état "terreux" à l'état lumineux. C'est dire que l'homme ne meurt pas, d'après ces visions anciennes des Noirs africains de jadis, anciens Égyptiens, ancêtres des Ewe, des Yorubas, des Dogons, des Kikuyus et de tous les autres Noirs africains ».[783] Le célèbre poème de Birago Diop, *Souffles*, exalte cette espérance lumineuse de la vie éternelle. Une espérance millénaire, gravée à l'aube de l'Histoire sur les pierres d'éternité (grottes, stèles, obélisques et pyramides). Elle constitue sans

---

[782] J. Assmann, *Mort et au-delà dans l'Égypte ancienne*, op. cit., 29. Selon certains auteurs, dans la tradition biblique, l'idée de la résurrection serait « attestée pour la première fois dans le Livre de Job » (P. Navè Levinson, « Risurrezione », in A. Theodor Koury (ed.), *Islam, Cristianesimo, Ebraismo a confronto*, Casale Monferrato, Edizioni Piemme Pocket, 1998, 616). La rédaction du Livre de Job est située entre le IVème et le IIème siècle avant notre ère (Voir L. S. Wilson, *The Book of Job : Judaism in the Second Century : an intertextual Reading*, Lanham, University Press of America, 2006. Voir aussi : *La Bibbia. Via, verità e vita*, Edizioni San Paolo, 2009, p. 1014). On sait, d'après les Evangiles, que jusqu'à la période de l'occupation romaine, certaines écoles juives rejetaient l'idée de la résurrection des morts. C'est le cas par exemple des saducéens : voir Lc 20, 27-40.
[783] T. Obenga, *L'Afrique dans l'Antiquité. Égypte pharaonique-Afrique noire*, op. cit., 330.

doute un des plus vieux legs culturels et spirituels de l'Afrique Noire au monde.

2. La "Salle de la Maât" et la pesée du cœur

L'idée d'un jugement de l'âme humaine après la mort physique est vraisemblablement une autre invention égyptienne. Elle remonte, selon Somet, au temps de Menkaourê (2500 ans avant notre ère). Plusieurs passages du *Livre de la Sortie* l'évoquent explicitement. L'auteur de l'*Enseignement pour Merikarê* y fait allusion :

> « L'attitude d'un Maître, c'est la justesse de cœur !
>
> Applique la Justice (Maât) tant que tu dureras sur terre !
>
> Console celui qui pleure ; n'opprime pas la veuve.
>
> Ne dépossède pas un homme des biens de son père
>
> N'offense pas les grands dans leurs fonctions […]
>
> L'homme demeure après sa mort
>
> Ses actions sont mises en tas à côté de lui.
>
> (P 53, trad. De P. Vernus, 2010, p. 187) »

Cette croyance persiste jusqu'à la période tardive. En témoigne un texte gravé sur les parois du tombeau de Pétosiris, prêtre-savant du IVème siècle avant notre ère :

> « L'Amenti (l'Occident) est la demeure de qui est sans péché : heureux l'homme qui y arrive ! Personne n'y parvient, sinon celui dont le cœur est exact à pratiquer l'équité. Là, pas de distinction entre le pauvre et le riche, sinon (en faveur de qui) est trouvé sans péché, quand la balance et le poids sont devant le Seigneur de l'éternité ».[784]

---

[784] Cit. in G. Lefebvre, *Le tombeau de Pétosiris,* Le Caire, Imprimerie de l'IFAO, 1924,

Les actions du défunt, "mises en tas à côté de lui", sont d'abord "enregistrées dans son cœur". C'est justement ce cœur, siège de la volonté et de la conscience, réceptacle des intentions profondes et des traces de l'agir qui, dans l'Au-delà, se soumet au jugement de la Maât. Il est « placé sur l'un des plateaux de la balance, et dans l'autre est déposée une plume d'autruche, symbole de la Maât, la vérité-justice. La conformité des déclarations est évaluée par l'équilibre parfait entre les deux plateaux ».[785] Horapollon explique les raisons du choix de la plume d'autruche comme symbole de la Maât : « Voulant signifier un homme qui rend la justice d'une manière égale pour tous, [les égyptiens] tracent une plume d'autruche : car [l'autruche], contrairement aux autres [oiseaux], a des plumes égales de toutes parts ».[786]

Le tribunal divin (*At djeseret*), encore appelé "Salle de la Double Maât", est présidé par Osiris (Wusir), le "Seigneur de l'éternité". Devant lui, se trouvent la balance et le poids. Le cœur dont les actes sont conformes aux principes de la Maât est déclaré "juste de voix" (*Maakheru*) et admis dans le rang des Bienheureux (*Akhu, Imakhou*).[787] En revanche, le cœur alourdi par le poids des mauvaises actions est condamné.

Re-parcourrons brièvement les étapes du jugement telles qu'elles sont décrites dans le *Livre de la Sortie* (chapitre 125).

Nous les résumons en cinq phases :

- *L'annonce* : le candidat arrive au seuil du tribunal divin et exprime à haute voix son désir d'être accueilli au lieu où il pourra contempler la

---

136.

[785] Y. Somet, *L'Égypte ancienne. Un système africain du monde*, 478.

[786] Horapollon, *Hieroglyphica*, trad. B. Van de Walle, J. Vergote (1943), publication en ligne sur le site officiel de la Bibliothèque d'Asklépios, 2009, notice 118, ref. 8.

[787] Obenga indique quelques équivalents du terme "*akhu*" dans les langues bantoues : « *kouck, kouck, kou*, dans le texte des initiés du *Bwiti* ; *le kou, i-kou, o-koué* chez les Mbochi du Congo » (T. Obenga, *La philosophie africaine de la période pharaonique*, 196). En yoruba et dans les langues gbe, on a également "*kou*", "*okou*", avec les mêmes significations.

perfection d'Osiris. Inpu (Anubis) informe la Cour céleste de l'arrivée du postulant.

- Le *test de passage* : Inpu rejoint le candidat à l'entrée des Portes et lui pose une série de questions. Le défunt passe brillamment cet examen et est admis dans la Salle des deux Maât. « Passe, puisque tu sais », lui dit le Neter.

-La *présentation protocolaire* : le candidat est présenté à Wusir et aux quarante-deux assesseurs qui représentent les divinités tutélaires des quarante-deux nomes de l'Égypte.

- Les *confessions* : Après la présentation, le candidat plaide sa propre cause en faisant une Déclaration d'Innocence ou une Confession Négative. Elle consiste à réciter une longue liste de fautes graves que le postulant affirme n'avoir pas commises : « Je n'ai pas commis d'injustice envers les êtres humains ; je n'ai pas appauvri mes semblables ; je n'ai pas commis de crime ; etc. ». Il conclut en disant : « Je suis pur, je suis pur, je suis pur, je suis pur ! ». On peut répartir en quatre groupes les infractions mentionnées dans la Confession Négative : les fautes contre la Divinité, les fautes contre les hommes, les fautes contre le règne animal et les fautes contre la nature. Les infractions contre les êtres humains « sont l'objet des versets de loin les plus nombreux (14 versets), suivies de celles contre Dieu, le culte divin et les bienheureux (10 versets), et enfin, à égalité, celles contre la nature et le règne animal (6 versets chacun) ».[788]

Le défunt ne s'arrête pas à cette première déclaration. Il fait une seconde Confession Négative en s'adressant à chacun des quarante-deux assesseurs : « Hommage à toi, N., je n'ai pas commis l'iniquité. Hommage à toi, N., je n'ai pas brigandé. Hommage à toi, N., je n'ai pas été cupide ; je n'ai pas dérobé ; etc. ». Il conclut par une troisième déclaration, une Confession Positive :

> « Je vis au moyen de Maât, et je m'abreuve de Maât ! J'ai fait ce
> dont parlent (en bien) les hommes et ce qui satisfait les dieux

---

[788] Y. Somet, *L'Égypte ancienne. Un système africain du monde*, 501.

(…) J'ai donné du pain à l'affamé et de l'eau à l'assoiffé, un vêtement à celui qui était nu, et une barque à celui qui était sans barque ! J'ai fait des offrandes divines, etc. ».

Ici, le candidat insiste en particulier sur l'assistance apportée aux démunis et aux déshérités. C'est là, affirme Somet, « le point clé de la doctrine égyptienne sur les fins dernières et c'est aussi un des aspects les plus importants de la Maât». La Confession Positive est la reprise d'un texte plus ancien, gravé sur les parois du mastaba d'Idou (IVème dynastie) :

« J'ai accompli la Maât pour son Seigneur
J'ai satisfait le dieu par ce qu'il aime
J'ai fait le bien
J'ai dit la Maât, j'ai accompli la Maât
J'ai donné du pain à l'affamé
Et des vêtements à l'homme nu
J'ai respecté mon père
J'ai joui de l'affection de ma mère
Et je n'ai jamais rien dit de mauvais
Méchant ou malin contre personne
Parce que je désirais la félicité
Ainsi que l'état d'*imakhou* auprès du dieu
Et auprès des hommes. »[789]

La félicité à laquelle aspire Idou, c'est "l'état de bonheur sans fin" dont jouissent ceux qui vivent selon la Maât.

- La *justification du défunt* : une fois passée l'étape des Confessions, il est procédé à la pesée du cœur. C'est la dernière étape. Si le défunt est déclaré "juste de voix", il accède à la "Contrée de lumière et de paix", c'est-à-dire le "Royaume d'Osiris".

---

[789] Cit. in D. Valbelle, *Histoire de l'État pharaonique*, Paris, PUF, 1998, 85-86.

Nous avons vu que le jugement final est le thème principal d'un poème philosophique du Roi Behanzin (Voir Chapitre 19). Citons également un texte Bwiti (Gabon) :

> « Le mort a rendu l'âme
> La lumière de l'éclair indique le chemin du ciel
> L'esprit est sorti et surveille le corps avec vigilance
> L'homme a changé de vie
> L'esprit erre dans les quatre directions en cherchant sa place
> L'esprit arrive devant la table du jugement
> L'esprit est arrivé dans le séjour des morts
> « Je suis innocent », dit le mort
> L'esprit se déplace désormais selon sa volonté
> Le soleil tout-puissant arrive et nous permet de renaître à la lumière du jour. »[790]

Commentant ce texte, Obenga fait remarquer que « la "table du jugement" devant les ancêtres divinisés et les autres déités primordiales correspond bien à la "Salle du Jugement" aux deux Maât, devant Osiris et ses 42 assesseurs divins ». Il ajoute : « Partout, existe le "séjour des morts" – l'Occident osirien dans l'Égypte antique. L'état de pureté (*okane*) est une exigence pour le mort d'accéder à la béatitude ».[791] Précisons que cet "état de pureté" n'est pas synonyme d'une absence totale de faute. L'homme, même vertueux, n'accède pas à l'état de bienheureux par ses seuls mérites. D'ailleurs, nombreux sont les passages du *Livre de la Sortie* où le défunt se réjouit d'avoir été purifié des fautes de sa vie terrestre. Au Chapitre XVII, par exemple, il affirme : « Le mal qui avait existé en moi a été arraché avec ses racines/ Mes défauts et mes tares ont été balayés/ Je parcours les Routes de l'Au-delà ». Il tombe donc sous le sens que la déclaration de pureté est plutôt une formule orante par laquelle le défunt exprime son désir d'atteindre l'état de sainteté des Puissances Célestes.

---

[790] Traduit par A. Mary, *La naissance à l'envers. Essai sur le rituel du Bwiti Fang au Gabon*, cit. in T. Obenga, *La philosophie africaine de la période pharaonique*, 195.
[791] T. Obenga, *La philosophie africaine de la période pharaonique*, 196.

3. Le Jardin de l'horizon lumineux

La religion d'Osiris, affirme Diop, est « la première en date, dans l'histoire de l'humanité, à inventer les notions de paradis et d'enfer ». L'historien sénégalais décrit le paradis égyptien comme « un jardin protégé par un mur en fer avec plusieurs portes, et traversé par un fleuve. Ce champ est cultivé par les mânes, les bienheureux, qui s'y promènent ». Il poursuit : « On pense que le champ *Aarou*, le paradis égyptien, a servi de modèle pour les champs Elysées d'Homère, contemporain de Piankhi ou de Shabaka et qui aurait visité l'Égypte, d'après la tradition grecque même ».[792] En dehors du terme "Aarou" ou "Iarou", on trouve dans les textes égyptiens deux autres termes fréquemment utilisés pour désigner l'Au-delà : "Douat" et "Amenti".

La Douat est décrite, de manière symbolique, comme un monde céleste. Des passages des *Textes des Pyramides* font allusion aux "vantaux de la porte du ciel" ou encore aux "vantaux de la porte du firmament pour Horus de la Douat à la pointe du jour" (Spell 510, §1134a-1134b). Dans le *Conte de Sinouhé* (Moyen Empire), il est dit du roi défunt qu'il « monta vers son horizon » ou, de manière plus prosaïque, qu'il « s'éleva vers le ciel ». Le *Conte des deux frères* reprend ce thème de l'ascension. Le roi, dit le texte, « s'envola vers le ciel ». D'après le *Livre des Deux Chemins*, les âmes accèdent à la Douat soit par un endroit désertique (Rosetaou), soit par un fleuve qu'elles traversent avec une barque. Le *Livre de l'Amdouat* indique que ce fleuve céleste a une longueur de 300 *itérou*, soit 3150 kms, qu'il y a « 120 itérou (1260 kms) pour arriver à cette porte et pour que la barque atteigne ceux de la Douat ».[793]

---

[792] C. Anta Diop, *Civilisation ou barbarie*, 416.
[793] *The Egyptian Amduat. The Book of the Hidden Chamber*, traduit par D. Warburton, Zurich, Living Human Heritage Publications, 2007, 18.

Selon certains dictionnaires classiques, la Douat serait un "Monde inférieur" (Bonnamy), un *Netherworld* (Faulkner) ou un *Unterwelt* (Wörtherbuch). Pour Somet, il y a une « opposition topographique entre, d'une part, le ciel (pt) considéré comme étant le domaine de Rê, et, d'autre part, la douat (…) ou le monde inférieur et souterrain, le séjour d'Osiris ». Il s'appuie sur un passage du *Livre de parcourir l'Éternité* :

> « Que ton *ba* soit vivant dans le ciel auprès de Rê,
>
> Que ton *ka* soit divin parmi les dieux
>
> Que ta dépouille demeure dans la *Douat* auprès d'Osiris
>
> Que ta momie soit glorifiée parmi les vivants […]
>
> Tu t'élèves vers le ciel sans que l'on entrave ton bras,
>
> Et descends vers la *Douat* sans que tu sois retenu. »[794]

À notre avis, cette opposition topographique entre le ciel et la douat est à relativiser, car la douat, comme nous l'avons vu, est décrite dans les textes comme un monde céleste, plus précisément le "Ciel Oriental", le "Côté Oriental du Ciel", ou le "Ciel Inférieur".[795] Selon la doctrine des diverses écoles égyptiennes, l'univers est composé de trois mondes :

- Le Monde Supérieur
- Le Monde Intermédiaire
- Le Monde Terrestre.

Le Monde Intermédiaire correspond à la Douat. Il se trouve au-dessous du Monde Supérieur. D'où son nom de "Ciel Inférieur". Il existerait un quatrième monde appelé "Région inférieure" où règne Seth.[796] Ces notions de "ciel", de "monde", de "région" renvoient plus à des "états" qu'à des lieux physiques. Il s'agit moins d'une topographie spatiale que d'une topographie symbolique.

---

[794] Traduit par F. R. Herbin, *Le Livre de parcourir l'Éternité*, Leuven, Peeters, 1994, 47-48.
[795] S. Mayassis, *Le Livre des morts de l'Égypte Ancienne,* 17.
[796] E. Bosc, *Isis dévoilée*, 250.

En se fondant toujours sur le *Livre de parcourir l'Éternité*, Somet avance une autre idée qui nous semble discutable. Il écrit :

> « Tandis que le *ba* et le *ka* du défunt "s'envolent" auprès de Rê pour s'unir à lui, la dépouille du défunt est accueillie dans la douat, auprès d'Osiris. Au ciel donc, le *ba* et le *ka*, et à la *douat* la dépouille et/ou la momie ».[797]

Certains passages du texte ne concordent pas avec cette lecture dualiste :

> « Tu sors au jour, tu t'unis au disque,
> Et son rayonnement illumine ton visage
> Tes narines respirent le parfum de Chou
> Et ton nez respire la brise du nord
> Le souffle du vent, il ouvre ta gorge
> (de sorte que) la vie est unie à ton corps. [...]
> Tes mains saisissent, tes pieds marchent
> Et chacun de tes bras fait son travail... »

Cet extrait indique que le défunt, bien qu'uni à Rê au ciel, dispose encore des organes de son corps (narines, gorge, mains, pieds, etc.) et en use à son gré. Au ciel, il n'y a donc pas que le *ka* ou le *ba* ; il y a aussi "quelque chose de corporel" : « La vie est unie à ton corps », dit le texte. Le corps dont il est ici question n'est pas le corps charnel ou la "dépouille". Dans l'Au-delà, le défunt prend un nouveau corps, un corps divin. Il laisse sur terre sa dépouille mortelle (*khat*) et se meut dans l'autre vie avec son corps spirituel (le *sah* ou le *sāhu*). Budge écrit ce qui suit à propos de ce corps glorieux :

> « The body [*khat*] does not lie in the tomb inoperative, for by the prayers and ceremonies on the day of burial it is endowed with the power of changing into sāhu [*sah*] or spiritual body. Thus, we have such phrases as, "I germinate like the plants", "my flesh germinateth", "I exist, I exist, I live, I germinate, I germinate", "thy soul liveth, thy body [...] germinateth by the

---

[797] Y. Somet, *L'Égypte ancienne. Un système africain du monde*, 501.

command of Ra himself without diminution, and without defect, like unto Ra for ever and ever". The word sāḥu [...] indicates a body which has obtained a degree of knowledge and power and glory whereby it becomes henceforth lasting and incorruptible. The body which become a sāḥu has the power of associating with the soul and of holding converse with it. In this form it can ascend into heaven and dwell with the gods, and with the sāḥu of the gods, and with the souls of the righteous. »[798]

Le sāḥu, en tant que corps divin, est identifié au corps lumineux des "dieux" :

« His bones are the gods and goddesses of heaven; his right side belongs to Horus, and his left side to Set. [...] His face is the face of Ap-uat, his eyes are the great ones among the souls of Annu, his nose is Thoth, his mouth is the great lake, his tongue belongs to the boat of right and truth, his teeth are the spirits of Annu, his chin is Khert-khent-Sekhem, his backbone is Sema, his shoulders are Set, his breath is Beba, etc.; every one of his members is identified with a god. Moreover, his body as a whole is identified with the God of Heaven. »[799]

Revenons aux lieux symboliques de l'Au-delà. Si la Douat est décrite métaphoriquement comme le "Côté Oriental du Ciel", l'Amenti (*imnt*) est "l'Occident" ou "l'Horizon Occidental" :

« Tu marches sur les chemins des dieux de l'horizon
Et tu prends ta place auprès des Occidentaux ;
Tu parcours le firmament à la suite des astres
Et fais le tour du ciel en compagnie des étoiles. »
(Le Livre de parcourir l'Éternité)

---

[798] E. A. Wallis Budge, *The Book of the Dead. The Papyrus of Ani. The Egyptian text with interlinear transliteration and translation, a running translation, introduction*, London, Oxford University Press, 1895, IX.
[799] *Ibid.*, IXXII.

Dans le titre original du *Livre de l'Amdouat*, il y a une triple occurrence du mot "Amenti" :

> « Traité de la Chambre Cachée [litt. Ecrits sur la Chambre de l'Occident (*imnt*)]
> Ou se tiennent les *ba*, les dieux, les ombres et les bienheureux qui agissent.
> Commencement de l'ouverture de l'Occident (*imnt*)
> Porte de l'horizon occidental (*akhet imnt*) et la fin de l'obscurité qui y était associée. »

Cette métaphore de l'occident convoque deux images contrastantes : l'ombre et la lumière. Sur le plan symbolique, l'ouest est bien le lieu où le soleil se couche, le lieu où il amorce sa tournée nocturne pour renaître triomphalement à l'orient. Pendant ce périple, le disque solaire illumine l'Amenti et dissipe les ténèbres qui l'enveloppent. Le *Livre de l'Amdouat* indique que « le nom de cette localité est "Celle qui fait advenir les ténèbres et produire les naissances" ». Ce que suggère cette image, c'est bien l'idée de la mort et de la résurrection. L'Amenti, c'est le lieu où l'on s'endort pour renaître à la vie éternelle. Les égyptiens l'ont identifié métaphoriquement à la rive occidentale du Nil. C'est dans cette contrée appelée "Ville de l'éternité" qu'ils enterraient leurs défunts :

> « Dans la représentation des anciens Égyptiens, l'ouest désigne aussi bien la nécropole, où sont enterrés les morts, que le lieu où le soleil disparaît à l'horizon. Il a donc semblé aux Égyptiens qu'en disparaissant ainsi à l'endroit même où sont enterrés leurs parents défunts, le soleil mourrait lui aussi, pour entrer au royaume des morts, au soir de sa tournée diurne. Mais les Égyptiens savaient aussi que cette mort-là n'était pas définitive [...] Ils savaient qu'au bout de cette disparition, il y aurait une renaissance, une résurrection. »[800]

---

[800] Y. Somet, *L'Égypte ancienne. Un système africain du monde*, 519.

Essayons à présent d'approfondir certains aspects de cette vision égyptienne de la vie éternelle. Nous éluciderons le sens de certains symboles eschatologiques ; ensuite, nous exposerons la doctrine de l'immortalité de l'âme dans la *Maatian theology* ; enfin, nous ferons une lecture croisée de l'eschatologie pharaonique et de la philosophie platonicienne des fins dernières.

4. Éclairages complémentaires

4.1. Le sens de certaines données allégoriques de l'eschatologie égyptienne

Les données allégoriques abondent dans les textes eschatologiques égyptiens ; nous en retiendrons ici quelques-unes, tirées du *Livre de la Sortie* (en abrégé L.S.) : le voyage de l'âme, le passage des Portes, les champs de la Cité céleste, le corps glorieux, etc.

a) Le voyage de l'âme et le passage des Portes. Comme le note Pascal Bancourt, « la représentation sous la forme du voyage décrit l'accès à la maîtrise consciente des états suprahumains, dont la succession devient comme un itinéraire précis, ponctué de points de passage ».[801] Cet auteur voit donc dans la symbolique du voyage une métaphore de l'itinéraire initiatique. C'est d'ailleurs dans cette optique qu'il interprète tout le contenu du *Livre de la Sortie*. Pour lui, ce qui est présenté comme un "livre des morts" est en réalité un "livre de vie initiatique". (C'est ce qu'indique aussi le titre de l'ouvrage de Mayassis : *Le livre*

---

[801] P. Bancourt, *Le Livre des morts égyptien. Livre de vie,* Paris, Editions Dangles, 2001, 129.

des morts de l'Égypte ancienne est un livre d'initiation). Cela est vrai, mais le texte a également une visée eschatologique. Quoi qu'il en soit, la métaphore du voyage, qu'on l'appréhende du point de vue initiatique ou du point de vue eschatologique, indique un itinéraire d'ascension vers un état divin où l'esprit humain entre en contact avec Dieu et prend pleinement conscience de sa nature divine. À partir d'une exégèse du *Papyrus de Leyde*, Max Guilmot résume en trois phases les étapes de cet itinéraire : la justification, la régénération et l'illumination.[802] La première étape est celle où le candidat est proclamé *maakheru* après la pesée du cœur. Dans la seconde phase, le candidat se baigne dans les eaux primordiales pour se revigorer. Purifié et justifié, il contemple, dans la dernière étape du voyage, la splendeur rayonnante de la Divinité.

Dans son parcours céleste, l'âme doit franchir les "Portes de l'Horizon de l'Autre Monde". Cette notion de "porte" revêt une double signification symbolique : « Celle d'un sceau qui ferme l'accès au mystère, et celle, inverse, d'un passage qui appelle à être franchi ».[803] Le passage des portes est une épreuve ; les Esprits-Gardiens qui contrôlent les entrées sont « armés de longs couteaux » (L.S., XVII) et ne laissent passer que ceux/celles qui sont jugés dignes. Dans les textes, il est souvent fait mention de deux Portes principales : celle qui « s'ouvre sur les Mystères du Monde inférieur » et celle qui donne accès aux Mystères du Ciel supérieur.

b) Les Champs célestes et la Cité céleste. La métaphore des champs évoque le "symbolisme végétal de la croissance", lequel, à son tour, renvoie à l'archétype osirien du grain qui meurt et renaît. Comme l'épi surgit des entrailles de la terre et se dresse vers le haut, ainsi le défunt est « promis à renaître ». Il n'est donc pas étonnant que dans le *Livre de la Sortie* le candidat proclame : « Je suis une plante florissante » (L.S., XXVIII). Les textes font allusion à deux types de champs célestes : les "Champs Aarou" (L.S., XXVIII) et les "Champs de la Paix" (L.S., CX).

---

[802] M. Guilmot, *Les initiés et les rites initiatiques en Égypte ancienne*, Paris, Laffont, 1977.
[803] P. Bancourt, *Le Livre des morts égyptien. Livre de vie*, 137.

Les premiers sont encore appelés "Champs des Roseaux", "Champs des Joncs" ou "Champs des Bienheureux". Ils s'étendent à perte de vue (L.S., LXXVII). À propos des Champs de la Paix, il est écrit :

> « Je circule, laboure, goûte la Paix dans la Cité céleste.
> De cette région, je connais les eaux, les provinces, les lacs
> Dans les Champs de la Paix ;
> C'est là que je vis,
> Que ma vigueur devient grande,
> Que je deviens un Esprit bienheureux
> Que je sème, récolte et me nourris
> Que je laboure et me livre à l'amour
> Que je suis en paix avec la Paix divine (L.S., CX). »

Les Champs de la Paix sont encore appelés la "Grande Région Souveraine des Vents" (LS, CX). La métaphore du vent ou du souffle évoque l'idée de paix et de quiétude en Dieu : « Laisse le Souffle vivifiant me nourrir ! », dit le défunt (L.S., XLI).

En dehors du symbolisme du jardin ou du champ, l'Au-delà est aussi représenté comme une Cité céleste : « Je circule, laboure, goûte la Paix dans la Cité céleste ». Cette Cité est encore désignée sous les noms de "Cité de Djedu", "Cité de la Paix", "Cité des dieux" ou encore "Ville éternelle". Comme nous l'avons souligné plus haut, il ne s'agit pas ici de "lieu" au sens ordinaire du terme, mais d'état de conscience. L'état céleste est celui où "l'Esprit sanctifié" vit éternellement en compagnie du « Seigneur de Vérité et de Justice » (L.S., CLXXXIII).

c) Le corps glorieux. « J'avance sous les traits de mon Corps glorieux », affirme le défunt réssuscité (CLXXX). Dans un autre passage, il proclame : « Voici que je suis couronné en Faucon divin/ Je deviens Corps glorieux, un Sahu/ Ainsi qu'Horus l'est dans son âme » (L.S., LXXVIII). La notion de corps glorieux fait référence à trois idées essentielles :

- L'idée de triomphe ou de victoire sur les forces de la mort : le sāhụ est appelé "Vêtement de Gloire".

- L'idée de rayonnement et d'incorruptibilité : le sāhụ est encore appelé "Vêtement de Pureté". Vêtu de cette limpidité incandescente, le défunt pourra entrer en communion avec la Divinité : « Ton Corps glorieux repose dans le sein divin de Râ, / Au milieu des hiérarchies célestes » (L.S., CLXIX).

- L'idée de renouvellement et de rajeunissement perpétuel : « En redevenant jeune, en me renouvelant, / Je maintiens intact mon Être multiple » (L.S., XLIII). Ainsi, le défunt glorifié s'octroie le nom de « Je-deviens-le-Jouvenceau-des-Prairies »   ou   de   « Je-deviens-l'Adolescent-des-Villes » (L.S., LXXXV). On l'acclame en lui disant : « A présent ta jeunesse est éternelle ! » (L.S., CLXXVIII).

4.2. L'idée de l'immortalité dans la Maatian Theology

Maulana Karenga entend par "Maatian Theology" la théologie morale pharaonique. Elle est dite "*maatian*" parce qu'elle est fondée sur la Maât en tant que principe cardinal et transcendant. Elle recouvre sept aspects fondamentaux :

> « 1) The meaning of God and especially God's moral character and attributes for emulation (*irt mí ntr*) and what God wills, wants and requires (*mrwt ntr*); 2) the meaning of humans and their relationships to the Divine, nature and others; 3) the required character, virtues and agency of persons; 4) ideals and values to infuse and embody in society; 5) criteria for making moral choices and judging others and society, and values and principles to use in the processes; 6) sacred texts and teachings as sources of moral principles and practices; and 7) the purpose and end goals of a moral life. »[804]

---

[804] M. Karenga, *Maat. The Moral Ideal in Ancient Egypt*, 135.

La doctrine de l'immortalité est liée au deuxième aspect évoqué par l'auteur, mais influe sur tous les autres aspects. L'immortalité s'entend comme un prolongement de la vie. En effet, l'une des expressions pour traduire l'idée de mort dans la langue pharaonique est "*uhem ankh*" qui signifie "renouvellement de la vie" : « Tu es parti vivant, lit-on dans les *Textes des Pyramides*, tu n'es pas parti mort » (833a). Cinq expériences post-mortem sont décrites dans les textes dits "funéraires" : la Résurrection, l'Ascension, le Jugement ou la Justification, l'Accueil auprès des Puissances divines, la Transformation ou la Divinisation. La Résurrection est perçue comme une "sortie à la lumière du jour" (*prt m hrw*). Selon Karenga, cette expression veut dire : « Breaking the bonds of death and grave and emerging to bask in sunlight, i.e., the rays of Ra in the spiritual sense. This is *resurrection*, rising from the dead like Osiris and repeating life through righteousness ».[805] L'Ascension est la "montée au ciel", tandis que le Jugement est la pesée du cœur. L'âme justifiée est accueillie au sein des Esprits célestes et siège avec eux. Elle se divinise. Devenir "Osiris" est le point culminant du processus. Comme nous l'avons précédemment indiqué, la symbolique de la mort et de la résurrection de ce personnage divin (fils de Dieu) constitue un des éléments essentiels de la théologie unneferienne :

> « The resurrection-focused tradition focused on the paradigmatic life and death of Osiris, who was murdered and raised from the death, and through this spiritual act suggested for humanity and each person the possibility and promise of resurrection and immortality. The classic concept for this is found in the Book of Vindication (CT IV, 168b-c) which says [...] I shall die and shall live, for I am Osiris. Thus, there is complete identification between Osiris and the deceased. »[806]

La question de l'immortalité, de la résurrection et de la justification n'est pas abordée uniquement dans les textes sacrés ; elle est également

---

[805] M. Karenga, *Maat. The Moral Ideal in Ancient Egypt*, 158.
[806] *Ibid.*, 165. Voir aussi E. A. W. Budge, *Osiris and the Egyptian Resurrection,* tome 1.

traitée dans les textes sapientiaux. Ptahhotep, dans son *Sebayt*, évoque à plusieurs reprises le jugement dernier et invite son disciple à suivre les voies de la Maât (vv. 88-90). Dans l'*Enseignement à Merikaré*, Kheti adresse la même exhortation à son fils (*Merikare*, P 52-53). Karenga commente la pensée de ce roi-philosophe :

> « Kheti's discourse tells us several things about the Kemetic [i.e. Egyptian] conception of judgment during this period. First, he notes that there is a day of judgment [...] presided over by a Tribunal. Secondly, a "person remains after death and his deeds are set beside him". S/he is then judged by what s/he has done. Moreover, there is no leniency, especially for those who knowingly do wrong. But for those judged righteous, they will exist in the afterlife "like a divine power, striding freely like the lords of eternity". Also Kheti puts virtue above both ritual and magic in determining worthiness for the otherworld. It is, he states, Maat-doing which determines one's acceptance by God in the otherworld. And he makes the point that each day and hour is a contribution to one's future – both in this world and the next. »[807]

Au nombre des récits didactiques qui abordent la question des fins dernières, on peut citer le *Livre de Khunanpu* ou *le Conte du Paysan Eloquent*, le *Récit de Setne II*, etc.

D'après certains auteurs, la conception égyptienne de la résurrection était au départ plus politique que théologique ; elle était, disent-ils, destinée à diviniser le roi et à légitimer son pouvoir. Obenga explique que l'élargissement du privilège de l'immortalité à tous les humains résulte d'un "ébranlement" de la société égyptienne et de la pensée aristocratique. À la fin de l'Ancien Empire, « le Roi vint à la condition osirienne des simples mortels, en même temps d'ailleurs que l'outre-tombe céleste de Pharaon commença de tomber au domaine banal,

---

[807] M. Karenga, *Maat. The Moral Ideal in Ancient Egypt*, 167-168.

accessible aux défunts de la catégorie humaine. L'espérance d'outre-tombe fut ainsi acquise pour tout le monde ».[808] Karenga a une lecture quelque peu différente. Il soutient que la doctrine de l'immortalité a, depuis l'aube de l'histoire égyptienne, un fondement moral et qu'elle s'enracine dans la croyance populaire. Bien avant le bouleversement politique auquel fait référence Obenga, on pensait, en Égypte, que tous les mortels sont promis à la vie éternelle et que tous, sans distinction de classes, doivent subir le jugement de la Maât.

4.3. L'eschatologie égyptienne et grecque : le Gorgias de Platon

Le *Gorgias* de Platon recèle, selon Frédéric Mathieu, « des pages particulièrement frappantes aux yeux de qui s'intéresse aux récits mythologiques de l'Égypte ancienne. Le mythe final du jugement des âmes y apparaît comme une quasi-transposition de la pesée du "cœur" devant [le tribunal] d'Osiris tel que le concevaient les Egyptiens ».[809] L'auteur s'emploie à démontrer cette thèse. Il examine d'abord deux hypothèses qui lui semblent inconsistantes :

a- Les sources d'inspiration de l'eschatologie platonicienne seraient principalement les mythologies orphiques et pythagoriciennes et non les textes égyptiens.

b- Les ressemblances entre les visions platonicienne et égyptienne de l'Au-delà ne dériveraient pas d'une influence culturelle. Elles s'expliqueraient par l'existence d'archétypes transcendantaux et d'unités structurantes servant de fondements universels à la pensée théo-cosmogonique (mythèmes, monomythe, schémas archétypaux universels, etc.).

Mathieu estime que « l'orphisme et le pythagoricisme auraient pu faire usage de traditions égyptiennes ». Il cite à ce propos Hérodote qui

---

[808] T. Obenga, *La philosophie africaine de la période pharaonique*, 194.
[809] F. Mathieu, *Platon, l'Égypte et la question de l'Ame*, Lille, TheBookEdition, 2013, 295-296.

affirme que les « prétendus mystères orphiques et bachiques » sont en réalité « égyptiens ». Le témoignage de Diodore de Sicile corrobore cette thèse :

> « Au rapport des Égyptiens, Orphée a rapporté de son voyage les cérémonies et la plupart des rites mystiques célébrés en mémoire des courses de Cérès, ainsi que les mythes des enfers. Il n'y a que la différence des noms entre les fêtes de Dionysos et celles d'Osiris, entre les mystères d'Isis et ceux de Cérès. La punition des méchants dans les enfers, les champs fleuris du séjour des bons et la fiction des ombres, sont une imitation des cérémonies funèbres des Égyptiens. Il en est de même de Mercure, conducteur des âmes, qui, d'après un ancien rite égyptien, mène le corps d'Apis jusqu'à un certain endroit où il le remet à un être qui porte le masque de Cerbère. Orphée fit connaître ce rite chez les Grecs (*Bibliothèque historique,* L., I, 96, 2) »[810]

La thèse "diffusionniste" semble donc plus plausible. Les sources grecques (traditions orphiques et sources littéraires) sont truffées de motifs égyptiens.

S'il y a des convergences évidentes entre Platon et ses prédécesseurs grecs sur la question du jugement post-mortem, on note également plusieurs variantes dans le *Gorgias* qui ne proviennent ni des traditions orphiques ou pythagoriciennes ni des traditions littéraires (Homère, Pindare, Eschyle, Euripide, etc.) ; ces variations sont, par contre, attestées dans les sources égyptiennes. Derrière "l'habillage" hellénique du dialogue, se profile une doctrine atypique pour le commun des grecs et qui plonge ses racines dans le limon du Nil. Mathieu met en évidence quatre singularités doctrinales :

- L'insistance sur l'absence d'une prescience de la dernière heure de l'homme sur terre et sur la nécessité de conduire une vie

---

[810] Trad. F. Hoefer et A. Delahays, édition numérique disponible sur le site htpp://www.mediterranees.net.

saine pour se préparer à cette heure inconnue (*Gorgias*, 523d)
- L'état d'immatérialité des défunts et des juges de l'Au-delà (523e)
- L'impartialité du jugement (523c-d)
- L'idée selon laquelle l'âme du défunt porte en soi les traces ou les empreintes de ses propres fautes (524d).

Les convergences les plus frappantes entre le *Gorgias* et le *Livre de la sortie* peuvent être relevées à trois niveaux : la structure du procès post-mortem, le verdict du procès et la métaphore de l'âme ailée.

(a) Le procès

Le texte égyptien fait mention de trois principaux juges divins : Wsirè (Osiris), Djehuty (Thot) et Inpu (Anubis). Ils sont assistés par les quarante-deux membres du Conseil des assesseurs. Cette imagerie de la composition du tribunal divin perdure jusqu'à la période tardive. Un texte du IIIe siècle avant notre ère, le *Cycle de Setné*, la reproduit telle quelle :

> « Ce que vit alors Setné, ce fut l'incarnation du Grand dieu Osiris assis sur son trône d'or pur et couronné de l'Atef, tandis que le grand dieu Anubis était à sa gauche et le grand dieu Thot à sa droite, les dieux du conseil des Occidentaux se tenant également répartis à sa gauche et à sa droite ».[811]

On retrouve cette triade des juges divins chez Platon : « J'ai établi pour juges trois de mes fils, deux d'Asie, Minos et Rhadamanthe, et un d'Europe, à savoir Eaque » (523e). Ces trois juges ont des fonctions spécifiques dans le jugement des âmes : « Rhadamanthe et Eaque instruisent le procès du défunt et prononcent leur sentence selon la valeur de l'âme du mort. Minos arbitre en cas de défaillance de ces deux assesseurs. Il jouit d'une parole efficace et une sagesse qui rend ses décisions irrévocables ».[812] La symbolique des trois juges n'apparaît

---

[811] Cit. in D. Agut, M. Chauveau, *Héros, magiciens et sages oubliés de l'Égypte ancienne*, Paris, Les Belles Lettres, La roue à livres, 2011, 46.
[812] F. Mathieu, *Platon, l'Égypte et la question de l'Ame*, 376.

nulle part, selon Mathieu, dans les sources grecques antérieures ; c'est seulement dans les textes égyptiens qu'elle trouve un pendant et une préfiguration : « Platon, ayant pris connaissance de cette doctrine, aurait pu transposer cette triade égyptienne de la salle des deux Maât au sein des enfers grecs, se contentant alors de les helléniser en choisissant pour ce rôle des figures classiques ».[813]

Une autre imagerie saisissante est celle de l'âme souffrant de ses propres fautes. Cette âme est décrite dans le *Livre de la sortie* comme "appesantie" ou "alourdie" ; dans le *Gorgias*, elle porte des "stigmates" ou des "cicatrices" (524d-525b). En outre, la Confession Négative et la Déclaration d'Innocence dans les textes égyptiens visent, comme dans le mythe platonicien, à utiliser le motif du jugement comme "propédeutique à la morale". On trouve dans le *Gorgias* une liste de fautes rédhibitoires que le vertueux doit éviter pendant son cheminement sur terre : immodération, mensonge, parjure, orgueil, licence, etc. (524e – 525a).

(b) Le verdict

Deux aspects du verdict sont mis en exergue dans les textes. Il y a d'abord la récompense du juste. Dans le *Livre de la sortie*, le défunt justifié rejoint le royaume d'Osiris ; devenu bienheureux, il siège parmi les dieux et contemple éternellement Ra. Chez Platon, l'âme du sage béatifié est admise à rejoindre les "îles fortunées" qui semblent correspondre au séjour de l'Au-delà égyptien (*Gorgias*, 526c). Dans le *Phèdre*, l'âme justifiée participe à la vie divine (446d), car elle est divine par nature comme l'enseigne le *Timée* : « Dieu nous l'a donnée comme un génie, et c'est le principe que nous avons logé au sommet de notre corps, et qui nous élève de la terre, vers notre parenté céleste, car nous sommes une plante du ciel, non de la terre » (90a-90b). Cette conception de l'âme s'accorde parfaitement avec la vieille notion égyptienne du *akh*. En effet, le *akh* est une « entité de caractère

---

[813] *Ibid.*, 376.

supramondain, un "moi" spirituel qui réside au-delà du sensible, dans le séjour de la divinité [...]. Le *akh* relève de la sphère ouranienne dont il émane et vers laquelle il tend ; c'est le *akh* qui, chez les Égyptiens, est invité à la contemplation ; lui également, qui signifiant littéralement "bienheureux" ou "transfiguré" exprime l'état du défunt devenu "dieu en Dieu" ».[814] À l'instar de Ra et des divinités, le *akh* se nourrit de Maât de même que l'âme bienheureuse, chez Platon, « se nourrit d'intelligence et de savoir sans mélange » (*Phèdre*, 274d-e). Mathieu trouve ici un élément probant et décisif qui confirme la thèse de l'influence égyptienne :

> « La scène centrale du rituel quotidien que pratiquaient les officiants de tous les temples [égyptiens] consistait à déposer au pied de la statue du dieu logé au cœur de son naos, une statuette à l'effigie de la déesse Maât, allégorie de la loi, de la justice et de la vérité. Ce qu'ils faisaient en prononçant ces mots : « ta nourriture, c'est Maât ; ta boisson, c'est Maât ; ton pain, c'est Maât ». Tout dieu vit de la Maât ; toute âme devenue dieu vit de la Maât. Qu'il soit allé s'en informer directement ou en ait hérité par le truchement de l'orphisme ou du pythagorisme, il se pourrait qu'en dernière analyse, Platon reproduise là également, tandis qu'il envisage ce que serait une immortalité divine dans la contemplation, une conception typiquement égyptienne d'un privilège offert aux âmes transfigurées par la "sortie au jour". »[815]

Le deuxième aspect du verdict, c'est le sort de l'injuste. Dans le texte égyptien, l'âme corrompue subit deux types de traitement selon la gravité de ses fautes : elle est admise à se purifier dans un "lac de feu" ou elle est dévorée par Ammet, la Bête Mangeuse. Platon envisage, lui aussi, une possibilité de purification et de rachat du défunt condamné. Rhadamanthe envoie l'âme souillée « à la prison, où elle ne sera pas

---

[814] *Ibid.*, 401.
[815] *Ibid.*, 403.

plus tôt arrivée, qu'elle éprouvera les châtiments convenables. [...] Ce n'est que par les douleurs ou souffrances que l'expiation s'accomplit et profite, ici ou dans l'autre monde : car il n'est pas possible d'être délivré autrement de l'injustice » (*Gorgias*, 525a-b).[816] Après cette phase de sévices dans l'Au-delà, l'âme, selon Platon, se réincarne dans le monde physique pour expier le reste de ses fautes. Il faut remarquer que l'idée selon laquelle la souffrance humaine serait une expiation, dans le monde présent, des fautes d'une vie antérieure, est totalement absente de la pensée égyptienne. Et ce, parce que la métempsychose platonicienne n'a vraissemblablement pas de pendant dans les textes nilotiques. C'est une doctrine « qu'aucun écrit sacré, depuis les Textes des Pyramides jusqu'au Livre des morts, n'a jamais mentionné. Pour autant que l'on en puisse juger, les Égyptiens n'ont jamais cru, au cours de millénaires d'histoire et de réformes religieuses, que les âmes défuntes étaient appelées à d'autres vies terrestres ».[817] Diop, par contre, soutient que « c'est en Égypte [...] que la théorie de la réincarnation a été le plus anciennement attestée » et qu'elle traduit une « quête de l'immortalité ». Il indique par ailleurs que « les nombreuses survivances de la métempsychose en Afrique Noire (Yorubas, Saras, etc) pourraient donner une idée de l'ampleur des contacts avec l'Égypte pharaonique ».[818] Pour E. Bosc, les Khemetiwou « croyaient non à la *métempsychose*, mais à la *métensomatose*, c'est-à-dire non à la transmigration de l'âme dans des corps d'animaux, mais en de nouveaux corps humains ».[819] La question mérite d'être approfondie afin de déterminer en quoi la vision africaine de la "réincarnation", si elle est réellement attestée, diverge de celle de Platon.

---

[816] Rappelons que c'est surtout dans les civilisations sémitiques et indo-européennes que l'idée de la réparation de la faute assume un caractère aussi tragique. Dans l'*Epître aux Hébreux*, on lit : « Presque tout, d'après la loi, est purifié avec du sang, et sans effusion de sang, il n'y a pas de pardon » (9 : 22). À propos de la conception africaine de la réparation, voir le chapitre 12 du présent volume.

[817] F. Mathieu, *Platon, l'Égypte et la question de l'Ame*, 405-406.

[818] C. A. Diop, *Civilisation ou barabarie*, 407.

[819] E. Bosc, *Isis dévoilée*, 160.

On peut relever une autre différence : si les textes égyptiens font état d'un possible anéantissement de l'âme méchante (avalée par Ammet), chez Platon, un tel scénario n'est pas du tout envisagé. Mathieu en tire une conclusion pour le moins hasardeuse : le Juge Divin égyptien serait, selon lui, non un "Dieu bienveillant", mais seulement un "Dieu juste". Or, comme nous l'avons indiqué plus haut, l'idée d'un effacement des fautes est bien attestée et témoigne d'une bienveillance du Juge Divin. Le défunt l'implore en disant :

> « O Dieu de Vérité et de Justice !
> Détruis le Mal qui est en moi !
> Fais disparaître ma Méchanceté et mes Crimes !
> Balaie de mon cœur tout le Mal
> Qui pourrait me séparer de toi,
> Afin que je sois en paix avec toi »
> (L.S., XIV).

Une fois qu'il a bénéficié de cette faveur divine, le défunt exulte en disant : « A présent je suis pur […]. Mes mauvaises actions appartiennent au passé » (L.S., CXXXIV).

On peut invalider par les textes une seconde opinion de Mathieu. Il écrit :

> « Ce qui, par conséquent, semble manquer à la scénographie égyptienne de la damnation pour concorder précisément avec celle de Platon est la présence d'un "purgatoire" pour amender les âmes ou pour les dissuader de s'adonner au mal. Or, l'existence d'un purgatoire ne se peut justifier que dans la perspective […], à tout le moins d'une "seconde chance" ».[820]

Plusieurs passages du *Livre de la sortie* nous autorisent à soutenir la thèse contraire. En voici un :

> « Le Royaume de la Pureté me reçoit dans son sein ;
> J'y demeurerai éternellement […]

---

[820] F. Mathieu, *Platon, l'Égypte et la question de l'Ame*, 405.

Car j'ai déjà séjourné dans le Lac de Feu ;
J'y ai reçu ma rétribution
Pour le Mal accompli par moi sur Terre »
(L.S., CLXXIV).

L'idée d'une purification de l'âme dans un "Lac de feu" n'est donc pas étrangère à la pensée égyptienne.

(c) L'âme représentée comme un oiseau

Dans le *Phèdre*, Platon représente l'âme sous la forme allégorique d'un attelage ailé (246a-b). On retrouve cette imagerie dans les textes orphiques.[821] Maxime de Tyr affirme que Pythagore fut le premier penseur grec à soutenir que l'âme, "une fois envolée", échappe à "la mort et à la vieillesse".[822] Mais avant Pythagore, Homère évoquait déjà cette imagerie. Dans l'*Iliade*, parlant de la mort de Patrocole, il écrit : « Son âme, s'envolant de ses membres, se rend aux enfers, déplorant le sort fatal, qui la forçait à abandonner la vigueur et la jeunesse » (Livre XVI, vv. 856-857). Cela n'est pas sans rappeler la métaphore égyptienne du *ba*. Dans de nombreux chapitres du *Livre de la sortie*, l'âme s'envole vers les demeures célestes sous la forme d'un faucon (LXXXVII ; XCVIII), d'un "phénix étoilé" (CXXII) ou de quelque autre oiseau ordinaire (LXIV).

***

Ici prend fin notre parcours. Ardu le chemin parcouru, mais les résultats auxquels nous sommes parvenu, bien qu'imparfaits, nous ont permis d'apprécier la valeur et la richesse du Legs Ancestral. En introduisant *La Crise du Muntu*, Eboussi Boulaga écrit :

---

[821] Cfr R. Tucan, « L'âme-oiseau et l'eschatologie orphique », in *Revue de l'Histoire des Religions* (RHR), t. 155, Paris, armand Colin, 1959.
[822] Maxime de Tyr, *Dissertations*, X, 2, cit. in F. Mathieu, *Platon, l'Égypte et la question de l'Ame*, 419.

« L'ouvrage porte au-delà de son lieu de naissance : sa méthode pourrait s'appliquer à d'autres territoires et il indique comment faire sien le langage de l'autre. Est-il philosophique ? Ne l'est-il pas ? Libre à chaque lecteur d'en décider. Il nous suffit d'avoir fait acte de pensée et de lucidité ».[823]

Nous espérons avoir fait, nous aussi, « acte de pensée et de lucidité ». Du moins, nous avons tenté de le faire. Nous nous sommes mis à l'écoute de ceux/celles qui, comme dit Ptahhotep, « sont devant » et qui « jadis écoutèrent » le murmure du Vent, dans la clameur du monde et le silence du cœur. Germe le grain semé. Ni cè !

---

[823] F Eboussi Boulaga, *La Crise du Muntu*, 9.

Epilogue

J'arriverais lisse et jeune dans ce pays mien
Et je dirais à ce pays dont le limon entre dans ma chair :
« J'ai longtemps erré et je reviens… »

(A. Césaire)

Pour définir aujourd'hui sa téléologie, l'Afrique a besoin de fouiller profondément son archéologie. Comme une flèche qui, pour s'élancer devant, doit être tirée en arrière, comme une fusée qui, pour s'élancer dans l'espace intersidéral, a besoin d'un socle, d'une rampe de lancement, l'Afrique a besoin de sa source (…) pour s'élancer vers l'océan de l'avenir.

(Oleko Nkombe)

D'aucuns voudraient que la pensée africaine ne soit qu'une pensée née de la rencontre et une pensée de la rencontre. La formule est séduisante. Elle renvoie à la rhétorique prétendument senghorienne de la "civilisation de l'universel". Cependant, chaque fois qu'il est question de débroussailler le terreau originel à partir duquel cette pensée entre en dialogue avec les autres traditions culturelles, les hérauts de l'universalisme et de l'ouverture se confondent. Ils trouvent vite une excuse, un prétexte : vouloir déterminer le lieu germinal de la pensée africaine serait un repli identitaire, un afrocentrisme, un gobinisme à rebours, un enfermement ethnophilosophique. Or, ce prétexte contredit le postulat de départ. Car il n'y a de rencontre culturelle qu'entre traditions de pensée qui s'affirment à partir de leurs propres lieux d'ancrage.

En abordant cette problématique de la rencontre, Bachir Diagne adopte une position qui témoigne de l'ambiguité du discours universaliste. Séverine Kodjo-Granvaux écrit à propos de cet auteur : « Afin de sortir de l'ethnophilosophie, du paradigme ethnique et/ou racialisant, et de l'approche essentialisante, Souleymane Bachir Diagne propose "d'organiser" une nouvelle rencontre de l'Afrique et de l'Islam ». Elle ajoute : « Reprochant aux intellectuels africains et autres spécialistes de l'Afrique de ne pas avoir pensé le contact de l'Afrique et de l'Islam dans toute sa dimension réelle, S.B. Diagne voit dans cette relation la possibilité d'échapper au paradigme ethnophilosophique ainsi qu'à tout enfermement identitaire ».[824] Diagne lui-même écrit : « L'histoire de la pensée philosophique en Afrique, hier comme aujourd'hui et comme partout, est une histoire de rencontres ».[825] Pour étayer son propos, il cite un passage d'un article de Grandvaux : « Les philosophies africaines opèrent sans cesse des déterritorialisations et reterritorialisations de philosophies et de concepts qui leur sont étrangers, et se construisent comme rencontre ».[826]

Ce n'est pas l'idée de "rencontre" que nous récusons, mais le présupposé selon lequel la recherche de la spécificité d'une tradition de pensée serait nécessairement un "enfermement identitaire", une démarche essentialisante, fixiste, racialisante, romantique ou ethnophilosophique. Admettons un instant que ce présupposé soit vrai. Il en découlerait que le fait même de considérer la "philosophie qui se pratique en Afrique" comme une "philosophie de la rencontre" reviendrait à la caractériser d'une certaine manière, c'est-à-dire à relever un trait de sa spécificité. On voit bien que la démarche essentialisante tant redoutée est logée au cœur même du paradigme qui se veut abstraitement universaliste.

Il est dit que la "rencontre" caractérise "hier comme aujourd'hui et comme partout" la philosophie en général. Fort bien. Mais faut-il en

---

[824] S. Kodjo-Granvaux, *Philosophies africaines*, Paris, Présence Africaine, 2013, 152.

[825] S. B. Diagne, *L'encre des savants*, 17.

[826] S. Kodjo-Granvaux, « Vous avez dit "philosophie africaine" ? », cit. in S. B. Diagne, *L'encre des savants*, 17.

déduire qu'il n'y aurait ni "philosophie africaine", ni "philosophie occidentale", ni "philosophie indienne", mais "la philosophie tout court", la "philosophie universelle", sans traits culturels particuliers, sans aucune empreinte civilisationnelle ? Si une telle "philosophie universelle" existait réellement, elle serait une "philosophie sans visage", au service d'un universel informe, éthéré, désincarné. Comment une philosophie sans visage peut-elle être le lieu d'une rencontre ou se prévaloir d'être une pensée de la rencontre ? Qu'est-ce qu'une rencontre sans visage, c'est-à-dire sans un Je, un Tu, un Nous, un Vous historiquememt et culturellement situés ? Mais, ne nous leurrons pas ; ouvrons l'œil et grattons plus près. Que voit-on ? En réalité, au-delà des déclarations et des formules convenues, on s'aperçoit que l'universalisme philosophique prôné a bien un visage culturel particulier qui se prévaut d'être le Visage de l'Universel.

La "rencontre" tant proclamée s'entend, sous la plume des universalistes, comme "déterritorialisation et reterritorialisation de philosophies et de concepts étrangers". Notons que là où on parle de "philosophies étrangères", l'universel éthéré dont il a été question plus haut s'estompe et s'éclipse comme un fantôme. S'il y a donc une "déterritorialisation" et une "reterritorialisation" de concepts et de philosophies venus d'ailleurs, à partir de quels terroirs ou terreaux culturels cette démarche s'opère-t-elle ? Prenons le cas de la rencontre de l'Afrique avec le monde islamique. D'après Grandvaux, Bachir Diagne voit dans cette rencontre la possibilité pour les intellectuels africains d'échapper à « tout enfermement identitaire ». On semble insinuer ici deux choses :

a) La pensée africaine ancestrale serait en soi une prison, une pensée de la clôture et de l'enfermement.

b) Ce n'est que par l'entremise de "l'exogène" que l'Afrique pourra se libérer d'elle-même, de son propre démon et prétendre à une quelconque universalité. En d'autres termes, il n'y aurait dans sa culture classique et traditionnelle que du particularisme tribal et rien d'universel.

Ce sont là de vieilles idées, des idées surannées, et il est curieux de constater qu'elles ressurgissent continûment. Revenons à notre sujet : si le contact avec l'islam a été une rencontre au sens dialogique du terme, qu'apporte l'Afrique dans ce dialogue civilisationnel ? S'il est vrai que tout dialogue est d'abord et avant tout un "dialogue des lieux", à partir de quel lieu culturel l'Afrique entre-elle en dialogue avec la pensée arabo-musulmane ? Si, comme dit Bachir Diagne, « l'africanisation de l'Islam est beaucoup plus qu'une nuance »,[827] quel est le ferment culturel qui a rendu possible cette "africanisation" ? Le philosophe sénégalais reste évasif sur ces questions. Il martèle que c'est une erreur de considérer l'identité comme quelque chose de fixe (« *something that lasts in spite of encounters and in spite of history* »). Ensuite, il laisse croire que rechercher l'*Africaness* serait comme aller à la recherche d'une hypothétique exclusivité culturelle (comme si l'idée de spécificité renvoyait nécessairement à quelque chose d'exclusif). Évoquant par exemple le "culte des ancêtres", il estime que cela n'a rien de spécifiquement africain. Il trouve cependant que la liberté dont jouissaient les femmes musulmanes du Mali du XIVe siècle et qui a surpris le voyageur Ibn Battuta constitue une sorte de "différence" africaine. Il conclut ainsi sa réflexion :

> « When it comes to religious practices embodying the Islamic faith, there is no room for any major divergence. But when it comes to cultural customs, as distinct from prescriptions actually in the Quranic text, difference is not only unavoidable but also necessary. This is because difference carries the seeds of evolution and openness. »[828]

La confusion est manifeste. D'une part, Diagne prend ses distances vis-à-vis de l'idée d'une spécificité africaine (*Africanness*) ; d'autre part, il finit par reconnaître une certaine "africanité" dans l'univers islamique.

---

[827] S. B. Diagne, « Islam in Africa: Examining the Notion of an African Identity within the Islamic World», in K. Wiredu, *A Companion to African Philosophy*, op. cit., 378.
[828] *Ibid.*, 381.

D'où provient cette "différence africaine" sinon d'une matrice civilisationnelle ? La liberté des femmes soudanaises qui heurta le voyageur arabo-berbère peut-elle s'expliquer en dehors de cette matrice ? Le matriarcat qui caractérise originellement les sociétés africaines et qui découle d'une certaine vision du monde et de la femme ne permet-il pas d'expliquer ce que Ibn Battuta, provenant d'une culture patriarcale, ne pouvait facilement comprendre ?

Il résulte de tout ce qui précède qu'on ne peut prêcher l'universel ou prôner une culture de la rencontre en faisant abstraction de l'idée de "lieu d'ancrage" entendu comme "lieu culturel et dialogique". Autrement, on se fourvoierait dans un universalisme aliénant. Un universalisme d'exportation ou d'emprunt et non de "rencontre", un universalisme que Bachir Diagne lui-même finira par dénoncer comme « vertical ». Que le lieu d'ancrage ne se réduise pas à quelque chose de statique, d'anhistorique, d'essentialisant ou d'absolument exclusif, cela relève d'un truisme.

Au-delà de la critique, il y a chez Diagne un souci que nous partageons entièrement, le souci d'interroger avec rigueur les discours produits sur l'Afrique et l'Africanité :

> « Par un intéressant mouvement de balancier, le discours sur le continent est passé des généralisations insouciantes concernant une africanité partout identique à la juxtaposition scrupuleuse jusqu'à l'absurde de singularités territoriales impossibles à subsumer sous *une* notion de l'Afrique. Ainsi, malgré les indéniables airs de famille, on se retrouve à dire, comme Picasso, mais dans un tout autre sens que ce qu'il a voulu dire : « l'art *africain* ? Connais pas ! » »[829]

Le philosophe sénégalais a raison de nous mettre en garde contre ces deux formes de discours. Mais ce n'est pas une raison pour projeter la pensée africaine dans un universalisme fantasmagorique où l'on a du

---

[829] S. B. Diagne, *L'encre des savants*, 14-15.

mal à la situer par rapport à son lieu d'ancrage, à sa territorialité propre ou à sa topologie référentielle. Cette notion de "lieu d'ancrage" nous ramène à un concept déjà évoqué, celui de "tradition de pensée". Si toute tradition est à la fois "héritage et création" et si la philosophie elle-même s'appréhende comme tradition, on s'étonne des positions vigoureusement défendues par certains philosophes africains. Simon Obanda, per exemple, affirme que l'on doit avoir « le courage en philosophie africaine de dire et de reconnaître qu'il n'y a pas encore une vraie tradition philosophique, parce qu'elle est une activité encore très récente ; elle est en train de se mettre sur pied ». Paulin Hountondji soutient, quant à lui, que « la philosophie africaine, pas plus que la science africaine ou la culture africaine en général, ne saurait être derrière nous, mais devant nous, dans le geste décisif par lequel nous entreprenons, aujourd'hui, de la créer ». Cette création, poursuit-il, « enveloppe nécessairement l'héritage du moment » ; elle est, de ce fait, une « re-création ».[830] C'est le même procédé de "fuite en avant" qui est à l'œuvre dans ce type raisonnement. Si la pensée africaine ne plonge ou ne trouve ses racines dans ce qui est "derrière nous", comment peut-elle être aujourd'hui une "re-création" et envelopper un "héritage" ? L'idée d'une "philosophie africaine" présuppose l'existence d'une tradition philosophique africaine. Or, pour Obanda, cette tradition n'existe pas encore ; Hountondji dit qu'elle est "devant nous".[831]

---

[830] P. Hountondji, *Sur la « philosophie africaine »*, op. cit., 48 ; S. Obanda, *Re-création de la philosophie africaine. Rupture avec Tempels et Kagame*, Bern, Peter lang, 2002, 162..

[831] Le philosophe béninois a revu sa position "moderniste". En 1994, il écrit à propos de la notion de tradition : « L'adjectif traditionnel n'est innocent qu'en apparence. Spontanément utilisé par opposition à "moderne", il véhicule l'idée obscure d'une coupure radicale entre l'ancien et le nouveau. Il fige ainsi l'ancien en un tableau statique, uniforme, sans histoire et sans profondeur, où tous les points paraissent rigoureusement contemporains, en réservant à l'ordre nouveau le prestige – ou le malheur – du mouvement, du changement, bref, de l'historicité ». Mais, depuis, une nouvelle conception de la tradition et du traditionnel s'est imposée : « Derrière la "pensée africaine traditionnelle" figée et pétrifiée par une longue pratique ethnologique, on invitait à redécouvrir en leur dialectique propre, en leur histoire mouvementée, les traditions de pensée africaines [...] De même pourrait-on dire, dans le cas présent, derrière les savoirs "traditionnels" supposés définitifs et étrangers à toute histoire,

Au fond, ce qui manque à ces auteurs du courant dit "critique"[832] et à ceux du courant "ethnophilosophique", c'est la "perspective historique". Les uns estiment qu'il n'y a rien à aller chercher comme "tradition philosophique" dans le passé africain ; les autres s'efforcent de ressusciter une "pensée africaine" qu'ils présentent comme une pensée collective, native et atemporelle.

Diop s'élève au-dessus de cette mêlée. Il rappelle « qu'aucune pensée, et en particulier aucune philosophie, ne peut se développer en dehors de son terrain historique ». Par conséquent, « la philosophie africaine ne pourra se développer que sur le *terrain originel* de l'histoire de la pensée africaine ». Les "modernistes" qui se croient investis de la mission prométhéenne de créer une tradition philosophique tirée de nulle part sont donc invités à plus de modestie. Avant de déclarer péremptoirement qu'il n'y a eu, avant eux, aucune tradition philosophique en Afrique, ils auraient mieux fait de revisiter le passé africain. Voilà pourquoi l'auteur de *Civilisation ou barbarie* invite les jeunes philosophes africains à « se doter rapidement des moyens intellectuels nécessaires pour renouer avec le foyer de la philosophie en Afrique », c'est-à-dire l'Égypte pharaonique. Ces "moyens intellectuels nécessaires" sont : l'Egyptologie, la connaissance directe du système des hiéroglyphes, l'histoire des civilisations antiques et l'archéologie de la pensée africaine ; autant de moyens qui, il faut le reconnaître, faisaient défaut aux euro-modernistes et aux ethnophilosophes.

---

s'aviser de chercher des traditions de savoir vivantes, plurielles ». Cependant, dans l'imaginaire collectif des intellectuels occidentalisés, la notion de tradition évoque encore la vieille conception ethnologique. D'où la tendance à l'utiliser avec des guillemets : « Les guillemets signifiaient à la fois tout cela : ces réserves légitimes, cette critique d'une perception réductrice des cultures non occidentales, ce refus d'ignorer ou d'évacuer a priori l'histoire, le mouvement interne, le changement inhérents aux formations sociales précoloniales et à leurs productions spirituelles » (P. Hountondji, *Les savoirs endogènes*, op. cit., 13-14). Il est évident que ce n'est pas le mot qui est impropre, mais l'usage qui en a été fait par les ethnologues et les tenants de l'idéologie moderniste.

[832] Nsame Mbongo a relevé le caractère fumeux de cette catégorisation proposée par Elungu : « Quelle philosophie n'use peu ou prou de la critique ? » (N. Mbongo, *La philosophie classique africaine*, 182).

Diop établit trois faits décisifs qui permettent d'identifier les grands cycles de l'histoire de la pensée africaine :

a) Le premier fait, c'est que la pratique de la philosophie et de la science en Afrique remonte à la période pharaonique. Par conséquent, « en renouant avec l'Égypte nous découvrons, du jour au lendemain, une perspective historique de cinq mille ans qui rend possible l'étude diachronique, sur notre propre sol, de toutes les disciplines scientifiques que nous essayons d'intégrer dans la pensée africaine moderne. L'histoire de la pensée africaine devient une discipline scientifique ».[833]

b) Le deuxième fait, c'est que « la pensée philosophique égyptienne jette une lumière nouvelle sur celle de l'Afrique noire ». Ce qui veut dire que les systèmes de pensée enseignés dans les *Joow* (les Ecoles Initiatiques Traditionnelles) s'inscrivent dans une continuité avec la philosophie égyptienne et font partie de l'héritage philosophique africain. Ces doctrines anciennes, même si Diop dit qu'elles se sont "fossilisées" et "dégradées", restent « précieuses pour l'archéologie de la pensée africaine, et, ne serait-ce que pour cela, leur étude sera toujours indispensable au penseur africain, s'il veut bâtir une tradition intellectuelle à partir du terrain historique ».[834]

c) Le troisième fait, c'est l'attestation de la pratique de la philosophie en Afrique pendant la période mandingue :

> « Aristote était commenté couramment à Sankoré. L'introduction du *Trivium* est attestée : SA-DI, un noir lettré de Tombouctou, auteur du célèbre ouvrage intitulé le *Tarikh es-Soudan*, cite parmi les matières qu'il avait maîtrisées, la logique, la dialectique, la grammaire, la rhétorique, sans parler du droit et autres disciplines. Plusieurs lettrés étaient dans le même cas ; et les deux *Tarikh* contiennent les longues listes des matières étudiées et des savants ou lettrés africains qui les enseignent à

---

[833] C. A. Diop, *Civilisation ou barbarie*, op. cit., 407.
[834] *Ibid.*, 407.

l'université de Tombouctou, à l'époque où la scolastique fleurissait à la Sorbonne, à Paris […]. Le *quadrivium* était également introduit. »[835]

À la même époque, sur la côte orientale du continent, « la situation devait être la même ». Les travaux de Claude Sumner en témoignent. La tradition philosophique africaine n'est donc pas une nébuleuse, une légende. Elle est historiquement attestée. Comment ignorer ces faits et spéculer sur une prétendue tradition qui ne serait que "devant nous" et non "derrière nous" ? Le critère d'historicité est en tout cas fondamental dans la démarche du Retour : « Cette manière de présenter les faits, en respectant la chronologie de leur genèse et leurs liens historiques vrais, est le moyen le plus scientifique de retracer l'évolution de la pensée philosophique et de caractériser sa variante africaine ».[836] Aux modernistes d'hier et d'aujourd'hui ainsi qu'aux universalistes qui nous vantent un universel d'emprunt, il nous plaît de rappeler cette sage recommandation de Pie-Claude Ngumu :

> « Il y a lieu de distinguer deux sortes de situation dans nos préoccupations de modernité.
>
>> 1- "La juste modernité", qui opère des transformations réelles, progressives et constructives, sur la base de l'exploitation judicieuse autant du passé que du présent quant à leurs apports positifs dûment sélectionnés.
>>
>> 2- "La modernité de surface", qui ignore la tradition. »[837]

---

[835] *Ibid.*, 409.
[836] *Ibid.*, 388.
[837] P-C Ngumu, « Identité culturelle camerounaise et art musical », cit in M. Bassong, *Esthétique de l'art africain*, 202.

Les philosophes du Retour ont su tirer du "Neuf de l'Ancien". C'est la preuve que la *Djed-Rekh* peut constituer une source d'inspiration féconde pour la pensée contemporaine.

Ꝺɑᒥ ɎꝊɎꝊ ɔ́ ᒥʊ ɯɛ
ə ᒥɔ Ⱨьɛ jɔjʒ ɔ́ ꝺꝊ

C'est au bout de l'ancienne corde
Qu'on tisse la nouvelle.
(Proverbe Fon)

Cotonou, IV, Shemou, 24ème jour, 6256 A.E.
(21 juillet 2020)

Annexes

nn ḥmww ꜥpr(w) ꜣḫw=f

Il n'y a pas d'artisan qui ait acquis la perfection de son art
(Ptahhotep, v. 56)

Annexe 1 :
"Rekh-Sai".
Le portrait idéal du philosophe d'après un texte de l'Égypte pharaonique

*Les Égyptiens inventèrent pour le corps le secours de la médecine (...).
Pour les âmes, ils révélèrent la pratique de la philosophie qui peut à la
fois fixer les lois et chercher la nature des choses.*

(Isocrate, Busiris)

*Under kings Antef from 2050 BC, for the first time in history, the
philosopher is clearly defined in Ancient Egypt. The philosopher is the
friend of wisdom. He is instructed, and learns by studying nature.
Philosophy is therefore the exercise of reason in the fields of the
relatedness of thought and action.*

(T. Obenga)

L'*Inscription d'Antef* précède de plusieurs siècles les premiers
manuscrits grecs. Elle date de la XIème Dynastie et dresse un portrait du
"*rekh-sai*" ou du "philosophe". En voici un extrait :

> « [Le rekh-sai] est celui dont le cœur s'informe des choses qui
> sont encore inconnues
> Il examine les problèmes avec perspicacité ; il est modéré dans
> son agir
> Il pénètre les textes anciens ; son conseil aide à affronter les
> situations complexes
> Il est véritablement sage ; il instruit son propre cœur
> La nuit, il reste éveillé pour scruter les sentiers justes
> Il cherche à aller au-delà de ce qu'il a déjà accompli (…),
> Il se consacre totalement à la sagesse. »[838]

---

[838] Cit. in T. Obenga, «Egypt : Ancient History of African Philosophy», in K Wiredu

Sont mis en exergue, dans ce fragment, quatre traits caractéristiques de l'esprit philosophique : l'amour de la sagesse, la recherche rationnelle de la vérité, la quête de la perfection, le souci de mettre la science au service de la société.

a- *L'amour de la sagesse*

« *Il est véritablement sage* »

« *Il se consacre totalement à la sagesse* ».

On dit de Pythagore qu'il aurait inventé le terme "*philosophos*" par lequel il se serait désigné lui-même (Héraclide du Pont, *Fragment,* 88). "*Philosophos*" dérive du mot "*philosophia*" qu'on traduit par "amour de la sagesse (*sophia*)". En réalité, par "*sophia*", il faudrait entendre non seulement la sagesse (*phronesis*), mais aussi la science ou la connaissance théorique :

> « En grec, *sophia* signifie aussi bien la connaissance que la sagesse. Et *philo* signifie aimer, mais aussi désirer. Vous pouvez donc traduire philosophie par "désir de connaissance". Mais aussi par "amour de la sagesse". Dans le premier cas, vous tirez la philosophie du côté de la science. Dans le second cas, du côté de l'existence et du bonheur. Présente dans la racine grecque elle-même, cette dualité a accompagné toute l'histoire de la philosophie. »[839]

On retrouve ce double sens dans les termes égyptiens "*rekhet*" et "*sat*" d'où dérive l'expression "*rekh-sai*" : « The concept *rekhet* (written with the hieroglyph for abstract notions) means "knowledge", "science", in the sense of philosophy, that is inquiry into the nature of thing (*khet*)

(Ed.), *A Companion to African Philosophy*, 35.
[839] M. Audétat, « La philo-bonheur relève d'un totalitarisme soft et radieux », in *Le Matin dimanche*, 15 février 2015, 68.

574

based on accurate knowledge (*rekhet*) and good (*nefer*) judgment (*upi*) ».[840] La sagesse (*sat*) se fonde sur la *rekhet* :

> « In the Egyptian language "wisdom" and "prudence" are expressed by the same word: *sat* (…). Indeed, to be wise (*sai*) is to be prudent (*sai*); it is to be almost "silent", that is, sagacious in handling matters, and exercising good judgment. Wisdom and prudence imply knowledge (*rekhet*) and the awareness of the principles of moral conduct and sociable behavior ».[841]

Il résulte de cette analyse terminologique que le mot composé "*rekh-sat*" exprime fort bien le concept de "philosophie" en égyptien pharaonique. On pourrait le traduire "science de la sagesse" ou "sagesse fondée sur la connaissance". Obenga évoque un autre terme, "*seba*", qu'il considère comme la probable étymologie du mot "*sophia*" :

> « Le mot *philosophia* n'est pas natif, indigène, autochtone. En effet, ni *philo-* ni *sophos* n'ont d'étymologies en grec, en indo-européen (…). Nous proposons donc ici, pour la première fois, que le mot *sophos* dérive de l'égyptien *sbo* (*sb3, seba*), au moins pour trois arguments qui nous paraissent corrects : argument linguistique, argument culturel et argument chronologique. »[842]

Quelle que soit l'origine du mot "*sophia*", on sait que des siècles avant Pythagore, des érudits s'adonnaient en Égypte à une activité intellectuelle qui consiste à "se consacrer totalement" à la science de la sagesse. D'ailleurs, selon les sources anciennes, Pythagore, le premier à avoir utilisé le mot "*philosophia*", serait allé s'initier à ce type d'activité sur les rives du Nil : « Pythagore de Samos venu en Égypte et s'étant fait le disciple des gens de là-bas, fut le premier à rapporter en Grèce toute philosophie » (Isocrate, *Busiris* 2). Jamblique abonde dans le même sens : « Thalès conseilla à Pythagore de se rendre en Égypte et de

---

[840] T. Obenga, « Egypt : Ancient History of African Philosophy », 33.
[841] *Ibid.*, 34.
[842] T. Obenga, *L'Égypte, la Grèce et l'École d'Alexandrie*, 221.

s'entretenir le plus souvent possible avec les prêtres de Memphis et de Diospolis : c'est d'eux qu'il avait tiré toutes ces connaissances qui le font passer pour sage et savant aux yeux de la foule » (*Vie pythagorique*, 12). Porphyre ne dit pas le contraire : « En Égypte, Pythagore fréquenta les prêtres, apprit d'eux la sagesse et la langue égyptienne » (*Vie de Pythagore*, 11-12).

b- *La recherche rationnelle de la vérité*

« *Celui dont le cœur s'informe des choses qui sont encore inconnues* »

Si la *rekh-sat* est la science de la sagesse, il est évident qu'elle est une quête de la vérité, car il n'y a ni science ni sagesse sans cette quête. Le *rekh-sai* n'a pas la science infuse. Il sait que la vérité est incommensurable. Voilà pourquoi il s'informe continuellement des « choses qui sont encore inconnues ». La vérité, dit Heidegger, est "dévoilement", *aletheia*. Mais le dévoilement, ici, n'est pas de l'ordre de la révélation mystique. La vérité philosophique est le fruit d'une recherche patiente, laborieuse, rationnelle. L'*Inscription d'Antef* indique quatre voies d'accès à cette vérité :

(*i*) « Pénétrer les textes anciens », c'est-à-dire se confronter avec l'histoire de la pensée.

(*ii*) « Instruire son propre cœur ». L'activité philosophique est d'abord une activité réflexive. L'esprit rentre en soi, se penche sur soi et se met à l'écoute de soi. Le "cœur" (*ib*), dans la pensée africaine classique, est le siège de l'intelligence et de la raison. "Penser", en langue Fon, se dit "*d'ayimɛ*", littéralement "semer l'esprit dans la chose". Penser, c'est chercher l'intelligibilité des choses. Or, cette intelligibilité ne peut être perçue ou appréhendée que par l'esprit ou le "cœur". À travers l'activité réflexive, l'esprit pénètre la chose et fait corps avec elle.

(iii) « Rester éveillé », être lucide, maintenir l'esprit en éveil, se questionner en permanence.

(iv) « Examiner les problèmes avec perspicacité » et « scruter les sentiers justes ». La philosophie éduque à l'esprit critique : « Philosophical thinking is a critical undertaking. Philosophy is not concerned with what is apparent, obvious, shallow, or insignificant. Thinking deep means dealing with substantial issues ».[843] Dans les langues occidentales, le terme "critique" dérive du grec *kriticos*, "discernement", "jugement". Quel est le critère à partir duquel le *rekh-sai* discerne, examine, scrute et juge les choses ? La Maât ! Le philosophe égyptien est un Amant de la Maât (*Mry Maât*), un Serviteur de la Maât (*Hem Maât*) et un Suivant de la Maât (*Shemsu Maât*).

c- *La quête de la perfection*

« Il est modéré dans son agir »

« Il cherche à aller au-delà de ce qu'il a déjà accompli »

La contemplation rationnelle de la vérité (*rekh/theoria*) est essentielle, mais la vérité ne s'acquiert réellement que lorsqu'elle est mise en application. Elle impose à ceux qui la recherchent d'être dans une quête permanente de la perfection (*nefer*). Le philosophe ne se contente pas du "déjà-là" ; il soupçonne qu'il y a encore une infinité de possibilités et de chemins neufs à explorer. La perfection, dans la pensée égyptienne, recouvre deux dimensions :

- *Khepert ankhu*, le perfectionnement de l'être humain. La modération, la pondération, la générosité, l'humilité sont autant de valeurs que le sage cultive afin de devenir un "*geru maa*", c'est-à-dire "un homme qui se laisse modeler par la Maât".

- *Menkhu*, le perfectionnement des compétences et des talents.

---

[843] T. Obenga, "Egypt : Ancient History of African Philosophy", 35.

d- *Le souci de mettre la science au service de la société*

« Son conseil aide à affronter les situations complexes »
L'activité philosophique, contrairement à une idée reçue, ne consiste pas à s'enfermer dans un Moi solipsiste, en restant indifférent au sort du monde. Si le *rekh-sai* « scrute les sentiers justes », c'est pour éclairer ses propres pas et aider les autres à affronter rationnellement les situations difficiles. Ce faisant, il contribue à l'édification d'une société juste, éclairée, équilibrée et prospère.

***

Clément d'Alexandrie, apologète chrétien du IIIè siècle, rapporte que les diverses doctrines philosophiques égyptiennes ont été rassemblées dans un corpus encyclopédique dénommé "Livres de Thoth ou d'Hermès" (Djehuty). Il y aurait « en tout quarante-deux livres principaux d'Hermès dont trente-six, où est exposée toute la philosophie des Égyptiens ». Dans les six autres, il est question « de l'art de guérir [...], de la construction du corps humain, de ses maladies, des instruments et médicaments, des yeux, enfin des maladies des femmes ». Que contiennent les trente-six livres ? Ils se répartissent, selon l'auteur, comme suit :

- Deux livres, « l'un contenant les hymnes en l'honneur des Dieux, l'autre les règles de la vie royale ».
- Quatre livres traitant des astres, « l'un des astres errants, l'autre de la conjonction de la lune et du soleil, les derniers de leur lever ».
- Des livres où sont consignés des enseignements concernant « la cosmographie, la géographie, les phases du soleil et de la lune ; celle des cinq planètes, la chorographie de l'Égypte, le cours du Nil et ses phénomènes, l'état de possession des temples et des lieux qui en dépendent ». Le nombre de ces livres n'est pas précisé.

- D'autres livres encore, contenant des enseignements sur les « préceptes de la religion ».[844]

Le contenu des "Livres de Djehuty" atteste que la philosophie pharaonique était réellement *episteme* et *phronesis*, c'est-à-dire science (*rekhet*) et sagesse (*sat*). À propos du témoignage de Clément d'Alexandrie, Diop écrit :

> « Parmi les ouvrages sacrés de la bibliothèque du temple d'Edfu, on peut citer comme une confirmation des dépositions de Clément d'Alexandrie les livres suivants : Connaissance des retours périodiques des deux astres (soleil et lune), Contrôle des (autres) astres, Livre de connaître tous les secrets du laboratoire, et aussi Protection magique du roi dans son palais, Formules pour repousser le mauvais œil ».[845]

Ces précieux rouleaux, ainsi que ceux cités par l'apologète chrétien, font-ils partie des volumes que les envahisseurs barbares et incultes ont livrés à la furie des flammes ? C'est fort possible. Bosc nous apprend, en effet, que « Dioclétien, comme tous les empereurs romains du reste, abusant de sa victoire en Égypte, fit rechercher et brûler » plusieurs livres des anciens temples du savoir.[846]

---

[844] Clément d'Alexandrie, *Stromates*, cit. In E. Bosc, *Isis dévoilée ou l'Egyptologie sacrée*, Paris, Chamuel & Cie, Librairie-Editeurs, 1891, 38-39.
[845] C. A. Diop, *Civilisation ou barbarie*, 422.
[846] E. Bosc, *Isis dévoilée ou l'Egyptologie sacrée*, 61.

Annexe 2 :
Deux figures de la Pensée Africaine Fondamentale : Imhotep d'Iounou et Wa Kamissoko

I- Imhotep d'Iounou : le Savant, le Philosophe et le Poète (2600 av. J.-C.).

Celui qui connaît la réalité, les mythes et les rituels" : tel se présente le sage égyptien, au cœur vigilant, à la langue capable de trancher, à la parole efficace, capable de satisfaire Dieu et les dieux parce que son existence entière repose sur la connaissance et non sur la croyance. Adepte du calme et du silence, il s'éloigne du bouillant, du bavard et de l'envieux. Accomplir ce qui est droit, rechercher l'excellence en toute chose, ne jamais fuir ses responsabilités, vénérer ce qui est plus grand que lui, sont quelques-uns des devoirs quotidiens du sage.

C. Jacq

Son nom signifie : "Celui qui vient en paix" ou "celui qui vient en plénitude". Fils de Khanofer et de Cheredou-Ankh, Imhotep est sans doute le savant le plus vénéré de l'Égypte pharaonique. Architecte, philosophe, médecin, poète, Grand prêtre et Premier ministre (*Tjaty*), il est, au-delà de son pays natal et par-delà les siècles, le modèle par excellence de l'intellectuel pluridisciplinaire qui met sa science au service des hommes. Son œuvre la plus connue est la pyramide à degrés de Saqqarah, la première de cette envergure dans l'histoire universelle. Sublime prouesse architecturale défiant les siècles ! Le monument de Saqqarah se dresse et s'impose comme une œuvre d'éternité (*hemt neheh*). Maître de l'ingénierie des bâtiments, Imhotep rédigea le "Livre de l'ordonnancement du temple", « fournissant l'ensemble des règles de construction à la fois symboliques et techniques. Si ce livre a été perdu, le Grand Œuvre d'Imhotep a traversé les siècles, et la pyramide à degrés, mère de toutes les autres, continue à trôner sur le site de

Saqqara ».[847] Mathématicien et métaphysicien, le grand savant grava dans la pierre sa vision de l'univers. Pour cela, la postérité lui donna le titre d'*architecte du cosmos*.

Sa passion pour la rationalité des formes et des nombres allait de pair avec sa passion pour l'homme, pour la protection de la vie humaine. Sa renommée dans le domaine de la médecine fut telle que « les Grecs en firent leur Asclépios, maître de la vie et de la santé ».[848] Un temple lui était dédié à Men-nefer (Memphis), contenant une bibliothèque visitée par Hippocrate de Cos durant son voyage en Égypte.[849] Médecin des corps, Imhotep prenait également soin des âmes. D'abord, comme prêtre. Une inscription gravée sur la statue du roi Djoser le présente comme un "grand des voyants". Le terme "voyant" (*sry yyt*) ne désigne pas ici un magicien, un thaumaturge, mais un contemplatif. Un prêtre n'est pas qu'un officiant des rites ; il est surtout celui qui aide les hommes à s'élever vers l'Absolu et à saisir la Présence de l'Invisible dans le quotidien. Or, pour que cela soit possible, il faut que le prêtre lui-même soit "imprégné de Dieu" et qu'il ait le regard regardant. Koumen, le personnage central d'un conte philosophique Peul, enseigne ceci : « Ce sont les yeux qui regardent, mais c'est l'esprit qui voit ».[850] Voir avec l'esprit !

Voici ce que disent deux sages congolais à propos de cette manière de voir :

> « Il lui dit :
> L'ombre qui s'étend sur la terre
> Peut gagner l'œil
> Mais n'atteindra pas l'âme.

---

[847] C. Jacq, *Les grands sages de l'Égypte ancienne*, Paris, Ed. Perrin, 2007, 19

[848] *Ibid.*, 25.

[849] R. El Nadoury, « Le legs de l'Égypte pharaonique », in G. Mokhtar (ed), *Histoire générale de l'Afrique*, Vol. II, Paris, UNESCO, 1999, 172.

[850] A. Hampaté Ba et G. Dieterlen, *Koumen. Texte initiatique des Pasteurs Peul*, Paris, Editions de l'EHESS-IFAN, 2009, 43.

Elle lui dit :
Ce que l'âme voit
L'œil de l'Homme ne le perçoit pas
À la même étape.

Il lui dit :
Et que voit l'âme ?

Elle lui dit :
La vue de l'œil s'arrête à l'étoile
Celle de l'âme atteint le cosmos. »[851]

C'est cela être un "voyant" en Afrique Noire, depuis le temps d'Imhotep, le "grand des voyants". L'architecte d'Iounou excella si bien dans cet art du *regard contemplatif* qu'on lui donna le titre officiel de "Fils de Dieu" (Sa Ra). S'il est vénéré depuis des millénaires, c'est que l'exemple de sa vie continue d'illuminer les hommes dans leur quête du Sens.

L'autre moyen par lequel Imhotep prenait soin des âmes, c'est la philosophie (*rekh-sat*). Isocrate affirme que les prêtres égyptiens « inventèrent pour le corps le secours de la médecine » et que « pour les âmes ils inventèrent la pratique de la philosophie qui peut à la fois fixer les lois et chercher la nature des choses » (*Busiris*, § 22). Rien ne nous est parvenu des écrits philosophiques du savant, mais des fragments de textes anciens nous révèlent sa personnalité philosophique. Molefi Kete Asante cite le *Chant du Banquet* :

> « One the great documents of the Middle Kingdom Period (1991-1786), the so-called *Banquet Song*, speaks of both Imhotep and the philosopher Hardedef in favorable terms. In

---

[851] G. Mwènè Okoundji, *Stèles du point du jour. Dialogue d'Ampili et Pampou*, Périgueux, William Blake & Co., 2011, 73.

fact, the writer says, "I have heard the discourses of Imhotep and Hardedef with whose words men speak everywhere" ».[852]

Imhotep a donc produit des "discours" qui furent repris et transmis au long des siècles. Christian Jacq cite un autre document, une stèle de l'île de Séhel, au sud d'Assouan :

> « Selon ce texte, à la suite de sept années de crue insuffisante, une famine aurait menacé le pays en l'an 18 du règne de Djéser. Soucieux du bien-être de la population, le roi fit appel au seul savant capable de résoudre cet angoissant problème : Imhotep ».[853]

Le Sage répondit qu'il avait d'abord besoin de consulter les livres des anciens avant de donner son avis. En commentant la réponse d'Imhotep au roi, Molefi Asante note :

> « This is history's first recorded example of a person searching ancient books, books more ancient than his own time, for answer to a contemporary problem. Two aspects of Imhotep's intelligence are revealed in his response to the king. In the first place, he did not think that he knew everything (…). In the second place he knew that it was necessary to consult the books ».[854]

La "*docta ignorantia*" (Nicolas de Cues) est celle qui nous fait prendre conscience du fait que nos connaissances, quelles qu'elles soient, ne sont qu'une goutte d'eau dans l'immense océan du savoir. Cultiver cette conscience des limites de nos savoirs est une attitude proprement philosophique. Deux millénaires après Imhotep, Socrate fera de la docte ignorance son propre *credo* philosophique : « Tout ce que je sais, c'est que je ne sais rien ». Pendant l'occupation grecque, un roi Ptolémée fit appel à un prêtre imhotépien pour lui expliquer le phénomène de la crue

---

[852] M. K. Asante, *The Egyptian Philosophers: Ancient African voices from Imhotep to Akhenaten,* Chicago, African American Images, 2000, 21-22.
[853] C. Jacq, *Les grands sages de l'Égypte ancienne*, op. cit. 21.
[854] M. K. Asante, *The Egyptian Philosophers,* op. cit., 25.

du Nil. Le prêtre eut un réflexe intellectuel qui rappelle l'attitude d'Imhotep des siècles auparavant :

> « Il se leva : "Je vais à la ville de Thot, j'entrerai dans la salle des archives, je déroulerai les livres saints, et je me guiderai d'après eux". Alors il s'en alla, et revint vers moi [...] me faisant prendre connaissance du cours du Nil [des régions de la cataracte] et de tout ce dont elles sont pourvues ».[855]

Un mot, enfin, sur le savant-poète.[856] Le beau adoucit l'âme. Il a, on le sait, une fonction cathartique. Quoi de mieux que la poésie pour embellir les mœurs ! Dans le conte philosophique Peul précédemment cité, les Esprits-Gardiens des temples du Savoir demandent à Koumen si Silé son disciple a appris à goûter les "sons de la flûte à sept trous" et s'il ne "violera" pas les principes cardinaux de la vie. La question est pertinente, car celui qui n'est pas initié à la "poétique de la vie" (la flûte à sept trous), tend à avoir une attitude arrogante et violente. Koumen rassure les Esprits : « Silé est poète, sa parole sera chantante. Il répandra ce qu'il faut répandre. Il créera des chemins (…). Il se libérera de ses ennemis au regard hautain et à la langue méchante. Il me suit vers les cimes ».[857] Imhotep le poète, le savant et le philosophe a su répandre ce qu'il faut répandre : l'amour de la Maat ! Tous les scribes égyptiens le vénéraient comme un *Shemsu Maât,* un "Suivant de la Maât". Chaque scribe, « avant de se mettre au travail, fait une sorte de libation en l'honneur d'Imhotep. Elle consistait à verser un peu d'eau provenant de son godet pour célébrer le ka d'Imhotep, saint patron des lettrés ».[858]

Une statue du grand architecte survécut à la furie des révolutionnaires français.

---

[855] S. Sauneron, *Les prêtres de l'ancienne Égypte*, 136.

[856] Beaucoup d'auteurs font cas du penchant d'Imhotep pour la poésie. Voir A. T. Browder, *Nile Valley Contributions to Civilization* (1992) ; M. Hyman, *Black before America* (1994); A H. M. Holland, *Ancient Egypt : Land of the Blacks* (1995); M. Little, The Ancient World (2001); Wilson, *L'alchimie des herbes* (2013).

[857] A. Hampaté Ba et G. Dieterlen, *Koumen. Texte initiatique des Pasteurs Peul*, op. cit., 43.

[858] C. Jacq, *Les grands sages de l'Égypte ancienne*, 22.

« Cette statue portant l'inscription "Imhotep donne la vie",
faisait partie du trésor de l'abbaye de Saint-Denis et devait être
fondue. Par miracle, elle échappa aux révolutionnaires et
Alexandre Lenoir (...) la conserva au musée des Monuments
français auquel la racheta un collectionneur hongrois qui la
donna au Musée de Budapest ».[859]

II- Wa Kamissoko, le Djely de Krina (1925-1976)

*On trouvera chez nous, jusqu'à la fin des temps, des gens suffisamment
vigilants pour préserver l'essentiel de l'héritage que nous ont légué nos
ancêtres.*

*L'oubli de soi, de ses origines, de ses qualités et de sa dignité conduit
aux pires reniements. C'est cela qui est mortel pour un peuple, et c'est
ce que je crains le plus pour mon pays. (Wa Kamissoko)*

La Charte du Mandé stipule : « Les *nyamakala* se doivent de dire la
vérité aux chefs, d'être leurs conseillers et de défendre par le verbe les
règles établies et l'ordre sur l'ensemble du territoire » (Enoncé 3).[860] Le
terme "*nyamakala*" signifie littéralement « celui qui défie les interdits ».
Quels interdits ? Les interdits arbitraires, ceux qui vont contre le bon
sens et violent le Code des vertus, qu'ils émanent du pouvoir politique
ou du pouvoir religieux. La Charte fait obligation aux nyamakala de
« dire la vérité aux chefs » et de « défendre par le verbe les règles
établies ». On distingue 04 groupes de nyamakala dans la société
mandingue : les *Djeli* (les maîtres du verbe), les *Finè* (les médiateurs),
les *Numun* (les maîtres du fer et du feu), les *Garanke* (les maîtres du
cuir et du tissage). Les *Djeli* occupent une place de choix, car « ce sont

---

[859] *Ibid.*, 22.
[860] CELTHO, *La Charte de Kurukan Fuga. Aux sources d'une pensée politique en
Afrique*, Paris, L'Harmattan, 43.

les dépositaires des traditions-archives ».[861] Maîtres des savoirs antiques, gardiens de la mémoire historique et culturelle, philosophes – selon le sens classique du mot en égyptien pharaonique (voir Annexe 1) –, ils gardent une liberté de ton qui leur permet d'assurer leur rôle d'éveilleurs de conscience. Ils constituent une classe privilégiée de l'élite intellectuelle des anciennes sociétés africaines. Le terme vulgaire par lequel on les désigne dans les langues occidentales ("griot") témoigne d'une méconnaissance de la *djeliya* (l'activité intellectuelle du *djeli*).

Wa Kamissoko appartient à cette noble classe des Maîtres du Verbe (*Nwâra*), on le surnomma "Wa djan", Wa le Grand ou "Krina Wa", Wa de Krina. Il naquit en effet à Krina. C'est avec orgueil et pondération qu'il parle de sa plaine natale. Le jour où son disciple Tata Cissé le rencontra pour la première fois, le jeune chercheur lui avait demandé sur un ton provocateur :

> « - Est-ce bien ici Krina, Krina où les armées de Soumaworo Kanté et celles de Soundjata Keita s'affrontèrent pour la dernière fois [en 1235], et qui vit Simbo, le héros de chasse, triompher du chef des forgerons du Sosso ? Est-ce bien ici Krina où le rire revint enfin au Manden, chassant à tout jamais les pleurs de ce pays ? »

D'un ton calme et serein, Wa avait répondu :

> « - Oui, c'est bien ici, Krina qui, d'hier à aujourd'hui, ne s'est point déplacé pour aller derrière le marigot (…). Et c'est dans cette plaine – il balaya alors d'un geste ample le pays s'étendant des rives verdoyantes du Djoliba aux falaises abruptes des monts mandingues – que s'est déroulée la bataille qui annonça la fin du soleil de Soumaworo. »[862]

---

[861] *Ibid.*, 43.
[862] Y. Tata Cissé et W. Kamissoko, *La grande geste du Mali. Des origines à la fondation de l'Empire*, 2-3.

1. Les œuvres de Kamissoko

Tata Cissé classe en six catégories les œuvres de son maître.

a- Les récits sapientiaux :
- « *Mali Sâdio ou Sâdjè* », un texte sur le "mystère du ciel".
- « *Douga massa* », un récit initiatique sur le Vautour sacré
- « *Wagadou Sa ba* », un texte allégorique sur l'or et la richesse
- « *Kondjoba* », un récit didactique sur la guerre et l'héroïsme
- « *N'Gaban* », un récit théologique sur le Scarabée noir, représentant « la couleur divine par excellence ».[863]
- « *Kon bara-bara* », une herméneutique du symbolisme des serrures Malinké et Bambara.
- « *Sanènè et Kontron* », un texte sur l'origine de la confrérie initiatique des chasseurs "*Donso ton*".

b- Les récits épiques et historiques
- Les origines des Massalens Keita
- Soundjata Keita, fondateur de l'Empire du Mali
- La liquidation des rois parjures et l'assassinat de Niani Massa Kara Kamara
- La conquête du Djolof
- Le Testament de Soundjata
- Nan-Koman Djan et la succession de Soundjata
- Les funérailles de Soundjata

---

[863] En Égypte pharaonique, le scarabée est l'un des symboles de la divinité. Anana, le scribe du pharaon Sethi II, écrit vers 1320 avant notre ère : « le Scarabée n'est pas un dieu, mais un emblème du Créateur, parce qu'il roule une boule d'ordure entre ses pattes et y dépose ses œufs pour qu'ils éclosent, comme le Créateur roule le monde qui semble être rond et lui fait produire de la vie » (Papyrus d'Anana).

-   Mansa Kankoun Moussa, l'empereur pèlerin
-   L'origine des Peuls[864]
-   Les Peuls du Manden
-   Fila Kali Sidibé, dernier chef de guerre Peul du Wassouloun
-   La découverte du fer en Afrique noire.[865]

c- Les "balimali" (panégyriques) et les "fassa" (chants de louange)

À propos de ces types d'œuvre, Cissé écrit :

> « Le *balimali* et la *fassa* constituent les éléments les plus caractéristiques des récits initiatiques, légendaires, historiques… appelés *mâna*. L'un et l'autre sont entièrement en vers. Le premier comporte plusieurs dizaines, et le second plusieurs centaines. Le *balimali*, qui est déclamé, comporte en général un résumé succinct de la vie d'un héros, une évocation de ses ancêtres illustres, des pays et villes où ces ancêtres ont séjourné au cours de leur vie, et parfois des activités autres que guerrières qu'ils y ont exercées. En revanche, la *fassa* est essentiellement une geste, mieux un long poème épique chanté, quoiqu'il comporte de nombreux *balimali*. »[866]

d- Les commentaires et exégèses des récits
e- Divers enseignements prodigués lors des grandes cérémonies
f- Les interventions au cours des deux premiers colloques SCOA

---

[864] Kamissoko fait remonter cette origine à l'Égypte pharaonique. Voir aussi A-M Lam, *De l'origine égyptienne des peuls*, Paris, Présence Africaine, Khepera, 2001.

[865] Selon Kamissoko, le fer fut découvert en Afrique noire il y a environ cinq mille ans par « le forgeron de Dinga, Domba, à partir d'un minerai de surface appelé par les Malinkés *bossonan kaba kourou*, "boules, blocs de roche ferrugineuse" ».

[866] Y. Tata Cissé et W. Kamissoko, *La grande geste du Mali. Des origines à la fondation de l'Empire*, op. cit., 32.

En considérant l'ensemble de son œuvre, on peut considérer Wa comme un "rekh-sai" dont la pensée s'articule autour des questions liées à la conservation de la mémoire historique et à l'herméneutique des signes ou symboles traditionnels :

> « Wa excellait dans maints domaines du savoir traditionnel, y compris dans celui de la mythologie, de la cosmogonie et des signes graphiques sacrés (…). En effet, un jour où j'examinais avec étonnement les signes cosmogoniques dont était "orné" l'escabeau que les parents de Nansika Soumano (…) avaient mis dans sa corbeille de mariage, Wa me dit avec gravité : « Le sens des graphies que tu vois là est plus profond que celui des paroles relatives aux actes des *mansa*, des "empereurs" du Manden. Ce n'est pas à toi, émule des maîtres du *komo*, que je vais l'apprendre. Ceci [il parcourut alors de l'index droit une graphie], c'est la *waran kaman*, symbole de l'immensité et de l'intangibilité du monde considérés sous ses deux aspects essentiels : statique et dynamique. »[867]

Cette explication va bien au-delà d'une spéculation *cosmogonique*. Elle révèle une pensée *cosmologique,* une théorie générale de l'univers et des cycles de la vie humaine.

---

[867] *Ibid.*, 13.

La graphie de la *waran kaman* se présente comme suit :

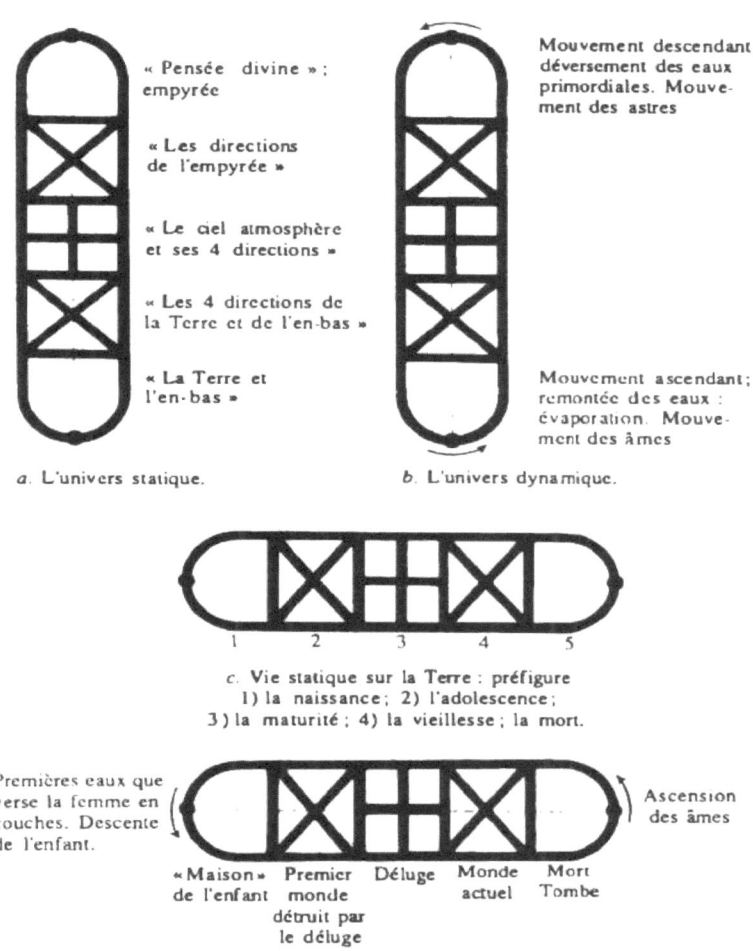

a. L'univers statique.

b. L'univers dynamique.

« Pensée divine » ; empyrée

« Les directions de l'empyrée »

« Le ciel atmosphère et ses 4 directions »

« Les 4 directions de la Terre et de l'en-bas »

« La Terre et l'en-bas »

Mouvement descendant ; déversement des eaux primordiales. Mouvement des astres

Mouvement ascendant ; remontée des eaux : évaporation. Mouvement des âmes

c. Vie statique sur la Terre : préfigure
1) la naissance; 2) l'adolescence;
3) la maturité ; 4) la vieillesse ; la mort.

Premières eaux que verse la femme en couches. Descente de l'enfant.

Ascension des âmes

« Maison » de l'enfant

Premier monde détruit par le déluge

Déluge

Monde actuel

Mort Tombe

d. La vie et son déroulement sur la Terre.

(Sources : Y. T. Cissé et W. Kamissoko, 2000, p. 79)

2. Aspects de la pensée de Wa Kamissoko

Trois aspects de la pensée du djeli de Krina retiennent notre attention :
l'éthique du Verbe, l'importance de la diffusion du savoir et la
conservation de la mémoire.

2.1. La valeur de la "Djeliya" et l'éthique du Verbe

Wa avait une vive conscience de la sacralité du Verbe. De son vivant, il
fut proclamé "*Nwâra*", c'est-à-dire "Maître du Verbe". Il disait souvent :

> « *Ne ye djeli de ye, djeli doron* : je suis djeli et rien d'autre
> qu'un djeli ». Ce mot (djeli) « constituait à ses yeux le plus beau
> titre que le Manden ait donné à un groupe socio-professionnel,
> car il signifie, disait-il : savoir discerner la vérité, et savoir
> l'accepter quoiqu'il en coûte ; savoir dire la vérité partout et à
> tous ; amener les hommes à œuvrer dans l'honneur et la
> dignité ».[868]

Il était si pénétré de ces valeurs qu'il refusait de "traîner sa parole dans
la boue" en en faisant un fonds de commerce ou un objet de
divertissement pour des "vauriens". Il aimait d'habitude partager sa
science avec trois catégories de personnes :

> - les "nobles" qui se connaissent et qui, par conséquent restent
> fidèles à la *fassiya*, c'est-à-dire aux manières ancestrales d'être,
> de faire et de penser ;
> - les *yèrè-wolo*, les "gens bien-nés" et ceci quelle que soit leur
> richesse, qui comprenaient le sens de ce qu'il disait ;
> - les dignitaires Malinkés qui savaient mettre dans sa "parole" le
> prix qu'elle méritait ; ce qui lui faisait dire : "Je ne vendrai

---

[868] *Ibid.*, 23.

jamais, quoi qu'il advienne, ma parole, à la petite mesure, sur la place du village et encore moins sur celle du marché".[869]

Le souci de la vérité et de la dialectique le pousse souvent à introduire ses enseignements par cette affirmation :

> « Tout propos que nous tiendrons et qui sortira, en particulier, de ma bouche à moi, Wa Kamissoko, pourra être répandu dans les quatre points cardinaux du pays. S'il se trouve une personne pour vous dire que mon propos n'est que mensonge, mandez cette personne et mandez-moi, et puis faites-nous asseoir en un même lieu, afin que nous débattions ».

À plusieurs reprises, il affirme n'enseigner que ce qu'il sait. Par respect pour la vérité, il évite scrupuleusement de parler de ce qui échappe à ses lumières.

Wa était, par ailleurs, méthodique dans sa manière d'aborder les sujets. Il avait horreur de la confusion. À un interlocuteur qui lui adressa une question qu'il jugea "hors propos", il répondit calmement :

> « À présent que l'on me pose des questions sur les guerres que les Arabes eurent à mener contre ce pays, je peux en dire quelques mots. Mais si je n'en ai pas parlé jusque-là, c'est que l'on ne m'a pas posé de questions là-dessus, et en parler avant équivaudrait à *parler de tout et de rien* (…) Le jour où vous auriez besoin de ce récit, appelez-moi pour m'interroger : je vous dirais alors ce que j'en sais. En attendant, *je ne veux pas parler de tout et de n'importe quoi* ».[870]

Rigueur et ordre dans l'exposé des arguments, mais également précision et exactitude. Jean Rouch en témoigne :

> « Quand j'ai, pour la première fois, rencontré Wa avec Germaine Dieterlen qui m'avait beaucoup parlé de lui, il m'est apparu comme un homme extraordinaire : il était de tous les

---

[869] *Ibid.*, 23.
[870] *Ibid*, 235. Nous soulignons.

traditionnistes que j'avais rencontrés celui qui, avec un aplomb considérable, déclarait : « Ceci s'est passé il y a 1256 ans, 4 mois et 3 jours »… Au début, j'ai pensé que c'était là "fioriture de griot", mais, très rapidement, je me suis aperçu qu'il avait réellement cette connaissance précise, et ceci grâce à un entraînement particulier de la mémoire, et une initiation aux différents systèmes de "comput du temps" qu'utilisent les griots de Krina. »[871]

Partager sa "part de vérité" avec ceux qui sont en quête de la vérité, se plier à l'exigence de rigueur, de méthode, de clarté et d'honnêteté : c'est la première leçon que nous pouvons retenir de l'enseignement de Wa. En pays Malinké, quand un *nwâra* meurt (ou retourne à son Ka), on dit qu'il a rejoint "*Tounyasso*", c'est-à-dire « la Maison de la Vérité où tous les savoirs et toutes les vérités sont appelés à se fondre à jamais ».

2.2. L'importance de la diffusion du savoir

Pour Kamissoko, c'est dans le dialogue des rationalités que le savoir se construit et se consolide. Les savants doivent continuellement échanger entre eux sur le contenu de leurs savoirs : « Si une personne entend un jour narrer un fait, affirme Wa, il faut qu'elle connaisse l'essence, le sens véritable de ce fait. Celui à qui il va être narré doit lui aussi en connaître le sens ».[872] Sans cette condition, les prétentions de vérité échappent au contrôle critique.

Le savoir n'est pas réservé à une caste de privilégiés. Il doit être partagé avec tous ceux qui se laissent attirer par la flamme de la connaissance.

---

[871] *Ibid.*, 11.
[872] *Ibid.*, 41.

À ce sujet, le djeli di Krina se dresse contre l'attitude de certains de ses pairs qui refusent de partager leurs savoirs avec les chercheurs universitaires :

> « Cette parole, pourquoi ne la diront-ils pas ? Ils disent qu'il faut la garder cachée ; quant à moi, je dis qu'il nous faut la révéler et la diffuser. Je fus à trois reprises mandé par eux afin de discuter de l'opportunité de ma position, et chaque fois, ils me répétaient la même chose : « Nous avons entendu dire que tu étais en train de narrer une partie de la parole du Mandé [c'est-à-dire, les savoirs du Mandé] ; nous te demandons de ne pas la dire de la manière dont elle est d'habitude dite. – Ah ! fis-je, je ne sais pas dire de mensonges ! Je narrerai, dans le bon sens, tout ce que je viendrais à aborder. »[873]

La science ne relève pas d'un mystère abscons qu'il faut tenir caché. Il ne faut cependant la partager qu'avec ceux qui ont le cœur disposé, ceux qui se plient à la rigueur de la rationalité et sont décidés à emprunter les chemins de la Sagesse. Offrir le savoir à des "vauriens" ou à ceux qui ont le cœur hautain, c'est jeter dans la boue une perle dorée.

2.3. L'importance de la conservation de la mémoire historique et culturelle

Wa était un gardien et un fervent défenseur des traditions antiques de son peuple. Il considère le legs ancestral comme un bien précieux. Il se désolait souvent de voir la nouvelle élite du pays s'éloigner de ce patrimoine pour courir derrière une modernité chimérique :

> « Ce sont les hommes de ce pays qui ont détruit leur propre patrie et ses institutions, par ignorance, et par méconnaissance d'eux-mêmes et de leurs origines. Néanmoins, on trouvera chez nous, jusqu'à la fin des temps, des gens suffisamment vigilants

---

[873] *Ibid.*, 231.

pour préserver l'essentiel de l'héritage que nous ont légué nos ancêtres ».

Il ajoute :

« Les vrais déprédateurs, les pires fossoyeurs des valeurs du Manden ne sont pas ceux à qui l'on pense [les colons], mais les Malinkés eux-mêmes, car l'oubli de soi, de ses origines, de ses qualités et de sa dignité conduit aux pires reniements. C'est cela qui est mortel pour un peuple, et c'est ce que je crains le plus pour mon pays ».[874]

Kamissoko avait le mérite de situer les traditions et l'histoire de son peuple dans la longue durée. Il les fait remonter jusqu'à l'Égypte ancienne. Pour expliquer par exemple l'origine du système des lois au Manden, il évoque les institutions juridiques pharaoniques : « C'est sur ces lois de Pharaon que les gens du Manden calquèrent leur justice ». Tata Cissé commente cette assertion :

« D'innombrables similitudes existent entre certaines civilisations de l'actuel Mali et celle de l'Égypte pharaonique. Ainsi les mythes relatifs aux principaux animaux des panthéons Soninkés et Malinkés rappellent l'histoire des animaux sacrés (vautour, serpent, ibis, faucon, scarabée noir, sphinx, etc.) de l'Égypte ancienne. Par ailleurs les traditions architecturales et astronomiques du centre du Mali sont elles aussi identiques à celles des temps pharaoniques. Nous disposons sur ce sujet de nombreuses traditions enregistrées sur bandes magnétiques. »[875]

Les travaux des égyptologues sur la parenté culturelle égypto-africaine coïncident donc avec les archives ancestrales conservées par nos *djeli*. Signalons enfin que Kamissoko avait une approche particulière de l'histoire.

---

[874] *Ibid.*, 5-6.
[875] *Ibid*, 256.

Jean Rouch la résume comme suit :

> « Ce que Wa Kamissoko nous a laissé comme message est de "rafraîchir l'histoire", de nous obliger, nous aussi, à la relire avec nos doigts, à en raviver les rouges, les blancs, les noirs, à ne jamais considérer que ce que nous avions pu écrire était "l'Histoire", mais une histoire, une contribution à cette « histoire totale » qui, encore bancale, essaie de retrouver son fils dans nos méandres enchevêtrés. Et voilà que la seule parole d'un vieil homme de Krina a tout remis en question. »[876]

Au vu de tout ce qui précède, il est évident que le vieil homme de Krina mérite le titre qu'on lui attribua : "Wa djan", Wa le grand. Il fut grand par sa science, son verbe, et son sens de l'Humain.

---

[876] J. Rouch, « Quand les griots entrent à la Sorbonne », Préface à Y. Tata Cissé et W. Kamissoko, *La grande geste du Mali. Des origines à la fondation de l'Empire*, x.

Annexe 3 :
Adunokineisme et Cosmothéandrisme :
Une lecture croisée[877]

L'horizon [...] est celui de l'homme lui-même, qui ne pourra devenir humain qu'en se réaffirmant à travers son dépassement cosmique de lui-même, c'est-à-dire en relançant le combat germinal du double Nommo.

(I. Cissé)

Raimon Panikkar résume comme suit la vision cosmothéandrique :

> « La réalité n'est pas composée d'un bloc unique indistinct – qu'il soit divin, spirituel ou matériel – ni de trois blocs ou d'un monde à trois niveaux – le monde des Dieux (ou de la Transcendance), le monde des hommes (ou de la conscience) et le monde physique (ou de la Matière) [...]. La réalité est constituée de trois dimensions interconnectées [Dieu-Homme-Cosmos]. »[878]

Dans une de nos précédentes publications, nous avions indiqué que les doctrines cosmosophiques des Écoles Initiatiques Dogons reposent sur une approche du Réel similaire à celle théorisée par Panikkar. Nous avions proposé le concept d'*Adunokineisme* pour désigner cette approche :

> « Ce que le concept [*aduno kine*] et le signe [l'idéogramme du concept] traduisent, c'est la Relation Primordiale et Fondamentale qui lie *tout ce qui est* : le Ciel (le monde divin), la Terre (la création) et l'Homme (fils du Ciel et de la Terre). C'est

---

[877] Une première version du contenu de ce texte a été publiée dans la revue *Dialegsthai* en 2018.

[878] R. Panikkar, *La realtà cosmoteandrica. Dio-Uomo-Mondo*, Milano, Jaca Book, 2004, 16. C'est nous qui traduisons.

une Relation dynamique qui traduit la dynamique même du Réel. Ce qui est, est mouvant. L'adunokineité, c'est la conscience de cette Relation [uni-triadique] et de ce Mouvement. »[879]

Cette conception trisphérique du Réel se retrouve dans d'autres cosmosophies africaines. Nous essayerons de le montrer en nous appuyant sur quelques travaux. Pour commencer, faisons une brève présentation de la théorie cosmothéandrique de Panikkar.

1. Dieu-Homme-Monde : la théorie cosmothéandrique de Panikkar

1.1. La perspective de l'approche uni-triadique : postulats et méthode

Le postulat de la vision cosmothéandrique, c'est le principe de l'unité originelle et harmonique (non monolithique) de la Réalité. Panikkar part de ce présupposé pour proposer à la fois une métaphysique, une éthique et une spiritualité écosophiques.[880] Il présente la vision uni-triadique comme une "synthèse" et non comme un "système". Elle n'est pas un système, car elle n'est ni dogmatique ni globale. Les visions globales conduisent souvent à des positions totalitaires : « Une seule vérité, un Dieu, une Église, une civilisation, etc., et actuellement, une science, une démocratie, une technologie et un marché économique ».[881] Par contre, l'unité harmonique implique et assume en soi la diversité.

En dehors du fait d'être une synthèse ouverte, la vision cosmothéandrique se veut un "mythe". Panikkar réhabilite ce concept, le revendique et l'explicite ; le mythe, dit-il, est l'horizon qui ouvre à

---

[879] M. Sinsin, *Vie et Plénitude. Chemins de la Sagesse Ifa*, 15.
[880] R. Panikkar, *Ecosofia. Una spiritualità della terra*, Assisi, Cittadella, 1993.
[881] R. Panikkar, *La realtà cosmoteandrica. Dio-Uomo-Mondo*, 32.

l'intelligibilité. C'est la pierre angulaire de la vérité, le fondement de notre "conviction de vérité". Le mythe est une dramatisation de la vérité, dont la finalité est de montrer les « interactions dynamiques entre le divin, le monde et l'homme ».[882] Il propose une vérité symbolique qui transcende la dichotomie sujet-objet de la connaissance conceptuelle. Ce dépassement du dualisme épistémologique permet d'éprouver et d'accepter sereinement la relativité de la pensée, sans pour autant tomber dans la tentation du relativisme. Ce qui compte, c'est le caractère relationnel de la vérité.

Le mythe ou la vérité vécue comme relation permet de réconcilier l'épistémologie et l'ontologie :

> « Quand l'épistémologie se sépare de l'ontologie, quand la connaissance se dissocie de l'Être pour devenir une activité autonome de l'esprit, la vérité devient un concept et par conséquent immuable […]. L'onto-logie, au contraire, à l'instar du "logos de l'Etre" (génitif subjectif), ne peut déterminer a priori la parole de l'Etre sans l'avoir préalablement écoutée ».[883]

Cela explique tout l'intérêt que Panikkar accorde à l'expérience millénaire, multiforme et multiculturelle de l'humanité. La synthèse qu'il propose n'est pas le fruit d'une pure spéculation ; elle s'inspire du vécu des hommes. Elle s'oppose aussi bien au monisme, au dualisme qu'au pluralisme. Sa perspective est celle de l'*Advaità*, la théorie de l'a-dualité : « La vision a-dualiste affirme : ni l'Un ni le Multiple […] parce que l'Un n'existe pas sans la Multiplicité, ni la Multiplicité sans l'Un ».[884] La polarité Un-Multiple n'est pas perçue comme un dilemme, mais comme une relation ontologique féconde.

---

[882] V. Corwin, *St Ignatius and Christianity in Antioch*, New Haven, Yale University Press, 1960, 127.

[883] R. Panikkar, *La realtà cosmoteandrica. Dio-Uomo-Mondo*, 37.

[884] *Ibid.*, 33.

1.2. Genèse et évolution de la conscience cosmothéandrique

Panikkar décrit trois phases de l'évolution de la conscience humaine : au départ, il y eut une vague conscience cosmothéandrique. Dans sa quête des fondements de la nature, l'homme des origines pensait aux dieux. Il expliquait sa propre existence et celle du monde en se référant à la divinité. Puis, à travers un processus d'introspection, de discrimination et d'individualisation, la conscience humaine se replia progressivement sur soi ; elle dissocia le divin du monde et se projeta comme une entité indépendante, égocentrée. Le troisième moment est celui de la quête d'une "nouvelle innocence" et d'une nouvelle synthèse. Dans cette phase, « les différentes sphères de l'être et les diverses formes de conscience tendent vers une unité complexe ; les morceaux disparates du deuxième moment sont orientés vers la reconstruction : le corps de l'homme commence par devenir une partie constitutive de l'homme même et le monde réapparaît comme un corps plus grand auquel l'homme est intégré. […]. La dimension verticale ou divine n'est plus projetée sur un "autre" être, mais contemplée comme la dimension infinie de la réalité même. »[885]

Si la conscience de cette synergie a émergé depuis l'aube de l'histoire humaine, elle n'a fait que fluctuer d'âge en âge, de manière confuse ; mais aujourd'hui, elle se « cristallise dans des formes plus claires et cohérentes ».

Quelle lecture philosophique peut-on faire de cette évolution ?

Le *premier moment* correspond à la phase de la conscience cosmique. La réalité est perçue comme une entité spatiale composée de trois mondes : le monde de l'Au-delà (le monde divin), le monde Intermédiaire (celui des êtres humains et terrestres) et le monde du Deçà (le monde des défunts ?). Le *second moment* est dominé par la conscience du temps : la réalité est perçue et vécue comme une entité temporelle. Les trois catégories temporelles (le passé, le présent, le

---

[885] *Ibid.*, 38.

futur) se substituent aux trois mondes. Le *troisième moment* correspond à la phase de la conscience synthétique. Les trois mondes ne sont plus seulement des réalités spatiales ou temporelles, mais « tendent à devenir des mondes de l'esprit, de l'âme et de la matière ».[886]

L'évolution de la conscience cosmothéandrique fut nourrie par trois mythes :

- Le mythe du cosmos   →   conception spatiale des trois mondes
- Le mythe de l'histoire   →   conception temporelle de la réalité
- Le mythe de l'unification →   conception uni-triadique de la réalité.

Le mythe de l'unification se fonde sur un autre mythe, celui de la création. Selon une ancienne cosmogonie indo-européenne, le Démiurge, au commencement, créa les êtres en se démembrant. L'Un devint ainsi multiple. L'homme, parce qu'il naît de ce processus, a la même origine que le Cosmos, et tous les deux sont reliés à la Source : « Les trois coexistent. "Avant" la création, le créateur n'était certainement pas créateur ; avant le "multiple", l'Un n'était non plus un ».[887]

L'auteur considère, par ailleurs, les trois phases de l'évolution de l'intuition cosmothéandrique comme des "moments *kairologiques*" ou des moments de maturation de la conscience :

- Le premier moment est dit "primordial "ou "œcuménique" : c'est le temps de la conscience préréflexive.
- Le deuxième moment est dit "*humanistique*" ou "économique" : c'est le temps de la conscience anthropocentrique.
- Le troisième moment est dit "innocent" ou "cosmothéandrique" : c'est le temps de la conscience non dialectique.

---

[886] *Ibid.*, 39.
[887] *Ibid.*, 41.

1.3. L'expérience cosmothéandrique

À partir d'une approche onto-phénoménologique, Panikkar décrit en trois phases l'expérience cosmothéandrique :

a) Chaque être a une dimension à la fois transcendante et immanente. L'être est transcendant, car il se transcende et participe d'une réalité infinie ; il est immanent parce qu'insondable. L'être est un abîme. Le "cordon ombilical" qui le lie à la totalité et qui lui donne cette profondeur et cette densité, l'auteur l'appelle la "dimension divine" :

> « Cette dimension divine n'est pas une superstructure qui plane sur les êtres, ni un fondement purement extrinsèque, mais le principe constitutif de toutes les choses, un principe comparable à l'acte de l'exister qui confère existence aux êtres, sans être pourtant, pour ainsi dire, un ingrédient de "l'être". Cela signifie que Dieu n'entre pas dans la composition *formelle* d'un être, car, dans cette terminologie, Dieu n'est pas un principe formel (*causa formalis*) et aucun être réel ne saurait être réduit à sa forme. »[888]

b) Chaque être est relié d'une manière ou d'une autre à la conscience de l'homme. En d'autres termes, chaque existant est en soi intelligible, connaissable et peut donc être pensé par l'homme. Même si l'intelligence humaine peine à pénétrer le "*pelagus ignotus*" des choses, rien ne lui est indifférent. L'être humain est en relation avec la totalité du réel. C'est ce que Panikkar appelle la "dimension humaine ou consciente de la réalité". Il parle de "conscience humaine", car toute conscience « se manifeste dans et à travers l'homme ». Cela ne signifie pas, cependant

> « que l'on doive tout réduire à la conscience ou que la conscience soit tout. L'intuition cosmothéandrique affirme explicitement que les trois dimensions constitutives du réel ne

---

[888] *Ibid.*, 94.

sont pas réductibles l'une à l'autre ; pour cela, le monde matériel et l'aspect divin ne peuvent être réduits à la seule conscience. Et pourtant, tous les deux sont imprégnés de la conscience et, dans un certain sens, sont coextensifs à elle. »[889]

Tout le réel est imprégné de conscience, soit parce que certaines entités sont elles-mêmes dotées de conscience, soit parce qu'étant intelligibles, elles peuvent être appréhendées par la conscience.

c) Chaque être est relié au monde, d'une manière ou d'une autre. Cela vaut également pour un existant considéré atemporel ou acosmique, lequel, pour le simple fait d'être déclaré tel, est déjà défini, quoique négativement, par rapport au monde. S'il en est ainsi, doit-on abolir les distinctions classiques entre l'homme et le monde ou entre Dieu et le monde ? Pas du tout. Mais la distinction ne saurait faire abstraction de la dimension cosmique de l'homme, ni de celle de Dieu. S'il est vrai que Dieu n'est pas le cosmos, il est aussi vrai qu'un « Dieu sans le monde, de fait, n'existe pas ». De même, s'il est vrai que l'homme est un microcosme, il est tout aussi vrai que « le monde est un *makranthropos* ».

De ces considérations, l'auteur dégage trois conclusions fondamentales :

- Le monde n'est pas un simple "habitat" ou un corps externe à l'homme. Il ne doit pas être réduit à quelque chose d'insignifiant ou de transitoire par rapport à l'homme et à la divinité.

- Dieu n'est pas le "Tout Autre".

- L'homme est plus qu'un individu. Il est une personne, un réseau de relations. Il n'est point d'humain sans le divin ; il n'est point d'homme sans le monde.

La vision cosmothéandrique rencontre généralement deux types d'objection : elle serait une doctrine confuse qui dilue la partie dans le tout sans tenir compte des singularités spécifiques. Par ailleurs, le

---

[889] *Ibid.*, 95.

présupposé selon lequel un être ne peut exister sans un autre être serait infondé.

Du point de vue logique, la première objection s'appuie, selon Panikkar, sur le primat du principe de non-contradiction :

(A est A) = (A est non-A)

Quand un modèle de pensée assume et défend ce primat de la non-contradiction, il a tendance à isoler les choses et à les séparer de manière artificielle et purement conceptuelle. Dans ce schéma, on prétend définir A, mais en réalité, on l'isole, on l'arrache à la totalité à laquelle il appartient. Si on définit par exemple la pomme en l'isolant de l'arbre qui la porte, on navigue dans la pure abstraction conceptuelle. Certes, la pomme n'est pas le pommier, mais qu'est-ce que la pomme sans le pommier ?

Faut-il substituer au primat de la non-contradiction, celui du principe d'identité ? Non. Ce qu'il faut, c'est une inclusion harmonieuse et équilibrée des deux principes. L'auteur illustre sa position en partant des énoncés suivants :

(A) : L'éléphant n'est pas un homme et l'homme n'est pas un éléphant (Principe de non-contradiction)

(B) : L'éléphant est un être et l'homme est un être (Principe d'identité)

(C) : L'éléphant et l'homme ont en commun l'être, quoique l'expérimentant de manière différenciée.

La proposition (C) intègre (A) et (B), les subsumant dans une synthèse plus riche, mais sans confusion. C'est le modèle sur lequel repose la vision cosmothéandrique.

Pour ce qui concerne la seconde objection, elle semble se fonder, selon l'auteur, sur une confusion : la confusion entre la possibilité et la réalité. On peut imaginer, par exemple, que les oiseaux pourraient vivre sans les océans, mais la réalité est que, de fait, ils sont en contact avec les océans. Il est possible d'imaginer un Dieu qui n'ait aucune relation avec les créatures, mais de fait, un tel Dieu n'existe pas : « Que Dieu "puisse être" (sans les créatures) est une caractéristique phénoménologique du concept théiste de Dieu, mais non pas une affirmation ontologique ». »[890]

2. L'Adunokineisme : une approche africaine de la vision cosmothéandrique

2.1. Une herméneutique de la Relation uni-triadique à partir de l'analyse des concepts Gbɛ-Gbɛtɔ́-Gbɛɖótɔ́

Les trois concepts que nous prendrons ici en examen proviennent de la langue Fon. J. Medéwàlé Agossou les a soumis à une étude qui lui a permis d'entrevoir une structure uni-triadique dans la pensée cosmosophique des Sages du Sud-Dahomey (actuel Bénin). Il écrit :

> « Pour appréhender la notion de vie selon la mentalité des Sud-Dahoméens, il importe d'établir au départ un double rapport :
>
> - Le rapport entre *Gbὲ* et *Gbὲtɔ́* (Monde-Homme), d'une part ;
> - Le rapport entre Gbὲtɔ́ et *Gbὲɖòtɔ́* (Homme-Créateur), d'autre part. De ces deux émerge un troisième qui est le rapport, disons "relations interpersonnelles" où se fait le contact de trois grandes constantes de l'existence : l'homme, le monde et le Principe qui fonde l'homme et le monde. »[891]

Que recouvrent ces trois concepts ?

"*Gbὲ*" signifie :
- Vie, existence. L'expression "Ðò gbὲ", veut dire "vivre, exister, être en vie".
- Monde, univers, cosmos. On retrouve ce sens dans l'expression

---

[890] *Ibid.*, 108.
[891] J. M. Agossou, *Gbὲtɔ́ et Gbὲɖòtɔ́*, 150.

"Gbèmὲ fí", "ce monde-ci".

Notons que l'expression Dogon "aduno kine" recouvre les mêmes significations, vie, monde : « Pour représenter l'*univers*, les Dogons emploient un signe qui se dit *aduno kine*, "vie du monde" ». L'idéogramme qui représente le concept « n'est pas sans rappeler l'hiéroglyphe [égyptien] *ankh*, "vie" (S34) ». [892] Les deux idéogrammes se présentent comme suit :

L'Ankh égyptien   L'Aduno kine Dogon

"*Gbὲtɔ́*" se décompose comme suit :
- Gbὲ   = Vie, monde, existence
- Tɔ́   = Père. Employé comme suffixe, tɔ́ signifie "acteur, agent, auteur".

Gbὲtɔ́, c'est l'homme, en tant qu'acteur de la vie et intendant du monde ; mais il n'est acteur/agent que de manière dérivée, car il n'est ni l'auteur primordial de la vie, ni le maître absolu de l'univers. Il est « l'être qui exerce, de façon vassale, la fonction de père de la vie » ou « l'être des frontières, situé entre le Gbὲḍòtɔ́ et les nŭḍògbὲ (entre Dieu, source de la vie et les êtres vivants) ». [893]

"*Gbὲḍòtɔ́*" est composé de trois lexèmes :
- Gbὲ   = vie, monde, existence
- Ðŏ   = créer, poser, posséder, arranger, disposer, fixer,

---

[892] T. Obenga, *La philosophie africaine de la période pharaonique*, 293.
[893] J. M. Agossou, *Gbὲtɔ́ et Gbὲḍòtɔ́, op. cit.*, 58.

devoir.

- Tɔ́ = "père, acteur, agent, auteur".

"Gbɛ̀ḍòtɔ́" désigne donc « l'auteur ou l'acteur (tɔ́) qui a créé (ḍò) le monde/la vie ». Agossou propose une définition plus détaillée :

> « Gbɛ̀ḍòtɔ́ est celui qui, possédant la vie, a en même temps la capacité et le devoir de la transmettre. En d'autres termes, le Gbɛ̀ḍòtɔ́ est celui qui est la source de la vie et qui a le devoir de la transmettre. Il ne peut pas ne pas créer. Créer fait partie de sa nature. Gbɛ̀ḍòtɔ́ est donc le créateur non créé, celui qui individualise chacune des créatures en leur distribuant « corps » (Mɔ̌wǔ) et surtout en les marquant de sa puissance (Sɛ́). »[894]

Cette analyse conceptuelle montre le rapport qu'il y a entre les trois entités : l'Homme, le Monde et Dieu. Ce rapport transparaît également dans la conception trisphérique de l'univers élaborée par les Sages danxomɛ̀nù et que l'auteur résume comme suit :

> « La structure du monde conçu par les Fons [se présente] sous la forme de trois sphères qui se recoupent et se recouvrent partiellement. Elles sont interdépendantes et manifestent ainsi l'unité du Gbɛ̀ à trois dimensions. L'espace n'est pas ici hétérogène. La sphère supérieure (I), domaine de Gbɛ̀ḍòtɔ́, appelé « Sɛ́xwé » (la maison de Sɛ́) recouvre la sphère du centre (III) où trône l'homme (Gbɛ̀tɔ́). Cette sphère […] recouvre par voie de conséquence la sphère des ancêtres (II). C'est le pôle inférieur et second du cosmos. C'est la terre-mère. »[895]

Le cosmos apparaît donc comme une totalité qui intègre trois mondes : le monde divin (I), le monde des hommes et des êtres vivants (III) et le monde des défunts (II). La relation de l'homme avec le monde divin implique la relation au monde II, puisque les défunts béatifiés (les

---

[894] *Ibid.*, 43.
[895] *Ibid.*, 129.

Ancêtres), sont considérés comme des médiateurs entre le monde céleste et le monde terrestre.

De cette conception trisphérique, Agossou dégage une anthropologie de la communion qu'il appelle la "Dialectique de participation vitale". Elle comporte trois niveaux :

(a) - Le premier niveau est celui de la relation épistémologique. Dans un élan de stupeur et d'émerveillement, le *Gbètɔ* entre en dialogue avec le *Gbè*. Sa quête naît et s'articule autour de deux interrogations :

> - *Nŭ té nɛ ?*   = Qu'est-ce que cette chose ?
>
> - *Etɛ wă nú wɛ̀ nŭ élɔ nyí ?*   = Quelle est la finalité de cette chose ?

"*Nŭ*" désigne, littéralement, la "chose". C'est la réalité perçue dans son objectivité brute, indéfinie. Soustraire le monde à cette "neutralité objective" et le nommer : tel est le but primordial de la connaissance humaine. Le deuxième but, c'est de déterminer la raison d'être de la réalité objective afin de l'intégrer dans le vécu existentiel et « l'harmoniser avec l'ensemble des existants signifiants ».[896] Il y a une troisième interrogation que l'auteur n'a pas prise en considération et qui nous semble déterminante :

> - *Né wɛ̀ nŭ ɔ ɖé gbɔn ?* =   Comment la chose est-elle structurée ?

On ne saurait déterminer la nature ni la finalité d'un objet sans en connaître la structure, le mode d'être ou de fonctionnement.

(b)- Le deuxième niveau de la Dialectique de participation vitale est celui de la relation éthique. Ici, le *Gbètɔ* est tenu d'avoir une attitude vertueuse vis-à-vis de tous les vivants du monde visible :

> « Tout dans le monde des vivants (plante, animal, etc…) a son Sé individuel comme l'homme ; voilà la base, le point de départ

---

[896] *Ibid.*, 142.

de l'intégration des vivants. L'homme, même s'il est le "super-vivant" parmi les vivants visibles est ici invité à beaucoup de prudence à cause du Sέ individuel de chacun. La liberté qu'il eût pu se permettre avec les "nŭ" brutes devient très limitée, au niveau des nŭdògbὲ (êtres vivants). En effet, Sέ, avons-nous dit, est-ce qui dans le vivant, en l'homme surtout, lui confère la qualité d'être vénérable : "Nŭ mὲ sὲn". »[897]

(c)- Enfin, le troisième niveau est celui de la relation à Dieu. Cette relation s'entend comme un processus de divinisation de l'homme ou de participation à la vie de Gbὲdòtɔ́. C'est par ce processus que l'homme tend vers son accomplissement et sa fin ultime : le "Mǎwŭ mε yiyi", c'est-à-dire "l'entrer en Dieu".

2.2. L'anthropologie maâtique et la vision cosmothéandrique

Par "anthropologie maâtique", nous entendons une conception de l'homme fondée essentiellement sur les notions de *Maa* et de *Maât*. Cette anthropologie s'inscrit d'emblée dans une vision adunokineique.

Examinant la notion de "personne" dans les traditions Peule et Bambara, Amadou Hampâté Bâ écrit :

> « La tradition enseigne [...] qu'il y a d'abord *Maa*, la Personne-réceptacle, puis *Maaya*, c'est-à-dire les divers aspects de *Maa* contenus dans le Maa-réceptacle. Comme le dit l'expression Bambara « *Maa ka Maaya ka ca a yere kono* » : "Les personnes de la personne sont multiples dans la personne". On retrouve exactement la même notion chez les Peuls. La notion de Personne est donc, au départ, très complexe. Elle implique une multiplicité intérieure, des plans d'existence concentriques ou

---

[897] *Ibid.* 142.

superposés (physiques, psychiques et spirituels à différents niveaux), ainsi qu'une dynamique constante. »[898]

"Maa" est la "personne", entendue comme un être fondamentalement relationnel. Cette conception dérive du mythe Bambara de la création :

> « *Maa-Ngala* (ou Dieu-Maître) s'autocréa. Puis il créa 20 êtres, qui constituèrent l'ensemble de l'univers. Mais il s'aperçut que, parmi ces 20 premières créatures, aucune n'était apte à devenir son *kumanyon*, c'est-à-dire son interlocuteur. Alors, il préleva un brin sur chacune des 20 créatures existantes. Il mélangea le tout et s'en servit pour créer un 21ème être hybride, l'homme, auquel il donna le nom de *Maa*, c'est-à-dire le premier mot composant son propre nom divin. Pour contenir Maa, l'être tout-en-un, *Maa-Ngala* conçut un corps spécial, vertical et symétrique, capable de contenir à la fois un brin de tous les êtres existants. Ce corps, appelé *Fari*, symbolise un sanctuaire où tous les êtres se trouvent en circumduction. C'est pourquoi la tradition considère le corps de l'homme comme le monde en miniature, selon l'expression "*Maa ye dinye merenin de ye*", c'est-à dire : "L'homme, c'est l'univers en miniature". »[899]

Ce texte frappe par sa profondeur et la richesse de ses significations multiples. Il met en lumière la relation uni-triadique entre Dieu (Maa-Ngala), l'Univers (Diɲe duniya) et l'Homme (Maa). Ce dernier participe aussi bien de l'être de Dieu (de lui il tient d'ailleurs son nom de Maa) que de la nature de tous les êtres de l'univers (il fut créé à partir d'un brin prélevé sur toutes les créatures). Sa fonction principale ou sa vocation est d'être un interlocuteur de Dieu (*kumanyon*), un intermédiaire entre Dieu et tous les êtres existants. Maa n'est pas que conscience ou esprit. Il est aussi corps, *fari* ; ce corps est ce qui le lie de

---

[898] A. Hampâté Bâ, *Aspects de la civilisation africaine*, 54
[899] *Ibid.*

manière tangible et vitale au cosmos. De cette anthropologie découlent une éthique et une spiritualité de la communion :

> « Tant que l'homme n'a pas ordonné les mondes, les forces et les personnes qui sont en lui, il est le *Maa-Nin*, c'est-à-dire une sorte d'homoncule, l'homme ordinaire, l'homme non réalisé. La tradition dit : « *Maa kakan ka sé i yere la noote a bè to Maa ni yala* », c'est-à-dire : On ne peut sortir de l'état de *Maa-nin*, pour réintégrer l'état de Maa, si l'on n'est pas le maître de soi-même. […] Synthèse de l'univers et carrefour des forces de vie, l'homme est ainsi appelé à devenir le point d'équilibre où pourront se conjoindre, à travers lui, les diverses dimensions dont il est porteur. Alors il méritera vraiment le nom de Maa, interlocuteur de *Maa-Ngala*, et garant de l'équilibre de la création. »[900]

On retrouve le concept de *Maa* dans la langue pharaonique, avec les mêmes significations. Quand il est accompagné, dans le système hiéroglyphique, du déterminatif figuratif A40, il renvoie à une « entité divine, personnification de la vue et instrument de l'omniscience divine ».[901] Quand il est suivi du déterminatif Y1, il signifie : « être vrai, sincère, fidèle, juste, exact, véridique, vrai, authentique ». Avec le déterminatif A1, il désigne "l'homme de bien, l'homme probe". Dans tous les cas, "Maa" se rattache au concept de Maât, principe universel gouvernant l'univers et régulant les rapports entre l'homme et la nature :

> « Chez les Grecs, note Obenga, le *kosmos* exprime bien l'idée d'ordre, d'univers […]. La *Maât* égyptienne et le *kosmos* grec désignent tous deux la transcendance, cela qui devrait guider l'action de l'homme dans et sur le monde selon le jeu global de la totalité en son Ordre universel ».[902]

Idrissa Cissé perçoit, lui aussi, le rapport entre la Maât et le cosmos :

---

[900] *Ibid.*
[901] Y. Bonnamy, *Dictionnaire des hiéroglyphes*, 247.
[902] T. Obenga, *La philosophie africaine de la période pharaonique*, 158.

« C'est la déesse Maât qui dit et donne le chemin cosmique de cette sur-version de soi. Elle est la réaffirmation de Hou, c'est-à-dire de la parole créatrice absolue de Rê, la parole dont le cosmos est l'articulation effective. Maât est ainsi le principe de l'harmonie du cosmos, le principe de la transmutation de Noun s'épanouissant en vie cosmique ».[903]

L'homme qui observe les principes de la Maât est appelé en égyptien pharaonique "*Geru Maa*" ; c'est l'homme dont « tout le caractère est imprégné de Maât » (*Whose whole carattere is infused with Maat*).[904] Maulana Karenga le définit comme « *the truly self-mastered or the righteous self-controlled person* ».[905] Seul le *Geru Maa* trouve le « chemin cosmique de l'épanouissement véritable », car « c'est la force du principe de la Maât que de transmuter le ka de l'homme, c'est-à-dire le divin qui est potentiellement en son cœur, et de l'épanouir en une vie d'harmonie cosmique, qui est le bonheur même ».[906]

Que retenir donc ? De l'Égypte pharaonique au Mali traditionnel, il y a cette permanence d'une vision anthropologique intégrale, elle-même enracinée dans une vision essentiellement cosmothéandrique.

2.3. La vision cosmothéandrique et l'analyse phénoménologique des représentations symboliques

Dans un article intitulé « L'enjeu de Dieu en Afrique », Eboussi Boulaga étudie les représentations symboliques fondatrices telles qu'elles sont appréhendées par la phénoménologie. Qu'est-ce qui "se montre" dans ces représentations ?

« a) Ce qui se montre et qui impose ses formes et ses catégories, c'est la "sacralité" du monde et de la vie elle-même [...].

---

[903] I. Cissé, *Césaire et le message d'Osiris*, 192.
[904] S. Morenz, *Egyptian Religion*, Cornell University Press, Ithaca, New York 1985, 118.
[905] M. Karenga, Maat.
[906] I. Cissé, *Césaire et le message d'Osiris*, 193.

b) Ce qui se manifeste, c'est la psyché humaine universelle en ses intentions et en ses formes originaires, "ontogénétiques" ou "phylogénétiques".

c) Ce qui se donne à voir et à comprendre, est le résultat dialectique de la rencontre de l'esprit humain et de la nature, de la prise de conscience par l'homme de sa place dans le monde et le tout. »[907]

On saisit donc les trois dimensions de la vision adunokineique dans l'arrière-fond des représentations symboliques fondatrices :

- *La dimension du sacré ou de la sacralité*. Elle se manifeste dans des formes qui « ne sont pas le fait de l'homme », des formes cosmiques : « le Ciel, les Eaux, la Terre, avec ses montagnes, ses cavernes ». Cette manifestation cosmique du sacré offre un double intérêt : d'abord, elle est une synthèse de la réalité : « L'unité du sacré apparaît dans la possibilité d'homologuer les différents niveaux, d'établir des correspondances entre le cosmos, l'être humain corporel, la société ». Ensuite, elle dévoile une sorte de contingence paradoxale du sacré : « Tel est le paradoxe du sacré d'exprimer l'invisible par le visible, le spirituel par le matériel, et l'infini, l'absolu par le fini et le relatif ».[908] Peut-il en être autrement ? L'homme peut-il appréhender la transcendance du sacré sans ce recours au fini, au relatif, au visible, à l'immanent ?

- *La dimension humaine (la psyché)*. Une loi semble prévaloir ici : « Tout ce qui est extérieur est aussi et d'abord intérieur ». Ce que les représentations primordiales manifestent, c'est la « force créatrice et inconditionnée de l'esprit [humain] ». Les représentations forment, dans leur ensemble, une sorte de dépôt que l'auteur appelle le "socle de la vie psychique". Un socle constitué de « sédimentations de l'expérience plusieurs fois millénaire de l'homme luttant pour survivre et s'adapter à

---

[907] F. Eboussi Boulaga, *A contretemps. L'enjeu de Dieu en Afrique*, Paris, Karthala, 1991, 159.
[908] *Ibid.*, 160.

l'existence ». Il n'est point d'image du monde ou de Dieu qui soit indépendante de cette expérience psychique primordiale : « Dieu fait partie de l'expérience initiale et matricielle de l'homme ; l'image divine est une des images constitutives de sa psyché profonde. Elle est la plus intime possession de l'âme humaine ».[909]

- *La dimension cosmique et la place de l'homme dans le monde.* L'homme participe du Tout. Son existence et sa survie quotidienne dépendent de la qualité de ses relations avec la totalité cosmique.

La phénoménologie a tendance à considérer cette structure uni-triadique comme un archétype figé, présentant partout des formes analogues ou homologables. Elle ne tient pas compte du facteur culturel. Certes, la structure cosmothéandrique reste une constante, mais ses expressions et modalités varient selon les cultures :

> « L'introduction de la "culture" permet de faire la critique de l'approche phénoménologique ou du moins de la tempérer. Il n'y a pas de symboles ni de hiérophanies en soi. Ils n'apparaissent signifiants que par l'intermédiaire d'une structure sociale, d'une totalité à laquelle ceux qui les reconnaissent participent. En outre, chaque culture structure l'expérience humaine à sa manière et par là même, établit les éléments de réalité de cette expérience, reprenant les données naturelles pour les transformer en réalités culturelles, c'est-à-dire pour les intégrer dans un "projet" humain. »[910]

Le défi majeur de toute culture est de faire en sorte que ce "projet humain" réconcilie vraiment l'homme avec lui-même ainsi qu'avec la Totalité dont il participe et à laquelle il ne peut se soustraire. C'est cette Totalité que Tschiamalenga-Ntumba appelle le *Bobisso*, le "Nous englobant, processuel et plural".

---

[909] *Ibid.*, 161.
[910] *Ibid.*, 163-164.

Conclusion : les enjeux de la vision adunokineique/cosmothéandrique

On peut relever trois enjeux :

- Un *enjeu anthropologique*. L'exigence d'unité s'impose comme une voie salutaire pour surmonter les drames et les crises auxquels l'humanité est confrontée. La reconstruction de l'unité ne peut être simplement une entreprise intellectuelle ; elle doit être aussi et surtout un engagement existentiel ; il s'agit d'abord et avant tout de reconstituer, dans sa triple dimension cosmique, humaine et divine, le "grand Purusa", l'Osiris, l'Homme Primordial, qui réside en chaque homme.

- Un *enjeu écologique*. Il faudra recomposer le "Corps de l'Univers". La reconstitution de la personnalité primordiale ne sera pas possible sans cette recomposition du "Corps cosmique". Dans la pensée africaine classique, ce Corps est identifié symboliquement au "Corps d'Osiris". Ce dernier fut tué par son frère Seth et découpé en morceaux. Asè (Isis) alla chercher les morceaux aux quatre coins du monde pour reconstituer le corps de son frère. Tout homme est appelé à reprendre, à perpétuer, au jour le jour, le geste et la geste d'Asè, en vue de la régénération perpétuelle du monde.

- Un *enjeu spirituel* : La vision cosmothéandrique implique une spiritualité fondée sur la quête de l'harmonie. Cette harmonie, écrit Panikkar, n'est pas une recherche d'équilibre entre des parties égales ; elle est plutôt "*perichoresis*", c'est-à-dire "interpénétration naturelle".[911] L'enjeu, ici, est d'arriver à intégrer harmonieusement, dans l'expérience existentielle, les trois composantes de la Réalité. L'homme coupé du divin se pose tautologiquement comme son propre fondement et sa propre fin. De même, une spiritualité angélique, coupé des réalités terrestres et cosmiques, est une fiction fumeuse : « La terre est fertile ; c'est l'utérus des êtres. Elle reçoit la semence du divin et la transforme en vie abondante. La terre est le lieu où le divin manifeste à l'homme sa

---

[911] R. Panikkar, *La realtà cosmoteandrica. Dio-Uomo-Mondo*, 230.

générosité et son pouvoir ».[912] À l'heure du déclin des absolus et des dogmatismes exclusifs, l'homme du XXIème siècle est en quête d'une expérience spirituelle qui, le réconciliant avec lui-même et avec la totalité, l'aide à « sortir de l'état de Maa-nin » pour devenir un authentique Maa, un Geru Maa, un être maâtique.

---

[912] *ibid.*, 225.

Annexe 4 :
Le concept d'Egalité chez Anténor Firmin[913]

Il faut être un descendant de Toussaint Louverture pour oser une telle entreprise et la mener à bien. Il l'a menée merveilleusement, brillamment et avec bonheur…

Haïti n'a pas, à ma connaissance, depuis Toussaint Louverture, produit un esprit plus vaste. En quelque sorte, on peut qualifier Firmin de Toussaint Louverture de l'esprit…

(Jean Métellus)

Anténor Firmin. Le nom sonne comme un symbole. L'homme qui l'incarne nous subjugue par sa grandeur et sa fulgurance. Rassurez-vous, il n'est point question de ces "fulgurances essentielles" que Fanon redoutait. Firmin ne s'embarrasse pas de métaphysique. Il ne prête le flanc à aucune des deux métaphysiques que l'auteur de *Peau noire, masques blancs* dénonce : la métaphysique de la "blancheur" et la métaphysique de la "noirceur". Les métaphysiques de la couleur. La fulgurance de Firmin est celle d'une pensée qui interroge les dogmes d'une époque. Son siècle était celui du dogme de la "race" et des idéologies raciales. Épris des valeurs humanistes de son peuple, il se propose d'allumer une étincelle dans les ténèbres de ce siècle obscur. Juste une étincelle. Voilà ce que représente Firmin. Une étoile qui brille dans le ciel brumeux et bruyant d'un siècle nébuleux. C'est l'œuvre de cet homme, fervent dévot de l'Humanité, que nous nous proposons de re-parcourir brièvement. La thématique centrale de cette œuvre nous

---

[913] Une première version de ce texte a été publiée dans *Notes de recherches. Thinking Africa*, n° 46, avril 2020.

semble être celle de l'égalité. Nous examinerons comment le penseur haïtien l'aborde dans ses écrits, en particulier dans son ouvrage majeur, *De l'égalité* (1885). L'étude se concentrera su quatre aspects de la philosophie firminienne : l'égalité naturelle, l'égalité politique, l'égalité des nations et l'égalité sociale.

1. De l'égalité des races humaines : le contexte d'une œuvre

Le contexte où Firmin produit son chef-d'œuvre porte le sceau de trois grands courants de pensée : le racialisme, le positivisme et le panafricanisme.

a- Le siècle des théories raciales. Dans la préface du livre, le penseur haïtien indique les raisons qui l'ont poussé à se saisir de sa plume pour contrer les vagues déferlantes d'une marrée aux abois. Il dit avoir été "choqué" de lire des auteurs du siècle professer doctement le dogme de l'inégalité raciale. Devenu membre de la Société d'Anthropologie de Paris, il lui semblait "incompréhensible et illogique" que la doctrine de l'inégalité pût être défendue par des membres de cette prestigieuse institution. Il décida alors d'ouvrir un débat sur la question.[914] Le titre de l'ouvrage prend le contre-pied de celui de Joseph Arthur Comte de Gobineau, *De l'inégalité des races humaines* (1853-1855). Firmin accorde peu d'importance à cet auteur ; il le considère tout simplement comme un "esprit malade".[915] Il se concentre plutôt sur les thèses des

---

[914] A. Firmin, *De l'égalité des races humaines*, op. cit. XXXIV.

[915] De Gobineau se savait lui-même un homme déséquilibré, impulsif et sans retenue : « Mes pensées, dit-il, jaillissent de mon tempérament, de ma constitution physique et morale, de l'état de ma santé, de mon bonheur ou de mon malheur, phénomènes sur lesquels je n'exerce guère d'action et qui me sont assez imposés, je ne suis pas très responsable » (Cit. in F. Schiller, *Paul Broca. Explorateur du cerveau*, Paris, Éditions Odile Jacob, 1990, 182). Ajoutons cette note de Jean Gaulmier : « La méditation de Gobineau ne se déploie pas sur le plan intellectuel ; elle obéit aux pulsions d'un cœur angoissé ; elle est née de l'horreur qu'adolescent il a éprouvé pour sa famille ; elle a grandi à travers les déboires que le règne des dynasties bourgeoises a infligées à ses

auteurs qui jouissaient d'une certaine autorité dans le monde scientifique.

b- Le siècle du positivisme. Il peut sembler paradoxal que le siècle qui proclama le triomphe de la rationalité scientifique ait vu fleurir à la clarté du jour une théorie aussi superstitieuse que celle de l'inégalité naturelle des hommes. Ce n'est point la science qu'il faut incriminer, mais la malhonnêteté intellectuelle des "hommes de science" qui soutiennent cette idéologie. C'est au nom de la science et avec les armes mêmes de la science que Firmin se dressa comme un homme pour défendre l'Humain. Son ouvrage porte comme sous-titre "Anthropologie positive". Il oppose cette nouvelle approche de la discipline aussi bien à l'anthropologie purement naturaliste (Blumenbach) qu'à l'anthropologie purement spéculative (Kant, Hegel). Le penseur haïtien se réclame entièrement du "nouvel esprit scientifique", l'esprit positif. Il considère le "culte" de la science et de la libre raison comme un devoir sacré. Éprouvant la « soif de la vérité et le besoin de la lumière », il choisit de combattre les ténèbres de la pseudoscience.

Intellectuel raffiné, cet avocat d'origine modeste s'ouvre à l'universalité des savoirs et épate par l'étendue de ses connaissances. En lisant *De l'égalité*, on admire la capacité de l'auteur à convoquer et à faire dialoguer avec tact différentes disciplines : physiologie, anatomie comparée, linguistique, sciences morales et politiques, astronomie, chimie, géologie, anthropologie, histoire, droit, philosophie, etc. Firmin, un érudit, un *sesh-rekh*, un savant. Sans conteste. L'homme se tient cependant à l'écart du levain qui gonfle les pédants. Le trait de son style est élégant, clair, simple et précis. Il n'avait que trente-quatre ans quand il publia cette œuvre si belle et si percutante.

---

jeunes ambitions. La trilogie de Gobineau traduit le roman d'un jeune homme pauvre, d'un humilié qui par compensation se forge un univers de rêve » (J. Gaulmier, *Introduction au tome I des œuvres de Gobineau*, Paris, Gallimard, La Pléiade, 1983, XXIX). Firmin avait donc raison de traiter le personnage d'*esprit malade*.

Théophile Obenga s'étonne des compétences dont il fait montre en égyptologie, à une époque où cette science était encore balbutiante :

> « L'ouvrage d'Anténor Firmin est très riche en matière d'égyptologie, de linguistique générale africaine, de civilisation matérielle, d'étude des monuments égyptiens, d'examen de la flore et de la faune pharaoniques, des légendes d'Osiris, d'Isis, de Seth, de Horus (qu'il écrit avec raison Hor, en égyptien Hr), de parenté culturelle, raciale et linguistique de l'Égypte pharaonique avec le reste de l'Afrique noire : c'est la grande unité culturelle de l'Afrique noire, alors thématisée par Cheikh Anta Diop dans les années 60. »[916]

Obenga n'hésite donc pas à lui attribuer le titre d'*égyptologue* et il le mérite sans équivoque. Plus d'un demi-siècle avant Diop, il jette les bases de ce qui deviendra plus tard l'École Africaine d'Egyptologie.

c- *Le siècle du panafricanisme*. L'ouvrage de Firmin précède d'une quinzaine d'années la première conférence panafricaine de Londres (1900). En 1885, le panafricanisme avait déjà acquis ses lettres de noblesse.[917] *De l'égalité* vient rehausser son éclat. Y sont abordés les principaux thèmes de la doctrine panafricaniste : l'unité culturelle et historique des peuples noirs, la lutte contre l'injustice raciale et la colonisation, les origines négro-africaines de l'Égypte pharaonique, la solidarité entre les Africains du Continent et de la Diaspora, etc. Selon Oruno Lara, Firmin « apporte au mouvement panafricain son souci de précision, sa rigueur scientifique, sa clarté, sa volonté d'homme politique. [...] Il ouvre de nouvelles perspectives à la réflexion et aux partisans modernes d'un dialogue Caraïbes-Afrique ».[918] C'est en des termes lyriques que le penseur haïtien exprime son attachement et sa

---

[916] T. Obenga, « Hommage à Anténor Firmin (1850-1911), égyptologue haïtien », in *Ankh*, n° 17, 2008, 141.

[917] Cfr A. Boukary-Yabara, *Africa unite. Une histoire du panafricanisme*, Paris, La Découverte, 2014.

[918] O. D. Lara, *La naissance du panafricanisme*, Paris, Maisonneuve et Larose, 2002, 12.

devotion à la Cause Noire. Il ambitionne de se consacrer "religieusement" au service du Peuple Wusirien pour "l'aider dans son ascension".[919] Il dédie *De l'égalité* à "tous les enfants noirs", répandus sur la surface de la Terre. Il rappelle à ses compatriotes haïtiens le lien de sang et de larmes qui les lie aux Africains du continent. Il assigne à Haïti un rôle de premier plan dans la "réhabilitation de l'Afrique". On sait ce que représente le pays de Toussaint Louverture, de Jean-Jacques Dessalines, de Mambo Cécile Attiman ou de Suzanne Bélair dans la conscience panafricaine. N'est-ce pas la terre qui a fait surgir l'Aube de la Renaissance Africaine après les siècles de la Catastrophe ? Et sa vocation n'est-elle pas de tenir allumé le flambeau de la Liberté ? Haïti ! Haïti où « la Négritude se mit debout… ».

2. L'égalité naturelle de tous les hommes

Pour déconstruire les théories raciales en vogue à son époque, Firmin utilise une méthode rigoureuse : il expose dans un premier temps les diverses théories raciales ; il montre ensuite les incohérences des classifications établies par les tenants de l'inégalité naturelle ; il examine enfin les conséquences qui en découlent, sur le plan philosophique, moral et social.

Deux notions de "race" opposent Firmin et ceux dont il combat les idées. Ce qu'il appelle lui, "races", ce sont les divers groupes composant l'unique espèce humaine. Sous sa plume, le mot a exactement le sens de "groupe ethnique". Pas plus. Par contre, pour les théoriciens de l'inégalité raciale, le terme désigne des entités ethniques qui, non seulement n'appartiennent pas à une même espèce, mais sont aussi, sur le plan naturel, les unes supérieures aux autres.

---

[919] A. Firmin, *De l'égalité des races humaines,* XL.

Longue la liste des théoriciens de la race que notre auteur convoque et critique :

- Il y a ceux qui établissent des classifications sur la base de la couleur de la peau : Carl von Linné, Samuel Morton, Omalius Halloy, Georges Cuvier, James C, Prichard, etc. Carl G. Carus ajoute une note particulière au critère de la couleur : ceux qu'il appelle les "blancs" seraient les fils de la lumière ou du jour, les "jaunes", les fils du crépuscule du matin, les "rouges", les fils du crépuscule du soir et les "noirs", les fils de la nuit.

- Il y a ensuite ceux qui prennent comme critère de démarcation la forme de la mâchoire. C'est le cas d'Isidore Geoffroy Saint-Hilaire, avec ses "orthognates", "eurignathes", "prognathes", "eurignathoprognathes".

- D'autres retiennent comme critère de différenciation la texture des cheveux. C'est le cas de Bory de Saint Vincent avec ses "léiotriques" et ses "ulotriques".

- Il y a aussi les férus de la craniométrie : Franz Josef Gall, Anders Retzius, Barnard Davis, Paul Topinard, Johann Friedrich Blumenbach, Paul Broca. Ce dernier propose une formule mathématique pour calculer l'indice céphalique : I. C = longueur du diamètre transversal du crâne multipliée par 100 divisée par le diamètre longitudinal.

- Peter Camper, Sandifort Hunt et Broca ajoutent à la liste des critères classificatoires le calcul de l'angle facial, le calcul du poids de la masse du cerveau et le calcul de l'indice nasal. Broca est convaincu que l'augmentation de l'indice nasal est presque toujours un signe d'infériorité raciale. Sa formule pour calculer l'indice nasal est la suivante : I.N = largeur du nez multipliée par 100 divisée par la longueur du nez.

- Louis Figuier établit sa classification sur la base de l'étude des systèmes nerveux. Il trouve que le système artériel est plus développé chez les blancs que chez les noirs. Ces derniers auraient, par contre, un système nerveux plus développé et un sang plus visqueux, plus obscur, que celui des blancs.

Firmin passe en revue et patiemment les écrits de ces "savants du siècle". Il essaie d'exposer le plus fidèlement leurs théories. Parfois, avec un brin d'ironie. En commentant par exemple les travaux de "l'illustre Broca", il dit admirer « l'aptitude toute spéciale dont sont douées certaines intelligences pour s'orienter à travers les contradictions ».[920] Il relève trois insuffisances dans les classifications proposées : (i) elles se contredisent ; (ii) elles cherchent à imposer un ordre de valeur là où la nature a mis une "irrégularité capricieuse" ; (iii) elles se fondent sur des principes arbitraires et ridicules. Mais le plus important, ce sont les conclusions infondées auxquelles sont "logiquement acculés" les théoriciens du racialisme : l'idée de la pluralité des espèces humaines, la fumisterie ou la superstition de l'inégalité naturelle des races et l'idéologie de l'inégalité politique.

Contre la doctrine de la pluralité des espèces humaines, Firmin défend la thèse dite "unitaire" : l'espèce humaine est une, mais elle est née, en plusieurs endroits, de plusieurs couples adamiques :

> « L'espèce humaine, unique par sa constitution primitive, et suivant l'identité organique qui signale en elle un seul et même plan de formation, est apparue sur les divers points de la terre avec des conditions absolument semblables, à un certain moment de l'évolution de la vie sur notre planète ».[921]

À propos de l'hypothèse de l'apparition de l'espèce humaine en "divers points de la terre", la science contemporaine donne tort au philosophe haïtien. En effet, les récentes études en paléontologie humaine et en génétique indiquent que l'arbre phylogénétique de l'humanité se rattache à une unique origine ancestrale (voir les études sur l'Eve mitochondriale).[922]

---

[920] *Ibid.*, 89.
[921] *Ibid.*, 75.
[922] R. Dawkins, *Il était une fois nos ancêtres : une histoire de l'évolution*, trad. de M-F Desjeux-Lefort, Paris, Robert Laffont, 2007.

Firmin voit cependant juste quant à l'unité du genre humain et à la différenciation progressive de l'unique espèce en divers groupes ethniques :

> « Quelles que soient, pourtant, les transformations que les groupes aient subies sous des influences diverses [en particulier sous l'effet des "phénomènes climatologiques"], ils gardent tous l'empreinte primordiale, constitutionnelle de l'espèce, avec cette *identité de la conception humaine* qui en est la traduction intellectuelle et morale ».[923]

3. L'égalité politique

De l'égalité naturelle dérive le principe de l'égalité en droit de tous les hommes. En effet, c'est la conscience de l'égalité naturelle et de l'unité originelle du genre humain qui « rend l'homme sacré à l'homme ». L'égalité naturelle fonde donc l'égalité politique. Celle-ci est incompatible avec deux types de régime : l'esclavagisme et le despotisme.

À propos de l'esclavage, le penseur haïtien montre que si l'inégalité était naturelle, il y aurait effectivement des "races supérieures" et des "races inférieures", les unes dominant les autres selon une certaine loi naturelle ; la servitude se justifierait selon cette même loi. Avocat, Firmin puise dans l'histoire du droit romain pour étayer ses propos. Les romains, pour justifier leur système esclavagiste, ont dû inventer une fiction spécieuse : faire de l'esclave un être inférieur (*capitis diminutio*). Ainsi diminué, il pouvait être objet de trafic et de commerce. Mais la fiction ne s'arrête pas là. Les romains disaient de l'esclave qu'il était non seulement nul et vil (*non tam vilis quam nullus*), mais qu'il appartenait "presque" à une autre espèce humaine (*quasi secundum*

---

[923] A. Firmin, *De l'égalité des races humaines,* 75.

hominum genus sunt). On voit bien que, sur ce plan, les théoriciens modernes de l'inégalité n'innovent pas. Ils s'inscrivent dans une continuité. Un détail cependant : les romains, à la différence des modernes, ont le mérite de n'avoir pas "racialisé" l'esclavage. L'inégalité juridique ne frappait pas une "race humaine". Firmin s'étonne du fait que, malgré les progrès de la pensée juridique, la doctrine de l'inégalité ait pu encore se perpétuer en son temps et se couvrir du manteau de la science. Selon lui, « il se conçoit peu » qu'on proclame sur le plan légal l'égalité de tous les hommes et que, dans le même temps et sous les mêmes cieux, des théories prétendument "scientifiques" s'acharnent contre ce noble principe de civilisation.

Au nom de l'égalité politique, notre auteur condamne également le despotisme sous toutes ses formes. Il dénonce la perpétuation des injustices contre le Peuple Noir :

> « Il faut à la race noire la liberté, une liberté réelle, effective, civile et politique pour qu'elle s'épanouisse et progresse. Si l'esclavage lui fait horreur, horrible aussi doit lui paraître le despotisme, car le despotisme n'est rien autre chose qu'un esclavage moral ; il laisse la liberté du mouvement aux mains et aux pieds, mais il enchaîne et garrotte l'âme humaine, en étouffant la pensée. »[924]

Firmin combat farouchement les théoriciens du despotisme, en particulier Joseph de Maistre. Il considère le philosophe français comme un "préconisateur endiablé de l'obscurantisme", un nostalgique des âges révolus, le promoteur d'une aristocratie surannée, fondée sur l'arbitraire, la violence et les privilèges de classe.[925]

---

[924] A. Firmin, *De l'égalité des races humaines,* XL.
[925] A. Firmin, *Mr. Roosevelt, Président des États-Unis et la République d'Haïti,* Les Editions Fardin, 2014, VI.

4. L'égalité des nations

Chez Firmin, l'égalité des races a comme corollaire l'égalité des nations.[926] L'une présuppose l'autre. Il définit la nation comme une communauté de destin liée par un vif sentiment appelé patriotisme. Le patriotisme est une « affection sans égale pour la terre natale », une affection qui pousse à accorder une importance primordiale à ceux de sa communauté culturelle d'origine, ceux avec qui l'on partage des aspirations communes et un certain tempérament physiologique et psychologique. Souvent, le patriotisme glisse dangereusement vers une sorte de fanatisme ethnique et de suprématisme racial. Les nations occidentales ont poussé à l'extrême ce caractère racial de la communauté politique. Leur diplomatie est essentiellement basée sur l'égoïsme ethno-national, la cupidité politique et l'instinct belliqueux :

> « L'amour de la patrie, de plus en plus vif, poussé à une dévotion étroite [inspire aux occidentaux] des préoccupations qui ne permettent pas de repos, tant que la nation à laquelle ils appartiennent n'occupe pas le premier rang et ne préside pas, pour ainsi dire, aux destinées des autres, avec une hégémonie incontestée ».[927]

Des savants et des philosophes occidentaux ont recouru à des textes religieux pour justifier cette politique de prédation digne des peuples barbares. Herbert Spencer s'appuie sur la Bible hébraïque : comme les Hébreux, dit-il, se croyaient autorisés par Dieu à s'emparer des terres cananéennes et à « en exterminer les habitants », les occidentaux, pour « répondre à l'intention de la Providence », doivent se sentir, eux aussi, appelés à déposséder les "races inférieures" de leurs terres, de leurs

---

[926] A. Charles, « Anténor Firmin et le concept de l'égalité des nations », in C. Hector (ed.), *L'actualité d'Anténor Firmin Hier, Aujourd'hui et Demain. Actes du colloque international Anténor Firmin, Université Quisqueya, 14-16 décembre 2011*, Editions de l'Université d'État d'Haïti, Port-au-Prince, 2014, 59.
[927] *Ibid.*, 342.

richesses, à les "soumettre" et à les "massacrer" toutes les fois que cela s'avère nécessaire.[928]

Le patriotisme ethnique belliqueux pousse les nations européennes à s'entredéchirer. Mais chaque fois qu'elles sentent l'exigence d'étendre leur zone d'influence au-delà des frontières de leur continent, elles s'unissent sur la base raciale. L'instinct de prédation est si tenace que même quand une nation européenne se désolidarise des intérêts étrangers d'une autre nation européenne, elle ne le fait jamais pour des idéaux nobles. Firmin a le regard aigu. Il note :

> « Aussi, toutes les fois qu'une puissance européenne prête son concours ostensible ou caché à un peuple d'Asie ou d'Afrique, est-ce mieux pour paralyser les progrès d'une rivale, dont elle est jalouse ou redoute la grandeur, que pour favoriser ce peuple auquel on ne vient en aide qu'avec l'arrière-pensée de pouvoir l'exploiter à son tour ! »[929]

L'impérialisme occidental trouve son fondement théorique dans l'idéologie de l'inégalité des races et des nations. Selon le philosophe haïtien, la foi en la supériorité de l'homme caucasien est la source principale du projet colonial. Voilà pourquoi il faut opposer à cette idéologie le principe naturel, juridique et politique de l'égalité des hommes et des nations. Le droit naturel des peuples impose à chaque nation le respect de l'égalité absolue et intégrale de la personne humaine. De là il suit que, sur le plan moral et philosophique, l'impérialisme ou le colonialisme pose un double problème :

Un problème anthropologique : quelle conception a-t-on de la personne humaine ?

Un problème politique : quelle compréhension a-t-on de l'idée de la souveraineté des nations et des peuples ?

---

[928] M. H. Spencer, *Les bases de la morale évolutionniste*, cit. in A. Firmin, *De l'égalité des races humaines*, 347.
[929] A. Firmin, *De l'égalité des races humaines*, 344.

Fier et jaloux de la dignité de son peuple, Firmin exige, dans son essai de 1905, qu'Haïti soit traitée dans les relations internationales comme un "pays en pleine possession de sa souveraineté" et invite les gouvernants haïtiens à se comporter de manière digne et responsable :

> « Nous n'aurons à nous préoccuper que d'être corrects, c'est-à-dire avoir le droit de notre côté, dans nos relations internationales, pour nous sentir en sécurité. Mais un tel degré d'assurance en soi-même ne sera obtenu par Haïti qu'avec la pleine conscience de sa destinée, c'est-à-dire de l'idéal, du but qu'elle a à atteindre, en tant que nation indépendante ».[930]

C'est le principe de "souveraineté nationale" que le grand homme évoque en 1891 en tant que Secrétaire d'État des Relations extérieures pour opposer un ferme refus à la demande des États-Unis d'utiliser le Môle St-Nicolas comme base navale :

> « L'acceptation de votre demande avec une telle clause serait, aux yeux du Gouvernement d'Haïti, un outrage à la souveraineté nationale de la République et une violation flagrante de l'article 1er de notre Constitution ; car, en renonçant au droit de disposer de son territoire, il en aurait consenti l'aliénation tacite ».[931]

Comment ne pas reconnaître dans l'auteur de ces lignes le noble descendant des héros/héroïnes de l'Indépendance, le défenseur des valeurs et des idéaux de la Révolution haïtienne ?

---

[930] Il précisera plus loin que ce but, cet idéal, c'est « l'effort sublime d'un petit peuple en vue de la réhabilitation de toute une race d'hommes » (A. Firmin, *Mr. Roosevelt, Président des Etats-Unis et la République d'Haïti*, op. cit., VIII-IX).
[931] Extrait du *Bulletin des Lois et Actes du Gouvernement de la République d'Haïti*, n° 22, Année 1891.

5. L'égalité sociale

L'égalité sociale est une conséquence pratique de l'égalité politique. En effet, l'égalité juridique restera un vain mot, une pure idéalité si elle ne se traduit pas dans une forme de justice sociale. La rigueur et la probité dont témoigna Firmin quand il était ministre des Finances dans le gouvernement de Florvil Hyppolite indiquent son attachement à la justice sociale.[932] À nulle autre époque, affirme Métellus, « les finances de l'État ne furent plus prospères ». Comment l'homme a-t-il pu atteindre ce résultat en si peu de temps, au sortir d'une guerre civile ? Il réorganisa l'administration fiscale et le service des Douanes, rationalisa les dépenses de l'État, s'entoura d'agents compétents et irréprochables sur le plan de la probité.[933]

Dans la préface de son maître-livre, il insiste sur deux piliers essentiels de l'égalité sociale :

- L'*instruction publique*, accessible à tous les citoyens. C'est par l'instruction que les masses pourront se libérer des préjugés qui les aveuglent et les paralysent dans leur élan vers le progrès.

- La *justice distributive* : elle se fonde sur le respect des droits d'autrui et surtout des droits des plus faibles.

Firmin prend résolument le parti des pauvres, en se mettant à dos la petite bourgeoisie locale. En 1895, il n'hésite pas à critiquer publiquement les manœuvres de son ami Nemours Auguste. Il l'accuse de ne penser qu'à sa "poche" au détriment des campagnards haïtiens.[934]

Dans *Mr. Roosevelt,* il insiste à nouveau sur le fait qu'Haïti ne peut

---

[932] L. Péan, « Anténor Firmin, économiste, gestionnaire des finances publiques », in C. Hector (ed.), *L'actualité d'Anténor Firmin Hier, Aujourd'hui et Demain,* 227-262.

[933] R. Gaillard, *La République exterminatrice. L'État vassal*, Port-au-Prince, Editions Le Natal, 1988, 174.

[934] A. Firmin, « La brochure de Nemours Auguste », cit. in L. Péan, «Anténor Firmin, économiste, gestionnaire des finances publiques», *op. cit.,* 255.

s'élever vers le progrès tant que les masses populaires n'auront pas accès à plus de justice sociale.[935]

Bien qu'adepte du libéralisme, le défenseur de l'égalité s'oppose au capitalisme sauvage qui favorise l'enrichissement égoïste. Dans ses *Lettres de Saint Thomas*, il rejette l'idée selon laquelle « les initiatives individuelles doivent être l'unique source de tout progrès national ».[936] Pour lui, proclamer le principe de "l'égalité des chances" dans un pays encore marqué par des inégalités sociales relève d'une utopie suicidaire.[937] Au temps où vécut Firmin, le pouvoir économique était – et l'est encore aujourd'hui – aux mains des descendants des classes bourgeoises qui s'étaient enrichies pendant la période coloniale. Ces descendants détenaient des "capacités héritées" qui leur donnaient un avantage certain sur leurs compatriotes. Comment parler d'égalité de chances dans un tel contexte ? Firmin ne pouvait donc soutenir sans réserve ou sans nuance le libéralisme économique. Il milite plutôt pour une économie sociale, pour une intégration sociale des couches les plus vulnérables et pour une redistribution équitable des richesses nationales. Le type de libéralisme qu'il défend est loin d'être bourgeois ou capitaliste ; il est égalitariste : il vise à créer une société capable de garantir à tous les conditions d'une vie meilleure, digne de l'homme.

---

[935] A. Firmin, *Mr. Roosevelt, Président des États-Unis et la République d'Haïti*, 495.
[936] A. Firmin, *Lettres de Saint Thomas*, Paris, V. Girard & E. Brière, 1910, 369.
[937] A. Nicolas, « Le libéralisme et la pensée sociale en Haïti », in C. Hector (ed.), *L'actualité d'Anténor Firmin Hier, Aujourd'hui et Demain,* 201.

Annexe 5 :
Le "Consciencisme" de Nkrumah :
Principes et formalisation mathématique

Notre philosophie doit trouver ses armes dans le milieu et les conditions de vie du peuple africain. C'est à partir de ces conditions que doit être créé le contenu intellectuel de notre philosophie. L'émancipation du continent africain, c'est l'émancipation de l'homme.

(K. Nkrumah)

Ernest Menyomo définit le consciencisme comme

« Une philosophie de la conscience, elle-même ici définie comme « l'ensemble des faits psychologiques appartenant à un individu ou à un ensemble d'individus, en tant qu'ils ont un caractère commun ». Ainsi conçue, la conscience négro-africaine est prise ici comme un fait collectif, c'est-à-dire la vision globale et peut-être même spontanée ou inconsciente du peuple africain. Le consciencisme devient dans ce cas comme une doctrine qui se donne pour objectif de conscientiser le peuple. »[938]

La définition qui est donnée de la conscience est tirée du *Vocabulaire technique et critique de la philosophie* de Lalande. Menyomo en tire une inférence pour le moins curieuse : la conscience africaine serait une « vision globale et peut-être même spontanée ou inconsciente ». Ni la définition de Lalande, ni la théorie de Nkrumah n'autorisent cette déduction. Qu'est-ce qu'une "conscience inconsciente ou spontanée" ? Une conscience inconsciente, est-ce une conscience ? Nulle part, en tout

---

[938] E. Menyomo, *Descartes et les Africains*, Paris, L'Harmattan 2010, 65.

cas, le penseur ghanéen ne parle d'une "conscience africaine inconsciente" ; il parle plutôt d'une conscience africaine en "crise", en "conflit", parce que confrontée à des réalités exogènes opprimantes et aliénantes.

Nous présentons ici, de manière rapide, la philosophie du consciencisme, les principes qui la fondent et quelques aspects de sa formalisation mathématique.

1. La nécessité d'une philosophie politique pour la reconstruction de l'Afrique

Contrairement à une opinion répandue, il y a un lien étroit entre philosophie et société. La philosophie, écrit Nkrumah, « surgit toujours d'un milieu social ».[939] Elle affecte le milieu social en le légitimant ou en le remettant en cause. Dans le premier cas, elle apparaît comme une idéologie conservatrice, et dans le second, comme une idéologie progressiste ou révolutionnaire. La philosophie est donc, à tout point de vue, un "instrument idéologique". L'auteur précise le sens qu'il donne à la notion d'*idéologie* :

> « On croit souvent que l'idéologie doit être consignée dans les ouvrages d'un individu, ou d'un petit groupe d'individus, ouvrages destinés uniquement à provoquer une transformation radicale de la société. C'est là une erreur manifeste. Même quand elle est révolutionnaire, une idéologie n'exprime pas simplement le désir d'abolir l'ordre social existant ; elle cherche aussi à défendre et à maintenir l'ordre nouveau qu'elle instaure […]. De même, si telle idéologie n'est pas écrite noir sur blanc, cela ne l'empêche pas d'en être une. L'important, ce n'est pas le papier, c'est la pensée. »[940]

---

[939] K. Nkrumah, *Le consciencisme*, 72.
[940] *Ibid.*, 75.

L'idée d'une philosophie idéologiquement ou politiquement neutre relève d'une utopie. La mission originelle de la philosophie est de contribuer à l'édification de la cité à travers l'éveil et l'éducation des consciences. Nkrumah dénonce l'attitude des philosophes contemporains qui affichent une « indifférence professionnelle d'aristocrates à l'égard des réalités sociales de leur temps » ; cette attitude, dit-il, « dévirilise proprement la philosophie » en en faisant un simple discours de divertissement, un discours de salon.

La philosophie assume pleinement sa fonction idéologique quand elle s'incarne dans une théorie politique ou sociale. Dans le cadre du projet de la Renaissance Africaine, l'élaboration d'une telle théorie apparaît comme un impératif absolu. Elle doit s'appuyer, en particulier, sur les valeurs de l'humanisme africain et sur l'histoire africaine, en tenant compte des idéologies étrangères qui continuent d'affecter la conscience africaine :

> « Notre société n'est pas l'ancienne société ; c'est une société nouvelle, élargie par les influences musulmanes et euro-chrétiennes. Il faut donc une idéologie nouvelle, capable de se cristalliser en une philosophie, mais n'abandonnant pas les principes humanistes de l'Afrique. Une telle position philosophique surgira de la crise de la conscience africaine confrontée aux trois courants de la société africaine actuelle. Je propose d'appeler cette position *consciencisme philosophique*. »[941]

Encore :

> « Ce qu'il nous faut d'abord, c'est un corps de doctrines qui déterminera la nature générale de notre action consistant à unifier la société dont nous avons hérité, cette unification devant constamment tenir compte de l'idéal élevé qui est à la base de la société africaine traditionnelle. La révolution sociale doit donc

---

[941] *Ibid.* 89.

s'appuyer fermement sur une révolution intellectuelle, dans laquelle notre pensée et notre philosophie seront axées sur la rédemption de notre société. »[942]

Le consciencisme naît d'une crise de conscience, car les trois idéologies dominantes de la nouvelle société « coexistent difficilement » et se réclament de principes contradictoires. Pour cela, la nouvelle théorie doit proposer un corps de doctrines capables d'unifier la nouvelle société sur la base d'une *révolution intellectuelle populaire* (non élitiste), centrée sur la reconstruction de la personnalité africaine. Ce n'est qu'à cette condition qu'elle pourra provoquer une transformation sociale radicale.

2. Le consciencisme : principes et fondements

Nkrumah ne s'est pas contenté de discourir sur la nécessité d'une théorie politique devant servir de base idéologique pour la Renaissance Africaine ; il a tenté de donner corps à cette théorie. Il la définit comme suit : « La philosophie appelée " consciencisme " est celle qui, partant de l'état actuel de la conscience africaine, indique par quelle voie le progrès sera tiré du conflit qui agite actuellement cette conscience ».[943] Elle repose sur cinq principes qui, selon l'auteur, s'originent dans la pensée africaine fondamentale : l'humanisme égalitariste, le matérialisme, le communalisme, le pragmatisme et la dialectique.

---

[942] *Ibid.*, 97.
[943] *Ibid.*, 98.

L'humanisme égalitariste

Le consciencisme défend le principe moral selon lequel chaque homme doit être traité comme une fin en soi et non comme un objet. En Afrique, écrit Nkrumah, « l'homme est considéré avant tout comme un être spirituel, doué au départ d'une certaine dignité, intégrité et valeur intérieure. Cette théorie est agréablement opposée à l'idée chrétienne du péché originel et de la déchéance de l'homme ».[944] Le principe de "l'homme comme fin" justifie le principe de l'égalitarisme : tous les hommes ont une commune dignité ; par conséquent, ils doivent jouir des mêmes droits fondamentaux. Il en découle un projet politique d'orientation socialiste, à savoir l'instauration d'une société égalitaire, non oligarchique. Le principe moral évoqué est le même que celui qui fonde l'éthique kantienne, mais le penseur ghanéen tient à préciser la spécificité de sa pensée par rapport à celle du philosophe allemand :

> « Le consciencisme diffère du kantisme en ceci qu'il fonde l'éthique sur une conception philosophique de la nature de l'homme. C'est ce que Kant appelle une éthique fondée sur l'anthropologie. Par anthropologie, Kant entend toute étude de la nature de l'homme, et il ne veut pas que l'éthique repose sur une telle étude. Or, c'est précisément ce que fait le consciencisme philosophique. »

Une autre différence : alors que Kant voyait dans le principe de "l'homme comme fin" une "évidence rationnelle" - donc une sorte de vérité première -, Nkrumah le considère comme un principe inféré du matérialisme.

---

[944] *Ibid.*, 87.

Le matérialisme

Il y a deux formulations du matérialisme : celle qui affirme l'existence de la seule matière et celle qui affirme l'existence de la matière comme réalité première. C'est cette seconde formulation que le consciencisme défend ; elle diffère de la première par le fait que celle-ci est en soi un athéisme ou un panthéisme athée alors que le consciencisme « n'est pas nécessairement athée ». Le matérialisme de Nkrumah repose sur deux présupposés : « Tout d'abord, j'affirme l'existence indépendante et absolue de la matière ; ensuite, j'affirme qu'elle peut se mouvoir spontanément ».[945] Cette position rencontre une objection majeure : comment expliquer le phénomène de l'esprit, de la conscience et de la conscience de soi à partir de la matière ? L'auteur propose deux solutions qui, à notre avis, restent insuffisantes pour des raisons que nous avons évoquées ailleurs (voir Chapitre 10) :

Première solution : la réduction de l'esprit à la matière : « Le phénomène de la conscience, comme celui de la conscience de soi, doit être considéré comme n'étant, en dernière analyse, qu'un aspect de la matière ».[946] L'esprit est de la "matière évoluée" ; la matière est « tout ce qui a une masse et est perpétuellement actif ». Elle est « coextensive à l'univers ».

Deuxième solution : la conversion catégorielle ou l'émergence de l'esprit au cœur de la matière : « Par conversion catégorielle, j'entends quelque chose comme le jaillissement de la conscience de soi à partir de ce qui n'a pas conscience de soi, quelque chose comme le jaillissement de l'esprit à partir de la matière, de la qualité à partir de la quantité ».[947]

Le matérialisme s'oppose à l'idéalisme. L'auteur montre les limites de ce courant de pensée. Nous ne reprendrons pas ici les arguments de sa critique ; arrêtons-nous plutôt à la motivation principale qui l'a poussé à préférer le matérialisme à l'idéalisme. Il écrit :

---

[945] *Ibid.*, 104.
[946] *Ibid.*, 104.
[947] *Ibid.*, 32.

« C'est le matérialisme et non l'idéalisme qui, sous une forme ou sous une autre, fournira le meilleur fondement conceptuel nécessaire à la reconstitution des principes égalitaires et humanitaires de l'Afrique. L'idéalisme crée une oligarchie et, comme je l'ai montré au second chapitre, ses conséquences sociales sont néfastes. C'est le matérialisme, avec son explication moniste et naturaliste de la nature, qui mettra fin à l'arbitraire, à l'inégalité et à l'injustice. »[948]

En d'autres termes, le choix du matérialisme est motivé par le fait qu'il satisfait les deux conditions épistémologiques nécessaires pour l'élaboration d'une théorie politique africaine :

a) La théorie doit être inspirée des principes de l'humanisme africain ;

b) Elle doit proposer une vision égalitariste de la société.

L'idéalisme ne remplit aucune de ces conditions.

Il convient de faire une précision à propos du matérialisme conscienciste. Il a été dit qu'il ne nie point la présence de l'esprit, mais qu'il le considère comme une manifestation de la matière. Nkrumah affirme avec force que dans le consciencisme, « l'interaction de l'esprit et du corps est admise comme fait ». Cela ne porte nullement au dualisme puisque corps et esprit appartiennent à la même réalité, la matière. Le matérialisme est donc un monisme, mais il se distingue du monisme neutre : « Je crois que le monisme neutre n'est qu'un crypto-dualisme ou qu'un crypto-pluralisme [...]. Toutes les attitudes dualistes et pluralistes nagent dans le monisme neutre ».[949] L'affirmation de l'existence première de la matière n'empêche pas le philosophe ghanéen de considérer l'esprit, la qualité et les propriétés comme des "types logiques supérieurs". La conscience surgit de la matière, mais appartient à un type d'objet matériel et logique supérieur à la matière brute.

---

[948] *Ibid.*, 96.
[949] *Ibid.*, 32.

La dialectique

C'est à travers l'évolution dialectique que l'esprit surgit de ce qui n'a pas conscience de soi :

> « La dialectique est ce qui rend possible l'évolution des espèces, ce qui, par conséquent, explique que l'esprit soit sorti de la matière, la qualité de la quantité, l'énergie de la masse. Dépendant d'un point critique d'organisation de la matière, cette sorte de surgissement est un véritable bond [...]. Dans l'évolution dialectique, l'avance n'est pas linéaire ; elle se fait, pour ainsi dire, d'un plan à l'autre. C'est par un bond d'un plan à l'autre que sont produites les espèces nouvelles, et que l'esprit surgit de la matière. »[950]

Si l'évolution dialectique était linéaire et continue, elle produirait indéfiniment le même. Par contre, si elle est pensée comme discontinue et pluridirectionnelle, elle permet d'expliquer le surgissement de la conscience à partir de la matière. Nkrumah peine à démontrer cette affirmation. Il recourt à l'exemple des mathématiques : « De même que, dans les fondements des mathématiques, les nombres critiques représentent une solution de continuité dans l'engendrement des nombres, de même, dans la nature, l'apparition de la qualité à partir de la quantité représente une solution de continuité dans un processus quantitatif ». Une question reste tout de même irrésolue : comment advient la solution de continuité dans le processus quantitatif et comment favorise-t-elle l'émergence de l'esprit ou de la conscience ?

---

[950] *Ibid.*, 38-39.

Le communalisme socialiste

L'idée de la valeur originelle de l'homme et le principe de l'égalitarisme constituent le fondement théorique de ce que l'auteur appelle le "communalisme africain". Ce communalisme est de type socialiste : « Le visage traditionnel de l'Afrique implique une attitude à l'égard de l'homme, qui, dans ses manifestations sociales, ne peut être qualifiée que de socialiste ». Le communalisme est "l'ancêtre socio-politique du socialisme" ; ce dernier n'en est que l'expression moderne : « Le socialisme est une forme d'organisation sociale qui, guidée par les principes du communalisme, adopte des procédures et des mesures rendues nécessaires par le développement démographique et technique ».[951]

Le pragmatisme

Le consciencisme est une philosophie de l'action. Il ne peut en être autrement ; une philosophie qui se veut le reflet de l'évolution dialectique et objective de la matière, adopte forcément une approche pragmatique du réel. C'est une philosophie du mouvement, du devenir, dont l'horizon reste et demeure une vision éthique, humaniste et égalitariste. Toute politique qui s'oppose au principe de "l'homme comme fin" doit être considérée comme une "action négative" et renversée dialectiquement par une "action positive". Les systèmes oligarchiques d'inspiration féodale (le colonialisme, le néocolonialisme, l'impérialisme, le capitalisme, le despotisme) sont des forces négatives. Il faut une action positive titanesque pour les renverser. Cette action doit s'appuyer sur l'instruction et l'élévation du degré de conscience politique des peuples. L'action positive par excellence est donc la *révolution intellectuelle populaire*, socle de la *révolution sociale*.

---

[951] *Ibid.*, 92.

3. La formulation mathématique de la théorie

Nkrumah résume sa doctrine en un système mathématique que nous présentons ici de manière schématique :

Symboles et syntaxe

g = territoire
col. g = territoire colonisé
Gi = territoire libéré
U Gi = un Gi uni
(g) = pour tout g
p = indice de développement
∅ = rapport de forces exigé pour le développement
Pa = action positive réalisée par un individu
pa = action positive collective
(pa) = pour tout pa
Na = action négative réalisée par un individu
na = action négative collective
(na) = pour tout na
D = moment dialectique en général
d. = un moment dialectique spécifique
m = matérialisme
C = le consciencisme en général
cg. = le consciencisme tel que vécu dans un territoire spécifique
∃ = il existe, il y a
Lm = limite de
S = socialisme
Sg = socialisme dans la situation d'un territoire
ξ = Quantité négligeable
α = zone optimale de développement
→ = si, dans ces conditions
↔ = si et seulement si
↗ = en croissance
↘ = en diminution

Lois et théorèmes

Parmi les 23 théorèmes établis par l'auteur, nous retenons ceux qui suivent comme les plus pertinents. Ils résument à notre avis l'ensemble de la théorie :

$$(1) \quad \text{col. } g \leftrightarrow (na > pa)g. \qquad\qquad [I]^{952}$$

Cette première loi décrit la situation d'un territoire colonisé. Ici, l'action négative est globalement supérieure à l'action positive. C'est une situation anormale.

$$(2) \quad \text{lib.} g \leftrightarrow [D(na > pa) \rightarrow (pa > na)g] \qquad\qquad [II]$$

Un territoire sous domination coloniale ou néocoloniale se libère lorsque ses citoyens mettent en œuvre une dialectique qui renverse les rapports de force na/pa. Ce renversement est toujours possible, d'où le théorème suivant :

$$(3) \quad (pa)(na)(g) \; \exists \; d[d(na > pa)g \rightarrow (pa > na)g] \qquad [V]$$

Le moment dialectique susceptible de provoquer le changement peut atteindre à tout moment son point critique optimal. Mais il faut le préparer.

$$(4) \quad (pa)(na)(g) \; \exists \; d[d(pa > na)g \rightarrow (na > pa)g] \qquad [VIII]$$

L'action positive doit être continuellement promue dans un territoire libéré. Autrement, le rapport de forces peut à nouveau basculer en faveur des classes oligarchiques et des régimes impérialistes.

---

[952] Le numéro mis entre crochets correspond à celui du théorème dans le texte original.

$$(5) \quad \text{Lm } D(na > pa) \rightarrow pa\nearrow + \xi\, na \qquad [IX]$$

L'action négative ne peut disparaître totalement, mais elle doit devenir une quantité négligeable.

$$(6) \quad U\, Gi \leftrightarrow (pa\nearrow + na\searrow 0\, Gi) \qquad [X]$$

Seule l'action positive prolongée peut faire d'un territoire libéré une nation libre, unie et vraiment indépendante.

$$(7) \quad U\, G1\ldots k \leftrightarrow (pa\nearrow + na\searrow 0\, G1\ldots k) \qquad [XI]$$

Traduction :

> Si $G_1\ldots G_k$ représentent des territoires libérés dans une zone géographique, une union de $G_1\ldots G_k$, que nous appellerons U $G_1\ldots k$, est nécessaire pour maintenir cette unité et préserver l'indépendance. Pour susciter cette unité dans une zone de territoires libérés, $G_1\ldots G_k$, il faut augmenter l'action positive dans tous ces territoires en même temps. [953]

Ce principe rend plus que nécessaire le projet de l'unité fédérale africaine, c'est-à-dire le projet d'une « union des États africains indépendants, union intégrée par le socialisme et sans laquelle notre indépendance chèrement acquise pourrait encore être pervertie et annihilée par un nouveau colonialisme ».[954] Un demi-siècle après les Indépendances, le péril que redoutait Nkrumah, le péril du néocolonialisme, est devenu une réalité tangible.

---

[953] K. Nkrumah, *Le consciencisme*, 136.
[954] *Ibid.*, 141.

(8) $\emptyset \leftrightarrow m + C + D$ [XIV]

Il n'y a de progrès dans une nation que si la gouvernance politique est fondée sur les principes philosophiques du matérialisme (m), de la dialectique (D) et du Consciencisme (C).

(9) $S \leftrightarrow \emptyset + U\,Gi$ [XV]

Les conditions d'existence d'une société socialiste conscientiste sont la *mobilisation collective* et l'*unité nationale*. Nkrumah insiste sur la formation des consciences :

> « Il est essentiel que le socialisme implique une attention privilégiée prêtée à l'expérience et à la conscience politique du peuple, car s'il ne le fait pas, il servira une idée et non un peuple. Il engendrera une contradiction. Il deviendra dogmatique. Il perdra son fondement réaliste et matérialiste. Il deviendra un fanatisme, un obscurantisme, un ennemi du genre humain ».[955]

(10) $P = \dfrac{Pa}{\xi\,na}$ [XXIII]

L'indice de développement d'une nation libérée est déterminé par le rapport entre l'action positive et l'action négative. Comme cette dernière ne peut être totalement anéantie, l'idéal serait d'atteindre au moins $\xi\,na$.

---

[955] *Ibid.*, 137.

Annexe 6 :
Eboussi Boulaga et la déconstruction des paralogismes préjudiciels

Il n'y a philosophie que là où la traversée de terrains minés par des apories a ou a eu lieu et non des proclamations oraculaires et la répétition de sentences, d'idées et de concepts donnés comme originellement "rationnels" ou "vrais" [...]. L'unique lieu de naissance et de prolifération du philosopher, c'est l'aporie. La substance de l'aporie, ce sont les difficultés soulevées par le problème lui-même. [...] Elles comprennent "toutes les opinions différentes des nôtres émises par certains" [...] et des objections possibles que nous avons à découvrir ou à inventer, à nous faire à nous-mêmes aussi exhaustivement que faire se peut, de manière à nous tirer d'embarras relatifs au bien vivre.

(Eboussi Boulaga)

Eboussi Boulaga décrit le travail philosophique de Vumbi Yoka Mudimbe comme une « œuvre puissante de déconstruction et de reconstruction érudite et critique [visant] à nous fermer toutes sortes d'échappatoires, notamment celles des sous-entendus et des malentendus de la bonne foi, et à mettre au jour les conditions de possibilité d'un parler "vrai" ».[956] Ainsi pourrait-on qualifier l'œuvre du philosophe camerounais lui-même. Les termes "mystification", "ambiguïté", "duplicité", "équivoque", "prétentions de sens", "tartarinade", "détours", "délire", "dogme", "idéologie", etc. sont récurrents dans ses textes. Ils décrivent une forme de *dé-raison* ou de *ruse de la raison* que le "philosophe muntu" s'exerce à décrypter avec tact et rigueur. La raison mystificatrice qu'il traque prend forme dans ce qu'il appelle les "paralogismes préjudiciels". Nous examinerons comment se déploie sa critique, comment s'organise et se structure sa

---

[956] F. Eboussi Boulaga, *L'Affaire de la philosophie africaine. Au-delà des querelles*, Paris, Editions terroirs et Karthala, 2001, 10.

logique de déconstruction. Deux de ses essais nous serviront de cadre d'étude : "Le bantou problématique" et "L'époque de la philosophie africaine".

Il faut préciser qu'on ne trouve nulle part dans l'œuvre de l'auteur l'élaboration d'une quelconque "théorie" de la méthode. Eboussi n'est pas l'homme à produire des traités de méthodologie ou des "discours de la méthode", même si, pour lui, la philosophie est d'abord et avant tout une sorte d'*art de la manière*.[957] Nous voulons juste dégager quelques aspects de la "manière" dont ce philosophe du soupçon tente "d'ouvrir les questions" à la confrontation et à la dialectique.

1. La déconstruction des paralogismes

En logique, on entend par "paralogisme" un raisonnement faux. Il est parfois synonyme de sophisme, et, dans ce cas, il relève d'une logique de manipulation délibérée. On connaît les fameux "paralogismes transcendantaux" que Kant a épinglés dans le discours des théoriciens de la "psychologie rationnelle". Il y a, pour ainsi dire, un "air de famille" entre cette notion de "paralogisme transcendental" et celle de "mensonge transcendantal" forgée par Eboussi Boulaga :

> « Par définition, le mensonge comporte un élément d'agressivité active, intentionnelle. Le mensonge n'est pas simplement absence de vérité, par ignorance ou par erreur. Le menteur ajoute, retranche, arrange en vue d'égarer, de dérouter, de faire trébucher. La violence du mensonge que nous envisageons ici est dite meurtrière parce que ce qu'il ampute ou supprime, c'est le sujet lui-même, dans ses rapports à son passé, à son présent, à

---

[957] « La philosophie, dit-il, n'a pas d'objet spécifique ou propre. Elle est dans la manière d'ouvrir les questions et les opinions des autres et de soi-même à l'échange, à la confrontation, à l'interaction et à l'œuvre commune de la production, de la protection, de la promotion et de la diffusion de l'humain » (F. Eboussi Boulaga, « Poursuivre le dialogue des lieux », entretiens avec N. Yala Kisukidi, in *Rue Descartes*, n° 81, 2014/2, 85-86).

ses mœurs, à ses enracinements et à ses relations (…). À ce degré de radicalité, le mensonge est transcendantal, au sens strict du terme, tel que Kant l'entend. »[958]

Nous pouvons résumer en quatre étapes la méthode eboussienne de déconstruction des "mensonges transcendantaux" :

(I) - Cerner le champ des paralogismes : il s'agit de repérer, dans les textes examinés, les lieux de contradictions, d'incohérences, d'équivoques, et les regrouper en un champ de "significations abruptes" à déchiffrer par la suite.

(II)- Démonter le système des incohérences, montrer les conséquences incongrues des prémisses ou des inférences, formuler des antithèses.

(III)- Mettre en évidence le pré-texte des paralogismes, c'est-à-dire le "présupposé fondamental", le "non-dit", la "racine idéologique", le "dogme intangible" qui donne corps au discours du faux.

(IV)- Recadrer le discours, en orientant la pensée vers les véritables topiques.

Cette démarche n'a rien d'innovant, dira-t-on. Mais ce qui nous semble singulier chez l'auteur, c'est la *rigueur* avec laquelle il fait usage de cet arsenal critique. Lucide, il s'attache à dissiper le brouillard derrière l'écran du langage, le "brouillard de l'équivoque", le brouillard des « paroles proliférantes et oiseuses ».[959]

---

[958] F. Eboussi Boulaga, *Les conférences nationales en Afrique noire*, 105.
[959] F. Eboussi Boulaga, *A contretemps. L'enjeu de Dieu en Afrique*, 43.

2. "Le Bantou problématique"

Une philosophie bantoue vaseuse et méphitique à souhait.

(Aimé Césaire)

Écrit en 1968, *Le Bantou problématique* est sans doute la critique la plus élaborée de *La philosophie bantoue* de Placide Tempels. Dans un autre essai, Eboussi Boulaga revient sur la réception du livre du missionnaire belge, en démasquant le "malentendu bien entendu" qui opposait le camp des défenseurs de l'ethnophilosophie à celui des thuriféraires de l'europhilosophie, chacun étant persuadé de « défendre la bonne cause néanmoins avec un sentiment de malaise, une pointe de soupçon d'auto-mystification plus ou moins ludique, et de mauvaise foi (pétition de principe, *qui pro quo*, usage croisé des acceptions différentes de la notion équivoque de philosophie, déplacement frauduleux des niveaux de réponse ». La brouille à laquelle a donné lieu le livre de Tempels est née « non pas en dépit, mais en raison de ses indéniables équivoques ».[960] En introduisant "Le Bantou problématique", le philosophe camerounais écrit : « Nous sommes encore plus sensibles aux équivoques de la problématique de l'un et l'autre camp : nous avons l'impression qu'un pacte tacite les liait qui les rendait complices ». Et, plus loin : « C'est à dissiper le brouillard de l'équivoque que nous nous attacherons, montrant qu'elle n'est pas sans avoir sa source en *La Philosophie Bantoue* du Père Tempels ».[961] Tel est donc le projet du texte que nous allons examiner. Il s'annonce dès les premières lignes comme une œuvre de déconstruction.

---

[960] F. Eboussi Boulaga, "Le décalement ou relecture de Tempels", in *L'Affaire de la philosophie africaine*, 50.
[961] F. Eboussi Boulaga, "Le Bantou problématique", in *L'Affaire de la philosophie africaine,* 15-16.

I Le Champ des équivoques et des paralogismes

Vaste le champ des paradoxes et des ambigüités que l'auteur repère dans l'œuvre de Tempels :

- Usage indifférencié des expressions "philosophie magique", "conception magique", "ontologie", "réflexe", "religion", "système complet philosophique", etc. Une confusion de mots pour désigner le même "objet".

- Confusion dans les intentions de Tempels : « comprendre l'homme primitif », postuler « quelques principes de base » et postuler un « système philosophique, relativement simple et primitif, dérivé d'une ontologie logiquement cohérente », entreprendre une « philosophie ethnologique » dans le but de « pénétrer la pensée des indigènes ».

- L'opacité et l'incohérence de la méthode employée : elle consiste à grouper des faits incompris, des coutumes opaques, des « concepts et principes qui nous sont étrangers » pour « construire, depuis ces éléments, un système de pensée bantoue ». La pensée dont on se propose de faire "l'exposé systématique" est une pensée impensée, les Bantous n'étant pas « à même de nous présenter un traité de philosophie, exposé dans un vocabulaire adéquat ».

II Contradictions et antithèses

Le paradoxe de la méthode tempelsienne saute aux yeux :

> « Ce système ontologique [que le missionnaire belge prétend décrire] est entièrement inconscient et s'exprime en un vocabulaire inadéquat et sans cohérence ! Comment manifestera-t-il la [conception bantoue de l'être] même en ce langage absolu que l'observateur croit détenir ? Il n'y a pas de médiation de l'un à l'autre. L'effort du Père Tempels se définit

une fois de plus comme une transposition déficiente, puisqu'elle veut exprimer l'inexprimable à soi-même. »[962]

Non seulement la méthode est contradictoire, elle se présente aussi comme un système tautologique et clos, sans aucune médiation objective qui pourrait en garantir la validité. En d'autres termes, le système est en soi une énorme pétition de principe. Eboussi relève d'autres insuffisances :

(a) Selon Tempels, il y aurait une récurrence, dans les langues bantoues, des termes exprimant la force. Cette prémisse n'est pas vérifiée ; elle n'est que la généralisation hâtive d'un "fait de langage banal". Le mythe de la force et de la puissance semble au contraire bien enraciné dans l'univers linguistique des peuples qui s'auto-définissent comme de "grandes puissances" et dont les idiomes sont truffés d'expressions courantes se référant aux "forces spirituelles", à la "force de l'âge", à la "puissance industrielle", etc.

(b) La notion de "force", telle que l'emploie Tempels, est à la fois univoque et équivoque. Elle repose sur une métaphysique moniste qui postule un dénominateur commun à toutes les choses. Dans une telle construction, le multiple est « abandonné à la dérive sous le couvert d'une unique appellation ». La force ! Tout est force. Mais cette force est considérée, dans le même temps, comme différenciée, distincte dans les individus et les diverses espèces. Voilà qui nous installe dans le "règne de l'équivocité". Ce qui crée cette confusion, c'est la substitution indue de la notion de *force* à celle de l'*être*. La formule "l'être est force" reste un non-sens si on ne l'interprète pas comme une identité dialectique à expliciter. Autrement, il se crée une cassure de la « chose en extérieur et en intérieur », une césure entre l'être et le sensible. En effet, « les Bantous de Tempels en mauvais platoniciens rejettent le sensible hors de l'être. L'auteur sera en peine de rendre compte de leur

---

[962] *Ibid.*, 18.

connaissance de la nature ».[963] Ce n'est pas tout. La substitution n'est pas conséquente, car le substitut n'a pas les propriétés de la chose substituée. L'être n'est pas ambivalent ; il n'est ni bon ni mauvais. Par contre, la force est ambivalente, bonne ou mauvaise.

(c) La tentative d'une hiérarchisation des forces donne lieu à d'autres ambigüités. Plus on a de la force, plus on gravit l'échelle ontologique et on domine les forces inférieures. Il en ressort que les forces du mal qui écrasent l'homme sont au-dessus de lui, dans l'ordre ontologique. Le mal est essentialisé, substantialisé. Par ailleurs, les défunts, selon Tempels, ont une préséance ontologique par rapport aux vivants. Mais, dans le même temps, étant donné l'importance de la "génération humaine vivante", les trépassés sont des énergies vitales diminuées ou réduites. On peine à saisir en quoi ils sont supérieurs dans l'ordre ontologique.

Quelle conclusion tirer de cette vaste confusion ?

> « Comment concilier tant de contradictions accumulées ? Faut-il les verser au compte, non de celui qui a tenté de les comprendre, mais sur celui des Bantous ? » Il apparaît évident que « les intentions et le système qui essaient de les traduire ne coïncident pas. La mise en œuvre n'est pas logique ».[964]

Encore : selon le missionnaire belge, l'ontologie de la force serait une ontologie dynamique contrairement à la métaphysique grecque. En réalité, c'est seulement chez Parménide que l'être semble figé dans une stabilité monolithique. L'idée de force et de mouvement (*dunamis, energia*) est bien attestée dans la métaphysique aristotélicienne. En outre, la convertibilité de l'être et de la force ne tient pas compte de la "priorité logique de l'existence". L'être s'articule ou se manifeste sur fond d'existence ; il est capable de devenir autre que soi. La force, par contre, "ignore la négativité", elle ne devient pas autre ; "muette et

---

[963] *Ibid.*, 22.
[964] *Ibid.*, 24.

brutale", elle est "refus de discours". Ce mutisme de la force justifie le fait d'inférer l'ontologie bantoue des comportements et des coutumes. Il est négation de l'agir humain au sens éthique du terme. On comprend pourquoi Tempels affirme que la morale bantoue est une morale "immanente et intrinsèque". Ontologique, cette morale impensée est une soumission instinctive à la hiérarchie des forces substantifiées ou réifiées. Point de place pour la responsabilité humaine, ni pour l'obligation morale. On voit resurgir ici "l'hydre de l'immoralisme et de l'amoralisme" qu'on associa à ceux qu'on avait qualifiés de "primitifs". La question de fond demeure : existe-t-il une morale inconsciente ? Si la morale est Sagesse, elle est « lourde de la connaissance de l'homme dans ses relations avec autrui, en société ». Elle n'est pas une expérience cosmique vaseuse et impersonnelle.

III- Le pré-texte

Pourquoi *La Philosophie Bantoue* ? Ce livre est destiné aux "coloniaux de bonne volonté". Ces derniers, y compris Tempels lui-même, se croyaient investis d'une "mission de guide" envers les Bantous. Il fallait les aider dans cette œuvre grandiose, les aider à repenser leur méthode qui n'a eu, selon le missionnaire belge, que des résultats "lamentables". La mission civilisatrice ! Voilà le présupposé fondamental, le "dogme coriace" qui fonde le discours tempelsien. Le théoricien de l'ontologie des forces est convaincu que l'émancipation des Bantous est une affaire de colons, « missionnaires, magistrats, administrateurs coloniaux ». Son bantouisme ne remet pas en cause le projet colonial ; il le justifie "ontologiquement". La mission ne peut aboutir si son "objet" n'est pas au préalable bien cerné. L'objet, c'est "l'âme des masses primitives", une âme qui s'exprime dans une pensée inconsciente, une "philosophie primitive". Tempels se propose donc de faire une étude de cet objet étrange, de « l'examiner, l'apprécier, le juger » et le « corriger ». En résumé, l'ontologie des forces « est née d'une inquiétude de l'action, et se met au service d'une cause ; elle est utilitaire et envisage tout sous l'angle de l'exploitation puisqu'elle veut comprendre afin d'avoir prise sur les Bantous ».[965]

L'autre revers du dogme, c'est l'évangélisation conçue comme corollaire de la mission civilisatrice. Dans l'arrière-fond du discours de Tempels, on perçoit la dialectique manichéiste sur laquelle s'appuie le "christianisme colonial" pour s'auto-justifier : d'un côté, le monde chrétien avec la splendeur de sa vérité, de ses valeurs de civilisation et, de l'autre, le monde magique englué dans son primitivisme, son paganisme, son fétichisme, ses superstitions, ses diableries.[966] Le monde chrétien a un visage : l'Occident. L'homme occidental naît *chrétien* et *civilisé* du même coup. Il naît tel et l'est jusque dans son âme et dans ses os ; il l'est d'instinct. Ses réflexes, affirme Tempels, « reposent sur un système complet philosophique d'inspiration chrétienne ». L'âme occidentale fait donc corps avec l'âme chrétienne et en est l'incarnation.

Inversement, le Bantou incarne le visage du monde magique. Son état de dégénérescence requiert une mission de salut :

> « Deux solutions se présentent : considérer les primitifs comme des attardés ou les tenir pour des dégénérés retombés en deçà du point originel. C'est cette deuxième hypothèse qu'adopte le Père Tempels ; elle devient certitude dans son système, son dogme intangible : l'évolution des primitifs se fait à rebours, le temps ne fait que les éloigner de la révélation primordiale, il aggrave les déviations dont ils souffrent. Pour les civiliser, on doit compter avec ces distorsions, on n'a pas affaire à une table rase. C'est de rééducation qu'il s'agit. »[967]

La "révélation primordiale" survit de manière confuse et inconsciente dans la philosophie primitive bantoue. Elle est une source pure, mais

---

[965] *Ibid.*, 30.
[966] Sur la notion de "christianisme colonial", voir O. Bimwenyi-Kweshi, *Discours théologique négro-africain*, 238-252.
[967] F. Eboussi Boulaga, "Le Bantou problématique", 32.

dont les eaux ont été polluées ; elle est une "pierre d'attente" du christianisme.

Il y a un troisième supposé dogmatique : selon Tempels, les "Blancs" seraient « intégrés dans la hiérarchie des êtres-forces, à un échelon fort élevé ». Ils sont considérés comme des "forces puissantes", "maîtres des forces naturelles jamais maîtrisées". Ce qui confère au surhomme blanc sa supériorité, c'est sa Civilisation (l'unique qui mérite vraiment ce nom), sa Religion (l'unique vraie et digne de l'homme), sa Technique (puissante et maîtresse de la nature). Voilà donc les éléments du puzzle tempelsien. Le vieux missionnaire se sert, au gré des circonstances, du système qu'il a échafaudé (le bantouisme). Pour justifier la mission chrétienne et civilisatrice, il pose le bantouisme comme l'expression même du primitivisme. Mais quand le Bantou dit "évolué" s'en éloigne et cherche à jouir des prestiges de la civilisation technologique, Tempels crie au scandale : oh, ce pauvre damné a perdu son âme culturelle ! Le Bantou doit être chrétien, mais il ne faut pas qu'il convoite cette chose qui fait du Blanc le "maître des forces naturelles", c'est-à-dire la technique.

IV- Recadrage

Le livre de Tempels méritait-il vraiment toute la ferveur qu'il avait suscitée ? Les intellectuels africains qui l'avaient "applaudi à grands cris" croyaient qu'il venait combler une attente : élever le débat colonial et le « situer dans le domaine de l'esprit ». Cette attente est au fond une illusion dont la cause « réside en cette confiance en une illumination extérieure qui viendrait élucider l'Africain à lui-même ». C'est ici le vrai enjeu du débat, car « de qui pouvons-nous attendre "l'être", sinon de nous-mêmes, nous faisant, dans la rigueur sans concession du présent ? » Le philosophe camerounais rappelle à qui veut bien l'entendre que Nous, peuples africains, « contemporains de tous, plantés droits au cœur de notre temps, nous étions là, depuis toujours, à pied d'œuvre pour bâtir à neuf la cité fraternelle des hommes ».[968] Bâtir à neuf la Cité des hommes : voilà le chantier de la philosophie africaine, depuis ses premiers balbutiements sur les bords du Nil. "L'Affaire de la philosophie africaine", si on élargit le sens que l'auteur donne à cette expression, remonte donc à la nuit des temps ; hier comme aujourd'hui, elle nous plonge au cœur des préoccupations du présent et du futur.[969]

3. La critique de l'idéologie du développement

Le texte que nous examinons dans cette deuxième section est le cinquième chapitre de *L'Affaire de la philosophie africaine*. Ici, Eboussi Boulaga questionne la vision de "l'espace-temps paradigmatique" qui détermine les conceptions dominantes de l'histoire et de la philosophie à l'époque contemporaine.

I- Le Champ de l'équivoque

L'espace-temps de l'historien moderne s'inscrit dans la vision et la logique de l'État-nation. C'est une logique de "territorialité essentielle" qui assigne des rôles aux individus dans un système global, avec des critères de promotion, des règles de fonctionnement spécifiques, des normes, des lois, etc. Dans cette optique, la philosophie est définie comme une activité académique, une profession ou une "corporation sous tutelle administrative". Les philosophes sont considérés et se considèrent eux-mêmes comme des "professionnels" dont la production

---

[968] *Ibid.*, 44.

[969] "L'Affaire de la philosophie africaine" est, selon Eboussi Boulaga, « l'ensemble des querelles et des débats qui ont tourné autour des questions telles que : Existe-t-il une philosophie africaine ? N'est-il pas mieux de se contenter des expressions telles que la "pensée africaine", ou mieux les "pensées africaines", étant donné la diversité des peuples du continent africains ». (*L'Affaire de la philosophie africaine*, quatrième de couverture)

(publications scientifiques, revues spécialisées, colloques et conférences) est intégrée dans l'économie matérielle et symbolique de l'État-nation. Les nomenclatures d'œuvres et les classifications établies par l'historien de la philosophie obéissent à ce nouvel ordre. Il s'ensuit que le discours philosophique, pour être recevable, doit s'inscrire dans le paradigme qui gouverne la logique de l'État-nation, le "paradigme du développement".

> « *L'affaire de la philosophie africaine* ne peut se comprendre que comme un phénomène socio-historique des temps modernes. Le piège est de considérer notre société comme à part, en la caractérisant comme en "développement", donc comme un mélange de phénomènes venant du passé africain (en danger ou en voie de disparition, ou survivances faisant obstacle au progrès), et de phénomènes neufs, encore naissants, ayant la fragilité de l'enfance et de la jeunesse. Tout s'expliquerait par la présence incongrue et prépondérante du passé et l'absence ou l'insuffisante prégnance du contrepoids de ce qui est d'aujourd'hui et déjà de demain. »[970]

Cette conception de la société, de la temporalité et de la modernité est justement la racine idéologique du "paradigme du développement". C'est ce paradigme que l'auteur s'emploie à déconstruire. Il le pose comme un objet particulier, incarnant tantôt un "malentendu bien entendu", tantôt un "malentendu doublement entendu". L'objet, en effet, se prête à ce "jeu pervers de dupes consentantes". Il se dénonce comme un discours "infalsifiable", une idéologie.

II Contradictions et antithèses

La rhétorique du développement comporte trois paralogismes :

---

[970] F. Eboussi Boulaga, « L'époque de la philosophie africaine », in *L'Affaire de la philosophie africaine*, 179.

- C'est un discours clos et tautologique : « tout se passe au même niveau et à l'intérieur du même système ».

- C'est un discours qui attribue aux membres du système les propriétés du système, et au système les propriétés des membres.

- C'est un discours qui ne tient pas compte de « la réflexivité dans la dynamique des transformations des phénomènes d'interaction ».[971]

Le paradigme du développement apparaît également comme une structure de contradictions. Il fait appel à l'individu, à sa responsabilité et à sa créativité, mais lui impose la soumission aux lois du capital et de la mondialisation ; il proclame que le marché est libre, mais le contrôle et le quadrille avec des "lois d'airain" ; il sacralise la liberté politique, mais la régente à travers un système de lois dites "démocratiques". Il crée ainsi une sorte de liberté paradoxale :

> « Nul n'étant libre de ne pas être "libre", il doit être sauvé de lui-même contre lui-même et être contraint d'entrer dans la voie du salut universel par l'économie du développement et du progrès. Il n'est donc pas facultatif d'entrer dans le monde libre et du libre-échange. Nul, en effet, n'est libre de refuser la liberté ».[972]

Ce qui caractérise le paradigme du développement, c'est aussi l'*opposition* et l'*autoposition*. Le système nie l'objet par rapport auquel il s'affirme. On voit bien le paradoxe de cette négation. Ce qui est nié, c'est ce à partir de quoi le paradigme se définit : « Il a besoin de ce avec quoi il se met en rupture pour exister ». Le discours qui le constitue est consubstantiel à l'acte par lequel il nie l'autre. En d'autres termes, pour exister, il convoque l'autre qu'il nie. L'autre, c'est le passé, la tradition, le primitif, les sous-développés, l'étranger, les minorités, les migrants, etc.[973] L'opposition à l'autre conduit à une "auto-référentialité radicale

---

[971] *Ibid.*, 182.
[972] *Ibid.*, 198.
[973] Ce n'est pas un hasard si dans les nations qui s'autoproclament *développées*, l'invention de l'autre devient une nécessité absolue : « Les pays dit développés, malgré l'alibi de l'étranger, de l'ennemi du dehors, n'en finissent pas de créer ou d'inventer leur

et absolue". Le développement fait table rase de tout pour s'auto-poser comme unique référence, unique voie de salut. Sans la position et la négation de "l'autre", le paradigme finit par se confronter à soi-même ; "condamné à mourir de sa victoire", il s'avale comme un serpent.

III- Le pré-texte

Le postulat ou la "formule talismanique" du paradigme du développement s'énonce comme suit :

> « Le développement n'est pas une option particulière face à d'autres options possibles ; il reflète une nécessité inscrite dans le réel et celui-ci est accessible à la science ; et la philosophie ne vaut pas un instant de peine si elle n'est pas un vecteur ou un adjuvant de cette science qui soutient la modernité et doit soutenir une modernisation constante, nécessaire et souhaitable. »[974]

La science est le savoir paradigmatique, la "plus grande approximation du vrai" ; elle seule déchiffre le réel. Ce qu'elle découvre, c'est le principe du développement, inscrit dans les entrailles mêmes des choses. Par conséquent, le développement est la loi universelle absolue, la "méthode scientifique" par excellence. Cette méthode doit être appliquée non seulement à la recherche technologique, mais à l'ensemble des éléments de l'organisation sociale : les services, les finances, le commerce, l'industrie, la guerre, les systèmes symboliques, etc. La science est la vérité suprême. Elle surpasse toutes les autres formes de connaissance. La philosophie, qu'on voulut hier *ancilla theologiae*, dans les temps modernes, se fait *ancilla scientiae*. Pour échapper au non-sens, elle doit la copier, l'imiter, la justifier. La science « se vit comme autoposition absolue, cause de soi ». Elle est le nouveau

---

autre interne à exclure ou à intégrer » (*ibid.*, 188). Voir aussi A. Mbembe, *Politiques de l'inimitié*, Paris, La Découverte, 2016.
[974] *Ibid.*, 186.

dogme, le nouveau catéchisme par lequel on accède au "sacrement de la raison" et à la rédemption. Elle est la figure d'une modernité qui s'impose comme raison normative, avec ses "façons de vivre tenues pour supérieures".

IV- Recadrage

Quelle attitude adopter pour faire front à l'idéologie scientiste et à l'injonction développementaliste ? Que faire ?

- « Apprendre à la mouche (que nous sommes !) à sortir de la bouteille où elle tourne en rond et à vivre à l'air libre, dans la clarté ».[975]

- Mais comment ?

- À travers un travail d'élucidation. Il s'agit d'élucider les paradoxes du système de manière à « libérer les possibilités de s'en évader ».[976]

Cette élucidation permettra de saisir les enjeux du débat sur "l'affaire de la philosophie africaine" et de comprendre qu'il a lieu dans les termes et selon la logique du système dominant. Ce qui est en jeu dans ce débat, c'est l'invention, d'un côté comme de l'autre, de l'Afrique comme "projection inverse" de la norme paradigmatique. Les défenseurs de l'*europhilosophie* voient dans la pensée africaine traditionnelle tout le contraire de ce qu'ils entendent par "philosophie". Les protagonistes de l'*ethnophilosophie* considèrent, quant à eux, les systèmes de pensée africains comme des formes spécifiques de philosophie, distinctes de l'europhilosophie. Les uns et les autres conçoivent une idée fictive de la pensée africaine qu'ils confrontent avec la norme paradigmatique, la raison occidentale, qui se prévaut d'être la norme de la Rationalité et de l'Universel.

En dehors de l'effort d'élucidation, Eboussi Boulaga suggère une seconde voie de sortie : la redécouverte de la philosophie comme mode de vie, « un art de vivre, un mode de vie qui est un mode de la vie et

---

[975] *Ibid.*, 192.
[976] *Ibid.*, 204.

qu'on identifie avec la quête de la sagesse ».[977] La philosophie comme mode de vie est "topologie", c'est-à-dire "discours sur les lieux de la vie". Elle est aussi "utopie et anarchie critique", et donc ferment de révolution. Une révolution salutaire, qui commence dans la tête et le cœur de chaque homme et qui finit par embraser toute la société, bouleversant l'ordre hégémonique.

---

[977] *Ibid.*, 208.

Glossaire

Quelques concepts du Lexique Philosophique Africain (Cikam, Dogon, Fongbe, Swahili et autres)

Concepts	Langues	Significations ou acceptions
Abou	Cikam (égyptien pharaonique)	Pureté
Acɔxó	Fongbe	Discours sur le beau (esthétique)
Aduno ginnay	Dogon	L'extension du monde
Aduno gunnu	Dogon	La boule du monde
Aduno kine	Dogon	La vie du monde, la structure de l'univers
Aduno so	Dogon	Discours sur l'univers (cosmosophie)
Adwen	Akan	"Realm of knowing"
Ahaw	Cikam	Durée, temps de vie
Akhet	Cikam	L'horizon lumineux où vivent les âmes saintes
Akhu	Cikam	Les âmes saintes
Akili	Swahili	Raison
Amenti	Cikam	L'Occident, lieu où reposent les âmes.
Anidho	Akan	"Levels of awareness"
Anidahoso	Akan	"Awareness of self"
Ankh	Cikam	Plénitude de vie
Ba	Cikam	L'âme
Ben	Cikam	Pierre primordiale
Byat	Cikam	Vertu
Bwadi	Luba	Initiation
Dar ib	Cikam	La maîtrise de soi
Bummo	Dogon	Graphie sacrée
Busara	Swahili	Bon sens

D'ayimɛ	Fongbe	Penser. Littéralement "semer l'esprit dans la chose"
Dhati	Swahili	Libre arbitre
Dunia	Swahili	Le monde, l'univers
Djaissu	Cikam	Débatteur, polémiste
Djed-Rekh	Cikam (néologisme)	L'ensemble des savoirs de l'Afrique Ancienne
Djed-Unnefer	Cikam (néologisme)	La Doctrine Spirituelle Ancestrale
Djeli	Malinké	Maître de la parole, gardien de la mémoire
Djeliya	Malinké	L'art, la science et l'activité du djeli
Djet	Cikam	Pérennité
Duat	Cikam	Ciel inférieur
Fa/Ifa	Fongbe/Yoruba	Science initiatique, sagesse, parole sacrée
Fari	Bambara	Le corps humain en tant que microcosme de l'univers
Gǎn	Fongbe	Le pouvoir
Gǎnhúmɛ	Fongbe	Domination
Genut	Cikam	Archives, annales, documents
Geru maa	Cikam	L'homme vertueux, pratiquant de la Maât
Gbɛɖòtɔ́	Fongbe	Le Créateur
Gbɛtɔ́	Fongbe	L'Être humain
Gbɛsù	Fongbe	Le Code des vertus sacrées. (Voir "Maât")
Hantu	Langues bantu	Lieu-temps (A. Kagame)
Haki	Swahili	Justice
Hat	Cikam	Étude, investigation
Hekima	Swahili	Sagesse *
Hep	Cikam	Loi. Mais aussi « corde d'arpentage ».
Hotep	Cikam	Paix, plénitude
Humut medu	Cikam	Technique du discours, art oratoire

Hnmmt	Cikam	Le peuple solaire, c'est-à-dire l'humanité
Husia	Cikam	"Authoritative utterance of exceptional insight" (M. Karenga)
Hwὲɖiɖɔ	Fongbe	Littéralement "l'acte de dire le droit" : procès juridique
Hwὲɖɔtὲn	Fongbe	Littéralement "lieu où l'on dit le droit" : prétoire
Ib	Cikam	"Conscience raisonnante". Litt., le "cœur".
Imani	Swahili	La foi
Isfet	Cikam	Le mal, la mauvaise action
Ka	Cikam	Personnalité profonde d'un être humain ou divin
Kadacha	Fongbe	L'horreur de la traite esclavagiste arabo-occidentale
Kadwu	Cikam	Qualités, valeurs morales
Kalagoho	Dogon	Le placenta du monde
Kawaida	Swahili	Tradition, héritage en perpétuel renouvellement
Kema	Cikam	Créer, produire
Kɛsunyinyixó	Fongbe	Respect des lois écosystémiques
Khem	Cikam	L'ignorance
Khenen	Cikam	Confusion, perturbation
Kheper	Cikam	Venir à l'existence, devenir, transformation, mouvement.
Kheper-ankhu	Cikam	Processus de perfectionnement perpétuel de l'être humain
Kheperu	Cikam	Configuration, forme, modes d'existence
Khepri	Cikam	L'Existant
Kher hat	Cikam	L'antan, le commencement, la tradition
Khet	Cikam	Entité, chose.
Kintu	Langues Bantu	"Chose non pensante"
Kujichagulia	Swahili	"Self determination"

Kumanyon	Bambara	L'Homme en tant qu'interlocuteur de Dieu
Kuntu	Langues bantu	Le mode d'être ou l'être modal
Kuumba	Swahili	Créativité
Kuumbwa	Swahili	La Création
Lebé	Dogon	L'Homme primordial
Maa	Bambara	L'Homme qui se réalise en tant qu'être relationnel. (Voir "Geru maa")
Maât	Cikam	Vérité-Justice-Amour. Concepts équivalents : Ubuntu, Gbɛsù
Mara	Swahili	Instantanéité
Medet neferet	Cikam	L'éloquence. Litt., "la parole parfaite"
Menekh	Cikam	Perfection, excellence, efficience
Mer	Cikam	Amour
Merkhet	Cikam	Clepsydre
Mɛ̀	Fongbe	Personne
Mɔjɛmɛ̀	Fongbe	Compréhension. Litt., "voir dedans" ou "voir du dedans".
Msomi	Swahili	Savant, érudit.
Muntu	Swahili	Être doté d'intelligence et de volonté.
Mutmut	Cikam	Discuter, débattre
Mwongozo	Swahili	Education
Nafasi	Swahili	L'espace
Nati	Bambara	La venue des choses (la venue à l'existence)
Nedjyt	Cikam	Vilenie, bassesse
Nefer	Cikam	Beau, parfait, splendide
Neheh	Cikam	Éternité
Neka	Cikam	Méditer
Nesout	Cikam	Un des titres du roi d'Égypte.
Netet nebet	Cikam	La totalité, tout ce qui est
Neter	Cikam	Entité divine
Nommo	Dogon	Personnification de la Parole divine
Noun	Cikam	L'Infini, duquel procède toute chose

Ntu	Langues Bantu	L'être
Nŭ	Fongbe	La chose, l'être
Nŭdò	Fongbe	Fondement d'une chose
Nŭdòxó	Fongbe	Discours sur le fondement des choses (Ontologie)
Nŭḍògbε	Fongbe	Être vivant
Nŭḍògbεxó	Fongbe	Discours sur les êtres vivants (sciences de la vie)
Nŭjrεxó	Fongbe	Discours sur les mesures spatiales (géométrie)
Nŭlεnxó	Fongbe	Discours sur le calcul (arithmétique)
Nŭnywεxó	Fongbe	Discours sur la connaissance (épistémologie)
Nut	Cikam	Ciel
Nyama	Dogon	"Principe vital des êtres vivants" (S. O. Imbo)
Oben	Akan	"Perception beyond the ordinary"
Pawut tepet	Cikam	Le commencement des temps
Per-aa neb	Cikam	Un titre du Roi d'Égypte. (Litt. : « Seigneur de la Grande Demeure »).
Po	Dogon	La plus petite particule de l'univers.
Rekh/Rekhet	Cikam	Raison, connaissance rationnelle, science
Rekh-sai	Cikam	Philosophe. Pluriel : Rekhou-saiwou.
Rekh-sat	Cikam	Science de la sagesse, philosophie
Rouyt	Cikam	Lieu où l'on dit le droit. Cour de justice
Sanaa	Swahili	Art
Seba	Cikam	Enseigner, instruire
Sebayit	Cikam	Un livre contenant des instructions sapientiales
Sέ	Fongbe	Esprit. (Voir aussi "Ka")
Sέgbo	Fongbe	Dieu. Littéralement, "le Grand Esprit"
Sedjeb	Cikam	Obstacle, entrave

Sedjem	Cikam	Écouter-comprendre-obéir
Se-medee-gbe	Fongbe	Dialogue, consensus, "écouter la voix des uns et des autres"
Sekheper	Cikam	Faire exister, faire croître
Senett	Cikam	Projet, dessein
Sesh	Cikam	Savant, scribe
Seshemet	Cikam	Preuve
Sheneti	Cikam	Conflit, antagonisme
Sheny	Cikam	Penser, réfléchir
Shepesu	Cikam	Dignité
Sia	Cikam	Connaissance intuitive. Verbum mentis
Snn Ntr	Cikam	L'Homme comme Image de Dieu
Snkt	Cikam	Obscurité. Ce qui relève de l'incompréhensible
Tep heseb	Cikam	Procédure d'investigation, méthode
Tches	Cikam	Renaissance spirituelle, résurrection
Tjes	Cikam	Discours, propos, formulation. Litt., "parole tissée"
Toxó-todò	Fongbe	Gouvernance fondée sur le libre exercice de la raison publique. Équivalent du concept de "démocratie"
Toxódidó	Fongbe	La politique
Ubuntu	Swahili	Lois de communion. Voir "Maât"
Uchaguo	Swahili	Volonté
Ufufuko	Swahili	Résurrection
Ufundi	Swahili	La technique
Udumivu	Swahili	Durée
Udja	Cikam	Prospérité. Le terme désigne aussi ce qui est lumineux.
Uheri	Swahili	Bonheur
Uhuru	Swahili	Liberté
Ujamaa	Swahili	Esprit de famille, solidarité
Ukha	Cikam	Non lumineux, contraire de "udja". Le terme désigne aussi l'ignorant.

Ukinaifu	Swahili	Autonomie
Ukubwa	Swahili	Caractère de ce qui est spacieux
Umoja	Swahili	Unité
Unnefer	Cikam	L'Etre parfait. Titre attribué à Osiris. L'Auteur utilise ce terme pour désigner la Tradition Spirituelle Africaine.
Upi	Cikam	Jugement logique
Ur-ib	Cikam	Magnanimité, générosité, avoir le cœur grand
Unyofu	Swahili	Intégrité morale
Upana	Swahili	Extension
Upendo	Swahili	Amour
Vodhu/wodhu	Cikam	Offrande, sacrifice, libation
Vodun/vodu	Fongbe/Ewe	Tout ce qui est digne d'être vénéré, ce qui est sacré.
Wakati	Swahili	Temps, temporalité
Wat-en-Maât	Cikam	La voie de la Maât
Walɔxó	Fongbe	L'éthique. Litt., "discours sur les caractères ou les vertus"
Wasomi	Swahili	Pluriel di "msomi", savant, érudit.
Wema	Swahili	La bonté
Xó	Fongbe	La parole
Xóɖesinxómὲ	Fongbe	Déduction, inférence
Xóɖɔtὲn	Fongbe	"lieu de la parole" (Agora)
Xóɖɔɖóxówú	Fongbe	Confrontation des idées, débat
Xójɔxó	Fongbe	La vérité. Littéralement, "la parole qui engendre la parole"
Xósɔgbexó	Fongbe	La logique
Yereyereti	Bambara	La Vibration créatrice

Cikam (égyptien pharaonique)[978]

---

[978] "Cikam" est le terme utilisé par Bilolo Mubabingue pour désigner l'égyptien pharaonique : M. Bilolo, *Vers un dictionnaire Cikam-Copte-Luba. Bantuïté du vocabulaire égyptien-copte dans les essais de Homburger et d'Obenga*, Munich, Publications Universitaires Africaines, 2011.

Bibliographie

Adoukonou Barthélémy, *Jalons pour une théologie africaine. Essai d'une herméneutique chrétienne du Vodun dahoméen*, Paris, Editions Lethielleux, 1980.

Africa Llaila O., *African Holistic Health*, New York, Eworld Inc, 2004.

Agossou Jacob M., Gbètɔ *et Gbèɗotɔ. L'homme et le Dieu Créateur selon les Sud-Dahoméens. De la dialectique de participation vitale à une théologie anthropocentrique*, Paris, Beauchesne, 1972.

Agut Damien, Chauveau Michel, *Héros, magiciens et sages oubliés de l'Égypte ancienne*, Paris, Les Belles Lettres, La roue à livres, 2011.

Akam Motaze, *Sociologie de Jean-Marc Ela. Les voies du social*, Paris, L'Harmattan, 2011.

Ake Claude, « Human Rights. The African context», in *Africa Today*, vol. XXXIV, n° 142, 1987, 5-13.

Akoha Albert B., *Syntaxe et lexicologie du Fon-gbe,* Paris, L'Harmattan, 2010.

Akoha Albert B., Medagbe Appolinaire, *Chants de Béhanzin, le Résistant*, Paris, L'Harmattan, 2011.

Alladayè Jérôme C., *Le Kpanlingan dans le Danxome : Historien de l'oralité*, Cotonou, CAAREC Editions, 2010.

Albert Hans, *Kritischer Rationalismus*, Tübingen, Verlag Mohr / Siebeck, 2000.

Albert Hans, *Plädoyer für kritischen Rationalismus*, Munichen, R Piper, 1971.

Al-Khalili Jim, *The House of Wisdom. How Arabic Science Saved Ancient Knowledge and gaves us the Renaissance,* London, Penguin Books, 2010.

Amadji Firmin, *Le Christ révélé au sein des cultures et traditions africaines. Osons engager le débat, Cotonou,* Les Editions de l'Ecole Spirituelle d'Afrique, 2007.

Amadji Firmin, *Cultures et Traditions Africaines, sources de Connaissances Scientifiques ? Un essai de réponse à partir du Tableau périodique de classification des éléments divins,* Cotonou, Les Editions de l'Ecole Spirituelle d'Afrique, 2013.

Amadji Firmin, *Panégyriques et Histoires sacrés des clans : Akɔ lɛɛ sin tan,* Agonlin Houégbo, Centre Pastoral Bernadin Cardinal Gantin, 2017.

Amélineau Emile, *Prolégomènes à l'étude de la religion égyptienne,* Paris, Ernest Leroux Editeur, 1908.

Amo Afer Antonius Guilielmus, *Tractatus de arte sobrie et accurate philosophandi.* Textes originaux traduits par S. Mougnol, Paris, L'Harmattan, 2010.

Ananou Wanilo B., *Le panégyrique chez les Fɔn. Une rhétorique épidictique,* Abomey, Editions Naguézé, 2019.

Asante Molefi K., Mazama Ama, *The Egyptian Philosophers: Ancient African voices from Imhotep to Akhenaten,* Chicago, African American Images, 2000.

Asante Molefi K., Mazama Ama, *Encyclopedia of Black Studies,* California, Sage Publications, 2005.

Assaad Fawzid, *Préfigurations égyptiennes de Nietzsche,* Lausanne, Editions l'Age d'Homme, 1986.

Assmann Jan, *Maât. L'Égypte pharaonique et l'idée de justice sociale,* Paris, Julliard, 1979.

Assmann Jan, *Mort et au-delà dans l'Égypte ancienne*, Paris, éditions du Rocher, 2013.

Austin John L., *Quand dire, c'est faire*, Paris, Seuil, 1970.

Ba Konaré Adame, *L'os de la parole. Cosmologie du pouvoir*, Paris, Présence Africaine, 2000.

Baechler Jean, *Précis de démocratie*, Paris, Calmann-Levy, UNESCO, 1994.

Bancourt Pascal, *Le Livre des morts égyptien. Livre de vie,* Paris, Editions Dangles, 2001.

Barucq André, Daumas François*, Hymnes et prières de l'Égypte*, Paris, Editions du Seuil, 1980.

Bary (De) Theodore, Weiming Tu (edd.), *Confucianism and Human Rights*, New York, Columbia University Press, 1998.

Bassong Mbog, *La méthode de la philosophie africaine. De l'expression de la pensée complexe en Afrique noire,* Paris, L'Harmattan, 2007.

Bassong Mbog, *Esthétique de l'art africain. Symbolique et complexité,* Paris, L'Harmattan, 2007.

Bassong Mbog, *Le Savoir Africain. Essai sur la théorie avancée de la connaissance,* Québec, Kiyikaat Editions, 2013.

Battestini Simon (Ed.), *De l'écrit africain à l'oral. Le phénomène graphique africain,* Paris, L'Harmattan, 2006.

Bayika Bi Yede Yette, *Sur l'origine de la philosophie. Le « miracle grec ». Mythe et réalité,* Paris, Menaibuc, 2005.

Bengone Laurent M., *Comprendre autrement le Mvett*, Paris, L'Harmattan, 2008.

Bernal Martin, *Black Athena. The Afroasiatic Roots of Classical Civilization,* London, Vintage, 1991.

Bidima Jean-Godefroy, *L'art négro-africain*, Paris, PUF, 1997.

Bidima Jean-Godefroy, *La palabre, une juridiction de la parole*, Paris, Michalon, 1997.

Bilolo Mubabingue, *Le Créateur et la création dans la pensée memphite et amarnienne. Approche synoptique du "Document philosophique de Memphis" et du "Grand Hymne Théologique" d'Echnaton,* Kinshasa-Libreville-Munich, Publications Universitaires Africaines, 1988.

Bimwenyi-Kweshi Oscar, *Discours théologique négro-africain. Problème des fondements,* Paris, Présence Africaine, 1981.

Biton Marlène-Michelle, *L'Art des bas-reliefs d'Agbomey*, Paris, L'Harmattan, 2000.

Biyogo Grégoire, *Aux sources égyptiennes du savoir, vol. I, Généalogie et enjeux de la pensée de Cheikh Anta Diop,* Paris, Menaibuc, 2000.

Biyogo Grégoire, *Histoire de la philosophie africaine. Livre I, Le berceau égyptien de la philosophie,* Paris, L'Harmattan, 2006.

Biyogo Grégoire, *Histoire de la philosophie africaine.* Livre IV, Paris, L'Harmattan, 2006.

Bloch Raymond, *La divination : essai sur l'avenir et son imaginaire,* Paris, Fayard, 1991.

Boa Thiémélé Ramsès. L., *Nietzsche et Cheikh Anta Diop*, Paris, L'Harmattan, 2007.

Bonambela Dika-Akwa Nya, *Hommage du Cameroun au Professeur Cheikh Anta Diop,* Dakar, Panafrica / Silex / Nouvelles du Sud, 2006.

Bonnamy Yvonne, *Dictionnaire des Hiéroglyphes*, nouvelle édition, Paris, Actes Sud, 2013.

Bookchin Murray, *The Ecology of Freedom,* Palo Alto, CA, Cheshire Books, 1982.

Boukary-Yabara Amzat, *Africa unite. Une histoire du panafricanisme*, Paris, La Découverte, 2014.

Boyer Carl, *A History of Mathematics,* New York, John Wiley and sons, 1968.

Bréhier Emile, *Histoire de la philosophie*, vol. 1, Paris, PUF, coll. Quadrige, 1994.

Brisson Thomas, *Décentrer l'Occident. Les intellectuels postcoloniaux chinois, arabes et indiens et la critique de la modernité,* Paris, La Découverte, 2018.

Budge Ernest Alfred Wallis, *The Book of the Dead. The Papyrus of Ani. The Egyptian text with interlinear transliteration and translation, a running translation, introduction,* London, Oxford University Press, 1895.

Budge Ernest Alfred Wallis, *Osiris and the Egyptian Resurrection*, tome 1, NewYork, Philip Lee Warner, G. P. Putnam's Sons, 1911.

Callicott J. Baird, *In Defence of the Land Ethics*, Albany, State University of New York Press, 1989.

Caneva Claudia, Sinsin Mahougnon, Thuruthiyil Scaria, *Filosofie in dialogo. Lexikon universale : India, Africa, Europa*, Milano, Mimesis, 2017.

Caveing Maurice, *Essai sur le savoir mathématique dans la Mésopotamie et l'Égypte anciennes,* Lille, Presses universitaires de Lille, 1994.

Ceruti Mauro, Laszlo Ervin (edd.), *Physis: abitare la terra*, Milano, Feltrinelli, 1988.

Césaire Aimé, *Discours sur le colonialisme,* suivi du *Discours sur la Négritude*, Paris, Présence Africaine, 2004.

Champollion Jean-François, *Grammaire égyptienne ou principes généraux de l'écriture sacrée égyptienne appliquée à la représentation de la langue parlée,* Paris, Typographie de Firmin Didot Frères, 1836.

Chaby Richard, Gulden Karen, *Mots et Noms de l'Égypte Ancienne.* Vol. 2, Paris, Books on demand, 2014.

Cissé Idrissa, *Césaire et le message d'Osiris. L'humanisme de la diversité,* Paris, L'Harmattan, 2009.

Cissé Youssouf Tata, Wa Kamissoko, *La grande geste du Mali. Des origines à la fondation de l'Empire,* Paris, Karthala, 2000.

Cissé Youssouf Tata, Sagot-Duvauroux Jean-Louis, *La Charte du Mandé et autres traditions du Mali*, Paris, Albin Michel, 2003.

Clarson Thomas, *Le cri des Africains contre les Européens leurs oppresseurs ou coup d'œil sur le commerce homicide appelé Traite des Noirs,* Paris, Imprimerie L.-T. Cellot, 1822.

Colin Pierre (ed.), *De la nature : de la physique au souci écologique*, Paris, Beauchesne, 1992.

Dahan-Dalmedico Amy, Peiffer Jeanne, *Une histoire des mathématiques, Routes et dédales*, Paris, Seuil, 1986.

Davidson Basil, *Les Africains. Introduction à l'histoire d'une culture,* Paris, Seuil, 1969.

Devall Bill, Sessions George, *Ecologia profonda. Vivere come se la natura fosse importante*, Torino, Gruppo Abele, 1989.

Dia Hamidou, *Poètes d'Afrique et des Antilles. Anthologie,* Paris, La Table Ronde, 2002.

Diagne Pathé, *Cheikh Anta Diop et l'Afrique dans l'histoire du monde*, Dakar/Dakar, Editions Sankoré/L'Harmattan, 1997.

Diagne Mamoussé, *Critique de la raison orale. Les pratiques discursives en Afrique noire*, Paris, Khartala, 2005.

Diagne Mamoussé, *Le Preux et le Sage. L'épopée du Kayor et autres textes wolof.* Transcription et traduction du wolof, Paris, Orizons, 2014.

Diagne Souleymane Bachir, *L'encre des savants. Réflexions sur la philosophie en Afrique*, Paris, Présence Africaine, Codestria, 2013.

Dianteill Erwan, *Des dieux et des signes. Initiation, écriture et divination dans les religions afro-cubaines*, Paris, EHESS, 2000.

Dieng Amady Aly, *Le Marxisme et l'Afrique noire. Bilan d'un débat sur l'universalité du Marxisme*, Paris, Nubia, 1985.

Dieterlen Germaine, *Tendances de l'ethnologie française II*, Paris, PUF, 1959.

Dieterlen Germaine, Cissé Youssouf, *Les fondements de la société d'initiation du Komo,* Paris, Mouton & Co, 1972.

Diop Birago, *Les Contes d'Amadou Koumba*, Paris, Présence Africaine, 1961.

Diop Cheikh Anta Diop, *Antériorité des civilisations nègres : Mythe ou Vérité historique,* Paris, Présence Africaine, 1967.

Diop Cheikh Anta, *Les fondements économiques et culturels d'un État Fédéral d'Afrique Noire,* Paris, Présence Africaine, 1974.

Diop Cheikh Anta, *Parenté génétique de l'Égyptien ancien et des langues négro-africaines,* Dakar, IFAN, Nouvelles Editions Africaines, 1977.

Diop Cheikh Anta, *Nations nègres et culture. De l'antiquité nègre égyptienne aux problèmes culturels de l'Afrique Noire d'aujourd'hui.* Tome II, Paris, Présence Africaine, 1979.

Diop Cheikh Anta, *Civilisation ou barbarie. Anthropologie sans complaisance*, Paris, Présence Africaine, 1981.

Diop Cheikh Anta, *L'unité culturelle de l'Afrique noire. Domaine du patriarcat et du matriarcat dans l'antiquité classique*, Paris, Présence Africaine, 1982.

Diop Cheikh Anta, *Philosophie, science, religion*, Dakar, Institut Fondamental d'Afrique Noire, 1985.

Diop Cheikh Anta, *L'Afrique noire précoloniale*, Paris, Présence Africaine, 1987.

Diop Cheikh Anta, *Alerte sous les tropiques. Articles 1946-1960,* Paris, Présence Africaine, 1990.

Diop Cheikh M'Backé, *Cheikh Anta Diop. L'homme et l'œuvre*, Paris, Présence Africaine, 2003.

Diouf Ahmeth, *La gens de droit maternel ou la famille matriarcale,* Paris, L'Harmattan, 2016.

Djivo Joseph A., *Le refus de la colonisation dans l'ancien royaume de Danxomε. 1875-1894,* L'Harmattan, Paris 2013.

Droit Roger-Pol, *L'Oubli de l'Inde, une amnésie philosophique*, Paris, Seuil, 2004.

Eboussi Boulaga Fabien, *La crise du Muntu*, Paris, Présence Africaine, 1977.

Eboussi Boulaga Fabien, *Christianisme sans fétiche. Révélation et domination*, Paris, Présence Africaine, 1981.

Eboussi Boulaga Fabien, *A contretemps. L'enjeu de Dieu en Afrique*, Paris, Karthala, 1991.

Eboussi Boulaga Fabien, *Les conférences nationales. Mythes et réalités*, Paris, Karthala, 1993.

Eboussi Boulaga Fabien, *L'Affaire de la philosophie africaine. Au-delà des querelles*, Paris, Editions terroirs et Karthala, 2001.

Effa Gaston-Paul, *Le dieu perdu dans l'herbe. L'animisme, une philosophie africaine,* Paris, Presses du Châtelet, 2015.

Eggebrecht Arne, *L'Égypte ancienne*, Paris, Bordas, 1986.

Eglash Ron, *African Fractals : modern Computing and Indigenous Design*, New Brunswick NJ, Rutgers University Press, 1999.

Ehui Félix T., *L'Afrique Noire : de la superpuissance au sous développement,* Abidjan, NEI, 2002.

Einstein Albert, *Comment je vois le monde*, Paris, Flammarion, 1979.

Ela Jean-Marc, *Cheikh Anta Diop ou l'honneur de penser*, Paris, L'Harmattan, 1989.

Ela Jean-Marc, *Restituer l'histoire aux sociétés africaines. Promouvoir les sciences sociales en Afrique Noire,* Paris, L'Harmattan, 1994.

Ela Jean-Marc, *Innovations sociales et renaissance de l'Afrique Noire. Les défis du « monde d'en-bas »,* Paris, L'Harmattan, 1998.

Ela Jean-Marc, *L'Afrique à l'ère du savoir : science, société et pouvoir,* Paris, L'Harmattan, 2006.

Elloué-Engoune Alain, *Du Sphinx au Mvett. Connaissance et sagesse de l'Afrique,* Paris, L'Harmattan, 2008.

Ella Steeve E, *Altérité et transcendance dans le Mvett. Essai de philosophie pratique,* Paris, L'Harmattan, 2014.

Eze E. Chukwudi (ed.), *Postcolonial African Philosophy. A Critical Reader*, Oxford, Blackwell Publishers, 1997.

Fauvelle François-Xavier, *L'Afrique de Cheikh Anta Diop. Histoire et idéologie*, Paris, Editions Karthala, 1996.

Ferdinand Malcolm, *Une écologie décoloniale. Penser l'écologie depuis le monde caribéen*, Paris, Le Seuil, 2019

Fermat André, *Le Livre de Chou. Traité égyptien de la lumière. Textes des sarcophages*, chapitres 75 à 83, Paris, MdV Editeur, 2011.

Ferré Frédérick, *Le langage religieux a-t-il un sens ? Logique moderne et foi*, Paris, éd. Cerf, 1970.

Fisichella Domenico, *Denaro e democrazia. Dall'antica Grecia all'economia globale,* Bologna, Il Mulino, 2007.

Firmin Anténor, *Lettres de Saint Thomas*, Paris, V. Girard & E. Brière, 1910.

Firmin Anténor, *De l'égalité des races humaines. Anthropologie positive,* Québec, Mémoire d'Encrier, 2005.

Firmin Anténor, *Mr. Roosevelt, Président des États-Unis et la République d'Haïti,* Port-au-Prince, Les Editions Fardin, 2014.

Fortes Meyer, Dieterlen Germaine (ed), *African Systems of Thought*, Oxford University Press, Oxford, 1965.

Foucault Michel, *Surveiller et punir. Naissance de la prison*, Paris, Gallimard 1975.

Foucault Michel, *La Naissance de la biopolitique. Cours au Collège de France, 1978-1979*, Paris, Gallimard/Seuil, 2004.

Foucault Michel, *La société punitive*, Paris, EHESS, Gallimard, Le Seuil, 2013.

Foucault Michel, *Théories et institutions pénales*, Paris, EHESS, Gallimard, Le Seuil, 2015.

Fourastié Jean, *Les conditions de l'esprit scientifique*, Paris, Gallimard, 1966.

Fourche Tiarkho, Morlighem Henri, *Une Bible Noire*, Bruxelles, Max Arnold, 1973.

Freud Sigmund, *Introduction à la psychanalyse*, Paris, Payot, 1979.

Freud Sigmund, *Malaise dans la civilisation,* Paris, PUF, 1989.

Gagnon Mathieu, « La philosophie de la nature est-elle encore possible ? », in *Dialogue*, 1981, Vol. XX, n° 3, 415-429.

Ganay (De) Solange, « Graphie bambara des nombres », in *Journal de la société des africanistes*, XX, 2, 1950, 295-306.

Gardiner Alan, *Egyptian Grammar. Being an Introduction to the study of Hieroglyphs*, Third Edition Revised, Oxford, Griffith Institute, 1976.

Gay Daniel, *Les Noirs du Québec, 1629-1900*, Sillery, Les éditions du Septentrion, 2004.

Gerdès Paul, *Une tradition géométrique en Afrique. Les dessins sur le sable* (3 tomes), Paris, L'Harmattan, 2000.

Gerdès Paul*, Femmes et géométrie en Afrique Australe*, Paris, L'Harmattan, 1996 ;

Gerdès Paul, « Pensée mathématique et exploration géométrique en Afrique et ailleurs », in *Diogène*, n° 202, 2003, 126-144.

Gilroy Paul, *L'Atlantique Noir. Modernité et double conscience,* Paris, Editions Amsterdam, 1993.

Gnonsea Doué, *Cheikh Anta Diop, Théophile Obenga : Combat pour la renaissance africaine*, Paris, L'Harmatan, 2003.

Goelzer Henri et Legrand Henri, *Latin en poche*, Paris, Garnier Frères, 1928.

Gomez Jean-Charles Coovi, « Étude comparée de l'écriture sacrée du Danxomè et des hiéroglyphes de l'ancienne Égypte », in *ANKH. Revue d'Egyptologie et des Civilisations Africaines*, n° 1, 1992, 59-78.

Goyard-Fabre Simone, *L'État : figure moderne de la politique*, Paris, Armand Colin, 1999.

Griaule Marcel, *Dieu d'eau. Entretiens avec Ogotemmêli*, Paris, Fayard, 1966.

Griaule Marcel, Dieterlen Germaine, *Le renard pâle. Le mythe cosmogonique*, Paris, Anté-Matière, 1991.

Guilmot Max, *Les initiés et les rites initiatiques en Égypte ancienne*, Paris, Laffont, 1977.

Habermas Jürgen, *Le discours philosophique de la modernité. Douze conférences*, Paris, Gallimard, 2011.

Habgood John, *The Concept of Nature*, London, Darton, Longman and Todd Ltd., 2002.

Habib Sy Jacques (ed.), *L'Afrique, berceau de l'écriture et ses manuscrits en péril. Vol. 1, Des origines de l'écriture aux manuscrits anciens (Égypte pharaonique, Sahara, Sénégal, Ghana, Niger)*, Paris, L'Harmattan, 2014.

Hampâté Bâ Amadou, *Aspects de la civilisation africaine*, Paris, Présence Africaine, 1972.

Hampâté Bâ Amadou, *Vie et enseignement de Tierno Bokar. Le Sage de Bandiagara*, Paris, Ed. du Seuil, 1980.

Hampâté Bâ Amadou, *L'Empire Peul du Macina*, Dakar, NEA, 1984.

Hampâté Bâ Amadou, *Contes initiatiques peuls*, Paris, Editions Sock, 1994.

Hampâté Bâ Amadou, Diertelen Germaine, *Koumen. Texte initiatique des Pasteurs Peul*, Paris, Editions de l'EHESS, IFAN, 2009.

Harris John Richard (ed.), *The Legacy of Egypt*, I, 78.8, Oxford, Oxford University Press, 1971.

Hayek Friedrich, *Droit, législation et liberté. Une nouvelle formulation des principes libéraux de justice et d'économie politique*, Vol. 3, Paris, PUF, 1979.

Hector Cary (ed.), *L'actualité d'Anténor Firmin Hier, Aujourd'hui et Demain. Actes du colloque international Anténor Firmin,* Université Quisqueya, 14-16 décembre 2011, Port-au-Prince, Editions de l'Université d'État d'Haïti, 2014.

Hegel Georg Wilhelm Friedrich, *Esthétique.* Tome II. *Développement de l'idéal et sa différenciation enformes d'art particulières,* Paris, Aubier, Editions Montaigne, 1944.

Hegel Georg Wilhelm Friedrich, *Leçons sur l'histoire de la philosophie*, Tome 1, Paris, Gallimard, 1954.

Heidegger Martin, *Qu'appelle-t-on penser* ? trad. A. Becker et G. Granel, Paris, PUF, 1954.

Hountondji Paulin, *Sur la « philosophie africaine »,* Paris, Maspero, 1977.

Hountondji Paulin (ed.), *Les savoirs endogènes : pistes pour une recherche*, Dakar, Codestria, 1994.

Hountondji Paulin, *Combat pour le sens : un itinéraire africain*, Cotonou, Editions du Flamboyant, 1997.

Hiusman Bruno et Ribes François, *Les philosophes et la nature*, Paris, Bordas, 1990.

Huntington Samuel, *La terza ondata. I processi di democratizzazione alla fine del XX secolo,* Bologna, Il Mulino, 1995.

Husserl Edmund, *Méditations cartésiennes*, Paris, Vrin, 1953.

Husserl Edmund, *La crise des sciences européennes et la phénoménologie transcendantale*, Paris, Gallimard, 1976.

Iniesta Ferràn, *Thot. Pensée et pouvoir en Égypte pharaonique*, Paris, L'Harmattan, 2014.

Jacq Christian, *L'Égypte ancienne au jour le jour*, Paris, Perrin, 2002.

Jacq Christian, *Les grands sages de l'Égypte ancienne*, Paris, Perrin, 2007.

Jacq Christian, *Les Maximes de Ptahhotep. L'enseignement d'un sage au temps des pyramides,* Paris, MdV Editeur, 2016.

James George Granville Monah, *Un Héritage volé*, Paris, Menaibuc, 2012 (1ère édition en 1954).

Jonas Hans, *Le principe responsabilité*, Paris, Cerf, 1992.

Jossè Léon, *« Géomancie et calcul des probabilités : le problème des savoirs implicites »,* Mémoire de Maîtrise, Université Nationale du Bénin, Abomey-Calavi 2002.

Jung Karl, *La dialectique du moi et de l'inconscient,* Paris, Gallimard, 1986.

Kagame Alexis, *La philosophie Bantu comparée*, Paris, Présence Africaine, 1976.

Kaké Ibrahima Baba, *Mémoire de l'Afrique. La diaspora noire*, Abidjan/Dakar, Nouvelles Editions Africaines, 1976.

Kakpo Mahougnon, *Introduction à une poétique du Fa,* Cotonou, les Editions des Diasporas, 2010.

Kakpo Mahougnon, *Ce regard de la mer. Anthologie de la poésie béninoise d'aujourd'hui,* Cotonou, les Editions des Diasporas, 2001.

Kane Abdoulaye Elimane, *Penser l'humain. La part africaine*, Paris, L'Harmattan, 2015.

Kant Emmanuel, *Essai sur les maladies de la tête. Observations sur le sentiment du beau et du sublime,* Paris, Flammarion, 1990.

Kant Emmanuel, *Prolégomènes à toute métaphysique future qui pourra se présenter comme science,* Paris, Vrin, 1996.

Karenga Maulana, Odù Ifá. *The Ethical Teachings. Translation and Commentary. A Kawaida Interpretation,* Los Angeles, University of Sankore Press, 1999.

Karenga Maulana, *Maat: The Moral Ideal in Ancient Egypt. A Study in Classical African Ethics,* New York, London, Routledge, 2004.

Kaya Jean-Pierre, *Théorie de la Révolution Africaine.* Tome I. *Repenser la crise africaine*, Paris, Editions Menaibuc, 2007.

Kaya Jean-Pierre, *Théorie de la Révolution Africaine.* Tome II, *Maât. L'idéologie africaine,* Paris, Menaibuc, 2008.

Fatou Kiné Camara, *Pouvoir et justice dans la tradition des peuples noirs. Philosophie et pratique,* Paris, L'Harmattan, 2004.

Ki-Zerbo Joseph, *Histoire de l'Afrique Noire. D'hier à demain,* Paris, Hatier, 1972.

Ki-Zerbo Joseph (ed.), *Histoire Générale de l'Afrique. Vol I, Méthodologie et préhistoire*, Paris, UNESCO, 1980.

Kodjo-Granvaux Séverine, *Philosophies africaines*, Paris, Présence Africaine, 2013.

Kolpaktchy Grégoire, *Livre des morts des anciens Égyptiens,* Paris, Dervy, 1991.

Kossou Basile T., « *Sê et Gbê. Dynamique de l'Existence chez les Fons (Sud-Dahomey)* », Thèse de Doctorat, Paris 1971.

Kriesi Hanspeter P., *Les démocraties occidentales*, Paris, Economica, 1994.

Ladrière Jean, *L'Articulation du sens. Discours scientifique et parole de la foi*, Paris, Aubier Montaigne, éd. Cerf, Delachaux et Niestlé, 1970.

Lalande André, *Vocabulaire technique et critique de la philosophie,* Paris, Quadrige/Puf, 1996.

Lalouette Claire, *Textes sacrés et textes profanes de l'ancienne Égypte,* Paris, Gallimard 1984.

Lam Aboubacry Moussa, *De l'origine égyptienne des peuls*, Paris, Présence Africaine, Khepera, 2001.

Lara Oruno D., *La naissance du panafricanisme*, Paris, Maisonneuve et Larose, 2002.

Leclant Jean (éd.), *Dictionnaire de l'Antiquité*, Paris, PUF, 2005.

Leopold Aldo, *Almanacco di un mondo semplice*, Como, Red Edizioni, 1997.

Lefebvre Gustave, *Le tombeau de Pétosiris,* Le Caire, Imprimerie de l'IFAO, 1924.

Lefebvre Gustave, *Romans et contes égyptiens de l'époque pharaonique,* Paris, 1949.

Levenson Joseph. R., *Confucian China and its Modern Fate. A Trilogy*, Berkeley/Los Angeles, University of California Press,1968.

Levi-Strauss Claude, *La pensée sauvage*, Paris, Plon, 1962.

Luyalula Kitezua Lubanzadio Luyaluka, *La religion kôngo. Ses origines égyptiennes et sa convergence avec le Christianisme,* Paris, L'Harmattan, 2010.

Mabika-Nkata Joseph, *La Mystification Fondamentale. Merut ne Maât. Aux Sources Négrides de la Philosophie*, Presses Universitaires de Lubumbashi, Lubumbashi, 2002.

Macquarrie John, *Gold Talk : An Examination of the Language and Logic of Theology*, New York and Evanston, Harper and Row Publishers, 1967.

Maia Cathérine, Akandji-Kombé Jean-François, Harelimana Jean-Baptiste, *L'apport de l'Afrique à la justice pénale internationale*, Paris, L'Harmattan, 2018.

Malolo Dissakè Emmanuel, *Mathématique pharaonique égyptienne et théorie moderne des sciences*, Chennevières-sur-Marnes, Editions Dianoia, 2005.

Mandela Nelson, *Un long chemin vers la liberté*, Paris, Fayard, 1994.

Maréchal P. Sylvain, *Voyages de pythagore en Égypte, dans la Chaldée, dans l'Inde, en Crète, à Sparte, en Sicile, à Rome, à Carthage, à Marseille et dans les Gaules ;* suivis de *ses lois politiques et morales.* Tome premier, Paris, Imprimerie de Boiste, 1799.

Marestaing Pierre, *Les Ecritures égyptiennes et l'Antiquité classique*, Paris, Ed. Paul Geuthner, 1913.

Maritain Jacques, *La philosophie de la nature*, Paris, Téqui, 1935.

Masson-Oursel Paul, *Histoire de la philosophie*, 1er fascicule supplémentaire, Paris, PUF, 1969.

Matand Makashing Raymond, *L'homme et la nature. Perspectives africaines de l'écologie profonde*, Paris, L'Harmattan, 2019.

Mathieu Frédéric, *Platon, l'Égypte et la question de l'Ame*, Lille, TheBookEdition, 2013.

Maupoil Bernard, *La géomancie à l'ancienne Côte des esclaves*, Paris, Institut d'Ethnologie, 1988.

Mayassis Sotirios, *Le livre des morts de l'Égypte ancienne est un livre d'initiation. Matériaux pour servir à l'étude de la philosophie égyptienne,* Archè, Milano, 2002.

Mbembe Achille, *Critique de la raison nègre*, Paris, La Découverte, 2015.

Mbembe Achille, *Politiques de l'inimitié*, Paris, La Découverte, 2016.

Mbongo Nsame, *La Philosophie Classique Africaine. Contre-histoire de la philosophie,* tome 1, Paris, L'Harmattan, 2013.

Mbongo Nsame, *La personnalité philosophique du monde noir. Contre-histoire de la philosophie.* Tome 2, Paris, L'Harmattan, 2013.

Médégnon Désiré, *Le fa, entre croyances et science. Pour une épistémologie des savoirs africains,* Bamenda, Langa Research & Common Initiative Group, 2017.

Menu Bernadette, *Histoire économique et sociale de l'ancienne Égypte,* vol I, tome 1, Paris, CNRS Editions, 2018.

Menyomo Ernest, *Les bases métaphysiques de la pensée négro-africaine,* Paris, L'Harmattan, 2010.

Menyomo Ernest, *Descartes et les Africains,* Paris, L'Harmattan 2010.

Merlo Pick Vittorio, *Vocabolario kiswahili-italiano, italiano-kiswahili,* Bologna, E.M.I., 1978.

Meyerowitz Eva L. R., *The Divine Kingship in Ghana and Ancient Egypt,* London, Faber & Faber, 1960.

Mezilas Glodel, *Que signifie philosopher en Haïti. Un autre concept du vodou,* Paris, L'Harmattan, 2015.

Michel Marianne, *Les mathématiques de l'Égypte ancienne. Numération, métrologie, arithmétique, géométrie et autres problèmes,* Bruxelles, Editions Safran, 2014.

Moctar Ba Cheikh, *Étude comparative entre les cosmogonies grecques et africaines,* Paris, L'Harmattan, 2007.

Moltmann Jürgen, *Théologie de l'espérance,* Paris, Cerf-Mame, 1970.

Monica (Della) Madeleine, *La classe ouvrière sous les pharaons,* Paris, Librairie d'Amérique et d'Orient, Maisonneuve, 1975.

Morenz Siegfried, *Egyptian Religion*, Cornell University Press, Ithaca, New York 1985.

Morin Edgar, *Science sans conscience*, Paris, Seuil, 1990.

Morenas Joseph-Elzear, *Seconde pétition contre la traite des Noirs,* Paris, imprimerie Jeunehomme-Crémière, 1921.

Mudimbé Vumbi Yoka, *L'Autre Face du royaume. Une introduction à la critique des langages en folie,* Lausanne, L'Age d'homme, 1973.

Mudimbé Vumbi Yoka, *L'Odeur du Père*, Paris, Présence Africaine, 1982.

Mudimbe Vumbi Yoka, *The Invention of Africa. Gnosis, Philosophie, and the Order of Knowledge,* London, Indiana University Press, 1988.

Mujynya Edmond N., *L'Homme dans l'univers des Bantu*, Presses Universitaires du Zaïre, Lubumbashi, 1972.

Mve Ondo Bonaventure, *A chacun sa raison. Raison occidentale et raison africaine,* Paris, L'Harmattan-IFAN, 2013.

Mveng Engelbert, *L'art d'Afrique noire. Liturgie cosmique et langage religieux,* Yaoundé, Editions Clé, 1974.

Mveng Engelbert, *L'Afrique dans l'Église. Paroles d'un croyant, Paris,* L'Harmattan, 1985.

Mveng Engelbert, *Spiritualité et libération en Afrique*, Paris, L'Harmattan, 1987.

Nagels Jacques, *Du socialisme perverti au capitalisme sauvage,* Bruxelles, Université Libre de Bruxelles, 1991.

Naess Arne: *Ecology, Community and Lifestyle : Outline of an Ecosophy*, Cambridge, Cambridge University Press, 1990.

Ndaw Alassane, *Pensée africaine. Recherches sur les fondements de la pensée négro-africaine,* Dakar, Nouvelles Editions Africaines, 1997.

Ndiaye Iba Diadji, *La critique d'art en Afrique. Repères esthétiques pour lire l'art africain,* Paris, L'Harmattan, 2007.

Ndinga Gabriel, *Ndumba George (éds.), Relecture critique des origines de la philosophie et ses enjeux pour l'Afrique,* Paris, Menaibuc, 2004.

Ndoutoume Tsira Ndong, *Le Mvett. Epopée fang, tome 1,* Paris, Présence Africaine, 1983.

Ndoutoume Tsira Ndong, *Le Mvett. L'homme, la mort et l'immortalité.* Paris, L'Harmattan, 1993.

Needham Joseph, *La science chinoise et l'Occident,* Paris, Seuil, 1973.

Neugebauer Otto, *The Exact Sciences in Antiquity,* 2è éd., New York, Dover, 1969.

Ngandu Nkashama Pius, *Littératures et écritures en langues africaines,* Paris, L'Harmattan, 1992.

Ngonga Lokengo Antshuka, *Consensus politique et gestion démocratique du pouvoir en Afrique,* Louvain-La-Neuve, Editions Academia-L'Harmattan, 2016

Nkogo Ondó Eugenio, *Le Génie des Ishangos. Synthèse systématique de la philosophie africaine,* Wimereux, Editions du Sagitaire, 2010.

Nkrumah Kwame, *Le consciencisme,* Paris, Présence Africaine, 1976.

Njoh-Mouelle Ebénézer, *Jalons II. L'africanisme aujourd'hui,* Yaoundé, Clé, 1975.

Obanda Simon, *Re-création de la philosophie africaine. Rupture avec Tempels et Kagame,* Bern, Peter lang, 2002.

Obenga Théophile, *Cheikh Anta Diop, Volney et le Sphinx,* Paris, Présence Africaine, 1996.

Obenga Théophile, *L'Afrique dans l'antiquité. Égypte pharaonique, Afrique noire,* Paris, Présence Africaine, 1973.

Obenga Théophile, *Les Bantu*, Paris, Présence Africaine, 1985.

Obenga Théophile, *La philosophie africaine de la période pharaonique. 2780-330 avant notre ère,* Paris, L'Harmattan, 1990.

Obenga Théophile, *Origine commune de l'égyptien ancien, du copte et des langues négro-africaines,* Paris, L'Harmattan, 1993.

Obenga Théophile, *La géométrie égyptienne. Contribution de l'Afrique antique à la Mathématique mondiale,* Paris, L'Harmattan, Khepera, 1995.

Obenga Théophile, *L'Égypte, la Grèce et l'École d'Alexandrie. Histoire interculturelle dans l'Antiquité. Aux sources égyptiennes de la philosophie grecque,* Paris, Khepera, L'Harmattan, 2005.

Mwènè Okoundji Gabriel, *Stèles du point du jour. Dialogue d'Ampili et Pampou,* Périgueux, William Blake & Co., 2011.

Olawale T. Elias, *La nature du droit coutumier africain*, Paris, Présence Africaine, 1961.

Olumide Jonathan L., *The Religion of the Yorubas. Being and account of the religious beliefs and practices of the Yoruba peoples of southern Nigeria, especially in relation of Ancient Egypt,* Lagos, C.M.S. Bookshop, 1948

Omotundé Jean-Philippe, *Manuel d'étude des humanités classiques africaines,* Paris, Menaibuc, 2007.

Orgogozo Chantal, *L'Art Egyptien*, Paris, Flammarion, 1984.

Panikkar Raimon*, Ecosofia. Una spiritualità della terra*, Assisi, Cittadella, 1993.

Panikkar Raimon *La pienezza dell'uomo. Una cristofania*, Milano, Jaca Book, 2003.

Panikkar Raimon, *La realtà cosmoteandrica. Dio-Uomo-Mondo,* Milano, Jaca Book, 2004.

Parès Yvette, *La médecine africaine. Une efficacité étonnante. Témoignage d'une pionnière,* Paris, Editions Yves Michel, 2004.

Philippe Marie-Dominque, *Une philosophie de l'être est-elle encore possible* ? Vol. 1, Paris, Ed. Téqui, 1975.

Pichot André, *La naissance de la science, Tome I : Mésopotamie, Égypte,* Paris, Gallimard, 1991.

Pingree David, « Hellenophilia versus the History of science », in *Isis*, 83, 1992, 554-563.

Pirenne Jacques, *Les grands courants de l'histoire universelle I, Des origines à l'Islam,* Paris, édit. De La Baconnière Neuchâtel, 1944.

Popper Karl, *L'univers irrésolu : plaidoyer pour un indéterminisme,* Paris, Hermann, 1984.

Rassinoux Jean, *Dictionnaire Français – Fon,* Société des Missions Africaines, Cotonou 2016.

Rawls John, «The Idea of Public Reason Revisited», in *The University of Chicago Law Review*, vol. 64, number 3, 1997, 765-766.

Ricœur Paul, *Les incidences théologiques des recherches actuelles concernant le langage.* Cours à l'Institut d'Etudes Œcuméniques, 1968.

Ronan Colin, *Histoire mondiale des sciences*, Paris, Seuil, 1988.

Rousseau Pierre, *Histoire de la science*, Paris, Fayard, 1945.

Rostow Walt Whitma, *The Stages of Economic Growth: A Non-Communist Manifesto,* Cambrigde, Cambridge University Press, 1960.

Ruether Rosemary R., *New Woman, New Earth: Sexist Ideologies and Human Liberation*, New York, Seabury, 1975.

Sala-Molin Louis, *Le Code Noir et le calvaire de Canaan*, Paris, PUF, 2012.

Samb Djibril, *Le vocabulaire des philosophes africains*, Paris, L'Harmattan, 2010.

Sarr Felwine, *Afrotopia*, Paris, Editions Philippe Rey, 2016.

Schmitt Carl, *Parlementarisme et démocratie*, Paris, Seuil, 1988.

Sen Amartya, *La democrazia degli altri. Perché la libertà non è un'invenzione dell'Occidente,* Milano, Oscar Mondadori, 2005.

Senghor Léopold Sédar, *Liberté 3. Négritude et Civilisation de l'Universel,* Paris, Le Seuil, 1977.

Sethe Kurt, Helck Wolfgang, *Urkunden der 18 Dynastie : Historisch-biographische Urkunden, J.C. Hinrichs,* Leipzig, 1906.

Sethe Kurt, *Die altägyptischen Pyramidentexte*, Leipzig, J. C. Hinrichs'sche Buchhandlung, 1908.

Sinsin Mahougnon, *Chemins de la Sagesse Ifa*. Livre I, Raleigh, RekhSeba Academy, 2013

Sinsin Mahougnon, « Punition ou Réparation. Une pédagogie africaine de la correction », in *Educ'Action*, n° 0126, février 2016, 6-7.

Sinsin Mahougnon, « Quelle place pour les humanités classiques africaines dans les programmes scolaires en Afrique », in *Educ'Ation*, n° 131, mars 2016, 6-7.

Sinsin Mahougnon, Xogbe. *Méditations Sapientiales. Autour des Textes Initiatiques d'Afrique,* Lille, RSAP, TheBookEdition.com, 2018.

Sinsin Mahougnon, « Dio e il dolore nell'*Unnefer* o nella Religione Africana », C. Freni, *Il dolore degli altri. Atti di convegno*, Roma, Aracne Editrice, 2019, 167-189.

Sinsin Mahougnon, « La complessità come paradigma della

transdisciplinarità : Morin e Bassong a confronto », in *Catechetica ed Educazione*, V/1, giugno 2020, 19-34.

Sinsin Mahougnon, « Manden Kalinkan o la Carta del Mande : Lineamenti di un ideale democratico nell'Africa precoloniale », in C. Danani (ed.), *Democrazia e verità. Tra degenerazione e rigenerazione*, Brescia, Morcelliana, 2020, 445-455.

Somet Yoporeka, *L'Égypte ancienne. Un système africain du monde*, Paris, Teham Editions, 2018.

Stanek Vincent, « Le désir et la volonté. Maine de Biran lecteur des cartésiens », *Revue philosophique de la France et de l'étranger*, n° 4, 2004, 423-442.

Sumner Claude, *Aux sources éthiopiennes de la philosophie africaine*, Kinshasa, Faculté de théologie catholique, 1988.

Surgy (De) Albert, *La géomancie et le culte d'Afa chez les Evhé du Littoral*, Paris, Publications Orientalistes de France, 1981.

Sylla Assane, *La philosophie morale des Wolofs*, Dakar, IFAN-Université de Dakar, 1994.

Taton René (ed.), *Histoire générale des sciences,* tome 1 : *La science antique et médiévale,* Paris, PUF, 1966.

Theodor Koury Adel (ed.), *Islam, Cristianesimo, Ebraismo a confronto*, Casale Monferrato, Edizioni Piemme Pocket, 1998.

Thiong'o Ngugi Wa, *Décoloniser l'esprit,* Paris, La fabrique éditions, 2011.

Tingana Frédéric Pacere, *Le langage des tam-tams et des masques en Afrique*, Paris, L'Harmattan, 1991.

Tomlin Frédérick, *Les Grands philosophes de l'Orient,* Paris, Payot, 1952.

Touraine Alain, *Qu'est-ce que la démocratie*, Paris, Fayard, 1994.

Towa Marcien, *L'Idée d'une philosophie négro-africaine,* Yaoundé, Clé, 1997.

Traoré Aminata, *Le viol de l'imaginaire*, Paris, Fayard/Pluriel, 2010.

Trilles Henri, « Proverbes, légendes et contes fang », in *Bulletin de la Société Neuchâtelloise de Géographie*, tome XVI, 1905.

Thsiamalenga Ntumba Ignace-Mercel, *Le réel comme procès multiforme*, Paris, Edilivre, 2014.

Traoré Mamadou Balla, « *Société Initiatique et régulation sociale chez les Malinkés et Bambara du Mali* ». Thèse de doctorat, Université Paris 1, 1980.

Tshibangu Tshishiku, *Théologie positive et Théologie spéculative. Position traditionnelle et nouvelle problématique,* Louvain-Paris, Béatrice-Nauwelaerts, 1965.

Tylor Edward Burnett, *Primitive Culture: Researches into the Development of Mythology, Philosophy, Religion, Language, Art and Custom,* London, John Murray, Albemarle Street, 1871.

Tylor Joseph John, Griffith Francis Llewellyn, *The Tomb of Paheri at El-Kab*, Londres, Order of Committee, 1894.

Valbelle Dominique, *Histoire de l'État pharaonique*, Paris, PUF, 1998.

Vercoutter Jean, *L'Égypte et la vallée du Nil*, Tome I, Paris, PUF, 1996.

Verneaux Roger, *Textes des grands philosophes*, vol I, Paris, Beauchesne, 1962.

Warren Karen J. (ed.), *Ecological Feminist Philosophies*, Bloomington, Indiana University Press.

Weber Max, *L'Éthique protestante et l'esprit du capitalisme,* Paris, Plon, 1964.

Wilson Leslie S., *The Book of Job : Judaism in the Second Century : an intertextual Reading,* Lanham, University Press of America, 2006.

Wiredu Kwasi (ed.), *A Companion of African Philosophy,* Oxford, Blackwell Publishing, 2006.

Yue Dong Madeleine et Goldstein Joshua Lewis (edd.), *Everyday Modernity in China*, Seattle, University of Washington Press, 2006.

Zahan Dominique, *Société d'initiation Bambara. Le N'Domo, le Koré*, Paris, La Haye-Mouton, 1960.

Zahan Dominique, *La dialectique du verbe chez les Bambara*, Paris, Editions Mouton & Co, 1963.

Zahan Dominique, *Religion, spiritualité et pensée africaines,* Paris, Payot, 1970.

Zara Yaqob, *Traité*. Extraits., trad. C. Sumner, Paris, Editions Alternatives, 1997.

DU MÊME AUTEUR

- **La petite fille des eaux** (Roman, co-auteur), Ndzé, Paris 2006.

- **Ces murmures du vent** (Recueil de poèmes), Purac, Raleigh 2010.

- **Eclats de rêves** (Recueil de nouvelles), Purac, Raleigh 2011.

- **Ayì xó. Xó lomi lomi** (Recueil de poèmes en langue fongbe), Medu Plumes, 2012.

- **Vie et Plénitude. Chemins de la Sagesse Ifa,** I, RSA, Raleigh 2013.

- **Filosofie in dialogo**. **Lexikon universale:** India, Africa, Europa, Mimesis 2017 (en collaboration)

- **Xogbé. Méditations Sapientiales. Autour des Textes Initiatiques d'Afrique,** RSAP, TheBookEdition.com, Lille 2018.